W0254746

Rudolf Kober (Hrsg.)

Parallelrechner-Architekturen

Ansätze für imperative und deklarative Sprachen

Mit 96 Abbildungen

Springer-Verlag Berlin Heidelberg NewYork
London Paris Tokyo 1988

Dipl.-Ing. Rudolf Kober
Leiter der Abteilung Prozessorarchitektur
im Hauptbereich Zentrale Aufgaben Informationstechnik
Siemens AG, München

ISBN-13: 978-3-540-50038-4 e-ISBN-13: 978-3-642-73896-8
DOI: 10.1007/978-3-642-73896-8

CIP-Kurztitelaufnahme der Deutschen Bibliothek
Parallelrechner-Architekturen: Ansätze für imperative u. deklarative Sprachen / Rudolf Kober (Hrsg.)
Berlin ; Heidelberg ; New York ; London ; Paris ; Tokyo : Springer, 1988
ISBN-13: 978-3-540-50038-4

NE: Kober, Rudolf [Hrsg.]

2362/3020-543210

Vorwort

Die Mikroelektronik stellt immer leistungsfähigere und preiswertere Rechnerkomponenten zur Verfügung, Anwender fordern immer höhere Rechenleistungen, neue Anwendungsbereiche lassen sich erst mit DV-Systemen erschließen, die um Größenordnungen schneller sind als heutige Höchstleistungsrechner. Vor diesem Szenario ist verständlich, daß weltweit eine Vielzahl von Projektgruppen an neuen Rechnerarchitekturen arbeitet, die Parallelverarbeitung über das bisher übliche hinaus, nämlich über Parallelität auf Bitebene (Wortverarbeitung) und Befehlsebene (Pipelining) hinaus, auf Parallelverarbeitung von Ausdrücken, Prozeduren, Prozessen und Programmen auszudehnen suchen. Während die technische Machbarkeit solcher Systeme weitgehend gesichert ist, sind auf der Seite der (möglichst universellen) Anwendung und Programmierung noch viele Fragen offen. Um die vervielfachte Rechnerleistung für möglichst breite Anwendungsbereiche einfach und wirtschaftlich nutzbar zu machen, müssen Rechnerarchitektur und Softwarearchitektur einschließlich der Programmiersprachen gemeinsam betrachtet und im Einklang miteinander entwickelt werden.

Daher befaßt sich dieses Buch schwerpunktmäßig mit der Schnittstelle zwischen Soft- und Hardware von Parallelrechnern. Ausgangspunkt sind vier moderne Konzepte für Programmiersprachen (Paradigmen), nämlich das prozedurale und das objektorientierte Konzept, auch unter dem Oberbegriff *imperativ* zusammengefaßt, sowie das funktionale und das logische Konzept, die beide den *deklarativen* Konzepten angehören. Auf Basis der teilweise grundverschiedenen Sprachmittel werden Anforderungen an parallele Systemarchitekturen entwickelt, geeignete Architekturen vorgestellt und bewertet.

Jedes Sprachkonzept wird in einem eigenen Kapitel nach den gleichen Gesichtspunkten behandelt. Zunächst werden die für die parallele Verarbeitung wesentlichen Sprachmittel vorgestellt. Diese führen zu verschiedenen Ebenen der Parallelität und damit zu verschiedener Körnigkeit (Granularität) der Arbeitspakete. Während bei den imperativen Sprachen der Programmierer die Parallelität vorwiegend auf Prozeß- und Prozedurebene explizit formuliert und kontrolliert (grobe Granularität), ist bei den deklarativen Sprachen die Parallelität vorwiegend implizit in einer feineren Granularität vorhanden und muß vom Compiler oder Betriebssystem herausgearbeitet werden. Aus der Sprache resultierende Anforderungen an Kommunikation und Synchronisation zwischen den Arbeitspaketen werden ebenso diskutiert wie die für die nebenläufige Abarbeitung nötige Prozeß- und Speicherverwaltung. Die soweit entwickelten Anforderungen an die Architektur führen zu einer Beschreibung einer abstrakten Maschine für jedes Sprachkonzept. Danach werden Konzepte für die Umsetzung der abstrakten Maschinen in physikalische Architekturen sowie bekannte Realisierungen besprochen. In einem abschließenden Kapitel werden die aus den einzelnen Sprachkonzepten abgeleiteten Parallelrechner-Architekturen verglichen und diskutiert.

Das Buch ist im Rahmen einer Grundlagenuntersuchung zu Parallelrechner-Architekturen entstanden und wendet sich an Leser mit Vorkenntnissen in Programmiersprachen. Grundkenntnisse über Betriebssysteme und Rechnerarchitekturen sind vorteilhaft.

Gedankt sei Herrn Prof. Dr. Schwärtzel, Herrn Dr. Müller-Stoy und Herrn Schmitter, die diese Arbeit unterstützt und gefördert haben, sowie Frau Stanger für die zuverlässige Mitarbeit bei der Reinschrift. Besonderer Dank gilt den Autoren der einzelnen Kapitel, ebenso Herrn Hartlage und Herrn Tomann sowie den anderen Kollegen, die zum vorliegenden Buch durch Anregungen und Korrekturlesen beigetragen haben.

München, im Mai 1988 R. Kober

Mitarbeiterverzeichnis

Rudolf Holzner	Kapitel 1, 4, 6	Leo Kolsch	Kapitel 2, 5
Erich Ino	Kapitel 1, 5, 6	Dietmar Kölbl	Kapitel 1, 5, 6
Petro Istavrinos	Kapitel 1, 3, 6	Stefan Sittel	Kapitel 1, 2, 6

Sämtliche Mitarbeiter gehören dem Hauptbereich Zentrale Aufgaben Informationstechnik der Siemens AG in München an.

Inhaltsverzeichnis

1 **Einleitung** 1
1.1 Programmierparadigmen 2
1.2 Parallelitätsebenen 5
1.3 Homogene bzw. heterogene Struktur des Mehrrechnersystems 7
1.4 Verbindungs-Netzwerke 8
1.5 Garbage Collection 13
1.6 Overhead 15
1.7 Literaturverzeichnis 16

2 **Prozedurale Programmiersprachen (Ada, CHILL)** 18
2.1 Einführung und Sprachmittel der höheren Programmiersprachen Ada und CHILL 20
2.1.1 Ada 20
2.1.1.1 Einführung in Ada 20
2.1.1.2 Ada - Allgemeine Sprachmittel 22
2.1.1.3 Ada - Sprachmittel für Parallelität 26
2.1.2 CHILL 35
2.1.2.1 Einführung in CHILL 35
2.1.2.2 CHILL - Allgemeine Sprachmittel 36
2.1.2.3 CHILL - Sprachmittel für Parallelität 41
2.1.2.4 Kritikpunkte 45
2.2 Parallelitätseigenschaften 45
2.2.1 Ada 46
2.2.1.1 Ada - Expliziter Parallelismus 46
2.2.1.2 Ada - Impliziter Parallelismus 46
2.2.1.3 Ada - Granularität 48
2.2.2 CHILL 49
2.2.2.1 CHILL - Expliziter Parallelismus 49
2.2.2.2 CHILL - Impliziter Parallelismus 49
2.2.2.3 CHILL - Granularität 50
2.3 Kommunikation und Synchronisation 51
2.3.1 Ada 51
2.3.1.1 Ada - Kommunikation 51
2.3.1.2 Ada - Synchronisation 52
2.3.2 CHILL 53
2.3.2.1 CHILL - Kommunikation 53
2.3.2.2 CHILL - Synchronisation 55
2.3.2.2.1 Explizite Synchronisation 56
2.3.2.2.2 Implizite Synchronisation 57
2.4 Parallelitätsbedingte Verwaltungsaufgaben 57
2.4.1 Prozeßverwaltung in Ada 57
2.4.2 Prozeßverwaltung in CHILL 62
2.4.3 Speicherverwaltung in Ada und CHILL 65

2.5 Abstrakte Maschine ... 69
2.5.1 Die Zwischensprachen für Ada ... 71
2.5.1.1 DIANA ... 71
2.5.1.2 LOLITA ... 71
2.5.1.3 I-Code und die abstrakte Maschine A0 ... 72
2.5.2 Die Zwischensprache als Befehlssatz der CHILL-Stackmaschine ... 75
2.5.2.1 Speicherverwaltung ... 75
2.5.2.2 Programmauswertung ... 75
2.5.2.3 Datentypen ... 77
2.5.2.4 Befehlssatz ... 77
2.5.2.5 Bewertung der Zwischensprache ... 78
2.6 Hardware-Architekturen ... 80
2.6.1 Intellimac IN/7000 (Ada) ... 80
2.6.2 Rational R 1000 (Ada) ... 82
2.6.3 Intel iAPX 432 ... 84
2.6.4 K-CHILL-Rechner ... 91
2.6.5 Integrierter CHILL-Prozessor ... 91
2.7 Resümee ... 93
2.8 Literaturverzeichnis ... 96

3 Objektorientierte Programmiersprachen ... 100
3.1 Einführung und Sprachmittel ... 100
3.1.1 Konzepte der objektorientierten Sprachen am Beispiel Smalltalk ... 100
3.1.1.1 Objekte und Nachrichten – Klassen und Instanzen 101
3.1.1.2 Dynamisches Binden und Vererbung ... 103
3.1.1.3 Objektorientierte Ansätze in anderen Sprachen .. 105
3.1.2 Sprachmittel für Parallelität ... 105
3.1.2.1 Explizite Prozesse in Smalltalk-80 ... 105
3.1.2.2 Implizite Prozesse auf Objektebene ... 110
3.1.2.2.1 Synchrone Botschaften ... 110
3.1.2.2.2 Asynchrone Botschaften ... 111
3.2 Parallelitätseigenschaften ... 116
3.2.1 Impliziter Parallelismus ... 116
3.2.2 Explizite Parallelität ... 117
3.2.3 Instantiierung und Terminierung ... 118
3.2.4 Granularität ... 118
3.3 Kommunikation und Synchronisation ... 118
3.3.1 Kommunikation ... 119
3.3.1.1 Botschaften in Smalltalk ... 119
3.3.1.2 Prozeßkommunikation in Smalltalk ... 120
3.3.1.3 Asynchrone Kommunikation bei Objekten ... 120
3.3.1.4 Kommunikation in Aktor-Systemen ... 122
3.3.2 Synchronisation ... 124
3.3.2.1 Semaphore in Smalltalk ... 124
3.3.2.2 Synchronisation bei asynchronen Botschaften ... 125
3.4 Parallelitätsbedingte Verwaltungsaufgaben ... 125
3.4.1 Prozeßverwaltung ... 125
3.4.1.1 Prozeßverwaltung in Smalltalk-80 ... 125
3.4.1.2 Prozesse auf Objektebene ... 127

3.4.2 Speicherverwaltung 128
3.5 Abstrakte Maschine 130
3.5.1 Die virtuelle Maschine von Smalltalk 130
3.5.2 Abstrakte parallele Maschinen 133
3.5.3 Zwischensprache 135
3.6 Hardware–Architekturen 137
3.6.1 Smalltalk mit RISC 137
3.6.2 Intel iAPX 432 140
3.6.3 Die FAIM–1 Architektur 144
3.7 Resümee 146
3.8 Literaturverzeichnis 147

4 Funktionsbasierte Programmiersprachen 150
4.1 Einführung und Sprachmittel 150
4.1.1 Funktionale Programmierung 150
4.1.2 Die Programmiersprache Lisp 152
4.1.2.1 Dialekte und Standardisierung 153
4.1.2.2 Prinzipien der Programmiersprache Lisp 153
4.1.2.3 Anwendungsgebiete von Lisp 161
4.1.3 Sprachmittel für Parallelität 161
4.2 Parallelitätseigenschaften 169
4.2.1 Impliziter Parallelismus 171
4.2.1.1 Parallele Termevaluierung 172
4.2.1.2 Wertunabhängige Operationen 176
4.2.1.3 Programmierstile 177
4.2.1.4 Implementierung 178
4.2.2 Expliziter Parallelismus 178
4.2.3 Granularität 179
4.2.4 Weitere Ansätze zur Steigerung der Parallelität . 180
4.3 Kommunikation und Synchronisation 182
4.3.1 Kommunikation 182
4.3.2 Synchronisation 183
4.3.3 Einfluß der Granularität 183
4.4 Parallelitätsbedingte Verwaltungsaufgaben 184
4.4.1 Prozeßverwaltung 184
4.4.2 Speicherverwaltung 190
4.5 Abstrakte Maschine 191
4.5.1 Struktur der abstrakten Maschine 192
4.5.2 Befehle der abstrakten Maschine 199
4.6 Hardware–Architekturen 201
4.6.1 Architektur–Vorschläge 201
4.6.1.1 Ein Multiprozessor–System für prozeß-orientiertes Lisp 201
4.6.1.2 Eine listenverarbeitende Datenfluß–Maschine ... 205
4.6.2 Leistungsfähigkeit funktionaler Parallelrechner . 208
4.7 Resümee 210
4.8 Literaturverzeichnis 212

5 Logische Programmiersprachen 214
5.1 Einführung in Prolog 214
5.1.1 Sprachkonstrukte und Semantik 214

5.1.1.1 Definitionen ... 214
5.1.1.2 Syntaktische Konstrukte ... 215
5.1.1.3 Semantische Besonderheiten von Prolog ... 218
5.1.2 Impliziter Parallelismus in Prolog ... 221
5.1.3 Untersuchungen über den Aufbau von Prologprogrammen ... 223
5.2 Vom ODER–Parallelismus beeinflußte Ansätze zur parallelen Abarbeitung von Prolog ... 225
5.2.1 Sprachmittel ... 225
5.2.1.1 Sprachmittel für Parallelität ... 227
5.2.1.2 Statische Befehlshäufigkeit ... 230
5.2.2 Parallelitätseigenschaften ... 232
5.2.2.1 Impliziter Parallelismus ... 232
5.2.2.2 Expliziter Parallelismus ... 235
5.2.2.3 Granularität ... 235
5.2.3 Kommunikation und Synchronisation ... 236
5.2.3.1 Kommunikation ... 236
5.2.3.2 Synchronisation ... 237
5.2.4 Parallelitätsbedingte Verwaltungsaufgaben ... 238
5.2.4.1 Prozeßverwaltung ... 238
5.2.4.2 Speicherverwaltung ... 239
5.2.4.3 Verschiedene Modelle der ODER–parallelen Verarbeitung ... 240
5.2.4.3.1 Kabu Wake ... 240
5.2.4.3.2 PEPSys ... 242
5.2.4.3.3 OR-Parallel Token Machine ... 249
5.2.4.3.4 ODER-parallele Ausführung auf einer multisequentiellen Maschine ... 251
5.2.5 Abstrakte Maschine ... 254
5.2.5.1 Die sequentielle Warren–Maschine ... 255
5.2.5.2 Zwischensprache ... 262
5.2.6 Hardware–Architekturen ... 264
5.2.6.1 Architekturvorschläge ... 265
5.2.6.2 Beurteilung ... 270
5.2.7 Resümee ... 271
5.3 Committed–Choice Sprachen ... 273
5.3.1 Sprachmittel ... 275
5.3.1.1 Überblick ... 275
5.3.1.2 Parallelkonstrukte ... 276
5.3.1.2.1 Guarded Horn Clauses ... 276
5.3.1.2.2 Sprachkonstrukte für die Synchronisation ... 278
5.3.1.2.3 Die Sprache $KP_{UND\text{–}Baum}$ ... 283
5.3.1.2.4 Die Verwendung der Variablen als Kommunikationsmittel ... 285
5.3.2 Parallelitätseigenschaften ... 287
5.3.2.1 Impliziter Parallelismus ... 287
5.3.2.2 Explizite Parallelität ... 290
5.3.2.3 Granularität ... 290
5.3.3 Kommunikation und Synchronisation ... 291
5.3.3.1 Kommunikation ... 291
5.3.3.2 Synchronisation ... 293

5.3.4 Parallelitätsbedingte Verwaltungsaufgaben 294
5.3.4.1 Prozeßverwaltung 295
5.3.4.2 Speicherverwaltung 301
5.3.5 Abstrakte Maschine 303
5.3.5.1 Die abstrakte Maschine von Levy für GHC 303
5.3.5.2 Die abstrakte Maschine für das Datenflußmodell . 314
5.3.5.3 Die abstrakte Maschine zur $KP_{UND\text{-}Baum}$-Sprache 318
5.3.6 Hardware-Architekturen 319
5.3.6.1 PIM-R 319
5.3.6.2 PIM-D 327
5.3.6.3 Die neue PIM-Maschine von ICOT 331
5.3.6.4 ALICE 332
5.3.7 Resümee 333
5.4 PROLOG-Anwendungen und Datenbanken 334
5.4.1 Motivation 334
5.4.2 Problemstellung 335
5.4.2.1 Darstellung von Fakten und Regeln 335
5.4.2.2 Schnittstellen zwischen DBMS und KBS 338
5.4.2.3 Ausblick 340
5.5 Literaturverzeichnis 341

6 Vergleich der Architekturvorschläge 346

7 Glossar 350

Sachverzeichnis 357

1 Einleitung

Der Bedarf nach mehr Leistung, also höherer Verarbeitungsgeschwindigkeit der Rechenanlagen einerseits, und die physikalisch–technischen Grenzen der Bauelemente andererseits, bilden die Grundlage für den Wunsch nach Parallelverarbeitung. Bisherige Veröffentlichungen und Studien befassen sich ausführlich mit der Hardwareseite von Parallelrechnern und heutigen Supercomputern [Hwa84], [Joh86], [Kle87]. Wechselwirkungen zwischen Technologie und Rechnerarchitektur werden in [Kob86] erläutert.

Dieses Buch nähert sich dem Thema von der Seite der Programmiersprachen her. Jeder Anwender einer Datenverarbeitungsanlage muß sein Problem in einer ihm geeignet erscheinenden, zur Verfügung stehenden Sprache formulieren und das daraus resultierende Programm auf dem Rechner ablaufen lassen. Es kam nun in diesem Buch nicht darauf an, Sprachen und Sprachkonzepte auf ihre Eignung für bestimmte Anwendungsklassen zu untersuchen. Stattdessen werden bekannte "Programmierparadigmen" anhand einiger Programmiersprachen auf ihre Parallelitätseigenschaften hin betrachtet. Es wird also untersucht, welche Möglichkeiten die Syntax und Semantik einer Sprache bietet, um Parallelität zu realisieren. Daraus ergeben sich Anforderungen an das Rechnersystem, diese Parallelitätseigenschaften zu unterstützen. Die Anforderungen werden in den einzelnen Sprachkapiteln schrittweise entwickelt. Ausgehend von den Sprachmitteln wird über Kommunikation, Synchronisation und Prozeßverwaltung eine abstrakte Maschine für die jeweilige Sprache beschrieben und anschließend geeignete Hardware–Architekturen vorgestellt.

Die Konzepte der prozeduralen, objektorientierten, funktionalen und logischen Programmierung werden anhand von einigen ausgewählten Programmiersprachen behandelt. Jedes der folgenden Kapitel behandelt eines der Sprachkonzepte in gleicher Weise und ist in sich abgeschlossen. Es kann unabhängig von den anderen gelesen werden. Bei den logischen Sprachen war eine Teilung notwendig, um zwei sehr unterschiedlichen Ansätze zu bearbeiten. Die einheitliche Grobstruktur der Kapitel ermöglicht es, zu einem Gliederungspunkt auch in den anderen Kapiteln nachzulesen, da hier gleiche Aspekte für andere Programmierkonzepte dargestellt werden.

In den folgenden Teilen dieses Einleitungskapitels werden einige Themen angesprochen, die für alle Sprachkonzepte von Interesse sind. Sie dienen auch als Einführung der in den Folgekapiteln behandelten Aspekte.

Zunächst werden in Abschnitt 1.1 die in diesem Buch untersuchten Programmierparadigmen vorgestellt. Im Abschnitt 1.2 folgt eine Darstellung der Parallelitätsebenen unter Berücksichtigung von expliziter und impliziter Parallelität. Die beiden nächsten Kapitel gehen auf die Struktur des Mehrrechnersystems und auf das Verbindungsnetzwerk ein. Auf die Möglichkeiten der dynamischen Speicherverwaltung, die für alle Sprachkapitel relevant sind, wird in Abschnitt 1.5 eingegangen. Der letzte Teil des einleitenden Kapitels behandelt den Verwaltungsaufwand, der durch Parallelismus entsteht.

Ein Glossar am Ende des Buches definiert wichtige Begriffe im hier verwendeten Kontext.

1.1 Programmierparadigmen

In der einschlägigen Literatur wird häufig der Begriff *Programmierparadigma* verwendet, wenn von Verarbeitungsmodellen, Programmierstilen und Programmiersprachen die Rede ist. Programmierparadigma ist als ein Sammelbegriff über diese drei Begriffe zu verstehen, die in einer engen Beziehung zueinander stehen. Programmierstile assoziieren bestimmte Verarbeitungsmodelle, sowie bestimmte Programmiersprachen, die die Programmierung in diesem Stil unterstützen. Das dem Begriff Paradigma anhaftende Neue, Gegensätzliche, Revolutionäre scheint in diesem Zusammenhang etwas übertrieben zu sein. Die Grundgedanken der Verarbeitungsmodelle und Programmierstile sind zwar durchaus verschieden, lösen einander aber nicht ab, sondern existieren nebeneinander und ergänzen sich sogar oft.

Programmierstile entstehen häufig aus Verarbeitungsmodellen. Die an von Neumann–Rechnern orientierte Denkweise, bei der die Ausführungsreihenfolge im Vordergrund steht, ist eng verbunden mit dem *prozeduralen* Programmierstil. Aus einer mehr mathematisch abstrakten Denkweise, angelehnt an das Funktionsprinzip, entwickelte sich die *funktionale* Programmierung. Die Erforschung von Produktionsregelsystemen und ihre Anwendungen brachten die *regelorientierte* Wissensdarstellung hervor. Die enge Verbindung zwischen Produktionsregeln und der mathematischen Logik spiegelt sich in der *logikorientierten* Programmierung wieder. Dem Wunsch nach besserer Handhabung und Veranschaulichung prädikatenlogischer Formeln wurde mit den *semantischen Netzen* zu entsprechen versucht, die wiederum in abgewandelter Form zur Darstellung natürlichsprachlicher Sätze verwendet werden. Eine andere Entwicklung vollzog sich mit den sogenannten *Frames*. Ihr Ziel war es, Objekten eine Menge von Eigenschaften zuzuordnen. Die Eigenschaften wurden hierarchisch organisiert und konnten an untergeordnete Objekte vererbt werden. Die *objektorientierten Sprachen* beinhalten dieses Konzept und wurden zusätzlich um den Kommunikationsaspekt erweitert. Objekte kommunizieren miteinander, indem sie Nachrichten austauschen, die als indirekte Prozeduraufrufe verstanden werden. Auf der theoretischen Seite entsprechen diesen Sprachkonzepten die *abstrakten Datentypen*. Eine Ergänzung zur objektorientierten Programmierung stellt noch die *zugriffsorientierte* Programmierung dar. Jeder Programmierstil eignet sich besonders für eine spezielle Klasse von Problemen. Es gibt keinen Programmierstil, der für die Lösung jeder programmiertechnischen Aufgabenstellung gleich gut geeignet ist. Da sich Probleme i.a. nicht exakt klassifizieren lassen, hat man es als vorteilhaft erkannt, verschiedene Programmierstile in einer Sprache zu vereinigen. Beispielsweise wurde Lisp in Richtung der objektorientierten Program-

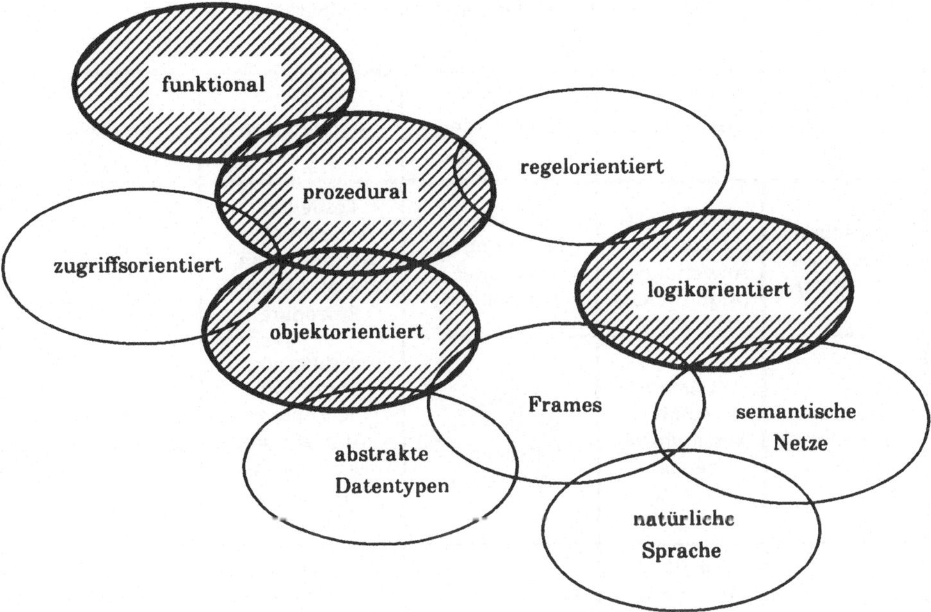

Bild 1.1. Qualitativer Zusammenhang der Programmierstile

mierung und in Richtung der logikorientierten Programmierung erweitert. Zur Illustration der Verwandtschaften der hier erwähnten Programmierstile dient das Bild 1.1, das aus [Alt86] übernommen wurde.

Aus theoretischer Sicht können Programmiersprachen in die zwei Klassen – imperative und deklarative Sprachen – eingeteilt werden [Eis85]. Imperative Sprachen steuern die Programmausführung explizit. Die Lösung des Problems wird algorithmisch formuliert. Schleifen, Sprünge und Wertzuweisungen an Variable sind die wesentlichen Sprachelemente imperativer Sprachen. Die bedeutendsten Programmierstile, die dieser Sprachklasse zuzuordnen sind, sind die der prozeduralen (kontrollflußorientierten) und die der objektorientierten Programmierung (vgl. Bild 1.1). Zu den modernsten Vertretern dieser Programmierstile gehören z.B. die Programmiersprachen Pascal, C, Modula, Ada, Chill, Smalltalk und Actor–Sprachen.

Die deklarativen Sprachen dagegen beschreiben nicht den Weg (Aktionen) zur Lösung des Problems, sondern das Problem selbst. Funktionen, Regeln und Relationen sind die wichtigsten Sprachelemente dieser Klasse. Entsprechend sind funktionale, regel- und logikorientierte Stile die wesentlichen Vertreter der deklarativen Programmierung. Eine bedeutsame Eigenschaft dieser Sprachklasse ist die "referential transparency", die besagt, daß jede "Variable" (Bezeichner) an jeder Stelle der Niederschrift denselben Wert besitzt (Konstante, *single assignment variable*). Der Wert eines Terms ist also nicht von der Vorgeschichte der Berechnung, sondern einzig vom Term selbst und seinem Kontext bestimmt. Bekannte Vertreter der funktionalen Programmierung sind die Sprachen FP, FP2, HOPE und LISP (in seinen Grundzügen), sowie für die logikorientierte Programmierung die Sprachen PROLOG und die Committed Choice Sprachen.

Tabelle 1.1. Programmierstile und ihre Charakteristika

Programmier-stil	Grundlage	Kennzeichen	Programmierung	Parallelität
prozedural (anweisungs-orientiert)	festgelegte Folge von Anweisungen (Algorithmus)	Variablen, Zuweisungen, expliziter Kontrollfluß	Festlegung sequentieller Aktionsfolgen; Abstraktion durch Prozeduren	explizite Sprach-konstrukte zur Erzeugung von Prozessen
objekt-orientiert	"Gemein-schaft kommunizie-render Objekte"	Objekte, Nachrichten, Klassen, Vererbung	Bildung von Klassen von Objekten (Abstraktion); Festlegen des "Verhaltens" der Objekte	Objekten werden Prozesse zugeordnet
funktions-orientiert	math. Funktions-begriff (Lambda-Kalkül)	Atome (Werte), Terme, Funktionen	Aufbau von Termen; Abstraktion durch Definition von Funktionen	parallele Abarbeitung von Termen
logik-orientiert	Hornklausel-Logik (automat. Theorem-beweiser)	single-assignment Variable, Unifikation, Fakten, Klauseln (Regeln), Prädikate	Festlegung logischer Zusammenhänge durch Definition von Fakten und Prädikaten	Und- und Oder-Parallelismus, d.h. paralleles Abarbeiten von Klauseln

In der heutigen Programmierung sind, zum Teil entwicklungsgeschichtlich bedingt, die folgenden Programmierstile am stärksten vertreten: prozedurale, funktionale, logikorientierte und objektorientierte (im Bild 1.1 schraffiert). Diese Programmierstile bzw. deren Sprachen sind deshalb Gegenstand der Untersuchungen im vorliegenden Buch.

In den Tabellen 1.1 und 1.2 werden in Kurzform wichtige Sprachvertreter, Charakteristika und typische Einsatzgebiete der betrachteten Programmierstile beschrieben.

Tabelle 1.2. Untersuchte Programmierstile mit ihren typischen Sprachen und Einsatzgebieten

Programmierstil	typische Sprachen	typische Einsatzgebiete
prozedural	Fortran, Pascal, C, Modula, Ada, Chill	Numerik, konventionelle DV
objektorientiert	Simula, Smalltalk, Actors	Wissensbasierte Systeme, Entwicklungsumgebungen
funktional	Lisp, FP, HOPE, Miranda	Symbol-, Listenverarbeitung, Expertensysteme
logikorientiert	Prolog, Committed Choice Sprachen	Expertensysteme und sonstige KI-Anwendungen

1.2 Parallelitätsebenen

Man kann im wesentlichen vier Ebenen von Parallelität unterscheiden. Das sind

- die Job– und Programmebene
- die Prozeß– und Prozedurebene
- die Instruktions– und Expressionebene
- die Intra–Instruktions– und Bitebene

In der höchsten Parallelitätsebene bewegen sich die klassischen Zwei– und Mehrprozessorsysteme. Mehrere in sich abgeschlossene Jobs oder Programme, welche unabhängig voneinander ablaufen können, werden vom Betriebssystem nach einem bestimmten Algorithmus auf zwei oder mehrere Rechner verteilt.

Die nächste Ebene der Parallelität bildet die gleichzeitige Ausführung mehrerer Prozeduren oder Prozesse innerhalb desselben Programmes. Dazu muß ein Programm entweder explizit durch den Programmierer oder implizit durch einen Compiler in mehrere Prozesse zerlegt werden. Ein Beispiel hierfür sind Prozeßsteuerungssysteme. Hier sind sehr viele unterschiedliche Prozesse mit unterschiedlichen Prioritäten vorhanden, welche durch Anforderungen aus der Systemumwelt aktiviert werden müssen. Da bei einer begrenzten Anzahl von Prozessoren nicht unbedingt alle Prozesse gleichzeitig bearbeitet werden können, muß es ein Verfahren geben, das bei Bedarf bestimmte Prozesse aktiviert und andere Prozesse verdrängt.

Auch in der Instruktions– und Expressionebene kann die Parallelität entweder explizit, z.B. bei Array– und Matrixoperationen, vorgegeben werden oder implizit durch einen Compiler erkannt werden. Wesentlich ist dabei, daß die Reihenfolge bei der Ausführung der parallelen Operationen irrelevant sein muß. Speziell für die Arrayoperationen werden Arrayrechner gebaut, welche arithmetische Operationen bei gleichen Operatoren parallel ausführen können. Eine andere Möglichkeit Parallelität, auf der Operationsebene zu realisieren, bieten die Datenflußmaschinen. Dabei wird ein Datenflußgraph erzeugt, welcher die Datenabhängigkeiten zwischen den verschiedenen Operationen eines Programms aufzeigt. Den Operationen werden dann Prozessoren zugeordnet, welche erst bei vollständigem Vorliegen aller Eingangswerte mit der Berechnung starten und ihre Ergebnisse an die nachfolgenden Operationen (Prozessoren) abliefern.

Auf der Instruktionsebene gibt es nach dem Klassifikationsschema von Flynn die Einteilung nach der Vielfachheit von Befehls- und Datenströmen. Man unterscheidet dabei zwischen Single Instruction Stream (SI) und Multiple Instruction Stream (MI) auf der Befehlsseite, und zwischen Single Data Stream (SD) und Multiple Data Stream (MD) auf der Datenseite. Die normalen Einrechnersysteme gehören danach in die Gruppe der SISD–Rechner (Single Instruction / Single Data). Die Arrayrechner zählen zu den SIMD–Rechnern, da mehrere Datenströme durch einen Befehlsstrom bearbeitet werden. Und die Multiprozessoren sind den MIMD–Rechnern zugeordnet, da jedem Datenstrom ein eigener Befehlsstrom zugeordnet ist. Datenflußarchitekturen lassen sich in dieses Schema nicht einordnen.

Die niedrigste Ebene der Parallelität ist die Intra–Instruktionsebene. Hier geht es um die Aufteilung einzelner Instruktionen in voneinander unabhängige Teilaufgaben. Dies kann sowohl horizontal geschehen, so wie etwa alle 32 Bits eines Registers in einer CPU gleichzeitig invertiert werden können, als auch vertikal, wenn die verschiedenen Phasen der Befehlsausführung so getrennt werden können, daß aufeinanderfolgende Instruktionen in den verschiedenen Phasen gleichzeitig bearbeitet werden können. Während der erste Befehl schon seine Ergebnisse abliefert, kann der zweite gerade ausgeführt werden, der dritte gerade mit dem Holen der Operanden beschäftigt sein, der vierte noch dekodiert und der fünfte erst geholt werden. Dies nennt man auch Pipelining. Sowohl die horizontale als auch die vertikale Parallelisierung sind in fast allen neueren Mikroprozessoren bereits fest eingebaut. Eine relativ neue Entwicklung bildet die Connection Machine, welche nach der Idee des aktiven Speichers massiv parallel auf 64K Prozessoren jeweils 1 Bit verarbeitet und speichert ([Wal87], [Hil85]).

Die Vektorrechner zählen ebenfalls zu den Pipelinerechnern. Bei ihnen werden Arithmetikpipelines verwendet, welche bei Gleitpunktoperationen eine Zerlegung in Teilfunktionen wie Exponentenvergleich, Shift, Operation und Normalisierung vornehmen. Vektorisierende Compiler können teilweise in Programmen implizit vorhandene Parallelität, z.B. bei bestimmten Iterationsschleifen, erkennen und in Vektoroperationen umsetzen.

In diesem Buch werden primär die zweite und dritte Parallelitätsebene behandelt. Für die oberste Ebene gibt es bereits recht gute Lösungen mit Mehrrechnersystemen und mit über Netze gekoppelten Systemen. Die Parallelisierungen auf der untersten Ebene sind in heutigen Rechnern bereits vielfach realisiert und werden hier nicht betrachtet.

1.3 Homogene bzw. heterogene Struktur des Mehrrechnersystems

Grundlegende Architekturunterschiede werden durch die Art und Vielfalt der Einzelprozessoren in Mehrrechnersystemen festgelegt. Sind die Einzelprozessoren gleichartig aufgebaut, spricht man von einem *homogenen* System. Im Gegensatz dazu sind in einem *heterogenen* System unterschiedliche, z.B. für bestimmte Teilaufgaben optimierte, Einzelprozessoren vorhanden.

Des weiteren können Mehrrechnersysteme noch nach der Art eingeteilt werden, wie die Einzelprozessoren eingesetzt werden können. Sind sie so, daß jeder Prozessor des Systems eine beliebige Teilaufgabe übernehmen könnte, so nennt man das System *symmetrisch* aufgebaut, wird dagegen bestimmten Prozessoren eine spezielle Aufgabe (z. B. die des Masters im Systems) zugewiesen, so nennt man es *asymmetrisch* (vgl. auch [Gil81]). Diese Einteilung steht nicht im Widerspruch zur vorher vorgenommenen, beide lassen sich kombinieren. So sind z. B. eine homogene asymmetrische Struktur (eben die Master–Slave–Kombination) oder auch eine homogene symmetrische Struktur (gleichberechtigte Prozessoren gleicher Art) möglich.

Mit der Entscheidung für eine homogene bzw. inhomogene Architektur werden bestimmte Eigenschaften des Rechnersystems festgelegt, die im folgenden beschrieben werden sollen.

Bei der homogenen Anordnung haben alle Prozessoren die gleiche Struktur, sie sind also grundsätzlich für alle Aufgaben einsetzbar. Die Konfiguration, die mit diesen Prozessoren erzeugbar ist, läßt sich flexibel gestalten und kann auch noch nachträglich, z.B. durch Systemsoftware logisch verändert werden. Die Verteilung von Prozessen auf diese Prozessoren ist dann nur davon abhängig, ob diese rechnend oder beschäftigungslos sind. Jeder Prozessor kann auch die Aufgabe eines "Masters" im System übernehmen, der den anderen Prozessoren, den "Slaves", die Aufgaben zuteilt (vgl. [Soh85], [Mat85]).

Bei einer heterogenen Anordnung werden für bestimmte Aufgaben spezielle Prozessoren eingesetzt, z.B. für das Durchsuchen einer Datenbank, für die Verwaltung von Speicherbereichen oder auch einfach nur für spezielle arithmetische Anwendungen. Eine Konfiguration aus diesen Spezialprozessoren liegt auf Grund der spezifischen Eigenschaften fest und kann nur physikalisch (durch Einbau eines neuen Prozessors) wieder verändert werden, aber nicht logisch durch Software. Wegen der speziellen Anpassung von Spezialprozessoren an bestimmte Aufgaben und ihres überschaubaren und eng umrissenen Einsatzbereichs, können sich beträchtliche Steigerungen der Abarbeitungsgeschwindigkeit ergeben. Die Zuordnung der Tätigkeiten ist durch die Eigenschaften der Spezialbausteine festgelegt: beispielsweise läßt sich eine Master–Slave–Konfiguration nur in einer bestimmten, vorher festliegenden Weise, herstellen (vgl. [Woo85], [Ume83]).

1.4 Verbindungs-Netzwerke

Damit bei einem Programmsystem verschiedene Komponenten gleichzeitig ausgeführt werden können, müssen die so entstehenden nebenläufigen Teilaufgaben oder Prozesse zur Kommunikation und Synchronisation Daten austauschen. Um dies zu ermöglichen, müssen die beteiligten Komponenten miteinander in Verbindung stehen. Dabei sind verschiedene Klassifizierungen üblich. Grundsätzlich lassen sich zwei Methoden des Datenaustausches unterscheiden:

- synchron: über logische Kanäle werden Datenpakete mit 'send' und 'receive' direkt zwischen den Komponenten verschickt (z.B. *message passing*).
- asynchron: über gemeinsame Variable, auf die alle beteiligten Komponenten exklusiven Zugriff haben (z.B. *mailbox*).

Die physikalische Realisierung der "Gleichzeitigkeit" ist logisch gleichzeitig in einem Singleprozessorsystem, zum Beispiel nach einem Zeitscheibenverfahren, möglich, sowie physikalisch gleichzeitig bei geeigneter Hardware, zum Beispiel in einem Multiprozessorsystem. Im weiteren sollen die physikalischen Realisierungsmöglichkeiten in Multiprozessor- und Multicomputer-Systemen betrachtet werden.

Multiprozessor- und Multicomputer-Systeme

Betrachtet man reale Systeme mit mehreren Verarbeitungseinheiten (PEs – *processing elements*), so stellen die Verbindungsstrukturen ein wichtiges Element der parallelen Datenverarbeitung dar. Abhängig von der Lage des Verbindungsnetzwerkes unterscheidet man zwei Systeme [Sie85]:

- enge Kopplung: über einen oder mehrere gemeinsame Speicher (Speicherkopplung) (Bild 1.2a).
- lose Kopplung: die Verarbeitungseinheiten (PEs) sind über ein Netzwerk direkt miteinander verbunden (Bild 1.2b).

Mit der engen Kopplung nach Bild 1.2a wird eine Kommunikation über gemeinsame Variablen gut unterstützt, mit der losen Kopplung nach Bild 1.2b läßt sich Message Passing gut realisieren. Es gibt Mischformen, die sowohl lokalen als auch globalen Speicher verwenden [Pat81].

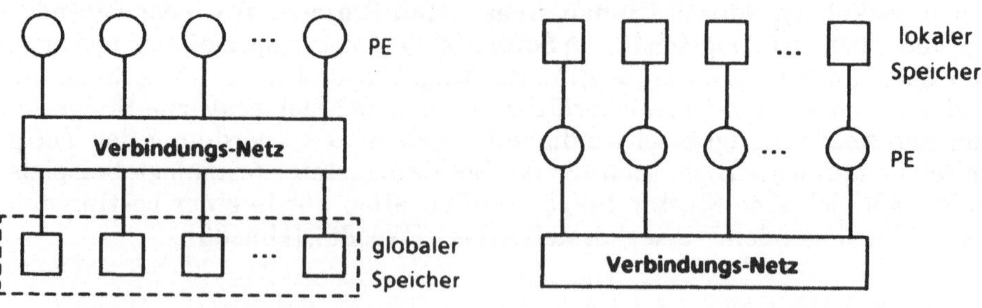

Bild 1.2.a enge Kopplung

Bild 1.2.b lose Kopplung

Verbindungs–Netzwerke

In beiden Fällen ist ein Verbindungsnetzwerk notwendig, um die Komponenten zu verbinden. Eine naheliegende Verbindungsstruktur ist der Kreuzschienenverteiler (*crossbar*), der jeden Eingang mit jedem Ausgang direkt verbinden kann. Dieser ist aber bei massiv parallelen (*massively parallel*) Systemen mit vielen Komponenten nicht sinnvoll, da der Aufwand quadratisch mit der Zahl N der Komponenten wächst ($O(N^2)$). In Anwendungen, bei denen nicht alle Komponenten physikalisch gleichzeitig verbunden werden müssen, beschränkt man sich daher in vielen Fällen auf unvollständig vermaschte Netzwerke.

Verbindungs–Netze lassen sich in statische und dynamische Netze klassifizieren (Bild 1.3). In statischen Netzwerken ist die Verbindung zwischen Eingang und Ausgang des Netzes fest vorgegeben, in dynamischen Netzen können die Eingänge mittels Steuersignalen auf verschiedene Ausgänge gelegt werden.

Statische Netzwerke

Bei statischen Netzwerken lassen sich verschiedene Topologien unterscheiden [Hwa84], die meist in Form von Netzwerk–Graphen, wie sie aus der Graphentheorie bekannt sind, dargestellt werden (Bild 1.4).

Ein einfaches statisches Verbindungs–Netzwerk ist die Busverbindung, bei der alle Komponenten an einem gemeinsamen Bus angeschlossen sind. Ein Vorteil dieser Verbindungsart ist der einfache Aufbau sowie die leichte Anlagerung weiterer Komponenten. Ein großer Nachteil ist die stark eingeschränkte Übertragungsrate durch häufige Blockierungen, da zu jedem Zeitpunkt immer nur eine Komponente den Bus benutzen kann.

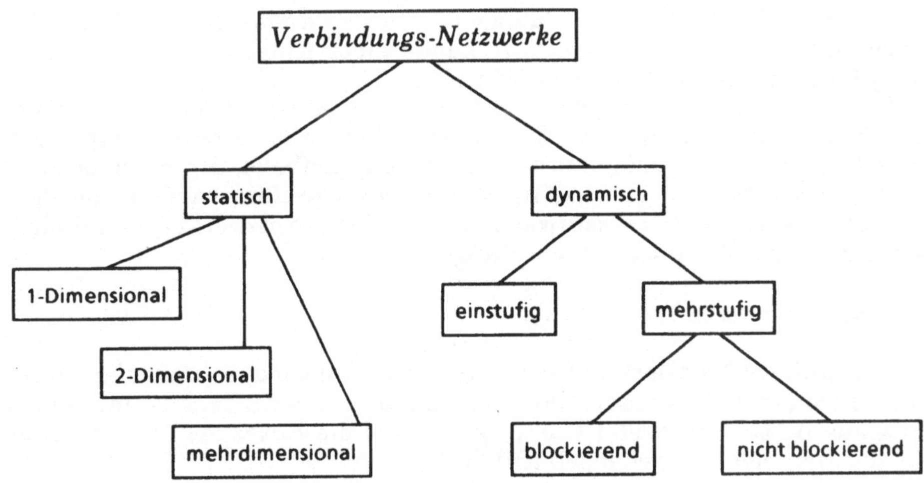

Bild 1.3. Verbindungs-Netzwerke

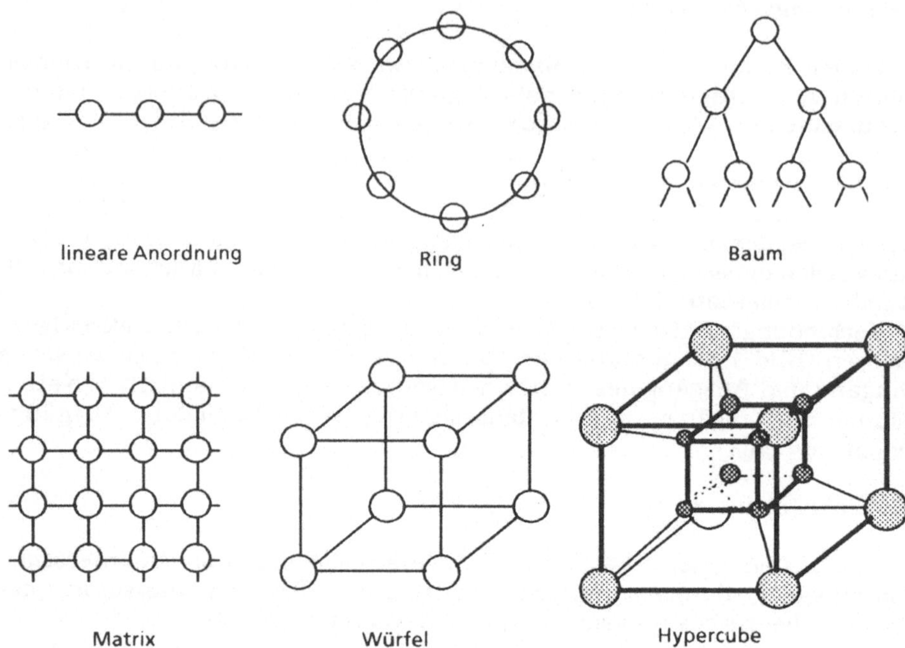

Bild 1.4. Einige statische Netzwerk-Topologien

Dynamische Netzwerke

Das Kennzeichen dynamischer Netzwerke ist die Möglichkeit, während des Betriebes das Netzwerk dynamisch zu konfigurieren. Dazu werden oft binäre Schalter in Form eines 2x2–Crossbars verwendet (Bild 1.5), die entweder Punkt zu Punkt–Verbindungen in Permutations–Netzwerken oder zusätzlich Broadcast, also die Verbindung eines Eingangs mit mehreren Ausgängen, durchführen können [Hwa84].

Die Zielsetzung ist, mit möglichst geringem Aufwand die gewünschten Verbindungen herzustellen. Dabei wird versucht, einen Kompromiß zwischen der Geschwindigkeit des Verbindungsaufbaus, der Blockierungsfreiheit bei mehreren gleichzeitigen Verbindungsanforderungen und dem notwendigen Realisierungsaufwand des jeweiligen Netzwerktyps zu finden. Man unterscheidet ein– und mehrstufige Netzwerke.

Einstufige dynamische Netzwerke

Ein einstufiges Netzwerk hat einen geringen Aufwand, es muß aber unter Umständen mehrfach durchlaufen werden, um einen Eingang E_x mit einem Ausgang A_y zu verbinden [Sie85]. Daher sind die Ausgänge über Schalter auf die Eingänge rückgekoppelt (Bild 1.6).

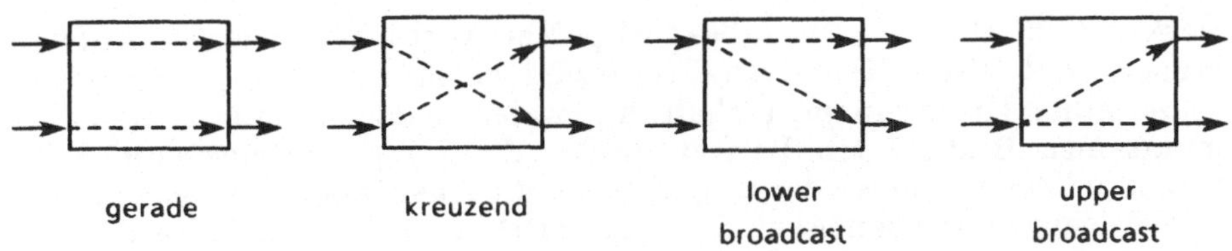

Bild 1.5. 2x2 Schaltelement mit vier Schaltzuständen

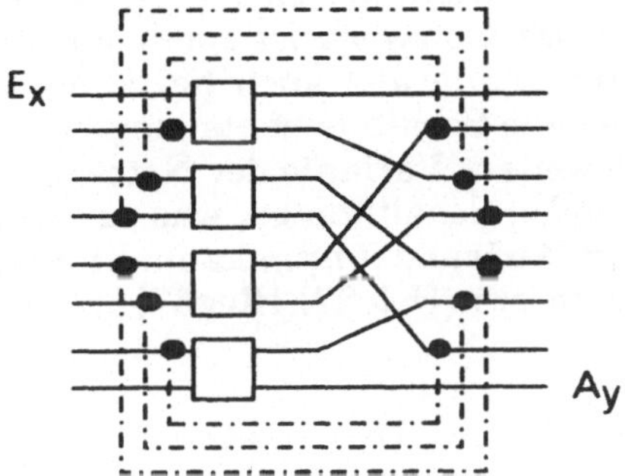

Bild 1.6. Einstufiges dynamisches Netzwerk

Mehrstufige dynamische Netzwerke

Bei mehrstufigen Netzwerken kann ein Eingang direkt mit jedem Ausgang verbunden werden. Die drei Charakteristika mehrstufiger Netzwerke sind der Aufbau des Schaltelementes, die Netzwerk–Topologie, sowie die Art der Steuerung der Schaltelemente. Hier soll zunächst die Netzwerk–Topologie mit einfachen binären Schaltern (Bild 1.6) ohne Berücksichtigung der Steuerungsstruktur betrachtet werden. Diese Netzwerke kann man zunächst in blockierende und nichtblockierende unterteilen. Blockierend bedeutet hierbei, daß nicht alle zu einem Zeitpunkt gewünschten Verbindungen hergestellt werden können, da benötigte Ressourcen im Netzwerk anderweitig vergeben sind.

Nichtblockierende dynamische Netzwerke

Zu den nichtblockierenden dynamischen Netzwerken zählen der Crossbar sowie das Clos–Netzwerk [Clo53], die jeden Eingang gleichzeitig auf einen (oder mehrere) beliebigen Ausgang durchschalten können.

Blockierende dynamische Netzwerke

Bei blockierenden Netzwerken ist dies nicht möglich. Je nach Struktur des Netzwerkes können nur ein oder wenige Eingänge gleichzeitig mit Ausgängen verbunden werden. Diese Klasse von sogenannten Banyan–Netzwerken (z.B. Omega-, N-Cube-, Flip-Netzwerk) haben einen Aufwand proportional O(N ld N) und eine Stufenzahl von ld N/2.

Bei einer Hintereinanderschaltung zweier Grundkonfigurationen (Permutationen: Bild 1.7 z.B. Perfect Shuffle, Kreuzung, Vertauschung) erhält man alle Permutationen der Eingänge auf die Ausgänge. Diese sogenannten Beneš-Netzwerke [Ben64] sind an den mittleren binären Schaltern gespiegelt (Bild 1.8). Es gehört zu der Klasse der *rearrangeable networks*, bei denen alle möglichen Verbindungen zwischen Eingängen und Ausgängen durch eine Umstrukturierung der bereits existierenden Verbindungen zu jeder Zeit möglich ist [Hwa84].

Durch den Mehraufwand lassen sich alternative Wege zwischen den Eingängen und Ausgängen schalten, was zu einer höheren Leistung des Verbindungsnetzes führt. Dieses Netzwerk ist somit auch in gewissen Grenzen fehlertolerant. Um Fehlertoleranz auch bei anderen Netzwerktypen zu erreichen, werden spezielle Schaltelemente eingesetzt, um defekte Schalter zu überbrücken. Eine weitere Variante der Netzwerkauslegung ist die Verwendung von speichernden Schaltknoten, was zu einer weiteren Leistungssteigerung bei höherem Aufwand führen kann. Eine Vertiefung des Themas Verbindungs-Netzwerke ist in [Kle87], [Reg87] und in [Hwa84] zu finden.

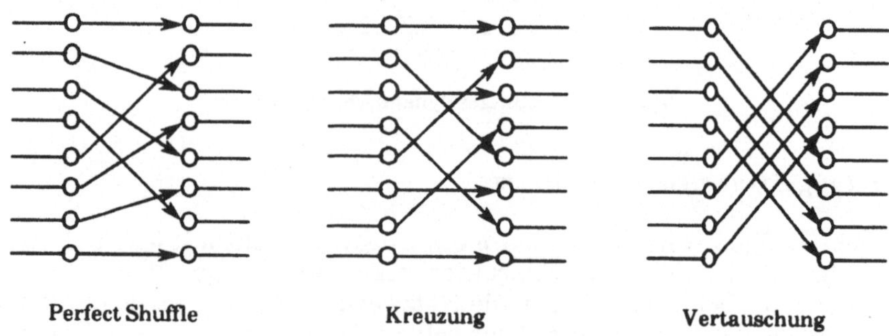

Bild 1.7. dynamische Netzwerktypen

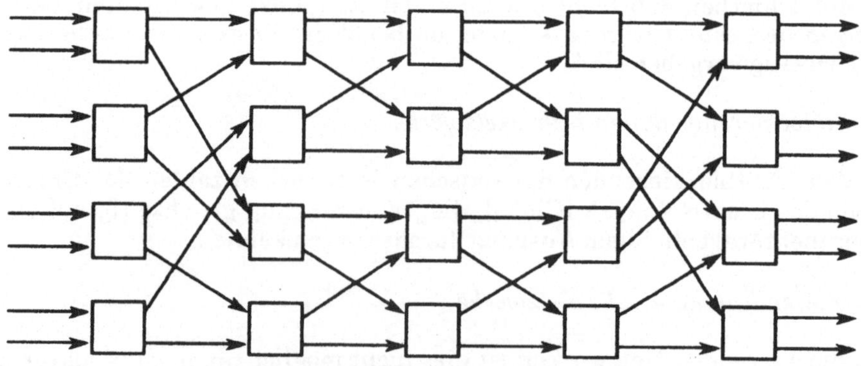

Bild 1.8. 8x8 Beneš-Netzwerk (Perfect Shuffle, 2xN/2)

1.5 Garbage Collection

Moderne höhere prozedurale Programmiersprachen wie Ada, Pascal, Chill u.a. besitzen neben der Möglichkeit Datenobjekte, statisch zu vereinbaren auch noch Sprachkonstrukte, mit denen Datenobjekte dynamisch erzeugt und wieder entlassen werden können. Die Erzeugung dynamischer Strukturen wird durch den Programmierer explizit angestoßen und kontrolliert. Er braucht sich aber nicht um die Speicherplatzverwaltung für die dynamischen Objekte zu kümmern. Diese Arbeit wird, für den Benutzer unbemerkt, von einem speziellen Teil des Laufzeitsystems der jeweiligen Sprache übernommen.

Eine weitere Gruppe von Sprachen, zu der u.a. Lisp, Prolog und objektorientierte Sprachen wie Smalltalk gehören, stützt sich überwiegend auf haldenartige Speicherverwaltung, ohne daß der Programmierer explizit angeben muß, wo Speicherplatz für seine Objekte reserviert werden soll. Bei Lisp werden Programme und Daten in Form von verzeigerten Listen organisiert und hierfür Speicherplätze auf der Halde (*heap*) zugewiesen. Objekte in Smalltalk werden ebenfalls auf der Halde verwaltet.

Aufgabe der dynamischen Speicherplatzverwaltung (*heap management*) ist es, neu erzeugten Objekten Speicherplatz zuzuweisen, und den nicht mehr benötigten Objekten den Speicherplatz wieder zu entziehen, um ihn anderweitig verwenden zu können. Die Zuweisung von Speicherplatz an Objekte ist durch sequentielle Vergabe von Speicherzellen solange leicht zu bewerkstelligen, bis deren Vorrat erschöpft ist. Spätestens dann muß festgestellt werden, ob es Objekte gibt, die von Benutzerprozessen nicht mehr benötigt werden und deren Speicherplatz zur Neuvergabe aufgesammelt werden kann (*garbage collection*). Nicht mehr benötigte Objekte werden daran erkannt, daß sie von den Variablen des Benutzerprozesses nicht mehr referenziert werden, d.h. keine Verweise mehr auf sie bestehen.

Auf der Feststellung und Aufsammlung des Speicherplatzes solcher Objekte beruhen die klassischen Verfahren zur Garbage Collection wie "*Mark and Sweep*" [Coh81] und "*Reference Counting*" [Col60].

Mark and Sweep ist ein Verfahren, das in zwei Phasen abläuft. Zunächst werden alle Haldenobjekte markiert, die, ausgehend von einem statischen Objekt des Programmes, auf irgendeinem Referenzenpfad erreicht werden (Transitive Hülle). Anschließend wird der gesamte Haldenbereich überstrichen und alle nichtreferenzierten Speicherplätze zu einer Liste verkettet (Freiliste).

Beim Reference Counting erhält jedes Objekt der Halde ein zusätzliches Feld, in dem die Anzahl der Verweise auf das Objekt eingetragen und laufend aktualisiert wird. Ob ein Objekt nicht mehr benötigt wird, kann somit am Stand seines Referenzzählers erkannt werden, ohne vorher den gesamten Referenzgraphen durchlaufen zu müssen.

Weil diese Verfahren i.a. sehr viel Rechenleistung beanspruchen, wurden sie verschiedenartig weiterentwickelt und auch kombiniert. Damit wurde ihre Leistung gesteigert und ihr Overhead reduziert [Coh81]. So wurde z.B. das Reference Counting verzögert ausgeführt, um Rechenzeit zu sparen [Deu76]. Andere Verfahren verbessern die Effizienz durch Kompaktifizierung des Heap, so daß die Garbage Collection in kleineren Speicherbereichen abläuft und somit bei virtuellen Speichersystemen weniger Seitenwechsel verursacht [Fen69, Che70].

Das "Generational-Garbage-Collection-Verfahren" von Lieberman und Hewitt [Lie80], sowie das "Generation-Scavenging-Verfahren" von Ungar [Ung84] stützen sich auf die Erkenntnis, daß in vielen Anwendungen die meisten Objekte sehr kurzlebig sind [Cla77]. Objekte, die schon eine gewisse Zeit existieren, werden mit größerer Wahrscheinlichkeit noch länger referenziert als sehr junge Objekte. Die zuletzt genannten Verfahren teilen die Objekte nach ihren Erzeugungszeitpunkten in Generationen ein und führen die Garbage Collection zunächst immer bei der jüngsten Generation durch, da hier mit höherer Wahrscheinlichkeit nicht länger referenzierte Objekte gefunden werden. Durch dynamische Anpassung der Zahl der Generationen sowie der Grenzen zwischen den Generationen können die zu durchsuchenden Speicherbereiche klein gehalten werden. P. Bishop beschreibt ein Verfahren, das den virtuellen Adreßraum in kleine Bereiche teilt, die jeweils einem Benutzerprozeß zugeordnet werden können [Bis77].

Bei den letzteren Verfahren wird die Bereinigung der Teilbereiche mit Mark-and-Sweep-Verfahren durch Referenzen zwischen den Teilbereichen erschwert, weshalb die Trennung der Bereiche nach Möglichkeit so vorzunehmen und dynamisch anzupassen ist, daß wenig bereichsübergreifende Referenzen entstehen. Am besten werden daher logisch unabhängige Objekte getrennt verwaltet. Beim Reference-Counting entfällt dieser Nachteil, da an jedem Objekt selbst erkannt werden kann, ob es noch referenziert wird, egal woher eine Referenz kommt. Dafür besitzt dieses Verfahren den Nachteil, zyklische Strukturen nicht erkennen zu können.

Durch die Teilung des Heap in kleine Bereiche entsteht die Möglichkeit, in einzelnen Heap-Teilen, die der Benutzerprozeß gerade nicht anspricht, zeitgleich mit der Bearbeitung des Benutzerprozesses Garbage Collection durchzuführen. Diese Aufgabe könnte dabei von einem eigenen Prozeß bei Multitasking oder sogar von einem speziellen Prozessor [Oxl86] wahrgenommen werden. Die Bereitstellung eines speziellen Prozessors für Garbage Collection erscheint aber nur dann sinnvoll, wenn die Leistung des speicherverbrauchenden Benutzerprozessors und des zurückgewinnenden Collectors aufeinander abgestimmt sind. Die Beziehung zwischen Verbrauch und Rückgewinnung ist aber überwiegend von der jeweiligen Anwendung abhängig und kann deshalb nicht pauschal festgelegt werden. Günstiger könnte es sein, die Leistung des Garbage Collectors dem Benutzerprozeß anpassen zu können, indem beispielsweise diese Aufgabe von Prozessen wahrgenommen wird, deren Anzahl sich dynamisch verändern läßt.

Eine konkrete technische Realisierung, bei der der Speicherzugriff zwischen Benutzerprozessor und speziellem Garbage-Collector-Prozessor durch eine Memory-Management-Unit (*MMU*) koordiniert wird, läßt sich in [Oxl86] nachlesen. Eine wechselseitige Zugriffssperre auf den Heap läßt sich mit vertretbarem Aufwand realisieren. Außer dem Zugriffsrecht auf den Heap benötigt der Garbage Collector aber auch noch Information über die Referenzen der Benutzer-CPU in diesen Bereich. Bei Einsatz eines Reference-Counting-Verfahrens kann auf diese Information verzichtet werden.

Eine weitere Realisierungsmöglichkeit wird in [Ama82] beschrieben. Bei der dort dargestellten Architektur ist der Speicher in Bänke geteilt, wobei jede Speicherbank zusätzliche Hardware (*cleanup*) zur effizienten Unterstützung des Reference Counting und der Garbage Collection besitzt.

Bei prozeßorientierten Sprachen wie Ada und Chill könnte Garbage Collection beispielsweise bei den wartenden oder suspendierten Prozessen durchgeführt werden. Solange ein Prozeß wartet, ergibt sich kein Zugriffswettbewerb zwischen ihm und dem Garbage Collector. Ist der Heap–Bereich eines Benutzerprozesses genügend zergliedert, können seine Daten weitgehend verdrängt werden. Lediglich der aktuell zu bereinigende Teilbereich des Heap braucht im Arbeitsspeicher zu verbleiben.

Rechenanlagen zukünftiger Generationen werden sowohl im numerischen als auch im symbolverarbeitenden Bereich Höchstleistungen erfordern, um u.a. auch Echtzeit–Anwendungen gerecht zu werden. Da auch in absehbarer Zeit noch keine so umfangreichen Speicher zur Verfügung stehen werden, bei denen auf eine Speicherrückgewinnung verzichtet werden könnte, bleibt die Garbage Collection eine wesentliche Komponente des Systems. Um weiterhin die Leistung der Systeme zu steigern, muß der Weg der unabhängigen Garbage Collection weiterverfolgt werden, sei es durch eigene Prozessoren oder durch neuartige, selbstverwaltende Speicher.

1.6 Overhead

Die Realisierung des Parallelismus einer Programmiersprache, der durch Syntax und Semantik gegeben ist, erfordert einen zusätzlichen Aufwand. Die syntaktischen Konstrukte der Sprache führen, explizit oder implizit, zur Erzeugung von "Arbeitspaketen", die parallel (nebenläufig) abgearbeitet werden können. Diese werden im folgenden kurz *Pakete* genannt.

Im allgemeinen existieren diese Pakete nicht isoliert, sondern bilden einen Kontext mit anderen Arbeitspaketen. Der Kontext wird durch die Kommunikation und Synchronisation der Pakete während ihrer Abarbeitung gebildet. Auf Prozeß– und Prozedurebene kann die Kommunikation zum Beispiel hierarchisch oder "gleichberechtigt" erfolgen. Hierarchisch heißt hier, daß ein "Vaterprozeß" einen oder mehrere "Sohnprozesse" erzeugt, die er mit bestimmten Aufgaben betraut, und deren Ergebnisse er sich abholt. Im anderen Fall tauschen die Prozesse auf irgendeine Art Informationen untereinander aus.

Die Mechanismen der Kommunikation und Synchronisation, ebenso wie die Art und Weise der Paketerzeugung, –aktivierung und –terminierung, die durch die Sprache impliziert sind, erfordern immer einen zusätzlichen Verwaltungsaufwand, der von der HW–Architektur noch unabhängig ist. Dieser "Overhead" wird im Unterkapitel 4 der jeweiligen Sprache untersucht. Es werden auch insbesondere Fragen der Prozeß– und Speicherverwaltung behandelt, die auf den Eigenarten der Sprache beruhen. Der Overhead, der sowohl durch die Art und Anzahl der Prozessoren, als auch durch deren physikalische Verbindungsstruktur gegeben ist, wird hier nicht untersucht.

Eine geeignete Hardware–Architektur muß darauf abzielen, die Verwaltung der Pakete und deren Kommunikation und Synchronisation so effizient wie möglich zu unterstützen.

1.7 Literaturverzeichnis

Alt86 Altenkrüger, D.E.: Sprachparadigmen im Wandel, in: Schwärtzel, H. (Hrsg.): Informatik in der Praxis, Berlin, Heidelberg, New York, Tokyo: Springer 1986, 281-292

Ama82 Amamiya, M.; et al.: A List-processing-oriented Data Flow Machine Architecture, in: AFIPS Conf. Proc. NCC 1982, 143-151

Ben64 Beneš, V.E.: Mathematical Theorie of Connecting Networks and Telephon Traffic, New York: Academic Press 1964

Bhu83 Bhuyan, L.N.; Agrawal, D.P.: Design and Performance of Generalized Interconnection Networks, IEEE Transactions on Computers, C-32 (1983), 1081-1090

Bis77 Bishop, P.B.: Computer Systems with a very Large Adress Space and Garbage Collection, Techn. Report TR-178, Laboratory for Computer Science, Cambridge, Mass., 1977

Che70 Cheney, J.: Nonrecursive List Compacting Algorithm, CACM 13 (1970), 677-678

Cla77 Clark, D.W.; Green, C.C.: An Empirical Study of List Structure in Lisp, CACM 20 (1977), 78-86

Clo53 Clos, C.: A Study on NonBlocking Switching Networks, Bell Systems Technical Journal 32 (1953), 406-424

Coh81 Cohen, J.: Garbage Collection of Linked Data Structures, Computing Surveys 13 (1981), 341-367

Col60 Collins, G.E.: A Method for Overlapping and Erasure of Lists, CACM 3 (1960), 655-657

Deu76 Deutsch, L.; Bobrow, D.: An Effizient, Incremental, Automatic Garbage Collector, CACM 19 (1976), 522-526

Eis85 Eisenbach, S.: Declarative Languages: An Overview, Byte, Nr. 8, 1985, 181-197

Fen69 Fenichel, R.; Yochelson, J.: A LISP Garbage Collector for Virtual Memory Computer Systems, CACM 12 (1969), 611-612

Gil81 Giloi, W. K.: Rechnerarchitektur, Berlin, Heidelberg, New York, Tokyo: Springer 1981

Hil85 Hillis, W.D.: The Connection Machine, Cambridge, Mass.: The MIT Press 1985

Hwa84 Hwang, K.; Briggs, F.A.: Computer Architecture and Parallel Processing, New York: Mc Graw-Hill 1984

Joh86 Johnson, T.; Durham, T.: Parallel Processing: the challenge of new computer architectures, London, Princeton, N.J.: Ovum 1986

Kle87 Klein, A.; Eckardt, H.; Istavrinos, P.: Parallelrechner Architekturen, eine Studie zum Stand der Technik, Siemens AG, Bericht, Aktz. ZT ZTI SYS 1-52 Kl/Eck/I/Wi, 1987

Kob86 Kober, R.; Müller-Schloer, Ch.; Schmitter, E.: Chancen für Parallelarchitekturen, in Schwärtzel, H. (Hrsg.): Informatik in der Praxis, Berlin, Heidelberg, New York, Tokyo: Springer 1986, 295-313

Lee84 Lee, M.; Wu, C-L.: Performance Analysis of Circuit Switching Baseline Interconnection Networks, in: Proc. 11th Symposium on Computer Architecture, 1984, 82-90

Lie80 Lieberman, H.; Hewitt, C.: A Real Time Garbage Collector that can Recover Temporary Storage Quickly, Technical Report 569, Artificial Intelligence Laboratory, MIT, 1980

Mat85 Matsuda, H.; Kokata, M.; Masuo, T.; Kaneda,Y.; Maekawa, S.: Parallel Prolog Machine PARK: Its Hardware Structure and Prolog System, in: Proc. 4th Conference on Logic Programming '85, 1985

Oxl86 Oxley, D. W.: European Patent Application, Publ. No. 0 173 464 A2, 1986

Pat81 Patel, J.H.: Performance of Processor-Memory Interconnections for Multiprocessors, IEEE Transactions on Computers, C-30 (1981), 771-780

Reg87 Regenspurg, G.: Hochleistungsrechner - Architekturprinzipien, Hamburg: Mc Graw-Hill 1987

Soh85 Sohma, Y.; Satoh, K.; Kumon, K.; Masuzawa, H.; Itashiki, A.: A New Parallel Inference Mechanism based on Sequential Processing, in: Proc. IFIP TC-10 Working Conf. on Fifth Generation Computer Architecture, 1985, 3-14

Sie85 Siegel, H.J.: Interconnection Networks for Large Scale Parallel Processing, Lexington Mass.: Lexington Books 1985

Ume83 Umeyama, S.; Tamura, K.: A Parallel Execution Model of Logic Programs, in: Proc. 10th Annual Int. Conf. on Computer Architecture, 1983, 349-355

Ung84 Ungar, D. : Generation Scavenging: A Non-disruptive High Performance-Storage Reclamation Algorithm, in: Proc. ACM SIGSOFT/SIGPLAN Software Engineering Symposium on Practical Software Development Environments, 1984, 157-167

Wal87 Waltz, D.L.: Application of the Connection Machine, Computer, Nr. 1, 1987, 85-97

Woo85 Woo, N.S.: A Hardware Unification Unit: Design and Analysis, in: Proc. 12th Annual Int. Symposium on Computer Architecture, 1985, 198-205

Wu80 Wu, C.; Feng, T.: On a Class of Multistage Interconnection Networks, IEEE Transactions on Computers C-29 (1980), 694-702

2 Prozedurale Programmiersprachen (Ada, CHILL)

Die prozeduralen Programmiersprachen gehören, neben den objektorientierten Sprachen, zu den sogenannten imperativen Programmiersprachen [Schw86]. Sie zählen heute zu den am weitesten verbreiteten und wohl klassisch zu nennenden Programmiersprachen. Einer der ersten Vertreter war die um 1958 entwickelte Sprache Fortran. Daran schlossen sich eine lange Reihe von weiteren Programmiersprachen mit dem Paradigma "prozedural" an (Tabelle 1.2). All diesen Sprachen ist gemeinsam:

- die Verwendung von Variablen,
- die Zuweisung als charakteristische Operation und
- die kontrollflußorientierte Verarbeitung,
- die Ausführung der durch die Aufschreibung bestimmten Sequenz von Statements,
- die "konventionelle" Datenverarbeitung und Numerik als typischen Anwendungsbereich.

Prozedurale Programmiersprachen sind eng mit der von Neumann-Rechnerarchitektur verbunden, welche bis heute die am weitesten verbreitete Architektur auf dem kommerziellen Markt ist. Für sämtliche prozeduralen Programmiersprachen bestehen Implementierungen auf dieser Architektur. Durch ihr bestechend einfaches Prinzip und ihre weite Verbreitung konnten Rechner mit der von Neumann-Architektur gegenüber anderen Architekturvorschlägen, die hauptsächlich ab Mitte der siebziger Jahre entwickelt wurden, bis heute bestehen. Aufgrund der Weiterentwicklungen und neuer Erkenntnisse im Bereich der Programmiersprachen traten die Nachteile der von Neumann-Architektur mehr und mehr zutage, allen voran der sogenannte "von Neumann-Flaschenhals" bei Speicherzugriffen [Bac78, Arv83]. Bei modernen Prozessoren wird daher die ursprüngliche von Neumann-Grundarchitektur unter anderem mit zusätzlichen Einrichtungen wie Caches und mehrstufigen Pipelines erweitert, um den Forderungen nach einer erhöhten Leistungsfähigkeit gerecht zu werden [Bod83].

Zu den bekanntesten modernen prozeduralen Programmiersprachen gehören, neben Modula und Occam, Ada und CHILL. Alle diese Sprachen sind Weiterentwicklungen bekannter höherer Programmiersprachen (HLL, *High Level Language*) wie Algol und Pascal. Dabei wurden die Konzepte und programmiertechnischen Erkenntnisse aus den intensiven Forschungen in der Informatik der zurückliegenden Jahre umgesetzt. Bei Ada und CHILL wurde versucht, mit einer möglichst universellen Programmiersprache die aktuellen sowie zukünftigen Anforderungen an eine Programmiersprache zu berücksichtigen, wie zum Beispiel die Entwicklung sehr großer Programmsysteme oder die Programmierung von Multiprozessorsystemen.

Ada und CHILL

Die Programmiersprachen Ada und CHILL haben sowohl in ihrer Entstehungsgeschichte, als auch in ihrem Sprachkonzept und in ihrer Zielsetzung einige Gemeinsamkeiten. Beide Sprachen wurden von einem Gremium oder einem Ministerium in Auftrag gegeben: Ada vom DoD (*Department of Defense*), dem US-Verteidigungsministerium, CHILL vom CCITT (*Comité Consultatif International Télégraphique et Téléphonique*), dem internationalen Zusammenschluß der Post- und Telephongesellschaften. Es wurde versucht, eine Vereinheitlichung der bis dato entstandenen und verwendeten Programmiersprachen (im Bereich des DoD wurden zum Beispiel mehr als 450 verschiedene Sprachen und inkompatible Dialekte verwendet) zu erreichen. Die Absicht war die Schaffung eines Standards auf dem jeweiligen Gebiet: Bei CHILL für rechnergestützte Vermittlungsanlagen, bei Ada für den Einsatz im gesamten Bereich des DoD. Die Entwicklung beider Sprachen wurde Anfang der siebziger Jahre eingeleitet und mündete Ende der siebziger Jahre in die jeweilige Sprachdefinition.

Ada und CHILL enthalten Konzepte, wie sie schon in anderen Programmiersprachen, zum Beispiel in Pascal, verwendet wurden. Diese Konzepte waren:

- ein Typenkonzept
- die Trennung von Deklarations- und Anweisungsteil
- Unterstützung der strukturierten Programmierung

In Ada und CHILL kommen weiterhin Konzepte zur Anwendung, die in den bisherigen Programmiersprachen noch nicht in diesem Umfang enthalten waren. Diese neuen Konzepte sind:

- die Schaffung von Sprachmitteln, um Parallelität in Form dynamischer Prozesse auszudrücken. Damit soll der Forderung nach der Anwendung in Multiprozessorsystemen, sowie der Programmierbarkeit von Echtzeit- und Prozeßrechnersystemen Rechnung getragen werden
- ein logisches Modulkonzept, um logisch zusammenhängende Daten, Typen und Prozeduren in 'Pakete' (*package*(bei Ada), *MODULE*(bei CHILL)) zu bringen
- ein physikalisches Modulkonzept, um diese Pakete dann getrennt übersetzen und überprüfen zu können. Dies erleichtert die Programmierung großer Programmsysteme
- die Möglichkeit der Ausnahmebehandlung (*exception handling*). Hierdurch können zur Laufzeit auftretende Fehlersituationen explizit abgefangen werden, indem die Kontrolle an das Programm übergeben wird, ohne daß das gesamte System in einen undefinierten Zustand kommt. Dies ist vor allem bei Echtzeitsystemen, wie zum Beispiel bei Telephonvermittlungen, von eminenter Bedeutung.

Im folgenden werden hauptsächlich diejenigen Sprachmittel der Programmiersprachen Ada und CHILL behandelt, die eine Erweiterung der bekannten Konzepte aus anderen Hochsprachen darstellen. Ein besonderer Schwerpunkt liegt dabei auf den Möglichkeiten Parallelität auszudrücken.

2.1 Einführung und Sprachmittel der höheren Programmiersprachen Ada und CHILL

Ziel dieses Kapitels ist es, neben der historischen Entwicklung, die grundlegenden Sprachmittel der höheren Programmiersprachen Ada und CHILL aufzuführen. Dabei liegt das Hauptaugenmerk auf den Besonderheiten und Erweiterungen der Sprachen gegenüber den bis dato verbreiteten prozeduralen Programmiersprachen, wie etwa Pascal.

2.1.1 Ada

2.1.1.1 Einführung in Ada

Die Programmiersprache Ada [Geh85, Led83] ist nach Augusta Ada Byron benannt, der Gräfin von Lovelace und Tochter des englischen Dichters Lord Byron. Sie war die Assistentin, Mitarbeiterin und Gönnerin von Charles Babbage, dem Mathematiker und Erfinder einer Rechenmaschine, der 'Analytical Engine'. Um 1830 schrieb Ada Byron ein nahezu vollständiges Programm für diese Maschine, das die Bernoulli'schen Zahlen berechnen sollte. Aufgrund dessen kann die Gräfin Lovelace als der Welt erste Programmiererin gelten.

Historie

Nach PL/1 und Algol68 stellt Ada den dritten Versuch dar, eine möglichst universelle Programmiersprache zu schaffen [Win82]. Aufgrund der vielen im Einsatz befindlichen Programmiersprachen und Dialekte (über 450) im Bereich des US-Verteidigungsministeriums DoD (*Department of Defense*), sollte eine Vereinheitlichung der vielen Sprachen angestrebt werden. Ähnliche Bestrebungen des DoD hatten einst zur Entwicklung der Sprache Cobol auf dem kaufmännischen Gebiet geführt. Wirtschaftlichkeitsanalysen in den frühen siebziger Jahren ergaben, daß bis 1999 ungefähr 24 Milliarden Dollar eingespart werden könnten, wenn das DoD eine einheitliche Programmiersprache verwenden würde.

Aus dieser zunächst wirtschaftlichen Motivation wurde ab 1975 der Anforderungskatalog für eine solche allgemein einsetzbare Programmiersprache erstellt. Diese Anforderungen wurden im Juni 1976, nach den ersten Überlegungen, die im *strawman*- und *woodenman* Dokument niedergelegt waren, im sogenannten *tinman* Dokument [DoD76] festgehalten. Die Erfordernisse der Sprache richteten sich an die Einfachheit und Vollständigkeit der Sprache, Programmzuverlässigkeit, Korrektheit, leichte Wartung und Übertragbarkeit, Echtzeit-Programmierung und Fehlerbehandlung, sowie die einfache Handhabung auch großer, komplexer Programmsysteme. Als Antwort auf den sich abzeichnenden Trend zu Mehrrechner-Systemen und weg von den Groß-Computern, wurde als Voraussetzung die Möglichkeit paralleler Programmierung (gleichzeitig ausführbarer Programmkomponenten) gefordert. Die Bewertung bereits existierender Programmiersprachen, wie zum Beispiel Pascal, Algol oder Simula, ergab, daß keine dieser Sprachen den *tinman* Anforderungen gerecht wurde. Daher beschloß man beim DoD, eine neue Programmiersprache zu entwerfen.

Dank einer breit angelegten öffentlichen Diskussion, an der sich Universitäten, Industrie, sowie in- und ausländische Militärorganisationen beteiligten, wurden die vom DoD erstellten Studien rasch ausgewertet. Das *tinman* Dokument wurde so zum *ironman* Dokument [DoD77] weiterentwickelt. Nach einer Ausschreibung des DoD, an der sich 16 Bewerber aus Wirtschaft und Forschung beteiligten, wurden 1977 vier Entwürfe für eine neue Programmiersprache in die engere Wahl gezogen, die sich interessanterweise alle stark an Pascal anlehnten. Diese Entwürfe wurden dann konkurrierend bei den ausgewählten Bewerbern weiterentwickelt.

Nach einer weiteren Verfeinerung der Sprachdefinition im *steelman* Dokument [DoD78] wurde im Mai 1979 die "Green Language" als die neue DoD *high-order-language* ausgewählt (benannt nach der Farbe des Einbandes, welcher der Jury vorlag, um die Anonymität der Entwürfe zu gewährleisten). Diese Programmiersprache erhielt zu Ehren von Gräfin Lovelace den Namen Ada. Der ausgewählte Entwurf stammte aus Frankreich, von einer Gruppe von Computerwissenschaftlern um Jean Ichbiah [Ich79] bei Honeywell Bull in Paris. Die endgültige Sprachdefinition wurde schließlich im Juli 1980 im "Ada Reference Manual" [DoD80b] niedergelegt. Danach erschien 1983 eine leicht modifizierte Sprachdefinition, welche die zur Zeit (1987) gültige Ada-Definition darstellt [DoD83].

Ada Programmierumgebung

In einem weiteren Projekt wurde auch die Programmierumgebung vereinheitlicht, die den Namen APSE (*Ada Programming Support Environments*) erhielt. Auch hier wurden die Anforderungen in Studien vom *sandman*- über das *pebbleman*- bis hin zum *stoneman* Dokument festgehalten. Die Verfügbarkeit einer modernen und portablen Programmierumgebung wurde als sehr wichtig für eine Vereinfachung der Programmerstellung in Ada erachtet. Im Juni 1980 erhielt die Firma SofTech den Auftrag, eine Ada Programmierumgebung zu entwerfen. Diese wurde mit dem Namen ALS (*Ada Language System*) entwickelt und basiert auf den *stoneman*- und *steelman* Dokumenten [DoD80a, DoD78]. Eine genaue Beschreibung ist der weiterführenden Literatur zu entnehmen [Wol81].

Ada Compiler-Validierung

Ein weiterer Schritt bei den Bemühungen des DoD, seine Software zu standardisieren, stellt die Gültigkeitserklärung für Ada-Compiler dar [Goo80]. Bei dieser Validierung muß ein Ada-Compiler eine Vielzahl von Testprogrammen durchlaufen, die sogenannte *ACVC testsuite* (*Ada Compiler Validation Capability*), um zu beweisen, daß damit dem Benutzer ein Standard Ada System zur Verfügung gestellt werden kann. Sie umfaßt ungefähr 300.000 Lines of Code (LOC). Ein hiermit erworbenes Zertifikat des US-Verteidigungsministeriums muß jährlich erneuert werden. Damit soll verhindert werden, daß ein anderer als der vom DoD unterstützte Standard existiert.

Ada wurde zwar mit der Zielsetzung einer Systemimplementierungssprache und für den Einsatz in Echtzeitsystemen geplant, sie ist jedoch durch ihre vielfältigen Ausdrucksmöglichkeiten sehr wohl für den technisch-wissenschaftlichen, wie auch für den kaufmännischen Bereich geeignet. Ada ist eine sehr umfangreiche und komplexe Sprache (verglichen zum Beispiel mit CHILL oder Modula). Im folgenden wird daher lediglich auf grundsätzliche Aspekte, und im besonderen auf die Parallelitätseigenschaften, näher eingegangen. Dem interessierten Leser sei die einführende Literatur zu Ada empfohlen [Geh85, Ich79]. Als Grundlage der nun folgenden Betrachtungen dient die derzeit (1988) gültige Sprachdefinition [DoD83]. Auf die für die Sprache Ada entwickelte Programmierumgebung und deren Besonderheiten, auch in Bezug auf eine Architektur für diese Entwicklungsumgebung, wird hier nicht näher eingegangen.

2.1.1.2 Ada – Allgemeine Sprachmittel

Ada beinhaltet viele der Erkenntnisse, die in der Programmiersprachenforschung in den siebziger Jahren gemacht wurden. Für die Sprachstruktur ergaben sich dabei einige Neuerungen, wie sie bis dato in anderen Programmiersprachen, wie zum Beispiel in Pascal, noch nicht bekannt waren. Dazu zählen die Bildung von Modulen (*packages*), die getrennte Übersetzbarkeit einzelner Programmeinheiten, sowie eine scharfe Trennung von Spezifikation und Implementierung. Aber auch eine Steigerung der Ausdrucksvielfalt zur Erhöhung der Leistungsfähigkeit einiger Sprachmittel, zum Beispiel auf dem numerischen Sektor, wurde vorgesehen.

Module

Programmodule werden in Ada Pakete (*packages*) genannt. Sie sind, wie auch *tasks*, *procedures* und *functions*, nach folgendem Schema aufgebaut (Beispiel 2.1):

```
package BEISPIEL is                 -- Spezifikationsteil des Moduls
   Vereinbarungsfolge_1             -- von anderen Modulen erreichbar (global)
  [ private                         -- nur innerhalb des package sichtbar (lokal)
   Vereinbarungsfolge_2; ]
end BEISPIEL;                       -- Ende des Spezifikationsteils
```

```
package body BEISPIEL is                  -- Implementierungsteil
    [Vereinbarungsteil];
[ begin                                   -- Programmrumpf
    Anweisungsfolge
    [ exception                           -- Anweisungen für die Ausnahmebehandlung
      Ausnahmeteil ] ];                   -- ( z.B. im Fehlerfall)
end BEISPIEL;                             -- Ende des Implementierungsteils
```

Beispiel 2.1. Aufbau eines Ada-Moduls

Pakete bieten die Möglichkeit, Informationen zu verbergen und Daten abzuschirmen. Sie werden verwendet, um Gruppen logisch verknüpfter Elemente, wie zum Beispiel Variablen, Konstanten, Typen und Unterprogramme, zusammenzufassen. Der Benutzer eines Paketes kann nur die Namen in der Programmspezifikation erreichen (Vereinbarungsfolge_1). Um auf Objekte aus diesem globalen Teil der Spezifikation eines anderen Moduls zugreifen zu können, bestehen zwei Möglichkeiten: Entweder die selektive Auswahl einzelner Objekte mit einem Punktkommando (PACKAGE_NAME.OBJEKT_NAME), oder die Verwendung aller globalen Objekte aus einem anderen Modul mittels der *use*-Klausel (*use* PACKAGE_NAME). Der optionale Teil zwischen *private* und *end* dient dem Verbergen modulinterner Festlegungen, zum Beispiel bei der Realisierung abstrakter Datentypen. Ein Benutzer kann sich nur auf die Elemente eines Moduls beziehen, die im sichtbaren Teil der Spezifikation stehen. Dadurch wird die Implementierung von der Spezifikation unabhängig, solange sie diese nicht verletzt. Somit lassen sich einfacher große Programmsysteme realisieren: die Zergliederung einer Aufgabe ist durch die Möglichkeit, definierte Schnittstellen zwischen den einzelnen Teilaufgaben zu schaffen und die Einhaltung vereinbarter Konventionen vom Compiler prüfen zu lassen, sehr sicher. Nach der Erstellung der Spezifikation kann die unabhängige Implementierung der Module beginnen. Dies und die getrennte Übersetzbarkeit der Module unterstützen eine "Programmierung im Großen".

Getrennte Übersetzbarkeit

Ein Ada Programm besteht aus einer oder mehreren getrennt übersetzbaren Programmeinheiten. Dies können Module (wie etwa *packages*), parallel ausführbare Prozesse (*tasks*), Unterprogramme mit und ohne Rückgabe eines Ergebnisses (*subprograms* - *procedure* und *function*), sowie *generics* sein, welche die vierte Form einer Programmeinheit bilden.

Diese *generics* stellen Muster oder Schablonen normaler Module oder Unterprogramme dar, von denen beliebig viele Instanzen erzeugt werden können. Somit wurde eine Makrofähigkeit eingebracht. Um zum Beispiel mit dem gleichen generischen Unterprogramm verschiedene Felder mit jeweils unterschiedlichen Datentypen auf die gleiche Weise bearbeiten zu können, muß nur jeweils eine neue Instanz mit neuen Datentypen erzeugt werden. Als weitere Besonderheit können *generics*, zusätzlich zu den normalen Parametern, auch Symbole und Unterprogramme als Parameter übergeben. Es können auch hier Implementierungs- und Spezifikationsteil eines Programmoduls getrennt übersetzt werden. Die *generics* bedürfen keiner Laufzeitunterstützung.

In Ada können durch die getrennte Übersetzbarkeit Programm-Bibliotheken erstellt und verwendet werden. Will ein Modul von Objekten eines bereits früher übersetzten anderen Moduls Gebrauch machen, welche dort als global spezifiziert wurden, so müssen diese Bibliothek-Module beim Aufrufer in einer *with*-Liste aufgeführt werden, um die Zugriffsrechte zu importieren. Dieser Import ist auch in untergeordneten, geschachtelten Modulen möglich.

Typen und Objekte

Alle Objekte (Konstanten und Variablen) müssen in Ada explizit angegeben und vereinbart werden. Ada besitzt ein Typ-Konzept, das in seiner Strenge über das bereits aus Pascal bekannte Maß hinausgeht. Dies geschieht im Interesse einer besseren Programmlesbarkeit, Fehlererkennung und Codegenerierung. Ada verfügt über eine große Vielfalt von Typen und Mechanismen zur Typdefinition und besitzt Sprachmittel zur expliziten Typkonversion, aber keine implizite Typkonversion. Dabei gibt es neben den aus Pascal bekannten Typen wie Character, String, Access (Zeiger), Boolean, Integer, den eingeschränkten und uneingeschränkten Array- und Record-Typen, sowie der Definition von Untertypen *(subtype)*, auch vielfältige Möglichkeiten Real-Zahlen auszudrücken. Es können sowohl Floating Point Zahlen mit einer über die Zahl der signifikanten Nachkommastellen bestimmbaren Genauigkeit vereinbart werden, als auch Fix Point Zahlen, deren Genauigkeit über einen absoluten Wert, einem sogenannten Delta, angebbar ist (siehe Beispiel 2.2). Für all diese Typen existieren eine Vielzahl von Attributen (Beispiel 2.3).

```
type FLOAT_ZAHL is digits 7 range -32.9 .. 2.7E 42     -- Deklaration einer Floating Point Zahl
type FIX_ZAHL is delta 0.0125 range 0.0 .. 364.2       -- Deklaration einer Fix Point Zahl
```

Beispiel 2.2. Deklaration von Real Zahlen

```
FLOAT_ZAHL'digits     -- Genauigkeit einer Floatingpoint-Zahl in Dezimalstellen
FLOAT_ZAHL'last       -- der algebraisch größte Wert des Typs Float_Zahl
FIX_ZAHL'delta        -- der in der Vereinbarung von Fix_Zahl spezifizierte Delta-Wert
```

Beispiel 2.3. Einige Gleitpunkt- und Festpunkt-Attribute

Compilerdirektiven (pragma)

Pragmata sind Anweisungen an den Ada-Compiler, mit denen der Programmierer den Compilerlauf nach seinen Wünschen und Anforderungen beeinflussen kann. Zum Beispiel:

- um den Speicherplatz zu optimieren — *pragma* OPTIMIZE (Space)
- um Maschinencode einzufügen — *pragma* INLINE (Name)
- oder um eine Priorität an eine *task* zuzuweisen — *pragma* PRIORITY (Zahl)

Ausnahmebehandlung (exception handling)

Eine *exception* ist ein Ereignis, das unerwartet oder unregelmäßig zur Laufzeit auftreten kann. Dazu zählen unter anderem Fehler wie der Überlauf eines dynamisch zugeteilten Speichersegmentes, eine Division durch Null, oder ein Fehler während einer Intertask-Kommunikation. Die Fähigkeit auf einen solchen Ausnahmezustand zu reagieren ist besonders für die Zuverlässigkeit und Verfügbarkeit von Echtzeitsystemen von großer Bedeutung. Es lassen sich auf diese Weise unter anderem Notlaufeigenschaften eines Systems realisieren.

Ausnahmebehandlung *(exception handling)* ist eine Programmiertechnik in Ada, die das Verhalten des Systems in Grenzzuständen, die zur Laufzeit auftreten, behandelt. Die normale Programmausführung wird beim Auftreten eines Ausnahmezustandes beendet und die Ausführung des für diesen Fall zuständigen Ausnahmebehandlers angestoßen. Nach der Behandlung des Ausnahmezustandes wird das Programm nicht automatisch an der Stelle weitergeführt, an der die Ausnahme aufgetreten ist.

Die Definition einer *exception* wird am Ende eines Modulrumpfes spezifiziert. Neben den bereits fest in Ada eingebauten Ausnahmebehandlungsroutinen können vom Programmierer auch selbstdefinierte Routinen eingesetzt werden, die explizit mit *raise* **EXCEPTION_NAME** ausgelöst werden müssen. Mit der Compilerdirektive *pragma* **SUPPRESS (EXCEPTION_NAME** [Optionen]) kann die betreffende Ausnahmebehandlung unterdrückt werden.

Überladen von Namen (overloading)

Die Namen von Unterprogrammen und Operatoren können in Ada "überladen" werden. Das heißt, daß die Namensgebung nicht mehr eindeutig sein muß. Somit kann zum Beispiel für eine Addition von selbstdefinierten Typen vom Typ "Komplexe Zahlen " ebenfalls eine Funktion mit Namen "+", wie der Standard-Additionsname für Integerzahlen, definiert werden, was eine Vereinfachung der Programmlesbarkeit bewirkt. Es ist die Aufgabe des Compilers, dies zu erkennen und richtig auszuwerten.

Ein- / Ausgabe

Ada stellt dem Programmierer leistungsfähige Ein- / Ausgabemöglichkeiten in vordefinierten Paketen zur Verfügung. In ihnen werden die Dateitypen, die Dateimodi, sowie die Dateioperationen definiert. Mit den generischen (instanziierenden) Paketen *sequential_IO* und *direct_IO* können binäre Dateien bearbeitet werden, für die Bearbeitung von Textdateien steht das Paket *text_IO* zur Verfügung. Für die Kontrolle von Peripheriegeräten wurde das Paket *low_level_IO* implementiert. Alle diese Pakete beinhalten eine Vielzahl von Operationen auf den jeweiligen Dateien.

Interruptbehandlung

Eine besonders für Echtzeit- und Prozeßsysteme wichtige Eigenschaft ist die effiziente Interruptbehandlung. Dazu werden in Ada das Prozeßkonzept mit seinen parallelen Tasks und die synchrone Kommunikation, das Rendezvous-Konzept (siehe Kapitel 2.1.1.3), verwendet. Somit ist man nicht mehr auf Interrupt-Handler in Maschinensprache angewiesen und hat die Möglichkeit, eine weitgehend maschinenunabhängige Interruptbehandlung in einer Hochsprache einzusetzen [DoD83, Kapitel 13.5], [Ras87]: Ein Prozeß-Entry, also die Einsprungstelle bei einer Kommunikation, kann mit einem Interrupt verbunden werden, indem man bestimmt, daß der Entry an der Interrupt-Adresse liegen soll. Diese Adresse ist allerdings implementierungsabhängig. Der Annahme eines Entry-Aufrufs aus einem Hardware Interrupt ist in Ada die höchste Priorität zugewiesen, so daß gute Antwortzeiten erreicht werden können.

2.1.1.3 Ada – Sprachmittel für Parallelität

Als weitere Neuerung, zum Beispiel gegenüber Pascal, hat der Programmierer in Ada die Möglichkeit, parallele Prozesse auszudrücken. Dieses Prozeßkonzept lehnt sich an die Ideen und Vorschläge von Hoare [Hoa78] und Brinch Hansen [Bri78] an. Mechanismen wie Semaphore, Ereignisse (*events*) und Signale wurden bei der Realisierung von Ada nicht mit aufgenommen. Ebenso wurde auf Monitore verzichtet [Ich79].

Parallele Prozesse

Da Ada auch als Systemimplementierungssprache und für Echtzeitanwendungen einsetzbar sein sollte, wurden Sprachmittel vorgesehen, um nebenläufige oder parallele Programmteile explizit auszudrücken. Diese Form des Parallelismus legt die Verantwortung über die Art und den Umfang der verwendeten Parallelität in die Hand des Programmierers. Das in Ada eingesetzte Konzept der parallelen Prozesse ist ähnlich dem in CHILL verwendeten.

Die parallel ausführbaren Programmteile bilden in Ada die vierte mögliche Form einer Programmeinheit (neben den rein sequentiell ausführbaren Programmeinheiten *packages*, *subprograms* und *generics*). Diese parallelen Programmteile, die Prozesse, werden in Ada *task* genannt. Im Aufbau und in der Syntax ähneln sie einem normalen Unterprogramm und können genau wie diese mit Parametern versehen werden. Eine Task besteht aus einem sequentiellen Programmrumpf, der unabhängig zu anderen Programmteilen und Tasks ausgeführt werden kann. Eine Ausnahme davon bilden die Programmstellen, an denen Prozesse kommunizieren und sich synchronisieren.

Tasks sind in Ada Objekte, die als *task type* definiert werden können. Damit wird die Definition gleicher Prozesse ermöglicht, welche dann genau wie Typen für Variablen behandelt werden können; zum Beispiel um ein Array von Tasktypen zu deklarieren.

Wie auch *packages*, *subprograms* und *generics*, besteht eine Task in Ada aus zwei Teilen, der Spezifikation und der Implementierung :

```
task [type] PROZESS_NAME [ is                -- Spezifikationsteil der Task PROZESS_NAME
   [ entry Eingangsdeklarationen ]           -- von anderen Tasks erreichbar
   [ Vereinbarungsteil ]                     -- nur innerhalb des Package sichtbar (lokal)
end [ PROZESS_NAME ] ] ;                     -- Ende des Spezifikationsteils


task body PROZESS_NAME is                    -- Implementierungsteil der Task PROZESS_NAME
   [ Vereinbarungsteil ]
[ begin                                      -- Prozeßrumpf
     Anweisungsfolge
   [ exception                               -- Anweisungen für die Ausnahmebehandlung
       Ausnahmeteil ] ]
end PROZESS_NAME ;                           -- Ende des Implementierungsteils
```

Beispiel 2.4. Prozeßvereinbarung in Ada

Handelt es sich um einen *task type*, so können zum Beispiel die Prozesse A und B

```
...
A, B : PROZESS_NAME
X,Y  : INTEGER
...
```

direkt als Taskobjekte vom Typ einer vorher vereinbarten *task type* PROZESS_NAME im Vereinbarungsteil einer Programmeinheit deklariert werden (siehe Beispiel 2.4).

Wenn allerdings nur eine einzige Task eines bestimmten Typs erwünscht ist, kann *type* auch weggelassen werden, ansonsten ist die Syntax identisch. Neben dieser statischen Vereinbarung ist auch das dynamische Erzeugen von Prozessen mit *new* möglich.

Dem Programmierer stehen in Ada vielfältige Operationen zur Steuerung von Prozessen zur Verfügung. Er kann Prozesse erzeugen, starten, Prioritäten zuweisen, verzögern, beenden und abbrechen. Tasks sind immer als abhängige Programmeinheit in einer anderen Programmeinheit (z.B. in einem *package*, einer *procedure* oder einer anderen *task*) enthalten.

Start von Tasks

Tasks, die direkt vereinbart wurden (siehe Beispiel 2.4), werden bei der Abarbeitung des durch den Compiler übersetzten Vereinbarungsteils, in dem diese Tasks deklariert wurden, erzeugt und am Ende dieses Vereinbarungsteils gestartet.

Ein mit *new* im Rumpf einer Programmeinheit geschaffener dynamischer Prozeß wird an dieser Stelle sofort gestartet.

Prioritäten von Tasks

In Ada kann einem Prozeß, anders als beispielsweise noch in CHILL, eine bestimmte Priorität erteilt werden. Dies geschieht mittels der Compilerdirektive *pragma* PRIORITY (Zahl) in der Spezifikation der Task. Diese Priorität ist statisch und dient zum Beispiel zur Auswahl, in welcher

Reihenfolge mehreren bereiten Tasks in sogenannten *ready queues*, also Warteschlangen, ein gemeinsam angefordertes Betriebsmittel zugeteilt wird.

Verzögerte Ausführung von Tasks

Mit dem Sprachmittel *delay* (ZEIT_IN_SEKUNDEN) innerhalb einer Programmeinheit kann die Ausführung nachfolgender Anweisungen verzögert werden.

Terminierung von Tasks

Ein Prozeß in Ada endet automatisch, wenn er das Ende seines Programmrumpfes erreicht hat. Voraussetzung ist allerdings, daß alle eventuell von diesem Prozeß abhängigen Sohn-Prozesse ebenfalls bereits abgeschlossen sind.

Dem Programmierer stehen auch explizite Sprachmittel für das Beenden einer Task zur Verfügung. Er kann mit der Anweisung *terminate* innerhalb eines Prozeßrumpfes diesen Prozeß explizit beenden. Auch hier gilt die Voraussetzung, daß zunächst alle abhängigen Prozesse beendet sein müssen.

Anders verhält es sich mit *abort* PROZESS_NAME . Hier wird ein Prozeß mitsamt den eventuell von ihm abhängigen Sohn-Prozessen sofort abgebrochen.

Task-Attribute

Ada erlaubt dem Programmierer, einige Attribute von *task* und *entry* zur Laufzeit abzufragen. Zusätzlich zu den auch für andere Programmeinheiten, wie *packages* usw., verfügbaren Attributen erlaubt Ada die Abfrage:

```
Taskname'callable      -- liefert true, falls der Prozeß nicht abgeschlossen, beendet, oder
                       -- abgebrochen ist
Taskname'terminated    -- liefert true, falls dieser Prozeß beendet ist.
```

Kommunikation

Untrennbar mit der Ausführung paralleler Prozesse ist die Möglichkeit der Kommunikation und Synchronisation verbunden. Unabhängig von der physikalischen Realisierung sind in Ada mit Sprachmitteln Konzepte verwirklicht, um ausschließlich synchrone Kommunikation zu unterstützen.

Der Nachrichtenaustausch wird in Ada bezeichnenderweise "Rendezvous" genannt, da es sich hierbei wirklich um ein Treffen zweier Prozesse an einer bestimmten Stelle handelt. Dabei kann von einer ersten Task über eine Eingangsstelle (*entry*) die einer Prozedur ähnliche Struktur aus einer zweiten Task aufgerufen werden. Zu Kommunikationszwecken können auch Daten übergeben werden. Die Kommunikation ist gerichtet, das heißt eine Task stellt den Kommunikationswunsch, die angesprochene Task akzeptiert ihn. Will eine Task PROZESS_B mit einer Task PROZESS_A kommunizieren, so stehen die in Beispiel 2.5 aufgeführten Sprachmittel zur Verfügung. Wichtig sind hierbei die Ausdrücke *entry* und *accept*:

```
task PROZESS_A is                                -- Spezifikationsteil der Task Prozess_A
   entry MEETING ( P : Parameter_Typ )           -- Vereinbarung der "Eingangsstelle
                                                 -- Meeting"
      :
end PROZESS_A ;                                  -- Ende des Spezifikationsteils


task body PROZESS_A is                           -- Implementierungsteil der Task
                                                 -- Prozess_A
      :

   accept MEETING ( P : Parameter_Typ )          -- Annahme eines entry - Aufrufes
   [Anweisungsfolge des accept statements]       -- Ausführung des accept - Rumpfes
   end MEETING                                   -- Ende des Rendezvous
      :
end PROZESS_A ;                                  -- Ende von Prozess_A


      :
task body PROZESS_B is                           -- Implementierungsteil von Prozess_B
      :
   PROZESS_A . MEETING (aktuelle Parameter)      -- Anforderung eines Rendezvous
                                                 -- mit Prozess_A
      :
end PROZESS_B ;                                  -- Ende von Prozess_B
```

Beispiel 2.5. Rendezvous in Ada

Mit *entry* werden die einzelnen, von außen erreichbaren Einsprungstellen für ein Rendezvous vereinbart. Sie stellen gleichzeitig die einzigen globalen Objekte einer Task dar. Im Implementierungsteil einer Task wird mit *accept* angezeigt, daß ab diesem Zeitpunkt ein entsprechender *entry*-Aufruf einer anderen Task angenommen werden kann. Liegt noch kein Kommunikationswunsch vor, so wird die Ausführung der Task ausgesetzt bis eine solche Anforderung eintrifft.

Genauso verhält es sich mit der rufenden Task : mit PROZESS_NAME . ENTRY_NAME wird die Einsprungstelle der gerufenen Task angesprochen. Ist die gerufene Task nicht bereit, einen Entry-Aufruf anzunehmen (kein *accept* aktiv oder bereits von einer anderen Task aufgerufen), so wartet auch der Rufer-Prozeß solange, bis ein Rendezvous möglich ist. Auf diese Weise synchronisieren sich die beteiligten Tasks an den angegebenen Stellen, bis beide ein Rendezvous ausführen können.

Findet nun ein solches Rendezvous statt, so führt der gerufene Prozeß (hier A) die Anweisungen zwischen *accept* ENTRY_NAME und *end* ENTRY_NAME aus. Danach laufen die beiden Prozesse unabhängig und parallel weiter. Bei einem solchen Rendezvous können mit einem *entry*-Aufruf, außer zu reinen Synchronisationszwecken, zusätzlich Parameter zur

Kommunikation der beteiligten Prozesse sowohl an die gerufene Task übergeben, als auch an den Rufer zurückgegeben werden.

Alle beteiligten Tasks müssen also solange auf den jeweiligen Partner warten, bis dieser bereit ist und ein Rendezvous zustande kommt. Dieser Mechanismus wird mit synchroner Kommunikation bezeichnet. Der Rufende muß den gerufenen Prozeß genau benennen, während der Gerufene seinen Rufer Prozeß nicht benennen kann. Diese einseitige Anonymität unterstützt den Aufruf von Prozessen in Programm-Bibliotheken.

Ist ein Rendezvous nicht möglich, da die gerufene Task zum Beispiel nicht mehr existiert, so wird die Ausnahmebedingung *tasking_error* ausgelöst.

Es gibt in Ada noch eine ganze Reihe weiterer Sprachmittel, um die Kommunikation und Synchronisation zu beeinflussen :

Auswahl-Anweisungen (select)

Da es meist unmöglich ist, den Zeitpunkt und die Reihenfolge von Entry-Aufrufen vorherzubestimmen, wurden in Ada eine Reihe von Auswahlanweisungen eingeführt, die im Zusammenhang mit einem Rendezvous eingesetzt werden können. Sie beseitigen das z.B. bei Semaphoren auftretende Problem, daß keine Alternativen programmierbar sind, wenn ein Semaphor belegt ist. Drei verschiedene Select-Ausdrücke können dabei unterschieden werden.

Selektives Warten

```
    :
select
    [ when Bedingung_1 => ]
    accept ENTRY_NAME
    [ Anweisungsfolge ]
[ or
    [ when Bedingung_2 => ]
    [ alternative Anweisungsfolge ]
[ else
    Anweisungsfolge ]
end select;
    :
```

Um den Programmablauf einer Task, zum Beispiel in einer zeitkritischen Anwendung, nicht zu unterbrechen falls kein Kommunikationswunsch vorliegt, lassen sich alternative Anweisungsfolgen bestimmen (siehe auch Beispiel 2.6).

Bedingter Entry-Aufruf

```
   ⋮
select
   PROZESS_NAME.ENTRY_NAME
   [ Anweisungsfolge ]
[ else
   Anweisungsfolge ]
end select;
   ⋮
```

Mit einem Ausdruck der obigen Form ist es beispielsweise möglich, einen Prozeß, der einen *entry* eines anderen Prozesses aufruft und der nicht sofort angenommen wird, während der Wartezeit einer programmierten Abfrageschleife andere Berechnungen ausführen zu lassen; z.B. das Erstellen von Sicherungsdateien oder Systemtest. Eine weitere Möglichkeit besteht darin, nach einer vom Programmierer bestimmten Zahl von Versuchen den Rendezvous-Wunsch aufzugeben.

Zeitlich festgelegter Entry-Aufruf (timed entry call)

```
   ⋮
select
   PROZESS_NAME.ENTRY_NAME
   [ Anweisungsfolge ]
or
   delay (ZEIT)
   [ Anweisungsfolge ]
end select;
   ⋮
```

In diesem Fall ist es möglich, einen Rendezvous-Wunsch für eine mit ZEIT angegebene Dauer aufrecht zu erhalten. Wird innerhalb dieser Zeit der Entry-Aufruf nicht angenommen, fährt der Prozeß mit den Anweisungen nach dem *delay*-Ausdruck fort.

Tritt der Fall ein, daß weder ein Rendezvous, noch die Ausführung der alternativen Anweisungen in einem *select*-Ausdruck möglich sind (und ist weiterhin kein *else*-Zweig vorhanden, mit welchem es alleine möglich ist, hier einen *select*- Block zu verlassen), so wird die Ausnahmebedingung *select_error* ausgelöst.

All diesen *select*-Anweisungen ist gemein, daß sie es ermöglichen, dem Programmierer die Kontrolle über ein Rendezvous zu übergeben. Damit ist es auch möglich, zeitkritische Prozeß-Systeme in Ada zu programmieren.

Ada stellt mit dem Rendezvous-Konzept ein effektives Mittel zur Prozeßkommunikation und Synchronisation zur Verfügung. Anders als in CHILL, ist es das einzige Sprachmittel zu diesem Zweck. Mit dem Rendezvous-Mechanismus lassen sich außerdem für die Verwaltung paralleler Prozesse notwendige Konstrukte und Hilfsmittel erstellen. Zum Beispiel läßt sich wechselseitiger Ausschluß (*mutual exclusion*), ähnlich einem Monitor [Hoa74], realisieren, oder auch andere höhere Mechanismen [Geh85].

Ada erlaubt es dem Programmierer, einige Attribute für die Kommunikation aus einem Programm heraus abzufragen. Zusätzlich zu den auch für andere Programmeinheiten, wie *packages* usw., verfügbaren Attributen, erlaubt Ada die Abfrage

Entryname'*count* -- liefert die Anzahl der Prozesse, die auf ein Rendezvous am Eingang Entryname in den betreffenden Warteschlangen stehen.

In Ada besteht die Möglichkeit, auch asynchrone Kommunikation zu verwenden. Allerdings ist hierfür kein spezielles Sprachmittel vorgesehen, so daß dies nicht zum Sprachumfang von Ada zählt. Mit Hilfe der synchronen Kommunikationsmittel, dem Rendezvous-Konzept, lassen sich dann eventuell benötigte asynchrone Kommunikations-Mechanismen mittels Tasks vom Programmierer selbst erstellen [Geh85].

In Beispiel 2.6 a ist die Programmierung eines Puffers mit den Ada Sprachmitteln *entry* und *accept* gezeigt, in den Beispielen 2.6 b und 2.6 c ist der Aufruf der *task* **PUFFER** zum Einschreiben und Auslesen von Zeichen dargestellt.

Zunächst werden in der Spezifikation des Prozesses **PUFFER** die Entries **LESEN** und **SCHREIBEN** eingeführt. Im Implementierungsteil werden zunächst die Konstante **GROESSE**, was der Pufferkapazität entspricht, die Variablen **INHALT** (Typ des Pufferinhalts), **ANZAHL** (Anzahl der aktuell im Puffer vorhandenen Daten), sowie **IN_INDEX** und **OUT_INDEX** als aktuelle Zeiger auf den Datenanfang und das Datenende im Puffer deklariert. Im Begin-End Block werden dann in einer Schleife mit einer Select-Anweisung eine der Bedingungen für **ANZAHL**, sowie die Möglichkeiten der Annahme des Entry **LESEN** oder **SCHREIBEN** geprüft, ansonsten wird die Task beendet (Beispiel 2.6 a). Die in den Beispielen 2.6 b und 2.6 c aufgeführten Ausschnitte von Tasks stellen den Erzeuger (*producer*) und Verbraucher (*consumer*) der Daten dar. Somit ist mit dem synchronen Rendezvous ein asynchroner Kommunikationsmechanismus zwischen Erzeuger und Verbraucher geschaffen worden.

```
task PUFFER is                                               -- Spezifikation der Task Puffer
   entry LESEN        ( C : out   CHARACTER );               -- Einsprungstelle "Lesen"
   entry SCHREIBEN    ( C : in    CHARACTER );               -- Einsprungstelle "Schreiben"
end PUFFER;

task body PUFFER is                                          -- Implementierungsteil

   GROESSE      : constant    INTEGER := 100;                -- Puffergröße
   INHALT       : array   ( 1 .. GROESSE ) of CHARACTER;     -- Definition des Bufferinhalts
   ANZAHL       : INTEGER range 0 .. GROESSE := 0;           -- aktuelle Anzahl der Elemen-
                                                             -- te im Puffer
   IN_INDEX,    : INTEGER range 1 .. GROESSE := 1;
   OUT_INDEX    : INTEGER range 1 .. GROESSE := 1;

begin
   loop                                                      -- Schleifenanweisung
    select                                                   -- Auswahlanweisung
        when ANZAHL < GROESSE =>
            accept SCHREIBEN ( C : in CHARACTER ) do
                INHALT (IN_INDEX) := C;
            end SCHREIBEN;
            IN_INDEX     := IN_INDEX mod GROESSE + 1;
            ANZAHL  := ANZAHL  + 1;
    or
        when ANZAHL > 0 =>                                   -- alternative Anweisungen
            accept LESEN (C : out CHARACTER) do
                C := INHALT (OUT_INDEX);
            end LESEN;
            OUT_INDEX := OUT_INDEX mod GROESSE + 1;
            ANZAHL := ANZAHL - 1;
    or
        terminate;                                           -- Abbruch der Task

    end select;
   end loop;                                                 -- Schleifen Ende
end PUFFER;                                                  -- Ende der Task Puffer
```

Beispiel 2.6.a Realisierung eines Puffers mit dem Rendezvous-Konzept

```
    ⋮
loop
  -- Erzeugen eines Zeichens ZEICHEN vom Typ CHARACTER
   PUFFER . SCHREIBEN ( ZEICHEN );
   exit when ZEICHEN = ASCII . EOT;
end loop;
    ⋮
```

Beispiel 2.6.b Einschreiben eines Zeichens in den Puffer (*producer*)

```
    ⋮
loop
PUFFER . LESEN ( ZEICHEN );
    -- Verarbeiten des Zeichens ZEICHEN
    exit when ZEICHEN = ASCII . EOT;
end loop;
    ⋮
```

Beispiel 2.6.c Auslesen eines Zeichens aus dem Puffer (*consumer*)

Synchronisation

Bei der parallelen Ausführung einzelner Programmteile kann es zu Konflikten kommen, da es hier möglich ist, daß zum Beispiel verschiedene Prozesse gleichzeitig auf eine Variable oder auf ein Entry zu Kommunikationszwecken zugreifen wollen. Um diese Konfliktsituationen aufzulösen, müssen derartige Zugriffe synchronisiert werden. Aber auch die Synchronisation mehrerer Tasks z.B. aufgrund einer durch eine Aufgabenstellung bedingten Konfliktsituation muß möglich sein.

Der Programmierer hat in Ada die Möglichkeit, seine parallelen Prozesse mit vorhandenen Sprachmitteln zu synchronisieren oder eigene Synchronisationsmechanismen zu verwenden. Eine einfache Synchronisation paralleler Prozesse mit dem Rendezvous-Konzept hat die gleiche Form, wie die Kommunikation paralleler Tasks in Ada (s.o.), allerdings ohne eine Nachricht zu übergeben, das heißt ohne Parameter beim Entry-Aufruf zu übergeben. Damit kann zum Beispiel eine Tasks an einem bestimmten Punkt angehalten werden, bis eine andere Task einen bestimmten Programmabschnitt erreicht hat und dies mit einem Entryaufruf anzeigt. Aber auch andere Synchronisationsmechanismen können zur Verfügung gestellt werden. Dazu wird ebenfalls das Rendezvous-Konzept eingesetzt (siehe Beispiel 2.6). Da sich die gleichzeitigen Aufrufe eines Entry gegenseitig ausschließen und wartende Prozesse implizit in eine FIFO-Warteschlange (First In, First Out) eingereiht werden, wenn ein Sende- oder Empfangswunsch nicht sofort befriedigt werden kann (siehe Kapitel 2.3.1.1), können damit andere Synchronisationsmechanismen nachgebildet werden. Mittels dieses leistungsfähigen und sicheren synchronen Konzeptes kann der Programmierer auch eigene höhere oder niedere Synchronisationsmechanismen, wie zum Beispiel Monitore, Buffer (Beispiel 2.6) oder Semaphore (Beispiel 2.7), selbst definieren, wenn dies gewünscht ist. Die Entwickler von Ada verzichteten darauf, eine Vielfalt von Synchronisationsmitteln, wie etwa in CHILL (Kapitel 2.1.2.3), zu implementieren und wählten ein synchrones Konzept, weil sie darin die größte Sicherheit und Flexibilität erkannten. Auf die direkte Implementierung von Semaphoren und Monitoren wurde wegen der Unsicherheit der Semaphore und der nur schwer zu überschauenden Strukturen des Monitors verzichtet [Ich79].

Eine Ausnahme von diesem strengen Konzept bildet die Compilerdirektive *pragma shared* , sowie die in der Standard-Bibliothek enthaltene *generic* Prozedur *Shared_Variable_Update* , welche auf tiefer Ebene die Handhabung kritischer Bereiche (*critical section*) direkt ermöglichen und den Zugriff auf diese gemeinsamen Bereiche synchronisieren. Diese

Variablen können dann als Primitive für selbstprogrammierte Synchronisations und Kommunikationsmechanismen benutzt werden.

Beispiel Semaphore

```
task SEMAPHOR is                 -- Spezifikationsteil von SEMAPHOR
     entry P;                    -- Eingangsstellen für Kommunikation
     entry V;
end SEMAPHOR;

task body SEMAPHOR is            -- Implementierung von SEMAPHOR
begin
     loop
          accept P;              -- Annahme der Eingangsaufrufe P
          accept V;              -- und V
     end loop;
end SEMAPHOR;                    -- Ende der Task SEMAPHOR
```

Beispiel 2.7. Semaphore, realisiert in Ada

Zunächst wartet die Task **SEMAPHOR** bei Accept P, bis der entsprechende Entry aufgerufen wird. Ist dies der Fall, so muß eine Rufer-Task als nächstes den Entry V aufrufen, wo die Task **SEMAPHOR** inzwischen auf einen Aufruf wartet, da das Rendezvouskonzept synchron arbeitet. Dann erst wird, aufgrund der Schleife, wieder ein Entry-Aufruf von P erwartet. Somit kann immer nur eine Task P belegen, eine zweite, die dies möchte, muß erst warten bis die vorherige Task V aufgerufen hat und damit anzeigt, daß ein von ihr exklusiv benutztes Betriebsmittel jetzt wieder frei ist.

2.1.2 CHILL

2.1.2.1 Einführung in CHILL

Historie

CHILL wurde in den siebziger Jahren vom CCITT entwickelt, um eine einheitliche Programmiersprache für prozessorgesteuerte Vermittlungssysteme, sogenannte SPC (Stored Program Controlled) -Systeme zu schaffen.

. Die Entwicklung wurde 1968 durch die schwedische Postverwaltung initiiert, die in einer Anfrage an die CCITT erste Anregungen für einen eigenen CCITT-Standard gab.

In den darauf folgenden CCITT-Studien wurde das Thema weiter vertieft, und in den Jahren 1973 und 1974 versuchte man, eine der existierenden Programmiersprachen für diesen Standard auszuwählen. Man konnte sich allerdings auf keine der existierenden Sprachen einigen. Als einziges Ergebnis blieb die einhellige Meinung, daß die gesuchte Sprache auf Pascal basieren muß. Daraufhin wurde ein Gremium gegründet, dem Vertreter der sieben Mitgliederorganisationen angehörten, und das mit der Definition einer neuen Sprache beauftragt wurde.

Von 1975 bis 1977 wurde von diesem Gremium ein Dokument erarbeitet, das die Basis für eine CCITT-High-Level-Language (CHILL) bildete. Im November 1980 wurde darauf aufbauend die Sprache CHILL in der Recommendation Z.200 endgültig als Standard-Programmiersprache des CCITT für prozessorgesteuerte Vermittlungssysteme verabschiedet.

Zielsetzung

Nach dem Übergang von elektromechanischen zu SPC-Systemen hatte man gemerkt, daß zur besseren Ausnutzung der neuen Systeme eine höhere Programmiersprache notwendig wurde. Neben der effektiveren Ausnutzung der SPC-Systeme ergaben sich aufgrund der hohen Komplexität und geforderten Verfügbarkeit der Systeme weitere Forderungen [CCI85]:

- Erhöhung der Zuverlässigkeit von Programmen durch verstärkte Prüfungen zur Compile-Zeit
- Erzeugung von hoch-effizientem Object-Code
- Hohe Flexibilität und Einsatzbandbreite für unterschiedliche Anwendungsgebiete und Hardware
- Unterstützung der Entwicklung von modularen und strukturierten Programmen
- leicht zu erlernen und zu benutzen

Durch diese Anforderungen wollte man auch erreichen, daß Software von SPC-Systemen insgesamt leichter zu lesen und zu verstehen ist, um so auch die Software konkurrierender Systeme auf dem Markt besser beurteilen zu können. Als Konsequenz daraus ergab sich außerdem die Forderung, daß ein einheitlicher CCITT-Standard verabschiedet werden mußte, dessen Entwicklung vom CCITT kontrolliert wird, um so die Entstehung verschiedener Dialekte zu vermeiden.

Die folgende Beschreibung von CHILL orientiert sich an der CCITT-Empfehlung Z.200 [CCI85]. Es werden jedoch nicht alle in der Z.200 aufgeführten Sprachmittel ausführlich beschrieben, da der Schwerpunkt der Untersuchungen auf den Parallelkonstrukten liegt.

2.1.2.2 CHILL – Allgemeine Sprachmittel

Obwohl die Sprache CHILL für die Programmierung von Vermittlungssystemen entwickelt wurde, sollte sie doch von Anfang an auch für die Programmierung allgemeiner Software geeignet sein. Aus diesem Grund sind viele Sprachmittel auch aus anderen Sprachen bekannt.

Programm

Ein CHILL-Programm besteht aus einer Menge von Anweisungen. Zur Förderung der Verständlichkeit und Lesbarkeit durch Strukturierung können die Anweisungen in Modulen und Blöcken zusammengefaßt werden. Durch diese Strukturierungsmittel werden gleichzeitig auch Lebensdauer und Sichtbarkeit von Programmobjekten festgelegt. Die Lebensdauer von

Datenobjekten wird durch den relativen Erzeugungs- und Terminierungszeitpunkt bestimmt. Die Sichtbarkeit von Objektnamen ist die Möglichkeit des Zugriffs auf die Objekte.

MODULE

Unter einem MODULE wird in CHILL sowohl ein logisches, als auch ein physikalisches Modul verstanden. Ein logisches Modul ist ein Strukturierungsmittel für Daten, deren Typen und den darauf ausführbaren Operationen. Unter einem physikalischen Modul wird eine getrennt übersetzbare Einheit verstanden.

Mit Schlüsselwörtern für Import (SEIZE) und Export (GRANT) wird der Zugriff auf Datenstrukturen und Objekte anderer MODULES ermöglicht. Ein MODULE besteht aus einem Vereinbarungsteil und einem Verarbeitungsteil. Im Vereinbarungsteil werden die lokalen Objekte sowie deren Schnittstellen zu anderen MODULES definiert. Der Verarbeitungsteil kann Blöcke oder einzelne Anweisungen enthalten.

Blöcke

Blöcke können entweder Prozeduren, Prozesse oder BEGIN-END-Blöcke sein.

Eine Prozedur (PROC) ist eine aufrufbare, parametrisierbare Sequenz von ausführbaren Anweisungen. Sie enthält wie ein MODULE einen Vereinbarungsteil und einen Verarbeitungsteil. Eine Prozedur kann auch als Funktion vereinbart werden, wenn im Vereinbarungsteil ein Rückgabewert definiert wurde und die Prozedur mit einer RESULT-Anweisung einen Wert des angegebenen Typs zurückgibt.

Ein Prozeß (PROCESS) hat dieselbe Struktur wie eine Prozedur. Im Kapitel 2.1.2.3 wird näher auf Prozesse eingegangen.

Ein BEGIN-END-Block ist die Klammerung einer Sequenz von Anweisungen, die mit einem Namen versehen werden kann.

Mit jeder Art von Block ist es möglich, die Lebensdauer und die Sichtbarkeit von Objekten abzugrenzen.

Typen

Jede Variable, die man innerhalb eines CHILL-Programms verwenden will, muß im Vereinbarungsteil des umgebenden MODULES oder Blocks vereinbart worden sein. Mit einer Vereinbarung (DCL) werden, wie in anderen höheren Programmiersprachen auch, der Name und der Typ einer Variable festgelegt. Typen werden in CHILL MODE genannt. CHILL stellt mehrere, auch aus anderen Programmiersprachen bekannte, MODES zur Verfügung:

INT	–	Menge der ganzen Zahlen
CHAR	–	Menge der alphanumerischen Zeichen des CCITT–Alphabets
BOOL	–	logischer Typ
ARRAY	–	Sequenz von Elementen gleichen Typs

Außerdem gibt es noch weitere MODES, die in einigen anderen Sprachen nicht vorhanden bzw. unüblich sind:

SET	-	Menge von aufzählbaren Elementen
RANGE	-	eingeschränkte Menge eines anderen MODES
STRUCT	-	Strukturtyp, der verschiedenartige Elemente enthält
POWERSET	-	Menge der Teilmengen eines anderen MODES
REF	-	Zeigertyp
ASSOCIATION	-	I/O-Identifizierungstyp
ACCESS	-	I/O-Zugriffstyp

Im Beispiel 2.8 wird die Struktur eines Moduls skizziert und die Verwendung einiger Sprachmittel vorgestellt.

```
verteilen:                                          - Name des MODULE
MODULE                                              - Beginn des MODULE

  SEIZE einholen, ausgeben;                         - Import-Vereinbarung
  GRANT sortieren, person, umordnen, ablegen;       - Export-Vereinbarung
    DCL pos INT;                                    - Deklaration von 'pos'
    DCL person STRUCT (name CHAR,                   - Definition eines
                       alter INT,                   - Strukturtyps 'person'
                       straße CHAR,
                       nr INT);
    DCL liste ARRAY (1:100) person;                 - Definition eines Feldes vom
                                                    - Typ 'person'

ablegen:                                            - Name der Prozedur
PROC (einelement PERSON, ablage LISTE);             - Beginn der Prozedur
    DCL zwischenpers PERSON;
    DCL hilfpos INT;
    ...
    END ablegen;                                    - Ende der Prozedur
...
END verteilen;                                      - Ende des Moduls
```

Beispiel 2.8. Struktur eines MODULE

Ein- / Ausgabe

Die Input/Output-Schnittstelle bietet Zugriff auf Objekte außerhalb eines Programmsystems. Diese Objekte können Dateien, Drucker, Lesegeräte, Terminals, etc. sein.

Die Schnittstelle basiert auf einem Modell, das für ein externes Objekt nur drei Zustände kennt (Bild 2.1).

- *free-state*, es existiert keine Verbindung zum Objekt;
- *file-handling-state*, der Name des Objekts ist dem Programm bekannt, es kann erzeugt,gelöscht oder es können dessen Eigenschaften verändert werden;
- *data-transfer-state*, Lese- und Schreiboperationen auf das Objekt sind möglich;

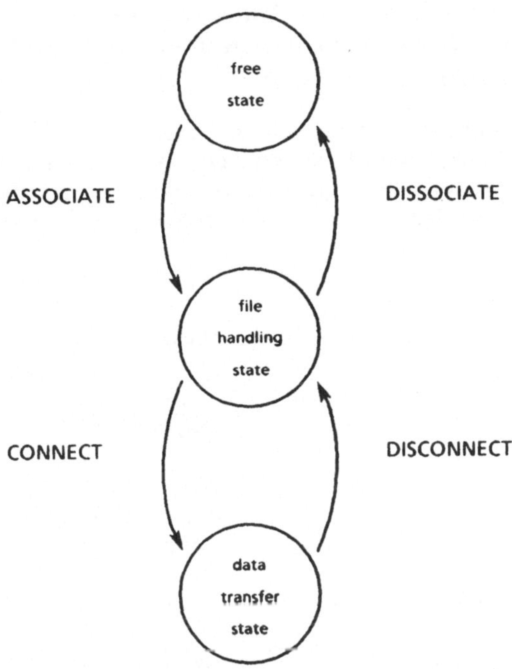

Bild 2.1. Mögliche Zustände externer Objekte

Um mit dieser Schnittstelle arbeiten zu können, muß man die beiden Modes ASSOCIATION und ACCESS verwenden. Eine Variable vom Mode ASSOCIATION dient zur Identifizierung eines externen Objektes. Die Operation ASSOCIATE erzeugt eine Verbindung zu einem Objekt und die Operation DISSOCIATE löst diese wieder.
Variablen vom Mode ACCESS werden verwendet, um Daten zum Objekt und zurück transportieren zu können. Mit CONNECT und DISCONNECT kann eine Verbindung zu einem assoziierten Objekt errichtet bzw. gelöst werden.

Für die Arbeit mit externen Objekten stellt CHILL außerdem noch einige Prozeduren zur Verfügung, mit denen Eigenschaften, wie z.B. Existenz eines Objektes, Leseberechtigung, indexsequentieller Zugriff, etc., von assoziierten Objekten, abgefragt werden können.

Ausnahmebehandlung

Während der Ausführung eines Programms auftretende Laufzeitfehler, wie z.B. Überläufe von Zahlen- und Indexbereichen, können durch eine Ausnahmebehandlung (*exception handling*) korrigiert oder besonders berücksichtigt werden. Der Programmierer muß dabei selbst erkennen, welche Fehler auftreten können und entscheiden, welche er wie korrigieren will. Auf diese Weise können auch Ereignisse als Ausnahmesituation behandelt werden, die innerhalb einer Programmausführung durchaus zulässig sind, wie z.B. der Zugriff auf bestimmte Daten oder wenn eine Variable einen ganz bestimmten Wert annimmt. Einige Fehler, wie z.B. Stapelüberlauf, Überlauf bei arithmetischen Operationen, usw. werden vom System erkannt, wobei es jedoch dem Programmierer freigestellt bleibt, ob er dafür einen *exception handler* schreibt.

Tritt eine Ausnahmesituation auf, so wird die Programmkontrolle an den entsprechenden Exceptionhandler übergeben, der die Ausnahmebehandlung durchführt. Ein Exceptionhandler kann lokal, innerhalb einer Prozedur, oder global für verschiedene Prozeduren innerhalb eines MODULE beschrieben werden.

```
verwalten:                                   - Modulname
MODULE
    suchen:
    PROC () EXCEPTIONS (unbesetzt);          - exception-list

        IF bedingung-1
        THEN CAUSE leer                      - Aufruf des lokalen exception-
        ELSE aktionsfolge                    - handler 'leer'
        FI;

        IF bedingung-2
        THEN CAUSE unbesetzt                 - Aufruf des globalen exception-
        FI;                                  - handler 'unbesetzt'

        END ON                               - Beschreibung der
                                             - Ausnahmebehandlung
            (leer): aktionsfolge;            - exception handler für leer

    END suchen;                              - Ende des Prozedurrumpfes
        ...

    suchen () ON
        (unbesetzt): aktionsfolge;           - exception handler für unbesetzt
    END;

END verwalten;                               - Ende des Module
```

Bild 2.9. Verwendung des Exception-Handling

Ein Exceptionhandler wird durch die Schlüsselwörter ON und END eingeschlossen und anhand eines Namens vor dem ON identifiziert. Angesprochen wird er durch eine CAUSE-Anweisung. Ausnahmesituationen, die innerhalb einer Prozedur behandelt werden sollen, müssen auch innerhalb einer Prozedurvereinbarung beschrieben sein. Andernfalls müssen sie in einer exception-list bekannt gemacht werden.

Wird in dem Beispiel 2.9 der Exceptionhandler 'leer' aufgerufen, so geht die Kontrolle an den entsprechenden handler und die Prozedur wird danach fortgesetzt. Wird 'unbesetzt' aufgerufen, so bricht die Prozedur 'suchen' ab und wird nach der Ausnahmebehandlung auch nicht wieder fortgesetzt.

Kontrollstrukturen

Zur Strukturierung des Programmablaufs stellt CHILL ebenfalls bekannte Sprachmittel wie IF-THEN-ELSE, CASE, WHILE, etc. zur Verfügung. Zu diesen üblichen Strukturen gibt es noch die DO-FOR-EVER-Schleife, in der die Anweisungen innerhalb dieser Schleife endlos ausgeführt werden, bis mit einem EXIT-Statement aus der Schleife herausgesprungen wird.

2.1.2.3 CHILL – Sprachmittel für Parallelität

Prozesse

Um Anweisungssequenzen in CHILL parallel zu anderen ausführen zu können, müssen diese als Prozesse (PROCESS) definiert werden. Eine Prozeßdefinition besteht aus einem Vereinbarungsteil und einem Verarbeitungsteil, in denen die lokalen Objekte und die auszuführenden Operationen beschrieben werden. Von einer Prozeßdefinition können zur Laufzeit mehrere Inkarnationen gleichzeitig existieren. Eine Inkarnation kann zur Laufzeit dynamisch durch eine START-Anweisung erzeugt und aktiviert werden. Ein gestarteter Prozeß läuft dann parallel zu anderen bereits aktiven Prozessen des Programms ab.

Ein aktiver Prozeß hört auf zu existieren, wenn er während der Ausfuhrung auf eine STOP-Anweisung trifft, die in der Prozeßdefinition an beliebiger Stelle stehen kann, oder wenn er die letzte Prozeßaktion ausgeführt hat und auf eine END-Anweisung trifft.

Kommunikation und Synchronisation

Während einer Programmausführung können aktivierte Prozesse Nachrichten miteinander austauschen. Die in CHILL vorhandenen Sprachmittel erlauben sowohl synchrone als auch asynchrone Kommunikation.

Bei der *asynchronen Kommunikation* wird eine Nachricht von einem Sender verschickt, ohne daß er darauf achten muß, ob der Empfänger zur Annahme bereit ist oder nicht. Der Sender kann nach dem Versenden der Nachricht mit seiner Prozeßausführung fortfahren, da diese vom System gespeichert wird, bis ein Empfänger bereit ist. Ist ein Prozeß auf eine Anweisung zum Empfang einer Nachricht gestoßen und es hat noch kein Prozeß eine Nachricht gesendet, so kann der Empfänger-Prozeß seine Prozeßausführung ebenfalls fortsetzen.

Bei der *synchronen Kommunikation* muß der Empfängerprozeß auf das Eintreffen der Nachricht warten. Das heißt, will der Empfänger eine Nachricht empfangen, obwohl bisher kein Sender eine Nachricht abgeschickt hat, hält der Prozeß an und wartet, bis die Nachricht eingetroffen ist. Andererseits wartet der Sender nach dem Senden bis der Empfänger die Nachricht angenommen hat.

Diese Einteilung in synchrone und asynchrone Kommunikation ist nicht ganz unkritisch. In CHILL sind die Sprachmittel diesen beiden Kategorien nicht immer eindeutig zuzuordnen, da es auch so etwas wie 'halbsynchrone' Kommunikation gibt. Nimmt man den Fall, daß der Sender eine Nachricht abschickt, aber nicht auf den Empfang wartet, während der Empfänger-Prozeß bei der Ausführung einer Empfangsanweisung bis zu Eintreffen der Nachricht warten muß, dann ist zwar etwas 'synchronisiert' worden, aber es ist keine eindeutige Zuordnung zu einer der oben genannten Kategorien möglich.

Da synchrone Kommunikation aber nur dann planmäßig anwendbar ist, wenn beide, Sender und Empfänger, auf die Ausführung der Kommunikation warten, wird die 'halbsynchrone' Kommunikation hier zur asynchronen Kommunikation gezählt.

Unter *Synchronisation* wird in diesem Kapitel die Synchronisation der Ausführung von parallel ablaufenden Prozessen verstanden.

Synchronisation von Prozeßabläufen bedeutet, daß beteiligte Prozesse ihre Ausführung an einem, in der Prozeßerklärung festgelegten Punkt aussetzen, um auf die anderen, Sender oder Empfänger, zu warten. Wenn alle beteiligten Prozesse ihren jeweiligen Synchronisationspunkt erreicht haben, fahren sie in ihrer Ausführung fort.

In CHILL gibt es vier Sprachmittel, mit denen Datenaustausch und Synchronisation zwischen Prozessen implementiert werden kann:

REGION

Das Sprachmittel REGION dient hauptsächlich zur Synchronisation von Zugriffen auf Daten, die von mehreren Prozessen gemeinsam benutzt werden. Mit ihr wird ein ähnliches Monitorkonzept angeboten, wie es von Hoare in [Hoa74] beschrieben wurde. Eine REGION entspricht in CHILL formal einem MODULE und kann daher auch getrennt übersetzt werden. Sie darf jedoch keine Prozeßbeschreibungen enthalten, sondern lediglich die Definitionen von Datenbereichen und Prozeduren, mit denen diese Bereiche ausschließlich manipuliert werden können.

Die Prozeduren werden, wie in einem MODULE auch, mit einer GRANT-Anweisung nach außen bekannt gemacht. Die Datenbereiche bleiben nach außen hin unsichtbar.

Sollen Daten manipuliert werden, so ruft ein Prozeß eine Prozedur aus der REGION auf, die dann die Änderung der Daten durchführt. Während der Programmausführung kann in einer REGION jeweils nur ein Prozeß eine Prozedur aufrufen, während andere Prozesse bis zur Freigabe der REGION warten müssen. Durch diesen gegenseitigen Ausschluß, *mutual exclusion,* kann der mehrfache Zugriff auf Daten synchronisiert werden.

Mit der Verwendung einer REGION können Prozesse auch Nachrichten austauschen, jedoch lediglich asynchron. Dabei kann ein Prozeß P1 Daten mit Hilfe der Prozeduren in eine REGION einbringen oder verändern. Ein mit P1 zusammenarbeitender Prozeß P2 kann ebenfalls mit Hilfe der Prozeduren in der REGION die Daten lesen und verwenden. Da P2 aber nicht weiß, ob P1 bereits Daten eingetragen hat oder nicht, kann er somit auch nicht auf eine eventuell ausgebliebene Nachricht warten.

BUFFER

Mit dem Sprachmittel BUFFER können vor allem Nachrichten zwischen Prozessen ausgetauscht werden. Ein BUFFER wird in einem Vereinbarungsteil definiert, wobei man gleichzeitig die Zahl der aufzunehmenden Nachrichten angeben kann. Dadurch können in einem BUFFER mehrere Nachrichten abgelegt werden. Mit den Anweisungen SEND und RECEIVE können Daten zu einem BUFFER gesendet bzw. von diesem empfangen werden.

Ist der BUFFER leer oder nur zum Teil gefüllt, so trägt der Sende-Prozeß seine Nachricht in den BUFFER ein und arbeitet weiter. Er wartet nicht ab, bis die Nachricht von einem Empfänger-Prozeß mit einer RECEIVE-Anweisung wieder ausgelesen wird. Trifft ein Prozeß auf eine RECEIVE-Anweisung und der BUFFER enthält mindestens eine Nachricht, so wird die erste entnommen und fortgefahren.

Im Zusammenhang mit einem BUFFER muß man aber auch die Situationen betrachten, daß der BUFFER voll ist und ein Prozeß noch eine Nachricht eintragen möchte, oder der BUFFER leer ist und ein Prozeß noch eine Nachricht auslesen will.

Ist der BUFFER voll und ein Prozeß sendet eine weitere Nachricht an diesen BUFFER, so wird der Sende-Prozeß in den Wartezustand versetzt. Wird mit RECEIVE eine Nachricht aus dem BUFFER ausgelesen, so wird einer der wartenden Sende-Prozesse aktiviert und mit der entsprechenden Nachricht der BUFFER wieder aufgefüllt. Der Sende-Prozeß kann dann weiterarbeiten.

Stößt ein Prozeß auf eine RECEIVE-Anweisung und der BUFFER ist leer, so wird der Empfänger-Prozeß in den Wartezustand versetzt. Sowie eine Nachricht im BUFFER eintrifft, wird einer der wartenden Empfänger-Prozesse aktiviert und die eingetroffene Nachricht übergeben.

Mit einer RECEIVE-CASE-Anweisung kann ein Empfänger-Prozeß aus mehreren BUFFER Nachrichten empfangen. Ist einer von ihnen leer, so wird der Prozeß nicht in den Wartezustand versetzt, sondern kann aus einem der anderen BUFFER eine Nachricht empfangen. Sind alle im CASE-Teil der Anweisung aufgeführten BUFFER leer, kann der Prozeß weiter aktiv bleiben und der ELSE-Teil der RECEIVE-CASE-Anweisung durchlaufen werden. Bei Verwendung einer RECEIVE-CASE-Anweisung muß der Prozeß also nicht auf das Eintreffen einer Nachricht warten.

Bei allen hier geschilderten Situationen des Nachrichtenaustausches über BUFFER kann von einem Prozeß niemals eine Nachricht an einen bestimmten anderen Prozeß gesandt werden. Weiterhin wartet ein Sende-Prozeß niemals auf die Annahme seiner Nachricht durch einen Empfänger, sondern der Sender wartet lediglich, bis die Nachricht im BUFFER abgelegt wurde. Aus diesem Grund ist lediglich asynchrone Kommunikation zwischen den Prozessen möglich.

Es gibt jedoch eine Möglichkeit, um mit Hilfe eines BUFFERS auch synchron Nachrichten auszutauschen [Gut82]. Allerdings entspricht diese Möglichkeit nicht ganz den ursprünglichen Zielen des BUFFER-Konzeptes.

Wenn man nämlich einen BUFFER der Größe 0 definiert, wird jeder Prozeß, der eine Nachricht sendet, in den Wartezustand versetzt, da der 'Eindruck' entsteht, der BUFFER sei voll. Der Prozeß bleibt solange ausgesetzt, bis ein Empfänger-Prozeß mit RECEIVE aus dem BUFFER lesen will. Der Sender wird dann wieder aktiviert und die Nachricht an den Empfänger übergeben.

Trifft ein PROCESS auf eine RECEIVE-Anweisung, und es wartet noch kein Sender, so entsteht für den Empfänger-Prozeß der Eindruck, daß der BUFFER leer sei, da keine Nachricht vorhanden ist. Der Empfänger wird deshalb stillgelegt und muß warten, bis ein Prozeß eine Nachricht sendet. Der Austausch von Nachrichten kann somit erst dann erfolgen, wenn ein Sender-Prozeß und ein Empfänger-Prozeß gemeinsam warten. Auf diesem Weg kann also synchrone Kommunikation über den BUFFER erreicht werden.

Bei dieser Art der Kommunikation kann die Nachricht jedoch nicht im BUFFER zwischengespeichert werden, da dieser ja die Größe 0 hat. Vielmehr muß die Nachricht vom wartenden Sende-Prozeß direkt zu einem Empfänger-Prozeß übertragen werden.

SIGNALE

Als drittes Mittel zur Interprozeßkommunikation können Signale (SIGNAL) von einem Prozeß zu einem anderen geschickt werden. Wichtig ist dabei, daß man in CHILL mit Hilfe des INSTANCE-Modes auch einzelne aktive Prozeßinkarnationen identifizieren kann. Man kann einer Variablen vom Mode INSTANCE beim Starten einer Prozeßinkarnation einen Wert zuweisen, der von der START-Anweisung geliefert wird. Mit dieser Variablen ist es möglich, die jeweiligen Prozeßinkarnationen zu identifizieren und so mit einer SEND-Anweisung von einem Prozeß aus SIGNALE an eine ganz bestimmte Inkarnation zu schicken (Beispiel 2.10).

```
DCL inkl INSTANCE;                   - Deklaration einer INSTANCE- Variablen
SIGNAL alpha = (INT,BOOL);           - Deklaration eines SIGNALS
inkl := START prozl (parl, par2);    - inkl erhält den Wert für den Prozeß prozl
SEND alpha (6, false) TO inkl;       - alpha wird an den Prozeß, der mit inkl
                                     - identifiziert werden kann, gesendet
```

Beispiel 2.10. Verwendung von INSTANCE-Variablen

Will ein Prozeß ein SIGNAL annehmen, so kann er dies nur mit einer RECEIVE-CASE-Anweisung tun. Eine RECEIVE-Anweisung wie beim BUFFER ist nicht möglich.

Auch der Nachrichtenaustausch mit SIGNAL läuft asynchron ab. Wenn ein SIGNAL von Prozeß P1 mit einer SEND-Anweisung an P2 geschickt wird, und P2 bisher auf keine RECEIVE-CASE-Anweisung getroffen ist, wird das SIGNAL abgelegt und P1 kann weiter arbeiten, ohne daß P2 das SIGNAL schon angenommen hat. P2 erhält das SIGNAL sowie er eine RECEIVE-CASE-Anweisung ausgeführt hat. Will aber ein Prozeß während der Ausführung mit RECEIVE ein SIGNAL empfangen, obwohl kein anderer Prozeß gesendet hat, muß der Prozeß solange warten, bis das SIGNAL eingetroffen ist.

Event-Mode

Der Mode EVENT ermöglicht die Vereinbarung von Variablen, die Warteschlangen für ein bestimmtes Ereignis entsprechen. Diese Variablen können zur Synchronisation von Prozeßabläufen verwendet werden. Mit DELAY kann sich ein Prozeß in eine EVENT-Warteschlange einreihen, und mit CONTINUE kann ein Prozeß den ersten Prozeß einer Warteschlange wieder aktivieren. Dadurch ist es möglich, daß zwei Prozesse an einem definierten Punkt in der Bearbeitung fortfahren.

Die DELAY-Anweisung muß in dem Prozeß stehen, dessen Ausführung ausgesetzt und dann in die Warteschlange eingetragen werden soll. Die CONTINUE-Anweisung muß in einem anderen Prozeß stehen, der dann veranlaßt, daß ein ausgesetzter Prozeß aus einer Warteschlange herausgenommen wird.

Stößt ein Prozeß auf eine CONTINUE-Anweisung und die angegebene Warteschlange ist leer, fährt der Prozeß in der Abarbeitung fort und ignoriert die Anweisung. Der EVENT-Mode kann also nur verwendet werden, wenn sichergestellt ist, daß nach dem DELAY eines Prozesses ein anderer Prozeß mit CONTINUE auf die entsprechende Warteschlange zugreift.

Mit einer DELAY-CASE Anweisung kann sich ein Prozeß in mehrere EVENT Warteschlangen eintragen und deaktivieren. Er wird wieder aktiviert, wenn ein CONTINUE eine der in der DELAY-CASE-Anweisung angegebenen Warteschlangen anspricht.

2.1.2.4 Kritikpunkte

Trotz der Vielfalt der in CHILL zur Verfügung gestellten Sprachmittel gibt es doch noch einige Mängel. Was bisher fehlt sind vor allem:

- Gleitkommaarithmethik
- Systemzeit, Timing
- allgemeine Prioritätenvergabe für Prozesse.

Diese Mängel werden vor allem dann deutlich, wenn man die Sprache außerhalb der Vermittlungstechnik einsetzen will, z.B. bei der Betriebssystemprogrammierung oder bei Echtzeitanwendungen.

2.2 Parallelitätseigenschaften

Aufgabe dieses Kapitels soll es sein, sowohl die verschiedenen bereits in Abschnitt 2.1.1.3 bzw 2.1.2.3 besprochenen Sprachmittel, als auch die unterhalb der Sprachmittelebene angesiedelten impliziten, also potentiellen, Parallelitätseigenschaften näher zu betrachten. Zum Schluß soll eine Aussage über die Granularität der entstehenden Arbeitspakete getroffen werden.

In den Abschnitten 2.2.1.1 und 2.2.2.1 werden die in der Sprachdefinition vorhandenen Ausdrucksmittel für Parallelität, wie sie bereits in Kapitel

2.1.1.3 und 2.1.2.3 erläutert wurden, getrennt für Ada und CHILL näher untersucht.

In den Abschnitten 2.2.1.2 und 2.2.2.2 werden die dem Benutzer verborgenen, also nicht durch explizite Sprachmittel beschreibbare, parallel ausführbare Sprachelemente und Systemkomponenten für Ada und CHILL getrennt betrachtet.

2.2.1 Ada

2.2.1.1 Ada – Expliziter Parallelismus

Ada besitzt ein Prozeßkonzept, welches sich eng an CSP (Communicating Sequential Processes) von C.A.R. Hoare [Hoa78] anlehnt. Hiermit kann der Programmierer explizit parallel ausführbare Programmeinheiten deklarieren. Die zur Verfügung stehenden Sprachmittel und Funktionen, sowie die Syntax sind in Abschnitt 2.1.1.3 genauer erläutert.

Ein Prozeß, der in Ada *task* genannt wird, hat hier eine ähnliche Syntax wie eine Prozedur. Auch eine Task weist die gleichen Eigenschaften auf (z.B. getrennte Übersetzbarkeit) wie die anderen Programmeinheiten *package*, *subprogram* und *generic*. Ein Unterschied zu diesen besteht in der Möglichkeit, neben der Parameterübergabe Kommunikation mit anderen parallelen Prozessen vorzusehen. Dazu wird ein synchroner Kommunikations- und Synchronisationsmechanismus, das sogenannte Rendezvous-Konzept, eingesetzt.

Expliziter Parallelismus in Form von Prozeß-Deklarationen, den Tasks, erlaubt dem Programmierer, in seinem sequentiell ablaufenden Programm andere, parallel, oder besser nebenläufig ausführbare, sequentielle Programmteile zu vereinbaren. Damit können Systemprogramme, ebenso wie Echtzeit- und beliebige andere Anwendungen effizient programmiert werden.

2.2.1.2 Ada – Impliziter Parallelismus

Unter implizitem Parallelismus soll hier all das verstanden werden, was an Parallelismus bei der Programmausführung möglich ist, worauf der Benutzer aber keinen Einfluß durch Sprachmittel hat. Dieser Parallelismus sollte durch den Compiler oder das Betriebssystem erkannt und im Laufzeitsystem unterstützt werden.

In dieser Form sind für prozedurale Programmiersprachen fünf verschiedene Ebenen der parallelen Programmausführung denkbar: Bit-, Expression-, Statement- und Modulebene sowie die parallele Ausführung von Dienst- und Hilfsfunktionen.

Bitebene

Wie bereits eingangs in Kapitel 1.2 "Parallelitätsebenen" erwähnt, wird die unterste, die Bitebene, heute von nahezu jedem System verwendet, da die Wortbreite normalerweise mehr als ein Bit beträgt.

Expression- und Statementebene

In der Expression- und der Statementebene wäre die parallele Ausführung theoretisch möglich. Speziell die parallele Auswertung von Expressions erinnert etwas an die parallele Auswertung, wie sie bei funktionalen Sprachen angewendet wird (siehe Kapitel 4.2). Allerdings bestehen bei den prozeduralen Programmiersprachen wesentlich unübersichtlichere und schwer auswertbare Zusammenhänge zwischen den Expressions, so daß ein Einsatz dieser Art des Parallelismus wenig effektiv erscheint. Ähnliches gilt auch für die in prozeduralen Sprachen verwendeten Statements. Aufgrund der unter Umständen sehr komplexen Abhängigkeiten ist der erzielbare Parallelitätsgewinn durch den mit der Parallelausführung verbundenen Overhead meist gering.

SIMD Parallelismus

Anders verhält es sich mit der Parallelität auf Expressionebene bei der Bearbeitung großer Felder von Daten, auf welche die gleichen Operationen oder die gleiche Folge von Operationen angewendet werden sollen. Ein solches Problem tritt hauptsächlich in der numerischen Datenverarbeitung der Physik, aber auch in den immer wichtiger werdenden Bereichen der Sprach- und Bildverarbeitung, oder allgemein in der anspruchsvollen Sensorik auf. Hier können die auftretenden Schleifen in der Feldverarbeitung großer Datenstrukturen parallel ausgeführt werden. Dies führt zu einem Parallelismus, wie er bereits in Array- und Vektorrechnern angewendet wird. Hierbei wird die gleiche Operation auf mehreren Daten gleichzeitig ausgeführt, was als SIMD (Single Instruction, Multiple Data) Parallelismus bezeichnet wird. Oder die Daten werden durch eine Abarbeitungs-Pipeline geschleust, wodurch ebenfalls eine parallele Verarbeitung entsteht. Für solche Anwendungen wäre diese Form des impliziten Parallelismus, bei geeigneter Hardware und evtl. mit vektorisierenden Compilern, durchaus denkbar, zumal Ada vielfältige Sprachmittel für numerische Anwendungen besitzt (z.B. Real-Zahlen). Die Effizienz einer Realisierung mit speziellen Verarbeitungsknoten (PE) wäre dann aber stark von der Aufgabenstellung abhängig, das heißt für bestimmte numerische Anwendungen besonders geeignet.

Modulebene

Auf Modulebene ist eine parallele Abarbeitung sowohl von Unterprogrammen, als auch von ganzen Programmodulen (Ada: *package*) denkbar. Der Wirkungsgrad einer solchen Parallelverarbeitung hängt dabei weitgehend von den Abhängigkeitsstrukturen der Module untereinander ab. Sowohl in Ada als auch in CHILL sind daher für diesen Fall Prozeßkonzepte eingeführt, so daß sich eine Parallelisierung auf der Modulebene nicht anbietet.

Dienst- und Hilfsprogramme

Betrachtet man die für die Ausführung von Ada-Programmen notwendigen Laufzeitfunktionen, so lassen sich auch auf dieser Ebene einige parallel zu den Benutzerprogrammen ausführbare Dienst- und Hilfsprogramme ausmachen.

Da zu erwarten ist, daß bei großen Programmsystemen auch eine große Zahl an parallelen Benutzerprozessen vorhanden sein wird, scheint eine aktive Speicherverwaltung zur Laufzeit sinnvoll. Dies ist auch dann besonders wichtig, wenn eine Anwendung viel mit dynamischen Strukturen, wie etwa Zeigern, arbeitet. Dazu könnte eine bereits aus den funktionalen Sprachen bekannte Komponente der Speicherverwaltung, die sogenannte "Garbage Collection" (siehe auch Kapitel 1.5), Verwendung finden, um eine effiziente Nutzung des Speicherplatzes im Heap zu erreichen. Diese Speicherbereinigung könnte parallel zu den Benutzerprogrammen ablaufen und ebenfalls in Ada auf Systemebene formuliert sein oder in der Hardware unterstützt werden.

Ein weitere, gleichzeitig zur normalen Programmabarbeitung mögliche Funktion wäre die von Ada geforderte strenge Prüfung von z.B. Typen, Array- und Wertebereichgrenzen sowie diverser anderer Bedingungen, welche die Ausnahmebehandlung betreffen. Damit könnten diese unter Umständen umfangreichen Prüfungen parallelisiert und die Abarbeitung beschleunigt werden. Diese Prozesse müssen dann vom Laufzeitsystem angestoßen und gesteuert werden.

2.2.1.3 Ada – Granularität

Unter Granularität soll hier die Größe und Mächtigkeit der parallel ausführbaren, expliziten Sprachkonstrukte und der implizit vorhandenen Parallelität verstanden werden. Die Bestimmung der Granularität ist im Hinblick auf die Art und Anzahl der zu verwendenden Verarbeitungsknoten in einem Parallelrechner System von Bedeutung.

Die durch das Prozeßkonzept geschaffenen expliziten Sprachmittel erlauben dem Programmierer, in Ada und CHILL parallel ausführbare Programmteile zu definieren. Es liegt also im Ermessen des Programmerstellers, ob und wie er seine Aufgabe in rein sequentielle oder parallele Abläufe gliedert. Die parallelen Programmkomponenten wiederum können weitgehend unabhängig von der Aufgabenstellung in viele kleinere, d.h. kurze Prozesse zerlegt werden, oder in wenige große, d.h. mit vielen Instruktionen oder gar eine Mischung aus beiden. Sowohl der Parallelitätsgrad, als auch die Granularität liegen gänzlich in der Verantwortung des Programmierers.

Es ist beispielsweise möglich, ganze Teile einer Aufgabenstellung als Prozeß zu vereinbaren, in dem wiederum verschiedene Prozesse vereinbart und aufgerufen werden. Deren Granularität kann dann ebenfalls die eines ganzen Programmoduls, oder aber nur wenige Instruktionen betragen. Eine generelle Aussage über die Granularität der explizit vom Programmierer zu vereinbarenden parallelen Prozesse ist nicht möglich und richtet sich nach Aufgabenstellung und Programmierstil.

Die implizit anwendbare Parallelität hat zum einen eine begrenzte Anzahl genau bekannter Prozesse, wenn es sich um Dienstprogramme oder spezielle Sprachmittel, wie etwa die REGIONs in CHILL, handelt. Betrachtet man andererseits einen potentiellen Parallelismus auf der Statement- und Expressionebene, so ist die Granularität sehr fein. Speziell bei der Anwendung des SIMD-Parallelismus auf größere Datenmengen ist eine feine Granularität normalerweise arithmetischer Operationen gefordert.

Ein weiterer wichtiger Aspekt in diesem Zusammenhang ist die Beziehung von Granularität mit der zu erwartenden Kommunikation. Je feiner die Granularität der parallelen Strukturen sein wird, desto mehr Kommunikation wird zwischen diesen notwendig sein.

2.2.2 CHILL

2.2.2.1 CHILL – Expliziter Parallelismus

Um in CHILL Programmteile als parallel ausführbare Arbeitspakete zu definieren, hat der Programmierer das Sprachmittel PROCESS zur Verfügung. Der Programmierer muß sein Programm in sequentiell und parallel ausführbare Teile zerlegen und jedes parallel ausführbare Arbeitspaket als Prozeß (PROCESS) definieren. Für die korrekte Zusammenarbeit, den Ablauf der parallel auszuführenden Prozesse sowie deren Kommunikation muß der Anwender selbst sorgen.

Durch die Möglichkeit, einen Prozeß zu definieren und von diesem mehrere Inkarnationen zu starten, können auch mehrere Prozesse der gleichen Definition aktiviert werden. Die Anzahl der Prozeßdefinitionen sagt also nichts über die tatsächliche Zahl der in einem Programm aktiven (bzw. aktivierbaren) Prozesse aus.

2.2.2.2 CHILL – Impliziter Parallelismus

Die Auswertung von implizit vorhandenem Parallelismus ist nur dort sinnvoll, wo eine automatische Parallelisierung vorgenommen werden kann. In CHILL sind schon explizite Sprachmittel vorhanden, mit denen der Programmierer Arbeitspakete parallel ausführen lassen kann. Eine von Hand vorgenommene Parallelisierung kann aber durch einen Automatismus nicht weiter verbessert werden. Aus diesem Grund kann auf der Prozeßebene implizite Parallelität nicht weiter unterstützt werden.

Auch die Programmebene ist nicht für die implizite Parallelisierung geeignet, da mit dem Sprachmittel PROCESS durch den Programmierer auch Programme für die Parallelausführung bestimmt werden können.

Implizite Parallelität kann bei der Kommunikation sinnvoll sein. Hierbei könnten die Ressourcen durch einzelne Arbeitspakete verwaltet werden.

Der Zugriff auf Daten einer REGION (Monitor) verlangt zum einen die Synchronisation durch eine geeignete Verwaltung und andererseits die Ausführung der Prozeduren innerhalb der REGION. Ein Arbeitspaket könnte dann entweder für die Verwaltung eines Monitors und den darin enthaltenen Daten und Prozeduren zuständig sein, oder ein Arbeitspaket könnte auch alle im System definierten Monitore und deren Zugriffsrechte verwalten.

Eine weitere eigenständige Aufgabe ist die Verwaltung von Kommunikationsobjekten (Nachrichten, Signale) und eventuell wartender Prozesse, wie sie bei der Kommunikation immer vorkommen können.

Bei Verwendung eines BUFFERS könnte durch ein Arbeitspaket die Erzeugung, das Ein- und Austragen von Nachrichten und die Verwaltung von wartenden Prozessen durchgeführt werden. Jedem BUFFER wäre dann ein Arbeitspaket zugeordnet, das alle Operationen auf diesem BUFFER ausführt.

Ähnliches ist auch bei EVENT-Variablen möglich. Hier könnten durch ein Arbeitspaket wartende Prozesse deaktiviert und deren Warten sowie die Aktivierungsreihenfolge bei mehreren Prozessen organisisert werden.

Zusammenfassend läßt sich sagen, daß implizite Parallelität möglich ist und auch eine Einteilung in eigenständige Arbeitspakete vorgenommen werden kann. Die Effektivität der Einteilung bzw. der Arbeitspakete hängt allerdings sehr stark von dem jeweiligen Anwendungsgebiet ab.

2.2.2.3 CHILL - Granularität

Die Granularität der im System ablaufenden Prozesse wird von zwei verschiedenen Aspekten bestimmt:

Einmal durch den Programmierer, der mit dem expliziten Sprachmittel PROCESS beliebig große bzw. kleine Sequenzen parallelisieren kann. Hier kann die Granularität in Abhängigkeit vom Programmierstil des Programmierers zwischen sehr grob und sehr fein liegen.

Weiterhin gibt es in CHILL auch die Möglichkeit, Prozesse in einer durch die DO-FOR-EVER-Anweisung erzeugten Endlosschleife laufen zu lassen. Bei dieser Art von Prozessen kann die Granularität unendlich grob werden, nämlich dann, wenn solch ein Prozeß zu Beginn der Laufzeit initiiert und erst bei Beendigung des gesamten Programms wieder beendet wird. Während der gesamten Laufzeit des Programmsystems ist der Prozeß also permanent aktiv.

Bei den durch die Systemverwaltung erzeugten Arbeitspaketen (siehe Kapitel 2.2.2.2) hängt die Granularität von der Aufgabe ab. Verwaltet ein Arbeitspaket genau einen BUFFER, ein EVENT oder eine REGION, so ist die Granularität der Arbeitspakete eher klein. Wird einem Prozeß aber die Verwaltung aller gleichen Objekte, also aller BUFFER, aller EVENT, etc. übertragen, dann ist die Granularität der Arbeitspakete sicherlich grob.

Bei diesen Arbeitspaketen zur Verwaltung kann man also die Granularität ebenfalls erst nach Kenntnis des Anwendungsgebietes und der Einteilung in implizite, parallel ablaufende Pakete feststellen.

2.3 Kommunikation und Synchronisation

In diesem Kapitel werden die durch die parallele Ausführung von Programmteilen entstehende Notwendigkeit zum Nachrichtenaustausch, der Kommunikation, und die eng damit verbundene Synchronisation verschiedener paralleler Aktivitäten näher betrachtet. Die entsprechenden Sprachmittel wurden bereits in den Kapiteln 2.1.1.3 für Ada und in 2.1.2.3 für CHILL betrachtet. Die Kommunikations- und Synchronisationskonzepte in Ada und CHILL unterscheiden sich, weswegen auch hier eigene Unterkapitel für jede Sprache vorgesehen wurden. Die in Ada und CHILL verwendeten Konzepte für Kommunikation und Synchronisation beruhen hauptsächlich auf den Arbeiten von Hoare [Hoa78], Brinch Hansen [Bri78] und Dijkstra [Dij68].

2.3.1 Ada

2.3.1.1 Ada – Kommunikation

Ada besitzt die Möglichkeit, parallele Prozesse explizit zu formulieren. Die dadurch entstehenden nebenläufigen Programmeinheiten, die Tasks, müssen auch während ihrer parallelen Abarbeitung in der Lage sein, Werte und Parameter von anderen Tasks zu empfangen und zurückzugeben. Daher ist ein spezieller Kommunikationsmechanismus vorzusehen, der sich von der normalen Parameterübergabe in rein sequentiellen Programmteilen, z.B. beim Aufruf eines Unterprogramms, unterscheidet. Die Entwickler von Ada haben dafür einen vollständig synchronen Mechanismus in Ada eingebracht, das sogenannte Rendezvous-Konzept. Die zur Verfügung stehenden Sprachmittel sind in Kapitel 2.1.1.3 erläutert.

Bedingt durch den synchronen Mechanismus sind einige wichtige Mechanismen im Laufzeitsystem vorzusehen. Ruft eine Task 1 zu Kommunikationszwecken den Entry einer Task 2, so sind verschiedene Fälle in der weiteren Abarbeitung vorstellbar: zunächst muß geprüft werden, ob die gerufene Task 2 bereit ist, das heißt, ob sie in ihrem Programmablauf das Accept-Statement für den gerufenen Entry erreicht hat. Ist dies der Fall, so wird die rufende Task 1, nachdem sie die eventuell vorhandenen Parameter zur Kommunikation an die gerufene Task übergeben (*in*) oder bekommen hat (*out*), in ihrer Abarbeitung bis auf weiteres angehalten. Die gerufene Task 2 führt dann die zwischen *accept* und *end accept* stehenden Statements aus. Danach setzen beide Tasks ihr Programm unabhängig fort.

Ist nun eine der bei einer Kommunikation beteiligten Tasks nicht bereit, sei es weil die gerufene Task kein Accept erreicht hat oder weil bereits eine andere Task eine Kommunikation mit dieser ausführt, so werden diese Rufer-Prozesse in eine "Warteschlange" eingereiht und ihre Abarbeitung ausgesetzt. Dabei kann entweder für jeden Entry eine eigene Warteschlange oder für alle Entries einer Task eine gemeinsame Warteschlange implementiert werden. Eine solche Warteschlange hat ein First In, First Out (FIFO)

Verhalten. Ist eine zuvor belegte oder anderweitig nicht verfügbare Task nun bereit, so wird der Prozeß an der Spitze der Warteschlange aktiviert. Hat die gerufene Task die Auswahl zwischen verschiedenen Entries (in einem Select-Statement, siehe Kapitel 2.1.1.3) und liegen für alle diese Entries Aufrufe vor, so ist die Auswahl, welche der Warteschlangen bedient wird, dem Implementierer freigestellt, also auch nicht von der Priorität der Tasks abhängig.

Trifft eine Task auf ein *accept* und es liegt kein Entry-Aufruf einer anderen Task vor, so wird auch dieser Prozeß in seiner Abarbeitung ausgesetzt. Ein Manko in der Ada-Struktur ist ein Programmierfehler mit fatalen Folgen : Ruft eine Task einen eigenen Entry auf, so führt dies zu einem nicht behebbaren Deadlock, der auch vom Compiler nicht erkannt wird.

Wird bei einem Entry-Aufruf eine Task angesprochen, die bereits beendet ist, also nicht mehr im System vorhanden ist, so wird die Exception Tasking_Error ausgelöst.

2.3.1.2 Ada - Synchronisation

Explizite Synchronisation

Bedingt durch die Möglichkeit, Programmteile parallel und gleichzeitig zu bearbeiten, ist in Ada ein dem Programmierer zur Verfügung stehender Synchronisationsmechanismus vorgesehen. Auch diese Aufgabe wird mit dem Rendezvous-Konzept gelöst (siehe auch Kapitel 2.1.1.3). Dieser vollständig synchrone Mechanismus, der auch zur Kommunikation eingesetzt wird, bietet ein hinreichendes Mittel, die notwendigen Synchronisationsaufgaben, z.B. beim gleichzeitigen Zugriff mehrerer Tasks auf ein gemeinsames Objekt, zu ermöglichen (siehe auch Beispiel 2.3 und 2.4). Dieser Mechanismus ist allerdings wegen seines nicht zu vernachlässigenden Verwaltungsaufwandes nicht immer vorteilhaft, besonders bei Anwendungen mit eventuell nur wenigen Statements. Dort ist der relative Verwaltungsaufwand für das Rendezvous kaum vertretbar.

Daher wurde noch ein weiteres Primitiv geschaffen: Auf sehr niedriger Ebene ist mit der Compilerdirektive *pragma shared* ein weiteres Sprachmittel vorhanden, um den Zugriff auf eine Variable zu synchronisieren. Hiermit wird die ausschließliche Verwendung dieser Variable durch immer nur eine Task zu einer bestimmten Zeit erreicht (*mutual exclusion*). Die Variable wird dann vom Laufzeitsystem verwaltet. Dieses Mittel ist weit weniger strukturiert, aber wesentlich effektiver zu implementieren und besonders für kurze und häufig benutzte Zugriffe auf gemeinsame Daten in zeitkritischen Echtzeitanwendungen geeignet.

Implizite Synchronisation

Außer den Möglichkeiten der expliziten Synchronisation besitzt Ada eine Reihe von im Laufzeitsystem befindlichen Synchronisationsaufgaben. Diese müssen die konfliktfreie Benutzung und Verwaltung der in Ada möglichen Parallelstrukturen übernehmen. Es müssen für die Tasks und das Rendezvous automatische Synchronisationsmechanismen vorgesehen werden.

Synchronisation von Tasks

Eine wesentliche Aufgabe, die das Laufzeitsystem zu übernehmen hat, ist die Verwaltung der parallelen Tasks. Diese können erzeugt, gestartet, suspendiert, beendet und terminiert werden. Bei der Prozeßerzeugung wird zunächst Speicherplatz zugeteilt und die Datenstrukturen initialisiert. Beim Start beginnt eine Task mit der Ausführung, indem zunächst die lokale Umgebung aufgebaut wird. Je nach Verarbeitungsmodell und der verwendeten Hardware müssen die ausführbaren Tasks auf die zur Verfügung stehenden Prozessoren verteilt und gestartet werden (*scheduling*). Hierbei spielt die vom Benutzer definierbare Priorität einer Task eine Rolle.

Die in Ada mögliche Abfrage von Attributen wie *'terminated'* und *'callable'* ist eine kritische Operation, die synchronisiert werden muß.

Mit *delay* kann die Ausführung einer Task für bestimmte Zeit unterbrochen, also suspendiert werden. Da nur eine bestimmte Anzahl von Hardware-Timern verfügbar sein wird, müssen die wartenden Tasks anderweitig mit einer "Weckzeit" versorgt werden. Eine Möglichkeit wäre eine Zeit-Warteschlange [Bak85], in die verzögerte Tasks gemäß ihrer Delay-Zeit eingereiht werden, etwa in doppelt verkettete Listen, ähnlich einer bei Entry-Warteschlangen möglichen Realisierung.

Eine Task endet, wenn sie das End-Statement in ihrem Programmrumpf erreicht hat. Ob eine Task auch wirklich in diesem Moment zu existieren aufhört, hängt von der zunächst notwendigen Prüfung ab, ob etwa noch Sohnprozesse aktiv sind oder ob noch andere Tasks in der oder den Entry-Warteschlangen stehen.

Dadurch muß das Laufzeitsystem die Prüfung verschiedener Bedingungen vornehmen und gegebenenfalls den Ablauf synchronisieren, indem die Suspendierung der betreffenden Tasks vorgenommen wird.

Eine weitere Synchronisationsstelle ist das Einreihen von Prozessen in die Warteschlangen, da immer nur eine Task auf diese zur selben Zeit zugreifen kann.

Alle diese Aufgaben der impliziten Synchronisation entsprechen denen der expliziten Synchronisation durch den Programmierer. Es können die gleichen Mechanismen, nur eben vom Laufzeitsystem oder Betriebssystem angewandt werden.

2.3.2 CHILL

2.3.2.1 CHILL - Kommunikation

Wie bereits oben beschrieben gibt es in CHILL drei verschiedene Sprachmittel für die Interprozeßkommunikation:

- REGION, als Realisierung eines Monitorkonzeptes,
- BUFFER, als *mailbox*, die mehrere Nachrichten aufnehmen kann,
- SIGNAL, mit dem Nachrichten oder Signale an ganz bestimmte Prozesse gesandt werden können.

Mit allen drei Sprachmitteln können Daten zwischen Prozessen ausgetauscht werden. Im Idealfall kann ein Prozeß eine entsprechende Anweisung (SEND, RECEIVE, oder Prozeduren einer REGION) aufrufen und dann in seiner Prozeßausführung fortfahren.

Probleme treten auf, wenn beispielsweise eine REGION schon belegt ist, ein BUFFER voll bzw. leer ist oder wenn kein Prozeß zum Empfang einer bereits gesendeten Nachricht bereit ist.

Im folgenden soll deshalb der Ablauf bei der Kommunikation zwischen Prozessen näher betrachtet werden.

REGION

Eine REGION verwaltet Ressourcen (Daten oder Betriebsmittel), auf die nur durch Prozeduren innerhalb der REGION zugegriffen werden kann.

Um die Reihenfolge konkurrierender Prozeduraufrufe und wartender Prozesse zu koordinieren, muß jeder REGION eine eigene FIFO-Warteschlange (*First In, First Out*) zugeordnet werden. Will ein Prozeß eine Prozedur aus der REGION aufrufen, und es hat schon ein anderer Prozeß eine ihrer Prozeduren aufgerufen, so wird der zuletzt aufrufende Prozeß ausgesetzt und der Prozeßaufruf in eine Warteschlange eingereiht. Wird die REGION wieder frei, so wird der an erster Stelle wartende Prozeßaufruf aus der Warteschlange genommen und ausgeführt.

Jeder aufrufende Prozeß bleibt solange ausgesetzt, bis die aufgerufene Prozedur abgearbeitet wurde. Erst dann wird er wieder aktiviert, erhält eventuelle Rückgabewerte von der Prozedurausführung und kann weiterarbeiten.

BUFFER

Mit dem Sprachmittel BUFFER steht eine *mailbox* zur Verfügung, in der Prozesse mit SEND ihre Nachrichten ablegen und mit RECEIVE von dort holen können.

Zu jedem BUFFER gehört ein Speicherbereich, in dem Nachrichten abgelegt werden, und eine Warteschlange, in die sich die wartenden Prozesse einreihen können, falls der BUFFER leer bzw. voll ist. Für jeden BUFFER wird nur eine Warteschlange benötigt, da entweder die Situation 'der BUFFER ist voll' oder 'der BUFFER ist leer' eintreten kann. Beide Situationen treten niemals zugleich auf. (Es kann noch die Situation 'der BUFFER ist teilweise gefüllt' vorkommen, aber obwohl diese Situation sicherlich am häufigsten eintreten wird, soll sie hier nicht weiter betrachtet werden, da dabei keine Warteschlange benötigt wird.)

Will ein Prozeß mit SEND eine Nachricht in den BUFFER eintragen, so muß er der BUFFER-Verwaltung die Nachricht zusenden und auf eine Antwort warten. Diese gibt ihm das Zeichen zum Weiterarbeiten, wenn die Nachricht in den BUFFER eingetragen werden konnte. Kann die Nachricht nicht eingetragen werden, so wird der Prozeß von der Verwaltung deaktiviert und in die zum BUFFER gehörige Warteschlange eingereiht.

Sobald die Nachricht eines wartenden Prozesses in den BUFFER übernommen wurde, trägt die BUFFER-Verwaltung diesen aus der Warteschlange aus. Nachdem er aktiviert wurde, kann er dann in seiner Ausführung fortfahren.

Will ein Prozeß mit RECEIVE eine Nachricht aus dem BUFFER lesen, so muß er eine Anforderung an den BUFFER senden und warten, bis eine Nachricht eintrifft. Die BUFFER-Verwaltung sendet ihm die erste Nachricht aus dem BUFFER zu. Falls der BUFFER leer ist, wird der RECEIVE-Prozeß ausgesetzt und in die Warteschlange eingetragen. Sowie eine Nachricht im BUFFER eingetroffen ist, wird der Prozeß wieder aus der Warteschlange ausgetragen, aktiviert und erhält die Nachricht.

Soll ein Prozeß eine RECEIVE-CASE-Anweisung ausführen, so werden alle BUFFER-Alternativen nacheinander nach einer Nachricht abgefragt und, falls alle BUFFER leer sind und kein ELSE-Teil spezifiert ist, der Prozeß in alle Warteschlangen der angegebenen BUFFER eingereiht. Nach Eintreffen einer Nachricht in einem der BUFFER müssen dann die Warteschlangen durchsucht werden, um alle Prozeß-Einträge zu löschen.

Die Warteschlange muß nach dem FIFO-Prinzip (*First In, First Out*) verwaltet werden. Allerdings muß es auch möglich sein, Prozesse gemäß der Prioritäten, die mit einer SEND-Anweisung übergeben werden können, in die Warteschlange einzutragen.

SIGNAL

Ein SIGNAL kann mit SEND von einem Prozeß an einen ganz bestimmten anderen Prozeß gesendet werden. Mit RECEIVE-CASE kann der adressierte Prozeß das SIGNAL annehmen und dann weiterarbeiten.

Führt ein Prozeß eine RECEIVE-CASE-Anweisung aus, obwohl bisher noch keine Nachricht abgeschickt wurde, so wird der Prozeß in den Wartezustand versetzt. Er muß allerdings in keine Warteschlange eingereiht werden, da ein Sende-Prozeß seine Nachricht direkt an den Empfänger abschicken kann. Es gibt also keinen Wettbewerb um den Erhalt von Nachrichten.

Anders ist es, wenn ein Prozeß nicht nur ein SIGNAL, sondern mehrere gleichzeitig erhält. Der Empfänger kann immer nur ein SIGNAL nach dem anderen annehmen, weshalb die übrigen beim Empfänger-Prozeß in eine Warteschlange eingereiht werden müssen, aus der sie dann einzeln mit weiteren RECEIVE-CASE-Anweisungen geholt werden.

Sendet ein Prozeß ein SIGNAL an einen anderen Prozeß ab und ist dieser nicht empfangsbereit, so wird die Nachricht ebenfalls in die Warteschlange des Empfängers einreiht, der Sende-Prozeß kann jedoch weiterarbeiten.

Sendet ein Prozeß ein SIGNAL an einen anderen Prozeß, der aber z.B. durch ein STOP beendet wurde, so tritt die Ausnahmensituation EXTINCT ein. Falls der Programmierer einen exception handler geschrieben hat, muß dieser ausgeführt werden.

2.3.2.2 CHILL - Synchronisation

Synchronisation muß bei der Unterstützung von CHILL aus zweierlei Sicht betrachtet werden. Zum einen wird mit CHILL der Mode EVENT angeboten, mit dem der Anwender Prozesse in ihrer Ausführung synchronisieren kann, zum anderen müssen Zugriffe auf gemeinsam genutzte Daten synchronisiert werden.

Die Synchronisation der Zugriffe auf gemeinsame Daten ist notwendig, damit nicht zwei Prozesse zur gleichen Zeit dieselben Daten verändern können. Das Ergebnis wäre ein undefinierter Zustand der Daten. Aus diesem Grund darf immer nur ein Prozeß gleichzeitig auf einen von mehreren Prozessen gemeinsam genutzten Datenbereich zugreifen, während andere Prozesse bis zur Freigabe warten müssen. Zugriffssynchronisation, auch als gegenseitiger Ausschluß oder *mutual exclusion* bezeichnet, wird dadurch erreicht, daß eine Sequenz von Zugriffs-Anweisungen als unteilbare Aktion behandelt wird und jeweils nur ein Prozeß diese Anweisungen ausführt, während andere Prozesse bis zur Beendigung des Zugriffs warten.

2.3.2.2.1 Explizite Synchronisation

EVENT

Als explizites Sprachmittel zur Prozeß-Synchronisation steht in CHILL der Mode EVENT zur Verfügung. Mit einer DELAY-Anweisung können sich Prozesse in einen Wartezustand versetzen, aus dem sie erst wieder aktiviert werden, wenn ein bestimmtes Ereignis eingetreten ist und ein anderer Prozeß daraufhin eine CONTINUE-Anweisung ausgeführt hat.

Es ist aber auch möglich, daß mehrere Prozesse auf ein Ereignis warten, oder daß ein Prozeß auf mehrere Ereignisse wartet. Hierbei spielt wiederum die Reihenfolge, in der die Prozesse aktiviert werden sollen eine Rolle. Aus diesem Grund müssen sich die wartenden Prozesse gemäß der Reihenfolge ihrer Deaktivierung oder gemäß einer zugeordneten Priorität in eine oder mehrere Warteschlangen einreihen, aus der sie später aktiviert werden.

Denkbar wären Warteschlangen, die jeweils für genau ein Ereignis zuständig sind. Für jede Variable vom Mode EVENT müßte dann eine Warteschlange eingerichtet werden (Bild 2.2). Ein Prozeß, der sich mit DELAY-CASE aussetzt, wird in alle betroffenen Warteschlangen eingetra-

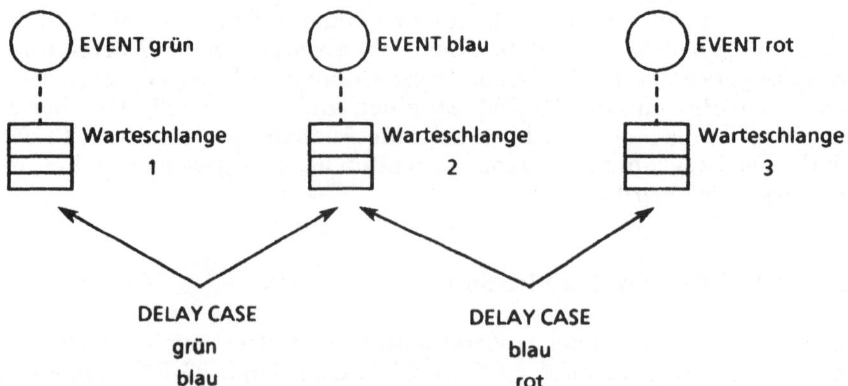

Bild 2.2. Jedes Ereignis verfügt über eine eigene Warteschlange

gen. Um bei einem CONTINUE alle Einträge eines reaktivierten Prozesses löschen zu können, müssen entweder alle Warteschlangen durchsucht werden, oder es wird eine zu einem Prozeß gehörige Liste angelegt, in der Verweise auf die entsprechenden Warteschlangen enthalten sind.

Diese Möglichkeit hat den Vorteil, daß die Anzahl der Warteschlangen zur Übersetzungszeit bekannt ist. Außerdem können die Warteschlangen vor dem Programmstart im Speicher eingerichtet werden.

2.3.2.2.2 Implizite Synchronisation

Die unter *mutual exclusion* oder gegenseitiger Ausschluß verstandene Synchronisation wird bei allen drei in CHILL enthaltenen Sprachmitteln zur Kommunikation zugesichert.

- Bei der REGION muß sichergestellt werden, daß höchstens ein Prozeß eine Prozedur aus einer REGION aufruft. Bei gleichzeitigem Aufruf müssen alle Prozesse bis auf einen ausgesperrt werden.
- Beim BUFFER darf nur jeweils ein Prozeß eine Nachricht in den BUFFER eintragen oder auslesen. Hier muß man also den Zugriff auf teilgefüllte BUFFER synchronisieren.
- Wird ein SIGNAL gesendet und der Empfänger-Prozeß ist bisher auf keine RECEIVE-CASE-Anweisungen getroffen, so muß das SIGNAL in einer Warteschlange abgespeichert und der Zugriff beim Abspeichern synchronisiert werden.

Als Mittel zur Synchronisation kann das Semaphorkonzept angewendet werden, wie es in [Bri73] oder [Dij68] beschrieben wurde. Dieses Konzept ist inzwischen weit verbreitet und gilt als sicheres Verfahren für mutual exclusion.

Da bei allen drei Sprachmitteln für Kommunikation der Einsatz von Warteschlangen notwendig ist, in der die wartenden Objekte abgelegt werden, kann auch ein FIFO-Semaphor benutzt werden, das eine First In, First Out-Warteschlange verwaltet.

2.4 Parallelitätsbedingte Verwaltungsaufgaben

Das Thema dieses Kapitels ist die Betrachtung aller durch die Einführung der Parallelität in den Programmiersprachen Ada und CHILL hervorgerufenen zusätzlichen Verwaltungsaufgaben. Dabei sollen die Aufwendungen für die parallelen Prozesse, die Kommunikation und Synchronisation, sowie die Speicherverwaltung betrachtet werden.

2.4.1 Prozeßverwaltung in Ada

In diesem Unterkapitel werden die zur Laufzeit für Ada notwendigen Aufgaben zur Verwaltung der parallelen Prozesse behandelt. Dabei soll nicht näher auf die Hardware einer zugrunde liegenden Maschine eingegangen werden. Dies ist Thema der Kapitel 2.6 und 2.7.

Eine Task kann in Ada fünf Zustände einnehmen: nicht existent, bereit, aktiv, suspendiert und beendet [Pet82, Bak86]. Das folgende Bild 2.3 illustriert diese Zustände mit den möglichen Übergängen

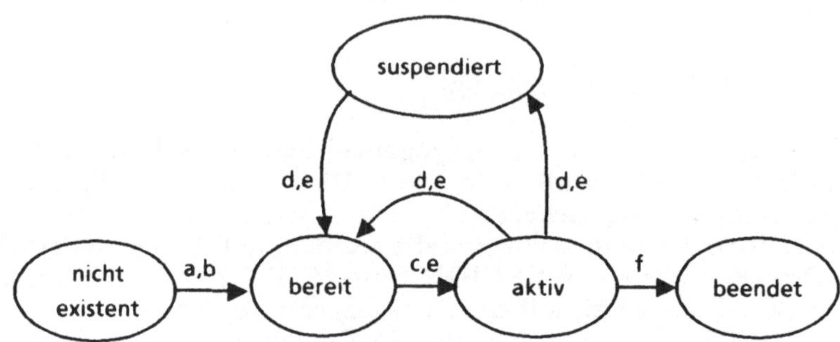

Bild 2.3. Task-Zustände in Ada

Mit diesen Zuständen sind zahlreiche Übergangsvorgänge verbunden :

a – Erzeugen eines Task-Typs (Spezifikation einer Task),
b – Erzeugen eines Task-Objekts (Vereinbarung einer Task vom Typ Prozeß),
c – Aktivierung einer Task (Beginn der Abarbeitung mit dem Erstellen der lokalen Umgebung),
d – Abarbeitung der Statements im Task-Rumpf,
e – Kommunikation (Rendezvous mit anderen Tasks),
f – Beenden einer Task (nachdem das End-Statement im Task-Rumpf erreicht wurde oder nach einer expliziten Terminierungsanweisung)

Zunächst soll auf die Generierung von Tasks und die damit verbundenen Aktionen eingegangen werden.

Generierung

Bevor eine Task ihre Ausführung beginnen kann, muß sie erzeugt und aktiviert werden. Eine Task wird erzeugt nach der einmaligen Auswertung einer Task-Deklaration im Spezifikationsteil. Oder nach der Auswertung einer Objekt-Deklaration, oder eines Verweises auf einen Task-Typ (*access*), oder der Auswertung eines zusammengesetzten Typs, der eine Task-Komponente enthält. Dabei wird zumindest Speicherplatz z.B. auf dem Heap und dem Stack für die Task belegt und die Initialisierung der Datenstrukturen durchgeführt, die das Laufzeitsystem für die Ausführung und Kontrolle dieser Task benötigt.

Dazu kann ein *Task-Control-Block* (TCB) verwendet werden, der für alle Task-Objekte angelegt wird [Sho82b]. Dieser wird unter anderem enthalten:
- den Namen der Task zur Identifikation (z.B. um zu kommunizieren),
- die Priorität der Task,

- den Task-Status wie bereit, suspendiert, terminiert, etc.,
- einen Verweis auf die Struktur, welche die dazugehörige Task-Deklaration enthält,
- einen Bereich mit der Anzahl der abhängigen Sohn-Prozesse (Task-Count),
- einen Bereich, in dem die Verzögerungszeit sowie ein Verweis auf den Wiederaufsetzpunkt nach Ablauf der Verzögerungszeit eingetragen sind,
- die Indizes der Entries, für die Aufrufe anderer Tasks angenommen werden können,
- eine Auflistung der nicht-leeren Entry-Warteschlangen,
- Verweise auf die jeweils erste und letzte Task in den Entry-Warteschlangen (FIFO),
- einen Verweis auf den Codebereich eines jeden Entry (wichtig bei Select-Statements).

Nachdem eine Task erzeugt wurde, folgt deren Aktivierung. Dies beginnt mit der Ausführung des deklarativen Teils der Task. Hier werden zunächst die lokalen Datenobjekte initialisiert, lokale Tasks erzeugt und aktiviert. Nachdem die Aktivierung abgeschlossen ist, wird die Task als bereit geführt und kann im nächsten Schritt mit der Ausführung des Task-Rumpfes beginnen, sofern sich eine freie Verarbeitungseinheit finden läßt.

Priorität bei der Ausführung

Eine Task kann vom Programmierer eine Priorität zugeteilt bekommen. Diese Priorität ist statisch und muß vom Laufzeitsystem verwaltet werden. Sie dient dazu, die für die Abarbeitung nötige Reihenfolge der Tasks festzulegen, also der Auswahl derjenigen Task mit der höchsten Priorität, wenn mehrere bereite Tasks verfügbar sind. Die Ada Sprachdefinition legt fest, daß keine Task mit einer geringeren Priorität vor einer Task mit einer höheren Priorität bearbeitet werden darf. Die Priorität wird als Compilerdirektive *pragma* im Spezifikationsteil einer Task vergeben.

Wird eine Task aktiviert, so muß sie aus der Bereit-Warteschlange ausgetragen werden. Dies kann eine einzige Bereit-Warteschlange für alle Prioritäten oder für jede Prioritätsstufe eine eigene Warteschlange sein. Wurde eine Task gemäß ihrer Priorität in eine solche Bereit-Liste eingereiht und besteht diese aus einer Warteschlange für alle Prioritäten oder aus einer Warteschlange für jede Prioritätsstufe, so wird immer das erste Element mit der höchsten Prioritätsstufe aktiviert. Diese Vorstellung beruht auf dem wohl realistischen Modell von Arbeitspaketen und Prozessoren, wobei die Zahl der temporär zur Verfügung stehenden Prozessoren kleiner ist als die Zahl der Verarbeitungseinheiten. Eine solche Bereit-Warteschlange kann entweder global im System für alle Prozessoren als gemeinsamer Pool realisiert sein, oder lokal für jeden Prozessor. Dadurch können die Verwaltungsaufgaben bezüglich der Verteilung der bereiten Tasks schwanken. Der Aufwand für die Aktivierung einer Task ist außerdem vom Aktivierungsverfahren abhängig, etwa einem Time-Slice Verfahren, oder einem Verfahren, bei dem ein Prozeß solange einen Prozessor belegt, bis dieser aufgrund der Programmausführung suspendiert werden muß (*non-preemptive*) [Gup85].

Prozeßzustand

Ein Prozeß kann in Ada die in Bild 2.1 dargestellten fünf Zustände annehmen. Die Erzeugung und Aktivierung wurde bereits in den vorangegangenen Abschnitten erörtert. Ist eine Task bereit, so muß das Laufzeitsystem dafür sorgen, daß diese Task nach einer bestimmten Strategie (Scheduling) und Aufrufmechanismus (Dispatching) Rechenzeit im System erhält. Dieses Problem stellt sich für Monoprozessor-Systeme ebenso, wie auch für Multiprozessor-Systeme. Dazu ist in einem Prozessor ein Kontextwechsel vonnöten, bei dem der Status und die Umgebung der vorher bearbeiteten Task gerettet und, je nach Bearbeitungszustand, in einen der Folgezustände überführt werden muß (bereit, suspendiert, beendet). Alle notwendigen Daten der neuen Task, wie Statusinformationen, etwa dem TCB und das Programmstatuswort (PSW), werden restauriert, sowie die notwendige Umgebung im Speicher und Betriebsmittelbereich angelegt. Dies erfordert einen erheblichen Verwaltungs- und damit Zeitaufwand, der entscheidend von der Scheduling- und Dispatchingstrategie, sowie der zugrunde liegenden Architektur und der möglichen Hardwareunterstützung abhängt.

Ist eine Task aktiv, so müssen die spezifischen Kontrollblöcke, wie der TCB, ständig aktuell gehalten werden. Es müssen die vielfältigen Anforderungen der Task unterstützt werden, zum Beispiel die Kommunikation und Synchronisation mit anderen Tasks (siehe unten), sowie die Anforderung von Betriebsmitteln und Systemdiensten, um etwa Speicherplatz auf einem gemeinsamen Speicher zu belegen.

Eine Task kann während ihrer Ausführung suspendiert werden: etwa wenn eine Delay-Anweisung auftritt, oder wenn ein Rendezvous nicht sofort zustande kommt. Hier sind zwei Fälle denkbar: entweder wird die Task von der aktiven Bearbeitung in einen Wartezustand überführt und der Scheduling-Mechanismus wird angestoßen, oder die Task belegt den Prozessor exklusiv, auch während der Grund für die Suspendierung noch gegeben ist. Im letzteren Fall ist der Prozessor eine Zeit inaktiv, dafür entfällt ein zeitraubender Kontextwechsel. Der entsprechende Verwaltungsaufwand verringert sich dann im wesentlichen auf die Überprüfung der Warte-Bedingung.

Kommunikation und Synchronisation

Ein wesentlicher Verwaltungsaufwand muß in Ada bei der Handhabung des Rendezvous zur Kommunikation und Synchronisation aufgebracht werden. Hierbei ist eine umfangreiche Unterstützung seitens des Laufzeitsystems notwendig. Bei einem Entry-Aufruf prüft das Laufzeitsystem zunächst, ob die gerufene Task noch im System und nicht beendet ist. Ansonsten wird eine *exception* ausgelöst (siehe unten). Dann muß geprüft werden, ob die gerufene Task in Erwartung dieses Entry-Aufrufes suspendiert ist; wenn dem so ist, kann der Entry-Aufruf sofort akzeptiert, die suspendierte Task in der Bereit-Warteschlange mit der höchsten Priorität der beteiligten Tasks eingereiht, und die rufende Task suspendiert werden. Wenn der Entry-Aufruf nicht sofort angenommen werden kann, wird der rufende Prozeß in die entsprechende Entry-Warteschlange der gerufenen Task eingereiht. Dabei werden jeweils die Einträge im TCB der beteiligten Tasks entsprechend aktualisiert.

Erreicht die gerufene Task das *end accept* - Statement, so muß geprüft werden, ob der Entry-Aufruf von einem Interrupt herrührt. Wenn ja, muß der entsprechende Interruptlevel wieder aktiviert werden (EI, *enable interrupt*). Andernfalls werden die beiden beteiligten Tasks in die jeweiligen Bereit-Warteschlangen eingereiht und können von nun an ihren Code unabhängig voneinander weiter ausführen. Alle dazu notwendigen Tests und Einträge im TCB müssen ebenfalls vom Laufzeitsystem vorgenommen werden.

Um eine Übergabe von Parametern zwischen den Tasks zur Kommunikation zu ermöglichen, müssen an die gerufene Task, bzw. deren Laufzeit-Repräsentation

- die Parameter selbst (parameter-passing-method: copy)
- oder die Verweise auf diese Daten (parameter-passing-method: reference)

übergeben werden, sowie andere Rendezvous Informationen. Dazu könnte im TCB der gerufenen Task ein entsprechender Bereich ausgewiesen werden. Abhängig davon, ob es sich um ein eng gekoppeltes oder ein lose gekoppeltes Multiprozessorsystem handelt (siehe Kapitel 1.4), müssen die zum Datentransfer zwischen den Prozessoren notwendigen Speicher- oder Netzwerk-Verwaltungsroutinen aktiviert werden. Die bei einem Entry-Aufruf eventuell zu übergebenden Parameter müssen bei einer der am Rendezvous beteiligten Tasks dynamisch zwischengespeichert werden, abhängig davon, ob es sich um *in* oder *out* Parameter handelt. Dies erfordert die dynamische Belegung und Freigabe von Speicherplätzen unterschiedlicher Größe.

Terminierung

Das Beenden einer Task ist ebenfalls mit einem nicht genau vorhersehbaren zeitlichen Verlauf verbunden. Eine Task kann durch ein *end*-Statement im Prozeß-Rumpf, eine *terminate*- oder eine *abort*-Anweisung beendet werden. Dabei muß zunächst überprüft werden, ob abhängige Sohn-Prozesse existieren. Ist dies der Fall, so muß der Terminierungsvorgang ausgesetzt werden, bis alle abhängigen Tasks ebenfalls beendet sind. Gibt es keine abhängigen Tasks mehr, werden alle von der Task belegten Betriebsmittel und Speicherbereiche freigegeben und im TCB der Status "beendet" eingetragen. In der Dynamischen-Vorgänger-Struktur wird der Task-Count (s.o.) der abhängigen Tasks dekrementiert und der Scheduler angestoßen. Somit kann der belegte Bereich überschrieben werden, die Task hat aufgehört zu existieren.

Fehlerbehandlung

Die in Ada vorgesehene Ausnahmebehandlung im Fehlerfall (*exception handling*) erfordert eine ausgedehnte Laufzeitunterstützung. Hier sollen speziell die im Zusammenhang mit der parallelen Programmausführung notwendigen Prüfungen behandelt werden. Das Laufzeitsystem muß bei einem Rendezvous-Wunsch zunächst die gerufene Task auf deren Existenz und deren momentanen Zustand prüfen. Ist die gerufene Task nicht mehr im System oder aufgrund eines Fehlers dort '*abnormal*' geworden, so wird die Exception Tasking-Error ausgelöst, und die Verarbeitung wird in der

Tasking-Error Serviceroutine fortgeführt. Dabei kann es zu umfangreichen Aktionen kommen, wenn dabei zum Beispiel automatisch auch alle von dieser betroffenen Task abhängigen Sohn-Tasks abgebrochen werden sollen, um ein definiertes Wiederaufsetzen zu gewährleisten. Wenn bei der Abarbeitung einer dynamisch erzeugten Task ein sonstiger Laufzeitfehler auftritt, so kann dessen Überprüfung und die daran anschließenden Aktionen ebenfalls komplexe Verwaltungsaufgaben im Laufzeitsystem anstoßen. Die Überprüfung auf Laufzeitfehler muß außerdem in jedem Prozessor eigenständig durchgeführt werden.

2.4.2 Prozeßverwaltung in CHILL

Generierung

In CHILL werden Prozesse nicht in Abhängigkeit vom Ort, an dem sie definiert wurden, aktiviert. Die Prozeßdefinition hat mehr die Aufgabe einer Typdeklaration, von der zur Laufzeit dynamisch Inkarnationen dieser Prozeßdefiniton erzeugt werden können. Ein Prozeß entspricht dann der Inkarnation einer Prozeßdefinition.

Das Aktivieren des Prozesses hängt von der Verfügbarkeit eines Prozessors ab. Ist kein Prozessor verfügbar, so erfolgt ein Eintrag in eine Warteschlange, die alle Prozesse verwaltet, die für die Ausführung bereit sind.

Ist ein Prozessor freigeworden, so wird entweder eine Kopie der Prozeßdefinition erzeugt und auf den prozessoreigenen Datenbereich abgelegt, oder es wird eine Adresse der Prozeßdefinition übergeben. Für die im Vereinbarungsteil der Prozeßdefinition deklarierten Daten und für die Zwischenergebnisse wird auf jeden Fall ein eigener Speicherbereich organisiert, dem Prozeß zugeordnet, und die Daten in diesen Bereich eingetragen.

Prozeßzustände

Aus sprachlicher Sicht kann sich in CHILL ein Prozeß in zwei Zuständen befinden [CCI85]:
- *aktiv*, der Prozeß wurde mit START erzeugt und aktiviert
- *ausgesetzt*, der Prozeß wurde ausgesetzt und wartet auf das Eintreffen eines Ereignisses (CONTINUE, SEND/RECEIVE)

Aus der Sicht einer Prozeßverwaltung, die die Prozesse den verfügbaren Prozessoren zuteilt, müssen noch andere Zustände betrachtet werden [Bri73] (Bild 2.4):
- *aktiv*, ein Prozeß wird von einem Prozessor ausgeführt; die Ausführung eines Prozesses endet, wenn der Prozeß vollständig abgearbeitet wurde. Führt der Prozeß Kommunikation durch, so kann die Ausführung, falls die Datenobjekte nicht zur Verfügung stehen, blockiert werden. Weiterhin kann ein Prozeß sich mit DELAY selbst aussetzen oder suspendiert werden, falls sich mehrere Prozesse einen Prozessor im Time-Sharing teilen.

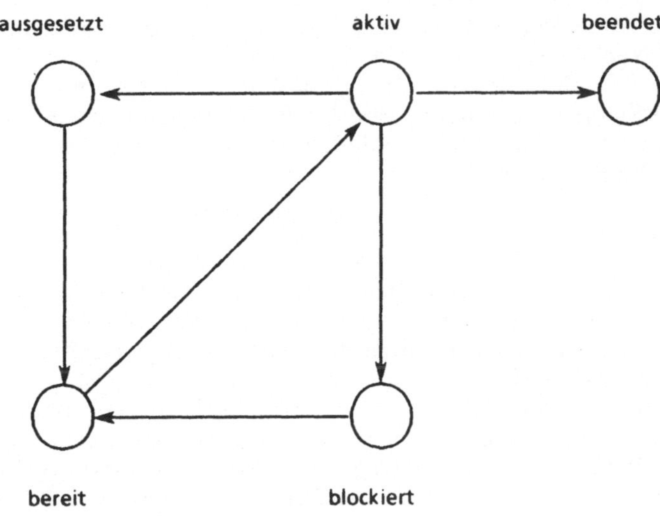

Bild 2.4. Interne Prozeßzustände

- *bereit*, ein Prozeß wartet auf einen Prozessor, weil der Prozeß vom Programm aus mit START aktiviert wurde, oder weil die Reaktivierungsbedingung für einen ausgesetzten oder blockierten Prozeß erfüllt ist und der Prozeß in seiner Ausführung fortfahren kann;
- *ausgesetzt*, der Prozeß hat sich selbst mit DELAY ausgesetzt und wartet auf ein CONTINUE;
- *blockiert*, der Prozeß wurde von einer anderen Instanz ausgesetzt, weil Daten oder Ressourcen nicht zur Verfügung stehen, er auf ein SEND/RECEIVE oder eine REGION-Freigabe warten muß oder sich mehrere Prozesse einen Prozessor teilen und im time-sharing ausgesetzt werden;
- *beendet*, der Prozeß ist auf eine STOP-Anweisung oder auf ein END gestoßen und kann aus dem System genommen werden;

Der Zustand eines Prozesses wird nach außen hin nicht gezeigt, d.h. aus dem CHILL-Programm heraus kann er nicht abgefragt werden.

Die Prozeßverwaltung muß die einzelnen Zustände der Prozesse kennen und beim Eintreffen bestimmter Ereignisse oder nach Ausführung des Prozesses diesen in den jeweils nächsten Zustand überführen.

Prioritäten

Prioritätenvergabe ist in CHILL nur für Prozesse möglich, die sich selber mit DELAY aussetzen, oder die bei einer SEND-Anweisung in eine Warteschlange eingereiht werden.

Will sich ein Prozeß mit DELAY aussetzen und in einer Warteschlange auf ein bestimmtes Ereignis warten, so kann dem DELAY eine Priorität zugeordnet werden, mit der sich der Prozeß in die Warteschlange einreiht. Prozesse mit gleicher Priorität werden im FIFO-Modus eingereiht.

Sendet ein Prozeß eine Nachricht an einen BUFFER, so kann die Anweisung mit einer Priorität versehen werden. Ist noch Platz im BUFFER, so wird die Nachricht im BUFFER eingetragen. Ist der BUFFER jedoch voll, so wird der Prozeß ausgesetzt und gemäß der Priorität in die Warteschlange des BUFFERS eingetragen. Bei der Reaktivierung wird dann immer der erste Prozeß aus der Warteschlange entnommen und dessen Nachricht in den BUFFER eingetragen.

Zugriffsrechte

Kommunikation zwischen Prozessen setzt voraus, daß die beteiligten Prozesse Zugriff auf einen gemeinsamen Speicher haben (bei REGION und BUFFER), oder daß eine direkte Verbindung zwischen den Prozessen besteht (bei SIGNAL).

In Abhängigkeit von der realisierten Architektur muß es also einen Mechanismus geben, der beim Starten der Prozesse oder zum Zeitpunkt der Kommunikation die Zugriffswege zu den gemeinsamen Speichern oder zu den beteiligten Prozessoren bereitstellt. Das bedeutet, daß bei unterschiedlichen Verbindungsnetzwerken (siehe Kapitel 1.4) auch unterschiedliche Strategien und Verbindungswege eingesetzt werden.

Terminierung

Ein Prozeß terminiert, wenn er auf eine STOP-Anweisung trifft, oder wenn er die END-Anweisung eines PROCESS-Rumpfes erreicht.

Von der Terminierung eines Prozesses sind andere Prozesse in zwei Fällen betroffen:
- Ein Prozeß will mit einem anderen Prozeß kommunizieren, obwohl dieser schon beendet wurde.
- Ein Prozeß A hat einen Prozeß B gestartet und diesem Parameter übergeben. A terminiert und B kann die Parameter nun nicht mehr zurückgeben.

Der erste Fall ist in CHILL nur bei der Kommunikation über SIGNAL möglich, da REGION und BUFFER unabhängig von bestimmten Prozessen sind. Wird jedoch mit SEND ein SIGNAL an einen bestimmten Prozeß gesendet, der bereits terminiert ist, so ist von der Sprachdefinition der Ausnahmefall EXTINCT vorgesehen und ein eventuell vorhandener *exception-handler* muß ausgeführt werden. Mittels Ausnahmebehandlung kann dann der Programmierer diesen Fall berücksichtigen.

Im zweiten Fall kann einerseits kein Ergebnis mehr von Prozeß B an Prozeß A zurückgegeben werden, andererseits kann auch die Ausführung von Prozeß B sinnlos werden. CHILL sieht für diesen Fall keine Lösung vor, so daß die Realisierung beliebig ist.

Bei der Terminierung müssen lediglich eventuelle Rückgabeparameter aus dem lokalen Datenbereich des Prozesses geholt und an den aufrufenden Block übergeben werden. Danach kann ein anderer Prozeß aus der Bereit-Warteschlange genommen und aktiviert werden.

Wartende Prozesse (blockiert, ausgesetzt)

Als wartende Prozesse werden hier blockierte, ausgesetzte, oder im Zuge von Time-Sharing deaktivierte Prozesse betrachtet.

Da die ausgesetzten Prozesse nach ihrer Aktivierung in der Ausführung wieder an der Stelle fortfahren sollen, an der sie ausgesetzt wurden, muß durch die Prozeßverwaltung der Programmcode, alle Register, sowie alle Daten, die bisher auf dem zum Prozeß gehörenden Speicherbereich abgelegt wurden, in einem anderen Speicherbereich abgelegt werden.

Soll der Prozeß wieder aktiviert werden, muß alles wieder in den Prozessorspeicher zurückgeschrieben werden. Erst dann kann der Prozeß mit seiner Abarbeitung fortfahren.

Fehlerbehandlung

In den Sprachmitteln von CHILL ist das Exception-Handling enthalten, das in Fehlerfällen, die der Programmierer vorhersieht und behandeln möchte, eine entsprechende Fehlerroutine durchführt.

Von der Sprache her werden einige Standardfehler definiert, deren Auftreten vom System überwacht und gemeldet wird (z.B. Senden eines Signals an einen terminierten Prozeß, Stacküberlauf, Überlauf bei arithmetischen Operationen). Der Programmierer kann für diese Fehler eine eigene Ausnahmebehandlung schreiben, die dann ausgeführt wird.

Entsteht eine Ausnahmesituation, für die kein Exception-Handler geschrieben wurde, so wird der Prozeß oder die Prozedur abgebrochen, wodurch die gesamte Programmausführung fehlerhaft wird.

2.4.3 Speicherverwaltung in Ada und CHILL

Die Speicherverwaltung in Multiprozessorsystemen unterscheidet sich in einigen Punkten von der in Monoprozessorsystemen. Aufgrund der Eigenständigkeit der einzelnen Prozessoren kann es zum Beispiel zu Zugriffskonflikten auf Daten, oder allgemein auf Speicherstrukturen kommen, die von den Prozessoren logisch und/oder physikalisch gemeinsam benutzt werden können. Abhängig von der Gesamtstruktur eines Multiprozessorsystems sind verschiedene Speicherstrukturen möglich und damit ein jeweils unterschiedlicher Verwaltungsaufwand für deren Handhabung notwendig. Hardware-Aspekte sollen hier nicht betrachtet werden.

Die Struktur der prozeduralen Programmiersprachen Ada und CHILL legt ein kontrollflußorientiertes Verarbeitungsmodell nahe, dessen Realisierung sich nahe an ein von Neumann-Rechnerarchitektur anlehnen wird.

Betrachtet man ein Multiprozessorsystem, so sind verschiedene Strukturen denkbar, die einen logisch globalen Bereich zur Kommunikation realisieren (siehe auch Kapitel 1.4):

- Jeder Prozessor hat seinen eigenen lokalen Speicher, in dem er seine Programmteile verwaltet und abarbeitet. Zur Kommunikation stehen physikalische Verbindungen, sogenannte *links*, in einem Verbindungsnetzwerk zur Verfügung (lose gekoppeltes System). Hier entstehen

Kosten durch eben dieses Verbindungsnetzwerk, sowohl was den Verwaltungsaufwand, als auch den physikalischen Aufwand betrifft.

- Eine andere Architektur sieht einen großen, gemeinsam von allen Prozessoren erreichbaren, globalen Speicher vor, auf den alle Prozessoren gleichzeitigen Zugriff haben, der also im Adreßbereich aller liegt. Dieser dient sowohl dem normalen Datentransfer zur Programmabarbeitung als auch zur Interprozessor-Kommunikation (eng gekoppeltes System). Hier wird eine komplexe Synchronisation der Speicherzugriffe benötigt.

Neben diesen beiden Hauptformen existieren auch verschiedene Mischformen. Ein Beispiel ist eine Architektur, deren Prozessoren sowohl lokalen Speicher, als auch einen globalen Speicher besitzen. Dadurch reduziert sich der notwendige Verwaltungsaufwand des globalen Speichers im wesentlichen auf die Unterstützung der Kommunikation.

Gemeinsame Bereiche

Zu den wesentlichen Aufgaben eines Laufzeitsystems in einem Mehrrechnersystem gehört die Verwaltung des hier als logisch global zu betrachtenden Speichers. Damit können die grundlegenden Anforderungen an ein solches System aus der Sicht der Programmiersprache erfüllt werden. Dies sind :

- Zugriffe auf global vereinbarte Daten zu gewährleisten (Sichtbarkeit),
- Zugriffe auf explizit vereinbarte kritische Bereiche zu verwalten, auf die mehrere Arbeitspakete jeweils exklusiven Zugriff haben (*mutual exclusion*),
- Kommunikation und Synchronisation der Prozesse (z.B.: Rendezvous, BUFFER).

Das Laufzeitsystem muß die für mehrere Module verfügbaren Strukturen und Objekte in einem System mit verteilten Verarbeitungsknoten (PE) gesondert verwalten. Es muß gewährleistet werden, daß mehrere Module auf diese Daten, eventuell gleichzeitigen und exklusiven Zugriff haben. Die Sichtbarkeitsregeln von Ada und CHILL bestimmen diese Zugriffsrechte.

Für die Verwaltung der sowohl explizit aus Programmsicht sowie implizit aus Sicht des Laufzeitsystems vorhandenen kritischen Bereiche, muß zur Ausführungszeit ein Mechanismus zur Verfügung gestellt werden, der den Zugriff auf diese Objekte regelt. Dazu müssen vom System einerseits Methoden für den wechselseitigen Auschluß (*mutual exclusion*) bereitgestellt werden. Andererseits müssen die beteiligten Prozesse in ihrer Abarbeitung beeinflußt (z.B. suspendiert) werden, wenn beispielsweise mehrere Module gleichzeitig auf einen kritischen Bereich zugreifen wollen: In Ada kann ein Variable das Attribut '*shared*' besitzen, in CHILL wird dieser Mechanismus etwa für den Zugriff auf die Prozeduren eines Monitors (REGION) benötigt.

Queues

Ein weiterer wichtiger Aspekt bei den hier betrachteten Programmiersprachen Ada und CHILL ist die Verwaltung der Warteschlangen (*queues*). Hierbei sind verschiedene Typen zu unterscheiden:

- *ready queue* Bereit-Warteschlange, Bestandteil des Laufzeitsystems: hier werden die Prozesse eingereiht, die ausgeführt werden können und auf einen "freien" Prozessor warten.

- *delay queue* (in Ada) hier werden diejenigen Tasks verwaltet, welche auf ein Delay-Statement gestoßen sind und deren Wartezeit noch nicht abgelaufen oder ungültig geworden ist (z.B. in einer *select*-Anweisung);
  (in CHILL) hier werden die Tasks verwaltet, welche auf ein Delay-Statement gestoßen sind und die noch nicht wieder aktiviert wurden.

- *entry queue* (in Ada) diese Warteschlangen sind für jeden Entry einer Task vorhanden. Hier werden die Tasks eingereiht, die diesen Entry für ein Rendezvous angesprochen haben und deren Kommunikationswunsch nicht sofort erfüllt werden kann.

- *BUFFER queue* (in CHILL) in einer dieser Warteschlangen werden bei einem BUFFER-Über- oder Unterlauf die wartenden Prozesse in "Voll-" oder "Leer-Warteschlangen" vom System verwaltet.

Eine besondere Stellung nimmt die Organisation der *ready queue* ein. Sie kann entweder einmal im System zentral als Task-Pool vorhanden sein oder lokal bei jedem Prozessor, wobei dann ein Load-Balancing-Mechanismus für eine geeignete Verteilung der Arbeitspakete zu sorgen hat. In eine solche Bereit-Warteschlange werden die Prozesse entweder gemäß ihrer Priorität eingereiht oder es existiert je eine Warteschlange für jede Prioritätsstufe. Der Aufwand hängt auch davon ab, ob dynamisch erzeugte Sohn-Prozesse möglichst auf dem gleichen physikalischen Prozessor auszuführen sind, und damit eine einfachere Verwaltung der entstehenden Abhängigkeiten zwischen den Prozessen erreicht wird.

Mit Ausnahme der Verzögerungswarteschlange und den BUFFER-Warteschlangen, bei denen die Prozesse gemäß ihrer Verzögerungszeit bzw. ihrer Priorität eingereiht werden, sind alle anderen anwendungsbezogenen Warteschlangen vom Typ First In, First Out (FIFO). Ein neuer Prozeß wird immer am Ende angehängt, bei einem Aufruf wird ein Prozeß vom Anfang der Warteschlange entnommen. Man kann sich solche Warteschlangen als verkettete Listen vorstellen, die in einem globalen Speicherbereich vom Laufzeitsystem verwaltet werden.

Bei all diesen Operationen müssen verschiedene Speicherbereiche unbestimmter Größe in einem von allen Verarbeitungseinheiten erreichbaren Speichergebiet angelegt werden, und es muß auf die Repräsentation der beteiligten Prozesse zugegriffen werden können.

Speicher-Management

Zu den oben angesprochenen Verwaltungsaufgaben benötigt ein Multiprozessorsystem für Ada oder CHILL außerdem Laufzeitunterstützung zur Verwaltung des Speicherplatzes der parallelen Prozesse.

Der zur Ausführung einer Task benötigte Speicherplatz kann logisch in zwei Hauptteile gegliedert werden: Speicher für den Programmcode und Speicher für die Daten. Es ist möglich, daß alle Prozeßinkarnationen eines Prozeß-Typs die Kopie des Programmcodes teilen. Bei Daten ist dies aber nicht möglich. Jedem Prozeß muß daher ein eigener Datenspeicherbereich zugewiesen werden. In Ada ist es außerdem erforderlich, Speicherplatz in Blöcken beliebiger Größe zuweisen zu können (z.B.: für Arrays mit dynamischen Grenzen). In einigen Fällen erlaubt es die Lebensdauer der Datenobjekte, diese auf einer Stackstruktur unterzubringen, in anderen Fällen muß Speicherplatz von einem Pool belegt werden. Dies gilt insbesondere für die lokalen Daten eines Prozesses und für Objekte, die dynamisch zur Laufzeit durch Verweise erzeugt werden. Die Belegung und Freigabe solcher Speicher-Pools erfordert wechselseitigen Ausschluß, da diese nicht nur für eine einzige Task verfügbar sein können. Diese Problematik wird von Baker und Riccardi in [Bak85] näher erörtert.

Stack und Heap

Geht man von einer hypothetischen Stack-Architektur der Verarbeitungsknoten aus, was bei der Betrachtung der sequentiellen Programmteile mit der möglichen Abstraktion mittels Unterprogrammaufrufen naheliegt, so ergeben sich aufgrund der Prozeßstruktur von Ada und CHILL ähnliche Probleme, wie sie bereits in Multiuser-/Multitasking-Systemen auf Betriebssystemebene auftreten [Wet83]. Um ein umfangreiches Ein- und Ausladen großer Speicherbereiche bei einem Prozeßwechsel zu vermeiden, muß eine für die Handhabung paralleler Prozesse geeignete Stack- und Heap-Struktur verwendet werden. Gupta und Soffa untersuchen in [Gup85] verschiedene Stack-Mechanismen auf ihre Eignung für die Implementierung prozeduraler Sprachen mit einem Prozeßkonzept.

Neben dem normalen Heap, dem *Cactus-Stack* (wie er von den Entwicklern von Ada vorgeschlagen wurde [Ich79]), dem *Stack-Heap* [Kea83a], dem *Quantized Heap* [Lam82] und einem *Static Allocation Scheme* [Mur83] wurde auch der sogenannte *Berry-Heap* [Ber78] untersucht und für prozedurale Hochsprachen mit einem Prozeßkonzept favorisiert. Dabei wird sowohl ein Stack als auch ein Heap verwendet. Um die Vorbelegung von Speicherplatz und ein umfangreiches Kopieren zu vermeiden, wird der nötige Speicherplatz für eine Modul-Instanz im Heap belegt. Die temporären Daten werden auf dem Stack abgelegt. Zusätzlich findet ein *Copy-Heap* Verwendung. Wird eine Task von ihrer Ausführung suspendiert, werden die aktuellen temporären Daten dorthin kopiert. Auf diese Weise muß nicht die maximale Größe für die temporären Daten vorbelegt werden. Geht man von einem *non-preemptive* Scheduling-Verfahren aus, so wären in diesem Fall die einzigen gültigen temporären Daten die einer eventuell noch nicht beendeten *function* .

2.5 Abstrakte Maschine

Die abstrakte Maschine ist die Schnittstelle zwischen Software und Hardware und kann durch die Beschreibung
- des Maschinenbefehlssatzes,
- der Semantik der Befehle,
- der Datenformate,
- der Adressenstruktur,
- und der Speicherstruktur,

festgelegt werden.

Der Befehlssatz der abstrakten Maschine und die Semantik, d.h. die Ablaufbeschreibung der Befehle können auf verschiedenen Ebenen festgelegt werden.

In [Bar81] wurden fünf verschiedene Ebenen genannt, in denen auch Verarbeitungsgeschwindigkeit und Problemorientierung gegenübergestellt wurden (Bild 2.5).

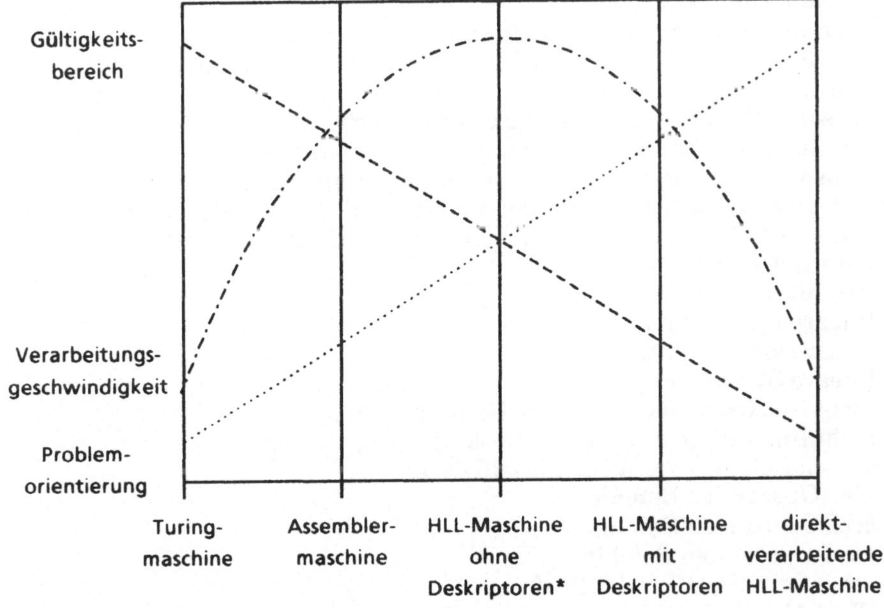

* Deskriptor = Verweis auf einen Speicherplatz, der Befehle bzw. Daten näher spezifiziert

Bild 2.5. Charakteristika verschiedener semantischer Niveaus

Aus den verschiedenen Möglichkeiten muß ein Optimum gefunden werden, das sowohl bezüglich der Verarbeitungsgeschwindigkeit als auch der Sprachunterstützung gilt.

Unter dem Aspekt der Verarbeitungsgeschwindigkeit kann man grundsätzlich sagen, daß Programme so direkt wie möglich verarbeitet werden sollen, d.h. das Befehlsniveau der abstrakten Maschine sollte möglichst hoch sein. Andererseits wären direkt verarbeitende Maschinen, also Maschinen, die ein HLL-Programm unmittelbar ausführen würden, ungeeignet, da die erst zur Laufzeit stattfindenden Syntax- und Semantikanalysen zu hohen Programmlaufzeiten führen würden.

Dem gegenüber sind Assemblersprachen wiederum zu allgemein und nicht mächtig genug, um eine spezielle Sprache oder eine bestimmte abstrakte Maschine effektiv zu unterstützen.

[Bar81], [Cam84] und [Lan81] gehen davon aus, daß das Optimum auf dem Niveau einer Zwischensprache liegt, wobei hier als Zwischensprache die Schnittstelle innerhalb eines Compilers bezeichnet wird, die Parser und Codegeneratoren verbindet.

Durch die Wahl einer abstrakten Maschine, die eine Zwischensprache auf diesem Niveau verarbeiten kann, wird erreicht, daß die lexikalische, syntaktische und semantische Analyse vor der Laufzeit durchgeführt wird und daß das Befehlsniveau über dem von Assemblersprachen liegt.

Aus der Sicht des Compilerbaues sollte die Zwischensprache laut [Sam82] folgenden Anforderungen genügen:

- sie muß maschinenunabhängig sein,
- ihre Komplexität soll sich auf dem Niveau von Maschinensprachen befinden,
- sie soll mit geringem Aufwand interpretierbar sein,
- und sie soll lesbar und manuell interpretierbar sein.

Genauso wie bei den Programmiersprachen sind auch bei den Zwischensprachen verschiedene Arten mit unterschiedlichen Zielsetzungen entstanden. Heutige Zwischensprachen lassen sich nach der Kontrollflußstruktur:

- baumartige Darstellung,
- listenförmige Darstellung,
- lineare Darstellung,

nach der Datenstruktur:

- lineare Strukturen,
- nicht lineare Strukturen ohne Deskriptoren ,
- nicht lineare Strukturen mit Deskriptoren,

und nach Befehlsstrukturen klassifizieren:

- vier-Operanden Befehle,
- drei-Operanden Befehle,
- zwei-Operanden Befehle,
- Stackform (Postfix oder Prefix).

In [Bar81] werden die verschiedenen Zwischensprachen nach Kompaktheit, Abarbeitungseffizienz und Compileraufwand beurteilt. Die Beurteilung führte zu einer Zwischensprache mit

- einem linearen Kontrollfluß,
- nicht linearen Datenstrukturen (mit Deskriptoren) und
- einer Befehlsstruktur in Postfix- oder Stackform.

Die Befehlsstruktur der Zwischensprache bestimmt auch den Aufbau der abstrakten Maschine. Ein Beispiel für eine Zwischensprache in Form einer abstrakten Maschine ist die CHILL-Stackmaschine wie sie in [Hoy79] beschrieben wurde.

2.5.1 Die Zwischensprachen für Ada

Um eine möglichst effiziente Übersetzung einer Programmiersprache in Objektcode für ein großes Spektrum an Zielmaschinen zu gewährleisten, werden an den Compiler die im vorigen Abschnitt erörterten Forderungen gestellt. Ein wichtiger Punkt ist hierbei das Interface zwischen der maschinenunabhängigen Wurzel (*root*) des Compilers und dem Codegenerator. Um einen möglichst portablen Compiler zu erhalten, muß die interne Programmrepräsentation das Erstellen der verschiedenen Codegeneratoren so einfach wie möglich machen. Da die Übersetzung einer Programmiersprache mit den obengenannten Anforderungen meist nicht in einem Schritt ausgeführt werden kann, werden eine oder mehrere sogenannte Zwischensprachen eingeführt, welche die Zielsprache für einen bestimmten Übersetzungsschritt darstellen. Diese Zwischensprache stellt dann den Befehlssatz einer abstrakten Maschine auf dieser Ebene dar.

Handelt es sich um eine sehr umfangreiche und komplexe Programmiersprache wie Ada, so werden meist mehrere Zwischensprachen auf verschiedenen Ebenen eingeführt. Einige dieser Zwischensprachen sollen im folgenden behandelt werden.

2.5.1.1 DIANA

DIANA ist eine Zwischensprache auf sehr hoher Ebene, die speziell für Ada entwickelt wurde [Goo81]. Sie basiert nicht auf einem bestimmten Maschinenmodell, sondern ist direkt von der abstrakten Syntax von Ada abgeleitet. Daher ist sie baumartig strukturiert und mit Attributen versehen. DIANA befindet sich auf einem zu hohen und abstrakten Niveau, als daß sie direkt auf einer realen Ada-Maschine ablauffähig wäre. Für die sogenannten *High Level Intermediate Languages* stellt DIANA quasi einen Standard dar.

2.5.1.2 LOLITA

LOLITA (Low Level Intertermediate Tree for Ada) gehört zur Klasse der internen Programmrepräsentationen, die für eine bestimmte Programmiersprache entworfen werden [Rou82]. Sie ist auf einem wesentlich niedrigeren Niveau angesiedelt als DIANA. Bei LOLITA wurde nicht in erster Line versucht, eine abstrakte Maschine zu definieren, deren Befehlssatz diese Zwischensprache darstellt. Vielmehr wurde angestrebt, diese Zwischensprache als eine Menge von Ausdrücken darzustellen, welche in verschiedener Weise kombiniert die Ausführungssemantik eines gegebenen Programms wiedergibt. Es gibt also keine Repräsentation eines gegebenen Ada-Programms in LOLITA.

Viele der Zwischensprachen, die zur Code-Erzeugung herangezogen werden, bestehen aus einer Sequenz von n-Tupeln (meist Tripel und Quadrupel). LOLITA dagegen ist baumstrukturiert (Bild 2.6). Eine Operation wird

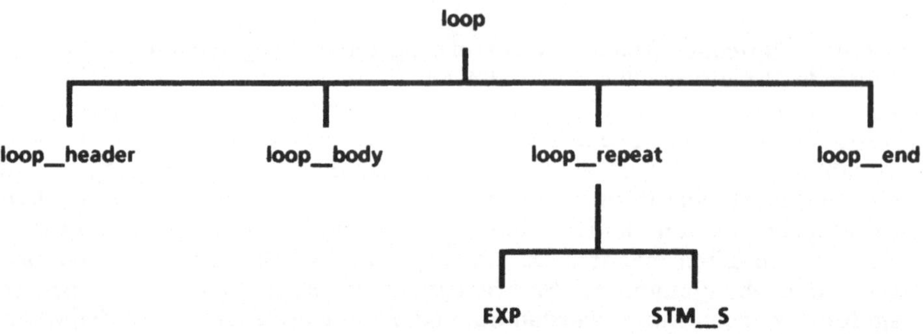

loop_header	ist eine Liste von Statements, welche die Initialisierungen beinhaltet, die einmal zu Beginn der Schleife ausgeführt werden müssen
loop_body	ist eine Liste von Statements, welche bei jeder Iteration ausgeführt werden müssen
loop_repeat	beinhaltet eine Bedingung, die nach jeder Iteration ausgewertet werden muß. Bei true wird die Schleife verlassen
loop_end	kann zu Optimierungszwecken verwendet werden

Bild 2.6. Schleife (loop) in LOLITA [Rou82]

typischerweise als Operator-Knoten mit einem oder mehreren Söhnen, den Operanden, beschrieben.

Diese Struktur unterstützt das Bestreben nach Maschinenenunabhängigkeit, leichter Codegenerierung und guter Optimierbarkeit. LOLITA ermöglicht es, den gesamten Sprachumfang von Ada auszudrücken, inklusive der in der Sprachdefinition festgelegten Checks zur Ausnahmebehandlung.

2.5.1.3 I-Code und die abstrakte Maschine A0

Für den TeleSoft-Ada Compiler wurde eine abstrakte Maschine entworfen (A0), um die Semantiken einer Zwischensprache formal zu definieren [App82]. Diese *Low Level* Zwischensprache (I-Code) wurde aus dem UCSD Pascal P-Code entwickelt. Sie beschreibt eine einfache, stackorientierte Pseudo-Maschine und umfaßt

- Operationen für die Ausführung von Stack-Ausdrücken,
- Load und Store Anweisungen für lokale und externe Datensegmente,
- Unterprogrammaufrufe und Verzweigungsbefehle,
- Aufrufe zum Laufzeitsystem RSP (Runtime Support Package).

Dieses RSP ist, im Gegensatz zu einfacheren Sprachen wie Pascal, für Ada recht komplex, und es bedarf eines zusätzlichen Adressierungsschemas, das die gemeinsame Benutzung von Programmbibliotheken effizient unterstützt.

I-Code stellt ein explizites Adressierungsschema anstelle von Symbol-Tafeln anderer, höherer Zwischensprachen zur Verfügung und verwendet zusätzlich ein Laufzeitsystem. I-Code ist auf einer Maschine direkt interpretierbar.

An die abstrakte Maschine A0 wurden Forderungen wie beispielsweise die Unterstützung

- der dynamischen Semantik von Ada, inklusive der getrennten Übersetzung,
- des Tasking,
- der Ausnahmebehandlung, sowie
- der Interruptbearbeitung und der Spezifikation der Hardware-Repräsentation [DoD83]

gestellt. Außerdem soll es möglich sein, die Zwischensprache I-Code direkt auf A0 zu übertragen (*mapping*).

A0 Architektur

Die einfachste adressierbare Speichereinheit in der A0 Architektur ist ein A0-Objekt. Ein solches Objekt kann eine A0-Adresse, eine A0-Instruktion, ein Wert eines vordefinierten Datentyps oder der Wert eines Deskriptors sein. A0 hat eine *Tagged Architecture*, in welcher jedes A0-Objekt ein Tag besitzt, das den Typ des Objektes bestimmt. Da Ada ein strenges Typkonzept besitzt, wird die Semantik am einfachsten mit einer typisierten (*tagged*) Architektur repräsentiert. Die A0-Architektur bietet keine direkte Unterstützung für den Zugriff auf Datenstrukturen wie Arrays und Records, da diese durch Adreßrechnung und indirekte Adressierung ausgeführt werden können.

Die A0-Architektur unterstützt die getrennte Übersetzung, indem sie bestimmte Adreßbereiche, sogenannte Segmente, einer jeden Übersetzungseinheit zuordnet. Jede A0-Adresse besteht aus einer Segmentnummer und einem Offset. Diese Segmente können eine variable Länge haben.
Jede Task hat drei solche Segmente :

- ein Eval Stack Segment — für die Auswertung von Ausdrücken. Alle arithmetischen, logischen, relationalen, sowie Check-Operationen benutzen diesen Expression Stack.
- ein Daten Stack Segment — bei jedem Unterprogrammaufruf wird ein neuer Rahmen für noch nicht initialisierte Variablen im Daten Stack angelegt. Ada Zeiger-Typen (*access*) werden von A0 nicht unterstützt. Stattdessen wird die Belegung und Freigabe von dynamischen Objekten mittels der privilegierten A0-Operationen vom Laufzeitsystem vorgenommen.
- ein Control Stack Segment — dieser enthält die Historie des Aktivierungs-Records für A0-Unterprogramme

A0 besitzt zwei Klassen von Operationen :
- nicht privilegierte A0-Operationen, um den I-Code auszuführen,
- privilegierte A0-Operationen, um das Laufzeitsystem (RSP) zu unterstützen (nur einfache Funktionen).

Das Laufzeitsystem RSP ist nicht Teil der A0 Definition.

Speicherverwaltung

A0-Adressen stellen sowohl externe Adressen in anderen Segmenten, als auch relative Segmentadressen im aktuellen Code Segment, Expression Stack oder lokalen Daten Segment dar. Die Speicherverwaltung einschließlich dem Laden und Initialisieren von Segmenten wird vom RSP ausgeführt (z.B. *function* LOAD_SEG, *procedure* UNLOAD_SEG ; die zugehörige privilegierte A0-Operation ist *allocate_seg*). Verfahren zur gemeinsamen Benutzung von Segmenten, die Schutzmechanismen, sowie das Umladen müssen vom RSP ausgeführt werden.

Tasking

Die A0-Maschine stellt keine Scheduling-Strategie zur Verfügung, da diese vom jeweiligen APSE (*Ada Programming Support Environment*) vorgegeben wird. Deshalb werden die Task-Queues vom RSP Task-Scheduler verwaltet. Dieser implementiert einen Task Kontextwechsel mit der A0 Switch-Operation. Jede nicht terminierte Task wird einem A0 Task-Objekt zugeordnet, das den aktuellen A0-Status der Task enthält.

Die dynamische Task-Instantiierung wird von der A0-Maschine mit einer Initalisierungs-Operation (*task_init*) unterstützt. Das Beenden einer Task wird dann vom RSP vorgenommen, indem die von der Task belegten Einheiten wieder freigegeben werden.

Für das Task-Scheduling durch den RSP und die Interprozeß-Kommunikation stehen Operationen zur Verfügung, um die Verwaltung von Warteschlangen zu unterstützen (*enqueue, dequeue, removeq, queue_node*). Queues sind vordefinierte A0 Datentypen.

Exception Handling

Die A0-Architektur unterstützt ein Schema, bei dem sowohl der Ada-Compiler, der Linker, als auch das RSP die Zuordnung von Exception-Namen zu den entsprechenden Exception-Handlern vornehmen können (*raise*). Der A0 Activation-Stack Rahmen enthält dann die Adresse des lokalen Exception-Handler Codes.

Interrupts und Hardware-Repräsentationen

A0 unterstützt in Ada formulierte Device-Treiber und Interrupt-Handler. Dazu liefert die A0-Architektur eine Reihe von Prioritäten, sowie von Enable- und Disable Interrupt Funktionen. Jeder Interrupt wird mit einem Interrupt-Vektor versehen, in dem die Adresse des Interrupt-Handlers abgelegt ist. Das Setzen einer *task_priority* bewirkt, daß nur Interrupts mit einer Priorität größer als die der momentan bearbeiteten Task angenommen werden.

2.5.2 Die Zwischensprache als Befehlssatz der CHILL-Stackmaschine

2.5.2.1 Speicherverwaltung

Als wichtigste Komponenten enthält die CHILL-Stackmaschine zwei Speichersegmente. Das erste Speichersegment ist in einen Stack und in einen Heap unterteilt. Der Stack wird für variable Daten und für Prozedurparameter sowie zur Aufnahme von Maschinenbefehlsoperanden und Zwischenergebnissen benutzt. Aus dem Heap kann zur Laufzeit dynamisch Speicherplatz vergeben werden.

Im zweiten Speichersegment wird das eigentliche Programm in der Zwischensprache zusammen mit den Konstanten untergebracht (Bild 2.7).

Bild 2.7. Speicherorganisation der CHILL-Stackmaschine

Der Stack beginnt mit niedriger Adresse und wächst mit den Adressen. Der Heap beginnt auf der höchsten Adresse und wächst bei fallenden Adressen. Zwischen Stack und Heap liegt freier Speicherbereich. Ein Ineinanderlaufen von Heap und Stack führt zum Programmabbruch. Für jeden Prozeduraufruf wird ein Prozedurdatenblock auf den Stack gelegt, um Platz für Parameter und Variablen der gerufenen Prozeduren und Prozesse sowie für die Prozedurumgebungen und Rückgabewerte zu reservieren (Bild 2.8).

2.5.2.2 Programmauswertung

Der Stack wird sowohl zur Speicherzuteilung als auch zur Aufnahme der Operanden bei der Ausführung der Programmanweisungen verwendet. Die Anweisungen eines Zwischensprachenprogramms werden in Postfixnotation codiert und auf den Stack abgelegt. Lautet die Anweisung im Programm

Funktionswert
dynamischer Vorgänger
statischer Vorgänger
Rücksprungadresse
aktuelle Parameter
lokale Variablen
Operandenstack Zwischenergebnisse

Bild 2.8. Struktur des Prozedurdatenblocks

beispielsweise D=B * B - 4 * A * C, so werden die Operanden und die Operationen von links nach rechts aufgesammelt und auf den Stack geschrieben (Beispiel 2.11).

```
PUSHADDR D
PUSH     B
PUSH     B
MULT
PUSH     (4)
PUSH     A
MULT
PUSH     C
MULT
SUB
POP
```

Beispiel 2.11. Reihenfolge der Stackbefehle

2.5.2.3 Datentypen

Die CHILL-Stackmaschine kennt folgende Datenformate:

- Wort = 4 Byte für INTEGER
- Halbwort = 2 Byte für INTEGER SUBRANGES
- Doppelwort = 8 Byte für POWERSET
- Byte für BOOL, CHAR oder symbolische Konstanten vom Mode SET
- Bytestring für ARRAY, STRUCT
- Bitstring für gepackte Datenmodes

2.5.2.4 Befehlssatz

Jeder Befehl besteht aus 4 Byte (Wort) und enthält ein Byte Operationscode und einen oder zwei Parameter (Bild 2.9).

OPCODE	PARAM1	PARAM2
0	1	2 — 4

OPCODE	PARAM1
0	1 — 4

Bild 2.9. Befehlsformat

Die Gesamtheit der ca. 80 Befehle läßt sich in sechs Klassen einteilen:

- arithmetische und logische Operationen (Addition, Subtraktion, Dekrement, Multiplikation etc.)
- Vergleichsoperationen (Gleich, Größer, Kleiner, Untermengenrelation, etc.)
- Transferoperationen (Pop, Push, Kopiere, etc.)
- Subroutine-Befehle (Call Procedure, Return, markiere Stackregion, etc.)
- Sprungbefehle (Jump, False-Jump, Case-Jump, etc.)
- Standardprozeduren (Stop, GetHeap).

Außerdem ist noch der Befehl NOOP enthalten.

Die größte Klasse von Befehlen stellt die Klasse der Transferoperationen dar. Sie enthält vor allem Push- und Pop-Befehle, mit denen jedes Datenformat durch einen eigenen Befehl auf den Stack geschrieben oder von ihm gelesen werden kann.

2.5.2.5 Bewertung der Zwischensprache

Schaut man sich den Befehlssatz bzw. die verschiedenen Klassen an, so fällt auf, daß das Niveau der Zwischensprache sehr niedrig ist. Die Komplexität und der Aufbau der Befehle ähneln der einer Assemblersprache.

Dieses niedrige Niveau der Zwischensprache, wie es auch in [Sam82] gefordert wird, hat seine Berechtigung, wenn es als Bindeglied zwischen Parser und Codegenerator eines Compilers dient. Der Codegenerator sollte nämlich mit möglichst wenig Aufwand realisiert werden können, da dieser für den jeweiligen Zielrechner neu erstellt werden muß.

Will man die Zwischensprache aber durch Prozessoren direkt ausführen, so ist aus Sicht des Compilerbaus die Forderung nach Maschinenunabhängigkeit und geringen Aufwand für die Realisierung eines Codegenerators hinfällig geworden.

Die hier vorgestellte Zwischensprache basiert auf einer Stackmaschine. Die Verwendung einer Stackmaschine ist jedoch nicht unumstritten. Einerseits wird sie auch in [Cam84] und in [Lan81] als geeignete Basis gesehen, da die adressenlosen Befehle sehr einfach sind, die Befehlsmenge relativ klein und außerdem eine sehr effiziente und elegante Abarbeitung komplexer arithmetischer Ausdrücke möglich ist. Gute Möglichkeiten bietet sie bei der Verwaltung von Unterprogrammaufrufen und den dazugehörigen lokalen Objekten.

Andererseits wird die Stackmaschine auch kritisch betrachtet. In [Gil81] wird der Nutzen von Stackmaschinen in Frage gestellt, da sie im Vergleich zu Registermaschinen weniger flexibel sind und die Bearbeitung von Feldern sehr umständlich ist. Außerdem scheinen sie für die Bearbeitung großer Datenmengen generell ungeeignet. Der Vorteil der kurzen, adressenlosen Befehle kann gegenüber Registermaschinen nicht gewertet werden, da zur Identifizierung der Register schon wenige Bits ausreichen würden. Die Art der arithmetischen Auswertung kann ebenfalls nur bei wenigen Programmen Vorteile bringen, da die meisten Operationen Zuweisungsoperationen sind, und die Auswertung arithmetischer Ausdrücke nur bei bestimmten Anwendungen notwendig ist.

Besser geeignet scheint deshalb eine Maschine zu sein, die in der Abarbeitung von Programmteilen registerorientiert arbeitet und nur die Verwaltung von Unterprogrammaufrufen mit Hilfe eines Stacks organisiert.

Weiterhin besteht ein anderer Nachteil dieser Zwischensprache darin, das keine Befehle bereitgestellt werden, die bestimmte CHILL-Eigenschaften wie z.B. Parallelverarbeitung oder Kommunikation unterstützen. Das liegt sicherlich daran, daß der Compiler bzw. die Zwischensprache bisher für Monoprozessorsysteme konzipiert wurde. Soll die Zwischensprache direkt ausgeführt werden, so könnte die Effizienz der Zwischensprache und damit auch die der zugrundeliegenden Maschine sicherlich gesteigert werden.

Aus den Programmiersprachen heraus ergeben sich vor allem zwei Schwerpunkte, die sich lohnend unterstützen ließen. Zum einen ist das die Erweiterung des Befehlssatzes um Befehle zur Kommunikation mit den dazugehörigen Befehlen zur Verwaltung von Warteschlangen. Zum anderen bietet auch die Prozeßverwaltung z.B. beim Kontextwechsel einen Ansatzpunkt zur Effizienzsteigerung. Im folgenden werden einige Befehle zur Erweiterung des Befehlssatzes vorgeschlagen.

BUFFER

- SEND (message-length)
  Adressen und Nachricht müssen vom Stack geholt werden. Es wird kein unbedingtes Kopieren wie bei copy ausgeführt, sondern die Nachricht wird an einen BUFFER gesendet. Es muß auf Antwort gewartet werden, ob der BUFFER voll ist oder ob die Nachricht angenommen wurde. Nach Erhalt wird der Prozeß ausgesetzt oder er kann weiterarbeiten.
- RECEIVE (message-length)
  Die Adresse des BUFFER liegt auf dem Stack. Der Befehl wartet auf Antwort, ob der BUFFER leer oder ob eine Nachricht vorhanden ist.
- RECEIVE_CASE (message-length, buffer-size)
  Die Adressen der Buffer liegen auf dem Stack. Sind alle BUFFER leer und enthält das letzte Stackwort FALSE, dann wird der ELSE-Teil der RECEIVE-CASE Buffer-Anweisung ausgeführt. Ansonsten wird der Prozeß ausgesetzt.

SIGNAL

- SEND braucht nicht speziell unterstützt zu werden. Es kann der COPY-Befehl verwendet werden. Die RECEIVE-CASE-Anweisung wird wie bei BUFFER implementiert.

REGION

- Es müssen die Operationen P und V auf FIFO-Semaphoren angeboten werden [Bri73].

Warteschlangen

- Für die Verwaltung von Warteschlangen können ebenfalls einige neue Befehle eingebracht werden.
- CREATE_QUEUE
  Eine Warteschlange wird angelegt.
- INSERT (priorität, adresse)
  Der Verweis (Adresse) auf ein Objekt wird in die Warteschlange eingetragen.
- FIRST_ELEMENT
  Der Zugriff auf das erste Element der Warteschlange wird ermöglicht. Das Ergebnis ist ein Verweis (Adresse) auf ein wartendes Objekt.
- DELETE_QUEUE
  Die Warteschlange wird aufgelöst und gelöscht.

Prozeßverwaltung

- START_PROCESS
  Der Verweis auf einen Prozeß wird in eine Bereit-Warteschlange eingetragen (Kapitel 2.4).

- LOAD_PROCESS
  Der Prozeßkontext des ersten in einer Warteschlange wartenden Prozesses wird in einen Prozessor geladen.
- SUSPEND_PROCESS
  Ein Prozeß wird in seiner Ausführung unterbrochen und der Prozeßkontext aus dem Speicherbereich eines Prozessors gerettet und in den globalen Speicherbereich geschrieben.
- SCHEDULE_PROCESS
  Die in der Bereit-Warteschlange wartenden Prozesse und die Systemverwaltungsprozesse werden auf die Prozessoren verteilt.
- STOP_PROCESS
  Wenn ein Prozeß seine Abarbeitung beendet hat, so werden eventuelle Ergebnisse an den Aufrufer zurückgegeben.

2.6 Hardware Architekturen

In diesem Kapitel sollen bereits existierende oder vorgeschlagene Ada- und CHILL-Systeme, sowie deren Architektur vorgestellt werden. Da sowohl Ada als auch CHILL unter anderem den Anspruch einer Systemimplementierungs- und Prozeß-Sprache für Echtzeitanwendungen erheben, sind besonders die zeitkritischen Aspekte wie Prozeß-Scheduling und Dispatching, sowie die effiziente Implementierung der Synchronisation (mit und ohne Kommunikation) und der Speicherverwaltung von Interesse.

Ein auffallendes Merkmal ist, daß alle existierenden und vorgeschlagenen Multiprozessor-Systeme auf einer Stackarchitektur und einer engen Kopplung der Verarbeitungseinheiten (PE) über einen gemeinsamen Speicher beruhen.

Auf dem Markt sind bereits kommerzielle Systeme verfügbar, die auf Ada und CHILL ausgerichtet sind. Hier sollen einige dieser Systeme behandelt werden.

2.6.1 Intellimac IN/7000 (Ada)

Bei dem Super-Minicomputer IN/7000 der Firma Intellimac [Har84] handelt es sich um ein busorientiertes Multiprozessorsystem (Bild 2.10). Auf diesem System wurde der validierte Compiler der Firma TeleSoft implementiert. Das System hat eine Multiprozessorarchitektur mit maximal 16 MByte globalem Speicher und dem INTEL Multibus mit 21 Slots als Verbindungselement der Prozessoren mit dem globalen Speicher, sowie dem Sekundärspeicher.

Ein Verarbeitungsknoten besteht aus einem Mikroprozessor der Motorola 68000 Familie mit 16 bzw. 32 Bit Datenformat und bis zu 16 MByte lokalem Speicher. Der lokale Hochgeschwindigkeits-Bus ist in der Lage, 20 Millionen 64 Bit Worte pro Sekunde zu übertragen. Als arithmetische Einheit ist ein Arithmetik-Prozessor TI 32010 von Texas Instruments eingesetzt

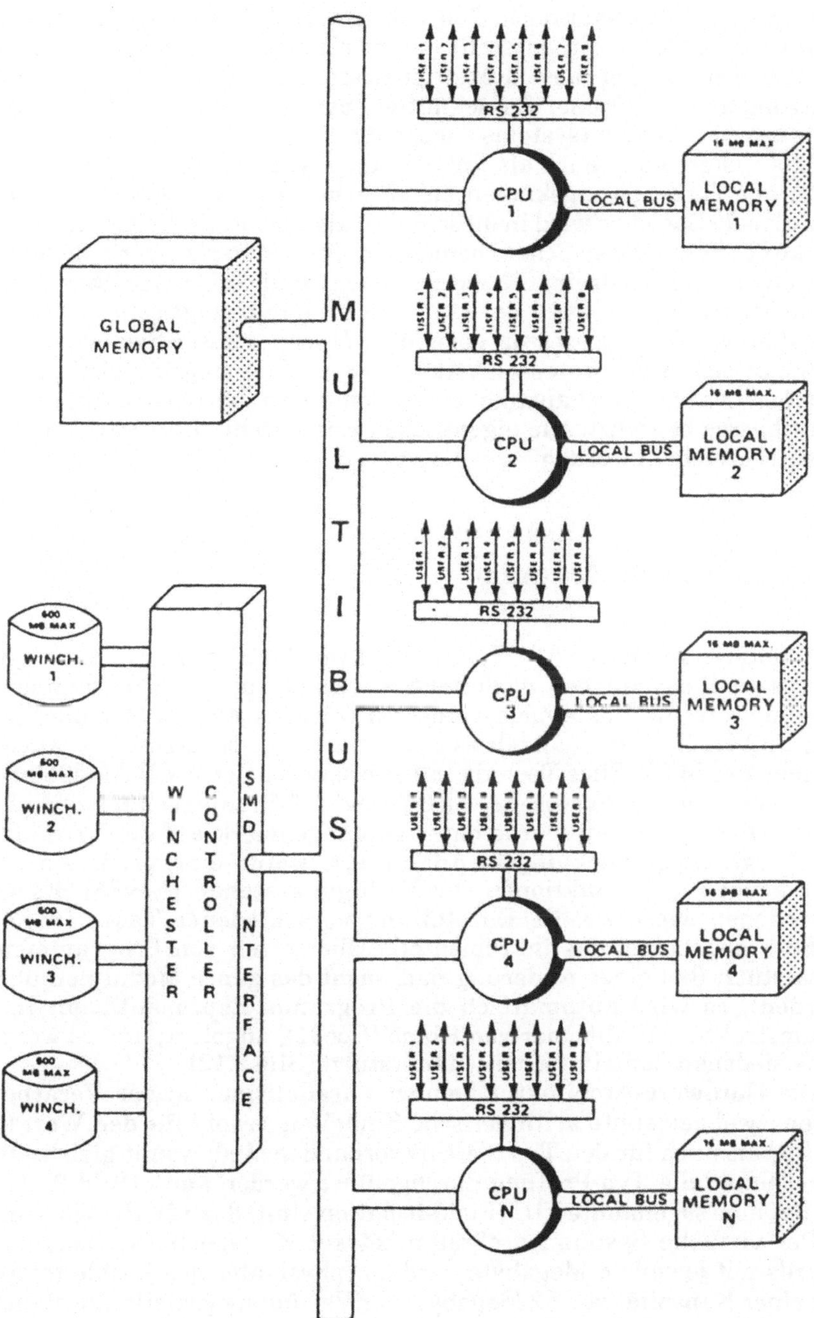

Bild 2.10. Blockschaltbild des Intellimac IN/7000 Multiprozessorsystems

(16x16 Bit Multiplikation in 200 ns). Ein Task-Wechsel, was in Ada eine zeitkritische Operation darstellt, kann mit diesem System in 25 µs durchgeführt werden. Bei diesem Multiprozessorsystem wird aber keine Unterstützung adaspezifischer Sprachmittel oder etwa eine Hardwareunterstützung des Ada-Laufzeitsystems angeboten.

Das System kann auch als Entwicklungssystem eingesetzt werden, wobei dann ein Verarbeitungsknoten bis zu acht Anwender unterstützen kann. Der globale Speicher wird in diesem Fall als Cache für die Winchester-Laufwerke des Sekundärspeichers benutzt. Mit einem Preis von ca. 80.000 Dollar und einer zwei bis dreimal höheren Geschwindigkeit gegenüber bekannten Minicomputern, wie etwa der DEC VAX 11/780, zeigt sich die Leistungsfähigkeit von Multiprozessor- gegenüber Monoprozessor-Systemen.

Bei diesem Multiprozessorsystem wird die Leistungsfähigkeit, besonders in einer höheren Ausbaustufe, sicherlich durch die Leistungsfähigkeit des Multibusses begrenzt. Die eigentliche Systemarchitektur kann als konventionell bezeichnet werden.

2.6.2 Rational R 1000 (Ada)

Ein weiteres spezielles Ada System wird von der Firma Rational angeboten. Dieses stellt das zur Zeit modernste Werkzeug zur Ada Programmentwicklung für verschiedenste Zielsysteme dar (hier als Virtual Machines bezeichnet, Bild 2.12). Dabei handelt es sich um ein Monoprozessor-Entwicklungssystem, das in Bit-Slice Technik mit Prozessoren der AMD AM2900 Familie mit einer internen Wortbreite von 64- bzw. 128-Bit aufgebaut ist (Bild 2.11).

Bei diesem System wurde das Hauptaugenmerk auf die Vereinfachung der Programmentwicklung in Ada gelegt, wofür eine große Anzahl von Werkzeugen und Funktionen zur Verfügung stehen [Lev85]. Es werden Funktionen wie etwa die Darstellung verschiedener Tasks in Fenstertechnik angeboten, das inkrementelle Übersetzen von Programmen wird unterstützt (bei einer Änderung muß nicht das ganze Modul neu übersetzt werden), es wird automatisch die Programm-Repräsentation in einer Baumstruktur, ähnlich der von Diana [Goo81], angelegt, und es werden die verschiedenen Compile-Schritte unterstützt (Bild 2.12).

Die Hardware-Architektur benutzt Parallelismus in der Verarbeitung, indem zwei getrennte arithmetische Einheiten sowohl für den Wert (*Value*, 64-Bit) als auch für den Typ (64-Bit) vorhanden sind, womit gleichzeitig zur Berechnung die Typ-Prüfung durchgeführt werden kann (Bild 2.11). Dazu spaltet eine sogenannte FIU (Field-Isolation Unit) das 128-Bit Wort auf.

Der virtuelle System-Adreßraum beträgt 2^{67} Speicherstellen. Auf vier Boards mit jeweils 8 Megabyte wird ein physikalischer Halbleiterspeicher mit einer Kapazität von 32 Megabyte zur Verfügung gestellt. Zusätzlich sind 1,9 Gigabyte auf vier Winchester Laufwerken vorhanden. Um ein großes Programmsystem (i.allg. mehrere Millionen Lines of Code) zu übersetzen, kann durch den Front-End Compiler ein Directory von mehreren Megabyte angelegt werden, was als Grundlage für die inkrementelle Compilierung dient. Daher ist dieser sehr große Adreßraum vorgesehen. Auf jedem Board des Systems befindet sich eine Testeinheit mit einem separaten Mikro-

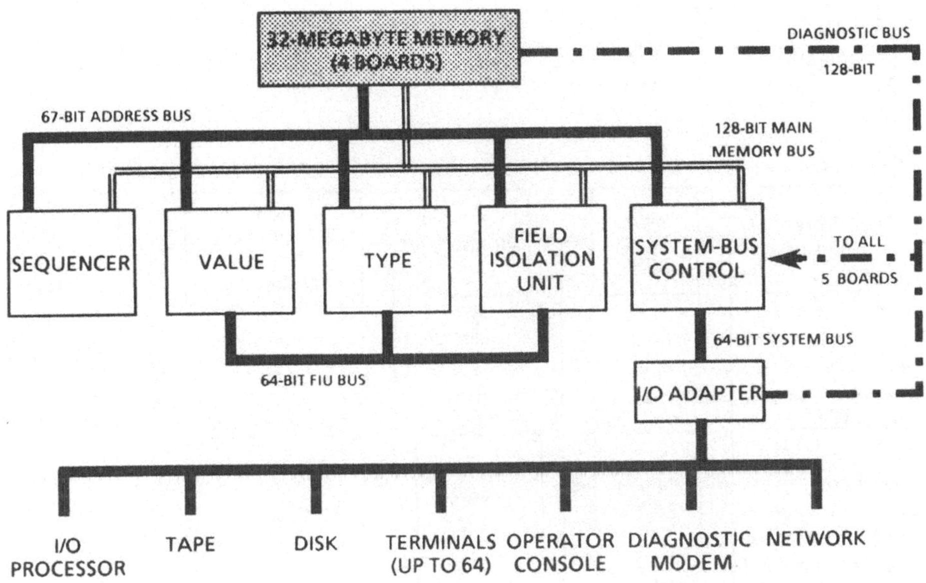

Bild 2.11. Blockschaltbild des R 1000 mit zwei Arithmetik-Einheiten (Value, Type)

prozessor, der zu Testzwecken den Status aufzeichnet und an den Diagnose-Bus weiterreicht.

Mit diesem speziell für Ada geschaffenen Monoprozessor-System wird speziell die Software-Erstellung wesentlich komfortabler und schneller. Es enthält aber auch einige Konzepte, welche die reine Ausführungszeit eines Ada Programms beschleunigen.

Die beiden obengenannten Systeme Intellimac und Rational R 1000 stellen zwei der zur Zeit verfügbaren kommerziellen Rechnersysteme dar, die speziell für Ada angeboten werden.

Bei dem im folgenden behandelten Mikroprozessor Chip-Set handelt es sich um Bausteine, mit dem sich ein Multiprozessorsystem aufbauen läßt. Es soll hier aber nur auf die Leistung und Eigenschaften eines Verarbeitungsknotens für ein potentielles Multiprozessorsystem mit dem INTEL iAPX 432 eingegangen werden.

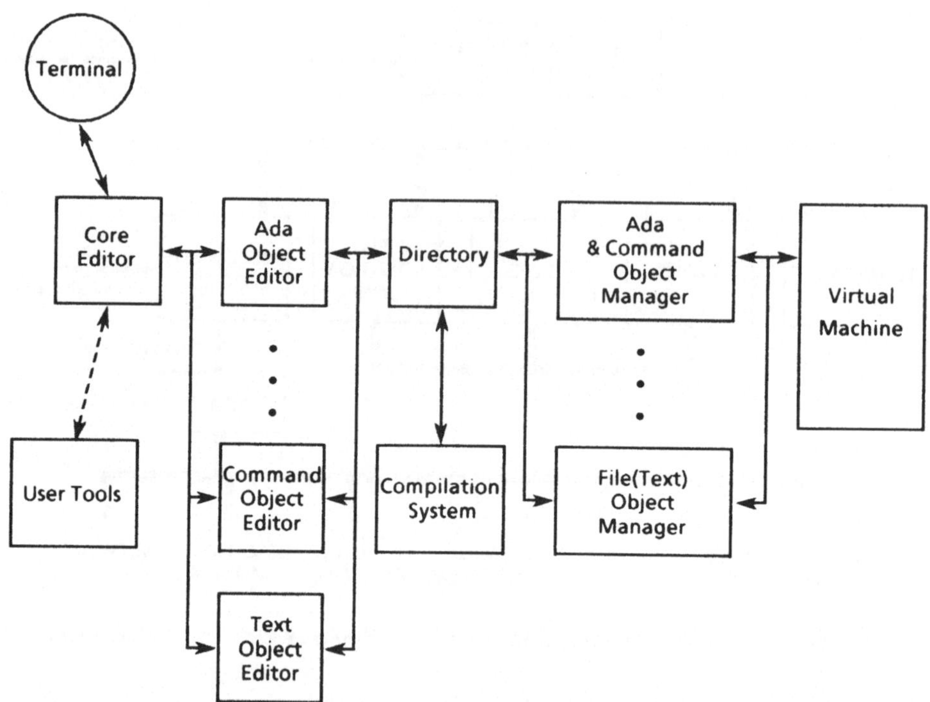

Bild 2.12. Die verschiedenen Objekt-Editoren und Objekt-Manager des R 1000 Systems

2.6.3 Intel iAPX 432

Der von Intel 1980 vorgestellte "Micro-Mainframe" mit der Bezeichnung iAPX 432 stellt eine interessante Komponente für den Aufbau eines Multiprozessor-Systems dar [Int81, Pat81, Cox83, Rum83]. Anlehnend an eine Arbeit von R.T. Boute [Bou81] werden hier die Forderungen an die Implementierung einer "High-Order-Language (HOL)", insbesondere von Ada, mit den Konzepten und Fähigkeiten des iAPX 432 Systems verglichen und bewertet.

Ein iAPX 432 besteht aus zwei VLSI Chips mit 4 bzw. 10 MHZ Taktfrequenz, mit denen ein Multiprozessorsystem aufgebaut werden kann (GDP-General Data Processor, IP-Interface Processor, plus eventuell ein AP-Attached Processor, einem Standard- Mikroprozessor (z.B. 8086) für Systemdienste, wie etwa Interrupt-Handling). Bei seinem Entwurf wurde großen Wert auf die Eignung für moderne Hochsprachen und deren Konzepte, die direkte Unterstützung der Repräsentation und Manipulation von Daten und Typen (insbesondere von abstrakten Daten) gelegt. Dadurch entstand eine objektorientierte Architektur, die viele Konstrukte von Ada direkt unterstützt, und es werden sonst übliche Betriebssystemfunktionen in die Hardware verlegt. Von den Entwicklern wird angegeben, daß es sich um einen

Entwurf handelt, der speziell für Ada gedacht ist. Diese Meinung wird allerdings in der Fachwelt nicht einhellig geteilt.

Die Möglichkeiten und Eigenschaften dieses Prozessors sollen hier dargestellt werden, da er den ersten ernsthaften Versuch darstellt, eine Architektur in Richtung höhere Programmiersprachen und Betriebssystemfunktionen zu orientieren. Das dabei entstandene zwei- (drei-) Chip Prozessorsystem mit einem sehr umfangreichen Befehlssatz (CISC) wurde kein kommerzieller Erfolg, da es nicht alle relevanten Aspekte abdeckt und eine zu geringe Verarbeitungsleistung gegenüber anderen, einfacher aufgebauten Mikroprozessoren (68000, 8086) bietet.

Das Datenformat des iAPX 432 reicht von 8 bis 64 Bit für einfache Datentypen bis hin zu beliebig langen Strukturen für maschinen- oder benutzerdefinierte Objekte. Außerdem liefert die Architektur, zusätzlich zu den üblichen Instruktionen und Adressierungsarten, hardwareseitige Unterstützung

- für die Datenrepräsentation,
- für die Verwaltung des Speichers,
- für Kommunikation und Synchronisation,
- für den Kontextwechsel,
- für die Handhabung von Prozessen und Prozessoren,

welche sich normalerweise im Aufgabenbereich von Betriebssystemen oder dem Laufzeitsystem befinden.

Capabilities

Der iAPX 432 unterstützt eine sogenannte *capability-based* Adressierung [Gil81], deren Hauptanliegen der Zugriff und der Schutz von Datenstrukturen und Objekten ist. Der logische Adreßraum einer jeden Programmeinheit und eines jeden Prozesses wird durch sogenannte 'Capabilities' dargestellt. Dies ist eine unteilbare Referenz auf eine Datenstruktur im physikalischen Speicher mit einer beliebigen Größe. Die Datenstrukturen selbst werden Objekte genannt. Für jedes Objekt existiert ein *object descriptor*, der unter anderem dessen Basisadresse und dessen Länge enthält. Die Deskriptoren für alle Objekte sind in einem *object directory* enthalten (Bild 2.13).

Die Capability eines Objekts enthält einen Index für den Deskriptor im Directory. Eine logische Adresse kann wiederum ein Paar (**k, l**) sein, wobei **k** der Index einer Capability für dieses Objekt in der Capability-Liste der Programmeinheit ist und **l** ein Index, der zu einer weiteren Adressierung innerhalb des Objekts dient. Die Maschine muß nun die physikalische Adresse aus der Capability und dem Objekt Directory berechnen. Diese komplizierte Struktur hat mehrere Vorteile:

- beliebige Granularität der Objekte,
- einheitliche Darstellung im Speicher; Capability-Listen und Directories sind ihrerseits Objekte, auf die nur von Programmeinheiten mit den entsprechenden Capabilities zugegriffen werden kann,
- solange ein Objekt existiert, kann es von verschiedenen Programmeinheiten über seinen Deskriptor gemeinsam benutzt werden. Das Umladen eines Objekts erfordert nur eine Änderung im Deskriptor und nicht in der oder den Capability-Listen der Programmeinheiten.

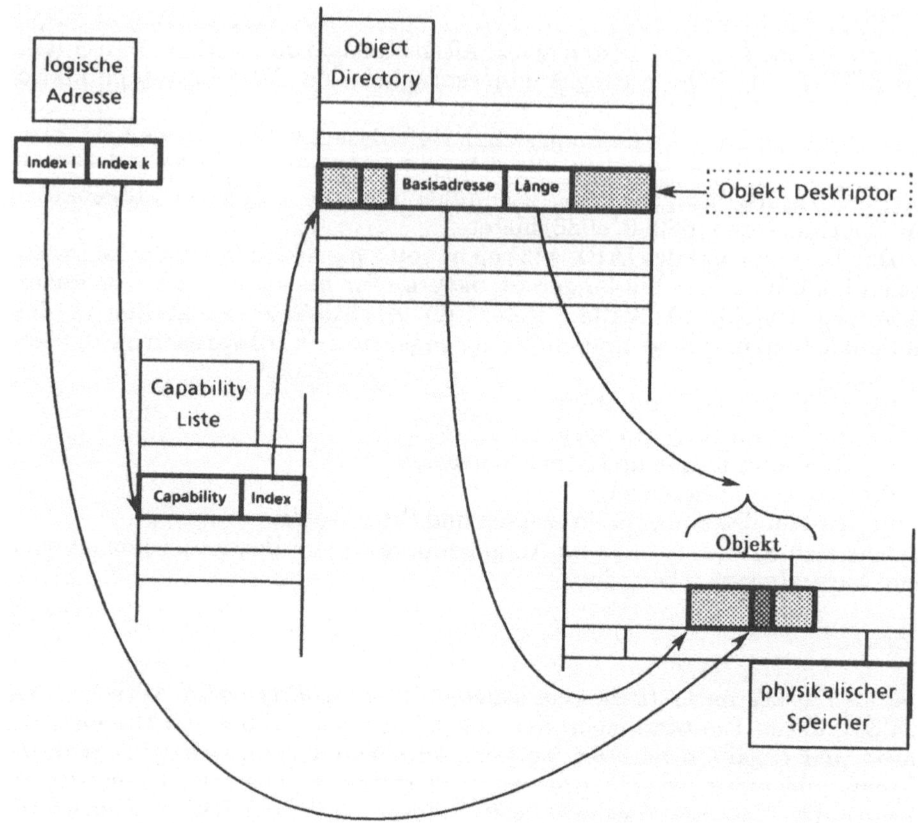

Bild 2.13. Capability-Adressierung

- die unerwünschten *privileged modes* werden unnötig, da das Vorhandensein einer Capability in der Capability-Liste einer Programmeinheit ein notwendiges und hinreichendes Zeichen für das Zugriffsrecht auf dieses Objekt ist.

Die Capability-Listen werden beim iAPX 432 *access segments* genannt. Zur Umgebung einer Ausführungseinheit gehören vier solcher Access-Segmente, womit die Umgebung in Teilen umgeschaltet werden kann. Die logische Adresse ist dann ebenfalls ein Paar (**a**, **b**), wobei **a**$\in\{0,1,2,3\}$ eines der vier Access-Segmente auswählt und **b** der Index der Capability ist. Es gibt hier noch weitere Stufen der indirekten Adressierung, zum Beispiel speziell für den Zugriff auf Objekte wie Arrays und Records (s.o.).

Die Capabilities selbst werden *access descriptors* genannt (siehe auch Kapitel 3.6.2, "Objektorientierte Sprachen"). Diese besitzen einen zusammengesetzten Index (**m**, **n**), da das Object-Directory in zwei Ebenen geteilt ist: ein *object table directory* für jedes logische System, das systemweit erreichbar ist und viele *object tables*. Der Directory-Index **m** ist ein Zeiger in das Object-Table Directory auf einen Deskriptor (Basis, Länge) für die

Object-Table, die wiederum den Deskriptor des gewünschten Objekts enthält. Der Segment-Index n ist ein Zeiger in die Object-Table auf diesen Deskriptor für das Objekt.

Um diese verwirrende Vielfalt von indirekten Adressierungsstufen muß der Anwender sich nicht kümmern, da sie von der Maschine automatisch erkannt und umgesetzt werden.

Speicherverwaltung

Ein Aspekt der Speicherverwaltung ist die dynamische Belegung und Freigabe von Speicherplatz zur Laufzeit. Die Speicherverwaltung in einem System mit dynamischen Prozessen ist daher heaporientiert. Objekte existieren solange wie Referenzen auf sie bestehen. Außer dem physikalischen Speicher-Management, z.B. der Zuweisung und Freigabe von Speicherplatz, gibt es ein logisches Speicher-Management, z.B. die Erzeugung, Zuweisung oder das Löschen von Deskriptoren in den Object-Tables.

Viele Aufgaben werden von der Maschine automatisch ausgeführt, wie etwa die explizite Zuweisung von Speicherplatz bei der Erzeugung von Objekten oder die implizite Speicherplatz-Zuweisungen als Folge eines Unterprogramm-Aufrufes. Es gibt außerdem spezielle maschinenbezogene Objekte, die die freien Deskriptoren und den physikalischen Speicher darstellen, auf den ein Arbeitspaket verweisen kann. Freie Deskriptoren werden in den Objekt-Tafeln als verkettete Listen verwaltet. Diese Deskriptoren sind selbst komplexe Objekte. Freier Speicherplatz wird beim iAPX 432 über spezielle Datenstrukturen verwaltet, welche die Basisadresse und die Größe eines freien Speicherblocks anzeigen.

Anspruchsvollere Speicherverwaltungsaufgaben wie die Zuweisung von Speicherplatz an Prozesse oder die Freigabe von Speicherplatz und die Garbage Collection müssen vom Laufzeitsystem übernommen werden.

Typen

Beim iAPX 432 werden Typen von der Architektur unterstützt. Ein iAPX 432 Objekt ist eine Datenstruktur im Speicher mit einem spezifischen Satz von Operationen, die darauf definiert sind, und mit einem zugeordneten Typ zur Unterstützung des Laufzeitsystems. Die Maschine kennt eine Vielzahl von vordefinierten und von der Maschine erkennbaren Objekten für die Sprach- und Betriebssystem Unterstützung. Neben diesen architekturbezogenen Typen werden benutzerbezogene, oder besser programmbezogene Typen unterstützt. Für typisierte Objekte wird eine zusätzliche Deskriptor-Ebene zwischen den Access Deskriptor (Capability) und den Objekt Deskriptor eingefügt. Über diesen Typ-Deskriptor erhält man Informationen über die jeweilige vom Sprachsystem erstellte Typdefinition. Die Maschine stellt hierfür einige Grundoperationen, wie die Erzeugung von Typen oder das Einfügen von Typ-Deskriptoren zur Verfügung.

Die Repräsentation von abstrakten Datentypen basiert auf *domain objects*, die aus einem *domain access segment* und den dazugehörigen *instruction segments* bestehen. Das Domain-Access-Segment kann u.a. Zugriffs-Deskriptoren für Typdefinitionen enthalten. Im Instruktions Segment sind neben dem Maschinencode die Informationen enthalten, die die Maschine für die Erzeugung des *environment* (auch als Kontext bezeichnet, der durch das domain Objekt dargestellt wird) zur Ausführung des Codes braucht.

Zugriffsrechte

Der iAPX 432 arbeitet mit der sogenannten Capability-Adressierung. Das bedeutet, daß eine Programmeinheit nur Zugriff auf jene Objekte hat, auf die es eine Capability (dt.:Möglichkeit) hat. Der Access-Descriptor enthält die von der Maschine erkennbaren Zugriffsrechte der System-Objekte. Das schließt die Grundrechte "lesen" und "schreiben" für das angesprochene Objekt ein, als auch die Systemrechte, deren Interpretation vom Typ des angesprochenen Objekts abhängen. Die Zugriffsberechtigungen werden hardwareseitig überprüft und gegebenenfalls ein Fehler ausgelöst. Auf dieser Ebene sind ebenfalls Debug-Hilfen (wie etwa Tracing) implementiert.

Die Unterstützung von benutzerdefinierten Zugriffsrechten kann durch die geeignete Schachtelung von Typ-Deskriptoren erreicht werden.

Ablaufkontrolle

Der Aufruf einer Berechnung mitsamt ihrer Umgebung wird durch den Kontext (Domain, s.o.) repräsentiert. Damit sollen Prozeßwechsel und Unterprogrammaufrufe implementiert werden. Dabei handelt es sich um eine maschinenunterstützte Struktur mit den folgenden Merkmalen:

- die Repräsentation der Umgebung einer Berechnung mit Hilfe der Definitions-Domain des Kontextes, den vier Access-Segmenten, einem Konstanten-Segment und einem Operanden Stack-Segment. Die Access-Deskriptoren für diese Segmente sind in einem *context access segment* enthalten, welches eines der vier Access-Segmente ist (Nummer 0, s.o.). Ein Objekt kann nur indirekt angesprochen werden, wenn der entsprechende Access-Descriptor nicht in einem direkt erreichbaren Access-Segment enthalten ist. Die Operation *enter* erlaubt es, das Access-Segment 1, 2 und 3 mit einem direkt erreichbaren Access-Segment zu ersetzen, womit dieses Objekt direkt (nicht referenziert) erreichbar wird.

- die Repräsentation des Bearbeitungszustandes mittels eines *context data segment*, das den Programmzähler, den Index des aktuellen Instruktions Segments, den Kontext-Status und Trace-Informationen enthält. Ein Access-Descriptor für das Context-Data-Segment ist im Context-Access-Segment enthalten.

Die vier Access-Segmente, der Instruktions- und der Stack-Pointer eines Kontext-Objekts ersetzen die entsprechenden Register eines herkömmlichen Prozessors.

Prozesse

Ein Prozeßobjekt beim iAPX 432 ist die Maschinenrepräsentation des Execution Environment für ein sequentielles Programm, das parallel mit anderen sequentiellen Programmen abläuft, möglicherweise mit diesen kommuniziert und einem physikalischen Prozessor zugeteilt werden muß.

Diese Sicht deckt sich mit den Anforderungen von Ada und CHILL. Unter anderem enthält ein Prozeßobjekt Access-Deskriptoren für:
- den gerade gültigen Kontext
- die lokale Object Table, von der aus alle Deskriptoren zugewiesen werden
- Scheduling- und Dispatching-Ports
- Carrier (s.u.) und die aktuelle Nachricht
- Speichervorrat-Daten, zum Beispiel Deskriptoren von freiem Speicherplatz
- Prozeßbezogene Daten, wie Scheduling-Parameter, Prozeß Uhr und Status Informationen
- Fehlerinformationen

Kommunikation und Synchronisation

Der iAPX 432 sieht hierfür sogenannte *communication-ports* (C-Ports) vor, die sehr komplexe Objekte darstellen. Logisch gesehen haben sie Platz für Nachrichten (Access-Deskriptoren für Objekte welche die Nachricht darstellen). Die folgenden Kommunikationsoperatoren werden bereitgestellt:

- *Send* Nachricht an C-Port. Wenn der C-Port keinen Platz mehr hat, wird der sendende Prozeß suspendiert und in eine Warteliste (Warteschlange) des betreffenden C-Ports eingetragen. Dies geschieht über *process carrier objects*, die zu diesem Zweck Access-Deskriptoren zum blockierten Prozeß enthalten, einen zu der Nachricht und eine Verbindung zum Carrier des nächsten blockierten Prozesses.
  Wenn die Unterbrechungsbedingung nicht mehr vorliegt, wird der Prozeß *resent*, indem er z.B. an einen D-Port (s.u.) geschickt wird. Das *resending* geschieht automatisch, sowie die Suspend-Bedingung verschwindet.

- *Receive* von einem C-Port. Ist der C-Port leer, so wird der Prozeß ebenfalls suspendiert und wartet auf ein *send*.

- *Conditional send* oder *receive*. Ein boolescher Wert wird zurückgeliefert und zeigt an, ob die Operation erfolgreich war. Der Wert *false* ersetzt die Suspendierung.

Allgemeinere Kommunikationsmechanismen werden von den Operatoren *surrogate send* und *surrogate receive* zur Verfügung gestellt. Derjenige Prozeß, der einen solchen Befehl aufruft, verwendet nicht seinen eigenen, impliziten Prozeß-Carrier, sondern einen im Betriebssystem spezifizierten. Mit diesem Mechanismus können die Ada-Statements accept und select implementiert werden [Bou81].

Scheduling

Die Verfahren, die bereitgestellt werden, beruhen im wesentlichen auf Scheduling Ports und Dispatching Ports (D-Ports). Während die Operationen für den C-Port explizit sind, sind die Operationen auf einen D-Port implizit: Ein Prozeß, dessen Suspend-Bedingung nicht mehr vorliegt, wird automatisch (von der Hardware) an den D-Port gesandt. Ein Prozessor, der keinen aktiven Prozeß mehr hat, führt eine implizite Receive-Anweisung an seinen D-Port aus. Wie beim C-Port sind auch hier Carrier (Warteschlangen) für bereite Prozesse implementiert. Die Prozeß Carrier-Objekte können Scheduling-Informationen enthalten, die aus der Priorität und einer Deadline bestehen. Die Einreihung in die Warteschlange kann, abhängig von einem Bit im Port Status-Feld, nach dem FIFO-Prinzip oder dem *non-FIFO*-Prinzip geschehen. Ist non-FIFO ausgewählt, so wird die Scheduling-Information ausgewertet und die Prozesse werden nach ihrer Priorität und dem Ablauf der Deadline eingereiht.

Eine Delay-Operation auf einen Delay-Port gestattet einem Prozeß, sich für eine spezifizierte Zeit zu suspendieren. Ein Prozeß-Objekt enthält auch Informationen über die *service period length* und einen *period count*. Ersteres legt die minimale Bearbeitungszeit eines Prozesses fest; wird diese überschritten, so muß der Prozeß den Prozessor für gewisse Zeit freigeben. Period-Count legt fest, wie oft dies geschehen kann, bevor der Prozeß an den Scheduling-Port gesandt und damit dem Schedulingverfahren des Betriebssystems übergeben wird. Dies alles geschieht weitgehend autonom und wird von der Hardware unterstützt. Es kann auch ganz auf die Kontrolle durch ein Betriebssystem verzichtet werden und nur der eingebaute Dispatching-Mechanismus angewandt werden.

Bewertung

Hier sollen die Stärken und Schwächen des iAPX 432 in Bezug auf seine Eignung für die höhere Programmiersprache Ada erörtert werden. Die Architektur des iAPX 432 wurde offensichtlich stark von den Capabilities und dem daraus folgenden Objektmodell beeinflußt. Die hauptsächliche Betrachtung dieses Aspekts bei gleichzeitiger Vernachlässigung anderer, ebenfalls wichtiger Aspekte ist für die Schwächen dieser Architektur verantwortlich.

Die Objekte, welche bei einer Programmausführung entstehen, haben meist eine unterschiedliche Größe und werden in einer nicht vorhersehbaren Reihenfolge abgearbeitet. Daher sollte der Zugriff auf diese Objekte möglichst problemnah implementiert werden. Dies ist beim iAPX 432 sehr gut gelöst.

Der iAPX 432 ist in seiner Architektur als Verarbeitungsknoten in einem Mehrprozessorsystem ausgelegt und unterstützt einige dafür notwendige Operationen.

Eine weitere Stärke des Systems ist die direkte Unterstützung einiger wichtiger Betriebssystemfunktionen durch die Hardware, wie Prozeßumschaltung, Kommunikation zwischen Prozessen und die Dispatching- und Suspendier-Funktionen. Dies ist besonders für die Unterstützung von Programmiersprachen mit einem Prozeßkonzept von Bedeutung.

Da eine der häufigsten und damit wichtigsten Operationen eines Rechensystems der Zugriff auf die Datenobjekte ist, muß auch ein möglichst schneller Zugriff auf den Speicher gefordert werden. Bei diesem System dauert dieser Zugriff sehr lange. Die Prozessoren des iAPX 432-Systems verfügen über nur sehr wenig lokalen Speicher und über keine expliziten Register. Sie greifen alle auf einen in Module unterteilten Hauptspeicher zu. Der Einsatz von lokalem Speicher, von Caches und eventuell von Pipelines für bestimmte komplexe Adressierungen scheinen hier angeraten. Der Zugriff auf Sekundärspeicher ist nicht befriedigend gelöst, da für einen

Zugriff auf eine Platte der Interface Prozessor des iAPX 432-Systems verantwortlich ist und dieser keine Möglichkeit hat, Daten direkt, etwa per DMA, in den Hauptspeicher zu laden. Dies ergibt auch hier einen relativ großen Abstand von Arbeitsspeicher zu Sekundärmedien.

Ein weiterer wichtiger Aspekt ist die zeitaufwendige Prüfung von Intervallgrenzen und das Enthaltensein in einer Definitionsmenge, wie sie speziell von Ada gefordert wird. Hierfür ist keine Hardwareunterstützung vorgesehen. Das Durchsuchen von Bäumen und Listen, wie es in der nichtnumerischen Datenverarbeitung häufiger vorkommt, wird ebenfalls nicht effektiv unterstützt.

Betrachtet man den iAPX 432, so stellt man fest, daß einige Eigenschaften in Richtung Spracharchitektur und auch Eignung für höhere Programmiersprachen mit einem Prozeßkonzept zielen. Die Verwendung von Capabilities erscheint als eine interessante Alternative zu herkömmlichen Architekturen mit Registern und virtueller Adressierung. Allerdings gehen die Möglichkeiten des iAPX 432 nicht weit genug; es wären noch weitere sinnvolle Unterstützungen von Hochsprachenkonstrukten denkbar und notwendig. Ein sehr wichtiger Aspekt ist der Zugriff auf den Speicher, der die wichtigste Operation in einem Rechnersystem ist und daher sehr effizient implementiert werden muß.

2.6.4 K-CHILL-Rechner

In [Bar81] wurde ein Rechner vorgeschlagen, der eine CHILL-Zwischensprache als Maschinensprache hat.

Der vorgeschlagene Rechner wurde als Multiprozessorsystem konzipiert, das sowohl über globalen als auch über lokalen Speicher verfügt. Bild 2.14 zeigt die Konfiguration eines solchen Rechners. Das System besteht aus den Datenprozessoren DP, den Interface Prozessoren IP, dem globalen Speicher CM und den beiden Bus-Arbitern BAS.

Die Komponenten innerhalb eines DP sind doppelt vorhanden, um die Ausfallsicherheit zu erhalten, wie sie in öffentlichen Vermittlungssystemen notwendig ist. Bild 2.15 zeigt die Komponenten eines Datenprozessors. Für die Realisierung wurden Standardbausteine wie z.B. Bit-Slice-Prozessoren vorgeschlagen. Die Basis für einen DP bildet die Stackmaschine. Weiterhin enthält der DP 16 Register, in denen der Top of Stack abgelegt wird. Das ermöglicht während der Programmausführung einen schnellen Zugriff auf die obersten Stackelemente. Bei Über- oder Unterlauf des TOS werden Teile in den Speicher ausgeladen bzw. aus dem Speicher nachgeladen.

2.6.5 Integrierter CHILL-Prozessor

Ein Ansatz, der auf der Architektur des K-CHILL-Rechners aufbaut, ist der in [Rei83] beschriebene Vorschlag. Der Kernpunkt dieses Ansatzes besteht in der Leistungssteigerung des DP. Anstatt einer Realisierung mit reinen

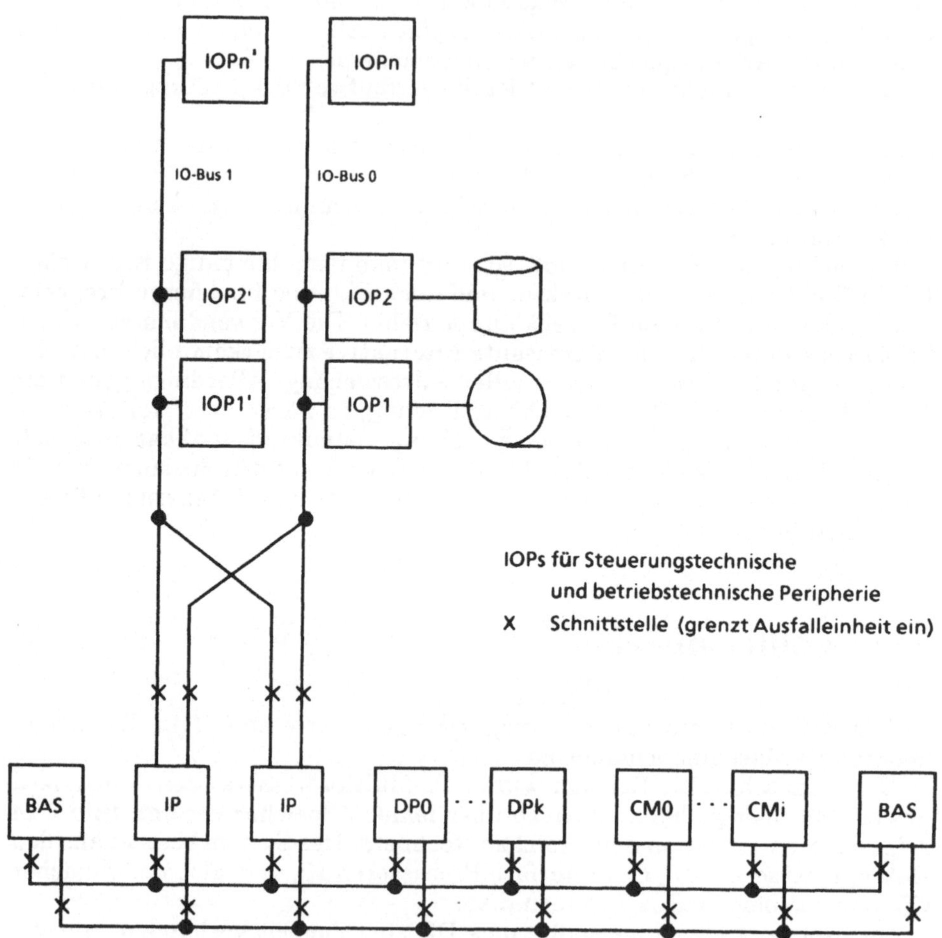

Bild 2.14. Konfiguration des K-CHILL-Rechners [Bar81]

Standardbausteinen wird ein Prozessor vorgeschlagen, der aus Standardbausteinen und einem neu zu entwerfenden VLSI-Baustein besteht.

Bei diesem Vorschlag ist es natürlich wichtig, welche Elemente des DP durch Standardbausteine und welche durch einen VLSI-Baustein realisiert werden sollen. Das Ziel beim Entwurf eines VLSI-Chips bestand darin, die häufigsten Anforderungen der Sprache möglichst direkt von der Hardware oder vom Mikroprogramm ausführen zu lassen. Aus diesem Grund und aufgrund des zu erwartenden regulären Chip-Layouts sollten die Steuereinheit und die Verarbeitungseinheit in VLSI-Technik entwickelt werden.

Die Steuereinheit soll aus Gründen der Flexibilität und der Regularität mikroprogrammierbar sein. Mit der Möglichkeit Mikroprogramme in Abhängigkeit von der Anwendung in den Prozessor laden zu können, soll es außerdem möglich sein, den Prozessor auch für andere Sprachen wie etwa Ada zu nutzen.

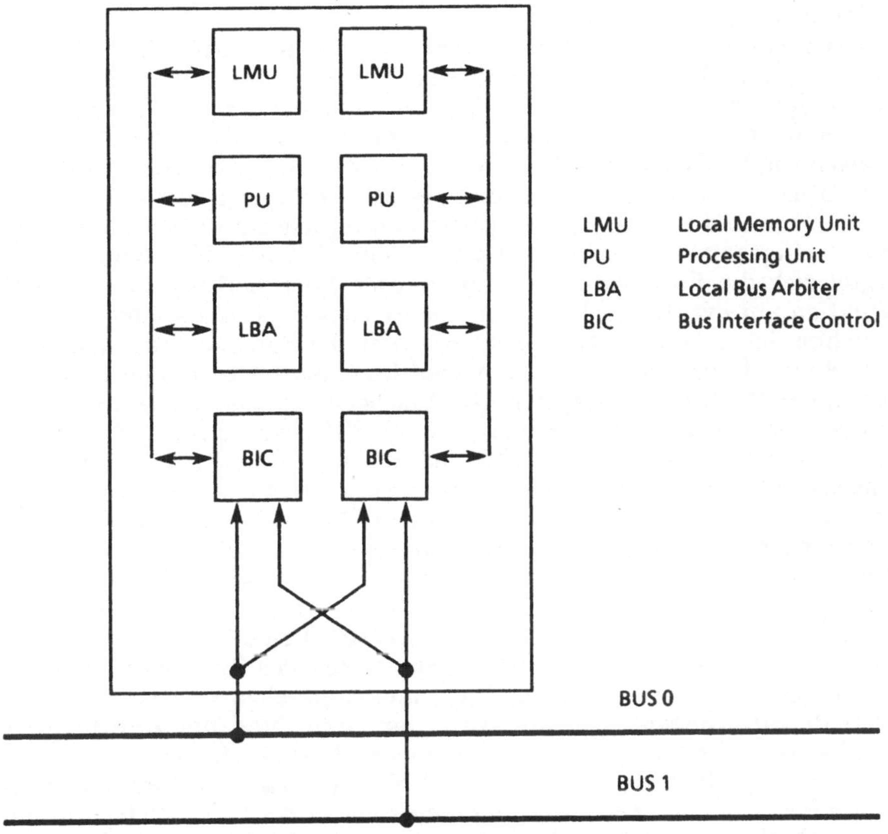

Bild 2.15. Komponenten eines Datenprozessors

2.7 Resümee

In diesem Kapitel soll versucht werden, aus den bisherigen Betrachtungen des Kapitels 2 die wesentlichen Punkte herauszustellen und daraus Folgerungen für eine zukünftige Architektur zu ziehen. Dabei soll die "Machbarkeit" im Fordergrund stehen, was zu einem eher konservativen Entwurf führt. Dieser kann dann als Ausgangspunkt für weitere Entwicklungen dienen.

Hier soll hauptsächlich ein Zielsystem für die untersuchten Programmiersprachen Ada und CHILL betrachtet werden (kein Entwicklungssystem). In den Kapiteln 2.2 und 2.3, sowie in den Kapiteln 2.4 und 2.5 wurden die speziellen Parallelitätseigenschaften und -anforderungen näher betrachtet. Damit sollte eine Entscheidungshilfe geschaffen werden, in wieweit eine solche Programmiersprache eventuell auf recht hoher Ebene in Hardware realisierbar sein würde und an welchen Stellen eine Hardwareunterstützung sinnvoll ist.

Die Struktur der prozeduralen Programmiersprachen Ada und CHILL führt zu einer kontrollflußorientierten Verarbeitung. Die Verarbeitung dieser Sprachen mit der Möglichkeit der Strukturierung mittels Unterprogrammen legt eine stackorientierte Architektur der PEs (*Processing Element*) nahe. Weitere Anhaltspunkte für den Entwurf einer Architektur liefern der Verwendungszweck und die zur Verfügung stehenden Sprachmittel. Ada und CHILL werden heute vorwiegend auf dem Prozeßrechnergebiet eingesetzt (Embedded-Systems, Vermittlungs-Rechner). Hiermit ergibt sich die Forderung nach effizienter Verarbeitung und schneller Reaktion auf eventuelle Interrupt-Anforderungen. Daraus folgt wiederum eine hinreichend effiziente Implementierung der Sprache, insbesondere der Sprachmittel zur Kommunikation und des Tasking in einem hier beabsichtigten Multiprozessorsystem. In Ada bedeutet dies die Unterstützung des synchronen Rendezvous-Konzeptes. In CHILL werden diese Anforderungen für die Sprachmittel BUFFER und SIGNAL gestellt. Das System muß eine schnelle und daher mit wenig Overhead verbundene Prozeßverwaltung erhalten. Dies wäre zum Beispiel mit einer Prozessorzahl zu erreichen, die größer oder gleich der Anzahl der Prozesse ist (ein Prozeß erhält einen Prozessor exklusiv, deshalb ist nur ein sehr vereinfachtes Scheduling notwendig).

Aber spätestens an dieser Stelle lassen sich keine konkreten Aussagen mehr über alle Forderungen und Eigenschaften des Systems machen. Die hier betrachteten prozeduralen Programmiersprachen besitzen ein explizites Prozeß-Konzept, das die Wahl der Größe und die Anzahl dieser parallelen Prozesse in die Verantwortung des Programmierers legt.

Ein weiteres Stichwort ist die Granularität. Sie kann von einzelnen Statements bis zu komplexen Programm-Modulen reichen. Somit ist nur eine grobe Abschätzung der Zahl der Prozesse, auch in Abhängigkeit von der jeweiligen Anwendung möglich. Für die hier betrachteten Programmiersprachen ist es daher sinnvoll, nur eine Mindestzahl von Prozessoren anzugeben. Beide Sprachen besitzen aber auf Grund ihrer vielfältigen Sprachmittel das Potential, eine weitere Verbreitung auch in anderen Anwendungsgebieten, zum Beispiel der Numerik, zu finden. Damit können sich die Anforderungsschwerpunkte verschieben. Die Akzeptanz einer Programmiersprache steigt auch mit ihrer leistungsfähigen Implementierung auf einem leistungsfähigen Rechner. Daraus läßt sich die Forderung nach einem in der Prozessorzahl möglichst flexiblen, also skalierbaren, Multiprozessorsystem ableiten, mit einer "hinreichenden" Anzahl von Prozessoren.

Um den Softwareaufwand und damit die notwendigen Systemfunktionen zunächst so gering wie möglich zu halten, wird der erste Entwurf eines Multiprozessors zunächst ein Coprozessorsystem sein. Dadurch können aufwendige Entwicklungen für die Programmerstellung und Test, wie Editoren und andere Software-Tools, sowie die Benutzerschnittstelle zunächst vom Host eingesetzt werden.

Um eine Programmiersprache so effizient wie möglich ausführen zu können, sollte die semantische Lücke so gering wie möglich gehalten werden. Da aber ein Custom Design aller Systemkomponenten und damit eine möglichst direkte Implementierung der Programmiersprachen Ada und

CHILL, beziehungsweise deren Zwischensprachen, wegen des zu erwartenden großen Aufwandes vorerst nicht lohnen wird, muß ein Kompromiß gewählt werden. Für die prozeduralen Sprachen bietet sich eine Lösung an, die aus Standard-Mikroprozessoren mit mindestens 32 Bit Verarbeitungsbreite oder Bit-Slice Prozessoren und verschiedenen zusätzlichen, sprachspezifischen Custom VLSI Bausteinen besteht (z.B. für den gleichzeitigen Check verschiedener Laufzeitbedingungen, wie etwa den Range-Check von Array-Komponenten, zur Unterstützung des Exception Handling). Die Anforderungen an den Mikroprozessor sind u.a. Befehle wie Test-and-Set oder Fetch-and-Add, um zumindest auf unterster Maschinenebene die Programmierung von kritischen Bereichen und wechselseitigen Ausschluß zu gewährleisten. Die direkte Ausführung einer Zwischensprache ist mit dieser Lösung allerdings nicht möglich.

Die Größe des zu verwendenden lokalen Speichers läßt sich nicht genau spezifizieren. Dies hängt zum einen von den Anforderungen an das System ab, welche Teile lokal auf einem PE gehalten werden sollen (z.B. auch das gesamte Betriebssystem), zum anderen von den technologischen Randbedingungen (Integrationsgrad einzelner Speicher-Chips, um die räumlichen Dimensionen für den Speicher gering halten zu können). Es sollte möglich sein, eine virtuelle Stackmaschine zu implementieren, da diese Verarbeitung sehr eng mit den prozeduralen Programmiersprachen verbunden ist. Eine Unterstützung der Kommunikation mit anderen Sytemkomponenten oder gar eine "Multiprozessorfähigkeit" wären von Vorteil.

Für ein Multiprozessorsystem mit mehr als hundert Verarbeitungseinheiten (PE) kommt eine reine Busstruktur sicher nicht in Frage. Da immer nur eine Kommunikationsanforderung gleichzeitig bearbeitet werden kann, wird diese Struktur bei einer großen Zahl von PEs und der damit zu erwartenden Kommunikation sicher schnell zum Engpaß werden. Auch eine vollständige Vernetzung aller Systemkomponenten über ein Verbindungsnetzwerk stellt, nicht zuletzt wegen des Custom-Entwurfes des Netzwerkes, zunächst einen großen Aufwand dar. Eine Implementierung der Kommunikationsmechanismen von Ada und CHILL mit gemeinsamem Speicher (siehe Kapitel 1.4) scheint zunächst eine Alternative zu sein. Damit ergibt sich eine Systemstruktur in Clustern von beispielsweise 16 PEs (siehe auch BBN Butterfly Parallel Processor [BBN86]), die über einen Hochleistungsbus mit einem gemeinsamen Speicher gekoppelt sind. Die verschiedenen Cluster wiederum stehen über ein Netzwerk in Verbindung. Für den Anwender müßte diese Systemstruktur und deren Hierarchie transparent sein.

Die Skalierbarkeit des Systems wäre dann auf Cluster-Ebene sinnvoll. Um unterschiedlichen Anforderungen gerecht zu werden, müßte es möglich sein, die Leistungsfähigkeit der Cluster durch den Einsatz verschiedener PE-Konfigurationen modular zu bestimmen (z.B. die Verwendung von Vektor-Coprozessoren, Arithmetik-Coprozessoren oder leistungsfähigeren Mikroprozessoren in den PEs).

Ein weiterer und besonders für Prozeßrechner-Anwendungen relevanter Aspekt ist die Fehlertoleranz. Die Sprachen Ada und CHILL bieten Sprachmittel, welche die Realisierung von fehlertolerierenden Systemen unterstützen. Fehlerlokalisierung und Isolierung sowie die Reparatur defekter Komponenten im Betrieb müssen aber zusätzlich von der Hardware unterstützt werden. Bei einer geeigneten Systemauslegung ist ein unterbrechungsfreier Betrieb auch im Fehlerfall möglich, eventuell mit verminderter Systemleistung.

Für die Verbindung mit der Außenwelt muß eine in der Leistung angepaßte Ein-/Ausgabearchitektur vorgesehen werden. Besonders wichtig ist für viele Einsatzbereiche auch eine sehr leistungsfähige Implementierung der Zugriffe auf Sekundärspeicher, z.B. auf Plattenspeicher

2.8 Literaturverzeichnis

App82 Appelbe, B.; Dismukes, G.: An Operational Definition of Intermediate Code for Implementing a Portable Ada Compiler, in: Proc. AdaTec Conference on Ada, 1982, 266-274

Arv83 Arvind; Iannuci, R.A.: A Critique of Multiprocessing von Neumann Style, in: IEEE Computer Society: Super Computers: Design and Application, 1983, 509-519

Bac78 Backus, J.: Can Programming be Liberated from the von Neumann Style ? A Functional Style and Its Algebra of Programs, CACM 21 (1978), 613-641

Bak85 Baker, T.P.; Riccardi, G.A.: Ada Tasking: From Semantics to Efficient Implementation, Software, 2.2 (1985), 34-45

Bak86 Baker, T.P.: "Parallel Processing" and Ada Tasks, AGARD Lecture Series, 1986, 4-1 - 4-21

Bar 81 Barwig; et al.: Studie - CHILL-Rechner für Kommunikationssysteme, Siemens AG, Interner Bericht, 209c/710c/Do, 1981

BBN86 BBN Laboratories: Butterfly Parallel Processor Overview, Report Nr. 6149, Version 2, Cambridge, 1986

Ber78 Berry, D.; et al.: Time Required for Rerference Count Management in Retention Block-Structured Languages, Part 1, Int. Journal Computer Information Science, 1978, 91-119

Bis84 Biswas, P.: A Capability Architecture for Ada, in: IEEE Computer Society '84 Conference on Ada Applications and Environments, 1984, 23-32

Boa86 Boasson, M.: Trends in Languages for Embedded Systems, in: Proc. Conf. Computing in High Energie Physics, 1986, 47-63

Bod83 Bode, A.; Händler, W.: Rechnerarchitektur II, Berlin: Springer-Verlag 1983

Bou81 Boute, R.T.: Foundations of the Next Generation Microprocessors, in: Proc. 7th EUROMICRO Symposium on Microprocessing and Microprogramming, 1981, 271-287

Bri73 Brinch Hansen, P.: Operating System Principles, Englewood Cliffs, NJ.: Prentice-Hall (1973)

Bri78 Brinch Hansen, P.: Distributed Processes: A Concurrent Programming Concept, CACM 21 (1978), 934-941

Bru83 Bruner, J.D.; Reeves, A.P.: A Parallel P-Code for Parallel Pascal and other High Level Languages, in: Proc. 1983 Int. Conf. on Parallel Processing, 1983, 240-243

Cam84 Van Campenhout, J.M.; Stoop, R. G.; Decuypere, R. J.: The Implementation of CHILL on a Multi-Interpreter Architecture, in: Proc. 3rd CHILL Conference, 1984

CCI 85 CCITT-The International Telegraph And Telephone Consultative Committee: CCITT High Level Language (CHILL), Recommendation Z.200, Red Book, 1985

Cli83 Cline, C.; Siegel, H.J.: Extensions of Ada for SIMD Parallel Processing, IEEE, 1983

Coc85 Cocco, N.; Mandrioli, D.: The Ada Task System and Real-Time Applications: An Implementation Schema, Computer Language 10 (1985), Nr. 3/4, 189-209

Cox83 Cox, G.W.; Corwin, W.M.; Lai, K.K.; Pollack, F.J.: Interprocess Communication and Processor Dispatching on the Intel 432, ACM Transactions on Computer Systems 1 (1983), 45-66

Dij68 Dijkstra, E.W.: Cooperating Sequential Processes, Programming Languages, New York: Academic Press 1968

DoD76 U.S. Department of Defense: Department of Defense Requirements for High Order Computer Programming Languages "Tinman", U.S. Department of Defense, Washington, DC, 1976

DoD77 U.S. Department of Defense: Department of Defense Requirements for High Order Computer Programming Languages "Ironman", U.S. Department of Defense, Washington, DC, 1977

DoD78 U.S. Department of Defense: Department of Defense Requirements for High Order Computer Programming Languages "Steelman", U.S. Department of Defense, Washington, DC, 1978

DoD80a U.S. Department of Defense: Department of Defense Requirements for High Order Computer Programming Languages "Stoneman", U.S. Department of Defense, Washington, DC, 1980

DoD80b U.S. Department of Defense: Reference Manual for the Ada Programming Language, U.S. Department of Defense, Washington, DC, 1980

DoD83 U.S. Department of Defense: Reference Manual for the Ada Programming Language, ANSI/MIL-STD 1825 A, U.S. Department of Defense, Washington, DC, 1983

Fal82 Falis, E.: Design and Implementation in Ada of a Runtime Task Supervisor, in: Proc. AdaTEC Conference on Ada, 1982, 1-9

Fid83 Fidge, C.J.; Pascoe, R.S.V.: A Comparison of the Concurrency Constructs and Module facilities of CHILL and Ada, The Australien Computer Journal, Nr. 2, 1983, 17-27

Gar83 Garetti, P.; Laface, P.; Rivoira, S.: Multiprocessor Implementations of Tasking Facilities in Ada, in: Proc. 12th IFAC/IFSP Workshop, 1983, 97-102

Geh85 Gehani, N.: Ada, ein Lehrbuch mit praktischen Unterweisungen in die Programmiersprache, München-Haar: Markt & Technik 1985

Gil81 Giloi, W.K.: Rechnerarchitektur, Berlin, Heidelberg, New York: Springer 1981

Goo80 Goodenough, J.; et al.: Ada Compiler Validation Implementor's Guide, SofTech, Waltham, MA, USA, 1980

Goo81 Goos, G.; Wulf, W.: Diana Reference Manual, Department of Computer Science Carnegie-Mellon University, 1981

Goo82 Goos, G.: Ada: Zweck, Entwicklung und Zukunft einer Programmiersprache, Angewandte Informatik 24 (1982), 80-89

Gup85 Gupta, R.; Soffa, M.L.: The Efficiency of Storage Management Schemes for Ada Programs, SIGPLAN Notices 20 (1985), Nr. 11, 30-38

Gut82 Gutfeldt, H.: Grundsätzliche Aspekte der Programmiersprache CHILL, Hasler Mitteilungen Nr. 1, 1982

Hab80 Haberman, A.N.; Nassi, I.R.: Efficient Implementation of AdaTasks, Technical Report, Department of Computer Science, Carnegie-Mellon University, 1980

Har84 Hartwick, P.; Naedel, D.: Ada Machine Delivers High Performance, Defense Electronics 16 (1984), Nr. 1, 98-102

Hoa74 Hoare, C.A.R.: Monitors: An Operating System Concept, CACM 17 (1974)

Hoa78 Hoare, C.A.R.: Communicating Sequential Processes, CACM 21 (1978), 666-677

Hoa81 Hoare, C.A.R.: The Emperor's Old Clothes, CACM 24 (1981), 75-83

Hoy79 Hoyer, W.: CHILL-Compiler Spezifikation der Zwischensprache, Bericht Siemens AG München, ZT ZFE FL SYST, 1979

Hwa84 Hwang, K.; Briggs, F.A.: Computer Architecture and Parallel Processing, New York: McGraw-Hill 1984

Ich79 Ichbiah, J.D.; et al.: Rationale for the Design of the Ada Programming Language, ACM SIGPLAN Notices 14 (1979)

Int81 Intel Corporation: Intel 432 GDP Architecture Reference Manual, Intel Corporation, Santa Clara, CA, 1981

Jon82 Jones, A.; Ardo, A.: Comparative Efficiency of Different Implementations of the Ada Rendezvous, in: Proc. AdaTEC Tutorial and Conf. on Ada, 1982, 213-223

Kam83 Kamrad, J.M.: Runtime Organization for the Ada Language System Programs, in: Proc. AdaTEC joint Conf. on Ada, 1983, 10-1-10-23

Kea83a Kearns, J.P.; Soffa, M.L.: Implementation of Retention in a Coroutine Environment, ACTA Informatica 19 (1983), 221-233

Kea83b Kearns, J.P.; Quammen, D.: An Efficient Evaluation Stack for Ada Tasking Programs, in: Proc. IEEE Computer Society Conference on Ada Applications and Environment, 1983, 33-40

Lev85 Levy, P.; Devlin, M.: Development System Breaks Productivity Barrier, Electronics 58 (1985), Nr. 27, 36-39

Lan81 Langlois, C.; Denis, G.; D'Isserio, J. P.: Language Machine Adapted to CHILL: first Results of Evaluation, in: Proc. Int. Switching Symposium ISS, 1981

Lam82 Lampson, B.W.: Fast Procedure Calls, in: Proc. Symposium on Architectural Support of Programming Languages and Operating Systems, 1982, 66-76

Led83 Ledgard, H.: Ada, an Introduction, New York, Heidelberg, Berlin: Springer 1983

Lin85 Lindquist, T.E.: Ada Task Synchronisation in a Multiprocessor System with Shared Memory, Journal of Pascal, Ada & Modula-2 4 (1985), Nr. 1, 9-19

Mur83 Murtagh, T.P.: A Less Dynamic Memory Allocation Scheme for Algol-like Languages, in: Proc. 11th ACM Symposium on Principles of Programming Languages, 1983, 283-289

Nag84 Nagl, M.: Ada und Smalltalk-80: Ein summarischer Vergleich, Osnabrücker Schriften zur Mathematik, Reihe I Informatik, Nr. 16, 1984

O'Co83 O'Connell, S.: Mapping Ada onto a Simple Virtual Machine, in: Conf. Proc. Southeastcon'83, 1983, 73-77

Pat81 Patterson, J.C.: Extending Ada into Silicon, Defense Electronics 13 (1981), Nr. 9, 128-132

Pau84 Paulk, M.C.; Shiva, S.G.: Interprocess Communication in Ada, in: Conf. Proc. Southeastcon '84, 1984, 33-35

Per85 Perrish, L.: Ada Capabilities for Todays Microprocessors, Defense Electronics 17 (1985), Nr. 6, 117-122

Pet82 Pettus, R.O.; Trask, M.J.; Lareu N.W.: Ada Multi-Tasking Support for Microprocessor Systems, in: Conf. Proc. Southeastcon '82, 1982, 239-242

Pra85 Pratt, K.D.; Sherrill, R.L.: Experiences with the Development of a Real-Time Multiprocessor Executive in Ada, in: Proceedings of the IEEE 1985 National Aerospace and Electronics Conference, 1985, 672-678

Ras87 Rasmussen, J.B.; Appelbe B.: Real-Time Interrupt Handling in Ada, Software-Practice and Experience 17 (1987), Nr. 3, 197-213

Rei83 Reichmeier; Winkler: Überlegungen zur Realisierung eines integrierten CHILL-Prozessors, Siemens AG, Interner Bericht, 052/ZT ZTI SOF 2/A 01/JW, 1983

Ric85 Riccardi, G.A.; Baker, T.P.: A Runtime Supervisor to Support Ada Tasking: Rendezvous and Delays, in: Ada in Use, Proc. Ada Int. Conf., 1985, 329-342

Rob81 Roberts, E.S.; Evans, A.; Morgan, R.: Task Management in Ada-A Critical Evaluation for Real-Time Multiprocessors, Software-Practice and Experience 11 (1981), 1019-1051

Ros85 Rosemberg, F.; Paueli, A.; Ruhman, S.; Ron, D.: CSP and Ada: Protocols for Interprocess Communication in Common Bus Systems, in: Proc. 14th Convention of Electrical and Electronic Engineers in Israel, 1985, 3.2.4-1-3.2.4-4

Rou82 Roubine, O.; Teller, J.; Maurel, O.: LOLITA-A Low Level Intermediate Language for Ada, in: Proc. AdaTec Conference on Ada, 1982, 251-260

Rum83 van Rumste, M.: The iAPX 432, a Next Generation Microprocessor, Microprocessing and Microprogramming, Nr. 11, 1983, 69-106

Sam82 Sammer, W.; Schwärtzel, H.: CHILL Eine moderne Programmiersprache für die Systemtechnik, Berlin, Heidelberg, New York: Springer 1982

Scha81 Scharf A.: Mainframe auf Mikroebene, Elektronik Applikation 13 (1981), Nr. 7, 21-25

Schn86 Schneider, H.-J.: Lexikon der Informatik und Datenverarbeitung, München, Wien: Oldenburg 1986

Schw86 Schwärtzel H.: Informatik in der Praxis, Heidelberg: Springer 1986

Sho82a Shoja, G.C.; et al.: A Control Kernel to Support Ada Intertask Communication on a Distributed Multiprocessor Computer System, Software & Microsystems 1 (1982) Nr. 5, 128-134

Sho82b Shoja, G.C.; et al.: Some Experiences of Implementing the Ada Concurrency Facilities on a Distributed Multiprocessor Computer System, Software & Microsystems 1 (1982), Nr. 6, 147 152

Sme83 Smedema, C.H.; Medema, P.; Boasson, M.: The Programming Languages Pascal Modula CHILL Ada, Englewood Cliffs, NJ.: Prentice-Hall 1983

Ted84 Tedd, M.; Crespi-Reghizzi, S.; Natali A.: Ada for Multiprocessors, The Ada Companion Series, London, New York: Cambridge University Press 1984

Vaj86 Vajda, F.: Concurrent Systems, Programming Primitives and Languages: A Comparative Study, Microprocessing and Microprogramming, Nr. 18, 1986, 185-194

Weg83 Wegner, P.; Smolka, S.A.: Processes Tasks and Monitors: A Comparative Study of Concurrent Programming Primitives, IEEE Transactions on Software Engineering SE-9 (1983), Nr. 4, 446-462

Weh86 Wehrum, R.P.; Hoyer, W.; Dießl, G.: On some Key Features of Ada: Language and Programming Environment, Computer Physics Communication 41 (1986), 271-283

Wel81 Welsh, J.; Lister, A.: A Comparative Study of Task Communication in Ada, Software-Practice and Experience 11 (1981), 257-290

Wet83 Wettstein, H.: Betriebssysteme, Universität Karlsruhe, Skriptum zur Vorlesung im Wintersemester 83/84

Win82 Winkler, J.F.H.: Ada: die neuen Konzepte, Elektronische Rechenanlagen 24 (1982), 175-186

Wol81 Wolfe, M.I.: The Ada Language System, Computer, Nr. 6, 1981, 37-45

3 Objektorientierte Programmiersprachen

3.1 Einführung und Sprachmittel

Objektorientiert ist zum Schlagwort der 80er Jahre in der Informatik geworden. Dieses Attribut bezeichnet sowohl Editoren [Bur86] als auch Rechnersysteme [Beh86]. Andererseits scheint jeder Informatiker und Programmierer seine eigenen Ansichten darüber zu haben, was objektorientiert bedeutet [Pas86].

Die grundlegenden Ideen objektorientierter Programmierung wurden bereits in den 60er Jahren entwickelt, als Computer nicht mehr ausschließlich als "Rechenmaschinen", sondern zur Unterstützung komplexer Informationssysteme und zur Simulation technischer Verfahrensabläufe eingesetzt wurden. Die Sprache *Simula*, ein Nachfolger von *Algol 60*, war ein Meilenstein in der Entwicklung objektorientierter Programmierung. In den 70er Jahren wurden die batchorientierten Systeme durch interaktive Systeme abgelöst. In diese Zeit fällt die Entwicklung von *Smalltalk*, der Sprache, in der das Attribut objektorientiert zum erstenmal zur Beschreibung der Programmierumgebung und der Sprachkonzepte benutzt wurde [Syl83].

Die dem objektorientierten Programmmierstil zugrundeliegenden Konzepte *Datenabstraktion* und *"information hiding"*, *dynamisches Binden* und *Vererbung*, und die Termini *Objekte*, *Klassen*, *Instanzen*, *Nachrichten* und *Methoden* werden in den folgenden Abschnitten am Beispiel von Smalltalk-80 [Gol83] erläutert.

3.1.1 Konzepte der objektorientierten Sprachen am Beispiel Smalltalk

Smalltalk wurde in den 70er Jahren, aufbauend auf Ideen von Alan Kay, von der Xerox Palo Alto Research Center - Learning Research Group entwickelt. Ziel war es ein flexibles System zu schaffen, in dem der Benutzer Informationen speichern, darauf zugreifen und manipulieren kann, in der Art, daß das System die Ideen des Anwenders widerspiegelt. Sowohl Anzahl, als auch Arten von Systemkomponenten sollten mitwachsen mit der Erkenntnis des Anwenders über die effiziente Benutzung seines Systems. Dazu wurde die Entwicklung auf zwei Bereiche konzentriert: Erstens eine Beschreibungssprache (Programmiersprache), die die Gedankenmodelle des Benutzers in einer ihm naheliegenden Weise darstellt, zweitens eine Sprache zur Interaktion (eine Benutzerschnittstelle), die die Kommunikation mit dem Computer ermöglicht. Smalltalk-80 ist das Ergebnis dieser zehnjährigen Forschungs- und Entwicklungstätigkeit. Es basiert auf wenigen Konzepten, verwendet aber eine ungewöhnliche Terminologie.

Smalltalk bietet eine graphische, interaktive Programmierumgebung, in der sehr viel Wert auf die Visualisierung der Objekte gelegt wurde. Ferner enthält es viele Komponenten, die üblicherweise zum Betriebssystem gezählt werden: automatische Speicherverwaltung, Dateisystem, Display-Manager, Text und Bildverarbeitung, Debugger, Übersetzer und Rückübersetzer usw.

Das Verarbeitungsmodell von Smalltalk sind "kommunizierende Objekte". Die Interaktion primitiver Objekte, auf unterster Ebene z.B. Integer-Zahlen, wird in der gleichen Weise betrachtet, wie die Interaktion auf "höchster" Ebene, zwischen Computer und Anwender. Zusammenfassend wollten die Smalltalk-Entwickler lieber Computer-Modelle mit dem Denken kompatibel machen, als umgekehrt *(" ... we make our computer models compatible with the mind, rather than the other way around ... ")* [Ing81].

3.1.1.1 Objekte und Nachrichten - Klassen und Instanzen

Ein *Objekt* ist eine Komponente im Smalltalk System. Zum Beispiel werden Zahlen, Zeichenfolgen, Rechtecke, Texteditioren, Programme, Verarbeitungsprozesse durch Objekte dargestellt. Ein Objekt besteht aus einem "privaten" Speicher und einer Anzahl von Operationen.

Eine *Nachricht* oder *Botschaft* (*message*) ist eine Anforderung an ein Objekt, eine seiner Operationen auszuführen. Die Nachricht spezifiziert, welche Operation ausgeführt werden soll, aber nicht wie sie ausgeführt werden soll. Das empfangende Objekt entscheidet darüber, wie die erwünschte Aktion erfolgt.

Die Menge der Nachrichten, auf die ein Objekt reagieren kann, wird als seine Schnittstelle (*interface*) zum restlichen System bezeichnet. Interaktion mit einem Objekt ist nur über seine Schnittstelle möglich. Dadurch ist gewährleistet, daß die Implementierung eines Objekts nicht auf den internen Details eines anderen beruht, sondern nur auf den Nachrichten, die es beantworten kann. Dieses Konzept ist als *"information hiding"* bekannt und stellt auch die Modularität des Systems sicher.

Eine *Klasse* beschreibt die Implementierung einer Menge von Objekten, die alle von der gleichen Art sind. Die einzelnen Objekte, die durch eine Klasse definiert sind, werden *Instanzen* dieser Klasse genannt. Eine Klasse spezifiziert die Art und Anzahl der privaten Daten ihrer Instanzen und beschreibt, wie diese ihre Operationen ausführen. Jedes Objekt ist Instanz einer Klasse. Programmieren in Smalltalk heißt Klassen definieren, Instanzen von Klassen erzeugen und den Austausch von Nachrichten zwischen diesen Objekten spezifizieren. Alle Instanzen einer Klasse haben die gleiche Schnittstelle, da sie gleichartige Komponenten darstellen.

Der private Speicher eines Objekts ist durch die Menge seiner *Instanzvariablen* (*instance variables*) gegeben. *Methode* bezeichnet die Beschreibung der Ausführung einer Operation. Die Instanzvariablen und Methoden bilden den privaten Teil eines Objektes. Die Nachrichten, die seine Schnittstelle definieren, bilden den "öffentlichen" Teil. Methoden und Instanzvariablen sind anderen Objekten nicht direkt zugänglich. Jede Instanzvariable verweist auf ein Objekt, das als der Wert der Variablen bezeichnet wird.

Eine kleine Untermenge von Methoden des Smalltalk-80 Systems ist nicht in der Smalltalk Programmiersprache ausgedrückt. Diese Methoden heißen *primitive* Methoden. Sie können nicht durch den Smalltalk-80 Programmierer geändert werden, aber sie werden in der gleichen Weise aktiviert wie andere Methoden auch. Primitive Methoden erlauben den Zugriff auf die Hardware bzw. die virtuelle Maschine. Ein Instanz der Klasse Integer benützt z.B. eine primitive Methode, um auf die Nachricht '+' zu reagieren. Mit anderen primitiven Methoden kann auf die Platte oder das Terminal zugegriffen werden.

Alle Aktionen in Smalltalk beruhen auf dem Austausch von Botschaften. Jede Botschaft liefert ein Ergebnis, das wieder ein Objekt ist. Eine Botschaft ist ein Ausdruck, bestehend aus dem Namen des Empfängers, dem Selektor, und eventuell einigen Argumenten:

1. frame center
2. frame moveTo: newLocation
3. list at: index put: element

Die Variablennamen frame und list bezeichnen die Empfänger der Botschaft. Eine Botschaft ohne Argumente wird als *unary message* bezeichnet (1), die anderen Botschaften (2 und 3) sind *keyword messages*, wobei *keyword* ein Bezeichner, gefolgt von einem Doppelpunkt ist. Die Selektoren der Botschaften sind center, moveTo: und at:put: . Die Argumente sind in 2. newLocation und in 3. index und element. In 3. hat man ein Beispiel für eine Botschaft mit zwei Argumenten. Bei einer Botschaft mit mehreren Argumenten wird der Selektor durch Aneinanderhängen der Keywords gebildet. Mit dem Selektor wird die auszuführende Methode gesucht.

Alle Argumente einer Botschaft sind in Smalltalk Eingabenwerte für die auszuführende Methode. Eine Botschaft an ein Objekt kann insofern auch als Funktionsaufruf interpretiert werden.

Der Ausdruck 3 + 4 ist ebenfalls eine Botschaft, wobei 3 der Empfänger (ein Objekt der Klasse Integer), '+' der (binäre) Selektor und 4 das Argument ist. Das Objekt 3 liefert als Ergebnis 7 ab. Der Ausdruck kann z.B. in einer Zuweisung verwendet werden: a := 3 + 4.

Botschaften können geschachtelt und kaskadiert werden. Ein Beispiel für eine geschachtelte Botschaft ist:

```
bigFrame height: smallFrame height * (factor max: 5)
```

In Klammerschreibweise ist die Schachtelung wie folgt:

```
bigFrame height: ((smallFrame height) * (factor max: 5))
```

An das Ergebnis der Botschaft smallFrame height wird die Nachricht * mit dem Argument factor max: 5 geschickt. Das Ergebnisobjekt ist Argument für die Nachricht height: an bigFrame.

Ein kaskadierter Ausdruck ist eine Folge von Botschaften an das gleiche Objekt:

window frame center: pointer location; width: border + contents; clear

Drei Botschaften werden an das Objekt geschickt, das Ergebnis der Botschaft frame an window ist. Die Selektoren der drei Botschaften sind center:, width: und clear. In nicht kaskadierter Form sind die drei Botschaften:

window frame center: pointer location
window frame width: border + contents
window frame clear

Empfängt ein Objekt eine Nachricht, so wird die passende Methode zur Laufzeit ausgesucht und ausgeführt. Die Ausführung der Methode besteht im Versenden weiterer Botschaften, in Zuweisungen an Variable und schließlich in der Übergabe eines Ergebniswerts an das sendende Objekt. Für weitere Einzelheiten sei auf [Gol83] verwiesen.

3.1.1.2 Dynamisches Binden und Vererbung

Bild 3.1 zeigt den schematischen Aufbau der Klassenbeschreibung in Form einer Bildschirmmaske, wie sie in ähnlicher Form in Smalltalk verwendet wird. Die Beschreibung enthält den Namen der Klasse, den Namen der Oberklasse *(superclass)*, die Namen der Instanzvariablen und die Methoden.

class name	*identifier*		
superclass	*identifier*		
instance variable names	*identifier*	*identifier*	*identifier*
methods			
method			
method			
method			

Bild 3.1. Schematischer Aufbau einer Klassenbeschreibung

Eine Klasse kann als Modifikation oder Spezialisierung ihrer Oberklasse erzeugt werden. Es gibt nur eine Klasse im Smalltalk System, die keine Oberklasse enthält. Diese Klasse heißt Object. Alle anderen Klassen sind aus dieser Klasse erzeugt.

Alle Klassen, die durch Modifizierung einer Klasse entstanden sind werden Unterklassen *(subclasses)* genannt. Eine Klasse erbt von ihrer Oberklasse die Namen der Instanzvariablen und die Methoden. Die Unterklasse kann dazu weitere Instanzvariablen und Methoden hinzufügen. Die hinzugefügten Instanzvariablen müssen andere Namen haben. Dagegen wird durch Hinzufügen einer Methode mit gleichem Selektor die Methode der Oberklasse durch die Methode der Unterklasse überdeckt. Ein Objekt kann auch direkt Methoden seiner Oberklasse ansprechen. Durch dieses Vererbungskonzept wird eine baumartige Hierarchie der Klassen erzeugt. Bild 3.2 illustriert am Beispiel von Mengen von Objekten (*Collections*) eine Klassenhierarchie, wie sie im Smalltalk-System in ähnlicher Form implementiert ist.

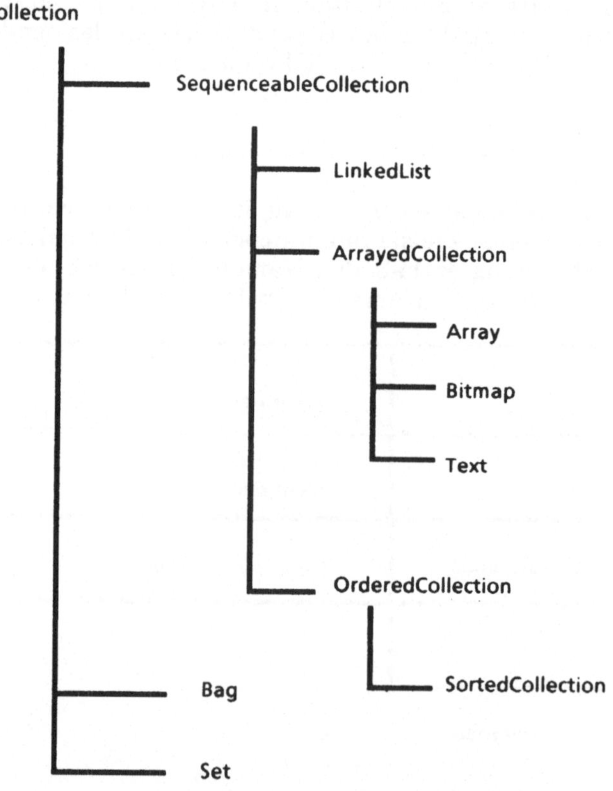

Bild 3.2. Beispiel einer Klassenhierarchie

Beim Empfang einer Nachricht wird zunächst geprüft, ob die Klasse des empfangenden Objektes einen Selektor enthält, der zur Nachricht paßt. Ist das nicht der Fall, werden die Oberklassen des Objektes durchsucht bis eine Methode mit gleichem Selektor gefunden wird oder bis die Klasse Object erreicht ist. Falls kein entsprechender Selektor gefunden wurde, liegt ein Fehler vor. Dieses Verfahren nennt man *dynamisches Binden*, da das Suchen der Methode erst zur Laufzeit erfolgt.

Der Vorteil dieses Verfahrens ist die leichte Erweiterbarkeit des Systems durch inkrementelle Übersetzung. Eine Erweiterung erfordert keine Änderung oder Übersetzung bestehender Komponenten. Ferner kann die gleiche Nachricht (Selektor) für verschiedene Klassen spezifiziert werden.

Das Konzept des dynamischen Bindens in Verbindung mit dem Vererbungskonzept erhöht die Flexibilität des Systems erheblich. Bereits existierender Code muß nicht verändert werden, sondern kann wieder verwendet werden. Ein Programmstück, das eine bestimmte Aufgabe verrichtet, befindet sich nur einmal im System, was die Wartung beträchtlich erleichtert.

Das einheitliche und durchgängige Programmiermodell in Smalltalk erleichtert das Verständnis und vereinfacht den Gebrauch der Sprache. Durch die angebotenen Konzepte werden die Programm-Module (Klassen, Methoden) klein und übersichtlich. Da die Verwendung lokaler Variablen, z.B. zur Speicherung von Zwischenergebnissen nicht eingeschränkt ist, werden große Schachtelausdrücke vermieden. Ein Beispiel zur Programmierung in Smalltalk findet sich in Kapitel 3.1.2.1.

3.1.1.3 Objektorientierte Ansätze in anderen Sprachen

Smalltalk hat unmittelbar andere Sprachentwicklungen beeinflußt, und man ist bestrebt die Konzepte der objektorientierten Programmierung in anderen Sprachen zu übernehmen. Bekannte Erweiterungen bestehender Sprachen sind Objective-C [PPI84] und C++ [Str86] für C, und Loops [Bob83] bzw. CommonLoops [Bob86] und Flavors [Moo86] für Lisp. Auch bei den logischen Programmiersprachen gibt es Versuche, vor allem beim japanischen Fifth-Generation-Project, objektorientierte Konzepte zu integrieren [Alb85]. Hierzu zählt beispielsweise EPS [Chi84]. Bei diesen Ansätzen wird im allgemeinen die Syntax der jeweiligen Sprache beibehalten. Der private Teil der Objekte wird dabei in der ursprünglichen Sprache formuliert. Hinzugefügt werden Konstrukte oder Routinen zum Senden oder Empfangen der Botschaften, zur Erzeugung neuer Objekte, und zur Definition von Klassen. Bei einigen Ansätzen wird auch versucht die Möglichkeiten der Parallelisierung auszunutzen. Im nächsten Kapitel werden diese Versuche näher behandelt.

3.1.2 Sprachmittel für Parallelität

3.1.2.1 Explizite Prozesse in Smalltalk-80

Das Smalltalk-80 System bietet die Möglichkeit, explizit unabhängige Prozesse zu erzeugen.

Zunächst wird der Begriff *Blockobjekt* erläutert. Dieses Objekt wird oft in Smalltalk Kontrollstrukturen verwendet. Ein Block repräsentiert eine Folge von Anweisungen, welche nicht sofort auszuführen sind. Die Anweisungen sind durch Punkt getrennt, und der Block wird durch eckige Klammern begrenzt.

```
[ index := index + 1 .
  array at: index put: 0 ]
```

Ein Blockobjekt kann wie jedes andere Objekt verwendet werden, z.B. in einer Zuweisung:

```
incrementBlock := [ index := index + 1 .
                    array at: index put: 0 ].
```

Die Anweisungen eines Blockobjektes werden erst ausgeführt, wenn dieses die Nachricht value erhält. Folgende Ausdrücke haben beispielsweise den gleichen Effekt:

```
incrementBlock value.
[ index := index + 1 .
  array at: index put: 0 ] value.
index := index + 1 .
array at: index put: 0.
```

Das Ergebnis der Nachricht value an ein Blockobjekt ist das Ergebnis der letzten Anweisung des Blocks. Ein Objekt, das die Nachricht value gesendet hat, muß warten bis der Block abgearbeitet ist.

Zur Erzeugung eines unabhängigen Prozesses wird an ein Blockobjekt die Botschaft fork geschickt:

```
incrementBlock fork.
```

oder

```
[ index := index + 1 .
  array at: index put: 0 ] fork.
```

Nach dem Senden der Botschaft fork an ein Blockobjekt können die darauf folgenden Anweisungen (des Senders) sofort ausgeführt werden. Die Anweisungen des Blocks werden nebenläufig dazu abgearbeitet. Der Sender wartet also nicht auf die Abarbeitung des Blocks.

Jeder Prozeß im Smalltalk System wird durch eine Instanz der Klasse Process repräsentiert. Erhält ein Block die Nachricht fork, so erzeugt er eine neue Instanz der Klasse Process und meldet diese als wartend an den Prozessor. Der neu erzeugte Prozeß übernimmt die Abarbeitung der Anweisungen des Blocks sobald er aktiv wird.

Zur Interaktion von Prozessen sind in Smalltalk Semaphore vorgesehen. Ein Objekt der Klasse Semaphore ermöglicht eine einfache Synchronisation zwischen Prozessen, indem es zwei Nachrichten zur Verfügung stellt: wait und signal. Ein Prozeß, der ein wait an ein Semaphore-Objekt sendet, wird suspendiert, falls kein signal an dieses geschickt wurde. Der Prozeß wird aktiviert, wenn das Semaphore-Objekt eine signal-Nachricht erhält. Durch die signal-Nachricht wird also ein eventuell wartender Prozeß aktiviert. Falls kein Prozeß wartet, wird der Empfang der signal Nachricht gespeichert. Smalltalk realisiert somit die allgemeine (ganzzahlige) Semaphorvariable, die erstmals von Dijkstra eingeführt wurde.

Zur Erläuterung der Verwendung von Semaphoren und auch als Einblick in die Programmierung mit Smalltalk dient das folgende Beispiel. Es beschreibt zunächst eine Klasse, die einen Puffer definiert, anschließend werden Unterklassen erzeugt, die den Zugriff auf den Puffer mit

Semaphoren regeln. Die Einzelheiten des Beispiels sind für das weitere Verständnis nicht relevant.

Zunächst wird eine Datenstruktur zur Realisierung eines first-in first-out Puffers definiert:

```
class name              SimpleQueue
superclass              Object
instance variable names contentsArray
                        readPosition
                        writePosition
                        count
methods
"instance creation"
new
  ^self new: 10
new: size
  ^super new init: size

"accessing"
next
  | value | "lokale Variable"
  count = 0
    ifTrue: [ self error: 'empty queue']
    ifFalse: [ value : = contentsArray at: readPosition.
               contentsArray at: readPosition put: nil.
               readPosition : = (readPosition rem: contentsArray size)
                                + 1.
               count : = count - 1.
               ^value ]
nextPut: value
   contentsArray size > count
      ifTrue:
           [ contentsArray at: writePosition put: value.
            writePosition : = (writePosition rem: contentsArray size)
                              + 1.
      count : = count + 1.
      ^value ]
 ifFalse: [ self error: 'queue full']
size
  ^count
"testing"
isEmpty
  ^ count = 0
"private"
init: size
   contentsArray : = Array new: size.
   readPosition : = 1.
   writePosition : = 1.
   count : = 0
```

Kommentare sind mit " geklammert. Der traditionelle Smalltalk Zuweisungsoperator ← ist hier durch := ersetzt, wie es auch in einigen Smalltalk Implementierungen üblich ist. Die fettgedruckten Zeichenfolgen bezeichnen die Namen und Parameter der Botschaften, die hier definiert werden. Mit self wird das Objekt selbst angesprochen, mit super die nächsthöhere Klasse. Das Ergebnisobjekt einer Methode wird mit ˆ übergeben. Wird kein Ergebnisobjekt angegeben, so ist immer self das Ergebnis.

Das Lesen eines Objektes aus dem Puffer erfolgt mit next und das Schreiben mit nextPut:. readPosition und writePosition markieren die Stellen an denen gelesen bzw. geschrieben werden kann. contentsArray bezeichnet das Feld, das als Puffer dient.

Wenn mehrere Prozesse gleichzeitig mit next oder nextPut: auf diese Datenstruktur zugreifen, kann es zu Inkonsistenzen kommen. Um Konflikte zu vermeiden, wird daher eine Unterklasse eingeführt, die den Zugriff über Semaphore regelt.

```
class name              SimpleSharedQueue
superclass              SimpleQueue
instance variable names accessProtect
methods
"private"
init: size
    super init: size.
    accessProtect := Semaphore new.
    accessProtect signal
"accessing"
next
    | value |
    accessProtect wait.
    value := super next.
    accessProtect signal.
    ˆvalue
nextPut: value
    accessProtect wait.
    super nextPut: value.
    accessProtect signal.
    ˆvalue
```

Da gegenseitiger Ausschluß oft mit Semaphoren realisiert wird, gibt es dafür in Smalltalk die Botschaft critical: für ein Semaphor-Objekt.

```
critical: aBlock
    | value |
    self wait.
    value := aBlock value.
    self signal.
    ˆvalue
```

Damit ein Prozess den kritischen Teil ausführen kann, muß der Semaphor mit einem signal initialisiert sein. In Smalltalk gibt es dafür die Botschaft forMutualExclusion. Die Klasse SimpleSharedQueue kann dann wie folgt geändert werden:

```
class name                  SimpleSharedQueue
superclass                  SimpleQueue
instance variable names     accessProtect
methods
"private"
init: size
    super init: size.
    accessProtect := Semaphore forMutualExclusion
"accessing"
next
   | value |
   accessProtect critical: [ value := super next ].
   ^value
nextPut: value
    accessProtect critical: [ super nextPut: value ].
    ^value
```

Die vorliegende Implementierung regelt zwar den Zugriff korrekt, falls aber kein Platz mehr im Puffer vorhanden ist, um neue Objekte anzufügen oder beim Lesen keine Objekte vorhanden sind, so gibt es eine Fehlermeldung. Mit Hilfe der Semaphore kann man auch dieses Problem lösen:

```
class name                  SafeSharedQueue
superclass                  SimpleQueue
instance variable names     accessProtect
                            valueAvailable
                            spaceAvailable
methods
"private"
init: size
    super init: size.
    accessProtect := Semaphore forMutualExclusion.
    valueAvailable := Semaphore new.
    spaceAvailable := Semaphore new.
    spaceAvailable signal
"accessing"
next
   | value |
   valueAvailable wait.
   accessProtect critical: [ value := super next ].
   spaceAvailable signal.
   ^value
nextPut: value
    spaceAvailable wait.
    accessProtect critical: [ super nextPut: value ].
    valueAvailable signal.
    ^value
```

Diese ausführlichen Beispiele sollten zeigen, wie man in Smalltalk mit Hilfe von Semaphoren Kommunikations- und Synchronisationsmechanismen realisieren kann. Es ist klar, daß man auf dieser Grundlage auch beliebige andere Kommunikationsprotokolle implementieren kann. Zu erwähnen ist noch, daß auch Hardware-Unterbrechungen auf der Sprachseite als Semaphore implementiert sind. Ein Prozeß kann z.B. auf einen Interrupt durch die Tastatureingabe warten, indem er ein wait an den entsprechenden Semaphor schickt.

3.1.2.2 Implizite Prozesse auf Objektebene

Ein anderer Ansatz zur Parallelisierung objektorientierter Sprachen besteht in der Zuordnung unabhängiger Prozesse zu Objekten. Das Verarbeitungsmodell ist intuitiv naheliegend, da Objekte selbständige Einheiten sind, die über Botschaften miteinander kommunizieren. Die Parallelität auf dieser Ebene ist insoweit implizit, als der Programmierer sich (zunächst) nicht um die Parallelisierung kümmert, sondern versucht seine Anwendung durch geeignete Objekte zu strukturieren und zum Ablauf zu bringen. Die Erzeugung und Kommunikation der Objekte erfolgt explizit.

Eine Unterscheidung der verschiedenen Ansätze ergibt sich aus der Art der Kommunikation: Es gibt den synchronen und den asynchronen Botschaftenmechanismus. Auf die Besonderheiten der Erzeugung bzw. Instantiierung von Objekten wird in Kap 3.2 eingegangen.

3.1.2.2.1 Synchrone Botschaften

Im synchronen Fall ist die Kommunikation nur möglich, wenn Sender und Empfänger dazu bereit sind, d.h. der Sender wartet, bis der Empfänger eine Botschaft akzeptiert bzw. der Empfänger wartet, bis der Sender eine Botschaft schickt (*Rendezvous* oder *Handshake*). Um im synchronen Fall Parallelität zu erzielen, muß den Objekten ein sog. *body* oder Programmrumpf zugeordnet werden. Der Rumpf enthält eine Sequenz von Anweisungen, die nach der Instantiierung des Objektes abgearbeitet werden. Eine Aktivität des Objektes wird also primär nicht durch eine Botschaft ausgelöst. Das Objekt enthält in seinem Rumpf Anweisungen, mit denen es eine Botschaft explizit übernehmen kann.

Dieses hier kurz skizzierte synchrone Verfahren wurde in der ersten Version der Sprache POOL (Parallel Object Oriented Language) [Ame85] verfolgt. Der Kommunikationsmechanismus entspricht grundsätzlich dem Rendezvous-Konzept der Sprache Ada (siehe Kap. 2) und wird hier nicht weiter ausgeführt.

In einigen praktischen Anwendungen der Sprache POOL zeigte sich, daß die synchrone Kommunikation zu restriktiv ist und die mögliche Parallelität beeinträchtigen kann [Odi87]. Gegenwärtig werden diese Erfahrungen in eine neue Sprache POOL2 eingebracht, die auch asynchrone Kommunikation ermöglichen soll.

3.1.2.2.2 Asynchrone Botschaften

Im asynchronen Fall arbeitet das sendende Objekt nach dem Verschicken der Botschaft weiter, ohne auf die Übernahme der Botschaft durch den Empfänger zu warten. Bei diesem Konzept wird eine Aktivität des Objektes durch die Ankunft einer Botschaft ausgelöst. Die Parallelität ergibt sich aus der Tatsache, daß Sender und Empfänger unabhängig weiterarbeiten können. Ein Objekt ist hier eine Verarbeitungseinheit, die über private Daten verfügt und über Botschaften mit anderen Objekten kommuniziert. Wie in den vorhergehenden Kapiteln erläutert, ist ein Objekt durch seine lokalen Variablen (Instanzvariablen) und seine Methoden definiert. Die Objekte warten auf Botschaften und reagieren darauf durch Bearbeitung ihrer lokalen Daten und evtl. durch Versenden weiterer Botschaften.

Aktor-Systeme

Zu den bekannteren Ansätzen gehören die Aktor-Systeme [Hew77, Agh86]. Die Objekte werden hier als *Actors* (Aktoren) bezeichnet.

Das Reaktion eines Aktors auf eine Botschaft kann aus drei grundlegenden Aktionen zusammengesetzt werden.

1. Ein Aktor kann Nachrichten an andere Aktoren, die ihm bekannt sind, senden. Das schließt Nachrichten an den Aktor selbst ein.
2. Ein Aktor kann neue Aktoren erzeugen. Deren Adresse kann anderen Aktoren übermittelt werden.
3. Ein Aktor muß einen Ersatz (*replacement*) für sich spezifizieren, der die folgende Nachricht übernimmt.

Die Besonderheit bei den Aktor-Systemen liegt darin, daß hier prinzipiell mehrere Botschaften nebenläufig bearbeitet werden können. Durch die Definition eines Ersatzes, der alle Zustandsänderungen enthält, kann die nächste Kommunikationsanforderung parallel zu den gerade laufenden Aktivitäten, die durch die "alte" Nachricht ausgelöst wurden, bearbeitet werden. Die alte Instanz terminiert nach dem Ende der Bearbeitung der Botschaft. Dadurch entsteht eine pipelineartige Verarbeitung der Botschaften.

Die grundsätzlichen Sprachkonstrukte zum Aufbau von Aktor-Systemen sind dementsprechend:

1. send <*Nachricht*> to <*Ziel*>
   Mit diesem Ausdruck wird eine Nachricht an einen durch *Ziel* festgelegten Aktor geschickt. *Nachricht* ist eine Liste von Ausdrücken, die Namen oder Terme sein können.
2. new <*Definitionsname*> (<*Parameterliste*>)
   Hiermit wird ein neuer Aktor erzeugt. Der *Definitionsname* muß an die Beschreibung eines Verhaltens gebunden sein. Über die *Parameterliste* können die Instanzvariablen des Aktors besetzt werden. Das Ergebnis der new-Anweisung ist die Adresse des erzeugten Aktors. Diese kann einem Namen zugewiesen werden.
3. become <*Ausdruck*>
   Das Ergebnis des *Ausdrucks* ist der Verweis auf eine

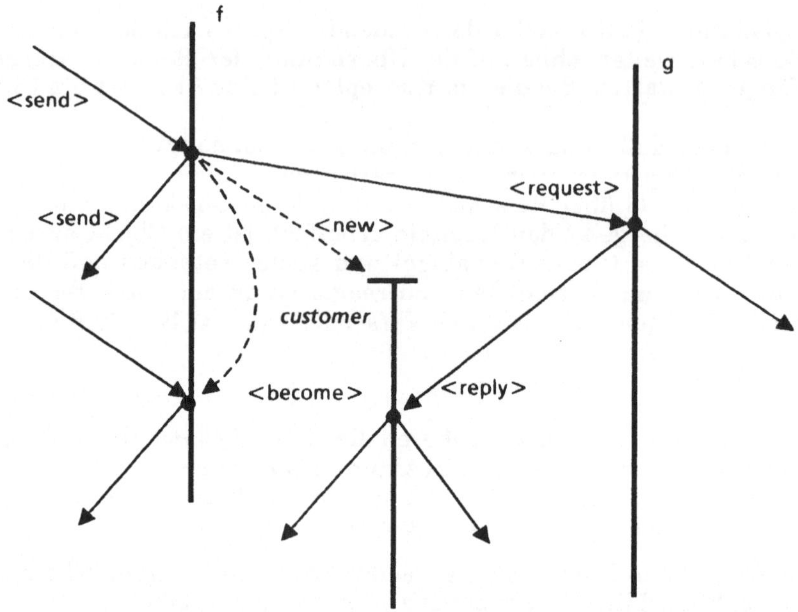

Bild 3.3. Ereignisdiagramm von Aktoren. Die vertikalen Linien repräsentieren die lineare Folge von Ereignissen, die schrägen Pfeile entsprechen *sends*.

Verhaltensdefinition. Damit wird ein Ersatz erzeugt, der die nächste Kommunikationsanforderung übernimmt.

Beispiele "minimaler" Aktor-Sprachen sind *SAL* (*Simple Actor Language*), das eine Algol- bzw. Pascal-ähnliche Syntax aufweist und *Act* mit einer Lisp-artigen Syntax.

Die Anforderung eines Dienstes bei einem anderen Aktor und die Abholung des Ergebnisses wird wie folgt realisiert (Bild 3.3). Aktor *f* schickt eine Anforderung an *g* (*<request>*) und erzeugt einen sog. *customer*, der auf die Antwort von *g* (*<reply>*) wartet. *f* kann nach dem Senden andere Nachrichten bearbeiten (Zustandsübergang mit become). Der *customer* kann alle mit der Antwort zusammenhängenden Aktivitäten übernehmen. Ein Beispiel hierzu findet sich in Kap. 3.3.1.4 .

Es gibt natürlich Fälle, in denen die weitere Bearbeitung von Nachrichten vom Ergebnis der letzten Botschaft abhängt. In [Agh86] wird gezeigt, wie diese und andere Fälle ebenfalls auf Grundlage einer einfachen Aktor-Sprache realisiert werden können.

Die hier behandelten einfachen Aktor-Sprachen bilden die Grundlage zur Implementierung von Sprachen (z.B. *Act2*), bei denen der Programmierer sich nicht explizit um die Erzeugung von *customern* kümmern muß. Ein Übersetzer bildet diese Sprachen auf eine einfache Aktor-Sprache ab. Das Klassen- und Vererbungskonzept ist in den einfachen Aktor-Sprachen nicht enthalten.

Asynchrone Kommunikation über Mailboxen

Ein aus der Programmierung von Betriebssystemen bekanntes Verfahren ist die asynchrone Kommunikation über Mailboxen. Nachrichten werden hier hinterlegt und vom Empfänger übernommen. Da es für verschiedene Sprachklassen [z.B. Dre87, Yut86, Yon86] Versuche gibt, asynchrone Kommunikation und objektorientiertes Paradigma zu verknüpfen, wird hier nur auf die grundlegenden Sprachmittel eingegangen.

Ein Objekt kann zu einem Zeitpunkt nur eine Botschaft bearbeiten, mehrere Botschaften werden in der Reihenfolge ihrer Ankunft abgearbeitet.

Die asynchrone Kommunikation läßt sich durch SEND, RECEIVE und REPLY Operationen wie folgt allgemein darstellen:
Der Sender verschickt eine Botschaft durch

SEND *Object Selector Params [ReplyPort]*

wobei *Object* den Empfänger angibt und *Selector* und *Params* die Methode und die Parameter spezifizieren. Mit *ReplyPort* kann optional eine Mailbox angegeben werden, an der ein Ergebnis erwartet wird. Dieses Ergebnis kann dann mit

RECEIVE *ReplyPort ...*

übernommen werden.

Beim Empfänger wird durch die Ankunft der Botschaft eine Methode aktiviert. Die Antwort auf die Botschaft kann der Empfänger durch REPLY an den Sender (an seine Mailbox) übergeben.

Der Empfänger hat i. a. die Möglichkeit, gezielt auf bestimmte Botschaften zu warten, indem er z.B. die Aktivierung durch andere Botschaften ausschließt. Das geschieht mit Hilfe sog. *guards* [Dij75]. Guards sind Ausdrücke oder Funktionen, die ein Ergebnis *true* oder *false* abliefern. Nur wenn das Ergebnis des Guards den Wert *true*, hat kann eine Aktivierung der Methode durch eine entsprechende Botschaft erfolgen. Durch Änderung der lokalen Variablen können andere Guards aktiviert werden.

An der Keio Universität in Japan entwickelten Yokote und Tokoro *ConcurrentSmalltalk* [Yok86]. Hier wird versucht, die Syntax und Semantik von Smalltalk soweit wie möglich beizubehalten und Parallelität ebenfalls auf Objektebene zu realisieren. Dazu werden zusätzlich sog. *AtomicObjects* eingeführt, das sind die Objekte, die im eigentlichen Sinn parallel arbeiten können, während die anderen Objekte den in Smalltalk verwendeten Aufrufmechanismus realisieren. Zur Kommunikation der AtomicObjects gibt es den *asynchronous method call*. Da hier keine neuen Konzepte realisiert werden, und die neuen Sprachmittel die Lesbarkeit und Einheitlichkeit von Smalltalk verringern, wird darauf nicht weiter eingegangen.

Objektorientierte Programmierung in Concurrent Prolog

Innerhalb der logischen Programmiersprachen (Kap. 5) gibt es bei den Committed-Choice-Sprachen Ansätze, die sich von den bisher vorgestellten Konzepten unterscheiden. Diese Ansätze werden hier vorgestellt, da sie einige interessante Aspekte auf der Sprach- und Semantikebene bieten. Zu einem besseren Verständnis der hier erläuterten Methoden ist die Kenntnis der in Kapitel 5.3 beschriebenen Sprachkonzepte nützlich.

Shapiro [Sha83] zeigt, wie sich mit Concurrent Prolog (CP) objektorientiert programmieren läßt. Die dort vorgestellten Prinzipien lassen sich auch in anderen logischen Programmiersprachen dieser Art, wie z.B. Parlog realisieren. Die folgende Darstellung beschränkt sich jedoch auf CP.

Kennzeichnend sind in dieser Sprachklasse die Vielzahl der ephemeren Prozesse, die erzeugt werden und die nicht die Permanenz und Identität von Objekten besitzen. Diese Identität wird in CP über einen Kommunikationskanal erzeugt, der Botschaften für die kurzlebigen Prozesse transportiert. Wenn ein Prozeß eine Botschaft empfängt, so ersetzt er sich durch eine Anzahl anderer Prozesse (Reduktion). Einer dieser Prozesse hat den gleichen Funktor (Klauselname) wie der ursprüngliche Prozeß und verarbeitet die restlichen Botschaften aus dem Botschaftenfluß (*Message Stream*). Zustandsänderungen werden durch Inkarnation des Prozesses mit neuem Zustand realisiert. Diese permanent wiedererzeugten (rekursiven) Prozesse werden *perpetual processes* genannt. Der Kommunikationskanal, der von einem Prozeß zum anderen weitergereicht wird, stellt die Identität des permanenten Prozesses dar.

Die Kommunikationskanäle in CP sind logische Variablen, die den an der Kommunikation beteiligten Prozessen zugänglich sind. Da bei logischen Variablen nur einmal eine Zuweisung erfolgt (*single assignement*), wird eine Kommunikationsvariable als Paar ([Message | Variable]) instantiiert, wobei ein Teil die Botschaft enthält, während der andere Teil eine nicht instantiierte logische Variable für die weitere Kommunikation darstellt. Diese kann wieder als Paar instantiiert werden.

Ein Prozeß wartet auf eine Botschaft, indem er auf die Instantiierung der Kommunikationsvariablen (*read only*-Notation) wartet. Er führt dann die Methode aus, die dem ersten Element des Paares entspricht. Die zweite Variable im Paar wird für die weitere Kommunikation benötigt, da keine erneute Zuweisung an den ersten Teil erfolgen kann. Diese Eigenart führt zu dem oben genannten rekursiven Mechanismus. Nähere Erläuterungen zu dieser als *Stream* bekannten Technik finden sich in 5.3.1.2.3.

Die explizite Manipulierbarkeit der Streams stellt ein sehr flexibles Instrument zur Kommunikation dar. Da sowohl Streams als auch Prozesse ohne Seiteneffekte arbeiten, ist eine klare deklarative Semantik gegeben.

Ein entscheidender Nachteil der objektorientierten Programmierung in CP ist die unverständliche Syntax zur Darstellung der Objekte. Jede Methode muß mindestens die Namen der Zustandsvariablen sowohl im Kopf als auch im Rumpf einer Klausel (im rekursiven Aufruf) wiederholen. Jede Methode muß explizit die nächste Nachricht aus dem Botschaftenfluß holen und dann den restlichen Fluß weitergeben. Auch das Setzen der Read-Only-Variablen ist sehr fehleranfällig.

In [Kah86] wird deshalb ein Präprozessor **Vulcan** vorgeschlagen, der aus einer einfachen Syntax die komplexen CP Klauseln erzeugt. Vulcan arbeitet mit Ausdrücken für Klassen und Methoden. Man kann damit Klassen und Instanzen davon erzeugen und explizit Botschaften senden. Ferner gibt es ein Konstrukt zur Zustandsänderung, also Wertänderung der Instanzvariablen. Die folgenden Beispiele zeigen die Umsetzung von Vulcan in CP und sind nur für Leser interessant, die mit Prolog vertraut sind.

Der Ausdruck

```
class(window, [X, Y, Width, Height, Contents]).
```

deklariert eine Klasse window mit der Liste ihrer Instanzvariablen (`[X, Y, Width, Height, Contents]`) und ordnet allen window-Methoden einen Stream zu. Mit diesem Ausdruck wird ebenfalls eine make-Klausel zur Erzeugung von Instanzen der Klasse window deklariert.

```
make(window, [X, Y, Width, Height, Contents], Window) :-
    window(Window?, X, Y, Width, Height, Contents).
```

Die Variable Window ist die Kommunikationsvariable, die zusammen mit dem Funktor window das Objekt identifiziert. Zustandsübergänge werden mit `become(    )` ausgedrückt. Eine Methode (`moveBy`) für die window-Klasse kann dann wie folgt definiert werden:

```
method(window,moveBy(DeltaX, DeltaY)) :-
    plus(X, DeltaX, NewX),
    plus(Y, DeltaY, NewY),
    become((X, NewX), (Y, NewY)).
```

Umgesetzt in CP:

```
window([moveBy(DeltaX, DeltaY) | NewWindow],
       X, Y, Width, Height, Contents) :-
    plus(X, DeltaX, NewX),
    plus(Y, DeltaY, NewY),
    window(NewWindow?, NewX?, NewY?, Width, Height,
       Contents).
```

In Vulcan gibt es auch ein Konstrukt zum Senden von Nachrichten: `send(ReceivingObject, Message)`. Die Pseudovariable `Self` bezieht sich auf den Empfänger einer Nachricht. Die Definition der Methode `moveBy` sieht dann in einer realistischen Version so aus:

```
method(window,moveBy(DeltaX, DeltaY)) :-
    send(Self, erase),
    plus(X, DeltaX, NewX),
    plus(Y, DeltaY, NewY),
    become((X, NewX), (Y, NewY)),
    send(Self, show).
```

Das wird übersetzt in:

```
window([moveBy(DeltaX, DeltaY) | NewWindow1],
       X, Y, Width, Height, Contents) :-
    window([erase, privateMoveBy(DeltaX, DeltaY)|
              NewWindow1?],
              X, Y, Width, Height, Contents).
window([privateMoveBy(DeltaX, DeltaY) | NewWindow2],
       X, Y, Width, Height, Contents) :-
    plus(X, DeltaX, NewX),
    plus(Y, DeltaY, NewY),
    window([show | NewWindow2?],
           NewX?, NewY?, Width, Height, Contents).
```

Vulcan enthält weiterhin Konstrukte, um das Vererbungskonzept und die Manipulation der Streams zu unterstützen.

Ein Problem kann durch Mischen von CP und Vulcan in einem Programm entstehen, da Vulcan auf strengen CP Programmierkonventionen beruht. Beispielsweise ist es leicht möglich, die Konventionen eines Streams für einen Vulcan-Prozeß zu verletzen.

Da alle Vulcan-Programme auf Concurrent Prolog zurückgeführt werden, wird, was die anderen Aspekte dieser Sprache betrifft, auf Kap. 5.3 verwiesen.

3.2 Parallelitätseigenschaften

Im letzten Kapitel wurden die grundlegenden Konzepte und Sprachmittel der objektorientierten Programmierung vorgestellt. In diesem Kapitel wird kurz auf einige Aspekte der Parallelisierung eingangen.

3.2.1 Impliziter Parallelismus

Wird jedem Objekt ein Prozeß zugeordnet (Kap. 3.1.2.2), so erhält man damit eine Parallelität auf der Prozeß- und Prozedurebene.

Weitere Möglichkeiten der impliziten Parallelisierung ergeben sich in Smalltalk aus dem Aufbau der Botschaften. Enthält eine Botschaft mehrere Argumente, so können diese selbst wieder Ergebnis von Botschaften sein. Die Auswertung der Argumente kann also parallel erfolgen, d.h. verschiedene Objekte arbeiten nebenläufig Methoden ab. In Analogie zu den funktionalen Programmiersprachen (Kap. 4) sieht das Beispiel 4.12 in Smalltalk so aus:

```
(a + b) * (c - d) + (e * f)
```

Die Klammerung muß nach den Syntaxregeln von Smalltalk explizit erfolgen, da es sich hier nur um (im Smalltalk-Sinn) gleichrangige binäre Botschaften handelt. Diese werden von links nach rechts abgearbeitet. Der Berechnungsgraph entspricht Bild 4.11. Eine Verallgemeinerung auf nichtarithmetische Botschaften gilt entsprechend.

Auch das Problem der Seiteneffekte tritt hier auf, allerdings in etwas anderer Form. Werden zwei Terme (Obj1 message1) und (Obj2 message2) innerhalb eines Ausdrucks parallel evaluiert, so kann beispielsweise Obj1, im Zuge der Abarbeitung von message1, an Obj2 eine Botschaft schicken. Das Ergebnis des ganzen Ausdrucks ist dann wesentlich von der Reihenfolge der Bearbeitung der Botschaften bestimmt.

Legt man also der Bearbeitung von Ausdrücken eine parallele Semantik zugrunde, so ergeben sich zwei Möglichkeiten:

1. Man ändert die Sprache nicht und verbietet die Verwendung solcher Seiteneffekte innerhalb eines Ausdrucks.
2. Der Programmierer erhält die Möglichkeit, explizit die Reihenfolge der Bearbeitung der Botschaften nach dem Empfang im betreffenden Objekt zu definieren (Verwendung von Guards etc.).

Mit Möglichkeit 2 gelangt man wieder zu den Methoden der asynchronen Kommunikation.

Zusammenfassend kann man sagen, daß die parallele Abarbeitung von Methoden in verschiedenen Objekten zu den in 3.1.2 erwähnten Kommunikationsmethoden führt. Die parallele Abarbeitung mehrerer Methoden im gleichen Objekt wird aus Gründen der Konsistenz verboten, denn i.a. ändern die Methoden die Instanzvariablen und damit den Zustand eines Objektes.

Eine Ausnahme bilden hier die Aktor-Systeme, bei denen durch Erzeugen von "Nachfolgern" Zustandsänderungen realisiert werden und die eine pipelineartige Bearbeitung der Botschaften ermöglichen.

Kombination mit anderen Paradigmen

In der Kombination von objektorientiertem und logischem und (oder) funktionalem Paradigma liegt ein weiteres Parallelisierungspotential.

Die Unabhängigkeit der Objekte stellt eine Ebene der Parallelität dar. Die Objekte führen nebenläufig ihre Methoden aus. Die Methoden können deklarativ programmiert sein, d.h. in Prolog oder einer funktionalen Sprache. Dadurch kann die Methode selbst parallel bearbeitet werden, in der Art wie es in Kap. 4 und 5 beschrieben ist. Insgesamt hat man damit zwei Parallelitätsebenen, auf der oberen Ebene arbeiten die Objekte parallel und auf der unteren hat man die Parallelität innerhalb eines Objektes.

Diese Vorgehensweise wurde mit der Sprache OIL (*Our Intermediate Language*) in der FAIM-1 Architektur verfolgt [Dav85] (siehe auch Kap. 3.6).

3.2.2 Explizite Parallelität

Die Sprachmittel zur expliziten Parallelität wurden im Kap. 3.1.2.1 behandelt. Smalltalk bietet dazu die Botschaft fork. Dieses Konstrukt hat eine gewisse Ähnlichkeit zu dem System-Aufruf `fork()` in Unix. Beim Unix-`fork()` wird eine Kopie des aufrufenden Prozesses erzeugt. Die einzige Unterscheidung zwischen Vater und Sohnprozeß liefert die als Ergebnis des Aufrufs erzeugte Prozeßnummer [Bou83]. In Smalltalk dagegen wird ein Prozeß erzeugt, der eine Sequenz von Anweisungen des aufrufenden Prozesses übernimmt und ausführt.

Mit fork können ebenfalls zur Laufzeit nebenläufige Prozesse erzeugt werden.

3.2.3 Instantiierung und Terminierung

Die Objekte, als Einheit von Daten und den darauf anwendbaren Operationen, sind durch ihre Klasse definiert. Die Erzeugung eines Objektes (Instantiierung) und die damit verbundene Erzeugung des zugehörigen Prozesses ist davon abhängig, ob Klassen selbst als Objekte (wie in Smalltalk) realisiert sind.

In POOL und den meisten anderen Implementierungen ist eine Klasse eine passive Beschreibung eines Objektes. Eine Klasse wird nicht selbst aktiv und erzeugt eine Instanz von sich, sondern das gerade aktive Objekt, das ein neues Objekt erzeugen will, führt eine Funktion aus, deren Ergebnis ein neues Objekt ist.

Allen Konzepten gemeinsam ist die dynamische Erzeugung von Objekten.

Die Terminierung von Prozessen (Objekten) erfolgt implizit nach Abarbeitung aller Anweisungen im Programmrumpf oder wenn das betreffende Objekt nicht mehr zugänglich ist (Garbage Collection). Explizit kann die Beendigung eines Prozesses durch Anstoßen einer Operation TERMINATE in einer Methode erfolgen.

3.2.4 Granularität

Sowohl im impliziten wie auch im expliziten Fall der Parallelität ist die Größe der Verarbeitungseinheiten, also der Prozesse, vom Programmierer bestimmt. Im einen Fall hängt es von der Komplexität der Methoden bzw. der Objekte ab, im anderen Fall von der Größe des Blocks, der parallel abgearbeitet werden soll. Auch die Anzahl der parallelen Prozesse ist dadurch vom Programmierer und der Anwendung bestimmt.

Im impliziten Fall zeigten einige Anwendungen mit POOL [Meh87, Odi87], daß die Granularität der Prozesse eher klein ist. Will man in diesem Fall eine gröbere Granularität erreichen (z.B. weil der Kommunikationsaufwand sehr hoch ist), so können mehrere Objekte einem Prozeß zugeordnet werden. Die Auswahl dieser Objekte erfolgt danach, wie "bekannt" die Objekte sind. Ist z.B. ein Objekt nur von einem einzigen anderen Objekt aus referierbar, so können beide einem Prozeß zugeordnet werden.

3.3 Kommunikation und Synchronisation

Objekte sind im wesentlichen durch ihr "Verhalten" definiert. Das objektorientierte Paradigma zieht den Blick des Programmierers auf die äußere "Hülle" des Objektes, darauf, wie Objekte durch die Art ihrer Kommunikation mit anderen Objekten zu spezifizieren sind. Die Botschaften, die ein Objekt kennt, werden relevant, weniger dessen interner Aufbau und Ablauf.

Die Kommunikation ist also ein wichtiger Gesichtspunkt der objektorientierten Programmierung.

In diesem Kapitel wird zunächst die Kommunikation in Smalltalk, der Aufruf von Methoden und die Kommunikation zwischen Prozessen behandelt. Die Konzeption der Botschaften in Smalltalk wird etwas ausführlicher dargestellt, da sie die "reine" Theorie der objektorientierten Programmierung wiedergibt. Ausgehend davon wird auf einige Probleme verwiesen, die sich bei der Parallelisierung ergeben.

Anschließend wird auf die Kommunikation der implizit parallelen Objekte eingegangen. Hier kann man synchrone und asynchrone Kommunikation unterscheiden. Die synchrone Variante unterscheidet sich nicht wesentlich von dem in Kapitel 2 eingehend behandelten Rendezvous-Konzept. Der Leser wird darauf verwiesen. Auch die asynchrone Kommunikation, auf die in den folgenden Kapiteln eingegangen wird, hat Parallelen zu Kapitel 2. Die Aktor-Systeme werden in Kap. 3.3.1.4 behandelt.

Eng verknüpft mit der Kommunikation ist die Synchronisation, auf die im zweiten Teil dieses Kapitels eingegangen wird. Dazu gehören die Semaphore in Smalltalk und die Synchronisation über Botschaften bei den implizit parallelen Objekten.

3.3.1 Kommunikation

3.3.1.1 Botschaften in Smalltalk

Eine Botschaft in Smalltalk kann als synchrone Kommunikation verstanden werden: Der Sender einer Nachricht wartet, bis er das dazugehörige Ergebnis bekommt. Der Empfänger reagiert auf die Nachricht, indem er eine Methode auswählt und ausführt. Wenn die Bearbeitung beendet ist, schickt er das Ergebnis an den Sender. Der Effekt dieser synchronen Arbeitsweise ist die Sequentialität des Programmablaufs.

Da in Smalltalk alles auf der Kommunikation zwischen Objekten beruht (und es gibt nur Objekte), müssen die Nachrichten sehr vielseitig sein.

Der Unterschied zu einer Prozedur oder einem Funktionsaufruf (oder im parallelen Fall: *Remote Procedure Call*) ist das Konzept des dynamischen Bindens. Ein kleines Beispiel soll dies verdeutlichen. Man möchte eine Datenstruktur (z.B. einen Stack), auf der man Elemente verschiedener Art (Integer, Matritzen, Texte, Windows ...) speichern kann. Bei typ-gebundenen Sprachen (Pascal, Ada) steht man damit schon vor (fast) unüberwindlichen Problemen. Will man dann noch eine Prozedur *Print* zum Ausdrucken der Elemente der Datenstruktur definieren, so müßte man bei prozeduralen Sprachen ein **case**-Statement einbauen, um zur Laufzeit die richtige Ausgabeprozedur für das betreffende Element zu finden. Kommt ein neuer Typ dazu, so muß das **case**-Statement geändert und alles neu übersetzt werden.

Im objektorientierten Programmieren wird an jedes Objekt der Datenstruktur der gleiche Selektor `Print` geschickt, so daß es sich selbst in der richtigen Art ausdrucken kann. Es wird also zur Laufzeit der für das

Objekt notwendige Print-Code gesucht, ohne daß sich der Programmierer explizit darum kümmert.

Das Vererbungskonzept hat ebenfalls Auswirkungen auf das Suchen der richtigen Methode, weil eine Unterklasse die Methoden der Oberklasse erben kann. Eine Klasse enthält die Methoden, die ihre Instanzen ausführen können. Erhält ein Objekt eine Nachicht, so führt es die Methode seiner Klasse aus. Wird keine Methode gefunden, die zum Selektor paßt, wird die Liste der Methoden der Oberklasse durchsucht usw. (siehe auch Kapitel 3.1).

Probleme bei der Parallelisierung

In verteilten Systemen hat man mit dynamischem Binden und Vererbung Probleme, weil man z.B. wissen muß, wo die Klasse resident ist. Die Methodensuche kann dann recht aufwendig werden. In POOL wurde u.a. auch aus diesem Grund auf das Vererbungskonzept verzichtet. Eine Alternative bietet hier das Verfahren der *Delegation* an. Dabei werden Nachrichten explizit an Objekte weitergereicht, die über das notwendige "Wissen" verfügen [Lie86].

Bei der Ausführung einer Methode bleibt das Problem, ob man den Code der Methoden zu jedem neu erzeugtem Objekt kopiert oder ob man den Code nur einmal im Speicher hält (shared code), wie in Smalltalk.

Ein weiteres Problem stellen die Argumente einer Nachricht und deren Ergebnis dar. Prinzipiell handelt es sich ja hierbei immer um Objekte, die hin und her geschickt werden. Bei Architekturen mit gemeinsamen Speicherbereich wird dies durch " Umhängen " von Zeigern realisiert.

3.3.1.2 Prozeßkommunikation in Smalltalk

Smalltalk ist für Einzelprozessor-Systeme konzipiert, speziell für Workstations. Prozesse wurden übernommen, um Betriebssysteme in Smalltalk programmieren zu können (vor allem das Smalltalk eigene Betriebssystem).

In Smalltalk werden die oben angegebenen Probleme vermieden, indem das klassische Prozeßkonzept realisiert wurde. Die Mechanismen der Kommunikation kann man sich selbst definieren. Als einziges Hilfsmittel werden Semaphore angeboten (siehe Kapitel 3.3.2).

Semaphore sind ein einfacher Mechanismus, um den Zugriff auf gemeinsame Resourcen zu regeln (s.a. 3.1.2.1 und Beispiel 2.4). Diese sind in diesem Fall ein oder mehrere Speicherbereiche, über die Informationen ausgetauscht werden können.

Man kann also damit alle klassischen Konzepte wie Monitore, Puffer usw. realisieren. (Diese Konzepte sind in 2.1.2.3 beschrieben). Einzige Voraussetzung ist deren konzeptioneller gemeinsamer Speicherbereich.

3.3.1.3 Asynchrone Kommunikation bei Objekten

Die Kommunikationsstruktur bei implizit parallelen Objekten ist nicht a priori festgelegt. Prinzipiell kann jedes Objekt mit jedem anderen kommunizieren, wenn es dieses "kennt", d.h. eine Referenz darauf enthält.

Zur Übersetzungszeit lassen sich bereits die Referenzen erkennen, die explizit festgelegt sind. Durch die Kommunikation können aber zur Laufzeit noch neue Beziehungen entstehen. Bei einer Nachricht werden, wie bereits erwähnt, i.a. Argumente mitgeschickt, die andere Objekte referieren. Es wird also die Adresse eines anderen Objektes übergeben, und der Empfänger kann dann diesem ebenfalls Nachrichten senden. Das Ergebnis einer asynchronen Kommunikation ist ebenfalls eine Referenz auf ein Objekt.

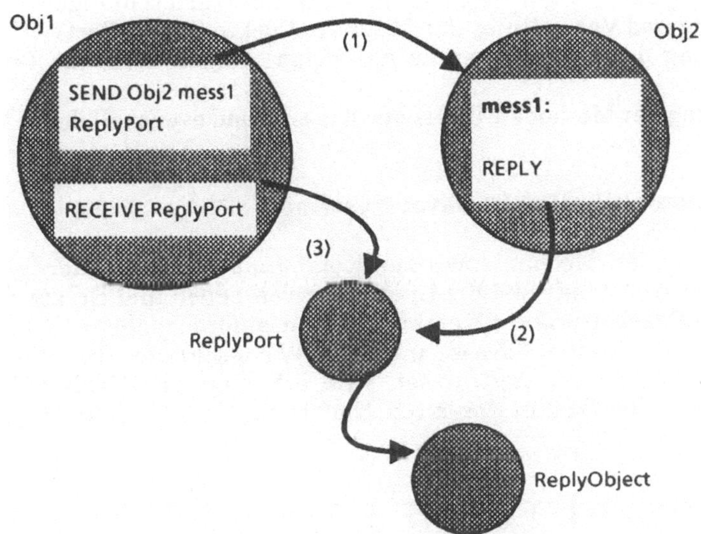

Bild 3.4. Asynchrone Kommunikation mit Objekten

In Bild 3.4 wird die asynchrone Kommunikation dargelegt. Obj1 schickt eine Nachricht an Obj2 (1). Obj2 verarbeitet die Nachricht nebenäufig zu Obj1. Mit der Nachricht wird ein Objekt (ReplyPort) zur Aufnahme des Ergbnisses mitgeschickt. Ist die Bearbeitung in Obj2 beendet, wird das Ergebnis (ReplyObjekt) an den ReplyPort geschickt (2). Das Ergebnis wird von Obj1 vom ReplyPort übernommen (3).

Da auf Grund der Nebenläufigkeit der Objekte mehrere Anforderungen anfallen können, muß zu jeder Methode eine Warteschlange assoziiert werden, in der die Nachrichten für die spätere Verarbeitung gespeichert werden. Die Botschaften werden in der Reihenfolge ihrer Ankunft bearbeitet, soweit nicht Bedingungen vorliegen, die eine Methode deaktivieren. Ein einfaches Beispiel für diese Situation ist ein Objekt, das einen Puffer (analog Kapitel 3.1.2) realisiert. Die Methode, die ein Element aus dem Puffer liest, darf nur aktiv werden, wenn Elemente im Puffer enthalten sind.

Da Objekte nur jeweils eine Botschaft zu einer Zeit bearbeiten können, würde eine Nachricht an das Objekt selbst (über die Pseudovariable self) zu einem Deadlock führen, falls eine Antwort gewünscht wird. Daher werden diese Methodenaufrufe wie konventionelle Prozeduraufrufe realisiert.

Um den Vorteil des gemeinsamen Codes der Methoden in den Klassen zu behalten, ohne den Nachteil eines verzögerten Zugriffs darauf zu haben, gibt es die Möglichkeit Kopien der Klassen zu erzeugen. Für jeden Prozessorknoten werden Kopien der Klassen erzeugt, deren Objekte von dem Prozessor bearbeitet werden.

Bei der hier verwendeten Art der asynchronen Kommunikation kennt der Sender den Empfänger und spricht diesen gezielt an. Der Empfänger kennt den Sender nicht, außer er ist in der Nachricht als Argument enthalten.

Folgende Punkte sind insgesamt bei der asynchronen Kommunikation von Objekten zu beachten:

- Verwaltung der mit den Methoden assoziierten Warteschlangen
- Erzeugung und Verwaltung der Mailbox-Objekte (Reply-Port)
- Behandlung der Nachrichten an das eigene Objekt (self) als Prozeduraufruf
- Verwaltung der Methoden-Codes der Klassen und eventuell deren Kopien

3.3.1.4 Kommunikation in Aktor-Systemen

Die grundlegenden Mechanismen zur Kommunikation in Aktor-Systemen sind das send-Konstrukt und die Erzeugung von neuen und Ersatz-Aktoren zur weiteren Bearbeitung der Kommunikationsanforderungen.

Jedem Aktor ist eine Adresse und eine Warteschlange für die an ihn gerichteten Botschaften zugeordnet. Bild 3.5 zeigt das Verhalten eines Aktors *X* beim Bearbeiten der n-ten Nachricht. Der Aktor erzeugt einen

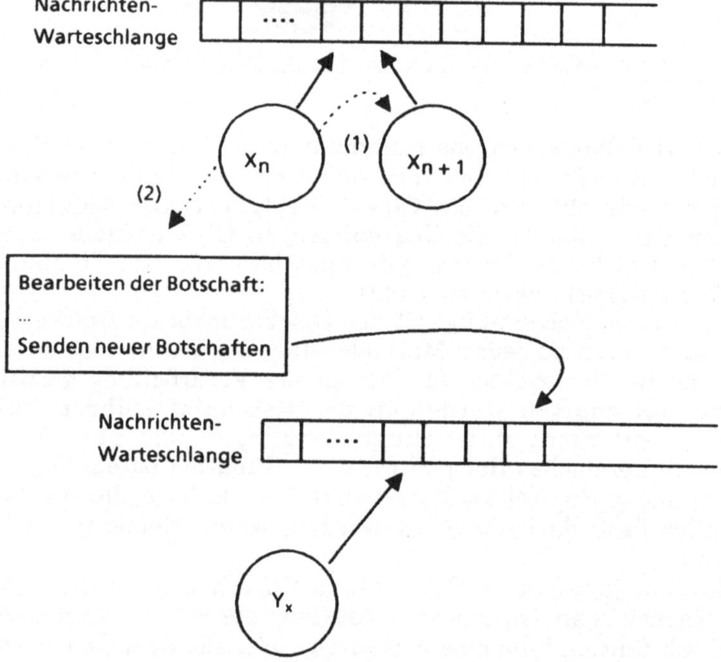

Bild 3.5. Bearbeitung einer Botschaft durch einen Aktor X.

Ersatz (X_{n+1}) zur Übernahme der (n+1)-ten Nachricht (1) und bearbeitet selbst die n-te Nachricht (2). Hierin ist das Versenden von Botschaften an andere Aktoren (z.B. *Y*) eingeschlossen.

Am Beispiel der Berechnung der Fakultät soll die Arbeitsweise der Aktoren verdeutlicht werden. Gezeigt wird auch die Verwendung von *customers* zur Bearbeitung der Antworten auf Anforderungen. Das Beispiel ist in einer Pascal-ähnlichen Notation programmiert.

```
def Factorial()                                              (1)
  communication is [ /* integer */ n, /* customer */ u]      (2)
  become Factorial()                                         (3)
  if n=0
  then send [1] to /* customer */ u                          (4)
  else let c = new Customer(n, u)                            (5)
          send [n-1, c] to self                              (6)
  fi
end def

def Customer (n, u)                                          (7)
  communication is [ /* integer */ k]                        (8)
  send [n*k] to u                                            (9)
end def
```

Der Aktor *Factorial* hat keine Instanzvariablen (1), sein Verhalten ist durch die Definition in den folgenden Zeilen (2-6) festgelegt. Er verarbeitet Nachrichten, die aus einer ganzzahligen Variablen *n* und der Adresse *u* eines Aktors aufgebaut sind (2). Bekommt der Aktor eine Anforderung mit $n>0$, so erzeugt er einen neuen Aktor *c* (*Customer*) (5). Dieser Aktor ist in (7-9) definiert. Er hat zwei Instanzvariable *n* und *u*, die bei seiner Erzeugung gesetzt werden (5). Er multipliziert die Zahl *n* mit der Zahl *k*, die er als Nachricht bekommt (8), und schickt das Ergebnis an die Adresse *u* (9). Der Aktor *Factorial* erzeugt in (3) eine Inkarnation von sich, die weitere Botschaften übernehmen soll. In (6) schickt er eine Botschaft an sich selbst, um die Fakultät von *n-1* zu berechnen, das Ergebnis soll an *c* geschickt werden.

Bild 3.6 zeigt die Ereignisse bei der Berechnung der Fakultät von 3. Die gestrichelten Linien bezeichnen die Aktionen zur Erzeugung der Customers c, und die durchgezogenen Linien bezeichnen die Botschaften. Durch c:(3,u) wird der Aktor *c* mit den Instanzvariablen *n* und *u* bezeichnet. Nachrichten an den Aktor selbst werden nicht in anderer Form behandelt, da zur Übernahme der Ergebnisse andere Aktoren erzeugt werden.

Im Vergleich zur asynchronen Kommunikation über Mailboxen läßt sich folgendes sagen: Jedem Aktor ist nur eine Warteschlange für die Nachrichten zugeordnet. Die Verwaltung von Mailboxen entfällt, da hierfür eigene Aktoren erzeugt werden müssen. Diese Aufgabe hat der Programmierer im Fall der einfachen Aktor Sprachen, oder ein Übersetzer. Konzepte wie Vererbung oder Delegation sind nicht Bestandteil der Sprache und müssen explizit behandelt werden. Die Kommunikation basiert einzig auf dem send-Konstrukt.

Das Konzept der einfachen Aktor-Sprachen ist somit mehr zur Implementierung von *high-level* Konstrukten gedacht, die das Program-

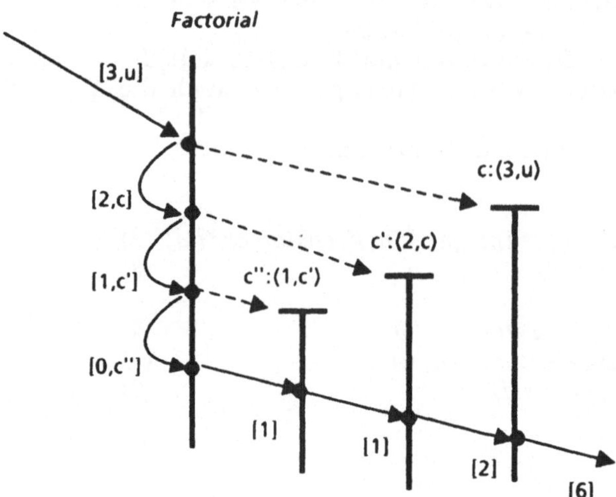

Bild 3.6. Berechnung der Fakultät von 3 mit Aktoren

mieren erleichtern sollen. Dabei sollen alle Möglichkeiten zur Parallelisierung offengehalten werden. Vom Standpunkt der Hardware- und Software-Architektur aus betrachtet, wird ein Teil der mit der Kommunikation zusammenhängenden Probleme vom Laufzeitsystem auf den Übersetzer verlagert.

3.3.2 Synchronisation

In den folgenden Abschnitten geht es darum, zeitliche Abhängigkeiten unterschiedlicher Prozesse zu steuern. Bestimmte Reihenfolgebeziehungen müssen über Synchronisationsoperationen hergestellt werden können. Dabei darf es keine Rolle spielen, in welcher zeitlichen Abfolge die Synchronisationsoperationen ausgeführt werden.

3.3.2.1 Semaphore in Smalltalk

Semaphore sind das klassische Mittel, um gegenseitigen Ausschluß *(mutual exclusion)* [Wet78] und Synchronisation zu erzielen. Sie wurden bereits 1965 von Dijkstra eingeführt.

Smalltalk bietet hier die Klasse Semaphore mit den zwei wesentlichen Botschaften wait und signal an. Ein Prozeß kann durch Senden der Nachricht wait an ein Semaphore-Objekt warten, bis ein anderer Prozeß ihm über signal das Eintreten eines bestimmten Ereignisses mitteilt.

Semaphore können als ganzzahlige Variable verstanden werden, die durch wait und signal manipuliert werden. Die Nachricht signal erhöht den Wert der Variablen um 1, während durch wait ihr Wert um 1 erniedrigt wird. Ist der Wert der Semaphorvariablen durch wait kleiner als 0 geworden, so wird der ausführende Prozeß suspendiert. Der negative Wert der Variablen gibt die Anzahl der wartenden Prozesse an.

Im Smalltalk-System werden Hardware-Unterbrechungen ebenfalls auf Semaphore abgebildet. Ein Prozeß kann auf ein Ereignis in der Hardware warten, indem er ein wait an den betreffenden Semaphor schickt.

3.3.2.2 Synchronisation bei asynchronen Botschaften

Bei der asynchronen Kommunikation erfolgt die Herstellung einer zeitlichen Reihenfolge von Aktivitäten in verschiedenen Prozessen in Analogie zu den Semaphoren. Die Synchronisation findet an einer Mailbox statt, der betreffende Prozeß kann hier warten (durch Ausführen einer RECEIVE-Operation) bis eine Nachricht eintrifft.

Bei den Aktor-Systemen wird durch Erzeugen von *Customer*-Aktoren für die korrekte Reihenfolge der Bearbeitung gesorgt. Der *Customer* wartet bis er eine Nachricht bekommt und führt dann die notwendigen Aktionen aus.

Gegenseitiger Ausschluß ist bei der asynchronen Kommunikation im Zusammenhang mit objektorientierter Programmierung kein Problem, da Objekte abgeschlossene Einheiten sind und nur über Botschaften angesprochen werden können. Das heißt, man definiert einfach ein Objekt für den kritischen Bereich.

3.4 Parallelitätsbedingte Verwaltungsaufgaben

In diesem Kapitel werden die Verwaltungsaufgaben behandelt, die durch die parallele Verarbeitung von Prozessen entstehen. Das betrifft die Erzeugung und Terminierung von Prozessen und deren Zustandswechsel von 'aktiv' nach 'suspendiert'.

Eng mit der Prozeßverwaltung verbunden ist die Speicherverwaltung bei objektorientierten Sprachen, da Prozesse als Objekte im Speicher verwaltet werden.

3.4.1 Prozeßverwaltung

Einführend wird, wie in den vorhergehenden Kapiteln, auch bei der Prozeßverwaltung zunächst das Smalltalk-System behandelt.

3.4.1.1 Prozeßverwaltung in Smalltalk-80

Jeder Prozeß im Smalltalk-System ist durch eine Instanz der Klasse Process repräsentiert. Erhält ein Block-Objekt die Nachricht fork, so erzeugt es eine neue Instanz der Klasse Process. Diese Instanzen werden, wie alle anderen

Objekte auch, auf der Halde abgelegt und unterliegen der allgemeinen Speicherverwaltung. Ein Objekt der Klasse Process enthält eine Referenz auf die auszuführenden Anweisungen, die ebenfalls als Objekte (sog. *Contexts*) verwaltet werden.

Ein Prozeß ist entweder aktiv oder suspendiert, je nachdem, ob seine Anweisungen gerade durch den Prozessor ausgeführt werden oder ob der Prozeß an einem Semaphor wartet. Ein Prozeß kann in Smalltalk auch explizit suspendiert werden (Nachricht suspend), d.h. dessen Bearbeitung wird unterbrochen, um später wiederaufgenommen zu werden (Nachricht resume). Ein Prozeß kann explizit beendet werden, indem man ihm die Nachricht terminate schickt. Prozesse werden erzeugt und beendet, indem Objekte der Klasse Process erzeugt und gelöscht werden. (Genaugenommen werden die Objekte vom Garbage-Collector gelöscht, terminate bewirkt, daß der Prozeß nicht mehr aktiviert werden kann).

Die Verarbeitung der Prozesse wird über eine Instanz der Klasse ProcessorScheduler geregelt. Das Smalltalk-System hat nur eine Instanz dieser Klasse, da es für Einprozessor-Systeme entworfen ist. Für die parallele Verarbeitung der Prozesse auf einem Multiprozessorsystem lassen sich aber entsprechend viele Instanzen von ProcessorScheduler erzeugen.

Ein Objekt der Klasse ProcessorScheduler führt eine Liste der rechenbereiten Prozesse und wählt daraus den nächsten Prozeß zur Bearbeitung aus. Durch die Nachrichten fork und resume wird ein Prozeß in diese Liste eingetragen.

An die Prozesse können Prioritäten vergeben werden, die bei der Zuteilung des Prozessors berücksichtigt werden. Der ProcessorScheduler sucht den Prozeß mit der höchsten Priorität aus der Warteliste, sind mehrere davon vorhanden, wählt er den mit der längsten Wartezeit aus. Der ausgewählte Prozeß wird dann als nächster bearbeitet.

Bei der Implementierung auf einem Multiprozessorsystem könnte diese Liste entweder für alle Instanzen von ProcessorScheduler zentral gehalten werden (man hätte dann einen Pool von rechenbereiten Prozessen) oder jede Instanz führt ihre eigene Liste. Bei einem verteilten System ohne globalen Speicher wird man wohl eher die letztere Lösung wählen.

Ferner sind die Semaphore zu verwalten. Ein Semaphor enthält eine Liste wartender Prozesse (Warteschlange) und eine ganzzahlige Variable für die "Überschuß"-Signale (die Signale auf die noch kein Prozeß wartet). Ist beispielsweise die Liste der wartenden Prozesse nicht leer und trifft ein Signal (Nachricht signal) für den Semaphor ein, wird der erste Prozeß aus der Warteschlange geholt und in die Liste der rechenbereiten Prozesse von ProcessorScheduler eingetragen. Ist die Warteschlange leer, wird die Variable der "Überschuß"-Signale um eins hochgezählt.

Zur Bearbeitung der Hardware-Unterbrechungen, die asynchron zur Befehlsausführung kommen, wird ein Feld geführt, in dem alle (Hardware-) Semaphore gespeichert werden, die ein Signal erhalten sollen (semaphoreList). Vor Ausführung des nächsten Befehls wird überprüft, ob ein Signal dieser Art anliegt und ob ein Prozeßwechsel notwendig ist. Wartet ein Prozeß mit höherer Priorität, so wird er aktiviert, d.h. sein *Context* wird gültig und seine Anweisungen werden ausgeführt.

Semaphore sind prinzipiell Elemente, die verschiedenen Prozessen zugänglich sind, mit Operationen, die nicht unterbrechbar sein dürfen. Eine Implementierung auf einem vollständig verteilten System wird daher enige

Probleme bereiten. Ein Semaphor und ein Prozeß, der darauf zugreift, müssen nicht notwendig auf dem gleichen Prozessorknoten liegen. So müssen u.U. nicht-lokale Prozesse (Prozesse, die auf einem anderen Prozessorknoten laufen) vom lokalen Prozessorknoten mitverwaltet werden.

3.4.1.2 Prozesse auf Objektebene

In dem hier behandelten Fall ist zu jedem Objekt ein Prozeß assoziiert, der dessen Aktionen ausführt. Der Begriff des Objektes und des Prozesses werden hier zusammengefaßt. Ein Objekt ist eine aktive Verarbeitungseinheit.

Die Prozeßverwaltung kann wie im vorhergehenden Kapitel beschrieben ablaufen. Die rechenbereiten Objekte werden zentral, in einer Liste, oder verteilt, entsprechend der Anzahl der Prozessorknoten, in mehreren Listen verwaltet. Zusätzlich ist ein "Postsystem" zur Verteilung der Botschaften erforderlich.

Bei den Aktor-Systemen ist jedem Aktor nur eine Nachrichten-Warteschlange zugeordnet. Bei den in 3.3.1.3 beschriebenen Systemen besitzt jede Methode eine Warteschlange, in der die Botschaften abgelegt werden. Zusätzlich können diese Objekte noch Mailboxen definieren, an denen sie Antworten auf ihre versandten Nachrichten erwarten.

Folgende Zustände sind also möglich:
1. Das Objekt ist nicht aktiv und wartet auf Botschaften
2. Das Objekt bearbeitet eine Botschaft
3. Das Objekt bearbeitet eine Botschaft, wartet aber auf eine Antwort

Im Fall (1) muß das Objekt aktiviert werden, wenn es eine Nachricht erhält (für irgendeine Methode), im Fall (3) wird es nur aktiviert, wenn eine Antwort an der Mailbox eintrifft.

Eine Implementierung auf einem verteilten System bereitet hier keine Probleme, pro Prozessorknoten muß nur zusätzlich die Zuordnung von Warteschlangen und Objekten verwaltet werden. Das Objekt selbst hat die Adressen seiner Nachrichten-Warteschlangen und seiner Mailbox. Die Warteschlangen und die Mailbox müssen dann noch einen Verweis auf ein wartendes Objekt besitzen. Dieser Verweis wird überprüft, wenn eine Nachricht eintrifft, und gegebenenfalls wird ein Prozeß rechenbereit gesetzt.

Das Problem, das hier gelöst werden muß lautet, welche Objekte werden auf welcher Prozessor-einheit (PE) untergebracht. Eine effiziente Lastverteilung ist für eine gute Leistung des Rechners unumgänglich.
Es gibt drei Möglichkeiten:

1. Der **Programmierer** gibt an, auf welche PE die Objekte geladen werden sollen. Der Vorteil ist, daß in vielen Fällen der Programmierer die optimale Verteilung besser einschätzen kann als ein automatisches Verfahren. Andererseits kann diese Aufgabe sehr komplex werden, so daß eine intuitive Lösung nicht mehr möglich ist.
2. Die **dynamische** Lastverteilung verläßt sich auf das Betriebssystem, das während der Laufzeit eines Programmes eine Umverteilung vornehmen kann, wenn Prozessoren unterbeschäftigt sind. Der Vorteil ist, daß dieses Verfahren sich an ändernde Anforderungen, die erst zur Laufzeit erkannt

werden, anpassen kann. Der Nachteil ist, daß der Aufwand zur Umverteilung während des Ablaufs eines Programmes anfällt und damit die Leistungsfähigkeit des Systems senkt.

3. Die **statische** Lastverteilung verläßt sich auf den Übersetzer, der das Programm analysiert und stark kooperierende Objekte erkennen und einer PE zuordnen kann. Der Vorteil ist, daß durch dieses Verfahren weder der Programmierer noch die Leistung des Rechners zur Laufzeit beeinflußt werden. Der Nachteil ist, daß die dazu notwendige Analyse sehr aufwendig ist und daß dynamische Laständerungen meist nicht abgefangen werden können.

Welches Verfahren man letztlich wählt, hängt sehr von der Zielsetzung des Rechners ab, wobei natürlich Mischformen möglich sind.

3.4.2 Speicherverwaltung

Die Speicherverwaltung ist einer der komplexesten und größten Teile eines objektorientierten Systems, obwohl sie nur wenige, einfach zu verstehende Aufgaben zu erfüllen hat.

Vom Standpunkt der Speicherverwaltung muß der Speicher in Segmente, eines für jedes Objekt, und in den nicht-benutzten (freien) Speicher aufgeteilt werden. Wird ein neues Objekt erzeugt, muß ein passendes Segment dafür gefunden werden. Wird ein Objekt nicht mehr benötigt, muß sein Segment freigegeben, also dem freien Speicher zugeteilt werden.

Jedem Objekt ist eine Referenz (Zeiger, *Object Pointer*) zugeordnet. Ein Objekt wird über diesen Zeiger angesprochen. Die Abbildung des Zeigers auf die reale Adresse des Objektes ist eine Aufgabe der Speicherverwaltung. Dabei wird der Hintergrundspeicher (Platten) eingeschlossen. Die Abbildungsfunktion sollte erkennen, ob ein Objekt im Hauptspeicher oder auf Platte liegt. Der Primärspeicher funktioniert dann wie ein Cache, ein Objekt das hier nicht enthalten ist und auf das zugegriffen werden soll, muß von der Platte gelesen werden.

Ein Objekt ist selbst größtenteils aus Objekt-Referenzen aufgebaut. Diese verweisen auf die Klasse des Objektes und auf die Objekte, auf die es zugreifen kann. Die Teile des Objektes, die diese Referenzen enthalten, werden in diesem Zusammenhang als dessen Felder bezeichnet. Die Felder sind die Implementierung der Instanzvariablen des Objektes. Die Verweiskette der Objekt-Zeiger endet bei (primitiven) Objekten, die direkt, ohne Referenz angesprochen werden. Die primitiven Objekte sind selbst in den Feldern enthalten. Ihre Darstellung sollte daher nicht mehr Platz beanspruchen als ein Objekt-Zeiger (z.B. Integer).(Bild 3.7)

Zu den Aufgaben der Speicherverwaltung gehört es, auf die Felder eines Objektes zum Lesen und Schreiben zuzugreifen, neue Objekte zu erzeugen und den freien Speicher zu verwalten. Die Schnittstelle zur Speicherverwaltung kann durch folgende Funktionen beschrieben werden:

- *getClass (objectPointer)*
  liefert die Referenz auf die Klasse des durch *objectPointer* angesprochenen Objektes

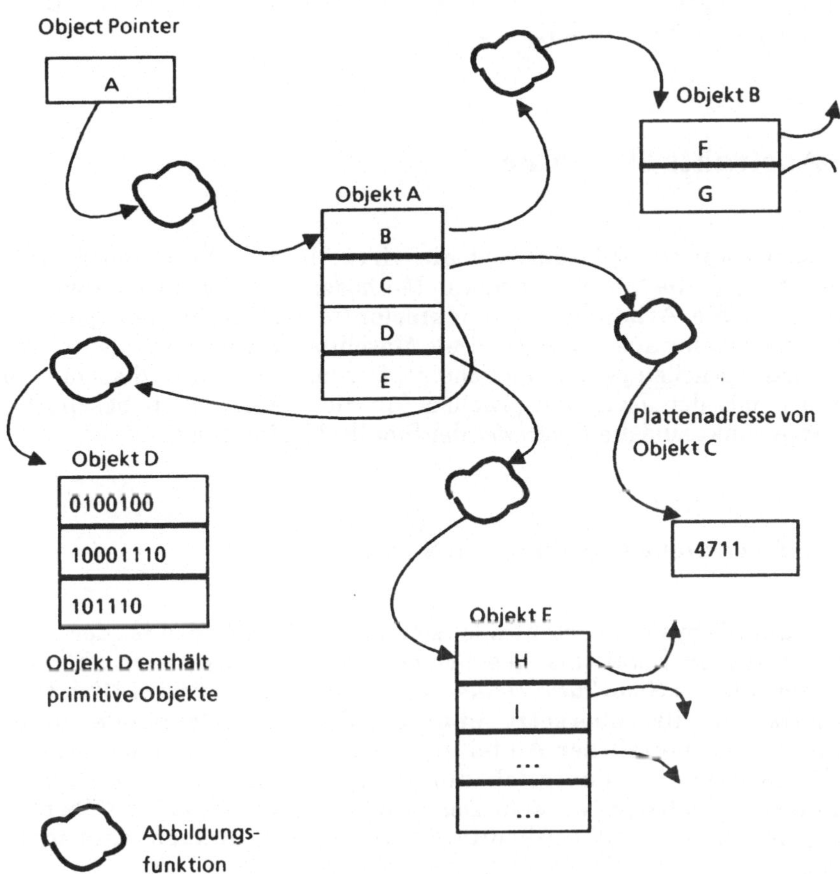

Bild 3.7. Objekte und Objekt-Zeiger

- *getField(objectPointer, fieldOffset)*
  liefert das entsprechende Feld
- *storeField(objectPointer, fieldOffset, newValue)*
  schreibt den Wert *newValue* in des entsprechende Feld
- *newInstance(classObjectPointer, numberOfFields)*
  liefert die Referenz auf das neu erzeugte Objekt der angegebenen Klasse. Falls die Klasse indizierte Instanzvariablen hat (z.B. Arrays), gibt *numberOfFields* deren Größe an.

Die Speicherverwaltung muß erkennen, wann ein Objekt nicht mehr benötigt wird, um dessen Speicherplatz freizugeben. Die Implementierung eines effizienten Garbage-Collectors ist also wesentlich.

Warteschlangen für Prozesse und Botschaften passen in dieses Konzept eines objektorientierten Speichers. Prozesse und Botschaften werden als Objekte dargestellt, und eine Warteschlange ist eine verkettete Liste von Objekten.

Auf der hier gewählten, von der Architektur unabhängigen Betrachtungsebene ergeben sich für die Speicherverwaltung keine zusätzlichen Aufgaben durch die Parallelisierung.

3.5 Abstrakte Maschine

In diesem Kapitel wird zunächst die virtuelle Maschine von Smalltalk beschrieben, da die hier verwendeten Methoden und Verfahren einen guten Einblick in die Arbeitsweise objektorientierter Maschinen geben. Als nächstes wird eine abstrakte parallele Maschine beschrieben, die für objektorientierte Sprachen geeignet erscheint. Der letzte Punkt in diesem Kapitel wird sich mit den Zwischensprachen für diese Maschinen beschäftigen. Ausgangspunkt sind die *Bytecodes* der Smalltalk-Maschine.

3.5.1 Die virtuelle Maschine von Smalltalk

Das Smalltalk-System besteht aus dem *Virtual Image*, das ist der Teil des Systems, der in Smalltalk geschrieben ist, und aus einer abstrakten Maschine, die als *Smalltalk Virtual Machine* bezeichnet wird [Kra81]. Der Smalltalk-Compiler übersetzt Smalltalk-Code in Befehlscode für diese Maschine. Der Vorteil der Aufteilung ist die leichtere Portierbarkeit des Smalltalk-Systems. Lediglich die virtuelle Maschine muß auf dem Zielcomputer realisiert werden. Der größte Teil des Systems (Übersetzer, Debugger, Text- und Grafikeditoren usw.) kann einfach übernommen werden.

Die virtuelle Maschine (VM) besteht aus dem *Storage Manager* (Speicherverwaltung), dem *Interpreter* (Befehlsausführung) und den *primitive subroutines*, das sind Methoden, die in Maschinencode bzw. in der Hardware realisiert sind.

Speicherverwaltung

Über die Speicherverwaltung wurde in Kapitel 3.4 schon einiges gesagt. Zur Darstellung der Objekte im Speicher ist zusätzlich ein sog. *Header* notwendig. Dieser enthält z.B. Angaben über die Länge des Objektes und andere für die Speicherverwaltung relevante Informationen.

Zur Unterscheidung von primitiven Objekten von Objekt-Zeigern werden *tags* verwendet. Da es in Smalltalk nur Integer als primitive Objekte gibt, reicht als Tag ein Bit aus. Dazu wird das niederwertigste Bit eines Wortes verwendet, ist es gesetzt wird das Wort als Integerzahl interpretiert.

Als Abbildungsfunktion der Objekt-Referenzen auf die realen Objekt-Adressen wird eine speicherresidente Tabelle verwendet. Die Zeiger werden als Index in die Tabelle benützt. Ein Tabelleneintrag enthält die realen Adressen der Objekte und die Anzahl der Verweise auf das Objekt (*reference counting*) zur Unterstützung des Garbage-Collectors. Die Objekte können auf diese Weise im Speicher verschoben werden, wobei nur eine Adreßänderung in der Objekt-Tabelle notwendig ist. Über den Reference Count weiß die Speicherverwaltung, wann ein Objekt gelöscht werden kann (Reference Count = 0).

Interpreter

Der Interpreter ist die Einheit zur Ausführung der Befehle der VM, der sog. *Bytecodes*. Die Bytecodes definieren die VM als Stackmaschine, d.h. Bytecodes sind 0-Adreß-Befehle.

Folgende Arten von Aktionen werden von den Bytecodes ausgeführt:
1. ein Objekt auf den Stack schreiben (*push*)
2. das oberste Stackelement (*top of stack*) in eine Variable schreiben (*store*)
3. ein Objekt vom Stack holen (*pop*)
4. zu einem anderen Befehl verzweigen (*jump*)
5. eine Nachricht senden, dabei werden die obersten Stackelemente als Information benutzt (*send*)
6. das oberste Stackelement als Ergebnis einer Methode abliefern (*return*)

Die Aktionen 1-4 sind Standard für jede Stackmaschine, 5 und 6 entsprechen dem Aufruf und der Rückkehr aus einer Prozedur. Der Unterschied liegt in der Adressierung des auszuführenden Codes, denn nur der "Name" (Selektor) der Prozedur ist bekannt und nicht deren Adresse.

Die Methoden sind, wie könnte es anders sein, als Objekte implementiert. Die Felder des Objektes enthalten die Bytecodes der Methode und eine Gruppe von Zeigern auf statische Größen (Konstante etc.), die von der Methode verwendet werden. Der letztere Teil wird als *literal frame* bezeichnet. Mit Hilfe der Routinen der Speicherverwaltung (*getField*) kann der Interpreter die Befehle aus den *Method Objects* holen.

Da alle Variablen in Smalltalk in einem Objekt enthalten sind, werden sie relativ zu diesem Objekt über den Feld-Offset adressiert. Der Offset wird vom Compiler berechnet. Das Lesen und Schreiben der Variablen erfolgt wieder über die Routinen der Speicherverwaltung (*getField, storeField*).

Beim Senden einer Nachricht muß der Empfänger, der Selektor und die Anzahl der Argumente angegeben werden. Der Selektor ist im Literalframe, der Empfänger und die Argumente sind auf dem Stack abgelegt. Der Interpreter greift auf die Klasse des Empfängers zu und sucht den Selektor im *method dictionary* der Klasse. Der *method dictionary* ist eine Tabelle, die zu den Selektoren, die der Klasse bekannt sind, den Verweis auf die richtige Methode enthält. Wenn die Suche keinen Erfolg hat, wird die Superklasse der Klasse durchsucht usw. Wird keine Methode gefunden, wird ein Fehler gemeldet.

Zur Ausführung der Methode wird ein Stack, ein temporäres Feld für die lokalen Variablen der Methode, ein Zeiger auf den Empfänger, ein Zeiger auf den nächsten Bytecode der Methode und einer auf den Context des Senders benötigt. Diese Informationen sind in einem Objekt der Klasse MethodContext zusammengefaßt (Bild 3.8).

Der Interpreter holt sich die Bytecodes der Methode, zählt den Bytecode-Pointer hoch und führt den Code aus. Wenn die Methode abgearbeitet ist, wird der Ergebniswert auf den Stack im Context des Senders geschrieben

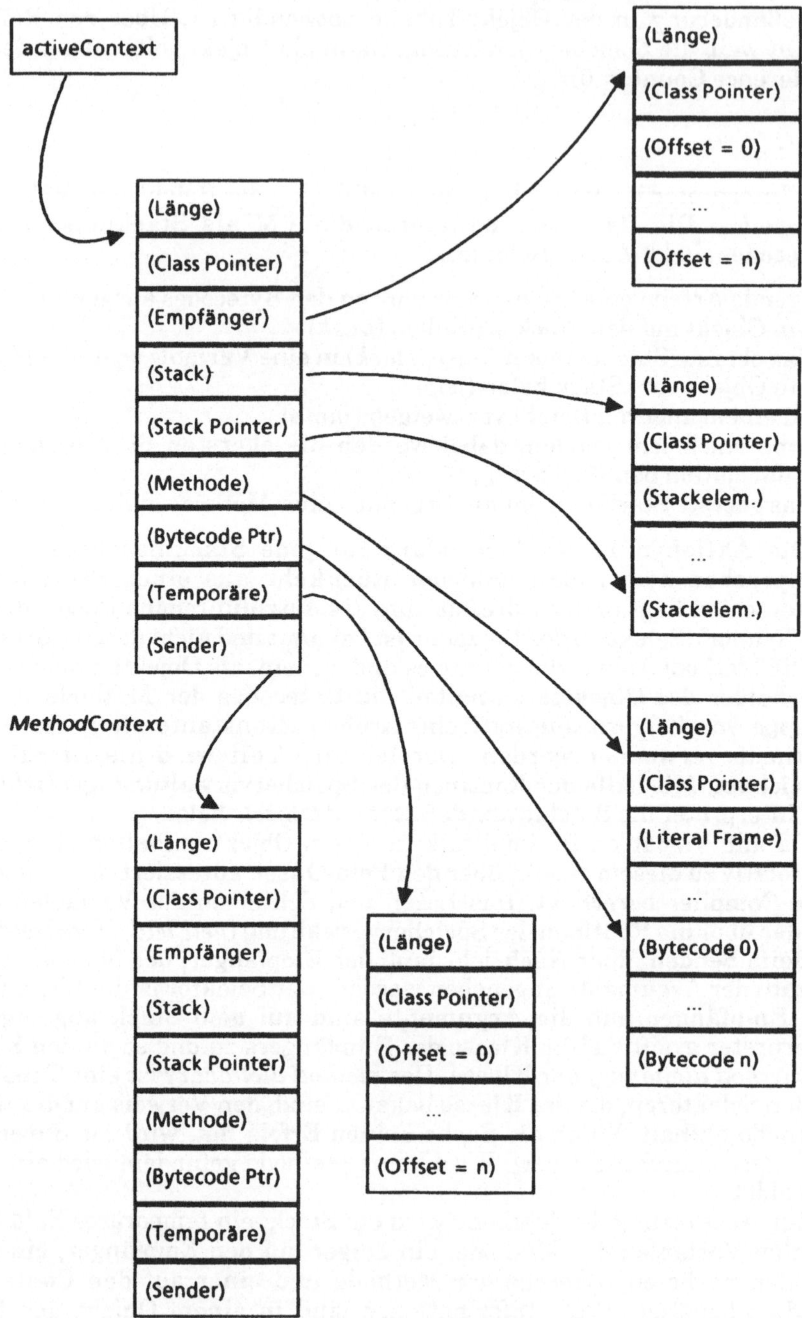

Bild 3.8. Der MethodContext beim Abarbeiten einer Methode

und die Ausführung wird mit dem nächsten Bytecode aus der Methode des Senders fortgesetzt.

Bei der Aktivierung einer Methode wird eine neue Instanz der Klasse MethodContext erzeugt. Der Interpreter verwendet einen Zeiger, der auf den gültigen Context (activeContext) verweist. Der MethodContext entspricht dem *Activation Record* konventioneller Sprachen.

Instanzen von MethodContext werden auch von Prozessen zur Speicherung ihres Zustandes verwendet (siehe Kap. 3.4.1.1). Bei einem Prozeßwechsel ist also nur der Austausch des activeContext-Zeigers notwendig.

Primitive Methoden

Die primitiven Methoden realisieren Funktionen wie
- Ein-/Ausgabe
- Arithmetik
- Zugriff auf indizierte Variable
- Grafik

und die Funktionen der Speicherverwaltung.

Die primitiven Methoden sind nicht in Bytecodes implementiert, sondern sind Funktionen der abstrakten Maschine. Sie sind mit einem Flag gekennzeichnet, auf Grund dessen der Interpreter diese Funktion erkennen und aktivieren kann. Einige der oft benutzten primitiven Methoden (z.B. +) werden nicht über das *method dictionary* gesucht, sondern sind als besondere *send*-Bytecodes realisiert und können daher sofort ausgeführt werden.

3.5.2 Abstrakte parallele Maschinen

Zur parallelen Abarbeitung von Smalltalk wurde das Wesentliche in Kapitel 3.4.1 dargestellt. Die abstrakte Maschine ist ein System aus einem gemeinsamen Speicher und mehreren Prozessoren, die darauf Zugriff haben (Bild 3.9). Das Software-System enthält soviele Instanzen der Klasse ProcessorScheduler, wie Prozessoren vorhanden sind. Diese greifen auf eine Liste der rechenbereiten Prozesse zu. Die Prozessoren selbst sind Stackmaschinen, wie bereits beschrieben.

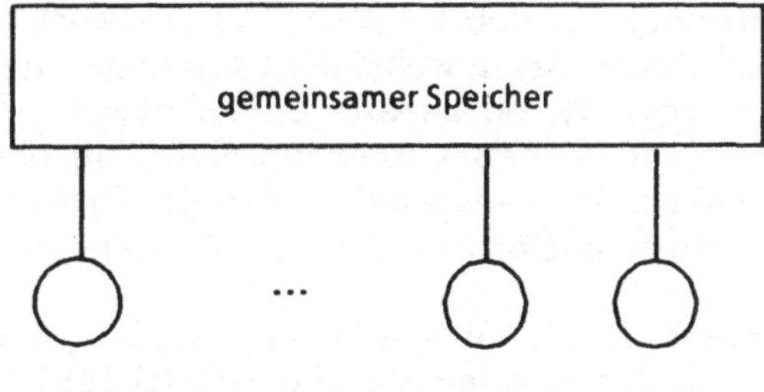

Bild 3.9. Mehrere Prozessoren greifen auf einen Speicher zu

Beim Übergang auf die implizit parallelen Objekte hängt die Verwendung eines gemeinsamen Speichers davon ab, ob das Vererbungskonzept implementiert wird. Ist das der Fall, so enthält der gemeinsame Speicher die Methodencodes der Klassen (dieser Code wird von verschiedenen Instanzen einer Klasse gemeinsam benützt) und die Klassenbeschreibungen, einschließlich der *method dictionaries*. Im anderen Fall kann man ohne gemeinsamen Speicher auskommen.

Im folgenden sollen die Prozessoreinheiten (PE) beschrieben werden. Unabhängig davon, ob man einen gemeinsamen Speicher benützt, können sie gleich aufgebaut werden. Die PE müssen untereinander so vernetzt sein, daß jede PE Nachrichten an jede andere PE senden kann (Bild 3.10).

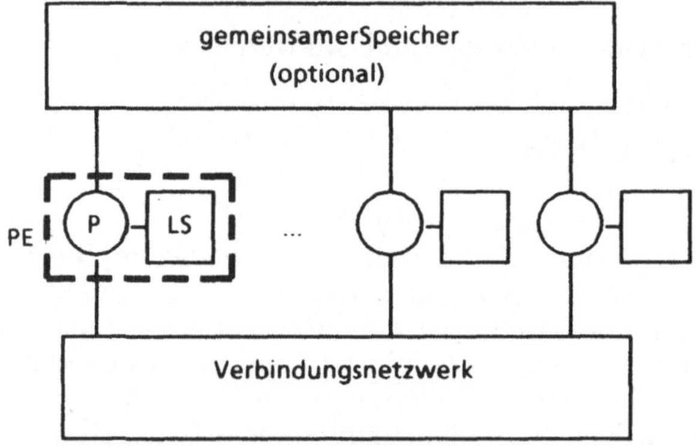

Bild 3.10. Eine abstrakte parallele Maschine

Zunächst sind die Bytecodes zum Senden von Nachrichten (*send*) und zur Übergabe einer Antwort (*return*) anders zu interpretieren. Hinzu kommen Bytecodes zur Übernahme der Antwort (*receive*). Die Aktor-Systeme werden hier nicht gesondert behandelt, da sie als Spezialfall dieser Art der Kommunikation angesehen werden können.

Bei *send* wird nicht ein neuer Context eröffnet, sondern ein **Kommunikationsobjekt** erzeugt, daß den Empfänger, den Selektor und die Argumente der Botschaft enthält. Dieses Objekt muß über das Postsystem in die Nachrichten-Warteschlange des Empfängers eingetragen werden. Zugleich muß eine Mailbox für den Empfang der Antwort erzeugt werden. *return* ist eine Spezialform des *send*, wobei der Empfänger die Mailbox ist.

Bei *receive* wird überprüft, ob bereits eine Antwort an der Mailbox vorliegt. Falls ja, wird die Antwort übernommen und der Prozeß kann weiterarbeiten. Im anderen Fall suspendiert sich der Prozeß und wartet an der Mailbox (d.h. das Mailbox-Objekt hat einen Verweis auf den wartenden Prozeß).

Eine PE besteht demnach aus einem Datenprozessor, einem Kommunikationsprozessor und aus dem lokalen Speicher (Bild 3.11).

Aufgabe des Kommunikationsprozessors ist die Realisierung des Postsystems. Er sendet und empfängt die Kommunikationsobjekte. Beim Empfang eines Kommunikationsobjektes sucht er die richtige Warte-

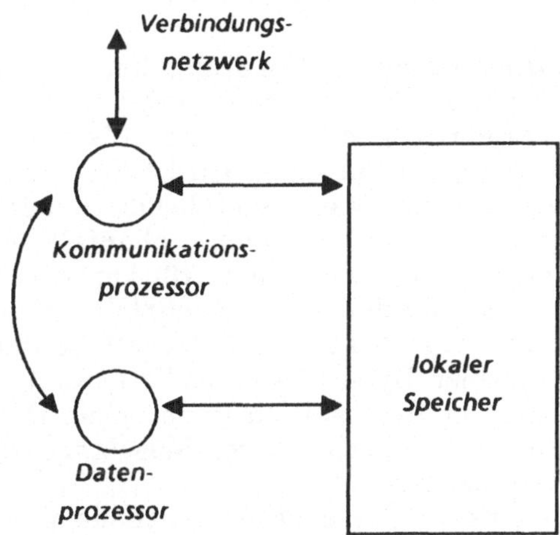

Bild 3.11. Eine Prozessoreinheit (PE)

schlange aus und hängt es dort ein. Wartende Prozesse können von ihm in die Liste der rechenbereiten Prozesse eingetragen werden.

Der Datenprozessor führt den Befehlscode der Methoden aus. Er erzeugt die Kommunikationsobjekte und übergibt sie an den Kommunikationsprozessor.

3.5.3 Zwischensprache

Die *Smalltalk Virtual Machine* arbeitet mit Bytecodes, das sind Maschinenbefehle für eine stackorientierte Maschine. Wie der Name sagt, ist jeder Befehle in einem Byte codiert. Einige der Befehle verwenden ein zweites Byte zur Angabe von Offsets. Insgesamt gibt es ca. 250 Befehle. Eine genaue Auflistung der Befehle findet sich in [Gol83].

Die **Stack-Befehle** arbeiten auf dem Stack des aktiven Objektes. Die hohe Zahl der Befehle kommt zustande, da jeder Operationscode mit jeder dazu möglichen Adresse als ein Bytecode gezählt wird.

- 107 Bytecodes schreiben einen Objekt-Zeiger auf den Stack (push)
  - 99 schreiben einen Pointer aus dem Speicher
  - 7 schreiben eine Konstante
  - 1 schreibt den activeContext-Zeiger auf den Stack
- 18 Bytecodes schreiben eine Objekt-Referenz vom Stack in den Speicher
  - 17 davon entfernen sie vom Stack
  - 1 beläßt sie auf dem Stack
- 1 Bytecode entfernt ein Objekt vom Stack, ohne es irgendwohin zu schreiben.

Die **Sprungbefehle** ändern den Bytecode-Zeiger der aktiven Methode. Es gibt 8 kurze unbedingte Sprünge, diese erhöhen den Zeiger um einen Wert zwischen 1 und 8. Die 8 langen unbedingten Sprünge benützen ein zweites Byte. Damit kann der Zeiger um bis zu 1023 erhöht oder um bis zu 1024 erniedrigt werden.

Ferner gibt es die bedingten Sprünge, bei denen ein Sprung in Abhängigkeit vom obersten Stackelement ausgeführt wird. Die 8 kurzen bedingten Sprünge werden ausgeführt, wenn das oberste Stackelement *false* ist. Bei den langen bedingten Sprüngen wird bei einer Hälfte der Sprung ausgeführt, wenn *false* auf dem Stack steht, bei der anderen Hälfte bei *true*. Die langen bedingten Sprünge verwenden ebenfalls ein zweites Byte, dadurch kann der Bytecode-Zeiger um bis zu 1023 erhöht werden.

Die **send-Bytecodes** senden eine Nachricht. Die Zeiger auf den Empfänger und auf die Argumente der Botschaft befinden sich auf dem Stack. In den verschiedenen Bytecodes ist codiert, wo der Selektor und die Anzahl der Argumente der Botschaft zu finden sind. Die Aktivierung von primitiven Methoden, also Funktionen der Maschine, wird ebenfalls über send-Anweisungen realisiert.

Zur Übergabe des Ergebnisses einer Methode gibt es die **return-Bytecodes**. Das Ergebnis, das abgeliefert werden kann ist das oberste Stackelement oder *true, false, nil* oder das Objekt selbst (*self*).

Für die **asynchrone Kommunikation** sind noch **receive-Befehle** notwendig, mit denen ein Ergebnis von einer Mailbox abgeholt werden kann und Befehle, mit denen der Zustand der Mailbox abgefragt werden kann.

Befehlshäufigkeiten und Größe der Objekte

Für die abstrakten parallelen Maschinen liegen keine Untersuchungen über Befehlshäufigkeiten vor. Dagegen sind Smalltalk-Implementierungen ausführlich untersucht worden [Ung82]. Tabelle 3.1 gibt einen Überblick über die dynamische Verteilung von Bytecodes.

Die einfachen send-Befehle erwarten nur die Übergabe von Instanzvariablen eines Objekts. Sie werden sofort, ohne Context-Wechsel

Tabelle 3.1. Dynamische Bytecode-Verteilung

Befehlstyp	*Häufigkeit*	
push	43%	
send	11%	(mit Context-Wechsel)
einfaches send	5%	(ohne Context-Wechsel)
arith. primitive	8%	(direkt ausgeführt)
sonstige primitive	3%	(direkt ausgeführt)
sonstige primitive	3%	(über method dictionary)
return	11%	
pop und store	5%	
pop	2%	
bedingter Sprung	6%	
unbedingter Sprung	2%	
store	1%	

ausgeführt. Die als Primitive bezeichneten Befehlstypen sind ebenfalls als send-Anweisungen realisiert, sie aktivieren jedoch primitive Methoden. Diese können z. T. sofort erkannt und ausgeführt werden, oder sie werden erst beim Aktivieren der Methode erkannt.

Ein weiterer Punkt ist die Größe der Objekte. In der Untersuchung von [Ung82] wurde festgestellt, daß über 90% der erzeugten Objekte weniger als 19 Einträge (Felder) besitzen.

3.6 Hardware Architekturen

In diesem Kapitel werden einige Architekturen vorgestellt, die objektorientierte Sprachen unterstützen. Die dabei verfolgten Ansätze unterscheiden sich in der Verteilung der Aufgaben des Gesamtsystems. Es geht um die Entscheidung, welche Aufgaben von der Software (z.B. Compiler) übernommen werden können und was in Hardware realisiert werden soll.

Auf der einen Seite dieses Spektrums steht der SOAR-Chip (Smalltalk on a RISC) [Ung87, Sam86], eine RISC-Architektur (RISC: *Reduced Instruction Set Computer*), auf der anderen Seite der INTEL iAPX 432 Prozessor [Tyn81, Alm82], der viele der hier beschriebenen Aufgaben in Silizium realisiert hat. Als weitere Architektur wird das FAIM-1 System [Dav85, And87] vorgestellt, das mehrere VLSI-Bausteine verwendet, um Hardware-Funktionen zu realisieren.

3.6.1 Smalltalk mit RISC

Die Philosophie der SOAR-Architekten war es, soweit wie möglich Software-Lösungen zur Leistungsverbesserung zu verwenden und nur dann Hardware-Implementierungen vorzunehmen, wenn ein sehr grosser Gewinn in der Leistungsfähigkeit des Gesamtsystems zu erwarten war.

Software zur Steigerung der Leistung

Die Bytecodes, die den Vorteil haben, eine einfache und kompakte Zielsprache für Übersetzer zu sein und die der leichten Portierbarkeit des System dienen, haben auch einige Nachteile.

Die Decodierung des kompakten Codes verbraucht entweder viel Platz oder viel Zeit. Beispielsweise benötigt die *Instruction Fetch Unit* 20% der Fläche der CPU des Dorado Rechners (ein ECL-Rechner für Smalltalk). In der Berkeley-Smalltalk-Implementierung benötigt die Decodierung eines einfachen Bytecodes doppelt so lange, wie dessen Ausführung.

In SOAR wird daher Smalltalk in Maschinenbefehle für den Chip übersetzt, es wird nicht versucht, die Bytecodes zu emulieren.

Als Nächstes wurde ein sog. *in-line Cache* verwendet, um die Zeit, die zum Suchen eines Methodencodes notwendig ist zu reduzieren. Dabei wird eine

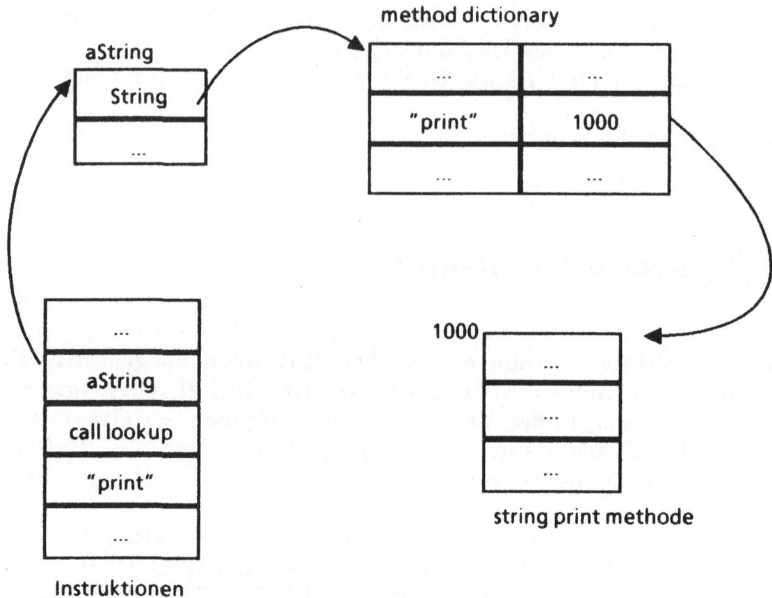

Bild 3.12a. in-line Cache: Aufruf von aString print

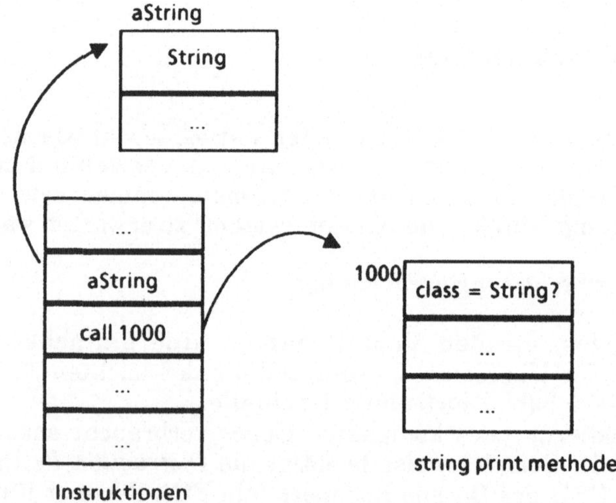

Bild 3.12b. in-line Cache: Beim nächsten Aufruf von aString print wird die Methode direkt angesprungen

einmal gefundene Adresse für den späteren Gebrauch in den Befehlsstrom eingebaut. Beim nächsten *send* kann der Code der Methode direkt angesprungen werden. Die aufwendige Methodensuche entfällt. Ein Prolog in der Methode überprüft, ob die Klasse des Empfängerobjektes die gleiche ist, wie beim letzten Aufruf (Bild 3.12).

Als Abbildungsfunktion bei der Adressierung der Objekte werden die Objekt-Zeiger selbst verwendet. Die Zeiger enthalten die (virtuelle) Adresse des Objektes. Auf diese Weise entfällt ein zusätzlicher Speicherzugriff bei einem Zugriff auf das Objekt. Dieses Verfahren, zusammen mit der Generation-Scavenging-Methode (siehe Kap.1) zur Garbage-Collection, erhöht die Leistung des Systems beträchtlich (Tabelle 3.2).

Die Instanzen von MethodContext, die zur Abarbeitung einer Methode notwendig sind, werden auf einem Stack verwaltet, da sich die meisten dieser Instanzen wie herkömmliche *Activation Records* verhalten. Sollte ein Context nach Abarbeitung der Methode noch gebraucht werden, so wird er vom Stack auf den Heap kopiert.

Hardware zur Steigerung der Leistung

Der Stack wird in der Hardware durch ein großes Register-File auf dem Chip unterstützt. Die Register sind in überlappende Fenster eingeteilt. Bei einem Contextwechsel werden nur die Registerfenster gewechselt.

Tabelle 3.2. Software und Hardware Verbesserungen

Software	
Übersetzen in Maschinensprache (geschätzt)	100%
in-Line Cache	33%
direkte Zeiger und Generation-Scavenging	32%
Hardware	
Register-Fenster	46%
Integer mit Tag	26%
Doppel-Instruktionen	16%

SOAR unterstützt zwei Arten von Datentypen: Pointer und Integer. Diese werden durch ein Bit (Tagbit) unterschieden. Da Operationen auf Integern sehr oft vorkommen, werden diese gleichzeitig mit der Überprüfung der Tagbits der Operanden gestartet. Handelt es sich bei einem der Operanden um einen Zeiger, wird die Operation abgebrochen (*trap*) und in der entsprechenden Weise abgewickelt.

Eine weitere Besonderheit der SOAR-Architektur ist, daß alle Instruktionen mit und ohne Überprüfung des Datentags vorhanden sind. Dafür ist in jeder Instruktion ein Bit vorgesehen. Werden keine Tags überprüft, werden alle Operanden als Daten angesehen, und alle Bits eines Wortes können manipuliert werden. Ein weiterer Vorteil ist, daß in diesem Modus auch C- und Pascal-Programme auf dem Prozessor ablaufen können.

Ein Bit im Zustandswort des Prozessors (*Program Status Word*) wurde zu diesem Zweck nicht verwendet, da es die Ausführungszeit, auf Grund der Prüfung, um 16% verschlechtert hätte.

Tabelle 3.2 gibt einen Überblick über die Leistungsverbesserungen. Die Prozentzahl gibt an, um wieviel die Leistung erhöht wird, wenn man die jeweilige Funktion hinzunimmt.

Prozeßverwaltung

Da die MethodContext-Objekte in SOAR in anderer Weise organisiert sind als im letzten Kapitel beschrieben, müssen auch die Prozesse in etwas anderer Weise verwaltet werden. Jedem Prozeß wird ein Speicherbereich fester Größe als sein *Activation Stack* zugeordnet. In diesem Speicherbereich werden die MethodContext-Objekte stackartig als *Activation Records* verwaltet. Die *Activation Records* bestehen aus den aneinander gehängten Objekten des MethodContext (*Stack Object, Method Object* etc.) (Bild 3.8). Der Prozessor holt sich aus dem *Activation Stack* die *Activation Records* in sein Registerfile und speichert sie dort zurück, wenn sein Registerfile voll ist. Reicht der Speicherbereich nicht aus, wird ein neuer angefordert und mit dem alten verkettet. Diese *Activation Record Stacks* sind keine Objekte im Smalltalk-Sinn und werden daher nicht vom Garbage-Collector erfaßt. Sie müssen beim Terminieren der Prozesse freigegeben werden und unterliegen einer gesonderten Verwaltung.

SOAR ist für ein Monoprozessorsystem entwickelt worden. Eine Übertragung der Architektur auf ein Multiprozessorsystem ist möglich, indem man mehrere SOAR-Prozessoren mit einem gemeinsamen Speicher verbindet.

3.6.2 Intel iAPX 432

Der Intel iAPX 432 ist ein 32-bit Mikroprozessor-System und kann als der erste kommerziell verfügbare, objektorientierte Rechner angesehen werden. Hier wurde versucht, die Anforderungen eines objektorientierten Systems direkt in die Hardware zu übertragen. Zusätzlich wurde die dynamische Überprüfung von Zugriffsrechten eingebaut (*capabilty*-Konzept siehe Kap. 2.6).

Der iAPX 432 unterstützt beliebige Objektklassen und Objekte. Ein 432-Objekt ist ein zusammenhängendes Segment im Speicher, das bis zu 64KByte lang sein kann. Das System kann maximal 2^{24} Segmente verwalten. Jedes Segment hat einen Typ, der bestimmt, welche Operationen auf dem Segment zulässig sind. Die Adressierung dieser Segmente erfolgt über Zugriffsdeskriptoren (*access descriptors*). Zugriffsdeskriptoren können nur als solche behandelt werden, es sind keine anderen Datenoperationen darauf möglich. Ein Zugriffsdeskriptor enthält die gewährten Zugriffsrechte (lesen, schreiben, löschen etc.) auf ein Objekt. Bei jedem Zugriff auf ein Objekt werden diese Rechte vom Prozessor automatisch überprüft.

Ein Zugriffsdeskriptor enthält ferner zwei Indizes, die zusammengestzt die Adresse eines Objektdeskriptor in einer Objekttabelle ergeben. Die Objektdeskriptoren enthalten die Adresse des Segmentes, seinen Typ und Informationen zur Speicherverwaltung (Bild 3.13).

Einige Objektklassen (Typen) sind in der Hardware realisiert, d.h. sie werden von der Hardware erkannt und können durch Maschinenbefehle manipuliert werden. Zu diesen sog. Systemobjekten zählen:

- *Processor Object* Dieses Objekt beschreibt einen physikalisch existenten Prozessor im System. Zu jedem Prozessor gehört ein *Processor Object*. Es beschreibt die Zustände des Prozessors. In der iAPX 432 Architektur gibt es zwei Prozessortypen: Den *General Data Processor* (GDP) und den *Interface Processor* (IP).
- *Process Object* Dieses Objekt beschreibt einen Prozeß, eine dem Prozessor zuteilbare zusammenhängende Aktivität. Es beschreibt ferner die Umgebung, in der die Ausführung der Anweisungen durch den Prozessor stattfinden kann.
- *Port Object* Objekte dieser Art realisieren Warteschlangen oder Puffer. Die asynchrone Kommunikation und die Verteilung der Prozesse auf die Prozessoren wird über

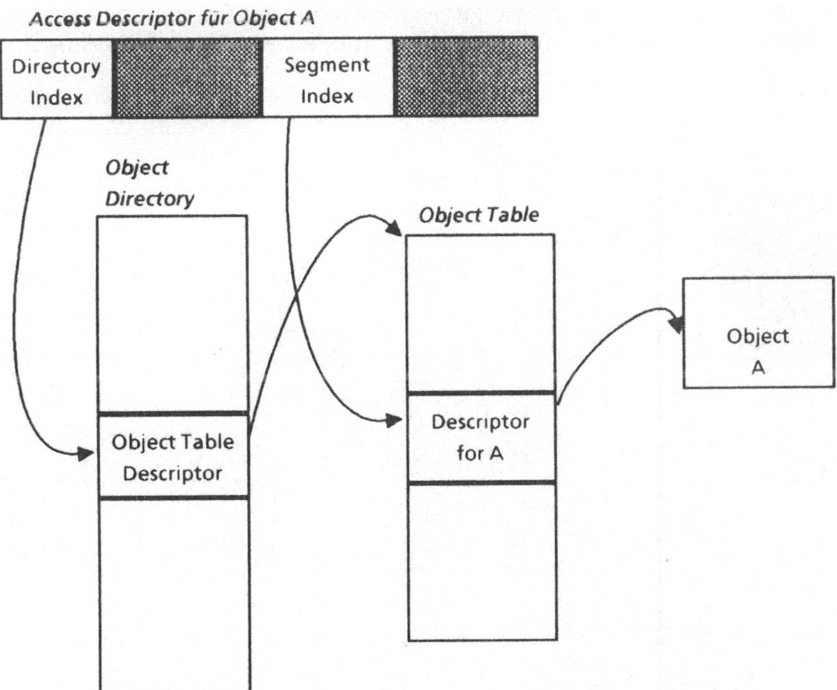

Bild 3.13. Abbildung der Zugriffsdeskriptoren auf die Objekte

Objekte dieser Art abgewickelt (*Communication Port* siehe unten).

- *Domain Object* Dieses Objekt beschreibt die statische Umgebung beim Ablauf einer Prozedur. Insbesondere verweist es auf die auszuführenden Befehle (*Instruction Object*).
- *Context Object* Mit diesen Objekten wird die Gesamtumgebung einer ablaufenden Prozedur beschrieben. Sie entsprechen begrifflich den in 3.5 beschriebenen MethodContexts.

Bild 3.14 beschriebt den Zusammenhang einiger Systemobjekte.

Das *Context Object* ist das zentrale Objekt beim Abarbeiten einer Prozedur (Methode). Es bestimmt im wesentlichen, auf welche Objekte zugegriffen werden kann. Um auf Objekte zugreifen zu können, werden deren Zugriffsdeskriptoren benötigt. Ein Context-Objekt kann nur die Zugriffsdeskriptoren referenzieren, die in einem der maximal vier *Entry Access Segments* (EAS) enthalten sind (Bild 3.15). EAS 0 ist das Context-Objekt selbst. Die Objekte, die mittels der Zeiger in den vier EAS erreichbar sind, bilden den unmittelbaren Zugriffsbereich des Objektes, nur diese können referenziert werden. Will man ein Objekt X außerhalb dieses Bereiches erreichen, so muß man sich dessen Deskriptor holen. Mit der Anweisung *ENTER ACCESS SEGMENT* kann ein Objekt, das eine Referenz auf Objekt X enthält, zu einem EAS gemacht werden. Danach kann erst auf Objekt X zugegriffen werden.

Dieser komplexe Adressierungsmechanismus, der bei jedem Objektzugriff und Prozeduraufruf ausgeführt werden muß, ist ein Grund für die niedrige

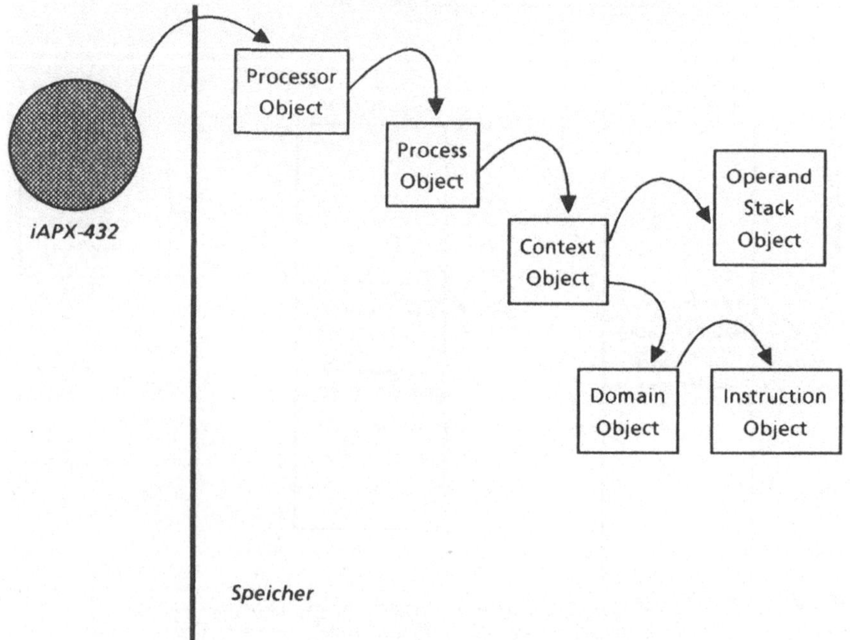

Bild 3.14. Hardware-unterstützte 432-Objekte

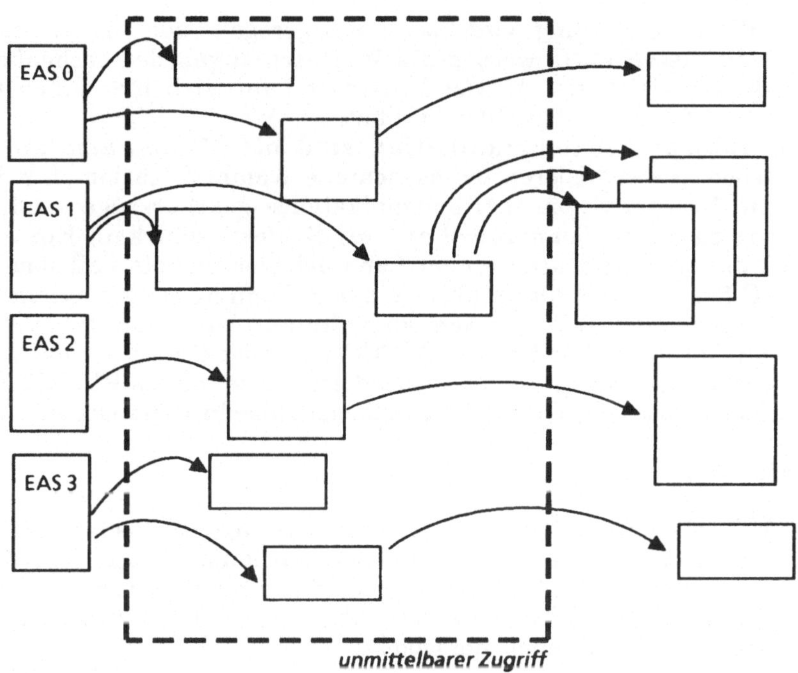

Bild 3.15. Unmittelbarer Zugriffsbereich eines *Context Objects*

Leistungsfähigkeit des iAPX 432 [Kro81], obwohl eine Anzahl von Assoziativregistern verwendet wird, um den Vorgang zu beschleunigen. In [Geh86] wurden speziell die Prozeduraufrufe des 432 untersucht, Tabelle 3.3 ist daraus entnommen.

Tabelle 3.3. Speicherzugriffe bei einem Prozeduraufruf (4 Integer als Parameter)

Rechner	*Lesen*	*Schreiben*	*Gesamtzahl beteiligter Bits*
VAX 11/780	3	10	392
MC68010	8	13	336
iAPX 432	16	24	1848

Prozeßverwaltung

Der iAPX 432 wurde für Multiprocessing entwickelt. Viele Prozessoren können an einen gemeinsamen Speicher angeschlossen werden. Das Schlagwort heißt hier *Transparenz*. Aufgrund der objektorientierten Architektur (*Processor Objects*, Verwaltung der Prozesse über *Port Objects*), können neue Prozessoren angeschlossen werden, ohne Änderungen in der Software.

Die Prozeßverwaltung wird über Ports geregelt, den sog. *Dispatching Ports*. Mit diesen Ports werden die Warteschlangen der rechenbereiten Prozesse gebildet (vgl 3.4). Der Prozessor kann sich hier einen Prozeß abholen, wenn er Zugriff auf den Port hat.

Zur Interprozeßkommunikation sind die *Communication Ports* vorgesehen. Sie realisieren die asynchrone Kommunikation. Ein Prozeß kann ein *Message* Segment (Kommunikationsobjekt) erzeugen und dessen Referenz an einen *Communication Port* (C-Port) schicken. Ein anderer Prozeß, der Zugriff auf den Port hat, kann sich hier die Botschaft abholen.

Ein C-Port ist als Puffer realisiert, d.h. er kann nur eine bestimmte Zahl von Zeigern auf Botschaften aufnehmen. Die Instruktionen zur Kommunikation sind SEND und RECEIVE. Ist der C-Port bei einem SEND voll, wird der sendende Prozeß suspendiert. Ist bei einem RECEIVE keine Nachricht vorhanden, so wird der empfangswillige Prozeß suspendiert.

Garbage Collection

Der iAPX 432 unterstützt einen parallelen Garbage-Collector nach einem Verfahren von Dijkstra. Die Objekte werden dabei, beim Kopieren von Zeigern, von der Hardware mit den notwendigen Kennzeichen versehen. Ein System-Prozeß, der parallel zu anderen Prozessen arbeitet, übernimmt dann das Markieren und Sammeln der Objekte.

3.6.3 Die FAIM-1 Architektur

FAIM-1 *(Fairchild AI Machine)* [And87] ist ein Multiprozessor-System, das aus identischen Prozessoreinheiten (PE) aufgebaut ist, die *Hectogons* heissen. Die PEs sind untereinander durch ein Netzwerk verbunden, es gibt keinen gemeinsamen Speicher. Jedes Hectogon ist ein selbständiger Rechner, mit lokalem Speicher. Hectogons kommunizieren über Botschaften miteinander, die über Ports laufen (nicht zu verwechseln mit den 432-C-Ports). Jedes Hectogon verfügt über 6 Ports, die gleichzeitig arbeiten können.

Ein Hectogon ist aus 6 Subsystemen aufgebaut – EP *(Evaluation Processor)*, SP *(Switching Processor)*, ISM *(Instruction Stream Memory)*, SRAM *(Scratch Random Access Memory)*, PAM *(Pattern Addressable Memory)* und *Post Office* (Bild 3.16). Drei dieser Subsysteme (ISM, PAM, SRAM) sind spezialisierte Speichereinheiten, das *Post Office* unterstützt die Interprozessor-Kommunikation, EP und SP sind die Verarbeitungseinheit.

Das Verbindungsnetzwerk ist zweischichtig. Auf der unteren Ebene werden Hectogons zu einem *processing surface* verbunden, dieses hat eine flache hexagonale Netzstruktur. Auf der oberen Ebene können mehrere dieser Hexagone zu einem FAIM-1 System verbunden werden.

Das *Post Office* erfüllt die Funktion eines Kommunikationsprozessors. Botschaften werden vom EP erzeugt und im SRAM in einer Liste abgelegt. Der Kommunikationsprozessor kann darauf zugreifen und die Botschaften

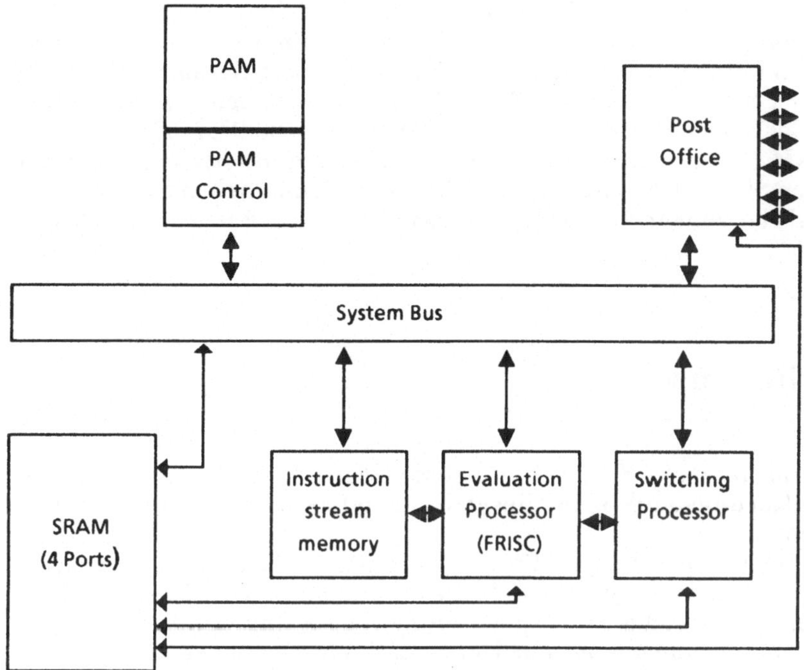

Bild 3.16. Prozessoreinheit von FAIM-1 (Hectogon)

(Kommunikationsobjekte) senden. Jedes *Post Office* betreibt die sechs Ports zu den benachbarten PEs.

Eine Botschaft wird in mehrere Pakete zerlegt, die über das Netz geschickt werden. An ihrem Endpunkt werden sie wieder zusammengesetzt. Das Routing der Pakete übernehmen die *Post Offices*. Sie kennen als einzige Einheiten die Topologie des Gesamtsystems. Ist eine Botschaft vollständig angekommen, wird sie im SRAM abgelegt, und der FRISC wird unterbrochen, um die Botschaft zu übernehmen.

Der ISM (*Instruction Stream Memory*) ist das System, das die Befehle für den FRISC bereithält. Es entscheidet welcher Befehl als nächster auszuführen ist, insbesondere werden Sprung- und Call-Instruktionen vom ISM bearbeitet. Der ISM hat eine spezielle Speicherstruktur, um die Instruktionen zu speichern. Dadurch ist ein kompakter Befehlscode möglich.

Der EP *(Evaluation Processor)* wird als FRISC (*Fanatically Reduced Instruction Set Computer*) bezeichnet. Er ist ein spezieller Prozessor zur Unterstützung der Sprache OIL und verwendet 28-Bit Worte, mit acht Tagbits und 20 Datenbits. Eine 20-Bit ALU führt alle logischen und arithmethischen Operationen durch. Die Überprüfung von Tags läuft parallel zu den gewöhnlichen Instruktionen. Der EP ist im wesentlichen eine Stackmaschine. Intern benutzt er zwei Registerbänke, wobei jede Registerbank den Kontext eines Prozesses enthält. Zu einer Registerbank gehört ein Stackbuffer, der als Cache für die obersten Stackelemente *(Top of Stack)* fungiert. Eine Registerbank ist jeweils als gültig (aktiv) gekennzeichnet.

Das Umladen der Registerbänke *(Context switching)* übernimmt der SP *(Switching Processor)*. Er verwaltet die Liste der rechenbereiten Prozesse. Unabhängig vom EP kann er die nicht aktive Registerbank abspeichern und mit den Daten des nächsten auszuführenden Prozesses laden.

Der SRAM (*Scratch* RAM) stellt den lokalen Speicher eines Hectogons dar. Der Speicherausbau beträgt ein Megawort (28 Bit pro Wort).

PAM (*Pattern Addressable Memory*) ist ein assoziativer Speicher. Hier werden Strukturen abgelegt, auf die bei herkömmlichen System über Hash-Verfahren zugegriffen wird. Insbesondere wird Pattern-Matching unterstützt.

3.7 Resümee

Die im letzten Kapitel vorgestellten Architekturen sollen als Orientierungspunkte im Bereich der objektorientierten Architekturen dienen.

FAIM-1 ist ein Beispiel für eine verteilte Architektur ohne gemeinsamen Speicher. Ein Prototyp mit 19 Prozessoreinheiten wird derzeit aufgebaut. Er soll an eine Symbolics Lisp-Maschine (Host) angeschlossen werden. Die Programmierumgebung, ein Übersetzer, ein Debugger und ein Simulator laufen auf dem Hostrechner. FAIM-1 soll zur Steigerung der Leistung bisheriger AI-Maschinen beitragen. Um die Leistung von FAIM noch zu steigern wurde versucht, die Parallelität auf mehreren Ebenen zu realisieren. Laufzeitmessungen im System lagen zum Zeit-punkt des Berichtes noch nicht vor. Ein gewisser Nachteil des Systems ist, daß hierfür eine neue Sprache (OIL) entwickelt wurde. Dieser Nachteil wird durch die Tatsache relativiert, daß im Bereich der symbolischen Programmierung (Künstliche Intelligenz) noch nicht sehr viele Anwendungen vorliegen.

FAIM-1 und andere verteilte Systeme auf objektorientierter Grundlage [Bra86] sollen auch zur Realisierung massiv paralleler Architekturen (Anzahl der Prozessoren > 1000) dienen. Die Eigenart der Objekte, Einheiten von Programm und Daten zu sein, die explizit über Nachrichten kommunizieren, wird hierbei besonders hervorgehoben.

Die beiden anderen vorgestellten Architekturen basieren auf einem gemeinsamen Speicher, die Anzahl der Prozessoren ist daher beschränkt. Verwendet man eine solche Struktur aus gemeinsamen Speicher und mehreren Prozessoren als Cluster, und verbindet man mehrere Cluster zu einem Gesamtsystem, so lassen sich auch hier grössere Prozessorzahlen verwirklichen.

Beide Systeme eignen sich auch für andere Sprachklassen. Sie sind als *stand alone* Systeme gedacht, d.h. ohne Host, mit eigenem Betriebssystem. Ihr Hauptunterschied liegt in der Verteilung der Aufgaben zwischen Hardware und Software.

Beim iAPX 432 wurden objektorientierte Merkmale und das *Capability*-Konzept in die Hardware integriert. Wegen seiner geringen Leistung war ihm kein kommerzieller Erfolg beschieden. Als Prototyp einer objektorientierten Architektur bleibt er dennoch interessant, vor allem auch, weil ein möglicher Nachfolgeprozessor eine bessere Leistung unter Beibehaltung wesentlicher Architekturmerkmale verspricht.

Der SOAR-Chip ist ein Beispiel dafür, wie man auf Grund eingehender Untersuchungen des Laufzeitverhaltens die Leistungsfähigkeit eines Systems steigern kann. Ferner wird hier auch deutlich, wie wichtig ein guter Übersetzer ist. Alles was zur Übersetzungszeit erledigt werden kann, enthebt den Prozessor von Arbeit, die die Leistung des Systems mindert. SOAR zeigt auch, wie man das Laufzeitverhalten mit unkonventionellen (Software-)Mitteln im Laufzeitsystem steigern kann.

Die Anforderungen an eine objektorientierte parallele Hardware-Architektur decken sich weitgehend mit den in Kapitel 2.7 gemachten Anforderungen. Besondere Unterstützung benötigt hier zusätzlich die Speicherverwaltung (Kapitel 3.4).

Das Sprachkonzept des objektorientierten Programmierens beruht auf dem Versenden von Nachrichten an Objekte. Dieses Prinzip ersetzt Funktionen, Prozeduren und Klauseln aus anderen Programmiersprachen und ermöglicht eine klare, durchgehende Modularisierung und Parametrisierung. Dadurch wird der Entwurf, die Implementierung und die Wartung von komplexen Software-Systemen wesentlich erleichtert.

Insbesondere die hier unter dem Begriff der "implizit parallelen Objekte" behandelten Konzepte ermöglichen einen Parallelitätsgrad, der den Aufbau von geeigneten Architekturen als lohnend erscheinen läßt und dabei von den Anwendern kein radikales Umdenken bei der Programmierung des Systems erfordert.

3.8 Literaturverzeichnis

Agh86 Agha, G. A.: ACTORS: A Model of Concurrent Computation in Distributed Systems, Cambridge, Mass.: The MIT Press, 1986

Alb85 Albert, P.: Prolog et les Objects, in: Proc. 5th Int. Workshop on Expert Systems and their Applications, 1985, 331-350

Alm82 Almes, G.; Borning, A.; Messinger, E.: Implementing a Smalltalk-80 System on the Intel 432: A feasibility Study, in: Glenn Krasner (ed.), Smalltalk-80: Bits of History, Words of Advice, Reading, Mass.: Addison-Wesley 1983, 299-321

Ame85 America, P.: Design Issues in a Parallel Object-Oriented Language, in: Proc. Int. Conf. Parallel Computing 85, 1985, 325-330

And87 Anderson, M. J.; Coates, W. S.; Davis, A. L.; et al.: The Architecture of Faim-1, Computer 1/20 (1987), 55-65

Beh86 Behr, P. M.; Giloi, W. K.: UPPER - Ein objektorientiertes, verteiltes Mehrrechnersystem, Informatik - Forschung und Entwicklung 1 (1986), 123-137

Bob83 Bobrow, D.; Stefik, M.: The Loops Manual, Xerox Corporation, 1983

Bob86 Bobrow, D.; Kahn, K.; Kiczales, G.; Masinter, L.; Stefik, M.; Zdybel, F.: CommonLoops - Merging Lisp and Object-Oriented Programming, in: Proc. OOPSLA'86, 1986, 17-29

Bou83 Bourne, S. R.: The Unix System, Reading, Mass.: Addison-Wesley 1983

Bra86 Brando, T. J.; Connell, H. E. T.; Harris, J. D.; Prelle, M. J.: A Massively Parallel Artificial Intelligence Processor, in: Proc. Fifth Annual Conf. on Computers and Communications: PCCC '86, 1986, 638-645

Bur86 Burgstaller, J.; Gall, R.; Hess, K.; Seigis, A.: Ein interaktiver, objektorientierter Dokumenteneditor, in: Schwärtzel, H. (ed.): Informatik in der Praxis, Berlin, Heidelberg, New York, Tokyo: Springer 1986, 269-280

Chi84 Chikayama, T.: Unique Features of ESP, in: Proc. Int. Conf. on 5th Generation Computer Systems, 1984, 292-298

Dav85 Davis, A. L.; Robison, S. V.: The Architecture of the FAIM-1 Symbolic Multiprocessing System, in: Proc. Ninth Int. Joint Conference Artificial Intelligence (IJCAI), 1986, 32-38

Dre87 Dressler, O.: CSSA: Computing System for Societies of Agents on the LISP-Machine, Siemens-Bericht INF 3/03/87/DRE, 1987

Dij75 Dijkstra, E. W.: Guarded Commands, Nondeterminacy and Formal Derivation of Programs, CACM 18 (1975), 453-457

Geh86 Gehringer, E. F.; Colwell, R. P.: Fast Object-Oriented Procedure Calls, in: Lessons from the Intel 432, IEEE, 1986, 92-101

Gol83 Goldberg, A.; Robson, D.: Smalltalk-80, The Language and its Implementation, 2nd ed., Reading, Mass.: Addison-Wesley, 1983

Hew77 Hewitt, C.: Viewing Control Structures as Patterns of Passing Messages, Artificial Intelligence 8 (1977), 323-364

Ing81 Ingalls, D. H.: Design Principles Behind Smalltalk, Byte, Nr.8, 1981, 286-298

Kah86 Kahn, K.; Tribble, E. D.; Miller, M. S.; Bobrow, D. G.: Objects in Concurrent Logic Programming Languages, in: Proc. OOPSLA'86, 1986, 242-257

Kra81 Krasner, G.: The Smalltalk-80 Virtual Machine, Byte, Nr. 8, 1981, 300-320

Kro81 Kroneberg; Reichmeyer; Dr.Hoffmann: Rechnervergleich zwischen iAPX-432 und anderen Prozessoren, Siemens-Bericht 031/FL FKS 23/Kg/Rhm/Hof, 1981

Meh87 Mehring, P.; Aposporidis, E.: Multi-Level Simulator for VLSI, in: Proc. PARLE - Parallel Architectures and Languages Europe, Vol. I, LNCS 258, Berlin, Heidelberg, New York, Tokyo: Springer 1987, 446-460

Moo86 Moon, D. A.: Object-Oriented Programming with Flavors, in: Proc. OOPSLA'86, 1986, 1-8

Lie86 Lieberman, H.: Using Prototypical Objects to Implement Shared Behaviour in Object Oriented Systems, in: Proc. OOPSLA'86, 1986, 214-223

Odi87 Odijk, E. A. M.: The DOOM system and its applications: A survey of Esprit 415 subproject A, Philips Research Laboratories, in: Proc. PARLE - Parallel Architectures and Languages Europe, Vol. I, LNCS 258, Berlin, Heidelberg, New York, Tokyo: Springer 1987, 461-479

Pas86 Pascoe, G. A.: Elements of Object-Oriented Programming, Byte, Nr. 8, 1986, 139-144

PPI84 Productivity Products International: Objective-C Reference Manual, PPI, 1984

Sam86 Samples, D. A.; Ungar, D.; Hilfinger, P.: SOAR: Smalltalk without Bytecodes, in: Proc. OOPSLA'86, 1986, 107-118

Sha83 Shapiro, E.; Takeuchi, A.: Object Oriented Programming in Concurrent Prolog, New Generation Computing 1 (1983), 25-48

Str86 Stroustrup, B.: The C++ Programming Language, Reading, Mass.: Addison-Wesley 1986

Syl83 Sylla, K. H.: Simula und Smalltalk, in: Giloi, W.; Schulze-Vorberg, M. (eds.): Intelligenztechnologie, Stuttgart: Teubner 1983, 9-47

Tyn81 Tyner, P.: iAPX-432 General Data Processor - Architecture Reference Manual, Intel Document, 1981

Ung82 Ungar, D. M.; Patterson, D. A.: Berkeley Smalltalk: Who knows where the time goes? in: Krasner, G. (ed.): Smalltalk-80: Bits of History, Words of Advice, Reading Mass.: Addison-Wesley 1983, 189-205

Ung87 Ungar, D. M.; Patterson, D. A.: What price Smalltalk?, IEEE, 1987, 67-74

Wet78 Wettstein, H.: Aufbau und Struktur von Betriebssystemen, München: Hanser 1978

Yon86 Yonezawa, A.; Briot, J.-P.; Shibayama, E.: Object-Oriented Concurrent Programming in ABCL/1, in: Proc. OOPSLA'86, 1986, 258-268

Yut86 Yutaka, I.; Tokoro M.: A Concurrent Object-Oriented Knowledge Representation Language Orient84/K: Its Features and Implementation, in: Proc. OOPSLA'86, 232-241

4 Funktionsbasierte Programmiersprachen

4.1 Einführung und Sprachmittel

Dieser Abschnitt bringt eine Einführung in die funktionale Programmierung. Es werden die Prinzipien sowie einige Eigenschaften besprochen und funktionale Sprachen betrachtet, zu denen auch die Vorgänger der heutigen Lisp-Dialekte gezählt werden können. Anschließend wird kurz in die Programmiersprache Lisp eingeführt und es werden einige Ansätze und Erweiterungen zur Parallelverarbeitung betrachtet.

4.1.1 Funktionale Programmierung

Grundidee der funktionalen Programmierung ist die Programmentwicklung in Form von Termen, die nach festgelegten Gesetzen gebildet werden. Ein funktionales Programm besteht aus einem einzigen Term ohne Variablen. Das Ergebnis eines Programmes ist der Wert dieses Termes. Er ergibt sich durch sukzessives Berechnen von Teiltermen zu seinem Ergebniswert.

John Backus beschreibt in [Bac78] ein funktionales Programmiersystem folgendermaßen:

Ein *funktionales Programmiersystem* besteht aus:

- einer Menge *O* von Objekten,
- einer Menge *F* von Funktionen *f*, die Objekte in Objekte abbilden,
- einer Operation: Applikation,
- einer Menge von Bildungsgesetzen zur Verknüpfung von Funktionen und Objekten (Termbildung),
- einer Menge *D* von Definitionen, mit deren Hilfe Terme als Funktionen festgelegt werden und Namen zugeordnet bekommen (Abstraktionsmittel).

Objekte sind entweder Atome, Listen von Atomen oder nach dem Rekursionsprinzip Listen von Objekten, also beispielsweise Listen von Listen von Atomen.

Funktionen sind primitive Funktionen, benutzerdefinierte Funktionen oder funktionale Terme. Zu den primitiven Funktionen gehören Konstruktor-, Selektorfunktionen, einfache Prädikate, logische und arithmetische Funktionen. Funktionale Terme sind mit Objekten und Funktionen parametrisierte Ausdrücke, die Funktionen beschreiben (z.B. Funktionskomposition).

Die einzige Operation im System ist die Applikation, die wie folgt notiert wird:

f : x.

Dieser Ausdruck beschreibt dasjenige Objekt, das das Ergebnis der Anwendung der Funktion **f** (Operator) auf das Objekt **x** (Operand) ist.

Die Bildungsgesetze beschreiben, wie Terme zusammengesetzt werden. Die wichtigsten Verknüpfungen sind: Funktionskomposition, -konstruktion und Bedingungen.
Definitionen bilden das Abstraktionsmittel des funktionalen Systems. Die Abstraktion geschieht, indem nach den Bildungsgesetzen erzeugte Terme parametrisiert und mit Namen versehen werden.

Die Semantik der Terme läßt sich wie folgt beschreiben:
Ein Term *t* ist entweder

- ein Atom: dann erhält man als Ergebnis den Wert des Atoms,
- eine primitive Funktion: als Ergebnis ergibt sich der Wert der Applikation auf das Argument,
- eine definierte Funktion: das Ergebnis erhält man durch Einsetzen des definierten Ausdrucks und Applikation.

Beim Einsetzen des per Definition festgelegten, parametrisierten Ausdrucks werden alle formalen Parameter konsistent durch ihre aktuellen Werte ersetzt. Formale Grundlage hierfür bildet der von Alonzo Church entwickelte Lambda-Kalkül [Chu41].

Vor- und Nachteile funktionaler Programmierung werden in [Veg84] diskutiert. Zu den Vorteilen zählt, daß die Programmierung in einer hohen, problemorientierten Ebene erfolgt. Mit der Funktionsdefinition fällt es leicht, Programme gut zu strukturieren. Damit ist es einfach, die Problemlösung herauszustellen und Implementierungsaspekte offen zu lassen. Gut strukturierte Programme sind einfacher zu verifizieren. Dem kommt außerdem entgegen, daß funktionale Programme keine Variablen besitzen und deshalb seiteneffektfrei sind. Unbeabsichtigtes Verändern globaler Variablen, wie es bei komplexen Programmen leicht vorkommen kann, ist ausgeschlossen. Wesentlich für die funktionale Programmierung ist, daß der Wert eines Ausdrucks nur von seiner textuellen Umgebung abhängt und nicht von den Berechnungen, die vorher durchgeführt wurden, d.h. im Verarbeitungsmodell existiert kein innerer Zustand. Funktionale Programme enthalten häufig viel impliziten Parallelismus, der leicht erkannt und genutzt werden könnte.

Probleme ergeben sich bei der Programmierung inhärent sequentieller Algorithmen, zu denen zum Beispiel Ein- /Ausgabe-Operationen gehören. Die Bearbeitung einer sequentiellen Datei ist in funktionaler Form umständlich zu programmieren. Solche Aufgaben lassen sich unter Benutzung von *streams* in die funktionale Programmierung integrieren. Streams sind Listenstrukturen, deren Elemente sequentiell übergeben werden. Ein anderes Problem stellt die Fehlersuche in funktionalen Programmen dar. Man kann keinen Berechnungszustand kontrollieren, weil funktionale Programme keinen Status besitzen. Dennoch ist es möglich, die Pfade des Ausführungsbaumes (*execution tree*) zu durchlaufen und Ein- und Ausgabewerte jeder Funktion zu betrachten. Das einfache Setzen von Break-Points bereitet Schwierigkeiten bei möglicherweise indeterministischer Berechnung von

Teilausdrücken oder auch bei besonderen Evaluierungsmechanismen wie *Eager Evaluation* und *Lazy Evaluation* (siehe auch Kap. 4.2.4).

Funktionale Sprachen

Beispiele für funktionale Sprachen sind FP von Backus [Bac78], [Har85], HOPE [Det85], ML [Gor77], Miranda [Tur86], VAL [Ack79], ID [Arv78], SISAL [Gra83] und Pure LISP [Car65]. Die meisten von ihnen besitzen heute keine praktische Bedeutung. Eine Ausnahme bilden HOPE (hierauf stützen sich einige Forschungsprojekte) und vor allem die vielfältigen Weiterentwicklungen von Pure LISP. Lisp ist von seinen Ansätzen her eine funktionale Sprache, deren Semantik sich auf den Lambda-Kalkül von Church stützt. Mit den Weiterentwicklungen der Sprache wurden Sprachelemente integriert, die den prozeduralen Sprachen entstammen. In neuerer Zeit wird auch objektorientierte Programmierung unterstützt (z.B. LOOPS). Lisp wird deshalb im folgenden als *funktionsbasierte Programmiersprache* bezeichnet, weil die reine Funktionalität nicht mehr gegeben ist.

ML ist ebenfalls eine funktionale Sprache, die an der Universität von Edinburgh als Teil eines Theorem-Beweiser-Projektes [Gor77] entwickelt wurde. Obwohl sie ursprünglich nur als Meta-Sprache (*meta language* - daher der Name) zur Steuerung der Beweisführung gedacht war, ist sie eine ausdrucksstarke, funktionale Sprache höherer Ebene. ML besitzt ein polymorphes Typsystem, womit Funktionen auch über mehrere Datentypen abstrahiert werden können. Die Implementierung von ML stützt sich in erster Linie auf Lisp.

D. A. Turner war maßgeblich an der Entwicklung einer Reihe von funktionalen Sprachen beteiligt, deren Konsens Miranda darstellt. Stark beeinflußt von HOPE, besitzt auch Miranda ein polymorphes Typsystem. Ein Programm wird in Miranda deklarativ, in Form von Rekursionsgleichungen formuliert, die auch mit Bedingungen (*guards*) versehen werden können. Die Sprache ist frei von jeglichen Seiteneffekten und imperativen Sprachmitteln. Die wichtigste Datenstruktur ist wie in Lisp die lineare Liste. Darüberhinaus erlaubt Miranda eine Listenschreibweise in Mengen-Notation, bei der eine Grundmenge und qualifizierende Bedingungen angegeben werden.

Die Entscheidung, in diesem Abschnitt über funktionsbasierte Programmiersprachen Lisp als Referenz heranzuziehen, läßt sich mit den Grundgedanken der Sprache begründen. Außerdem ist Lisp unter den Sprachen mit funktionaler Grundlage diejenige mit der größten praktischen Bedeutung.

4.1.2 Die Programmiersprache Lisp

Nach einem kurzen Abriß der Geschichte von Lisp werden in diesem Abschnitt die Grundprinzipien der Programmiersprache Lisp erläutert. Lisp soll im folgenden als Oberbegriff aller Dialekte verstanden werden.

4.1.2.1 Dialekte und Standardisierung

Seit John McCarthy 1958 Lisp – eine der ersten Programmiersprachen – entworfen hat, haben sich eine Vielzahl von Änderungen und Erweiterungen der Sprache vollzogen. Die Idee McCarthy's war, eine Sprache zu entwickeln, die für die Symbolverarbeitung geeignet ist. Als Strukturierungsmittel für Daten wählte er die Listenform und unterstützte die Listenverarbeitung durch spezielle Sprachkonstrukte. Programme stellte er genau wie Daten in Form von Listen dar. Die Abarbeitung einer Liste wurde an das Prinzip der funktionalen Programmierung angelehnt. Eine Liste, die sich aus einer Operation und den zugehörigen Operanden zusammensetzt, wird berechnet, indem die Operation auf ihre Operanden angewendet wird.

Aus Effizienzgründen wurde die im Wesen funktionale Sprache mit Konstrukten der prozeduralen Programmierung ergänzt. Variablen wurden benutzt, um Zwischenergebnisse der Berechnung abzuspeichern und mehrmals weiterzuverwenden. Damit wurden auch Wertzuweisungen und Bindungsmodelle eingeführt, einschließlich aller Vor- und Nachteile von Seiteneffekten. Zu den Sprachdialekten, die während der fortschreitenden Entwicklung Bedeutung erlangten, gehören u.a. LISP 1.5, MACLISP, INTERLISP, SCHEME, FranzLisp und T.

Wegen unterschiedlicher Bindungsmodelle für Variablen (Parameter) zwischen verschiedenen Lisp-Systemen klafften die "Lisp-Welten" weit auseinander. Aber auch schon innerhalb einzelner Systeme gab es Inkonsistenzen zwischen Interpretation und Kompilation. Erst verschiedene Arbeiten von Guy L. Steele (seit 1978) stellten mit dem Dialekt SCHEME ein klares Konzept für Lisp-Compiler vor. Seit damals sind Standardisierungsbestrebungen im Gange, bei denen sich zwei Hauptrichtungen abzeichnen. Die eine, Common Lisp, ist ein neuer Dialekt, dessen Sprachumfang von einer Gruppe von Experten (G.J. Steele, S.E. Fahlman, R.P. Gabriel, D.A. Moon, D.L. Weinreb) im Buch Common Lisp [Ste84] festgelegt wurde. Ziele der Festlegung von Common Lisp sind u.a. eine gemeinsame Basis für verschiedene Dialekte, Portabilität und Kompatibilität zwischen verschiedenen Lisp-Systemen, Konsistenz zwischen Interpretierung und Kompilierung und effiziente Implementierung zu unterstützen. Beeinflußt wurde Common Lisp in erster Linie von den Dialekten MACLISP [Moo74], [Pit83] und SCHEME [Ste78]. Leider konnte Common Lisp die gesteckten Ziele nicht ganz erfüllen. Der Grund dafür liegt vor allem im Fehlen einer denotationalen Semantik, die die genaue Interpretation von Lisp-Termen festlegt. Abhilfe soll hier ein zweiter Versuch schaffen, dessen wesentliche Idee darin besteht, das Lisp-System schichtenweise mit einer denotationalen Semantik aufzubauen. Der Sprachumfang soll dabei dem von Common Lisp entsprechen und international festgeschrieben werden (ISO-LISP). Wie der künftige Standard aussehen und wann er festgelegt werden wird, ist noch nicht abzusehen.

4.1.2.2 Prinzipien der Programmiersprache Lisp

Lisp ist eine symbol- und listenverarbeitende Programmiersprache für überwiegend nichtnumerische Aufgaben. Die grundlegenden Datenobjekte in Lisp sind "Atome" und "Listen", nicht "Zeichen" und "Zahlen". Lisp-Systeme besitzen eine selbständige, dynamische Speicherverwaltung. Speicherplatzzuweisung und -rückgewinnung geschehen automatisch, außerhalb der Kontrolle des Benutzers. Programme und Daten werden in Lisp in gleicher Weise als Listen dargestellt:

z.B. (PLUS 1 2).

Im folgenden wird für Beispiele die Terminologie von Common Lisp verwendet.

Datenstrukturen:

Einfache Datenstrukturen in Lisp sind Atome und Listen. Atome sind Zeichenfolgen, die sich aus Buchstaben, Ziffern und Sonderzeichen zusammensetzen und keine Trennzeichen enthalten. Es werden literale und numerische Atome unterschieden. Literale Atome sind die Atome, die nicht als Zahlen interpretiert werden können. Beispiele für Atome:

literale Atome:	Muenchen	1.Preis	3+4
numerische Atome:	17 -3.5	3.2E4	

Außerdem gibt es zwei ausgezeichnete Atome, "T" und "NIL", die konstant den Wert T bzw. NIL besitzen. T wird als logisch "wahr" (true) interpretiert. NIL bedeutet sowohl logisch "falsch" als auch "leere Liste".

Listen sind Klammerstrukturen, die Atome und auch weitere Listen enthalten können. Die Schreibweise für Listen:

(Element_1 Element_2 Element_3 ... Element_n)

Beispiel 4.1 zeigt je eine einfache, geschachtelte und leere Liste.

(A B C) (A (B C) D) ( ) = NIL

Beispiel 4.1. Verschiedene Listen

Listen werden als Zellen mit je zwei Zeigern implementiert, die als Kästchen dargestellt werden (vgl. Bild 4.1 und Bild 4.3).

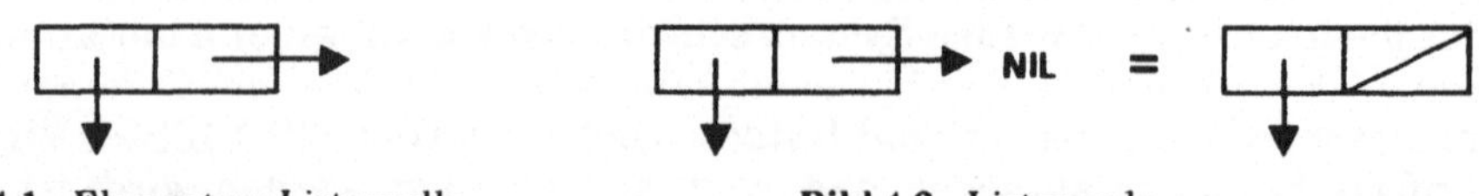

Bild 4.1. Elementare Listenzelle **Bild 4.2.** Listenende

Der linke Zeiger zeigt auf das erste Listenelement. Der rechte Zeiger zeigt auf die Liste der nachfolgenden Elemente. Folgt kein weiteres Element, so zeigt der rechte Zeiger auf NIL, was meist mit einem diagonal gestrichenen Kästchen gekennzeichnet wird (vgl. Bild 4.2).

Aus Speicherplatzgründen wird eine weitere Zellenart benutzt, mit der insbesondere bei kurzen Listen Zellen gespart werden können: Ein Punkt-

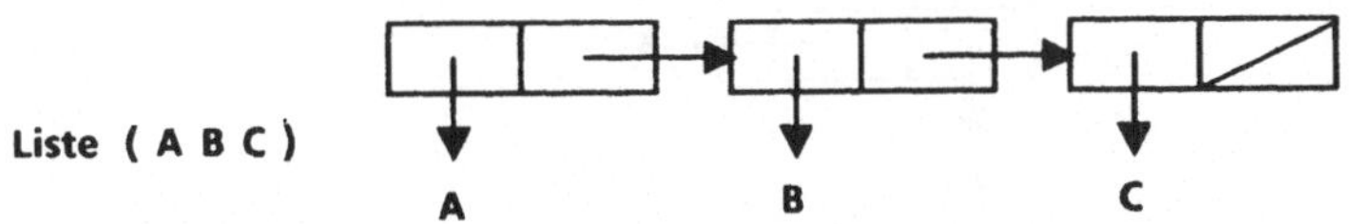

Liste (A (B C) D)

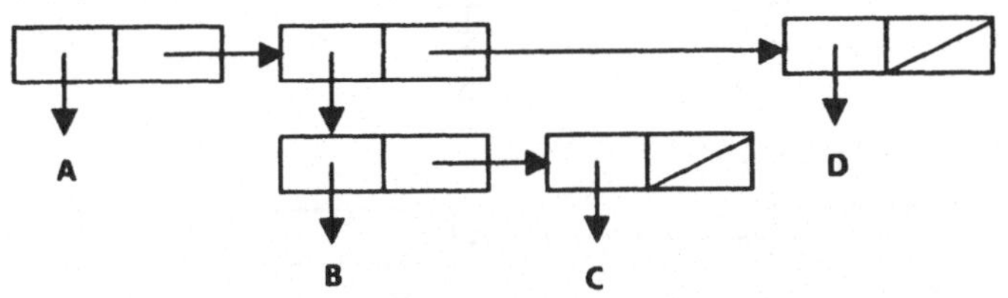

Bild 4.3. Einfache Listendarstellungen

paar (*dotted pair*) ist eine Zelle, bei der beide Zeiger auf Atome zeigen (vgl. Bild 4.4). Die syntaktische Notation hierfür lautet: (A . B).

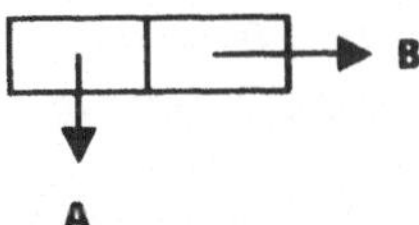

Bild 4.4. Punktpaar

Funktionen:

Wie bereits oben erwähnt, werden Programme und Daten in Form von Listen notiert. Die Bedeutung einer Liste ist dann wie folgt:

Das erste Element einer Liste ist der Name einer Funktion. Diese Funktion wird berechnet, wobei der Rest der Liste die Argumente liefert, beispielsweise

(PLUS 1 2) ⟶ 3

Bei der Programmausführung wird normalerweise jede Liste abgearbeitet (evaluiert), d.h. das erste Element jeder Liste wird als Funktion interpretiert, der Rest als Argumente. Soll eine Liste nur Daten enthalten, d.h. das erste Element ist kein Funktionsname, so kann die Evaluierung der Liste unterbunden werden, indem ihr ein Auslassungszeichen (*quote*) vorangestellt wird.

(A B C) wird häufig auch in Langform angegeben: (QUOTE (A B C)).

Grundlegende Funktionen:

Zur Erzeugung und Verarbeitung von Listen dienen ein paar grundlegende Lisp-Funktionen: CONS, CAR, CDR.

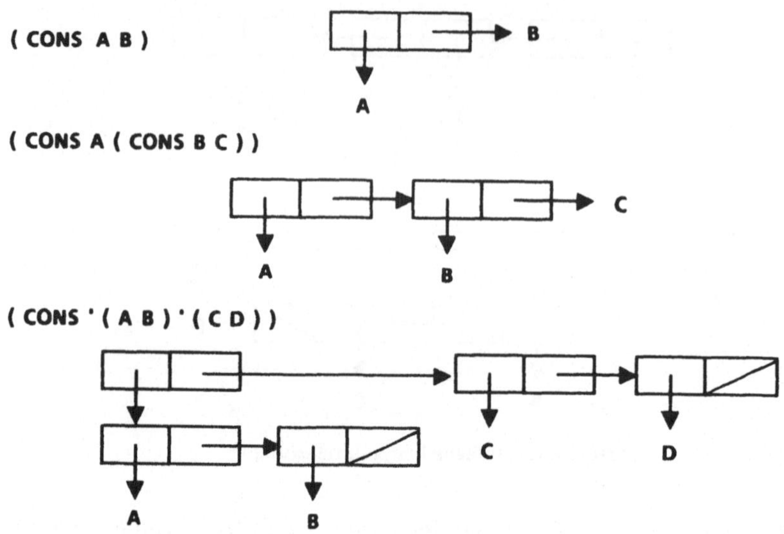

Bild 4.5. Einfache Listenerzeugung

Die Funktion CONS (*construct*) erzeugt Punktpaare oder allgemein Zellen mit zwei Zeigern, die deshalb häufig CONS-Zellen genannt werden (vgl. Bild 4.5).

Zur Verarbeitung von Listen ist es nötig, sie wieder in ihre Bestandteile zerlegen zu können. Mit den Funktionen CAR und CDR kann auf den Listenanfang, bzw. auf den Listenrest zugegriffen werden (siehe Bild 4.6).

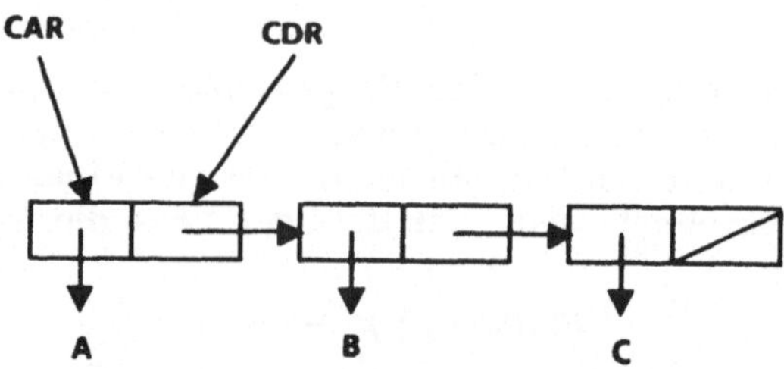

Bild 4.6. Listenzerlegung mit CAR und CDR

(CAR X) liefert das erste Element der Liste X bzw. den linken Teil des Punktpaares X (siehe Bsp. 4.2).

(CDR X) liefert den Rest der Liste X, ohne das erste Element. Bei einem Punktpaar wird der rechte Teil abgeliefert (siehe Bsp. 4.3).

Zu beachten ist, daß CDR angewendet auf eine Liste eine Liste als Ergebnis liefert, auch wenn sie nur ein oder kein Element enthält (Beispiel 4.4).

Evaluierung:

Evaluierung eines Atomes liefert den Wert des Atomes (siehe Bsp. 4.5):

```
( CAR ' ( A B C ) )  ——>  A
( CAR ' ( A . B ) )  ——>  A
```

Beispiel 4.2. CAR-Funktion

```
( CDR ' ( A B C ) )  ——>  ( B C )
( CDR ' ( A . B ) )  ——>    B
```

Beispiel 4.3. CDR-Funktion

```
( CDR ' ( A B ) )  ——>  ( B )
( CDR ' ( A ) )    ——>  (  )
```

Beispiel 4.4. Liste als Ergebnis der CDR-Funktion

```
numerisches Atom     3  ——>  3      Wert
literales Atom       T  ——>  T
                   NIL  ——>  NIL
                    Pi  ——>  3.14
```

Beispiel 4.5. Evaluierung von Atomen

Die Evaluierung einer Liste bewirkt einen Funktionsaufruf, dessen Ergebnis den Wert der Liste bildet. Dabei gilt:

CAR Liste: Funktionsname, CDR Liste: Argumente

Die Argumente werden ihrerseits vor dem Aufruf evaluiert (siehe Bsp. 4.6).

Die Quotierung schützt vor der Evaluierung einer Liste, z.B. auf Argumentenposition (Bsp. 4.7).

```
( PLUS 3 4 )                ——>  7
( TIMES 2 ( PLUS 3 4 ) )    ——>  14
```

Beispiel 4.6. Evaluierung von Argumenten

```
( CAR ' ( CONS 1 2 ) )  ——>  CONS
( CAR ( CONS 1 2 ) )    ——>    1
```

Beispiel 4.7. Evaluierung mit Quotierung

Variablen und Wertzuweisung:

Lisp wurde wie oben erwähnt um die Möglichkeit der Zwischenergebnisspeicherung mittels Variablen erweitert. Es gibt kein Typenkonzept wie in den meisten prozeduralen Programmiersprachen. Prinzipiell kann jede Variable (Atom) einen Wert von beliebigem Objekttyp annehmen, d.h. auf Werte von jedem Objekttyp zeigen. Man sagt auch, Atome sind an Werte gebunden. Diese Bindung von Werten an Atome geschieht mit der Funktion SETQ (siehe Bsp. 4.8).

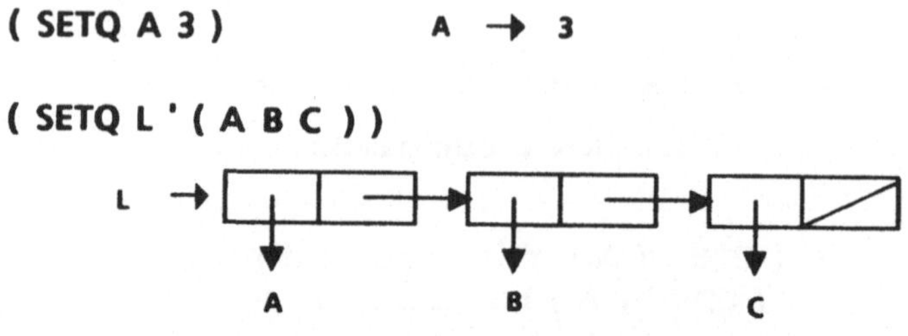

Beispiel 4.8. Wertzuweisungen (Bindung)

Lambda-Ausdrücke:

Ein Lambda-Ausdruck besteht aus der Kennzeichnung LAMBDA, Parameterliste und Rumpf.

(LAMBDA (PAR_1 ... PAR_n) ($Anweisung_1$) ... ($Anweisung_n$))

Ein Lambda-Ausdruck beschreibt eine Funktion (hier noch ohne Namen), die auf Argumente angewendet werden kann (siehe Bsp. 4.9).

```
( ( LAMBDA ( X ) ( CAR ( CDR X ) ) ) '( A B C ) )
```

Beispiel 4.9. Lambda-Ausdruck mit Applikation

Der Lambda-Ausdruck wird auf die Liste ' (A B C) angewendet (Applikation). Der Parameter X wird mit der Liste (A B C) gebunden und die Anweisungen nacheinander evaluiert. Das Ergebnis ist B.

Definition von Funktionen:

Lambda-Ausdrücke können mit der Funktion DEFUN an Namen gebunden werden (siehe Bsp. 4.10). Künftig liefert der Aufruf (INC n) als Ergebnis n+1.

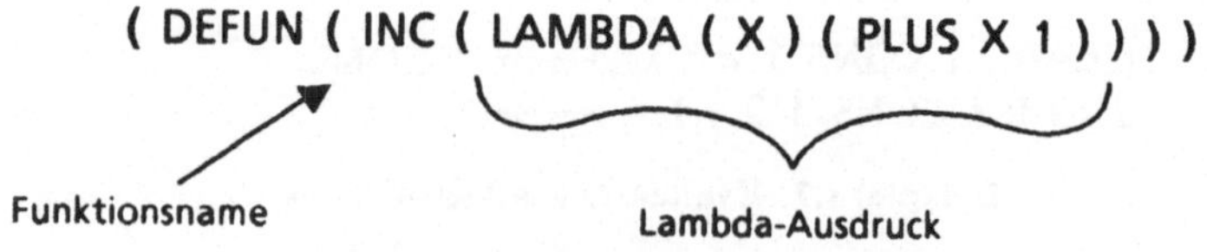

Beispiel 4.10. Funktionsdefinition

Bindungsmodelle:

In Lisp gibt es verschiedene Bindungsmodelle für Parameter von Funktionen und Prozeduren. Unter Bindung (eines Parameters) versteht man die Festlegung einer Zugehörigkeitsrelation zwischen Namen (Atomen) und Werten. Zur Illustration diene das folgende Beispiel 4.11.

```
( FUNC ( FA ( LAMBDA ( A B )
       (( FUNC ( FAA ( LAMBDA ( A C ) ( FAB C ))))
          ( FUNC ( FAB ( LAMBDA ( D ) ( PLUS A D ))))
          ( FAA 3 B )))))

( FA 1 5 )
```

Beispiel 4.11. Funktionsevaluierung mit verschiedenen Bindungsmodellen

Mit dem Sprachmittel FUNC wird eine Funktion definiert, d.h. ein parametrisierter Lambda-Ausdruck wird mit einem Namen versehen. Die Bezeichnung FUNC wurde deshalb gewählt, um das Beispiel dialektunabhängig zu formulieren und so die Assoziation eines bestimmten Lisp-Dialektes und dessen Bindungssemantik zu vermeiden. Im Beispiel wird eine Funktion FA mit den Parametern A und B definiert. Der Rumpf von FA besteht aus der Definition zweier Funktionen FAA und FAB, sowie aus einem Aufruf von FAA mit aktuellen Parametern 3 und B. Die Funktion FA selbst soll mit den Werten 1 und 5 aufgerufen werden.

Eine lexikalische Bindungssemantik besagt, daß für Atome, die in einer Funktion frei vorkommen (nicht gebunden sind), in ihrer lexikalischen Umgebung nach Bindungen zu suchen ist. Die lexikalische Umgebung ist diejenige Funktion, in dessen Rumpf (im Programmtext) die betrachtete Funktion definiert wird. Im Beispiel ist die Funktion FA die lexikalische Umgebung der Funktionen FAA und FAB. Die äußerste Umgebung wird Top-Level genannt.

Die Funktion FAB bindet den Parameter D. Für den Aufruf (PLUS A D) ist deshalb nur D lokal (d.h. in FAB) gebunden. Für A muß eine Bindung in der lexikalischen Umgebung gesucht werden. Die Funktion FA liefert eine solche, weil hier A als formaler Parameter vorkommt und somit beim Aufruf gebunden wird. Wäre das nicht der Fall, so müßte in der nächstäußeren Umgebung bis hinauf zum Top-Level nach einer Bindung gesucht werden. Bild 4.7 stellt die lexikalischen Bindungen für den Aufruf (FA 1 5) dar.

Weil FAB keine Bindungen für A besitzt, wird diejenige von FA benutzt und (PLUS A D) liefert das Ergebnis 6.

Die dynamische Bindungssemantik besagt, daß für Atome, die in einer Funktion frei vorkommen, die Bindungen des Aufrufers der betrachteten Funktion herangezogen werden. Bindet der Aufrufer ein Atom nicht selbst, so wird wiederum dessen Aufrufer und so fort (bis zum Top-Level) betrachtet. Mit dynamischer Bindungssemantik ergibt das Beispiel 4.11 Bindungen, wie in Bild 4.8 dargestellt. Für die Bindung von A wird nun der Aufrufer von FAB, nämlich FAA herangezogen. A besitzt deshalb den Wert 3. Die Auswertung von (PLUS A D) liefert dann das Ergebnis 8.

In verschiedenen Lisp-Systemen wurden unterschiedliche Bindungsmodelle implementiert. Deshalb können Programme nicht ohne weiteres von

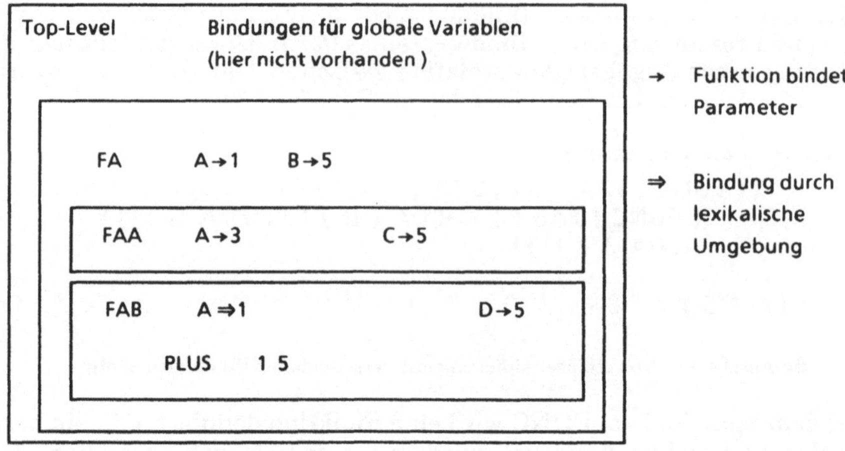

Bild 4.7. Lexikalische Bindung

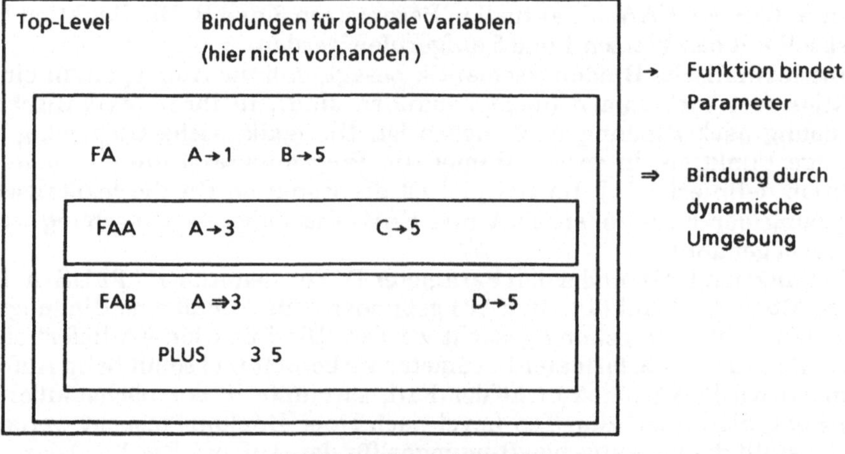

Bild 4.8. Dynamische Bindung

einem System auf das andere übertragen werden. Dies ist ein Grund für die Standardisierungsbestrebungen der letzten Zeit. In einigen Lisp-Systemen werden aus Implementierungsgründen alle Funktionen auf Top-Level erzeugt, d.h. sie besitzen alle dieselbe Umgebung und können von jeder anderen Funktion aufgerufen werden, egal in welcher lexikalischen Umgebung sie definiert wurden. Dies ermöglicht eine äußerst flexible Programmierung. Funktionen können zur Laufzeit definiert und geändert werden und somit kann sich ein Programm selbst modifizieren. Diese mächtigen Möglichkeiten bergen aber auch große Fehlerquellen in sich und erschweren zudem die Fehlersuche.

Einige Systeme besitzen die Möglichkeit, sowohl von der statischen, als auch von der dynamischen Bindung Gebrauch zu machen. Im weiteren gibt es in einzelnen Implementierungen Möglichkeiten, Umgebungen von Funktionen zur Definitionszeit festzuhalten und später wieder herzustellen. Diese Objekte, die alle Bindungen von Atomen enthalten, werden *Closures* (Hüllen) genannt.

Kontroll-Ausdrücke:

Die funktionalen Sprachen naheliegende Ausdrucksweise, um Wiederholungen zu beschreiben, ist die Verwendung rekursiver Funktionsaufrufe. Rekursion ist zwar ein elegantes Mittel der Programmierung, fast immer ist sie aber hinsichtlich der Ausführungseffizienz der Iteration unterlegen. Aus diesem Grund wurden in Lisp auch Befehle zur iterativen Programmabarbeitung eingeführt. So wurde z.B. die Programmierung expliziter Schleifen (DO-Konstrukt) in die Sprache aufgenommen. In INTERLISP gibt es sogar FOR-, WHILE- und REPEAT-Schleifen wie in den meisten prozeduralen Sprachen.

Natürlich kann diese knappe Einführung in Lisp nur einen Einblick in die Prinzipien der Sprache bieten. Die gesamte Mächtigkeit der Sprache und ihre Möglichkeiten bei der Programmierung werden in dem reichhaltigen Angebot an Lisp-Büchern, wie z.B. Common Lisp [Ste84] beschrieben.

4.1.2.3 Anwendungsgebiete von Lisp

Die besonderen Eigenschaften der Programmiersprache Lisp bzw. Besonderheiten der Implementierungen bestimmen die Einsatzgebiete der Sprache. Überwiegend nichtnumerische Aufgaben und Symbolverarbeitung stehen dabei im Vordergrund. Viele Aufgaben des weiten Feldes der Künstlichen Intelligenz werden heute in Lisp programmiert, wobei auch die Verfügbarkeit leistungsfähiger Systeme eine große Rolle spielt. Lisp eignet sich gut zum Umgang mit strukturierten Datenobjekten. Strukturen, wie Listen, Bäume und Graphen, können leicht beschrieben und verarbeitet werden.

4.1.3 Sprachmittel für Parallelität

Lisp besitzt ursprünglich keine Sprachmittel, um Parallelverarbeitung auszudrücken. Nach der gewöhnlichen Semantik werden Terme nach der *leftmost-innermost*-Regel ausgewertet, die besagt, daß Subterme eines Terms in der Reihenfolge von links nach rechts evaluiert werden, und ein Term erst dann, wenn alle seine Subterme evaluiert sind. Dieses Schema entspricht der *call-by-value*-Berechnung in ALGOL.

Zur Eignung für die Parallelverarbeitung wurden Erweiterungen geschaffen, die sich an verschiedenen Verarbeitungsmodellen orientieren, bzw. gezielt reale Parallelrechner unterstützen. Im folgenden werden exemplarisch einige Dialekte beschrieben, die die verschiedenen Ansätze vertreten. Die Dialekte sind im einzelnen:

- CM-Lisp, zur Programmierung der Connection Machine [Hil85], einem SIMD-Rechner;
- Common Lisp, dem möglichen Standard;
- QLAMBDA, als eine prozeßorientierte Erweiterung von Common Lisp;
- Multilisp, das die Zielrichtung *Eager Evaluation* verfolgt;
- Concurrent Lisp, das sich ebenfalls an parallelen Prozessen orientiert.

CM - Lisp

CM - Lisp ist eine Spracherweiterung von Common Lisp, die entwickelt wurde, um die parallelen Operationen der Connection Machine [Hil85] zu unterstützen. CM - Lisp ist ein abstraktes Abbild der Connection Machine und besitzt eine relativ konventionelle Kontrollstruktur. Der hier verwendete Parallelismus stützt sich auf die gleichzeitige Verarbeitung zusammengesetzter Datenobjekte. Zur Beschreibung dieser Datenobjekte wurde eine spezielle Datenstruktur eingeführt: Ein *Xector* ist eine einfache Datenstruktur, die in Beziehung steht mit einem Satz von Werten, die in je einem Prozessor-Speicher-Element abgelegt sind. Der Xector ist charakterisiert durch einen Indexbereich (*domain*), einen Wertebereich (*range*) und eine Zuordnung von Indizes zu Objekten des Wertebereichs (*mapping*). Ein Paar, bestehend aus Index und Wert, heißt Element des Xectors. Im einfachen Beispiel 4.12 für einen Xector

{ APPLE → RED GRASS → GREEN SKY → BLUE }

Beispiel 4.12. Xector

sind den Indexwerten APPLE, GRASS und SKY jeweils Farben zugeordnet, die hier Elemente des Wertebereichs sind. Werden als Indexwerte die natürlichen Zahlen verwandt, so wird der Xector vereinfacht als Vektor notiert:

{ 0 → A 1 → B 2 → C 3 → D } ≡ [A B C D].

Die Abbildung der Werte eines Xectors auf Prozessoren geschieht entsprechend ihren Indexwerten, die als Namen für die Prozessoren verstanden werden. Durch die Verteilung der Werte auf verschiedene Prozessoren ist es möglich, gleichzeitig auf jedem der Werte eine Operation auszuführen.

Mit den elementaren Funktionen XREF und XSET können einzelne Elemente eines Xectors referenziert bzw. geändert werden. Ist obiger Xector beispielsweise an das Atom COLOR-OF gebunden, dann liefert der Aufruf

(XREF COLOR-OF 'APPLE) ⇒ RED.

Weitere wichtige Operationen auf Xectoren sind die Erzeugung, Kombination und Veränderung, sowie die Reduktion eines Xectors zu einem Wert. Zur Erzeugung eines Xectors mit nur gleichen Werten oder Operationen für alle Prozessoren dient die Funktion *alpha*. Im Beispiel 4.13 werden Werte und Operationen auf Prozessoren verteilt.

alpha 3 ⇒ { → 3 }	alle Prozessoren erhalten als Operand den Wert 3,
alpha (+ 1 2) ⇒ { → 3 }	alle Prozessoren führen die Operation + auf den Operanden 1 und 2 aus und legen das Ergebnis 3 ab,
alpha + '{a → 1 b → 2} '{a → 3 b → 3} ⇒ {a → 4 b → 5}	alle Prozessoren sollen die Operation + ausführen, wobei aber nur die Prozessoren a und b mit den Operandenpaaren (1,3) bzw. (2,3) versorgt werden. Die restlichen Prozessoren führen ihre Operation nicht aus.

Beispiel 4.13. Verteilung von Werten und Operationen auf Prozessoren

Kommt ein Index nicht in jedem Operanden-Xector vor, so werden diese Elemente bei der Operation ignoriert.

Die Operation, die in den Prozessoren ausgeführt werden soll, muß nicht in jedem Prozessor dieselbe sein, sondern sie kann selbst mit einem Xector beschrieben werden:

(FUNCALL '[+ - - *] '[1 2 3 4] alpha 1) ⇒ [2 1 2 4].

Es liegt hier aber noch keine MIMD-Parallelität vor, weil die Ausführungen der Operationen nicht zeitlich voneinander unabhängig sind. Bevor die nächste Operation begonnen werden kann, wird gewartet, bis alle Prozessoren die Operation des vorherigen Funktionsaufruf abgeschlossen haben. Im wesentlichen ist der FUNCALL-Aufruf ein Synchronisationsmittel. Eine echte MIMD-Parallelität kann allenfalls erreicht werden, wenn *alpha* EVAL auf einen Xector von Programmen angewandt wird.

Zur Reduktion eines Xectors zu einem Wert dient die β-Funktion (*beta*). Der zu reduzierende Xector, sowie die Verknüpfungsoperation für die Werte sind die Argumente der β-Funktion

(beta + '{a → 1 b → 2 c → 3}) ⇒ 6.

Durch die besondere Verteilung des Xectors als balanzierter Baum kann die Beta-Reduktion für einen Baum mit n Knoten mit logarithmischem Aufwand (der Ordnung O(log n)) ausgeführt werden. Eine allgemeinere Form der Beta-Reduktion ist die Reduktion von Teilen von Xectoren und die Zuweisung der Ergebnisse an neue Indizes. Das Zuweisen an einen Index heißt, Übertragen des Datums zum Prozessor mit dem entsprechenden Indexwert. Also entspricht die Beta-Reduktion der Aufgabe eines Nachrichten-Vermittlers (*message router*) so, wie die Alpha-Operation die Verarbeitung in den Prozessoren bewirkt. Schließlich ist es mit der Beta-Reduktion möglich, zwei Xectoren zu verknüpfen, indem aus den Werten des einen Xectors, zusammen mit den Indizes des zweiten Xectors ein neuer Xector erzeugt wird.

Ein weiterer SIMD-Parallelisierungsansatz, der ebenfalls auf eine vektorähnliche Daten- und Funktionsverteilung abzielt, wird in [Fri78] unter der Bezeichnung *functional combination* beschrieben. Da in diesem Buch der Schwerpunkt auf MIMD-Parallelisierung gelegt wird, soll auf die SIMD-Ansätze nicht weiter eingegangen werden.

COMMON LISP

Common Lisp, der von Fachleuten mit dem Ziel der Standardisierung entwickelte neue Lisp-Dialekt, ist z.B. in [Ste84] dokumentiert. Dieser Dialekt orientiert sich hauptsächlich an einer sequentiellen Semantik. Zwei Funktionen, die eine Parallelverarbeitung erlauben, sind PSETQ und PSETF. Die Semantik von PSETQ ist bezüglich der Evaluierung der Argumente die gleiche wie die von SETQ, mit dem Unterschied, daß die Zuweisungen an die Variablen gleichzeitig erfolgen. Die syntaktische Form von PSETQ lautet:

(PSETQ Variable$_1$ Term$_1$ ... Variable$_n$ Term$_n$).

Wenn z.B. ein Atom A den Wert 1 und ein Atom B den Wert 2 besitzen, dann liefert der Aufruf der parallelen Wertzuweisung

(PSETQ A B B A)

eine Vertauschung der Inhalte: (A $\rightarrow$ 2 B $\rightarrow$ 1). Der Grund für die Einführung dieses Konstruktes war wohl mehr die komfortablere, seiteneffektfreie Programmierung als die mögliche Leistungssteigerung durch parallele Ausführung. Eine allgemeinere Form als das PSETQ-Konstrukt ist die PSETF-Funktion. Mit ihr können beliebige Zuweisungen, z.B. auch an Array-Elemente und Funktionsvariablen, vorgenommen werden. Die Semantik ist entsprechend zu PSETQ.: Evaluierung aller Argumente und anschließend gleichzeitige Zuweisung.

QLAMBDA

QLAMBDA ist eine Weiterführung der Grundkonzepte von Common Lisp und stützt sich daher stark auf diesen Dialekt. QLAMBDA wurde von den beiden Lisp-Experten Richard P. Gabriel und John McCarthy an der Stanford Universität entwickelt und ist z.B. in [Gab84] dokumentiert. Dieser Lisp-Dialekt basiert auf Parallelverarbeitung nach einem Warteschlangen-Konzept (*queue-based multi-processing*). Er bietet wenige mächtige Sprachmittel anstelle einer Vielzahl parallelisierender Varianten vorhandener Lisp-Konstrukte. Design-Ziele waren u.a. minimale Erweiterung von Lisp, Unterstützung einer Multiprozessor-Architektur mit gemeinsamem Speicher (*shared memory*) und Möglichkeiten, die Prozeßgenerierung dynamisch zu beeinflussen.

Eines der Konstrukte, die Parallelverarbeitung beschreiben, ist QLET:

(QLET *pred* ((X$_1$ ARG$_1$) ... (X$_n$ ARG$_n$)) *body*).

QLET evaluiert einen Lambda-Ausdruck parallel, indem die Argumente 1 bis n nebenläufig berechnet und an die Atome X_1 bis X_n gebunden werden. Anschließend wird *body* ausgeführt. Die Steuerung der Berechnung geschieht über das Prädikat *pred*, das einen der folgenden Werte besitzen kann:

- NIL: QLET wird genau wie LET (die Zuweisung in CommonLisp) verarbeitet. Die Argumente werden seriell evaluiert und an die Atome gebunden.
- EAGER: QLET evaluiert alle Argumente parallel und der QLET ausführende Prozeß fährt gleichzeitig mit der Berechnung von *body* fort. Die Berechnung wird angehalten, sobald der Prozeß auf ein Atom X_i zugreifen will, dessen Argument ARG_i noch nicht fertig berechnet und gebunden wurde.
- Sonstige Werte: QLET evaluiert wie bei EAGER alle Argumente gleichzeitig. Der aufrufende Prozeß wartet aber, bis die Evaluierung aller Argument abgeschlossen ist und beginnt dann erst mit der Berechnung von *body*.

Der Zweck des Prädikats *pred* ist, zur Programmlaufzeit Einfluß auf die Prozeßgenerierung ausüben zu können und damit die Anzahl der im System befindlichen Prozesse zu steuern.

Ein zweites Konstrukt zur Programmierung von Parallelverarbeitung ist ein Funktionsaufruf, dessen Argumente gleichzeitig berechnet werden. Dieser Funktionsaufruf wurde deswegen explizit eingeführt, um dem Programmierer vor Augen zu halten, wie die aufgerufene Funktion evaluiert wird. Der Programmierer ist selbst verantwortlich für Seiteneffekte der Argumentenberechnung. Dasselbe Verhalten ließe sich auch mit der QLET-Funktion realisieren, indem man diese im Lambda-Ausdruck der Funktionsdefinition verwendet. Da aber die Definitionsstelle meist textuell von der Aufrufstelle entfernt ist, bildet dies eine mögliche Fehlerquelle bei der Programmierung. Der Funktionsaufruf mit gleichzeitiger Argumentenberechnung lautet syntaktisch:

(PCALL f arg_1 ... arg_n).

Ein weiteres Sprachmittel ermöglicht es, funktionsähnliche Objekte zu erzeugen, die die Umgebung zum Zeitpunkt ihrer Definition festhalten. Ein solches Objekt wird *Closure* (siehe auch 4.1.2.2) genannt. In Common Lisp ist mit den Sprachmitteln *lambda* und *function* die Erzeugung einer Closure verbunden. Der Aufruf einer Closure bewirkt, daß die Umgebung des Definitionszeitpunktes wiederhergestellt wird und die zugehörigen Operationen in dieser Umgebung ablaufen. Eine Closure gleicht ein wenig einem Prozeß. In QLAMBDA wird eine Closure mit folgendem Aufruf erzeugt:

(QLAMBDA *pred* (*lambda-list*) *body*).

Zunächst wird wiederum das Prädikat *pred* berechnet, das die Werte NIL, EAGER oder einen beliebigen Wert liefert. Im Falle:

- NIL: verhält sich QLAMBDA wie LAMBDA, das einfach eine Closure erzeugt.
- EAGER: Es wird eine neue Closure erzeugt, der ein eigener Prozeß zugeordnet wird. Dieser Prozeß wird sofort gestartet und beginnt mit der Ausführung seines Rumpfes, bis er ein Argument benötigt. Er wartet, bis das benötigte Argument zur Verfügung steht. Der Prozeß wird von ande-

ren Prozessen aus aufgerufen, indem ihm Argumente und eine Rückgabestelle für das Ergebnis zugesandt werden.

- Sonstige Werte: Es wird ebenfalls ein Prozeß erzeugt, mit dem in gleicher Weise wie oben kommuniziert wird. Der Prozeß startet aber erst, wenn die betreffende Closure angewandt wird, d.h. ihm das erste Mal Argumente zugesandt werden.

Das Prädikat *pred* dient auch hier wieder der Steuerung der dynamischen Prozeßgenerierung.

CATCH und THROW sind Sprachmittel von Common Lisp, die es erlauben Funktionen und Prozeduren dynamisch und nicht-lokal, d.h. an jeder beliebigen Stelle, beenden zu können. Sie seien hier nur insofern erwähnt, als daß es mit ihren QLAMBDA-Entsprechungen möglich ist, Closures zu verlassen und damit die zugehörigen Prozesse wieder zu beenden. Mit CATCH und THROW ist die Behandlung von Ausnahmefällen möglich.

Weitere Primitive zur Beeinflussung von Prozeßausführungen sind SUSPEND-PROCESS und RESUME-PROCESS. Mit ihnen ist es möglich, Prozesse in den Wartezustand zu versetzen und ihre Bearbeitung wieder aufzunehmen.

MULTILISP

Multilisp ist eine Erweiterung der Lisp-ähnlichen Programmiersprache SCHEME um Sprachkonstrukte, mit denen der Programmierer explizit Parallelverarbeitung ausdrücken kann. Dieser Sprachdialekt wurde von einer Forschungsgruppe um Robert H. Halstead jr. am M.I.T entwickelt, mit dem Ziel, Erfahrung mit Parallelrechnern und deren Programmierung zu sammeln. Die gewonnene Erfahrung sollte genutzt werden, um zum einen die Sprache weiterzuentwickeln und zum anderen eine den Anforderungen der Sprache angepaßte Rechnerarchitektur zu finden. Beschreibungen von Multilisp sind u.a. in den Artikeln [Hal84], [Hal85], [Hal86], [Hal87] zu finden.

Zwei Eigenschaften, die Multilisp und SCHEME von den anderen Lisp-Dialekten unterscheiden, sind:

- ausschließlich lexikalisches Bindungsmodell (siehe hierzu 4.1.2.2);
- Funktionen und Prozeduren sind *"first class"* Objekte, d.h. sie können Argumente und Ergebnisse von Funktionen und auch Komponenten von Datenstrukturen sein.

Multilisp besitzt die gewöhnlichen Seiteneffekt produzierenden Sprachmittel von Lisp. Die Abarbeitung eines Programmes ist standardmäßig sequentiell. Ein Sprachmittel, mit dem die Möglichkeit der Parallelverarbeitung vom Benutzer angezeigt werden kann, ist der Funktionsaufruf PCALL.

```
( PCALL F A B C )
```

entspricht dem Konstrukt (F A B C) mit nebenläufiger Berechnung der Argumente. PCALL ist eine explizite *fork*-Operation (wie beim Betriebssystem UNIX) mit anschließendem Prozeduraufruf. Wird auch bei einem Aufruf i.a. kein hoher Verzweigungsgrad erreicht, so kann dennoch der

Grad der Parallelverarbeitung durch geschachtelte Aufrufe und insbesondere durch Rekursion exponentiell wachsen. Bei der Benutzung dieses Konstrukts ist der Programmierer für die Korrektheit und Sicherheit aller Aufrufe und in jeder Instanz selbst verantwortlich. Das System übernimmt keine Kontrolle über die Seiteneffekte.

Während PCALL die gleichzeitige Evaluierung mehrerer Ausdrücke auf Argumentenposition eines Funktionsaufrufs erlaubt, ermöglicht ein weiteres Konstrukt Gleichzeitigkeit zwischen der Berechnung, Speicherung und Weiterverwendung eines Wertes. So werden z.B. zur Schaffung eines zusammengesetzten Objektes nicht unbedingt die Werte jeder einzelnen Komponente benötigt. Es genügt häufig, ihre Größe zu kennen und eine Zusicherung zu besitzen, irgendwann einen Wert dafür zu erhalten. Das Sprachmittel FUTURE hat genau diesen Effekt zur Folge, nämlich das Einsetzen eines Platzhalters (*token*) und den Anstoß eines Prozesses zur Bestimmung des zugehörigen Wertes. Der Platzhalter kann sofort weiterverwendet werden, z.B. zur Einbindung in ein umfassenderes Datenobjekt. Der Prozeß, der den Wert für den Platzhalter evaluiert, ersetzt diesen nach Beendigung der Berechnung (*resolution*) durch das Ergebnis .

Bei jeder Operation wird überprüft, ob es sich bei einem der Operanden um ein FUTURE handelt. Ist dies der Fall und wird für diese Operation der Wert des FUTURE benötigt, so wird der Prozeß suspendiert, bis der entsprechende Wert eintrifft. Reicht für die Operation das FUTURE selbst aus, z.B. für eine einfache Wertzuweisung, Parameterübergabe, Ergebnisablieferung, und Einbindung in eine Datenstruktur, so kann mit diesem weitergerechnet werden.

Mit dem FUTURE-Konstrukt werden Prozesse erzeugt. Dabei gilt: jedem FUTURE ist genau ein Prozeß zugeordnet, der dessen Wert evaluiert, und jedem Prozeß ein FUTURE. Jeder Prozeß endet, indem er sein Ergebnis an den zugehörigen Platzhalter abliefert.

FUTURE stützt sich auf die gleiche Idee wie *lazy evaluation*, bei der jeder Ausdruck erst berechnet wird, wenn sein Ergebnis benötigt wird. Bei FUTURE jedoch wird sofort mit der Berechnung des Ausdruckes begonnen. Mit dem zusätzlichen Sprachmittel *DELAY* kann exakt die Lazy Evaluation realisiert werden. DELAY generiert wie FUTURE einen Platzhalter und einen Prozeß. Dieser wird aber erst bei Bedarf gestartet. Mit DELAY kann also keine Gleichzeitigkeit ausgedrückt werden.

Im folgenden soll ein einfaches Beispiel die Anwendung von FUTURE illustrieren:

(CONS A (FUTURE (CONS (FUTURE B) (FUTURE C)))).

Die äußere CONS-Operation liefert eine Speicherzelle, deren beide Zeiger auf die Zelle A und einen Platzhalter zeigen. Das Ergebnis, nämlich die CONS-Zelle, ist also unmittelbar erstellt. Ein neuer Prozeß wird erzeugt, der die innere CONS-Operation durchführt. Hier zeigen gleich beide Zeiger der CONS-Zelle auf je einen Platzhalter (siehe Bild 4.9).

Die FUTURE-Operation kann keine echte Datenabhängigkeit beseitigen, sondern nur die Datenunabhängigkeit zwischen Operationen zur Parallelisierung ausnutzen. Ein Aufruf der Art (PLUS (FUTURE A) (FUTURE B)) hat also wenig Sinn, da der Prozeß mit der Addition nicht beginnen kann, bevor nicht die tatsächlichen Werte der beiden Operanden vorliegen.

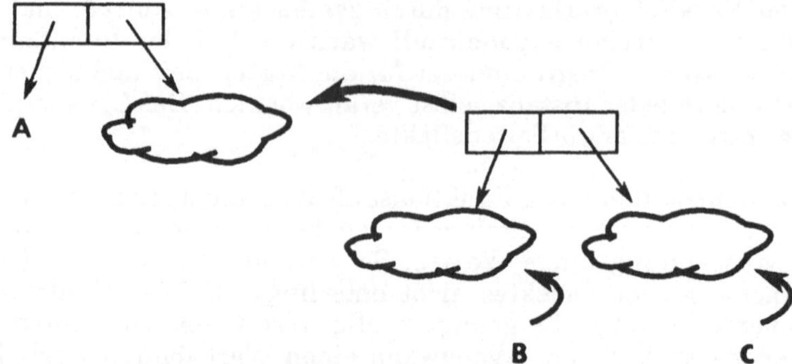

Bild 4.9. Evaluierung mit FUTUREs

Dennoch zeigt dieses Beispiel, daß beide Argumente gleichzeitig berechnet werden können. Genau in diesem Sinne wird auch der PCALL-Aufruf mit dem elementareren FUTURE-Konstrukt implementiert.

CONCURRENT LISP

Concurrent Lisp ist ein Lisp-Dialekt, der in der Forschungsgruppe um Shigeo Sugimoto an der Kyoto Universität in Japan entwickelt wurde. Basierend auf Lisp 1.5 als sequentiellem Teil, wurde dieser Dialekt mit Sprachmitteln zur Prozeßgenerierung und Interprozeßkommunikation ergänzt. Als Prozeß wird eine Einheit verstanden, die einen zugeordneten Term evaluiert. Prozesse werden mit der Funktion STARTEVAL auf *"top-level"* erzeugt, d.h. alle Prozesse existieren gleichberechtigt nebeneinander. Trotzdem gibt es zwischen erzeugendem und erzeugtem Prozeß eine logische Vater-Sohn-Beziehung. Der Aufruf

$$\text{STARTEVAL}[\ p_1 \dots p_n\ ]$$

generiert n Sohnprozesse. Jeder Sohnprozeß wird beschrieben durch (p_i = list ($name_i$; $form_i$; $shared_i$)) seinen Namen, den Term, der zu evaluieren ist, und die Variablen, die er gemeinsam mit dem Vaterprozeß besitzt.

Zur Synchronisation des Datenaustausches zwischen zwei Prozessen über gemeinsame Variablen gibt es Sprachmittel die den gegenseitigen Ausschluß des Zugriffs auf eine Variable beschreiben.

CR [*var*, *form*] gibt einem Prozeß die Aufgabe *form* zu evaluieren unter dem exklusiven Zugriffsrecht auf die Variable *var*.

CCR [*var*, *condition*, *form*] : Der *form* evaluierende Prozeß wartet, bis *condition* erfüllt ist und rechnet dann unter exklusivem Zugriffsrecht auf *var*.

Zur Illustration der Programmierung diene die Fibonacci-Funktion:

```
( FIB ( LAMBDA ( N )
   ( COND     ( ( LESSP N 2 ) 1 )
              ( T  ( ( LAMBDA ( X )
                        ( PLUS ( FIB ( SUB 1 N ) )
                           ( CCR X ( TERMP X ) ( PROCVAL X ) ) ) ) )
                   ( CAR
                      ( STARTEVAL
                         ( ( GENSYM ) ( FIB ( SUB 2 N ) ) NIL ) ) ) ) )
)))
```

Beispiel 4.14. Fibonacci-Funktion in Concurrent Lisp

Das Beispiel 4.14 zeigt: Ist n kleiner 2, dann ist das Ergebnis 1. Andernfalls wird ein Lambda-Ausdruck angewandt auf den Ausdruck (CAR (STARTEVAL ...)), welcher einen mit GENSYM automatisch generierten Prozeßnamen für den Sohnprozeß abliefert. Der Sohnprozeß berechnet FIB (n-2), während der Vaterprozeß (im Lambda-Ausdruck) FIB (n-1) berechnet. Der Vaterprozeß kommuniziert mit dem Sohnprozeß, dessen Namen er durch den formalen Parameter X kennt. Sobald der Sohnprozeß terminiert ist (TERMP X), erfrägt der Vater dessen Ergebnis (PROCVAL X) und addiert es zu seinem eigenen Ergebnis.

Eine weitere Diskussion der Sprache und deren Implementierung ist in [Sug81], [Sug83] zu finden.

Zusammenfassung:

In der folgenden Tabelle 4.1 werden nochmals die beschriebenen Dialekte mit ihren Sprachmitteln zusammengefaßt. Es sind die Sprachmittel und ihre Wirkung im Zusammenhang mit Parallelverarbeitung dargestellt. Eine weitere wesentliche Eigenschaft dieser Dialekte ist, daß sie nicht ausschließlich seiteneffektfrei sind und somit effizientere Programmierung erlauben als rein funktionale Sprachen.

4.2 Parallelitätseigenschaften

Es gibt im wesentlichen drei verschiedene Verarbeitungsmodelle: Kontrollfluß, Datenfluß und Reduktion, die auch bei der Verarbeitung applikativer bzw. funktionaler Sprachen Anwendung finden. Im Bild 4.10 sind die drei Modelle und damit zusammenhängende Begriffe angegeben. Die Erläuterung der Modelle und Begriffe erfolgt im Textteil. Jedes der Modelle beinhaltet verschiedene Parallelitätseigenschaften, die im folgenden Abschnitt beschrieben werden sollen. Der Abschnitt untergliedert sich in zwei Teile, impliziter und expliziter Parallelismus, denen jeweils entsprechende Verarbeitungsmodelle zugeordnet sind. Im weiteren wird über die Granularität – die Größe der Arbeitspakete – gesprochen, und es werden Maßnahmen dis-

Tabelle 4.1. Sprachmittel verschiedener Dialekte

Dialekt / Parallelaspekt	CM-LISP	COMMON LISP	QLAMBDA	MULTILISP	CONCURRENT LISP
Verarbeitungs-modell	SIMD Connection Machine	SISD	MIMD parallele Prozesse	MIMD parallele Prozesse	MIMD parallele Prozesse
parallele Wertzuweisung		PSETQ PSETF			
parallele Evaluierung der Argumente eines Funktionsaufrufs oder Lambda-Ausdrucks			QLET PCALL	PCALL	
Erzeugung und Steuerung expliziter Prozesse			QLAMBDA, CATCH, THROW, SUSPEND-PROCESS, RESUME-PROCESS		STARTEVAL
dynamische Beeinflussung der Prozeßgenerierung			Prädikat bei QLET, QLAMBDA (NIL, EAGER)	FUTURE, DELAY	
weitere Sprachmittel im Zusammenhang mit Parallel-verarbeitung	Datenstruktur XECTOR				CR,CCR zur Kommunikation

kutiert, mit denen der Grad der Parallelverarbeitung gesteigert und gesteuert werden kann.

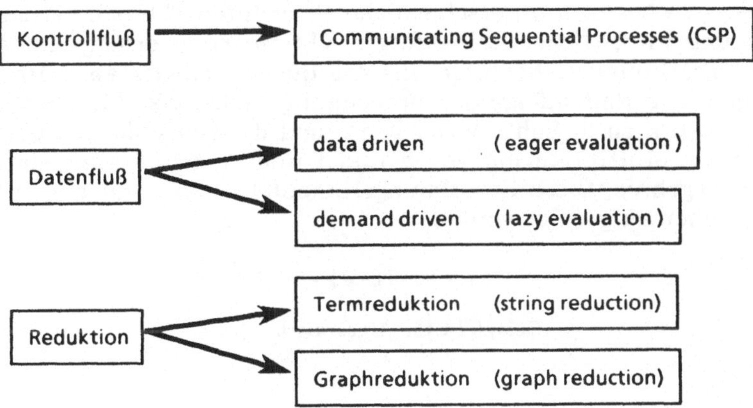

Bild 4.10. Verarbeitungsmodelle für funktionsbasierte Sprachen

4.2.1 Impliziter Parallelismus

Impliziter Parallelismus ist die Möglichkeit der Parallelverarbeitung, die sich aus der Aufschreibung und Bedeutung eines Programmes ergibt, ohne daß der Programmierer dies im Programmtext kenntlich macht. Betrachtet werden dabei Programmteile, die gleichzeitig ausgeführt werden können, aber nicht müssen. Die Ergebnisse der parallelen und sequentiellen Abarbeitung desselben Programmteils sollen einander entsprechen.

In Lisp-Systemen, wie auch in anderen Programmiersprachen, ist eine elementare Anweisung aus der Sicht der Maschinenebene so komplex, daß sie nicht in einem Schritt abgearbeitet werden kann. Vielmehr ist eine Folge von Maschinenbefehlen, bzw. ein Mikroprogramm, zur Ausführung einer Programmanweisung nötig. Innerhalb eines solchen Maschinenprogrammes bietet sich die Möglichkeit, Instruktionen gleichzeitig auszuführen, wenn z.B. ein algebraischer Term zu evaluieren ist. Im weiteren gibt es (in der Hochsprachen-, wie auch Maschinenebene) Operationen, die unabhängig von ihren Operandenwerten ausgeführt werden können, d.h. möglicherweise schon während der Beschaffung der Operanden begonnen werden können. Abstraktion, d.h. die Bildung logischer Programmeinheiten (je nach Programmierstil Prozesse, Objekte usw.), eröffnet die Möglichkeit solche Einheiten nebeneinander und gleichzeitig zu verarbeiten. Die Implementierung von Lisp, die Entwicklungsumgebung und das Laufzeitsystem, kann ebenfalls aus unabhängigen Modulen bestehen, die nebenläufig arbeiten.

4.2.1.1 Parallele Termevaluierung

Betrachten wir den algebraischen Term im Beispiel 4.15, so legen die Rechenregeln der Algebra eine Berechnungsreihenfolge fest. Die Operatoren +, - , * besitzen unterschiedliche Prioritäten, d.h. sie verlangen die Ausführung in zeitlicher Reihenfolge. Klammerung ermöglicht es, eine andere Berechnungsreihenfolge, als die durch Prioritäten definierte zu erzwingen. Die Reihenfolge der Berechnung lautet also für obigen Term: Addition von a zu b, Subtraktion von c und d, Multiplikation der beiden Ergebnisse, Multiplikation von e und f und Addition zum vorherigen Zwischenergebnis. Diese Berechnungsreihenfolge kann mit einem Berechnungsgraphen aufgezeigt werden.

$$(a + b) * (c - d) + e * f$$

Beispiel 4.15. Algebraischer Term

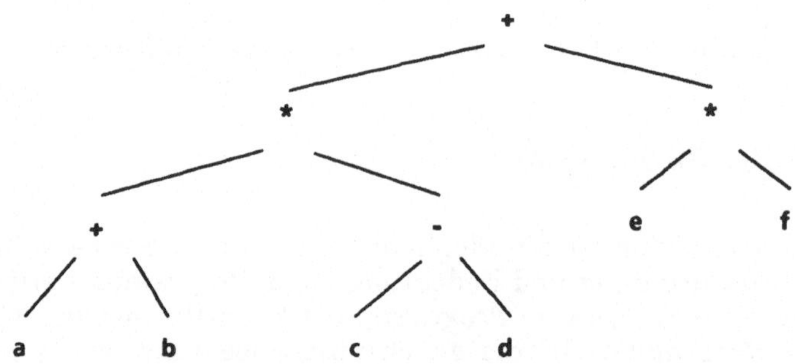

Bild 4.11. Berechnungsgraph (Kantorovic-Baum)

Die zeitlichen Schritte sind im Baum von unten nach oben dargestellt. An der Graphendarstellung läßt sich erkennen, daß es Teilterme gibt, die nicht in einer Präzedenzrelation zueinander stehen. Es sind hier die Terme (a + b), (c-d) und e*f. Diese Teilterme können gleichzeitig berechnet werden. Ohne genauer auf die Theorie von Berechnungsgraphen einzugehen, kann festgestellt werden, daß die Graphen für algebraische Ausdrücke Bäume sind (Kantorovic-Bäume, vgl. hierzu Bild 4.11). Außerdem gilt, daß die Operationen, die sich auf derselben Ebene befinden, gleichzeitig ausgeführt werden können.

In der funktionalen Notation von Lisp lautet Beispiel 4.15:

```
( PLUS ( TIMES ( PLUS A B ) ( MINUS C D ) ) ( TIMES E F ) )
```

Auch der Berechnungsablauf ist wie oben angegeben. Die Funktion PLUS wird angewandt auf die Ergebnisse der Terme (TIMES (PLUS A B) (MINUS C D)) und (TIMES E F). Auch hier ist die parallele Berechnung der Subterme, nämlich die Argumente der Funktionen PLUS und MINUS, möglich. Dieses Konzept läßt sich für Terme mit beliebigen Operationen (nicht unbedingt algebraische) verallgemeinern und kann auf funktionale Programme, sowie auf Lisp-Programme, die als Sammlung von Funktionen betrachtet werden können, angewandt werden.

Beim Aufruf einer beliebigen Funktion werden alle Argumente der Funktion gleichzeitig evaluiert. In funktionalen Programmen sind die Argumente einer Funktion entweder primitive Objekte, d.h. Werte, oder sie sind ihrerseits Funktionsaufrufe. Aus diesem Grund wird die gleichzeitige Auswertung der Argumente auch als Parallelisierung auf Funktionsebene bezeichnet. Hierunter ist nicht die gleichzeitige Ausführung zweier im Programmtext hintereinanderstehender Funktionsaufrufe zu verstehen, was einer Parallelisierung auf Statementebene entspräche. Eine Folge von Statements kommt in funktionalen Programmen ohnehin nicht vor, kann aber in Lisp, wegen der Integration imperativer Konstrukte, programmiert werden.

Ein schwerwiegendes Problem, das in diesem Zusammenhang auftritt, sind Seiteneffekte, die die einzelnen, parallelen Argumenteberechnungen gegenseitig bewirken. In funktionalen Sprachen, die keine Variablen besitzen und damit keine speichernden Elemente kennen, sind Seiteneffekte ausgeschlossen. Aber z.B. in Lisp bedarf es einer zum Teil sehr aufwendigen Analyse dieser versteckten Datenabhängigkeiten, die die parallele Ausführung erheblich einschränken können.

Zwei Verarbeitungsmodelle, die diese Parallelität in Subtermen nutzen können, sind das Datenflußprinzip (*data flow*) und die Reduktion (*reduction*).

Datenfluß

Eine grundlegende Arbeit über das Datenflußprinzip ist [Den74]. Das Prinzip: Ein Programm wird von einem Compiler in einen Graphen, bestehend aus Knoten und Kanten, transformiert. Die Knoten sind einzelne, eigenständige Programmteile, die bis auf bestimmte Datenabhängigkeiten unabhängig und gleichzeitig ausgeführt werden können. Je nach Betrachtungsstandpunkt sind diese Programmteile Funktionen, Statements oder Operatoren. Die Kanten des Graphen beschreiben die Abhängigkeiten zwischen den Knoten, indem sie angeben, welche Daten zwischen welchen Knoten ausgetauscht werden. Bei der Ausführung des Programms sind alle Knoten aktiv und warten auf den Zugang von Daten an ihren Eingangskanten, verarbeiten diese und geben die Ergebnisse über ihre Ausgangskanten an benachbarte Knoten weiter. So werden die Daten von Knoten zu Knoten übertragen und transformiert, bis letztendlich ein Ergebnis daraus gebildet wird. Die Steuerung der Berechnung geschieht durch den Datenfluß - nämlich immer dann, wenn an allen Eingangskanten eines Knotens Daten vorhanden sind, wird dessen Operation ausgeführt.

Im Zusammenhang mit Datenfluß sind zwei Berechnungsmechanismen von Bedeutung, *eager evaluation* und *lazy evaluation* [Ama84].

Eager Evaluation nutzt jede potentielle Möglichkeit der nebenläufigen Berechnung. Jede Operation, deren Argumente verfügbar sind, wird sofort ausgeführt und gibt ihre Ergebnisse unverzüglich weiter. Die Berechnung wird nur durch die Daten gesteuert (*data driven*). Dieses Berechnungsschema kann aber zu endloser, bzw. nutzloser Berechnung führen. Wird beispielsweise ein Erzeuger-Verbraucher-Problem nach dem Stream-Prinzip programmiert, so wird der Erzeuger einen unendlich langen Datenstrom produzieren, den der Verbraucher vielleicht nur teilweise verarbeitet und seine Berechnung einstellt, sobald er ein Ergebnis gefunden hat.

Ähnliche Probleme können bei einer Programmverzweigung entstehen: if p then s1 else s2 . Die Argumente der Verzweigung sind p, s1, s2. Sie werden parallel berechnet. Abhängig von p wird aber nur ein Ergebnis weiterverwendet, das andere ist nutzlos. Hier kann es außerdem vorkommen, daß die Berechnung eines Zweiges zu einem Fehler führt, der durch die vorherige Auswertung des Prädikats verhindert werden könnte: if a< >0 then 1/a else a. Die Berechnung 1/0 führt bei Parallelausführung zu einem Fehler, obwohl dieser Zweig gar nicht weiterbenutzt werden soll. In diesen Fällen muß die Eager Evaluation unterbunden werden.

Der Ablauf wird dann mit Hilfe von "Anforderungen" gesteuert (*demand driven*). Für das Erzeuger-Verbraucher-Problem bedeutet das, daß der Verbraucher jedesmal, wenn er ein Datum verarbeiten will, ein Demand an den Erzeuger schickt. Der Erzeuger produziert jetzt automatisch nur soviele Elemente, wie auch verbraucht werden. Bei der Programmverzweigung wird nach der Berechnung des Prädikats ein Demand an den entsprechenden Zweig geschickt.

Die konsequente Verzögerung von Berechungen, z.B. die Auswertung von Teiltermen, bis eine tatsächliche Anforderung des Ergebnisses des Teilterms besteht, wird als *Lazy Evaluation* bezeichnet. Bei diesem Schema werden Teilterme nur dann ausgewertet, wenn ihr Ergebnis für die Weiterführung des Programmes nötig ist. Insbesondere beim Umgang mit Listen und Bäumen werden nur die Teile der Datenstruktur erzeugt, die auch weiterverarbeitet werden. Gegenüber Eager Evaluation lassen sich hierbei eine Menge nichtrelevanter Operationen einsparen.

Das Verschicken von Demands kann als Kontrollfluß aufgefaßt werden. Interpretiert man die Aufforderung (*demand*) aber ebenfalls als Argument (Datum) für eine Operation, so entsteht wieder ein Datenfluß (*data driven evaluation*), der einen gewissen Kontrollfluß beinhaltet.

Im folgenden soll ein Ansatz vorgestellt werden, der sich auf das Datenflußprinzip stützt.

EM3: Eine auf Lisp basierende Datenflußmaschine

EM3 ist ein Projekt des Electrotechnical Laboratory in Japan. Beschreibungen des Projekts finden sich u.a. in den Artikeln [Yam83], [Yam84]. Die Kontrollstruktur des Systems ist eine natürliche Erweiterung des Datenflußprinzips in Richtung Funktionsevaluierung. Die Knoten des Datenflußgraphen bestehen aus Funktionen. Sie können ausgeführt werden, sobald alle ihre Argumente eingetroffen sind. Zur Programmierung wird EM-LISP verwendet, ein Dialekt von Lisp, der speziell für Datenflußverarbeitung geschaffen wurde. Seine besonderen Eigenschaften sind: reine Funktionalität, Single Assignment Variablen, keine globalen Variablen, keine Schleifenkonstrukte. Das Schema der Funktionsevaluierung ist reine Termersetzung (*full substitution*).

Zur Steigerung der Parallelität sind zwei zusätzliche Konstrukte vorhanden, die die Datenabhängigkeit zwischen Arbeitspaketen (Funktionen) vermindern können: *pseudo result* und *semi result*. Auf ihre Arbeitsweise wird in 4.2.4 näher eingegangen.

Reduktion

Beim Reduktionsprinzip [Ber76], [Mag79] wird das Programm selbst, bzw. seine Interndarstellung, durch Textersetzung transformiert. Dabei werden elementare Ausdrücke, d.h. Ausdrücke, die direkt berechnet werden können, durch ihre Ergebnisse ersetzt (reduziert). Funktionsapplikationen werden durch ihre Definition substituiert und wenn möglich anschließend reduziert. Prinzipiell ist es auch hier möglich, unabhängige Programmteile gleichzeitig zu transformieren, bis letztendlich "das Programm aufgebraucht ist" und nur das Ergebnis übrigbleibt.

Hinsichtlich der Reduktionsmethode kann eine Unterscheidung in Termreduktion (*string reduction*) und in Graphreduktion (*graph reduction*) getroffen werden. Bei der Graphreduktion wird die Reduktion gleicher Teilausdrücke vereinfacht, indem die verschiedenen Zweige des Kantorovic-Baumes, die den gleichen Teilausdruck (und außerdem denselben Kontext) besitzen, zusammengeführt und nur einmal reduziert werden. So entsteht aus dem Reduktionsbaum ein Reduktionsgraph.

Da die Implementierung der reinen Reduktion sehr ineffizient ist, werden zwei andere Wege beschritten [Ama84]. Der eine orientiert sich am Kontrollfluß, d.h. eine Anzahl sequentieller Prozesse arbeitet gleichzeitig und kommuniziert über Pakete. Beim anderen Weg werden "echte Datenfluß-Prozessoren" benutzt, deren Arbeitspakete in der Größenordnung einzelner Instruktionen liegen und darüberhinaus speziell die Paketkommunikation unterstützen.

ALICE (Applicative Language Idealized Computing Engine)

ALICE ist ein Projekt, das am Imperial College of Science and Technologie, London entstand und bei ICL fortgeführt wurde. Überblicke über das Projekt bieten die Artikel [Dar81], [Dar83], [Pou85]. Das hier angewandte Verarbeitungsmodell stützt sich auf die Graphreduktion. Programme werden als Zwischenform in einen Graphen transformiert, der die Datenabhängigkeiten zwischen Teilausdrücken des Programms beschreibt. Die Knoten des Graphen entsprechen den Funktionen. Ihre Abhängigkeiten ergeben sich durch die Versorgung mit Argumenten.

Die Abarbeitung des Graphen geschieht im Gegensatz zu EM3 aufrufgesteuert (*demand driven*), d.h. eine Funktion wird zur Ausführung angestoßen und stößt ihrerseits die nötigen Funktionen an, deren Ergebnisse Argumente des Aufrufers sind.

Von diesem System werden in erster Linie deklarative Sprachen unterstützt, wie z.B. HOPE [Bai85]. Aber auch andere Sprachen können, teils mit Einschränkungen, verarbeitet werden. Beispiele hierfür sind KRC, PROLOG und LISP.

Einschränkungen der Parallelverarbeitung

Sowohl EM3 als auch ALICE sind darauf ausgerichtet, implizite Parallelität auf der Funktions- und Prozedurebene zu nutzen. Voraussetzung dafür ist, daß die gleichzeitig verarbeiteten Einheiten seiteneffektfrei sind.

Die Erweiterung des rein funktionalen Lisp mit Programmvariablen, Wertzuweisung und Funktionsdefinition bringt Probleme bei der Festlegung der Berechnungsreihenfolge mit sich. In herkömmlich sequentiellen Lisp-Systemen ist sie so festgelegt, daß Argumente für Funktionen in der Reihenfolge ihrer Aufschreibung ausgewertet werden. Dabei ist zugelassen, daß die Evaluierung eines Argumentes die Veränderung von Variablen der nachfolgenden Terme bewirkt oder sogar Funktionen definiert werden, die in den nachfolgenden Termen aufgerufen werden. Für solche Fälle muß klar festgelegt werden, wie die Berechnung zu erfolgen hat. Hierzu gibt es zwei Vorgehensweisen:

1) Die "sequentielle Semantik" wird beibehalten, d.h. die Argumente werden weiterhin nacheinander evaluiert. Probleme mit Seiteneffekten können nicht auftreten. Wird gewünscht, Argumente parallel zu evaluieren, dann wird dies durch ein zusätzliches Sprachmittel kenntlich gemacht (siehe hierzu Kap. 4.1.3). Der Programmierer ist selbst für die logische Richtigkeit von Seiteneffekten verantwortlich.
2) Es wird eine "parallele Semantik" festgelegt, die besagt, daß stets alle Argumente eines Aufrufs parallel evaluiert werden. Die Verwendung von Seiteneffekten sollte dann verboten oder eingeschränkt werden, d.h. zwischen den Berechnungen der Teilterme dürfen keine Seiteneffekte auftreten. Innerhalb der Berechnung eines Termes kann mit Seiteneffekten gearbeitet werden.

Beide Ansätze sind Gegenstand zahlreicher Untersuchungen an Universitäten und anderen Forschungseinrichtungen.

Ein weiteres Problem dieses Parallelisierungsansatzes bezüglich der Anwendung auf Lisp, besteht darin, daß von einem statischen Programmcode ausgegangen wird, der in eine Interndarstellung (Graph) compiliert wird. Dann kann eine Verteilung der Knoten (Funktionen) auf die Prozessoren vorgenommen werden. Argumente werden zwischen den Prozessoren verschickt. Eine wesentliche Eigenschaft von Lisp, nämlich, daß Programme dynamisch verändert und erweitert werden können, wird durch die statische Übersetzung ausgeschlossen. Die Vorteile der Interpretation gehen verloren. Ein Parallelisierungsansatz, der der Interpretation Rechnung tragen könnte, wäre z.B. mehrere Interpreter gleichzeitig zu betreiben, die aus einem gemeinsamen Pool Terme entnehmen und diese evaluieren. Dieses Modell entspricht weitgehend einem Datenflußmodell, bei dem die Verarbeitungsknoten Interpreter sind und die Terme die Arbeitspakete darstellen. Die Einschränkung der Bearbeitung durch Seiteneffekte bleibt weiterhin bestehen.

4.2.1.2 Wertunabhängige Operationen

Eine weitere Möglichkeit von implizitem Parallelismus liegt in der Ausführung wertunabhängiger Operationen. Hierunter sollen Operationen verstanden werden, die unabhängig von den Werten der zu verarbeitenden Argumente ausgeführt werden können.

Ein Vorschlag hierzu stammt von Friedman und Wise [Fri76]: Die Funktion CONS belegt eine neue Speicherzelle, deren beide Zeiger auf je eines der Ergebnisse der zu berechnenden Argumente zeigen. Die Erzeugung einer solchen CONS-Zelle ist unabhängig von den Werten der Argumente. Die Lokalisierung einer CONS-Zelle und die Ablieferung ihrer Adresse kann erfolgen, während gleichzeitig die beiden Argumente evaluiert werden. Es kann sogar anschließend im Programm fortgefahren werden, ohne die Evaluierung der Argumente abzuwarten, bis an irgendeiner Stelle mit CAR oder CDR auf einen Teil der CONS-Zelle zugegriffen wird. Erst jetzt wird der Wert des Arguments von CONS benötigt. Es ist auch vorstellbar, die Evaluierung des Arguments erst jetzt anzustoßen, nachdem feststeht, daß der Wert auch tatsächlich weiterverwendet wird. Eine genauere Diskussion dieser Idee erfolgt in Kapitel 4.2.4.

Ähnliche Verhältnisse wie bei CONS ergeben sich bei der Funktion SETQ, der einfachen Wertzuweisung. Hier wird ein Atom an einen Wert gebunden. Mit der Berechnung kann fortgefahren werden, bis der Wert des Atoms aufgerufen wird. Währenddessen wird das Argument von SETQ ausgewertet.
Entsprechendes gilt auch für die Funktionsdefinition DEFUN. Während der Evaluierung der Funktionsdefinition kann im Programm, bis zum ersten Aufruf der zu definierenden Funktion fortgefahren werden.

Im weiteren wäre es denkbar, unmittelbar bei einem Funktionsaufruf mit der Abarbeitung des Rumpfes der aufgerufenen Funktion zu beginnen und solange parallel zur Evaluierung der Argumente durchzuführen, bis eben eines der Argumente benötigt wird, die inzwischen noch nicht als Wert vorliegen.

Parallel verarbeitet werden könnten auch mehrere Komponenten verschiedener zusammengesetzter Datenobjekte. Zusammengesetzte Objekte werden häufig so verarbeitet, daß jeweils gleiche Komponenten unterschiedlicher Instanzen des gleichen Objekttyps, bzw. verschiedene Komponenten derselben Instanz eines Objekttyps miteinander verknüpft werden. Im ersten Fall könnte bezüglich der Komponenten, im letzteren Fall bezüglich der mehrfachen Instanzen parallelisiert werden. Häufig ist es so, daß Terme zu Objekten verknüpft und anschließend für die spätere Verwendung abgelegt werden. Auch hier reicht es aus, die nötigen Speicherplätze zu reservieren und Verweise auf ihre Inhalte einzutragen. Zeitgleich mit der Fortsetzung des Programmes können die Inhalte als Werte der Argumente der Konstruktorfunktionen berechnet werden. All diese Ansätze für wertunabhängige Operationen zielen in Richtung Eager Evaluation.

4.2.1.3 Programmierstile

Die Aufteilung eines Programmes in Einheiten zur parallelen Verarbeitung kann auch dem Stil, in dem das Programm erstellt wurde, entsprechen. Die Programmierung von Prozessen ist zwar in Lisp nicht üblich, weil die hierzu nötigen Sprachmittel fehlen, andererseits aber werden die Arbeitspakete (z.B. zu evaluierende Terme) meist in Gedanken als Prozesse aufgefaßt. Ähnliches findet man bei den Spracherweiterungen zur objektorientierten Programmierung wieder. Den gleichzeitig existierenden Objekten werden Prozesse zugeordnet, die miteinander kommunizieren. Im Bereich der KI werden in Lisp regelbasierte Systeme programmiert, deren Regeln gleichzeitig zu verarbeiten denkbar wäre. Auf die genannten drei Aspekte - Prozesse, Objekte und Regeln - gehen die Kapitel 2, 3 und 5 dieses Buches genauer ein.

Eine andere Idee liegt dem Ansatz zur Parallelverarbeitung von solchen Prozessen zugrunde, die gegenseitig große Datenmengen austauschen. Während ein Prozeß beispielsweise eine Liste von Objekten erzeugt, die ein anderer Prozeß weiterverarbeiten möchte, muß der empfangende Prozeß warten, bis die komplette Liste an ihn abgeliefert ist. Eine Umgehung dieser Datenabhängigkeit ist möglich, indem der Erzeuger der Liste eine Datenstrom (*stream*) liefert, an den er stets neugewonnene Objekte hinten anfügt. Der weiterverarbeitende Verbraucher kann bereits Daten vorne aus dem Strom entnehmen bevor die ganze Liste erzeugt wurde. Auf diese Weise ist es sogar möglich, unendliche Datenlisten zu verarbeiten. Mehrere Verarbeitungseinheiten können durch Streams zu einer Pipeline oder auch zu einem Verarbeitungsnetzwerk verbunden werden.
Eine weitere Möglichkeit der Parallelverarbeitung ergibt sich bei den Mapping-Befehlen wie z.B. MAPCAR und MAPCAN. Jedes Element der Argumentenliste soll der gleichen Operation unterworfen werden. Dies kann gleichzeitig ausgeführt werden, wenn für jedes Objekt ein eigener Prozeß zur Verfügung steht. Die ganze Liste wird damit in einem Schritt, anstelle einer Folge von Iterationen oder Rekursionen verarbeitet.

4.2.1.4 Implementierung

Auch die Implementierung eines Lisp-Systems bietet die Möglichkeit, Parallelverarbeitung einzuführen. Zur Leistungsfähigkeit eines Lisp-Systems trägt in entscheidendem Maße die Freispeicherverwaltung bei. Weil einfache Stop-and-Copy Verfahren den Leistungsansprüchen heutiger Aufgabenstellungen ohnehin nicht mehr genügen, werden alle modernen Lisp-Systeme wie z.B. Symbolics 3600 Serie mit auf Effizienz getrimmten Varianten von inkrementellen Garbage-Collection-Verfahren implementiert. Zukünftig ist es durchaus vorstellbar, in Mehrprozessor-Systemen eigene Prozessoren für die Garbage Collection vorzusehen (siehe hierzu auch Kapitel 1.5).

Aus dem Umstand, daß in Lisp-Systemen die Programme überwiegend interpretiert werden, und dazu jede Anweisung zunächst lexikalisch analysiert werden muß, ergibt es sich, daß die Analyse eines Programmschrittes und die Ausführung des vorherigen in gewisser Weise überlappt werden können. Es entstehen ähnliche Verhältnisse wie bei den Befehlspipelines moderner Prozessoren. Ein damit verwandter Ansatz, der sich am Datenflußprinzip orientiert, wird in [Zhi86] beschrieben. Programmanweisungen werden analysiert und in parallel ausführbare Knoten (Pakete) der Zwischensprache NR abgebildet, während andere Prozessoren über einen Verteiler ausführbare Knoten erhalten und diese evaluieren.

4.2.2 Expliziter Parallelismus

Der Programmierer beschreibt hier ausdrücklich, an welchen Programmstellen eine Parallelverarbeitung möglich ist und gewünscht wird. Prominente Beispiele für Lisp-Dialekte mit expliziten Sprachmitteln (CM-Lisp, QLAMBDA, Multilisp, Concurrent Lisp) wurden in 4.1.3 beschrieben. Auf den Dialekt CM-LISP, der speziell für die Connection Machine entwickelt wurde, wird nicht näher eingegangen. Das Interesse gilt hier den Sprachen, die eine MIMD-Verarbeitung erlauben. Common Lisp wird ebenfalls nicht weiter betrachtet, weil die beiden Parallelzuweisungs-Funktionen eine allgemeine Parallelverarbeitung nicht unterstützen.

QLAMBDA, Multilisp und Concurrent Lisp stützen sich auf ein kontrollflußorientiertes Verarbeitungsmodell. Mehrere nebenläufige Prozesse wirken bei der Programmausführung zusammen, indem sie selbständig sequentiell ablaufen und koordiniert Informationen austauschen. Als Grundlage für dieses Verarbeitungsmodell dient Hoare´s Arbeit "Communicating Sequential Processes" [Hoa78].

Bei QLAMBDA und Multilisp wird, bei Anwendung des PCALL-Konstrukts zum Funktionsaufruf, für jede Argumentenposition ein Prozeß erzeugt, der das zugehörige Argument evaluiert. In QLAMBDA kann außerdem über die unmittelbare Fortsetzung des Aufrufers entschieden werden. Im weiteren gibt es noch Sprachmittel zur Beeinflussung der Prozeßzustände, d.h. Prozesse können wartend und rechenbereit gesetzt werden. Die Sprache Concurrent Lisp macht die Erzeugung von Prozessen nicht von Funktionsaufrufen abhängig, sondern bietet die Möglichkeit, direkt Prozesse zu programmieren. Zusammen mit den zusätzlichen Sprachmitteln zur expliziten Kommunikation kann man in diesem Dialekt prozeßorientiert programmieren, wie in den prozeduralen Sprachen von Kapitel 2. Bezüglich der wesentlichen Eigenschaften, die sich daraus ergeben, sei auf Kapitel 2 verwiesen.

4.2.3 Granularität

Im folgenden Abschnitt wird die Granularität der Arbeitspakete untersucht. Unter Granularität versteht man die Größe und Anzahl der Pakete, die gleichzeitig verarbeitet werden. Je nach Verarbeitungsmodell ergeben sich unterschiedliche Eigenschaften, weshalb hier eine Aufteilung nach den Modellen erfolgt.

Datenflußmodell

Wie im Abschnitt 4.2.1 beschrieben, bietet die Termevaluierung eine Möglichkeit der impliziten Parallelisierung. Betrachtet wurde dort die Berechnung algebraischer Terme, wobei ein Arbeitspaket meist aus dem Ausführen einer Operation auf einem oder mehreren Operanden besteht. Bei einem so geringen Umfang der Arbeitspakete spricht man von feiner Granularität. Für die Verallgemeinerung der algebraischen Terme auf Terme von Funktionsaufrufen gelten ähnliche Aussagen. Auch hier werden Argumente entsprechend dem Rumpf der Funktion verknüpft. Die Argumente sind im einfachsten Fall Atome, auf deren Werte zugegriffen wird. Weitaus häufiger werden die Argumente aber ihrerseits Funktionsaufrufe sein. Bei nebenläufiger Berechnung ergeben sich also gleichzeitige Datenzugriffe und Funktionsberechnungen.

Je nach Struktur eines Programmes wird der Rumpf einer Funktion länger oder kürzer sein. Häufig, weil übersichtlich und programmierfreundlich, bestehen Funktionen und Prozeduren (Arbeitspakete) aus wenigen einfachen Anweisungen und Aufrufen untergeordneter Funktionen. Ein typisches Muster eines Funktionsrumpfs eines fein strukturierten Programms ist eine Programmverzweigung. Abhängig von Eingangsbedingungen wird die Bearbeitung in mehrere Alternativen aufgeteilt. In den einzelnen Alternativen werden untergeordnete Funktionen aufgerufen, deren Ergebnisse zuletzt noch verknüpft und abgeliefert werden. Dieses Muster beinhaltet die Aufteilung der Aufgabe und rekursive Aufrufe mit anschließender Vereinigung der Ergebnisse, sowie die Ablieferung eines Wertes im Terminierungsfall. Die eigentliche Arbeit im Rumpf einer Funktion, die ein Arbeitspaket bildet, besteht also aus wenigen Einzeloperationen und verschiedenen Funktionsaufrufen und deren Versorgung mit Parametern. Hier spricht man von feiner bis mittlerer Granularität. Die Anzahl der so erzeugten Arbeitspakete hängt also von der Struktur und dem dynamischen Verhalten des Programms ab. Programme, deren Aufrufstrukturen tief geschachtelt sind, können auf den unteren Ebenen sehr viele gleichzeitig berechenbare Funktionen liefern. Durch Rekursion kann ebenfalls eine große Zahl von Aufrufen einer Funktion erzeugt werden, deren Berechnung aber durch Datenabhängigkeiten eingeschränkt sein kann. Der Programmierer kann den Grad der impliziten Parallelität also insofern beeinflussen, als daß er sein Programm fein strukturiert und Datenabhängigkeiten vermeidet. Auch überlegte Parametrisierung von Funktionen trägt dazu bei.

Kontrollfluß

Die Granularität bei expliziten Prozessen ist naturgemäß gröber. Der Programmierer teilt die Aufgabe in größere, weitgehend unabhängige Teile, die als Prozesse ablaufen und in geringem Maße miteinander kommunizieren. Die Zahl der Prozesse wird niedriger sein als beim Datenfluß und entscheidend von der Struktur des Problems abhängen.

Reduktion

Wie bereits in 4.2.1 erwähnt, wird Reduktion durch Datenfluß oder Kontrollfluß implementiert. Um möglichst viel Parallelität zu gewinnen, wird man in beiden Fällen feingranular arbeiten, d.h. es sollten viele kleine Prozesse programmiert werden. Kontrollfluß und Datenfluß nähern sich einander, was die Größe der Arbeitspakete anbelangt. Die Verarbeitung tendiert zu demand-driven-Datenfluß.

4.2.4 Weitere Ansätze zur Steigerung der Parallelität

In diesem Abschnitt werden weitere Ansätze beschrieben, die es ermöglichen, Operationen überlappt auszuführen, indem Datenabhängigkeiten zumindest vorübergehend beseitigt werden.

Die grundlegende Idee hierzu stammt von Friedman und Wise [Fri76]. Operationen, die nicht von den Werten ihrer Operanden abhängen, können ausgeführt werden, noch bevor die Werte bereitstehen. Das echte Ergebnis wird später, wenn überhaupt nötig, nachgereicht oder aktualisiert. Eine

Operation, die sich hier anbietet, ist die CONS-Funktion, eine elementare Konstruktoroperation auf Listen, die in Lisp überwiegend verarbeitet werden. Der CONS-Operator erzeugt eine neue Zelle und liefert deren Adresse als Ergebnis. Die beiden Zeiger auf Anfang und Rest der Liste bleiben zunächst offen und werden erst eingesetzt, wenn ihre Lokalisierungen bekannt sind. Zwischenzeitlich kann aber die CONS-Zelle schon zur Einbindung in eine Liste weiterverarbeitet werden. Dieser Mechanismus wird auch als *Lenient Cons* bezeichnet. Eine Implementierung des Lenient Cons ist z.B. in [Ama82] beschrieben.

Das FUTURE-Konstrukt in Multilisp [Hal85] basiert ebenfalls auf dieser Idee. FUTURE liefert sofort eine Zelle (Platzhalter) für das Ergebnis an den Aufrufer ab, so daß dieser fortfahren kann, bis er das echte Ergebnis benötigt. Zur Berechnung des Ergebnisses wird ein Prozeß erzeugt, der nach Fertigstellung dieses an den Platzhalter abliefert (*resolution*). Die Benutzung des FUTUREs ist nicht auf die CONS-Operation beschränkt, sondern kann beim Aufruf jeder beliebigen Funktion verwendet werden. Sinnvoll einsetzbar ist FUTURE aber auch nur dann, wenn keine direkte Datenabhängigkeit besteht, d.h. die nachfolgenden Operation benötigt das Ergebnis nicht direkt (z.B. arithmetische Operation), sondern nur indirekt (z.B. zur Einbindung in eine Datenstruktur). FUTURE kann keine Datenabhängigkeit beseitigen.

Ein mit Lenient Cons und FUTURE verwandtes Prinzip wurde im Datenflußrechner EM3 implementiert [Yam83]. Hier tragen die "Hilfsergebnisse" die Namen *pseudo result* und *semi result*. Die Arbeitspakete von EM3 sind Funktionen. Ihre Berechnung kann begonnen werden, sobald ihre Argumente zur Verfügung stehen. Dabei können pseudo- und semi-results Funktionen "zünden" wie normale Daten. Pseudo-results sind Platzhalter für Ergebnisse beliebiger Funktionen, während das Ergebnis der CONS-Operation semi-result heißt. Die Unterscheidung wurde wahrscheinlich aus Effizienzgründen für die Implementierung getroffen. Beim pseudo-result muß das Ergebnis überall dorthin nachgeliefert werden, wo der Platzhalter zwischenzeitlich weiterverwendet wurde. Beim semi-result kann die Adresse einer CONS-Zelle im voraus abgeliefert werden. Sie bleibt auch dann gleich, wenn die beiden Inhalte eingetragen wurden. Die Verwendung dieser Adresse wird also nicht mehr beeinflußt. Dadurch vereinfacht sich die Resolution.

Die genannten Konstrukte unterstützen die Ausführungsmodelle *Lazy Evaluation* und *Eager Evaluation*. Bei Lazy Evaluation wird jeder Rechenauftrag erst unmittelbar bei Bedarf ausgeführt. Argumente einer Funktion werden erst dann berechnet, wenn sie im Rumpf verarbeitet werden sollen. Daraus ergibt sich eine weitgehend sequentielle Verarbeitung.

Eager Evaluation unterscheidet sich von Lazy Evaluation darin, daß die Evaluierung eines Auftrags schon bei seiner Erzeugung begonnen und nebenläufig mit anderen ausgeführt wird. Damit ist es möglich, alle Argumente einer Funktion gleichzeitig zu berechnen und außerdem den Rumpf der Funktion auszuführen (*partial execution*), bis an einer Programmstelle der Wert eines Arguments benötigt wird, der zwischenzeitlich noch nicht eingetroffen ist. Eine Implementierung dessen wird in [Ama82] beschrieben.

Volle Ausnutzung jeder Art von Parallelverarbeitung kann schnell zu einer Vielzahl von Arbeitspaketen führen, deren Verwaltung einen erheblichen Aufwand erfordert. Dieses Problem tritt in besonderem Maße bei Datenflußrechnern auf. Die Prozeßaufspaltung und -erzeugung (*spawning*) muß kontrolliert ablaufen und soll gesteuert werden können. Mechanismen hierfür sind z.B. in QLAMBDA vorhanden.

4.3 Kommunikation und Synchronisation

Möglichkeiten der Aufteilung eines Programms in nebenläufig ausführbare Teilprogramme wurden in Abschnitt 4.2 beschrieben. Die Teilprogramme sind i.a. nicht logisch unabhängig, sondern sie wirken bei der Erstellung des Programmergebnisses zusammen. Dabei tauschen sie untereinander Informationen in Form von gegenseitigen Aufträgen und Ergebnissen aus und koordinieren den Ablauf ihrer Berechnung. Den impliziten und expliziten Parallelisierungsansätzen liegen die Verarbeitungsmodelle Kontrollfluß, Datenfluß und Reduktion zugrunde, wobei die Reduktion durch nebenläufige, sequentielle Prozesse oder durch Datenfluß implementiert werden kann.

Im folgenden Abschnitt wird die Kommunikation, d.h. der Informationsaustausch zwischen den Verarbeitungseinheiten und die Synchronisation der Verarbeitung genauer betrachtet.

4.3.1 Kommunikation

Als Parallelisierungsebene sei hier die Funktions- und Prozedurebene betrachtet. Zwischen Funktionen werden zwei Arten von Informationen ausgetauscht. Zum einen sind das Informationen, die zur Lösung des Problems benötigt werden, zum anderen aber auch solche, die zur Organisation des Programmlaufes dienen.

Die problembezogenen Informationen sind:

- Daten, die als Argumente für andere Funktionen dienen,
- Ergebnisse, die zurückgeliefert werden,
- weitere Angaben, z.B. Bindungen globaler Größen, sofern nicht alle relevanten Größen bei jedem Aufruf weitergereicht und damit lokal gebunden werden.

Diese Informationen entsprechen denen der stackartigen, sequentiellen Implementierung von Funktionsaufrufen:

- Parameter,
- Ergebnis,
- statischer Vorgänger bei lexikalischem Bindungsmodell.

Die Informationen zum Programmablauf hängen vom Verarbeitungsmodell ab. Beim kontrollflußorientierten Modell schicken sequentielle Prozesse einander Aufträge zu, die den Funktionsaufrufen im sequentiellen Fall (dynamischer Vorgänger) entsprechen. Leistet ein Prozeß Dienste für mehrere andere Prozesse, dann muß er wissen, an wen er das berechnete Ergebnis zurücksenden soll. Der Aufrufer hat also seine Identität mitzuteilen.

Ob Kommunikation explizit oder implizit programmiert wird spielt eine untergeordnete Rolle. Bei Concurrent Lisp kann mit den Sprachmitteln CR und CCR explizit kommuniziert werden. Bei Multilisp organisiert der Interpreter oder Compiler die Kommunikation für PCALL und FUTURE.

Verarbeitet man Funktionen nach dem Datenflußprinzip, dann ist die Übermittlung eines Aufrufs bei "data driven"-Berechnung nicht nötig. Allein die Zusendung von Argumenten reicht aus, eine Funktion zu starten. Da der Compiler das Progamm in eine interne Baumform bringt, ist der Adressat des Ergebnisses fest, und jeder Knoten weiß, wohin er sein Ergebnis senden soll. Beim Berechnungsgraphen, der bezüglich Rechenaufwand günstigeren Implementierung (siehe auch 4.2.1, Graphreduktion), werden die Ergebnisse an mehrere, oder an einen von mehreren Knoten geschickt, weshalb hier wieder ein Adressat angegeben werden muß.

Bei der "demand driven"-Berechnung ist der Informationsfluß wieder ähnlich dem der kommunizierenden Prozesse. Jeder Ergebnisübermittlung geht eine Demand-Übermittlung voraus, wobei sich die Anzahl der Übermittlungsschritte verdoppelt.

4.3.2 Synchronisation

Grundsätzlich ist die Kommunikation synchron als auch asynchron möglich. Der Aufrufer kann einer Funktion eine Nachricht zusenden, die einen Verarbeitungswunsch darstellt. Im synchronen Fall bestätigt die aufgerufene Funktion ihre Bereitschaft und nimmt die Argumente entgegen. Im asynchronen Fall wird der Wunsch und die Argumente einfach in einer zur Funktion gehörigen Warteschlange eingereiht (etwa bei QLAMBDA). Der Aufrufer kann fortfahren, bis er ein Ergebnis benötigt.

Bei der Datenflußverarbeitung kann die Zusendung der Argumente auch als Synchronisation zwischen nebenläufigen Prozessen betrachtet werden. Eine Funktion wird ja erst aktiv, wenn ihr von allen Vorgängern Argumente zugesandt wurden. Damit wird eine geordnete zeitliche Beziehung zwischen den Funktionsberechnungen hergestellt.

4.3.3 Einfluß der Granularität

Die Granularität der Verarbeitung, d.h. die Größe der Arbeitspakete hat einen wesentlichen Einfluß auf die Kommunikation. Eine Verfeinerung, d.h. Zerteilung der Prozesse führt i.a. zu einer Zunahme der zu übertragenden Informationseinheiten, während die Zahl der Daten-Transformationen pro Prozeß sinkt. Die Prozeßgröße muß also mit dem Kommunikationsumfang abgewogen werden, damit es nicht zu "Überkommunikation" (*overcommunication*) kommt.

4.4 Parallelitätsbedingte Verwaltungsaufgaben

Im folgenden Abschnitt werden Verwaltungsaufgaben beschrieben, die aus der gleichzeitigen Verarbeitung mehrerer Pakete entstehen. Im Abschnitt Prozeßverwaltung wird zunächst erklärt, wie Prozesse in Einzelprozessor-Systemen verwaltet werden, und anschließend wird auf die Erfordernisse eines Multiprozessor-Systems eingegangen. Zu den veränderten oder zusätzlichen Aufgaben gehören verteilte Prozeßverwaltung, Lastverteilung und Kommunikationsverwaltung. Eine spezielle datenflußorientierte Verarbeitung wird ebenfalls beschrieben.

Die Erfordernisse einer parallelen Speicherverwaltung werden aus den abstrakten Organisationsformen der Daten und den gleichzeitigen Zugriffen mehrerer Verarbeitungseinheiten abgeleitet.

Prozeß- und Speicherverwaltung werden üblicherweise nicht vom Anwendungsprogrammierer selbst implementiert, sondern werden vom zugrundegelegten System übernommen. Sprachspezifische Aufgaben, wie z.B. Heap-Verwaltung, wickelt im Normalfall das Laufzeitsystem der Sprache ab. Regelmäßige Strukturen und häufig auftretende Anforderungen sollten aus Effizienzgründen in das darunterliegende Betriebssystem verlagert werden. Hierfür kommen sicherlich die Prozeß- und Kommunikationsverwaltung und die damit zusammenhängende Lastverteilung und Pufferverwaltung in Betracht. Für die im Betriebssystem angesiedelten Aufgaben besteht wiederum die Möglichkeit einer tieferliegenden Unterstützung, in diesem Falle durch Firm- und Hardware.

4.4.1 Prozeßverwaltung

Kontrollflußorientierte Verarbeitung

Eine allgemeine Einführung in die Verwaltung von Betriebsmitteln und Prozessen bildet die Literatur zu Betriebssystemen wie z.B. [Bri73].

Zu den Ansätzen mit sequentiellen Prozessen gehören die Verarbeitungsmodelle von QLAMBDA, Concurrent Lisp und auch Multilisp. Außerdem basieren einige Reduktionsansätze auf sequentiellen Prozessen.

Ein Prozeß ist die Ausführung eines Programmteiles. Aus der Sicht eines Betriebssystems zur Verwaltung der Betriebsmittel und Prozesse, setzt sich ein Prozeß aus folgenden Komponenten zusammen:

- Identifikation (Prozeßname),
- Code,
- Daten (prozeßlokale Daten und globale Daten, Umgebungen, Closures),
- Prozeßzustand,
  - wartend (auf Nachrichten und Ereignisse),
  - rechenbereit,
  - rechnend,
  - fertig (auch nicht existent),

- weitere Informationen wie z.B.Priorität, als Kriterium für Scheduling, Betriebsmittelbedarf, Rechenzeit etc.

Der Prozeßname dient dem Betriebssystem zur Identifizierung von Prozessen. Er ist u.a. zur Angabe einer Adresse beim Nachrichtenaustausch zwischen Prozessen wichtig.

Der Code des Prozesses sind die Programmanweisungen, die der Prozeß ausführt. Er kann lokal bei jedem Prozessor abgelegt sein oder auch zentral gespeichert werden, wenn z.B. mehrere Prozesse denselben Code benutzen.

Daten sind die Programmvariablen des ausgeführten Programmstücks. Sie können prozeßlokale oder auch globale Größen wie z.B. Variablen des aufrufenden Prozesses sein.

Für einen Prozeß werden bezüglich seiner Ausführung meist vier Zustände unterschieden. Ein Prozeß ist "rechenbereit", wenn er ohne Behinderung arbeiten könnte, außer es steht kein Prozessor für seine Bearbeitung zur Verfügung. Wird ein Prozessor frei, dann wird einem der wartenden Prozesse der Prozessor zugeteilt und die Berechnung ausgeführt (Zustand "rechnend"). Kann ein Kommunikationswunsch eines Prozessors nicht sofort befriedigt werden, begibt sich der Prozeß in den Wartezustand. Nach Fertigstellung des Programmlaufs spricht man vom Zustand "terminiert". Terminierte Prozesse werden gelöscht, weshalb dieser Zustand auch gelegentlich als "nicht existent" bezeichnet wird.

Weitere Informationen dienen der Verwaltung der Prozesse selbst. Aufgrund der Priorität kann der nächste wartende Prozeß zur Bearbeitung ausgewählt werden. Bei dieser Entscheidung spielt aber auch der Bedarf an Betriebsmitteln (Speicher, Rechenzeit) und deren Verfügbarkeit eine Rolle.

Zur Verwaltung der Prozesse dienen meist verkettete Listen von Prozeß-Kontrollblöcken (*process control block*, PCB) die die obigen Informationen enthalten. Oft gibt es für jeden Prozeßzustand eine eigene Liste.

Bei der Erzeugung eines Prozesses wird ein PCB generiert, initialisiert und in die PCB-Liste wartend oder rechenbereit eingetragen. Bei einem Zustandswechsel werden die Listeneinträge entsprechend geändert.

Das bisher Beschriebene gilt für Ein- und Multiprozessoranlagen gleichermaßen. Bei Multiprozessoranlagen stellt sich jedoch die Frage, ob die Listen der Prozesse (*task queues*) zentral oder dezentral verwaltet und wie die Prozesse auf die Prozessoren verteilt werden sollen. Eine zentrale Task Queue führt bei zunehmender Anzahl an Prozessen und Prozessoren zu einem Engpaß und ist außerdem ungünstig für die Ausfallsicherheit.

Eine verteilte Prozeßverwaltung für das Rediflow-Multiprocessing-System wird z.B. in [Kel84] beschrieben. Dieses System besteht aus einem Netzwerk von Prozessor-Speicher-Paaren mit einem Verarbeitungsmodell, das eine Vereinigung von Reduktion und von Neumann-Prozessen ist, mit dem Ziel mittlerer und gröberer Granularität.

Zur Verwaltung der Prozesse besitzt jeder Prozessor eine eigene Task Queue. Dynamisch erzeugte Prozesse werden zunächst in der lokalen Task Queue des erzeugenden Prozessors abgelegt. Für die gleichmäßige Verteilung der Prozesse über die Prozessoren (*load balancing, migration*) sorgt ein ebenfalls dezentraler Mechanismus. Die Aufträge verteilen sich nach einem Flußmodell wie die "Teilchen einer Flüssigkeit" über die "Oberfläche" der Prozessor-Speicher-Paare. Jeder Prozessor besitzt eine spezielle Warteschlange (*apply queue*) für Prozesse, die zur Bearbeitung an benachbarte

Prozessoren weitergereicht werden können. Die Anzahl der Tasks dieser Warteschlange (*apply packets*), gewichtet mit ihren Betriebsmittelanforderungen, wird als "innerer Druck" an einem Knoten bezeichnet. Jeder Knoten wird außerdem über den Druck in seinen Nachbarn informiert und bildet daraus ein Wert für den "äußeren Druck". Übersteigt der innere Druck den äußeren, dann gibt ein Prozessor entlang des größten Gradienten des Drucks Aufträge an seine Nachbarn weiter. Nach diesem dezentralen Verfahren verteilt sich die Auftragslast gleichmäßig über alle Prozessoren. Eine Sättigung dieser Lastverteilung tritt ein, wenn alle Prozessoren genügend beschäftigt sind. Dann nämlich bringt eine weitere Verteilung der Aufträge bei bestehendem Druckgefälle keine Vorteile mehr, denn kein Prozessor kann zusätzliche Arbeit übernehmen. In diesem Fall wird die Übertragung eingestellt, bzw. verzögert, bis ein Prozessor nicht mehr ausgelastet ist und neue Aufträge übernehmen kann.

Weiteren Verwaltungsaufwand bringt die Kommunikation zwischen Prozessen mit sich. Bei synchroner Kommunikation wartet der Sender, bis der Empfänger bereit ist, eine Nachricht aufzunehmen. Dieser kann die erhaltene Nachricht in einem lokalen Speicherbereich ablegen. Bei asynchroner Kommunikation müssen die Nachrichten gepuffert werden, d.h. daß Pufferspeicher organisiert werden müssen. Die Puffer können ihrerseits von speziellen Kommunikationsprozessen, die als Nachrichtenübermittler dienen, lokal verwaltet werden. Die Kommunikation mit den Puffer-Prozessen kann nun synchron erfolgen, solange stets ein Kommunikationsprozeß zur Aufnahme von Nachrichten zur Verfügung steht.

Eine weitergehende Diskussion der Prozeßverwaltung bei kontrollflußorientiertem Ansatz kann dem Kapitel 2 entnommen werden. Hier soll im folgenden noch näher auf datenflußorientierte Ansätze eingegangen werden.

Datenflußorientierte Verarbeitung

Wie bereits in Abschnitt 4.2.1 beim Datenfluß allgemein beschrieben, werden Programme als Zwischenform in Graphen transformiert. Die Knoten des Graphen beschreiben die Aktionen (Operationen), die Kanten die Verarbeitung der Informationen (Datenfluß, Datenabhängigkeiten). Die Knoten werden beim Laden eines Programmes auf die Verarbeitungseinheiten (*processing elements*, PE) verteilt. Über die Verbindungen der PEs werden dann nur mehr "echte Daten", d.h. Argumente für Operationen, übertragen. Diese statische Zuordnung ist äußerst inflexibel. Sie erfordert Kenntnis über die Anzahl der Verarbeitungseinheiten und deren Topologie, und ist insbesondere intolerant gegen Ausfälle von PEs. Für Programme, die sich selbst modifizieren und erweitern können, ist es außerdem notwendig, dynamisch Verarbeitungsknoten erzeugen und PEs zuordnen zu können. Es ist deshalb günstiger, die Verarbeitungsknoten nicht alleine statisch zu erzeugen und auf PEs zu verteilen, sondern eine dynamische Erzeugung zu ermöglichen und die Verteilung gänzlich dynamisch vorzunehmen.

Als Beispiel soll hier nochmals genauer auf die Multiprozessor-Reduktions-Maschine ALICE [Dar81], [Dar83], [Pou85] eingegangen werden. ALICE vereint genaugenommen alle drei Verarbeitungsmodelle Kontrollfluß, Datenfluß und Reduktion.

Das Grundprinzip der Verarbeitung ist hier die Reduktion. Ein funktionales, bzw. applikatives Programm wird zunächst in eine Menge von

Knoten transformiert, die den Berechnungsgraphen bilden. Jeder Knoten stellt einen Funktionsaufruf dar, zusammen mit seinen Argumenten. Der Aufbau eines Knotens, der bei ALICE Paket genannt wird, ist wie folgt (siehe Bild 4.12):

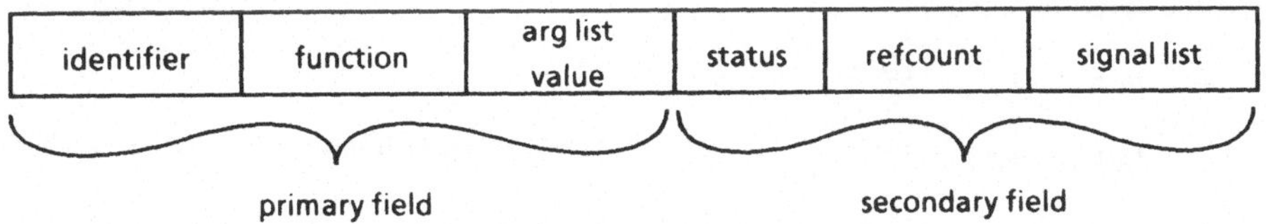

Bild 4.12. Paketaufbau bei ALICE

- Name (*identifier*)
  bezeichnet ein Paket während seiner Lebensdauer eindeutig. Mit ihm kann ein Paket referenziert werden.
- Funktion (*function*)
  bezeichnet die Funktion des Knotens, der durch das Paket repräsentiert wird.
- Argumentenliste (*arg list*)
  beinhaltet die Namen der Pakete, die Söhne des Knotens sind (z.B. Argumente der Funktion). Stellt ein Paket lediglich einen numerischen oder symbolischen Wert dar, so enthält dieses Feld den Wert in Interndarstellung und das Funktionsfeld einen Vermerk, daß es sich um einen Wert handelt.
- weitere Felder (*secondary field*) dienen der Verwaltung der Pakete und deren Verarbeitung.

Die Verarbeitung eines Programmes geschieht in der Weise, daß die Graphen schrittweise in andere transformiert werden, indem in jedem Schritt alle transformierbaren Knoten (Pakete) durch neue ersetzt werden. Die Ersetzung eines Knotens besteht darin, daß entweder die Funktion auf die Argumente angewandt wird und der Knoten durch das Ergebnis ersetzt wird (Reduktion), oder der Knoten entspricht einer linken Seite einer Ersetzungsgleichung, dann wird er durch die Pakete ersetzt, die die rechte Seite der Gleichung bilden. Der Reduktionsmechanismus ist eine endlose Schleife (Kontrollfluß), die auf einem Prozessor abläuft. Paket für Paket wird auf Reduzierbarkeit überprüft und gegebenenfalls die Operation oder Ersetzung ausgeführt. Die Funktionsweise ist mit der Inferenz in logischen Systemen vergleichbar.

Am Beispiel 4.16 eines applikativen Programms, das in der Sprache HOPE formuliert ist, soll die Pakettransformation gezeigt werden.

Bild 4.13 zeigt die einzelnen Stufen der Transformation bei der Berechnung der Fakultät von 5.

Damit ein Paket ersetzt werden kann, muß es zwei Bedingungen erfüllen:

- Es muß eine Ersetzungsregel für die Funktion geben, außer es handelt sich um eine Konstruktorfunktion.
- Die Argumente müssen mit der linken Seite einer Ersetzungsregel übereinstimmen (*matching*).

```
dec fac : num -> num                 Funktionsdeklaration mit Angabe der Funktionalität

---  fac(n)        <==    facb(1, n)        Ersetzungsgleichung

dec facb : num # num -> num

---  facb(i, i)    <==    i

---  facb(i, i+1)  <==    i+1               Ersetzungsgleichungen der Funktion facb

---  facb(i, j)    <==    facb(i, mid) * facb(mid, j)

where mid == div(i+j, 2)
```

Beispiel 4.16. HOPE-Programm für Fakultät nach Bisektionsmethode, um Parallelität zu erreichen

Bevor die Funktion eines Paketes ausgeführt werden kann, muß gewartet werden, bis alle Argumente als Werte eingetroffen sind (Datenflußaspekt). Dazu kann ein Paket wiederholt bei seinen Nachfolgepaketen anfragen (*polling*), oder die Argument-Pakete informieren das Funktions-Paket sobald sie einen Wert errechnet haben. Der zweite Ansatz ist effizienter, weil das Warten hier passiv ist.

In der Signalliste des Paketes werden die Informationen über noch offene Argumente verwaltet. Ein evaluiertes Paket schickt Signale an alle Pakete, die auf den Wert des Arguments warten.

Lazy und Eager Evaluation von Funktionen bzw. deren Paketen werden über zusätzliche Signale in der Signalliste jedes Paketes gesteuert. Hier kann ein Paket als "noch nicht benötigt" oder "angefordert" markiert werden.

Die Verwaltung der Pakete geschieht in einem Pool. Dem Pool von Paketen steht ein Pool von Verarbeitungseinheiten, *processing agents* genannt, gegenüber. Auf jedem Processing Agent läuft derselbe Termersetzungsprozeß:

a) Wähle ein verarbeitbares Paket aus dem Pool.
b_1) Reduziere das Paket, falls die Operation ausführbar ist und alle Operanden vorhanden sind
oder
b_2) ersetze das Paket nach einer passenden Ersetzungsregel, indem die entsprechenden Pakete erzeugt und in den Pool eingetragen werden.
c) Beginne wieder bei a).

Die Processing Agents brauchen nicht alle gleich sein, sondern können auf die Verarbeitung einzelner Funktionen spezialisiert sein.

Die Ersetzungsregeln für Schritt b_1) und b_2) befinden sich, wegen der schnelleren Zugriffsmöglichkeit, in einem lokalen Speicher jedes Processing Agents.

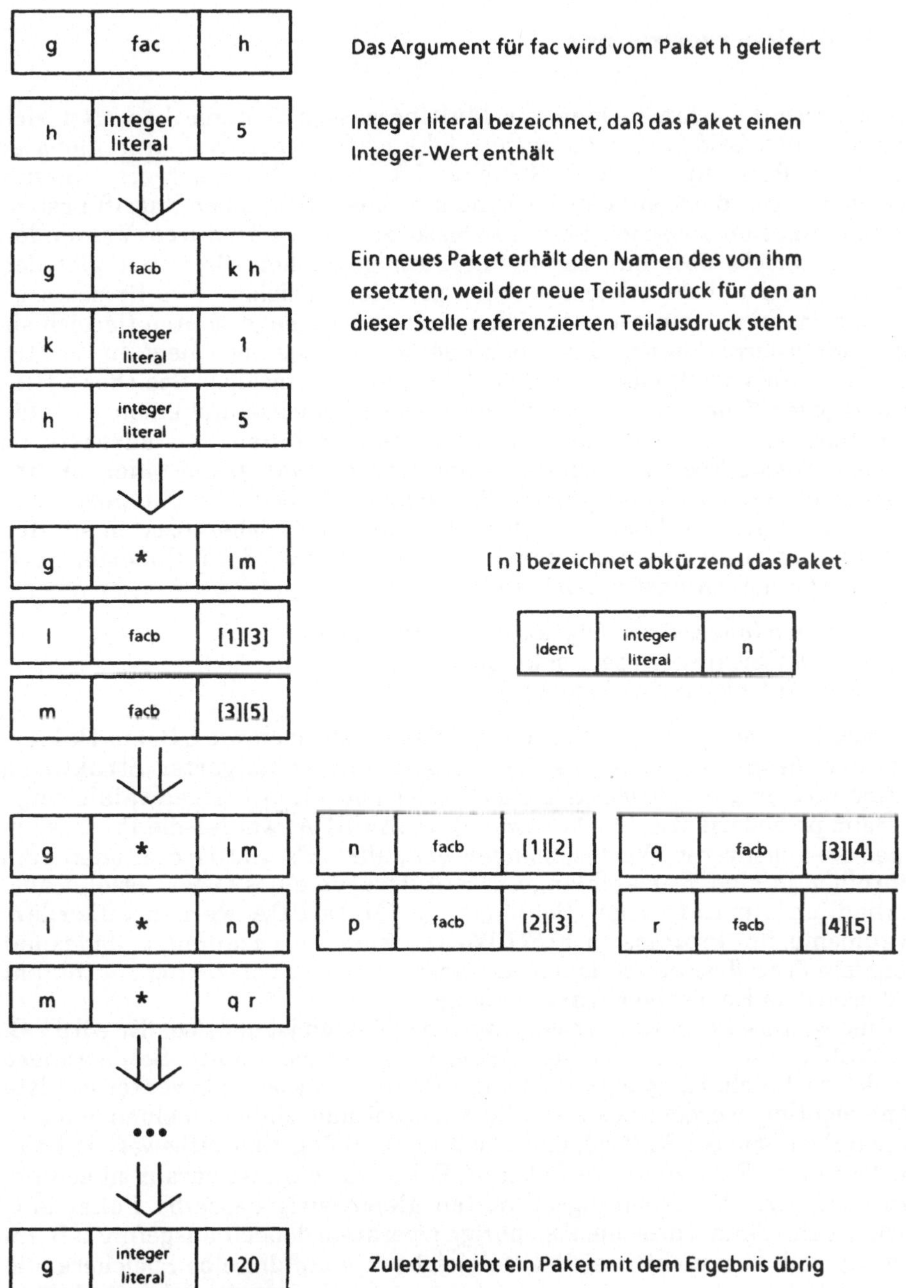

Bild 4.13. Paket-Transformationen bei ALICE

4.4.2 Speicherverwaltung

Speicherorganisationsformen für Multiprozessor-Systeme bewegen sich zwischen den beiden Extremen nur lokaler Speicher bzw. nur globaler Speicher. Beim nur lokalen Speicher ist jedem Prozessor ein eigener Speicher zugeordnet, auf den der Prozessor ausschließlichen Zugriff besitzt. Kommunikation zwischen zwei Prozessoren kann nur durch Versenden einer Nachricht über ein Verbindungsnetz geschehen. Beim nur globalen Speicher besitzt kein Prozessor einen privaten Speicher. Alle Prozessoren teilen sich ein gemeinsames Speichermedium, dessen gesamten Bereich sie auch adressieren können. Zwischen den beiden Extremen liegt ein breites Spektrum an Variationen, wie etwa "globaler gemeinsamer Speicher". Hier besitzt jeder Prozessor einen eigenen lokalen Speicher und einen globalen Speicher, den mehrere Nachbarn miteinander teilen und adressieren können. Solche Speicherstrukturen unterstützen vor allem einen örtlich begrenzten Nachrichtenaustausch über gemeinsam benutzte Datenbereiche.

Auf der logischen Ebene der Organisation von Speicherobjekten stellten sich bei den bisher betrachteten Ansätzen (prozeß-, datenflußorientiert) folgende Organisationsformen heraus:

- Schlangen (*queues*) von Objekten, bzw. Prozessen,
- Pool von Objekten (Arbeitspaketen),
- Puffer für Objekte (Nachrichten).

Dazu kommen Lisp-spezifische Organisationsformen wie z.B. ein Haldenspeicher (*heap*), der sich aus der Verwendung verzeigerter Strukturen ergibt, und ein pulsierender Speicherbereich (*stack*) zur Formelevaluierung.

Beim prozeßorientierten Ansatz, z.B. QLAMBDA, werden die Prozesse in einer oder mehreren Warteschlangen verwaltet. Es gibt Operationen zum Einreihen in eine Warteschlange. Das Austragen eines Objekt erfolgt ausschließlich am Kopf einer Schlange. In QLAMBDA werden außerdem Argumente für Prozesse in FIFO-Warteschlangen gesammelt. Jedesmal wenn ein Prozeß bereit ist, einen Argumentensatz zu verarbeiten, entnimmt er diesen dem Kopf seiner Warteschlange.

Eine weitere Form zur Verwaltung von Objekten ist der Pool. Er wird z.B. bei ALICE zur Sammlung von Arbeitspaketen verwandt. Seine innere Struktur ist nicht festgelegt und kann z.B. als Array oder als verkettet Liste implementiert werden. Besitzen alle Verarbeitungseinheiten einen gemeinsamen Pool (wie bei ALICE), dann kommt es zu Zugriffswettbewerben beim Auslesen und Eintragen von Paketen. Beim Auslesen ist darauf zu achten, daß nicht zwei Verarbeitungseinheiten gleichzeitig dasselbe Paket entfernen, denn dann würde die zugehörige Operation doppelt ausgeführt. Beim Eintragen dürfen nicht zwei Pakete gleichzeitig auf dieselbe Speicherstelle geschrieben werden, da sonst entweder eines verloren geht, oder ein inkonsistentes Paket entsteht. Wird der Pool durch einen eigenen Prozeß verwaltet, dann kann dieser leicht zum Engpaß werden.

Puffer sind Bereiche, in denen Objekte vorübergehend abgelegt werden, um meist von einem anderen Bearbeiter abgeholt zu werden. Ihre Implementierung ist oft ein Array beschränkter Größe. Das Lesen aus und Schreiben in einen Puffer birgt die gleichen Fehlerquellen in sich wie der Pool und muß daher ähnlich organisiert werden. Durch die Anlage mehrerer, spezieller Puffer, die möglicherweise über verschiedene Speicher verteilt sind, kann ein Engpaß vermieden werden.

Eine Eigenart von Lisp ist die häufige Verwendung von verzeigerten Strukturen wie Listen, Bäume und Graphen. Um die Elemente dieser Strukturen ablegen zu können, benötigt man einen Speicherbereich, der in Blöcken variabler Größe verwaltet werden kann. Ein solcher Bereich wird allgemein Heap genannt. Zur Verwaltung eines Heap gehört neben der Bereitstellung neuer Speicherplätze (*allocation*) auch die Aufsammlung nicht mehr benutzter Speicherplätze (*garbage collection*). Ein gemeinsamer Heap für mehrere Verarbeitungseinheiten scheint dann angebracht, wenn die Prozesse auf denselben Datenobjekten operieren, weil sonst häufig umfassende Objekte in lokale Bereiche kopiert und konsistent gehalten werden müßten. Modifikationen der Strukturen sind wieder zu koordinieren. Trotz der Vorteile eines globalen Heaps, sollte dieser in kleine unabhängige Teilbereiche zerlegt werden, auf denen getrennt Garbage Collection durchgeführt werden kann, wenn gerade kein Prozeß darauf zugreift. Häufig sind Umgebungen (*environments*) als Listen oder Bäume implementiert, auf die dann mehrere Prozesse zugreifen. Eine aufgerufene Funktion (Prozeß) erbt die Umgebung seines Aufrufers und ergänzt oder modifiziert sie mit den eigenen formalen Parametern und lokalen Variablen. Ruft der Vaterprozeß mehrere Sohnprozesse gleichzeitig auf, dann besitzen diese gemeinsam Zugriff zur Vaterumgebung und ihre Zugriffe müssen wieder koordiniert werden.

Regelmäßig pulsierende Speicheranforderungen und Freigaben, bei der keine Zerstückelung des Bereichs auftritt, kann ein Stack übernehmen. Da solche Anforderungen überwiegend bei Termevaluierung innerhalb eines Prozesses vorkommen, können Stacks prozeßlokal sein.

4.5 Abstrakte Maschine

Die angestrebten Verarbeitungsmodelle zur parallelen Ausführung von Programmen funktionsorientierter Sprachen legen in groben Zügen die Struktur einer abstrakten Maschine fest. Ein Modell mit konkurrierenden, sequentiellen Prozessen legt eine Multiprozessor-Architektur nahe, bei der mehrere Prozessoren, selbständig und asynchron, möglichst unabhängige Prozesse verarbeiten. Die Verbindungen zwischen den Prozessoren sollen so angelegt sein, daß sie dem Kommunikationsaufkommen zwischen den Prozessen genügen. Bei eher grober Granularität ist der Kommunikationsaufwand geringer als bei feiner Granularität. Die logischen Verbindungen zwischen Prozessen und ihren Daten (z.B. gemeinsam benutzte Daten mehrerer Prozesse) haben Einfluß auf die Zuordnung von Prozessor- und Speicherelementen. Gemeinsame oder globale Speicher unterstützen den Austausch großer Datenmengen zwischen Prozessoren.

Die Struktur der einzelnen Prozessoren wird ebenfalls vom Verarbeitungsmodell beeinflußt. Die Abarbeitung umfangreicher Prozesse kann sich intern auf stackartige Verarbeitung stützen, so daß der Prozessor auf eine Stack-Architektur ausgerichtet sein kann. Die vom Benutzer gewünschten

Operationen auf den eigentlichen Daten (Zahlen, Symbole) entscheiden über die zu verarbeitenden arithmetischen, logischen und möglicherweise anwendungsspezifischen Befehle. Sein Befehlssatz muß sich zusätzlich an den durch die Sprache festgelegten Operationen und Datenstrukturen orientieren.

Die speichernden Elemente des Systems können sowohl der logischen Struktur der Speicherobjekte, als auch der Art der Zugriffe auf die Objekte angepaßt sein. Verzeigerte Listen können z.B. durch besonderen Aufbau der Speicherelemente platzsparend abgelegt werden. Elementare Zugriffe auf Listen und Records, d.h. die Selektion bestimmter Felder oder Listenelemente könnten direkt vom Speicher unterstützt werden.

Im folgenden werden Strukturen abstrakter Maschinen und ihre Befehle näher betrachtet.

4.5.1 Struktur der abstrakten Maschine

Prozeßorientierte Verarbeitung

Wie bereits in den vorangegangenen Kapiteln beschrieben, besitzen die prozeßorientierten (auch kontrollflußorientierten) Modelle mittlere bis gröbere Granularität. Die Prozesse bestehen zumeist aus mehreren Anweisungen, die sequentiell abgearbeitet werden. Für die autonome Ausführung von Prozessen bietet sich die in Bild 4.14 dargestellte Struktur an.

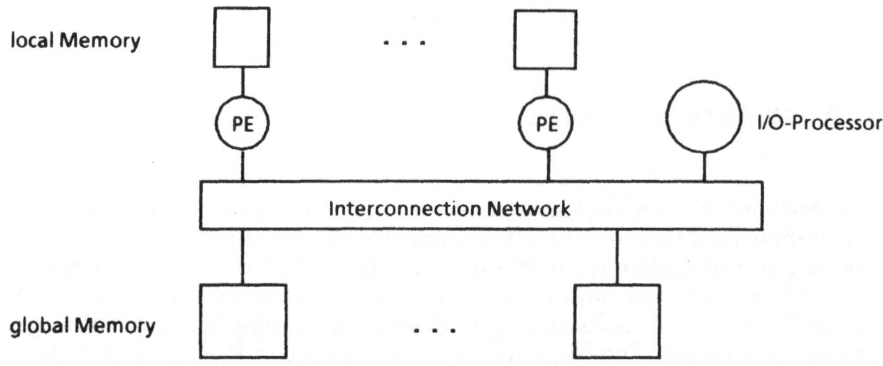

Bild 4.14. Multiprozessorstruktur für prozeßorientierte Verarbeitung

Im lokalen Speicher werden prozeßspezifische Werte (z.B. Variablen, Programmstack, Heap) abgelegt. Gemeinsam benutzte Daten mehrerer Prozesse können im globalen Speicher untergebracht werden. Die lokalen Speicher vermindern den Datenaustausch über das Verbindungsnetzwerk. Andererseits muß vor dem Start eines Prozesses ein PE zugeordnet und anschließend die Datenbereiche des Prozesses, die an zentraler Stelle liegen, in den lokalen Speicher gebracht werden. Zu häufiger Prozeßwechsel, insbesondere bei umfangreichen lokalen Daten, verursacht hier unerwünschten Overhead. Abhängig von der Ein-/Ausgabeintensität der Prozesse kann die Ein-/Ausgabe über ein Host-System oder über Ein-/Ausgabekanäle an jedem Prozessor realisiert werden.

Die Struktur des Verbindungsnetzwerks richtet sich, neben den notwendigen Verbindungen und Übertragungsleistungen, nach dem Umfang und dem Aufbau der zu übertragenden Daten. Eine allgemeine Beschreibung von Verbindungsnetzwerken wurde in Kapitel 1.4 gegeben.

Über das Verbindungsnetzwerk werden nicht nur Übertragungen zwischen Prozessoren und Speichern vorgenommen, sondern es können auch Prozesse direkt miteinander kommunizieren, bzw. die ihnen zugeordneten Prozessoren. Die Kommunikationsstruktur zwischen Prozessen, die ja Inkarnationen von Funktionen sind, ist hier (funktionsorientiert) hierarchisch. Grundsätzlich würde sich deshalb auch eine hierarchische Verbindungsstruktur zwischen Prozessoren anbieten, wie z.B. ein Prozessorbaum oder baumartige Cluster. Solche Strukturen haben jedoch physikalisch gesehen Ränder, nämlich beim Baum die Blätter. Bei der Abbildung der logischen Struktur der Prozesse auf einen Prozessorbaum müssen stets die Ränder beachtet werden. Abhilfe kann hier eine zyklische, also zu einer Ringform geschlossene Struktur, oder noch besser ein Torus-artiges Netzwerk bieten. Dann entfallen auch bei beliebig tief geschachtelten Funktionsaufrufen die Zuordnungsprobleme wegen physikalischer Grenzen.

Bei einer solchen Verbindungsstruktur können Prozessoren und globale Speicher nicht mehr einfach gegenübergestellt werden. Vielmehr wird nun jedem Prozessor ein Speicherelement zugeordnet, das für einen Prozessor lokal und für die anderen global ist. Bild 4.15a zeigt eine mögliche Struktur eines solchen Prozessor-Speicher-Paares, wie es z.B. im Rediflow-System [Kel84] eingesetzt wird. Beim Zugriff auf den eigenen Speicher werden keine Verbindungen zwischen Prozessoren benutzt, so daß alle Prozessoren ohne Behinderung gleichzeitig auf ihren lokalen Speicher zugreifen können. Eine vielversprechende Struktur für die Verbindung zwischen zwei Prozessor-Speicher-Paaren, ist z.B. die des DIRMU [Hän85] (Bild 4.15b). Benachbarte Prozessoren besitzen jeweils kreuzweise Zugriff auf die Speicherelemente ihrer Nachbarn. Damit wird insbesondere einer logisch benachbarten Kommunikation (z.B. Vater-Sohn-Beziehung) Rechnung getragen, wenn diese Prozesse auch physikalisch benachbart angeordnet werden können.

Eines der wichtigsten Strukturmerkmale eines Multiprozessor-Systems ist die regelmäßige Erweiterbarkeit der Konfiguration (*scalability*), sprich

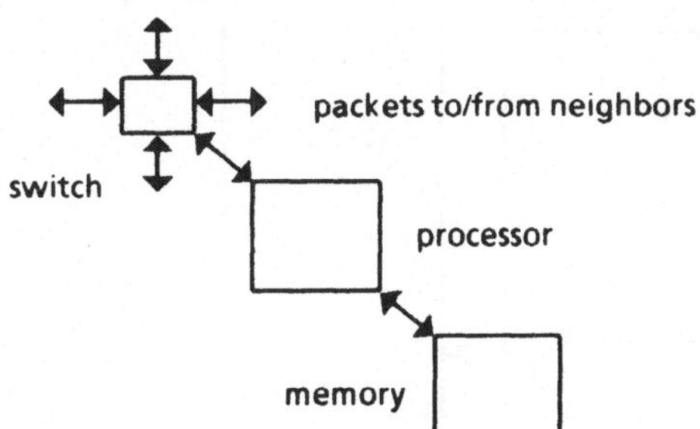

Bild 4.15a Prozessor-Speicher-Element des Rediflow-Systems

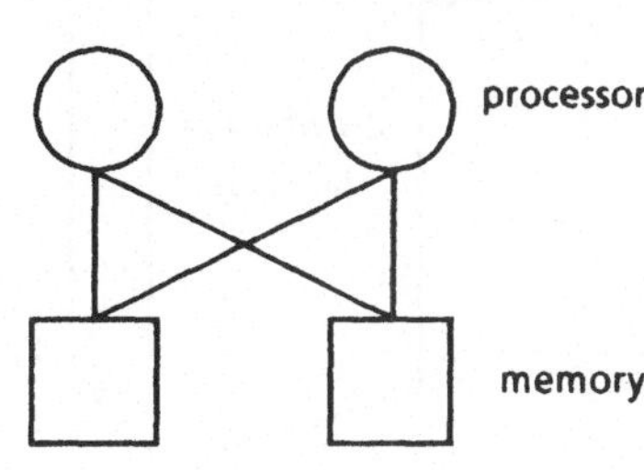

Bild 4.15b Verbindungen der Prozessor-Speicher-Paare des DIRMU

eine Veränderung der Anzahl der Prozessoren soll z.B. keine Veränderung der Anzahl der Verbindungen an einem Knoten des Netzwerks zur Folge haben. Die Anzahl der Stufen eines Netzwerks kann größer werden, die Struktur jedes einzelnen Knotens soll aber erhalten bleiben.

Datenflußorientierte Verarbeitung

Das Datenfluß-Grundprinzip sei hier anhand des Blockbildes (Bild 4.16) eines elementaren Datenflußprozessors [Den75] illustriert (vgl. auch die Ausführungen in 4.2.1.1, 4.2.3 und 4.4.1). Das Datenflußprogramm befindet sich im Speicher (*memory section*), der in Instruktionszellen (*instruction cells*) unterteilt ist. Instruction Cells bestehen aus mehreren Feldern (*registers*), die die Operationen und Operanden aufnehmen. Eine Instruktion

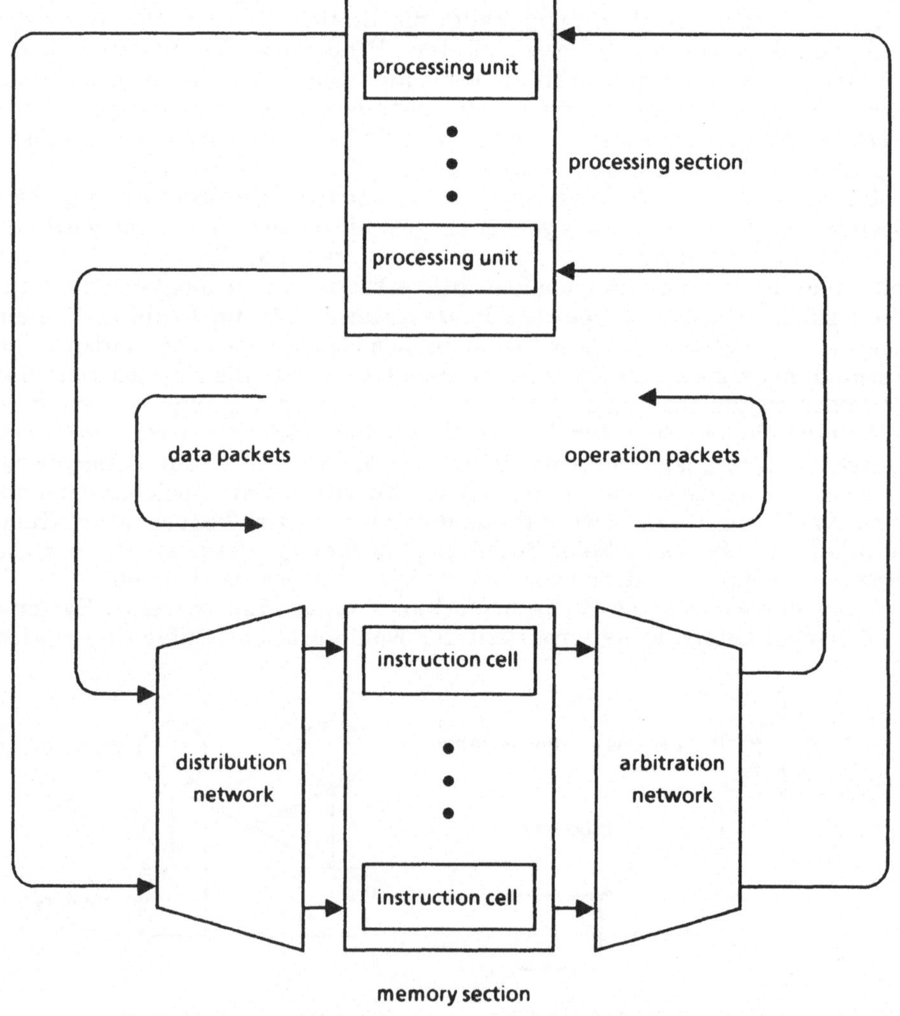

Bild 4.16. Elementarer Datenflußprozessor nach Dennis und Misunas

enthält den Operations-Code und Registeradressen (der Zielinstruktionszellen) für ein oder mehrere Resultate. Sobald alle Operanden-Register einer Instruktionszelle belegt sind, wird die Operation ausführbar. Die Instruktionszelle signalisiert ihre Bereitschaft zur Ausführung dem Auswahlnetzwerk (*arbitration network*), das ein entsprechendes Operationspaket (Op-Code und Operanden) an eine freie Operationseinheit sendet. Das Ergebnis der Operation wird als Datenpaket an das Verteilernetzwerk (*distribution network*) übergeben, welches das Ergebnis in die adressierten Instruktionszellen einträgt. Diese einfache Datenflußmaschine ist noch nicht in der Lage, Programmverzweigungen (Fallunterscheidungen) zu verarbeiten und muß deshalb geeignet ergänzt werden. Jede Instruktionszelle wird um ein boolesches Feld erweitert, das kennzeichnet, ob die Instruktion zur auszuführenden Alternative gehört, oder nicht. Ein *decider* entscheidet über den Wert eines Prädikats und liefert eine entsprechende boolesche Marke an ein *switch*, das die Verzweigung des Datenflusses steuert. Im Gegensatz zum Switch wählt ein *merger* einen von zwei ankommenden Datenflüssen entsprechend einer booleschen Steuermarke aus und leitet diesen weiter. Eine Datenflußmaschine, mit der diese elementaren Operationen *decide, switch* und *merge* verarbeitet werden können, stellt die Datenfluß-Basis-Maschine von Dennis und Misunas dar. Ihr Organisationsschema zeigt Bild 4.17.

Arvind und Culler beschreiben in [Arv86] Datenflußarchitekturen in einer etwas anderen Terminologie. Bei ihnen werden zwischen den Instruktionen (Knoten des Datenflußgraphen) *token* übermittelt, die Träger von Werten sind. Sind die zu übertragenden Werte umfassendere, z.B. zusammengesetzte Objekte, dann transportieren die Token lediglich Zeiger auf die Objekte, die selbst separat abgelegt sind. Jede Instruktion besitzt *slots*, die die Werte der Token aufnehmen. Falls alle Slots einer Instruktion gefüllt sind, kann sie ausgeführt werden. Das Ergebnis wird berechnet, ein oder mehrere Ergebnis-Token gebildet und an weitere Instruktionen versandt.

Benutzerdefinierte Funktionen bilden auf der Graphenebene Subgraphen des Programmgraphen. Werden Funktionen erst zur Programmlaufzeit definiert, so müssen auch dynamisch Instruktionen in den Instruktionspool eingetragen werden. Um benutzerdefinierte Funktionen allgemein zu unterstützen, bedarf es eines *Apply*-Operators, mit dessen Hilfe Funktionen auf einen Satz von Argumenten angewandt werden können.

Bezüglich der Verwaltung der Token können statische und dynamische Datenflußarchitekturen unterschieden werden. Statische Architekturen erlauben für jede Kante des Flußgraphen genau ein Token. Die Anzahl der Token kann dann zur Übersetzungszeit bestimmt werden. Eine dynamische Erweiterung des Graphen ist nicht vorgesehen. Jede Instruktion kann zu jedem Zeitpunkt höchstens einmal aktiviert sein.

Um z.B. mehrere Inkarnationen einer Funktion (Schleifen, Rekursion) gleichzeitig bearbeiten zu können, muß diese Einschränkung aufgegeben werden und eine beliebige Anzahl von Token für jede Kante des Graphen zugelassen werden.

Zusätzlich zur Information, in welchen Slot welcher Zielinstruktion der Wert eines Tokens eingetragen werden soll, bedarf es jetzt noch der Angabe, zu welcher Inkarnation der Instruktion das gelieferte Argument gehört. Ein weiteres Feld (*tag*) beinhaltet die Nummer der Inkarnation, die für alle Argumente der Instruktion übereinstimmen muß. Die entstehende Daten-

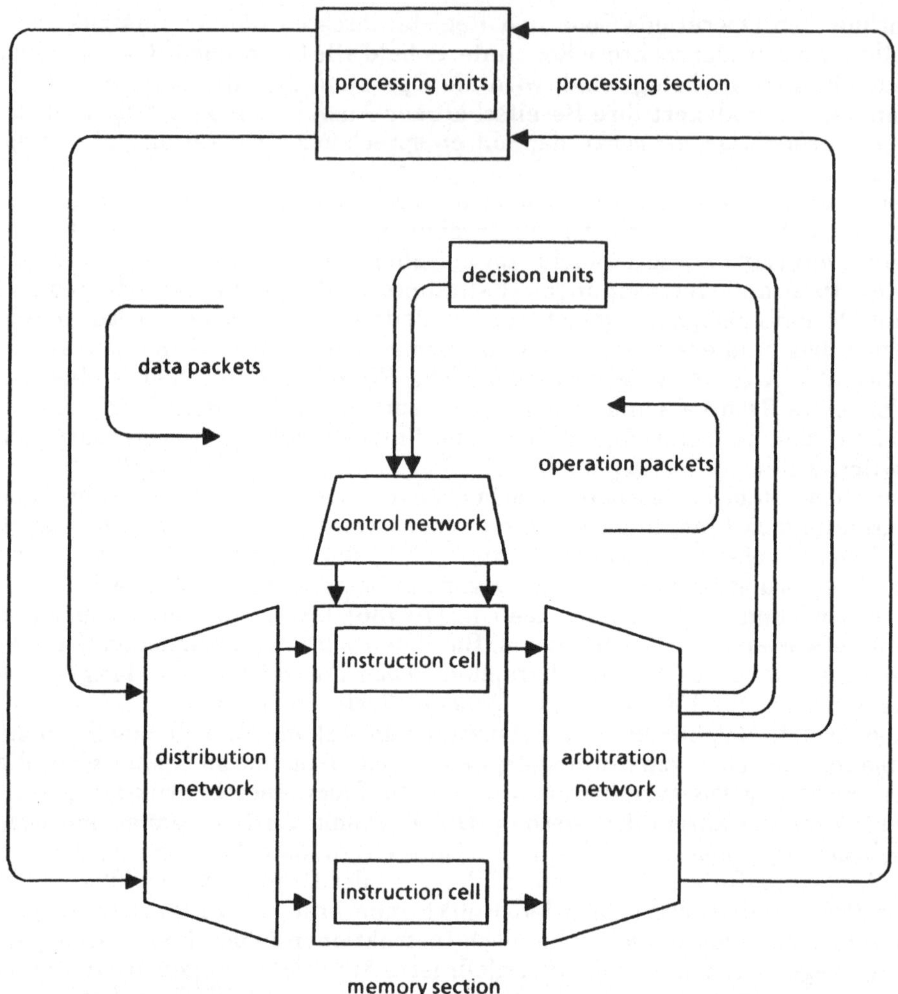

Bild 4.17. Datenfluß-Basis-Maschine

flußarchitektur heißt dynamische oder auch *Tagged Token*-Datenflußarchitektur.

Bild 4.18 zeigt eine statische Datenflußmaschine. Die *Instruction Queue* beinhaltet die Adressen der verarbeitbaren Instruktionen, welche selbst im *activity store* stehen.

Bild 4.19 zeigt das Blockbild eines PE´s einer dynamischen Datenflußarchitektur. Eine wesentliche Komponente ist hier der Matching-Speicher (*wait match*), in dem für jedes ankommende Token überprüft wird, ob seine Partner schon vorhanden sind. Bei einem kompletten Satz von Argumenten werden diese an die *instruction-fetch-unit* weitergereicht. Fehlen noch die entsprechenden Partner-Token, dann müssen die Token gepuffert werden. Ein wichtiges Problem hierbei ist, für ausreichend viel Puffer zu sorgen.

Sicherlich können Token nicht beliebig große Daten, wie z.B. Listen oder Arrays, transportieren, sondern höchstens Zeiger auf diese Objekte. Deshalb

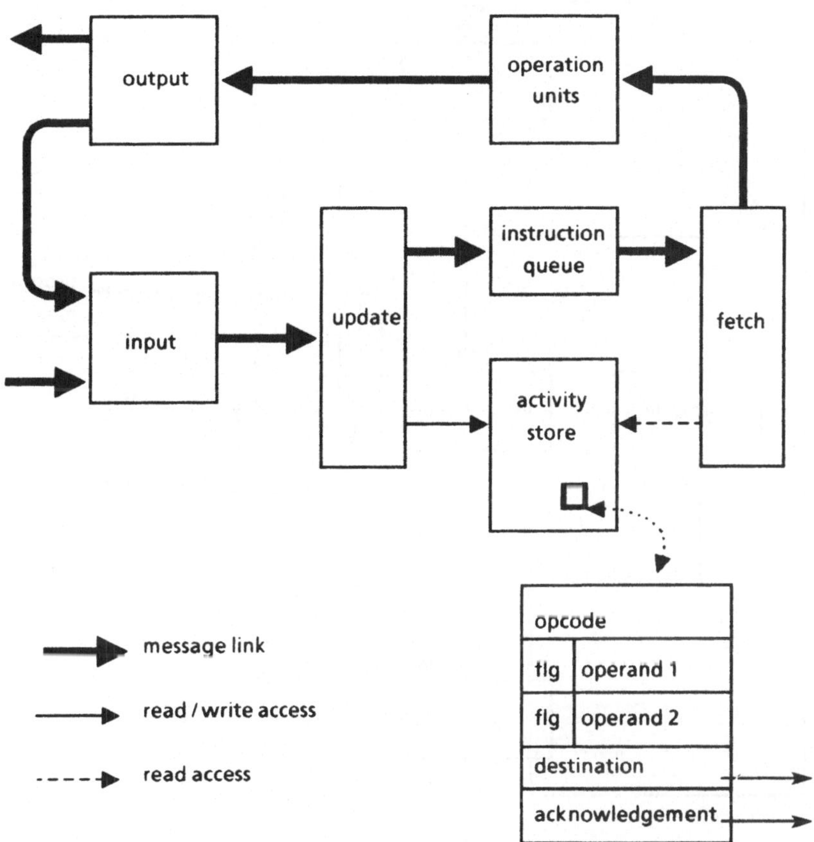

Bild 4.18. Statische-Datenfluß-Architektur

erscheint es sinnvoll, eine Datenflußmaschine um einen speziellen Speicher für Datenstrukturen zu erweitern. Der Struktur-Speicher kann eine spezialisierte Verarbeitungseinheit mit internem Speicher sein. Direkter Zugriff auf Strukturen im internen Speicher ist nicht möglich. Das Erzeugen, Lesen und Verändern der Strukturen geschieht, indem die PEs Anforderungen an den Struktur-Speicher senden. Dieser koordiniert die internen Zugriffe und führt sie wenn möglich sogar gleichzeitig aus.

Besondere strukturelle Unterstützung für Lisp

Eine besondere strukturelle Unterstützung zur Verarbeitung von Lisp ist z.B. die Realisierung eines speziellen Listenspeichers. Eine geeignete Abspeicherung und Codierung der Listenelemente sorgt dafür, daß Speicherplatz gespart wird und außerdem die Zugriffsschritte auf Listenelemente verringert werden. Ein möglicher Ansatz hierfür ist z.B. CDR-Coding [Cla76]. Aus Beobachtungen der Listenerzeugung hat man die Erfahrung gewonnen, daß Listen nicht nur sehr häufig linear sind, sondern auch die

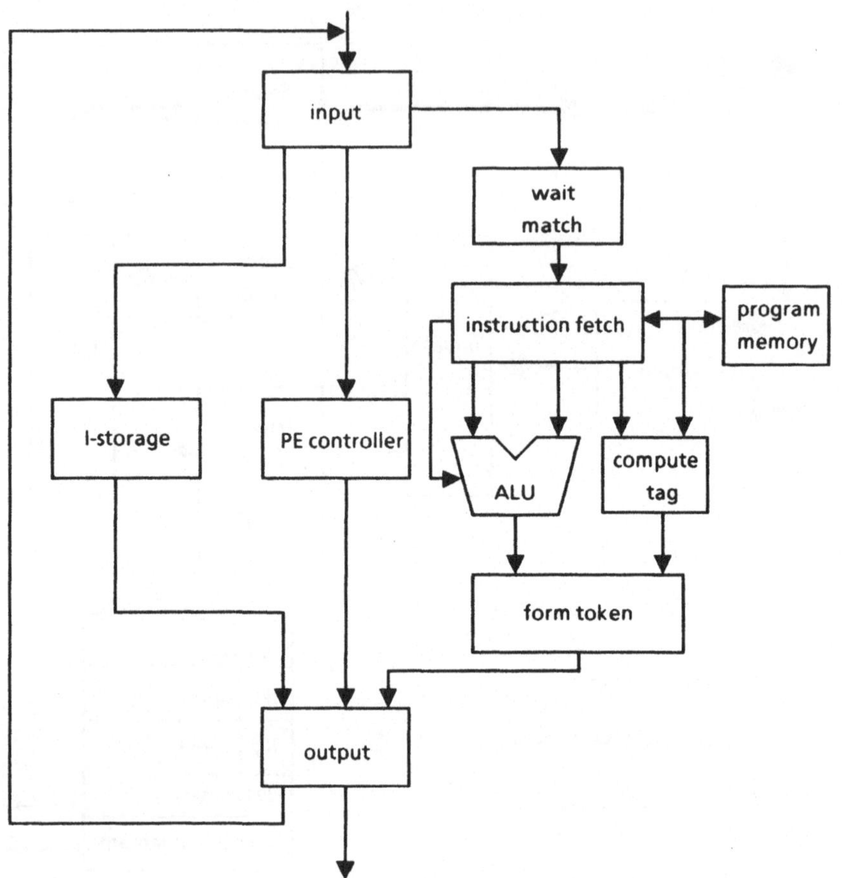

Bild 4.19. Processing Element der MIT Tagged Token Dataflow Machine

einzelnen Zellen der Liste in der Reihenfolge ihrer Verkettung zeitlich nacheinander erzeugt werden. Es bietet sich deshalb an, den Zeiger auf die Nachfolgerzelle (CDR) einzusparen und als Nachfolgerzelle die der aktuellen Adresse folgende zu verwenden. Im CAR-Feld der Zelle steht weiterhin der Wert eines Zeigers. Im Falle, daß die nächste Zelle bereits belegt ist, muß die herkömmliche Abspeicherung mit zwei Zeigern verwendet werden. Welche Codierungsart nun gerade benutzt wird, wird in einem zusätzlichen Feld vermerkt, in dem z.B. auch noch eingetragen werden kann, ob die Zelle bereits das Listenende ist. Dies bringt insbesondere bei kurzen Listen eine nicht unerhebliche Speicherplatzersparnis.

Eine weitere Unterstützung für Lisp, das keine statische Typenbindung kennt, ist eine sogenannte *tagged architecture*. Typen von Variablen können erst zur Laufzeit bestimmt werden, indem beispielsweise in der Environment-Verwaltung zu jeder Variablen ein Typenkennungsfeld mitgeführt wird. Zur Verarbeitung der Werte von Variablen ist es aber einfacher, wenn jedes Objekt selbst eine Typenkennung zur Verarbeitungseinheit mitbringt, ohne beim Variablennamen nachsehen zu müssen. Ein Objekt wird neben dem eigentlichen Wert (z.B. 4 Byte) um ein einige Bit umfassendes Feld erweitert, in dem ein Code für den aktuellen Typ des Objekts steht. Bei der Kennung ist es sinnvoll die wesentlichen Standardtypen von Lisp zu codieren, also z.B. verschiedene Zahlentypen, Symbole, Strings, Listen etc. Die Verarbeitung des Tags geschieht i.a. durch zusätzliche Hardware in der Verarbeitungseinheit, meist sogar überlappt mit der Verarbeitung des Wertes, soweit dies möglich ist. Nur wenn es typabhängige, verschiedene Alternativen gibt, ist das Tagfeld vor der eigentlichen Objekttransformation auszuwerten.

Eine andere wichtige Unterstützung von Lisp, sowie auch für andere Sprachen, die dynamische Objekterzeugung und -vernichtung erlauben, ist die Unterstützung von Garbage Collection. Wie bereits im Einführungskapitel 1.5 beschrieben wurde, sind die einfachen Verfahren wie Mark and Sweep zu aufwendig und langsam. Das Mitführen eines zusätzlichen Reference-Count-Feldes für jede Speicherzelle ermöglicht eine effiziente Garbage Collection unter der Einschränkung, daß zyklische Strukturen nicht erkannt werden. Ein weiterer Nachteil liegt darin, daß jedes Objekt neben dem Tagfeld jetzt nochmals um ein zusätzliches Feld vergrößert wird. Die Größe des Reference-Count-Feldes soll deshalb auf wenige Bit begrenzt bleiben (die meisten Objekte besitzen erfahrungsgemäß sehr wenige Referenzen). Damit ist aber auch eine Höchstzahl möglicher Referenzen festgelegt bis zu der die Zählung ohne Überlauf funktioniert.

Insgesamt ergeben sich also mehrere Erweiterungsfelder für Objekte, deren Größe in ein sinnvolles Verhältnis zur Nutzinformation (Wert) und Beschleunigung der Verarbeitung zu bringen ist.

4.5.2 Befehle der abstrakten Maschine

Die Befehle der abstrakten Maschine lassen sich in verschiedene Gruppen einteilen, gemäß der Objekte die sie verarbeiten, oder nach der Art der Operationen, die auf den Objekten ausgeführt werden:

- Datentransformation,
- Steuerung der Parallelverarbeitung,
  - Prozeßorientierte Verarbeitung,
  - Datenflußorientierte Verarbeitung,
- besondere Befehle zur Unterstützung von Lisp.

Datentransformation

Befehle zur problemorientierten Datentransformation werden in jedem Falle benötigt, unabhängig vom Verarbeitungsmodell. Im allgemeinen sollen Zahlen, Symbole oder sonstige Signale und Bitmuster verarbeitet werden. Deshalb müssen arithmetische und logische Befehle vorgesehen werden. Gerade symbolische Datenverarbeitung wird aber auch durch Befehle zur String-Manipulation unterstützt. Im weiteren sind für Anwendungen in der Bild- und Sprachverarbeitung Befehle vorstellbar, die Einzelbitmanipulation erlauben. Hier soll aber weniger auf die problemorientierten Befehle als auf die Befehle zur Steuerung der Parallelverarbeitung eingegangen werden.

Steuerung der Parallelverarbeitung

– *Prozeßorientierte Verarbeitung*

Grundsätzlich wird ein Befehl zur dynamischen Erzeugung von Prozessen benötigt, der die Bereitstellung und Initialisierung eines PCB's (*process control block)* durchführt. Wie in 4.4.1 Prozeßverwaltung beschrieben, gibt es im wesentlichen vier Prozeßzustände. Für die Übergänge zwischen den Zuständen, sei es durch den Prozeß selbst oder durch einen anderen Prozeß veranlaßt, sind ebenfalls Befehle nötig. Weitere Anweisungen zum Prozeßmanagement können das Scheduling unterstützen.

Die Verarbeitung innerhalb eines Prozesses ist sequentiell und funktionsorientiert. Deshalb ergeben sich weitere zwei Befehlsgruppen

- sequentielle Programmsteuerung
  hierzu gehören Befehle zur Programmverzweigung: Sprünge;
- Funktionsaufrufsteuerung
  Für Funktionsaufrufe werden Ansprung- und Rücksprungbefehle benötigt. Parameterübergabe kann ebenfalls unterstützt werden. Die Funktionsverarbeitung wird mittels Programm- und Datenstacks implementiert, weshalb auch die zugehörigen Operationen auf Stacks (PUSH und POP) vorhanden sein müssen. Der Umfang der zum Stack übertragenen Daten kann zwischen (Teil-) Worten und ganzen Blöcken liegen.

Zur Prozeßkommunikation sind je nach Kommunikationsart (synchron, asynchron) Befehle vorzusehen, damit die gewünschten Verbindungen geschaffen und Daten übertragen werden. Die Synchronisation kann ebenfalls über spezielle Befehle erreicht werden.

– *Datenflußorientierte Verarbeitung*

Wie 4.5.1 zeigt, ist die Tokenverarbeitung normalerweise nicht programmgesteuert, sondern die Token werden in speziellen Funktionseinheiten nach festem Muster transformiert. Die Operationen der Instruktionspakete sind prinzipiell Befehle zur Benutzerdaten-Manipulation.

Betrachtet man Datenfluß auf der Funktionsebene, dann bedarf es des Apply-Operators, mit dem der Einsprung in einen Subgraphen des Datenflußprogramms erreicht wird. Für dynamische Verarbeitung von Funktionsdefinitionen benötigt man Anweisungen zur Erzeugung neuer Instruktionen. Die Ergebnisse dieser Anweisungen werden also nicht anderen Instruktionen zur Weiterverarbeitung zugestellt, sondern es werden zusätzliche Instruktionen in den Instruktionspool eingetragen.

Besondere Befehle zur Unterstützung von Lisp

Da in Lisp in erster Linie Listen, bzw. baumartige Strukturen, verarbeitet werden, ist es sinnvoll, zumindest die elementaren Listen-Operationen hardwaremäßig zu unterstützen.

Zu den elementaren Listen-Operationen gehören:

CONS, die Allokation einer neuen Listenzelle auf dem Heap,
CAR, CDR, der Zugriff auf die beiden Komponenten einer Listenzelle.

Auf diese drei Befehle stützt sich im wesentlichen die Listenverarbeitung. Aber auch weitere Maschinenbefehle wie z.B. zum Verändern des CAR- bzw. CDR-Zeiger (RPLACA, RPLACD), oder das Überprüfen, ob ein Atom in einer Liste enthalten ist (MEMBER), sind sinnvolle Ergänzungen des Befehlssatzes.

Die verschiedenen Gleichheitsprädikate, die Lisp kennt (EQ, EQP, etc.), könnten ebenfalls integriert werden.

Die Verarbeitung weiterer Datenstrukturen (z.B. Records, Arrays oder Hashtabellen), die es in vielen Lisp-Dialekten gibt, könnte zusätzlich in den Befehlssatz aufgenommen werden.

Befehlshäufigkeit

Die hier beschriebenen Ansätze zur Parallelisierung funktionsorientierter Sprachen sind heute noch weitgehend Forschungsobjekte. Nur wenige Projekte befinden sich bereits in einer Simulationsphase, oder es wird gar an einer Hardware-Implementierung gearbeitet. Aus diesem Grund liegen leider keine allgemeinen Veröffentlichungen vor, in denen Analyseergebnisse über Befehlshäufigkeiten beschrieben werden. Allenfalls gibt es Auswertungen über Befehlshäufigkeiten von Lisp-Programmen, wobei das Augenmerk meist auf den listenverarbeitenden Befehlen, also nicht unbedingt den typisch funktionsorientierten Eigenschaften liegt.

4.6 Hardware-Architekturen

Im Abschnitt 4.5 wurden Ansätze abstrakter Maschinen beschrieben, die hier nun konkretisiert werden sollen. Anhand je eines Beispiels werden Implementierungsmöglichkeiten für prozeßorientierte und datenflußorientierte Verarbeitung aufgezeigt. Gestützt auf die Simulationsergebnisse einer Datenflußmaschine werden die Leistungsverhältnisse von Multiprozessoren dargestellt.

4.6.1 Architektur-Vorschläge

4.6.1.1 Ein Multiprozessor-System für prozeßorientiertes Lisp

Das Multi-Mikroprozessor-System für Concurrent Lisp der Kyoto Universität (Japan) [Sug83] ist ein MIMD-System, basierend auf mehreren Prozessoren zweier unterschiedlicher Typen, die sich einen großen, gemeinsamen Speicherbereich teilen.

Logische System-Konfiguration

Einer der Prozessoren dient als Master-Prozessor (MP) und übernimmt das Management des gesamten Systems. Die anderen Prozessoren sind Interpreter-Prozessoren (IP), die das Concurrent-Lisp Programm ausführen. Der Interpreter besteht aus zwei Modulen, *schedule module* und *interpret module* (vgl. Bild 4.20). Das Schedule-Modul verwaltet alle Prozesse, d.h. übernimmt

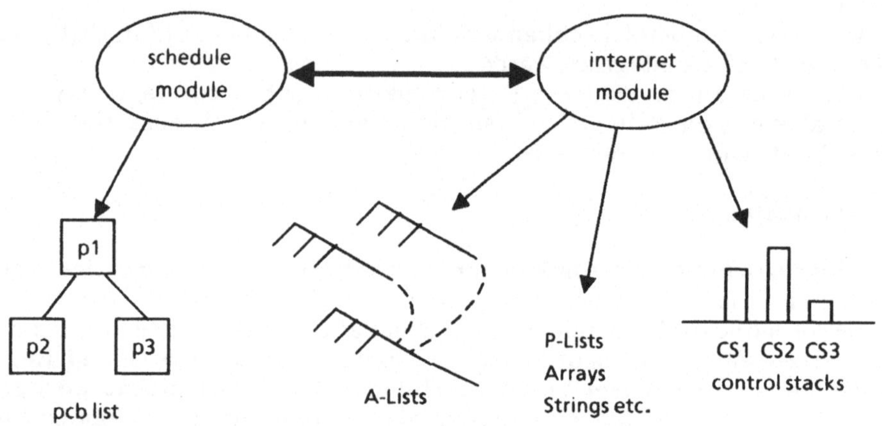

Bild 4.20. Concurrent Lisp Interpreter

Prozeßaktivierungen, -umschaltungen und -terminierungen. Das Interpreter-Modul führt die eigentliche Abarbeitung der Concurrent-Lisp Programme durch und verwaltet dazu für jeden Prozeß Programmstacks und Assoziationslisten, die die Umgebungen enthalten. Von den Prozessen zu verarbeitende Listen werden in einem gemeinsamen Listenspeicher abgelegt.

Hardware-Konfiguration

Bild 4.21 zeigt die Hardware-Konfiguration des Systems. Das System besteht aus neun Prozessoren MC68000 und einem 8MB großen Speicher. Prozessoren und Speicher sind über drei Busse miteinander verbunden.

Jeder Prozessor besitzt ein Prozessor-Teil (M68K, 8MHz), 256KB Speicher, sowie ein Interface-Teil (IEEE 796 Bus-Interface). Im lokalen Speicher jedes Interpreter-Prozessors liegen System-Monitor-Funktionen, Garbage-Collection-Funktionen und Interpreter-Funktionen. Der Master-Prozessor enthält nur Monitor-Funktionen und System-Daten. Der Interface-Teil bietet intelligente Interface-Schaltungen zum gemeinsamen Speicher und Interruptverbindungen zu anderen Prozessoren. Sie sollen die Lücke zwischen der spezialisierten Informationsstruktur von Concurrent-Lisp und den General-Purpose-Prozessoren schließen.

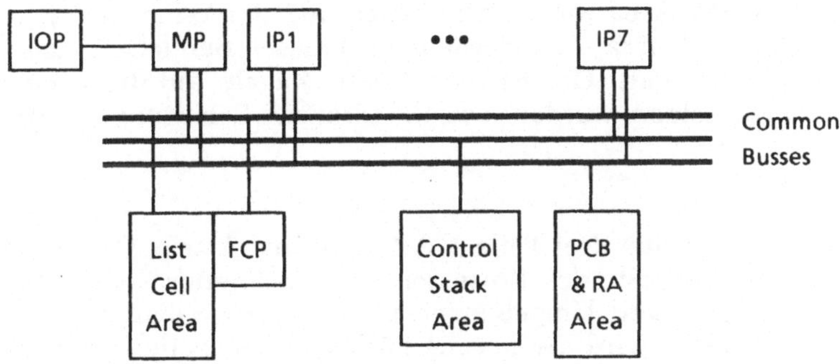

Bild 4.21. Hardware-Konfiguration der Concurrent Lisp Machine

Speicher- / Bus-Struktur

Um Engpässe zu vermeiden, ist der Speicher in drei Blöcke aufgeteilt, wobei jeder Block über einen eigenen Bus mit den Prozessoren verbunden ist. Die drei Speicherbereiche sind: Control Stack Area, List Cell Area und PCB (*process control block*) mit Random Access Area (PCB & RA).

In die Control Stack Area werden die Control Stack-Daten (Sprungadressen, Variablen) aller Prozesse abgelegt. Die Zuteilung des Stacks erfolgt blockweise (1 KB). Der logisch zusammenhängende Stack ist also physikalisch über mehrere Blöcke verteilt.

Die List Cell Area umfaßt 1M Listenzellen und nimmt die Listen aller Prozesse auf. Die Zellengröße beträgt 48 Bit, wobei CAR und CDR gewöhnliche 20 bit-Adressen sind. Weitere 8 Bit stellen Attribute der Zellen dar (für Garbage Collection etc.). Die speicherplatzsparende CDR-Codierung wurde nicht angewandt, weil im Falle gleichzeitig ablaufender Prozesse, die ihre Zellen auf einem gemeinsamen Speicher ablegen, nicht mehr, wie im sequentiellen Fall, von der physikalischen Nachbarschaft logisch aufeinanderfolgender Zellen ausgegangen werden kann. Die erzeugten Zellen der parallelen Prozesse werden vielmehr miteinander vermischt.

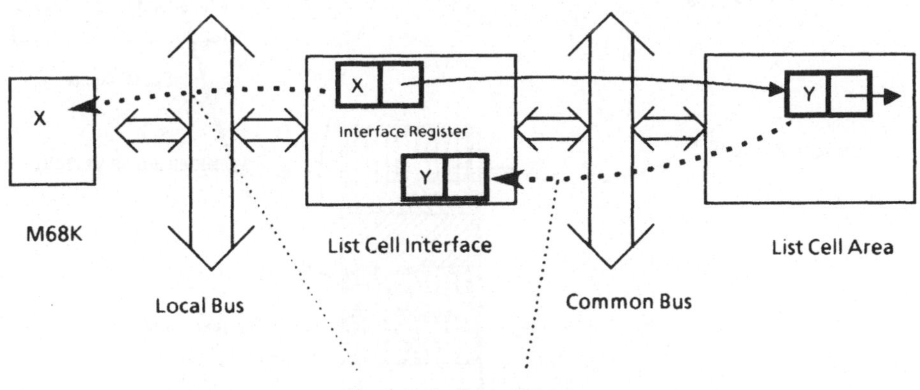

Bild 4.22. Überlappte Operationen im List Cell Interface

Die PCB & RA Area nimmt alle Daten auf, die keine Listen sind, z.B. Zeichenketten und Arrays. Außerdem wird dieser Bereich für das Systemmanagement verwandt. Um Engpässe beim Zugriff auf die gemeinsamen Speicher zu vermeiden, wurden spezielle Interface-Schaltungen entwickelt.

List Cell Interface

Eine Listenzelle besitzt drei Teile (CAR, CDR und Attribut), die zusammen länger als die Busbreite des Prozessors sind. Schneller Zugriff auf Listen muß möglich sein, weil Umgebungen als Assoziationslisten (A-List) hier abgelegt sind. Dazu wird die jeweils nächste Listenzelle in ein Interface-Register gebracht (prefetch), während gleichzeitig andere Interface-Register vom Prozessor geändert werden können (Bild 4.22). Ein Free Cell Pointer (FCP), auf den alle Prozesse unter gegenseitiger Sperre zugreifen können, liefert stets die nächste freie Zelle und aktualisiert sich automatisch.

Control Stack Interface

Der Control Stack ist in Blöcke von je 1 KB aufgeteilt, die jeweils einzeln an Prozesse vergeben werden. Das Stack-Interface besteht aus Limit-Registern, Pufferspeicher (4 KB) und DMA-Steuerung. Die Limit-Register beinhalten die obere und untere Grenze desjenigen Stackbereichs, der sich im Puffer

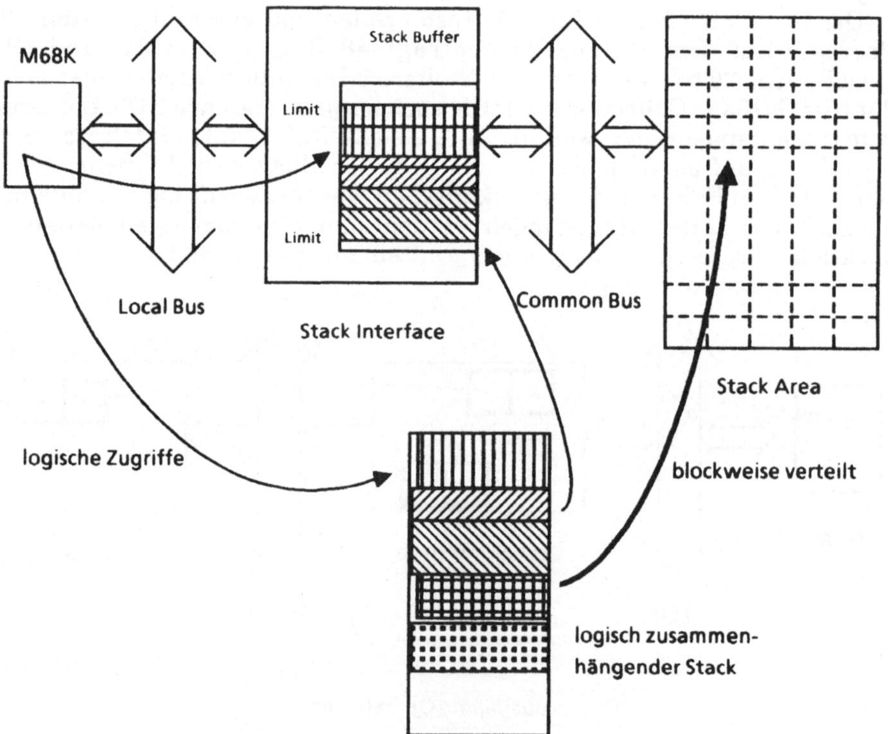

Bild 4.23. Konzept des Stack-Interface

befindet. Die DMA-Steuerung überträgt Blöcke zwischen den Puffern und der Stack Area (vgl. Bild 4.23). Jeder Prozeß besitzt einen logisch zusammenhängenden Stackbereich, auf den der Interpreter mit logischen Adressen zugreift. Der Zugriff erfolgt immer auf den Puffer. Liegt eine Adresse jenseits der Limit-Register, dann bringt der System-Monitor einen neuen Block in den Puffer.

4.6.1.2 Eine listenverarbeitende Datenfluß-Maschine

Die listenverarbeitende Datenfluß-Maschine der Electrical Communications Laboratories bei N.T.T., Tokyo [Ama86] mit der Bezeichnung DFM nutzt die Parallelverarbeitung auf der Funktions- und Instruktionsebene. Funktionsparallelität wird durch gleichzeitige Verarbeitung in mehreren Prozessoren erreicht, während Instruktionsparallelität durch Pipelining in den Hardware-Modulen der Prozessoren und Speicher entsteht.

Die Architektur der Maschine zeigt Bild 4.24. Listenzugriffe werden als Zugriffe auf ein *structure memory* (SM) betrachtet und innerhalb dieser Einheit ausgeführt. Jedes Processing Element besteht aus des Komponenten *Instruction Memory Unit* (IM), *Operand Matching Memory Unit* (OM) und *Function Unit* (FU).

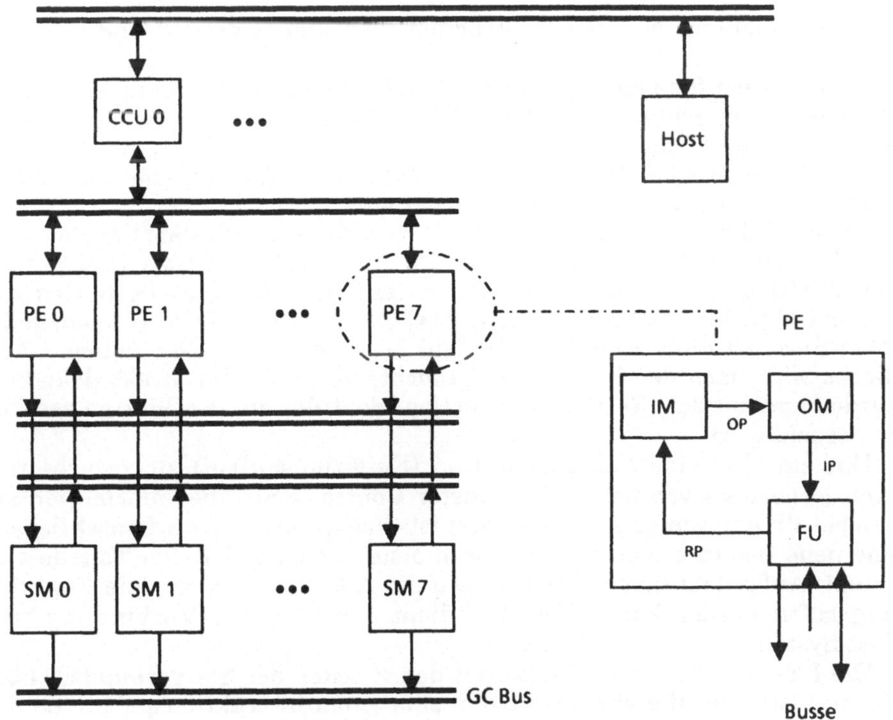

Bild 4.24. Prototyp der DFM

Im IM ist das Datenflußprogramm gespeichert. Angesprochene Instruktionen, die aus verarbeitungstechnischen Gründen alle genau zwei Operanden besitzen, werden aus dem Speicher gelesen, mit einem Operanden (Ergebnis eines *Resultat Packets* (RP)) zu einem *Operand Packet* (OP) zusammengesetzt und an OM gesandt. Im OP (Bild 4.25) stehen die Informationen

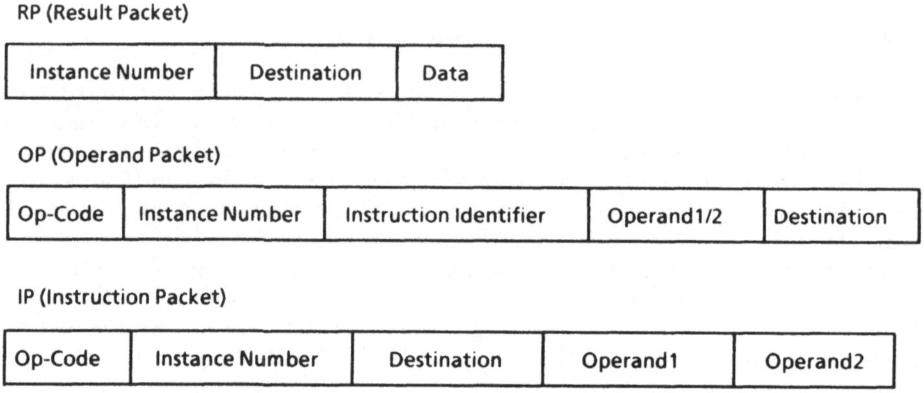

RP (Result Packet)

Instance Number	Destination	Data

OP (Operand Packet)

Op-Code	Instance Number	Instruction Identifier	Operand1/2	Destination

IP (Instruction Packet)

Op-Code	Instance Number	Destination	Operand1	Operand2

Bild 4.25. Paketaufbau von RP, OP und IP

Op-Code, Instance Number, Instruction Identifier, Operand und Destination.

Im OM wird für jedes ankommende OP überprüft ob bereits der zweite Operand zur Instruktion mit dem selben Identifier und der selben Instance Number vorliegt. Falls ja, dann wird aus den beiden OPs ein *Instruction Packet* (IP, Bild 4.25) gebildet, das die Inhalte Op-Code, Instance Number, Destination, Operand1 und Operand2 enthält.

Dieses Paket wird nun von der FU verarbeitet und das Ergebnis als *Result Packet* (RP, Bild 4.25) an das IM zurückgeliefert. Das Destination-Feld des RP gibt an, welcher Instruktion das Ergebnis zugestellt werden soll.

Das OM (Bild 4.26) besteht aus 1024 CAM-Blöcken zu je 32 Worten. Jeder CAM-Block ist einer Funktions-Instanz zugeordnet. Innerhalb eines CAM-Blocks wird nach der Instruktion gesucht, indem 3 Bits direkt dekodiert werden und mit dem Rest des Instruction-Identifier auf je 4 Worten assoziativ gesucht wird.

Hat eine FU eine Call-Instruktion (Funktionsaufruf) zu verarbeiten, dann fordert sie von der CCU (Cluster Control Unit) die Information an, welches PE am wenigsten ausgelastet ist. Von diesem PE wird anschließend eine neue Instance-Number erfragt, die sie aus einer lokalen Tabelle entnimmt. Außerdem liefert das PE noch die Adresse unter der die Funktion aufgerufen werden kann. Die CCU dient außerdem als Verbindung zum Host-System.

Die PEs sind über zwei Busse mit den Blöcken des SM verbunden, über die sie Listenzugriffe abwickeln, d.h. zum einen Instruktionspakete an das SM schicken und zum anderen Ergebnispakete übernehmen (Instruction Bus, Result Bus). Die Verbindungen zwischen den PEs und dem SM waren ursprünglich als Packet Switching Network geplant, was sich hier auch

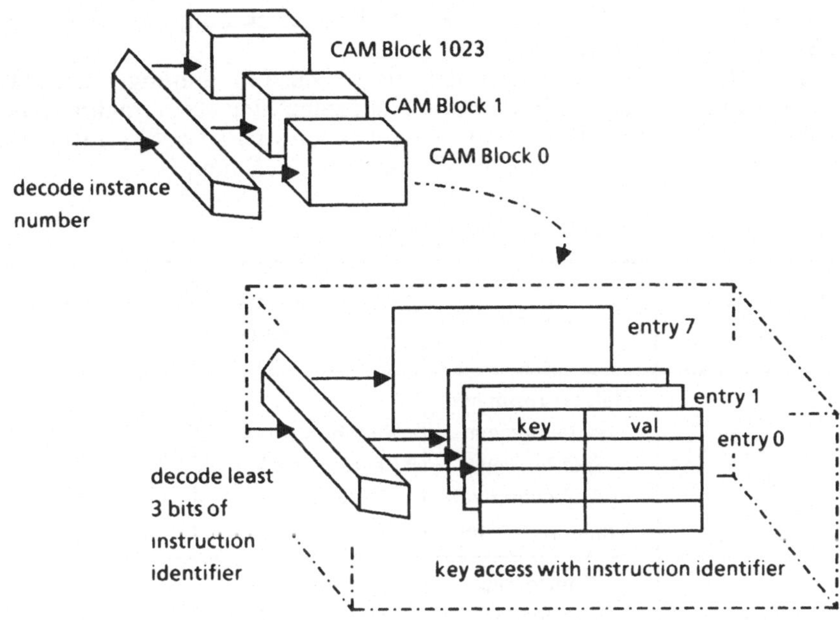

Bild 4.26. Die Operand Memory Unit der DFM

besonders anbietet, weil die zu übertragenden Informationen bereits ein festes Format besitzen und die Größe der Übertragungspakete darauf abgestimmt werden kann.

Das *structure memory* (SM) übernimmt die Speicherung von Listenzellen und führt auch primitive Operationen auf Listen aus. Diese primitiven Operationen sind: getcell, writecar und writecdr. Für eine CONS-Operation liefert getcell eine neue Zelle aus dem Pool von freien Zellen und übergibt deren Adresse an alle Verbraucher bereits bevor Werte für das CAR- und CDR-Feld eingetragen sind. CAR/CDR-Operationen auf Zellen, die noch keinen Eintrag besitzen, werden in eine Warteschlange eingereiht und erst ausgeführt, nachdem ein Eintrag durch writecar und writecdr erfolgte. Auf diese Weise wird der Lenient CONS-Mechanismus unterstützt.

Der Zellenaufbau des SM ist aus Bild 4.27 ersichtlich. Das Atom-Tag gibt an, ob in dieser Zelle ein Atom eingetragen ist, wobei dann der Inhalt der CAR/CDR-Feldes der Wert des Atoms ist. Refcount dient der Garbage

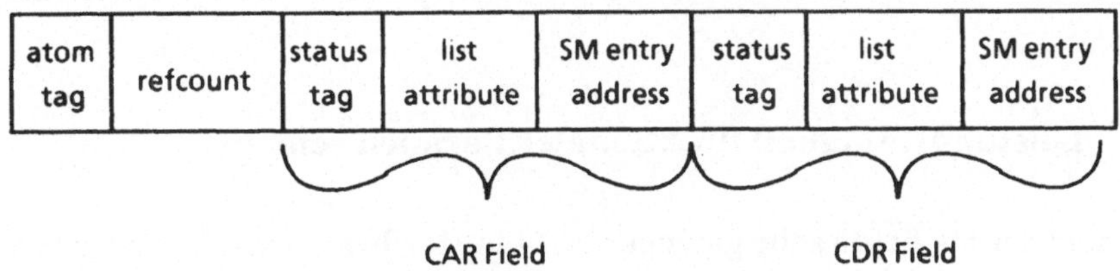

Bild 4.27. Zellenaufbau des Structure Memory der DFM

Collection. Das Status-Tag dient u.a. der Kennzeichnung, ob die Einträge des CAR/CDR-Feldes gültig sind.

Weitere Multiprozessor-Maschinen, die im Zusammenhang mit funktionaler Programmierung von Bedeutung sind, seien hier zusammenfassend in der Tabelle 4.2 dargestellt, die im wesentlichen aus [Hwa87] entnommen und ergänzt wurde, soweit weitere Informationen vorlagen.

Tabelle 4.2. Weitere funktionale Multiprozessor-Maschinen

Maschine und Entwickler	Architektur	Verarbeitungsmodell und Granularität	unterstützte Sprachen
ALICE Imperial College London, ICL	Multiprozessor mit gemeinsamem Speicher, mit Crossbar und zwei Ringen verbunden	Graphreduktion, feine bis mittlere Granularität	HOPE PARLOG LISP PROLOG
Rediflow University of Utah	Gitterförmig verbundene Prozessor-Speicher-Elemente	Graphreduktion, Makro-Datenfluß mittlere bis grobe Granularität	FEL
FFP Machine University of North Carolina	Binärer Baum von Prozessoren mit Speichern an den Blättern	Stringreduktion, feine Granularität	Formal Functional Programming Language FFP
EM-3 Electrotechnical Laboratory, Japan	Multiprozessor mit Paket-Kommunikations-Netzwerk	Datenfluß, feine Granularität	EM-LISP
Concert Multiprocessor MIT Laboratory for Computer Science	Multiprozessor mit mehreren Clustern, über Ringbus verbunden, gemeinsamer Speicher	Parallelisierung auf Funktionsebene durch explizites FUTURE-Konstrukt	MULTILISP

4.6.2 Leistungsfähigkeit funktionaler Parallelrechner

Aufgrund der bis heute sehr geringen Zahl in Hardware existierender Multiprozessor-Systeme können kaum konkrete Aussagen über deren Leistungsfähigkeit gemacht werden. Simulationsergebnisse, wie z.B. für DFM [Ama86] sind vereinzelt verfügbar.

DFM wurde auf Register-Transfer-Level simuliert und die Leistungsfähigkeit für verschiedene Typen von Benchmark-Programmen untersucht. Getestet wurden dabei kaskadenartig rekursive (mergesort, quicksort) und linear rekursive Algorithmen (bubblesort, Eratosten's sieve, union), sowie Mischungen der beiden Arten (parsing).

Bild 4.28 zeigt Performance-Kurven für das kaskadenartig rekursive Sigma-Programm. Die Divide-and-Conquer-Berechnung liefert Ergebnisse, die sich um so mehr einem linearen Speedup nähern, je mehr Objekte das Programm zu verarbeiten hat, d.h. je mehr Teilungen des Problems vorgenommen werden können.

Für linear rekursive Programme ergibt sich z.B. für das union-Programm, bei dem keine Datenabhängigkeiten bestehen, ebenfalls annähernd linearer Speedup. Für das Bubblesort-Programm, bei dem Datenabhängigkeiten bestehen, ergibt sich ein bemerkenswerter Unterschied zwischen den Ausführungen mit und ohne Lenient CONS-Mechanismus. Die Ergebnisse beziehen sich auf je 60 zu sortierende Objekte. Auch das Parsing-Testprogramm, bei dem lineare und kaskadenartige Rekursion gemischt vorkommen, liefert noch einen linearen Speedup-Faktor zwischen 0,7 und 0,9.

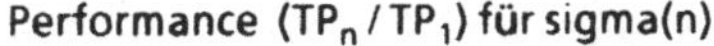

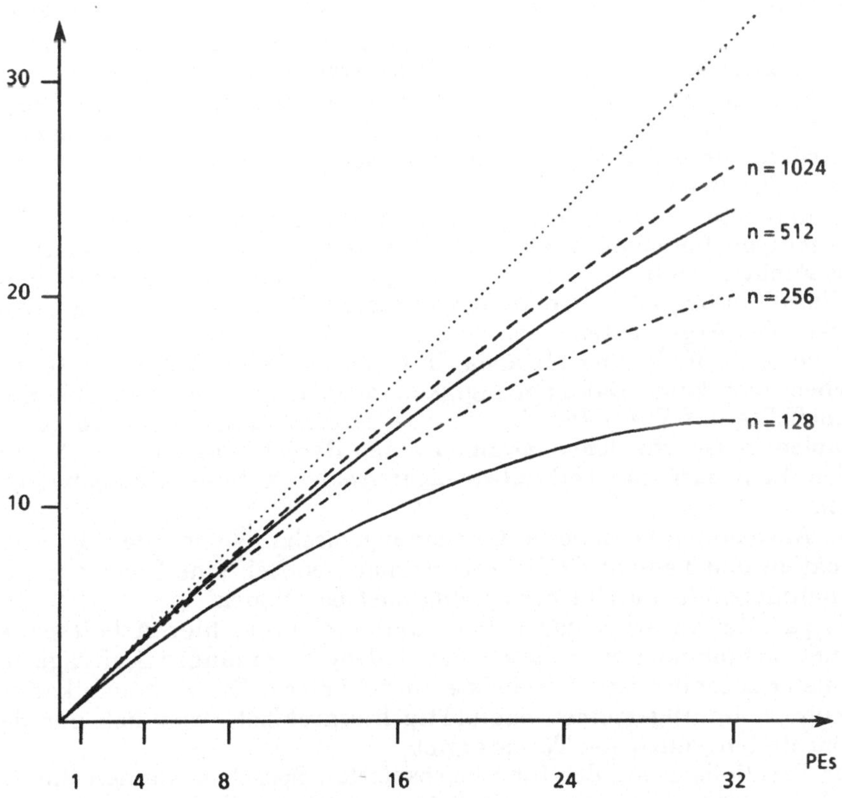

Bild 4.28. Simulierte Performance der DFM für Sigma-Programm

Die hier beschriebenen Ergebnisse beruhen auf Simulationen, bei denen die Anzahl der zu verarbeitenden Objekte (Daten, Funktionsaufrufe) die Zahl der Prozessoren immer wesentlich übersteigt. Die Krümmung der Ergebniskurven läßt erkennen, daß die Effizienz mit zunehmender Zahl an Prozessoren sinkt. Dies liegt daran, daß sich Aufgabenstellungen, die in ihrem Umfang fest sind, nicht auf beliebig viele Prozessoren verteilen lassen und dann, insbesondere bei großer Prozessorzahl, einige der Prozessoren nicht ausgelastet werden können. Zudem verursacht die Kommunikation bei steigender Anzahl an Prozessoren mehr Overhead.

Auch bei einer Vergrößerung des Problems (mehr Objekte) wird die Speedup-Kurve, wegen des zunehmenden Kommunikations-Overheads, gegen eine waagrechte Asymptote streben.

4.7 Resümee

Im Abschnitt 4.2 wurden implizite und explizite Parallelisierungsansätze für funktionsbasierte Sprachen, darunter Lisp, vorgestellt. Für diese Sprachen dürfte die implizite und explizite Parallelisierung auf der Funktionsebene (wie z.B. bei Multilisp) bedeutungsvoller sein als die explizite Programmierung von Prozessen (z.B. Concurrent Lisp). Hierfür ist es sicherlich günstiger, auf imperative Sprachen auszuweichen, die um ein Prozeßmodell erweitert sind (vgl. Kap. 2), weil diese Sprachen meist komplexere Konstrukte zur Beschreibung von Prozessen und Interaktionen zwischen Prozessen besitzen.

Die implizite Parallelisierung funktionsbasierter Sprachen beruht auf der gleichzeitigen Berechnung von Funktionsargumenten, die ihrerseits zumeist Funktionsaufrufe sind. Daraus ergibt sich ein hoher Verzweigungs- und Parallelitätsgrad, dessen einzige Beschränkung Datenabhängigkeiten zwischen den Argumenten einer Funktion sind. Bei rein funktionalen Sprachen wie z.B. HOPE und Miranda, in denen es keine Seiteneffekte gibt, bestehen auch keine Datenabhängigkeiten. In Lisp jedoch schränken die Seiteneffekte auf Variablen die Parallelverarbeitung ein, wenn gleiche Variablen in verschiedenen Zweigen eines Berechnungsbaumes benutzt werden. Es bedarf zum Teil aufwendiger Analysen dieser Datenabhängigkeiten.

Die Anwendung besonderer Berechnungsmechanismen wie z.B. Eager Evaluation und Lenient CONS versprechen dennoch eine Steigerung des Parallelitätsgrades durch Überlappung von Operationen.

Die parallel verarbeitbaren Programmeinheiten, hier Arbeitspakete genannt, kommunizieren miteinander, indem sie einander Aufträge und Parameter zusenden und Ergebnisse zurückliefern. Die Kommunikationsstruktur ist im allgemeinen baumartig hierarchisch, was sich aus dem geschachtelten Aufbau der Terme ergibt.

Der Parallelisierung der funktionsbasierten Sprachen können die drei Verarbeitungsmodelle Kontrollfluß, Datenfluß und Reduktion zugrunde gelegt werden. Datenfluß und Reduktion bieten zwar oft einen hohen Grad an Parallelverarbeitung, sind aber in gewissen Teilaspekten ineffizient.

Zum Beispiel berechnet die Termreduktion gleiche Teilausdrücke sooft sie vorkommen. Der Übergang zur Graphreduktion bringt zwar eine Einsparung der Berechnung, aber auf Kosten zusätzlichen Analyseaufwandes. Bei datenflußorientierter Verarbeitung müssen neben den problembezogenen Berechnungen auch noch die Instruktionspakete gebildet, übertragen, verwaltet und verarbeitet werden. Dieser zusätzliche Aufwand bringt natürlich Leistungseinbußen, solange die Paketverarbeitung nicht durch geeignete Hardware unterstützt und überlappend mit der Nutzdatenberechnung ausgeführt wird.

Bei allen Verarbeitungsmodellen besteht die Hauptaufgabe darin, die Arbeitspakete (Prozesse, Token etc.) zu verwalten und geeignet auf die Prozessoren zu verteilen. Im weiteren ist die Kommunikation und Synchronisation zwischen den Arbeitspaketen zu organisieren, zu der z.B. der Nachrichtentransport gehört.

In den in Abschnitt 4.6 beschriebenen vorgeschlagenen bzw. realisierten Hardware-Architekturen sind bisher nur gewisse Teilaspekte zur Unterstützung funktionsorientierter Sprachen und vor allem von Lisp-Implementierungen realisiert. So besitzen z.B. die meisten Tags für die dynamische Typenkennung von Variablen, Strukturspeicher (z.B Concurrent Lisp Machine) für effiziente Listenverarbeitung oder Zusatzfelder jeder Speicherzelle für Garbage Collection.

Bisher wenig Unterstützung erfuhren z.B. die Basismechanismen für das Prozeß- und Kommunikationsmanagement. Primitive zum Prozeßwechsel und gegenseitigen Ausschluß beim Datenzugriff haben großen Einfluß auf die Leistungsfähigkeit des Systems.

Vor allem die hierarchische Aufrufstruktur von Funktionen (Prozessen) kommt nur mehr in wenigen vorgeschlagenen Maschinen mit baumartiger Vernetzungstruktur zum Ausdruck. Die meisten Realisierungen stützen sich indes auf eine Busstruktur und handeln sich wegen deren begrenzter Übertragungsbandbreite Probleme mit der Erweiterbarkeit ein.

Dennoch zeigen die bisher simulierten und realisierten Systeme, daß die Leistungssteigerungen durch Parallelverarbeitung funktionaler Sprachen erheblich sein können. Mit den bestehenden Systemen können wertvolle Erfahrungen für die Entwicklung neuer Systeme und Implementierung paralleler Sprachen gewonnen und Vorschläge für Verbesserungen gemacht werden.

4.8 Literaturverzeichnis

Ack79 Ackerman, W.; Dennis, J.: VAL- A value-oriented algorithmic language, LCS. Techn. Report TR.-218, MIT, Lab. for Computer Science, Cambridge, Mass., 1979

Ama82 Amamiya, M.; et. al.: A list-processing-oriented data flow machine architecture, in: Proc. 1982 AFIPS National Computer Conf., 1982, 143-151

Ama84 Amamiya, M.: Dataflow Computing and Eager and Lazy Evaluations; New Generation Computing 2 (1984), 105-129

Ama86 Amamiya, M.; et al.: Implementation and Evaluation of A List-Processing-Oriented Data Flow Machine, in: Proc. 13th Annual Symposium on Computer Architecture, 1986, 10-19

Arv78 Arvind; Gostelow; Plouffe: An Asynchronous Programming Language and Computing Machine, Rep. TR114a, University of California, Irvine, 1978

Arv86 Arvind; Culler: Dataflow Architectures, Annual Review of Computer Science 1 (1986), 225-253

Bac78 Backus, J.: Can Programming Be Liberated from the von Neumann Style ? A Functional Style and Its Algebra of Programs, CACM 21 (1978), 613-641

Bai85 Bailey, R.: A HOPE Tutorial; Byte, Nr. 8, 1985, 235-254

Ber76 Berkling, K.J.: Reduction Languages for Reduction Machines, Interner Bericht ISF 76-8, GMD, 1978

Bri73 Brinch Hansen, P.: Operating System Principles, Englewood Cliffs, NJ: Prentice-Hall 1973

Car65 McCarthy, J.; et al.: Lisp 1.5 Programmer´s Manual, Cambridge, Mass.: The MIT Press 1965

Chu41 Church, A.: The Calculi of Lambda-Conversion, Annals Math. Studies 6 (1941)

Cla76 Clark; Douglas, W.: List Structure: Measurements, Algorithms and Encodings, Thesis, Dept. of Computer Science, Carnegie-Mellon Univ., 1976

Dar81 Darlington, J.; Reeve, M.: ALICE: A Multi-Processor Reduction Machine for the Parallel Evaluation of Applicative Languages, in: Proc. ACM Conf. on Functional Programming Languages and Computer Architecture, 1981, 65-75

Dar83 Darlington, J.: ALICE and the parallel evaluation of logic programs, in: Proc. 10th Symp. on Computer Architecture, 1983

Den74 Dennis, J. B.: First Version of a Data Flow Procedure Language, in: Programming Symposium 1974, LNCS 19, Berlin, Heidelberg, New York, Tokyo: Springer 1974, 362-376

Den75 Dennis, J. B.; Misunas, D.P.: A Preliminary Architecture for a Basic Data Flow Processor, in: Proc. 2nd Annual Symp. on Computer Architecture, 1975, 126-132

Det85 Dettmer, R.: A declaration of HOPE: The promise of functional programming, Electronics & Power, 1985, 819-823

Fri76 Friedman; Wise: CONS should not evaluate its arguments, in: Automata, Languages and Programming, Edinburgh Univ. Press, 1976, 257-284

Fri78 Friedman; Wise: Aspects of Applicative Programming for Parallel Processing; in: IEEE Transactions on Computers, C-27 (1978), 289-296

Gab84 Gabriel, R. P.; McCarthy, J.: Queue-based Multi-processing Lisp, Report: Department of Computer Science, Stanford University, 1984

Gra83 McGraw, J.; et al.: SISAL - Streams and Iterations in a Single-Assignment-Language, Language Reference Manual, Lawrence Livermore National Lab., Livermore, California, 1983

Gor77 Gordon, M.J.; et al.: Edinburgh LCF; CSR-11-77, Dept. of Computer Science, Edinburgh University, 1977

Hal84 Halstead, R. H. Jr.: Implementation of Multilisp: Lisp on a Multiprocessor, in: Proc. 1984 ACM Symposium on Lisp and Functional Programming, 1984, 9-17

Hal85 Halstead, R. H. Jr.: Multilisp: A Language for Concurrent Symbolic Computation, in: ACM Transactions on Programming Languages and Systems 7 (1985), 501-538

Hal86 Halstead, R. H. Jr.: Parallel Symbolic Computing, Computer, Nr. 8, 1986, 35-43

Hal87 Halstead, R. H. Jr.: Overview of Concert Multilisp: A Multiprocessor Symbolic Computing System, Computer Architecture News 15 (1987), 5-14

Hän85 Händler, W.; Maehle, E.; Wirl, K.: The DIRMU testbed for high-performance multiprocessor configurations, in: Proc. First Int. Conf. on Supercomputing Systems, 1985, 468-475

Har85 Harrison, P. G.; Khoshnevisan, H.: Functional Programming Using FP, Byte, Nr.8, 1985, 219-232

Hil85 Hillis, W.D.: The Connection Machine, Cambridge, Mass.: The MIT Press, 1985

Hoa78 Hoare, C.A.R.: Communicating Sequential Processes, CACM 21 (1978), 666-677

Hwa87 Hwang, K.; Ghosh, J.; Chowkwanyun, R.: Computer Architectures for Artificial Intelligence Processing, Computer, Nr. 1, 1987, 19-27

Kel84 Keller, R.M.; Lin, F.C.H.; Tanaka, J.: Rediflow Multiprocessing, in: Proc. COMPCON '84, Spring, 1984, 410-417

Mag79 Magó, G.A.: A Network of Microprocessors to execute Reduction Languages, in: Int. Journal Computer Information Science 8 (1979), 349-359, 435-471

Moo74 Moon, D.: MacLisp Reference Manual, Rev. 0; MIT Project MAC, Cambridge, Mass, 1974

Pit83 Pitman; Kant, M.: The Revised MacLisp Manual, MIT Lab. for Computer Science, Cambridge, Mass., 1983

Pou85 Poutain, D.: Parallel Processing: A look at the ALICE hardware and HOPE language, Byte, Nr.5, 1985, 385-395

Ste78 Steele, G.L. Jr.; Sussman, G.J.: The Revised Report on SCHEME: A Dialect of LISP, AI Memo 452, MIT AI Lab., Cambridge, Mass., 1978

Ste84 Steele, G.L. Jr.: Common Lisp - The Language, Digital Press, 1984

Sug81 Sugimoto, S.; et al.: Concurrent Lisp on a Multi-Micro-Processor System, in: Proc. IJCAI 81, 1981

Sug83 Sugimoto, S.; et al.: A Multi-Microprocessor System for Concurrent Lisp, in: Proc. Int. Conf. on Parallel Processing, 1983, 135-143

Syr85 Syre, J.-C.: A Review of Computer Architectures for Functional and Logic Programming Systems, Technical Report CA-09, ECRC, München, 1985

Tur86 Turner, D.: An Overview of Miranda, Sigplan Notices 21 (1986), Nr. 12, 158-166

Veg84 Vegdahl, S. R.: A Survey of Proposed Architectures for the Execution of Functional Languages, in: IEEE Transactions on Computers, C-33 (1984)

Yam83 Yamaguchi; Toda; Yuba: A Performance Evaluation of a Lisp-based Data-driven Machine (EM-3), in: Proc. Int. IEEE Symposium on Computer Architecture, 1983, 363-369

Yam84 Yamaguchi, Y.: EM-3: A lisp based data driven machine, Techn. Report, Electrotechnical Laboratory, Ibaraki, 1984

Zhi86 Zhi-bo, W.: An Implementation of a Parallel Intelligent System; in: Proc. SPIE 657, Applications of Artificial Intelligence, 1986, 116-119

Zuc87 Zucker, W.: Architektur Alternativen; Computer magazin, Nr. 3, 1987, 51-66

5 Logische Programmiersprachen

5.1 Einführung in Prolog

Die logischen Programmiersprachen sind noch ein relativ neues Gebiet der Informatik, obwohl sie auf Vorgänger in der Mathematik, die formale Logik, zurückgreifen können. In diesem Einführungsabschnitt soll zur Motivation noch einmal die Entstehungsgeschichte von Prolog aus der formalen Logik nachvollzogen werden. Trotz der umfangreichen Darstellung in den nächsten Abschnitten kann keine erschöpfende Beschreibung von Prolog erwartet werden, das würde den Rahmen dieses Buches sprengen. Auf weiterführende Literatur wird später verwiesen.

5.1.1 Sprachkonstrukte und Semantik

5.1.1.1 Definitionen

Die Mathematik war neben der Elektrotechnik an der Entwicklung der Datenverarbeitung von Beginn an grundlegend beteiligt, anfangs vor allem mit ihren arithmetischen Gebieten, wie Binär- und Gleitpunktarithmetik. In den letzten Jahren haben sich auch Anknüpfungspunkte auf abstrakteren Gebieten ergeben, wie die Entwicklung und Verbreitung der *logischen Programmiersprachen* zeigt. Sie basieren, wie der Name schon sagt, auf dem Bereich der *mathematischen Logik*. Sie umfaßt unter anderem die *Prädikatenlogik*, wobei die bekannte *Aussagenlogik* deren 0. Stufe ist. Da die Prädikatenlogik zu den logischen Programmiersprachen führt, sollen wichtige Eigenschaften näher erläutert werden.

$$\forall n \in N: p(n-1) \Rightarrow p(n)$$

$$p(1).$$

Beispiel 5.1. Induktionsprinzip auf den natürlichen Zahlen.

Aus dem Beispiel 5.1 erkennt man als wesentliche Eigenschaft der Prädikatenlogik die Verwendung von *Quantoren* (∀ Allquantor, ∃ Existenzquantor) bei der Beschreibung der Variablen in Prädikaten. Sie geben den Wertebereich und die Anzahl der Lösungen an. Die einzelnen Terme sind mit ∧ (UND) verbunden, und ein Prädikat kann durch mehrere Terme (hier als getrennte Zeilen) beschrieben werden. Die Verknüpfung mit UND erfordert, daß alle Teilterme *true (wahr)* sind, wenn der Gesamtausdruck den Wahrheitswert *true* erhalten soll, eine schwieriger zu erfüllende Forderung als das bei ∨ (ODER) der Fall ist, wo nur ein Term den Wert *true* erhalten muß, um den ganzen Ausdruck zu erfüllen.

Die Einteilung der Prädikatenlogik in Stufen gründet sich auf die vorher erwähnte Quantisierung (vgl. [Böh81]). Bei der Prädikatenlogik 0. Stufe (der Aussagenlogik) wird überhaupt nicht quantisiert, die Prädikate gelten nur für einzelne Aussagen. Bei der Prädikatenlogik 1. Stufe werden nur die Variablen innerhalb der Prädikate quantisiert, also die Prädikatargumente (wie im Beispiel 5.1). Bei den höheren Stufen der Prädikatenlogik werden dann auch die Prädikatnamen selbst quantisiert, also genaugenommen eine Ineinanderschachtelung der Quantisierung.

Eine Einschränkung der Prädikatenlogik führt zur sogenannten *Hornklausellogik* [Pon84]. Vorausgesetzt wird, daß immer alle Lösungen eines Prädikats gefunden werden sollen, daher ist zur Spezifikation der Elemente nur der Allquantor zugelassen und wird deshalb bei der Notierung einfach weggelassen. Die einzelnen Terme müssen so umformbar sein, daß sich mindestens ein Term, der den Prädikatnamen enthält, ohne Negation notieren läßt. Danach ergibt sich die Schreibweise durch eine äquivalente Umformung der Ausdrücke, die ab jetzt *Klauseln* heißen. Die Zuweisung wird durch eine umgekehrte Implikation gebildet, wobei der vorher erwähnte nicht-negative Term den Kopf der Klausel bildet. Um die linke Seite, den Kopf der Klausel, zu beweisen, muß die rechte Seite, der Rumpf, wie in der Prädikatenlogik zu *true* evaluiert werden. Es gibt auch Prädikate, die immer gelten sollen (z. B. der Induktionsanfang). In der Hornklausellogik wird die rechte Seite dann nur mit *true* notiert (vgl. Beispiel 5.2).

$$p(n) \Leftarrow p(n\text{-}1) \ \&\ n \in N.$$
$$p(1) \Leftarrow true.$$

Beispiel 5.2. Induktionsprinzip in Hornklauselnotation

Semantisch betrachtet, können in Hornklauseln alle Terme auf der rechten Seite gleichzeitig ausgewertet werden, falls alle Parameter vorliegen (Kommutativität von UND). Außerdem werden alle Lösungen geliefert, die die rechten Seiten des Prädikats erfüllen.

Von der Syntax her kommt man durch geringe Umformungen zur Prolognotation:

- die Implikationspfeile werden durch ':-' ersetzt,
- die UND-Operatoren (&) werden durch ',' ersetzt
- der explizite *true*-Zweig wird einfach weggelassen

```
p(N) :- M is N-1, p(M), integer(M).
p(1).
```

Beispiel 5.3. Induktionsprinzip in Prolognotation

5.1.1.2 Syntaktische Konstrukte

Wie aus dem vorherigen Abschnitt schon hervorgeht, besteht ein Prologprogramm aus einer Anzahl von *Prädikaten*, die wiederum aus mehreren Ausdrücken mit gleichem Kopf, den *Klauseln* (*clauses*), aufgebaut sind. Diese Klauseln können eine rechte Seite, den *Rumpf*, besitzen. Ohne rechte Seite (entspricht automatisch *true*) nennt man sie *Fakten* (*Facts*). In Klauselrümpfen stehen Terme, die durch ',', den UND-Operator miteinander verbunden sind. Sie werden als *Ziele* (*Goals* bzw. *Subgoals*) bezeichnet.

Zur intensiveren Beschäftigung mit Prolog kann [Clo84] sehr empfohlen werden.

Das Programmstück aus Beispiel 5.4 gibt die übliche Struktur eines Prologprogramms wieder. Gestartet wird das Programm durch eine Anfrage '?-'. Falls in dem Goal, das zu dieser Anfrage gehört, nur Konstante vorkommen, soll diese Aussage bewiesen werden, also nach Umformungen *true* ergeben. Erlaubte Umformungen sind die *Reduktion* und die *Substitution (Resolution)*, sie sollen später genauer erläutert werden. Falls bei den Parametern auch ungebundene Variablen vorkommen, wird eine Bindung (Lösung) für die Variablen gesucht, bei der dieses Goal den Wert *true* ergibt.

Eine Besonderheit von Prolog stellen die ungebundenen Variablen dar, da bei ihnen der Datentyp bei der Definition noch nicht feststeht. Wenn die Variablen gebunden werden, können sie noch jeden in Prolog zulässigen Datentyp annehmen. Es sind möglich [Clo84]:

- *Konstante*, dazu gehören
  - ganze Zahlen
  - Atome, d. h. Namen bzw. Bezeichner (besonderes Kennzeichen: Kleinbuchstaben am Anfang)
- *Variable*, sie gibt es als
  - ungebundene
  - gebundene, wobei sie an eine andere Variable oder an einen anderen Datentypen gebunden sein kann (besonderes Kennzeichen: mit Großbuchstaben beginnend)
- *Strukturen* der Form
  - Funktor ("Name" der Struktur)
  - Argumentliste

  z. B. sind damit auch die Köpfe der Prologklauseln darstellbar
- *Listen* der Form
  - Listenanfang (LA, erstes Element der Liste)
  - Listenrest (LR)

  Schreibweise [LA | LR]

Konstante Terme oder Variablen (s. Beispiel 5.4) können auch durch *Operatoren* verknüpft werden. Verfügbar sind Vergleichsoperatoren, arithmetische Operatoren, die Evaluierung mit 'is', die bedeutet, daß die Variable auf der linken Seite mit dem Wert des Ausdruck auf der rechten Seite unifiziert wird. Eine Besonderheit stellt der '= =' Operator dar, seine Eigenschaften sollen im nächsten Abschnitt bei der Unifikation erläutert werden.

Klauseln (s. Beispiel 5.4) müssen nicht unbedingt in der Form <Klauselkopf> ':-' <Klauselrumpf> notiert werden, statt eines Klauselrumpfes können auch mehrere Klauseln durch ';' (ODER-Operator) getrennt stehen. Diese Notation ist nur eine andere Schreibweise für Klauseln, die die gleichen Aufrufparameter besitzen.

Zur besseren Unterstützung der Benutzer von Prolog müssen noch Konstrukte für Ein-/Ausgabe auf periphere Geräte, interpretierende Funktionen auf und mit der Wissensbasis, Steuerung des Ablaufs und

```
/* Read in a sentence */

read__in([W|Ws]) :- get0(C), readword(C,W,C1), restsent(W,C1,Ws).
```

Variable

```
/*   Given a word and the character after ist, read in the rest of the
     sentence */
```

nicht verwendete Parameterposition

```
restsent(W,_,[]) :- lastword(W), !.
restsent(W,C,[W1|Ws]) :-     readword(C,W1,C1), restsent(W1,C1,Ws).
```

Klausel

Listennotation (Kopf | Rumpf)

```
/*   read in a single word, given an initial character, and
     remembering what character came after the word */

readword(C,W,C1) :-    single__character(C), !, name(W,[C]), get0(C1).
readword(C,W,C2) :-    in__word(C,NewC), !, get0(C1), restword(C1,Cs,C2),
                              name(W,[NewC|Cs]).
readword(C,W,C2) :-    get0(C1), readword(C1,W,C2).

restword(C,[NewC|Cs],C2) :- in__word(C,NewC), !, get0(C1), restword(C1,Cs,C2).
restword(C,[],C).
```

leere Liste

Cut

(Sub-)Goal

```
/*   These characters form word on their own */

single__character(44).        /* , */
single__character(59).        /* ; */
single__character(58).        /* : */
single__character(63).        /* ? */
single__character(33).        /* ! */
single__character(46).        /* . */

/*   These characters can appear within a word */

in__word(C,C) :-     C>96, C<123.                /*a .. z */
in__word(C,L) :-     C>64, C<91, L is C + 32.    /* A .. Z */
in__word(C,C) :-     C>47, C<58.                 /* 1 .. 9 */
in__word(39,39).                                 /* ' */
in__word(45,45).                                 /* - */
```

Prädikat

```
/*   These words terminate a  sentence */

lastword('.').
lastword('!').
lastword('?').
```

Datenbankprädikat

Anfrage bzw. Anfangsgoal

```
?- read__in(S).
```

Eingabe: The man, who is very rich, saw John's watch.

Ausgabe: S = [the, man, ',', who, is, very, rich, ',', saw, 'john''s', watch, '.']

Beispiel 5.4. Programmbeispiel in Prolog-Notation

Programmtest (Debugging) eingeführt werden. Dafür gibt es vordefinierte Prädikate (*built-in predicates* bzw. *evaluable predicates*, Standardprädikate), die im Prologprogramm als Goals (s. Beispiel 5.4) aufgerufen werden, dem System aber schon bekannt sind.

Die Standardprädikate lassen sich in drei übergeordnete Gruppen einteilen:

- Prädikate für die Ein-/Ausgabe in Dateien und auf/von Terminal/ Tastatur
- Prädikate, die auf der Wissensbasis operieren
- Prädikate zur Steuerung des Ablaufs und zum Programmtest

Ein hauptsächliches Anwendungsgebiet für Prolog ist die Wissensverarbeitung. In Prolog besteht die Möglichkeit, eine Datenbank temporär während des Programmlaufs aufzubauen (aus Fact-Klauseln; s. Beispiel 5.4), sie wird auch als *Wissensbasis* bezeichnet. Anweisungen dafür (*Datenbankprädikate* bzw. *Datenbankklauseln*) sind diejenigen Klauseln eines Prädikats, die keine rechte Seite haben, also die Facts. Prädikate, die Informationen in die Wissensbasis eintragen, sind im allgemeinen durch eine große Anzahl von Facts und wenige Regeln gekennzeichnet. Solche Prädikate können als Regeln noch Klauseln enthalten, die

- die Aufrufparameter nur umordnen,
- nur höchstens einfach rekursiv sind und
- testen, ob Argumente instantiiert sind oder nicht.

Alle anderen Prädikate und ihre Klauseln der Wissenbasis nennt man *Inferenzprädikate* bzw. *Inferenzklauseln* [Rat85], [Ona86].

Eine Besonderheit der Wissensbasis ist, daß man Teile daraus entweder als Daten für Variablenbindungen verwenden oder auch als Prologprogramm ablaufen lassen kann.

Ein wichtiges ablaufbestimmendes Element, das dem Programmierer zum expliziten Eingreifen zur Verfügung steht, ist der *Cut-Operator* (s. Beispiel 5.4). Er wird als '!' notiert und hat den Zweck, beim Backtracking bestimmte Zweige nicht mehr zu durchsuchen. Die genaue semantische Bedeutung des Cut-Operators wird im nächsten Abschnitt genauer erläutert.

5.1.1.3. Semantische Besonderheiten von Prolog

Während die syntaktischen Konstrukte von Prolog aus der Prädikatenlogik bzw. der Hornklausellogik entstanden sind und sich nur unwesentlich davon unterscheiden, bildet Prolog von der Semantik her eine ganz eigenständige Sprache, die von den Vorbildern wesentlich abweicht.

Ausgehend von dem Goal, mit dem das Programm aufgerufen wird, wird ein dynamischer Suchbaum (*resolution tree*) mit den alternativen Klauseln aller Prädikate aufgebaut. Dabei sind die jeweils in den Klauselrümpfen definierten Goals mit den zugehörigen Prädikaten verbunden. Die Reihenfolge der Bearbeitung folgt dann aus dieser Struktur. Aus dem Aufrufgoal wird das zugehörige Prädikat gesucht und die passende erste Klausel in das Goal eingesetzt.

```
?- x(a,b,c).
x(X,Y,Z) :- a1(X), a2(Y), a3(Y,Z).
x(X1,Y1,Z1) :- a4(X1,Y1), a5(Z1).
x(f,g,h).
```

⇒ x(a,b,c). wird zu a1(a), a2(b), a3(b,c). aufgelöst

Beispiel 5.5. Resolutionsprinzip

Dieses Einsetzungsverfahren (auch Substitution, vgl. Beispiel 5.5) wird auch als *Resolutionsprinzip* bezeichnet, denn durch Einsetzen sollen irgendwann Goals erreicht werden, die entweder erfüllbar (*succeeding, true*) oder nicht erfüllbar (*failing, false*) sind. Eine Zwischenstufe in der Ableitung stellt der Zustand dar, wenn einige Goals erfüllbar sind, also den Wert *true* erhalten und wegen der besonderen Eigenschaften der UND-Verknüpfung weggelassen werden können (auch *Reduktion* genannt). Wenn alle durch Substitution erzeugten Goals erfüllbar sind, ist der Existenzbeweis für eine Lösung geführt, im anderen Fall existiert keine Lösung. Diese Methode bezeichnet man auch als *Backward Chaining*, weil man von einem Term als Anfangspunkt ausgeht und zu beweisen versucht, daß man von dort aus zu *true* oder *false* kommt.

Die Auswahl der ersten "passenden" Klausel in einem Prädikat erfolgt analog zum Aufbau des Suchbaums. Man durchläuft den Programmtext von oben nach unten und probiert immer die Klauseln von links nach rechts. Mit einem Vergleich wird getestet, ob es überhaupt eine Möglichkeit gibt, die aktuellen den formalen Parametern der Klausel anzupassen. Dieser *Depth First Search-Algorithmus* resultiert aus der Implementierung von Prolog als sequentieller Sprache, bei der eine Reihenfolge definiert sein muß, und stellt semantisch einen großen Unterschied zu den Hornklauseln dar, bei denen alle Klauseln gleichzeitig berechnet werden sollen.

Die Gleichsetzung der aktuellen Parameter eines Goalaufrufes mit den formalen Parametern eines Prädikats bzw. einer Klausel hat in Prolog seine besondere Bedeutung, man nennt sie *Unifikation*. Diese "Zuweisung" hängt davon ab, ob die jeweils zueinander gehörenden aktuellen und formalen Parameter ungebundene oder gebundene Variablen sind oder einen anderen Datentyp haben.

1. Falls beide Parameter keine Variablen sind, werden sie verglichen. Im Fall der Ungleichheit wird die Weiterbearbeitung des aktuellen Goals abgebrochen, weil die Argumente des Goals und der Klausel nicht substituiert werden können (nicht zusammenpassen). Ist die Substitution erfolgreich, wird mit der Berechnung des Goal fortgefahren.

   Wenn einer der beiden Parameter eine gebundene Variable ist, der andere aber keine Variable, wird ebenfalls wie vorher vorgegangen.
2. Falls beide Parameter gebundene Variablen sind, werden die jeweils referenzierten Werte verglichen, Vorgehen dann wie im Punkt 1.
3. Falls ein Parameter eine ungebundene Variable ist, der andere aber keine Variable, zeigt die Variable dann auf den Wert und ist gebunden.

   Falls der andere Parameter eine gebundene Variable ist, wird die ungebundene Variable an die andere gebunden und beide zeigen auf den selben Wert.
4. Falls beide Parameter ungebundene Variablen sind, werden sie aneinander gebunden. Der aktuelle Parameter ist dann gebunden, hat aber

noch keinen Wert. Der formale Parameter bleibt ungebunden. Wenn nun der zweiten Variablen ein Wert zugewiesen wird, dann ist dieser automatisch auch über die andere Variable erreichbar. Die Variablen sind gleichgesetzt (*identisch*).

Die Einteilung in diese vier verschiedenen Fälle erfolgt nicht nach den jeweils verarbeiteten Datentypen, sondern nach der Behandlung der Typen bei der Unifikation. Dabei können mehrere Typen zusammengefaßt werden..

Die vorher erwähnte Identität kann man mit dem '= ='-Operator überprüfen. Wenn beide Argumente aneinander gebunden (unifiziert) sind, wird *true* geliefert, sonst *false*. Bei allen anderen Datentypen arbeitet dieser Operator wie der normale Vergleichsoperator.

Eine Besonderheit stellt das Vorgehen im Fehlerfall dar, d.h. wenn innerhalb einer Klausel festgestellt wird, daß mit den vorgegebenen Parametern keine Lösung zu finden ist.. Dann müssen alle Bindungen innerhalb dieser Klausel (z. B. formale und aktuelle Parameter) wieder rückgängig gemacht und eine andere Klausel getestet werden. Wie oben erwähnt, geht man dabei im Prologprogramm von oben nach unten vor und versucht also die nächstuntere Klausel desselben Prädikats im Programmtext. Im Suchbaum ist das der nächstgelegene Zweig rechts vom eben bearbeiteten. Führen die direkt benachbarten Klauseln (innerhalb eines Prädikats) nicht zum Ziel, muß im Suchbaum eine Ebene höher (zum vorhergehenden Goal) gegangen werden und dort nach rechts und tiefer gesucht werden. Dieses Verfahren wird *Backtracking* genannt und ist die Realisierung der depth first search- und left to right-Strategie.

Die gleiche Strategie muß man auch verfolgen, wenn man alle "Lösungen" eines Aufrufgoals finden will, d.h. alle möglichen Bindungen für einen ungebundenen Eingangs- bzw. Ausgangsparameter von Klauseln, die bei der Abarbeitung zu *true* führen können. Nachdem die erste Parameterbelegung gefunden ist, wird das Backtracking angestoßen und so in einem der noch nicht abgearbeiteten Zweige des Suchbaums nach Lösungen gesucht. Dieser Anstoß geschieht durch den Bediener , der mit der Eingabe von ';' die Berechnung neuer Lösungen anfordern kann.

In Prolog gibt es keine Möglichkeit, Variablen global zu definieren. Gleichnamige Variablen in verschiedenen Prädikaten, ja sogar in verschiedenen Klauseln eines Prädikats sind nicht gleich. Variablen in Prolog sind nicht mit denen anderer Programmiersprachen zu vergleichen, sie werden hier mehr als Datentypen aufgefaßt, deren Wert und Typ noch frei ist, und die erst durch die Bindung festgelegt werden. In der Literatur [Bau81] nennt man diese Art von Variablen auch *Programmvariable* (*Single Assignment Variables*). Wenn diese Variablen an einen Wert gebunden werden, heißt das auch nicht Zuweisung sondern *Instantiierung*. Variable werden also gebunden durch Gleichsetzung von aktuellen mit formalen Parametern (Unifikation) oder innerhalb einer Klausel mit lokaler Wirkung durch Instantiierung (eine Variable wird mit einem Wert versehen). Durch eine solche Beschränkung werden Seiteneffekte vermieden, die in normalen Programmiersprachen möglich sind und dort Schwierigkeiten bereiten.

Eine wesentliche Veränderung bei der Abarbeitung des Suchbaums ergibt sich durch den *Cut*. Ein Cut kann von links nach rechts ohne weiteres überschritten werden, bewirkt aber beim Backtracking, daß kein Weg mehr zu den Goals links vom Cut zurückführt. Das bedeutet, daß Klauseln eines Prädikats, die noch nicht abgearbeitet sind, wegen des Cuts auch nicht mehr bearbeitet werden können, der Teilbaum mit den restlichen Klauseln wird also abgeschnitten. Die Berechnung kann erst eine Ebene höher (im vorhergehenden Goal) wieder fortgesetzt werden.

5.1.2 Impliziter Parallelismus in Prolog

Da das Hauptaugenmerk im Rahmen dieses Buches auf die parallelen Abläufe ausgerichtet ist, sollen die Möglichkeiten zur Parallelisierung von sequentiellem Prolog aufgezeigt werden. Die Parallelverarbeitung stützt sich nicht nur auf zusätzliche, explizite Sprachkonstrukte, wie sie in Kapitel 5.2 und 5.3 geschildert werden, sondern kann sich in noch größerem Maße der in Prolog implizit vorhandenen Parallelismen bedienen.

Hier sollen die vier naheliegendsten und aus diesem Grunde auch am weitesten verbreiteten Parallelismen untersucht werden (vgl. auch Beispiel 5.6). Ein Vorschlag zielt darauf, die verschiedenen Klauseln eines Prädikats gleichzeitig auszuwerten. Sie sind alle durch ODER verbunden und nach der Semantik der Hornklauseln wegen der Kommutativität des ODER-Operators gleichzeitig auswertbar (*ODER-Parallelismus*). Zusätzlich ist auch noch vorstellbar, die Subgoals innerhalb einer Klausel gleichzeitig auszuführen, weil sie durch UND verbunden sind, ebenfalls eine gleichzeitig ausführbare Operation (*UND-Parallelismus*). Eine Ebene tiefer, bei der Unifikation der Ausdrücke und beim Aufruf von Subgoals läßt sich eine weitere Möglichkeit der Parallelisierung finden. Man kann nämlich feststellen, daß bei der Zuordnung mehrerer aktueller zu den formalen Parametern eines Subgoals keine Reihenfolge festgelegt werden muß, diese Parameter können auch gleichzeitig zugewiesen werden (*Unifikations-Parallelismus*).

Zuletzt soll an dieser Stelle noch ein spezieller Aspekt bei der Listenverarbeitung betrachtet werden. Elemente sind nur logisch (durch Zeiger) zur Liste verkettet, aber inhaltlich vollkommen unabhängig. Aus diesem Grund muß es möglich sein, daß ein früher aufgerufenes Subgoal eine Liste noch aufbaut, während ein späteres Subgoal aus der gleichen Liste wieder Elemente entnimmt (*Stream-Parallelismus*).

Im einzelnen ergeben sich besondere Eigenschaften der Parallelismen, auf die bei parallelen logischen Programmiersprachen (Kap. 5.2 und 5.3) zurückgegriffen werden soll.

ODER-Parallelismus

Die Klauseln eines Prädikats werden jetzt gleichzeitig ausgewertet und nicht mehr von oben nach unten wie beim sequentiellen Prolog. Im sequentiellen Fall wurden durch diese Reihenfolge Variablen schon fest gebunden und dadurch Parameterbindungen ausgeschlossen, bevor sie berechnet werden konnten. Nun aber sollen in jeder Klausel alle erreichbaren Parameterbelegungen berechnet werden. Im übergeordneten Goal muß dann entschieden werden, welche Belegung aus welcher Klausel für die weitere Berechnung übernommen werden soll. Besonders kritisch ist die Behandlung der Ausgangsvariablen, d.h. Parameter, die bei Beginn der Bearbeitung noch ungebunden sind. Für sie kann es in verschiedenen

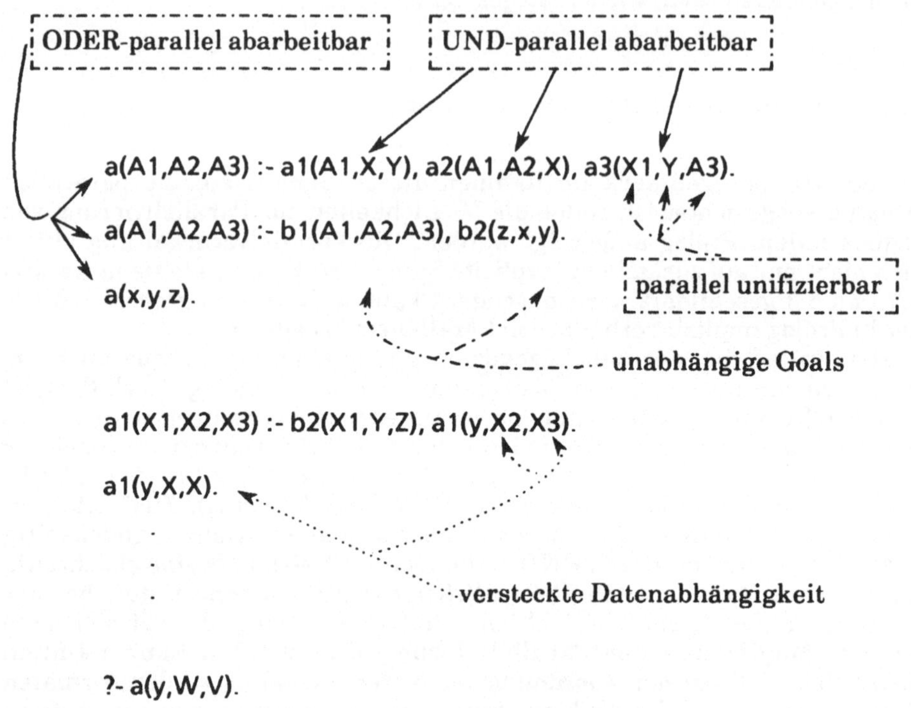

Beispiel 5.6. Parallelismen und Datenabhängigkeiten

Klauseln verschiedene Bindungen geben, wobei aber keineswegs sofort entscheidbar ist, welche die im Augenblick passende ist. Möglicherweise führen mehrere zu einer gültigen Lösung, wobei aber nur eine sofort verwendet werden kann, während die anderen zurückgestellt werden. Eine Bindung, die im Augenblick nicht gebraucht wird, muß für eine mögliche spätere Lösung noch weiter gespeichert bleiben.

UND-Parallelismus

Im sequentiellen Fall werden die Goals einer Klausel von links nach rechts abgearbeitet, nun sollen sie alle gleichzeitig bearbeitet werden. Das wirft das Problem der lokalen Parameter auf, die an die Subgoals übergeben werden sollen. Im sequentiellen Fall waren die Eingangsparameter alle gebunden und standen fest. Die Ausgangsparameter waren ungebunden. Da die Reihenfolge der Bearbeitung der Goals nicht festliegt, ist jetzt nicht mehr sichergestellt, daß Eingangsvariablen eines Goals tatsächlich schon gebunden sind. Falls aber Variablen, die als Eingänge verwendet werden, nicht gebunden sind, kann die Berechnung einer Lösung viel länger dauern als bei der sequentiellen Berechnung. Für diese Eingangsvariable muß dann nämlich auch noch eine Bindung gefunden werden, was zu einer bedeutenden Erweiterung des Lösungsraumes führen kann. Zusätzlich können verschiedene Goals für die selbe Variable verschiedene Bindungen erzeugen, was unweigerlich zu Mißerfolgen bei der Lösungsfindung führt. Deshalb muß vorher festgestellt werden, welche Goals bezüglich ihrer Parameter voneinander abhängen. Abhängigkeiten können in verschiedener Weise bestehen ([DeG84], [Tun86]):

- Eine Variable ist in einem Goal Ausgangsvariable und in einem anderen Goal Eingangsvariable. Dann sind diese beiden Goals nicht mehr unabhängig und können nur hintereinander ausgeführt werden.
- Hat ein Subgoal nur konstante Parameter (constant, list, structure), dann ist es mit Sicherheit unabhängig von den anderen Goals und kann gleichzeitig mit ihnen ausgeführt werden.
- Auch wenn in verschiedenen Goals die Variablennamen verschieden sind, können diese Goals abhängig voneinander sein. Variable mit unterschiedlichen Namen können unifiziert (identisch gemacht) worden sein und deshalb voneinander abhängen (Beispiel 5.6).
- Die Feststellung, ob bestimmte Variablen mit Konstanten, Listen oder Strukturen instantiiert werden können, ist für die Auswahl der geeigneten Klausel wesentlich und kann bei einer eventuellen Umordnung (s. 5.2.2.2) den Ausschlag geben.

Unifikations-Parallelismus

Der Parallelismus bei der Unifikation kann zusätzlich zu den beiden vorher erwähnten angewendet werden. Die parallele Bindung und Überprüfung der Parameter bei einem Goalaufruf ist unabhängig von der Anwendung der anderen Parallelismen. Wenn in verschiedenen Parameterausdrücken die gleichen Variablen auftreten, muß nach der Unifikation zusätzlich die Datenkonsistenz überprüft werden [Tun86]. Solche gleichen Variablen können je nach Reihenfolge der Bearbeitung verschiedene Belegungen erhalten. Voneinander abhängige Parameter müssen hintereinander ausgeführt werden, so daß zufällige und damit inkonsistente Variablenbindungen ausgeschlossen sind.

Stream-Parallelismus

Ein *Stream* in parallelem Prolog ist eine listenartige Struktur, die nicht zu einem bestimmten Zeitpunkt vollständig vorliegt, sondern die immer weiter aufgebaut wird, zur gleichen Zeit aber von vorne verwendet werden kann. Dieser Parallelismus kann auf jeden Fall zusätzlich zum ODER-Parallelismus angewendet werden, er ergänzt auch den UND-Parallelismus bei abhängigen Subgoals.

5.1.3 Untersuchungen über den Aufbau von Prologprogrammen

Aus der Beschäftigung mit der Sprache Prolog ergibt sich die Frage, wie eigentlich typische Prologprogramme beschaffen sind und welcher Parallelismus sich darausfolgend am nutzbringendsten einsetzen läßt. Für diesen Abschnitt wurden hauptsächlich die Untersuchungen von Onai (ICOT, [Ona86]) und aus dem ECRC ([Rat85], [Hai86a]) ausgewertet. Typische Prologprogramme für ernsthafte Anwendungen sind bis jetzt noch kaum öffentlich verfügbar, so daß man sich bei der Auswertung auf die vorhandenen stützen muß.

Einige Informationen, die später bei der Behandlung des parallelen Prologs wichtig sind, sollen hier aufgelistet werden. Dabei ist zu bedenken, daß für diese Aufstellung nur sequentielle Programme untersucht wurden, daß der Programmtext statisch analysiert wurde (d.h. nicht das Laufzeitverhalten wiedergibt) und daß die angegebenen Zahlen Durchschnittswerte aller untersuchten Programme darstellen.

- Inferenzprädikate:
  - Anzahl der Klauseln pro Prädikat
    2.7 ICOT
    2.1 ECRC
  - Anzahl der Subgoals pro Klausel
    3 ICOT
    2.3 ECRC
- Anzahl der Argumente bei Prädikaten
  3.2 ICOT
  2.5 ECRC
- Anzahl der Referenzen auf definierte Prädikate je Programm
  3 ICOT
  1.5 ECRC
- Aufrufe von Standardprädikaten pro Klausel
  1.4 ICOT
  bzw. Prozentsatz der Klauseln, die ein Standardprädikat enthalten
  53% ECRC
- Zahl der aufgerufenen Standardprädikate im Vergleich zur Zahl der aufgerufenen Prädikate insgesamt
  50% ICOT
  45% ECRC
- Cuts pro Klausel
  0.65 ICOT
  0.25 ECRC

Aus dieser Liste lassen sich einige Folgerungen ziehen:

- Aus den beiden ersten Angaben über Inferenzprädikate kann man schon erkennen, daß sich die Anwendung des Parallelismus lohnen müßte. Erst bei Werten nur knapp über 1 könnte man den Schluß ziehen, daß der Parallelismus keinen weiteren Gewinn mehr bringt. Darüber hinaus kann man feststellen, daß sowohl der UND-Parallelismus als auch der ODER-Parallelismus etwa den gleich großen Gewinn bringen, wenn sie voll angewendet werden können.
- Da es sich bei diesen Werten um statische Analysen handelt, kann auf den genauen Parallelitätsgrad bei UND- oder ODER-Parallelismus ("was bringt der jeweilige Parallelismus?") nicht rückgeschlossen werden. Dazu wäre zusätzlich noch eine dynamische Analyse notwendig (Laufzeitverhalten des Programms).
- Interessant ist der hohe Anteil von Standardprädikaten unter allen Prädikataufrufen, was eine Unterstützung dieser Standardprädikate durch System- oder Hardwaremaßnahmen nahelegt.

- Der große Unterschied bei der Zählung der Cuts in einer Klausel zwischen der japanischen und der europäischen Quelle ist verblüffend. Vielleicht ist das nur ein Anzeichen dafür, daß in Japan sehr viel mehr deterministisch (durch Eingriffe in die Ablaufsteuerung) programmiert wird als in Europa.

Trotz dieser Zahlen kann die Untersuchung noch nicht als repräsentativ betrachtet werden, weil dazu die Anzahl der untersuchten Programme einfach zu gering ist (in beiden Fällen ca. 30 Programme).

5.2 Vom ODER-Parallelismus beeinflußte Ansätze zur parallelen Abarbeitung von Prolog

5.2.1 Sprachmittel

In diesem Kapitel soll der Übergang von der sequentiellen zur parallelen Bearbeitung von Prologprogrammen begründet werden, und es soll dargestellt werden, welche Folgerungen sich für parallele Sprachen und parallele Rechnerarchitekturen daraus ergeben.

Mit der Einführung der Parallelverarbeitung bei Prolog wird hier - wie bei anderen Sprachen auch - das Ziel verfolgt die Verarbeitungsgeschwindigkeit zu erhöhen (*Speedup*). Wünschenswert wäre dabei natürlich eine Erhöhung auf das N-fache bei N Prozessoren (*linearer Speedup*). Realistisch kann man aber, bedingt durch zusätzlichen Aufwand für die Prozeßverwaltung, nur von einem geringeren als einem linearen Speedup ausgehen. Überraschenderweise lassen sich aber in der Literatur, z. B. [Bac87], auch Anwendungen finden, die im Gegenteil auf einen größeren Speedup hindeuten würden als N-fach. Erklären lassen sich solche Erscheinungen durch zusätzliche Änderungen in der Suchstrategie in Prolog. Sie deuten eher auf eine ungeschickte Programmierung im sequentiellen Fall hin als auf eine besonders gute im parallelen. Eine Suchstrategie, bei der zuerst in der Breite des Baums gesucht wird und dann erst in die Tiefe (*breadth first search*), ist für die Parallelverarbeitung günstiger, d.h. es kann überproportional schnell eine Lösung gefunden werden, im Vergleich zur normalen Suche im sequentiellen Prolog (*Depth First Search*).

Speziell bei logischen Programmiersprachen fördert der implizite Parallelismus die Parallelverarbeitung. Wie im vorigen Kapitel erwähnt, gibt es verschiedene Formen des Parallelismus, die jeweils unterschiedliche Anforderungen an zugrundeliegende Sprachmodelle und Architekturen zur Folge haben. Die Betrachtung der Parallelverarbeitung bei logischen Programmiersprachen ist wegen dieser verschiedenen Sprachmodelle in zwei Unterkapitel aufgeteilt, die die zwei "Welten" bei der parallelen Bearbeitung von Prolog repräsentieren sollen (vgl. Bild 5.1).

Ausgangspunkt für die parallele Spracherweiterung von Prolog soll eine möglichst unveränderte Übernahme der sequentiellen Syntax sein. Dabei ist

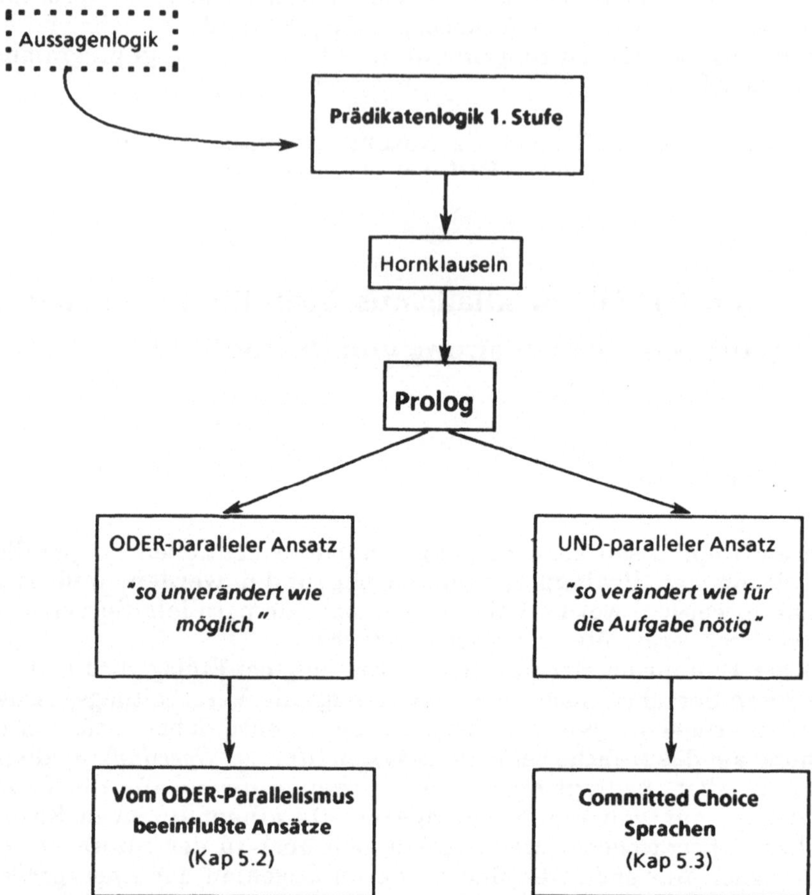

Bild 5.1. Stellung der zwei "Welten" in der logischen Programmierung

noch einmal festzuhalten, daß beim normalen Prolog nicht die Syntax sequentiell ist (sie entspricht ja im wesentlichen der Hornklausellogik), sondern die Semantik. Diese muß aber den parallelen Erfordernissen angepaßt werden. Sie entspricht dann wieder mehr der, die der Hornklausellogik zugrundeliegt, wo ja auch die Reihenfolge der Abarbeitung ohne Belang ist.

Wichtige Forderungen bei der Implementierung sind:

- Alle Lösungen eines Prädikats sollen auch bei paralleler Abarbeitung gefunden werden können.
- Solange der Verwaltungsaufwand nicht zu groß wird, und solange genügend Prozessoren vorhanden sind, sollen alle Prädikate und evt. auch Goals gleichzeitig ausgeführt werden.
- Sequentielle Programme sollen auf dem Parallelrechner genauso schnell ablaufen können wie auf einem sequentiellen Rechner, d. h. Verwaltungsaufwand soll möglichst nur bei der Parallelverarbeitung entstehen.

- Es sollen weiterhin wie bei sequentiellem Prolog Problemstellungen aus den Bereichen Sprachverarbeitung, regelbasierte Systeme und Probleme aus der Logik bearbeitet werden.

Wie im Kapitel 5.3 zu sehen sein wird, ist die Grundlage der "zweiten Welt" der Prolog-Parallelverarbeitung eher der UND-Parallelismus, in den dann ODER-parallele Konstrukte eingeführt werden.

Anmerkung

Die in diesem Kapitel zu erwähnenden Konzepte und Implementierungen sind keine erschöpfende Darstellung der parallelen Prolog-Maschinen mit ODER-parallelem Ansatz. In Stockholm werden außer dem Ansatz von Ali [Ali87] auch noch andere Konzepte (vgl. [Hau87]; *Versions Vector WAM*) verfolgt, dazu an der University of Manchester von D.H.D. Warren (vgl. [War87]; *SRI Modell*) und an den Argonne National Labs (vgl. [She87]; *ANL WAM*). Bei den dort bearbeiteten Modellen handelt es sich um ähnliche Ansätze wie PEPSys, wobei aber der UND-Parallelismus nicht verwendet wird. Durch zusätzliche Sprachmittel kann der ODER-Parallelismus eingeschränkt werden (bei der ANL WAM). Sonst beschäftigen sich diese Modelle hauptsächlich mit der Lösung von Problemen im Zusammenhang mit Mehrfachbindungen von Variablen beim ODER-Parallelismus (vgl. 5.1.2).

5.2.1.1 Sprachmittel für Parallelität

Ausgehend von der möglichst unveränderten Übernahme der Syntax von Prolog wurden zur Unterstützung der Parallelisierung weitere Sprachkonstrukte eingeführt, die vom Programmierer explizit angewendet werden können.

Ein Hilfsmittel, um die parallelen von den sequentiellen Abläufen zu trennen, ist die Einführung von Modulen [Rat87], [Est86]. Das Programm kann uneingeschränkt in parallele und sequentielle Module aufgeteilt werden, Klauseln desselben Prädikats müssen in einem Modul stehen. Dabei sind die jeweiligen Module durch ihren Namen als parallel (Extension .par) oder seriell (Extension .ser) gekennzeichnet. Die Module müssen zur Erzeugung eines lauffähigen Programms einen Übergabemechanismus enthalten, der bestimmte Prädikate für allgemein aufrufbar erklärt oder sie aus anderen Modulen holt (export- und import-Konstrukte).

Prädikate in seriellen Modulen erfüllen unter anderem Ein-/Ausgabeaufgaben und Verwaltungsaufgaben auf der obersten Ebene und müssen sequentiell abgearbeitet werden. Prädikate in parallelen Modulen können erst von einem seriellen Modul aus aufgerufen werden, und nur in parallelen Modulen können Klauseln parallel bearbeitet werden.

Diese Beschränkungen sind auf die Anwendung von Mode-Deklarationen für Prädikate und Variable zurückzuführen. Bei Variablen wird durch diese Deklarationen i.a. festgelegt, an welcher Position in der Parameterliste eines Prädikats Eingangs- und Ausgangsparameter stehen, z. B. '?' für Eingang und ohne Angabe für Ausgang (vgl. dazu [Est86] und Kapitel 5.3).

Mode-Deklarationen können aber auch Ausführungseigenschaften betreffen, wie es z.B. in [Rat87] der Fall ist. Dort wird ein 'properties'-

Modul m_1:

```
?- export p/2, q/1, r/1.
?- import_from(m3, s/2).
p(X,Y) :- . . .
q(X) :- . . ., s(X,X),. . .
r(X) :- . . .
```

Modul m_2:

```
?- export r/1.
?- import_from(m1, p/2).
?- import_from(m3, s/2).
q(X) :- . . ., p(X,X), . . .
r(X,Y) :- . . ., s(Y,Y), . . .
r(X) :- . . .
```

Modul m_3:

```
?- export s/2.
?- import_from(m1, [q/1, r/1]).
s(X,Y) :- . . ., q(X), r(Y), . . .
```

Beispiel 5.7. Modulkonzept (aus [Est86])

Prädikat in das Prologprogramm eingebaut, das Eigenschaften spezifizierter Prädikate festlegt (vgl. Beispiel 5.8). Festlegbar sind Anzahl der Lösungen (solutions(one bzw. all)), Umordnung der Klauseln erlaubt oder nicht (clauses(ordered bzw. unordered)) und serielle bzw. parallele Ausführung (execution(lazy bzw. eager)). Mit Hilfe dieser Prädikate kann die Semantik des parallelen Prolog für die Berechnung der Lösungen geändert werden. Zusammengefaßt gibt es vier Möglichkeiten:

- oneof irgendeine, aber nur eine Lösung wird berechnet (solutions(one), clauses(unordered))
- firstof die zeitlich erste Lösung wird geliefert (solutions(one), clauses (ordered))
- setof es wird die Liste von Lösungen für eine bestimmte Variable oder einen Term in Abhängigkeit von einem Goal geliefert. Dabei dürfen die Lösungen in der Liste nur jeweils einmal gespeichert werden.
- bagof ähnlich dem vorigen Prädikat, aber alle Lösungen werden in die Liste aufgenommen, auch wenn sie dort mehrfach vertreten sind.

Ein weiteres ablaufbestimmendes Element aus den Mode-Deklarationen ist das *wait-Prädikat*. Die Unifikation eines Goals mit dem zugrundeliegenden Prädikat wird solange aufgeschoben, bis die Variablen in der erwarteten Weise instantiiert worden sind.

```
-properties ( [  solutions(all),
                 clauses(ordered),
                 execution(eager)  ]
              ).
qsort (...) :- ...  .
```

Beispiel 5.8. Mögliche Properties zu einem Prädikat

Wie weiter oben erwähnt, ist UND-Parallelismus ohne Berechnung der Datenabhängigkeiten zwischen Ein- und Ausgangsparametern verschiedener Subgoals nicht möglich (vgl. auch [DeG84]. Diese Überprüfung kann entweder zur Übersetzungszeit (*statische Abhängigkeit*) oder zur Laufzeit (*dynamische Abhängigkeit*) des Programms durchgeführt werden.

Zur Übersetzungszeit kann man nur die statischen Datenabhängigkeiten berechnen, folglich kann man beim Programmlauf nur einen Teil des möglichen UND-Parallelismus ausnützen, weil für viele Parameter die Abhängigkeiten von anderen Variablen (im Suchbaum) erst zur Laufzeit festgestellt werden können. Alle Variablen, die nach der Überprüfung nicht eindeutig unabhängig sind, sind als abhängig zu betrachten, und die Goals, in denen sie vorkommen, müssen daher sequentiell ausgeführt werden.

Zur Laufzeit könnten zwar auch die dynamischen Datenabhängigkeiten in die Berechnung mit eingeschlossen werden, aber daraus ergibt sich dann Aufwand zusätzlich zur eigentlichen Bearbeitung des Programms. Der Programmablauf ist umso langsamer, je mehr Datenabhängigkeiten überprüft werden. Aus diesem Grund ist man beim ODER-parallelen Ansatz z.B. des ECRC (s. 5.2.4.3) zu dem Ergebnis gelangt, den UND-Parallelismus nur dann auszuwerten, wenn er vom Benutzer explizit durch Sprachkonstrukte angegeben wird, und die Konstrukte dann schon zur Übersetzungszeit in das Programm einzubauen. Dazu schlägt DeGroot [DeG84] eine Reihe von ablaufbestimmenden Termen vor:

- sequentiell ⇒ SEQ
- uneingeschränkt parallel ⇒ PAR
- parallel, falls der Term keine Variable ist (dann auch *ground* genannt), sonst sequentiell ⇒ GPAR
- parallel, falls angegebene Terme unabhängig voneinander sind (*independent*), sonst sequentiell ⇒ IPAR

Die Terme werden so notiert, daß sie jeweils die Prädikate bzw. Goals umfassen, für die sie gelten. Dieser vom Benutzer angegebene Parallelismus wird auch als eingeschränkter UND-Parallelismus (*restricted AND-parallelism*) bezeichnet.

Aber auch hier ist noch eine zusätzliche Berechnung von Datenabhängigkeiten notwendig. Durch eine weitere Einschränkung (in [Rat87]) wird die Feststellung der Datenbhängigkeiten immer mehr dem Benutzer auferlegt. Es wird als paralleles Konstrukt ein paralleler UND-Operator vorgeschlagen. Mit ihm soll der unabhängige UND-Parallelismus (*independent AND-parallelism*) unterstützt werden. Damit ist gemeint, daß der Programmierer explizit angibt, welche Ziele innerhalb einer Klausel gleichzeitig auswertbar sind. UND-Parallelismus wird also nicht durch Berechnungen der Datenabhängigkeiten zwischen verschiedenen Variablen erreicht, sondern einzig und allein durch explizites Setzen der parallelen UND-Operatoren durch den Programmierer (s. Beispiel 5.9).

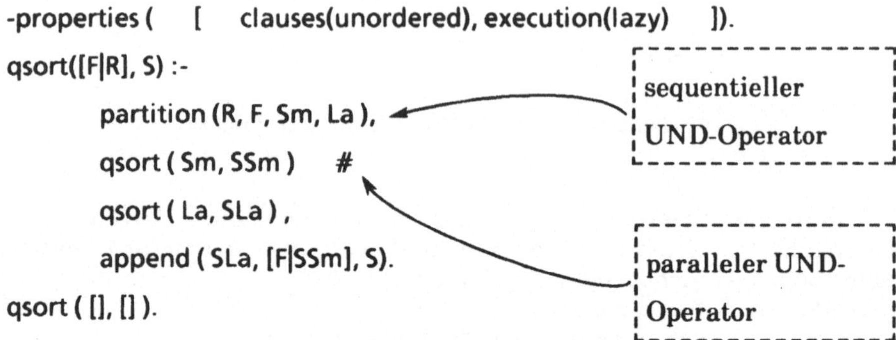

Beispiel 5.9. Beispiel für parallelen UND-Operator

5.2.1.2 Statische Befehlshäufigkeit

Über das Thema "Struktur von Prologprogrammen" wurde schon im Abschnitt 5.1.3 einiges gesagt. Hier soll vor allem auf parallele bzw. parallelisierbare Programme eingegangen werden. Problematisch ist dabei, daß es nur wenige Programme gibt, die auf Parallelität untersucht worden sind, und daß nur mit kleinen Beispielprogrammen getestet worden ist, weil die meisten Rechnerarchitekturen nur als Simulationsmodell existieren.

Erwünscht wären vor allem Programme, die schon in eine Zwischensprache übersetzt worden sind, weil eine Auswertung der verwendeten Maschinenbefehle eine genauere Aussage erlauben würde. Manche Compiler für sequentielles Prolog bieten diese Möglichkeit bereits (z.B. der ECRC-Prolog-Compiler [Est86]), die erzeugten Maschinenprogramme wurden aber noch nicht näher untersucht. Sonstige Compiler für paralleles Prolog sind im Augenblick noch nicht allgemein verfügbar bzw. zugänglich.

Trotzdem wurden z.B. bei ICOT [Ona86] Untersuchungen über den Parallelitätsgrad von Programmen durch dynamische Analyse vorgenommen. Genauere Aussagen liefert eine Untersuchung des ECRC [Rat86a], wo mit Hilfe eines PEPSys-Interpreters und eines PEPSys-Emulators parallele Prologprogramme analysiert wurden (s. Tab. 5.1).

In Japan war das Hauptaugenmerk auf die sequentielle Analyse der Programme gerichtet, es wurden nur zwei auf ihr dynamisches Verhalten untersucht. Es fällt auf, daß der durchschnittliche Parallelitätsgrad bei allen Programmversionen zwischen 3 und 8 liegt. Dabei bewegt sich der erreichbare Parallelitätsgrad bei Klauseln bei allen untersuchten Versionen bei 3, während der UND-Parallelismus mit einem Faktor 1.3 bis 3.6 zu Buche schlägt. Bei den Standardprädikaten läßt sich gegenüber der statischen Analyse eine Veränderung des Schwerpunktes zur Anwendung von arithmetischen Prädikaten erkennen, während der Anteil der Ein-/Ausgabe abnimmt. Dagegen bleibt der Gesamtanteil der Standardprädikate an allen Goalaufrufen im Vergleich zur statischen Analyse weitgehend gleich und bewegt sich zwischen 21% und 77%.

Bei der Untersuchung des ECRC wurden wichtige grundsätzliche Eigenschaften für die Implementierung von PEPSys analysiert, vor allem Prozeßgröße, Anzahl der gleichzeitig rechnenden Prozesse und erreichbarer Speedup-Faktor. Zur Verringerung der Komplexität des Emulators wurden einige Vereinfachungen vorgenommen wie: unbegrenzte Anzahl von Prozessoren und kein Overhead bei der Aufteilung und Wiederzusammenführung von Prozessen. Deswegen geben die errechneten Zahlen eher ein oberes Limit für die Implementierung von PEPSys an als ein realistisches, erreichbares Ergebnis. Als Eingabe in den Emulator wurden Programme verwendet, die inzwischen schon als Standard-Benchmark-Programme bezeichnet werden können, wie Quicksort, n-Damen-Problem, Matrixmultiplikation und Wegesuche. Ergebnisse dieser Analyse sind in Tabelle 5.1 zusammengestellt.

Tabelle 5.1. Analyseergebnisse für kleine Anwendungsprogramme aus [Rat86a]

Programmname	Durchschnittliche Ausführungszeit pro Prozeß (Zahl der Goals)	max. Anzahl paralleler Prozesse	Speedup-Faktor für Parallelität
quicksort	6.5	7	1.8
4-Damen	6.9	40	17
10x10 Matrix	17.7	101	36
8x8 Matrix	14.2	65	24
Wegesuche	19.0	28	8

Als wesentliche Eigenschaften eines gut parallelisierbaren Problems kann man festhalten:

- Ein Prozeß sollte einen Prozessor genügend lange auslasten (Umfang mindestens etwa 10 Subgoals).
- Die Anzahl der parallel ausführbaren Prozesse sollte möglichst groß sein (problematisch bei begrenzter Anzahl von Prozessoren).
- Die Benutzerprozesse sollten möglichst von gleicher Größe sein. Es ist ungünstig, wenn ein Prozeß einen hohen Anteil an der gesamten Berechnungszeit hat.

Eine weitere Untersuchung hatte die Unterschiede zwischen einer Berechnung mit vollem ODER-Parallelismus ohne UND-Parallelismus, und einer mit vollem ODER-Parallelismus und eingeschränktem UND-Parallelismus. Der Speedup-Faktor der zweiten Methode ist um 25% höher als der der ersten (115 gegenüber 92), während die Anzahl der bearbeiteten Goals vom sequentiellen Fall zur ersten Lösung um 6% und zur zweiten Lösung um 40% steigt (zusätzlicher Code bei UND-Parallelismus).

5.2.2 Parallelitätseigenschaften

In diesem Abschnitt werden die Parallelitätseigenschaften des ODER-parallelen Ansatzes zusammengestellt. Dabei sollen die implizite und explizite Parallelisierung besonders betrachtet werden. Aus diesen Vorgaben sollen dann Folgerungen für die Granularität der erzeugten Prozesse gezogen werden.

5.2.2.1 Impliziter Parallelismus

Für die Verwendung des impliziten Parallelismus bei ODER-parallelem Prolog kommen die Möglichkeiten in Frage, die schon im Abschnitt 5.1.2 erwähnt wurden. Bei parallelem Prolog bringt jedes dieser Konzepte spezielle günstige und nachteilige Eigenschaften mit sich, die im weiteren Verlauf dieses Kapitels noch von Bedeutung sein werden.
Im einzelnen kann man folgende Konzepte verwenden:
- ODER-Parallelismus: alle Klauseln eines Prädikats werden parallel abgearbeitet.
- UND-Parallelismus: alle Goals einer Klausel werden parallel abgearbeitet.
- Stream-Parallelismus: Ein- und Ausgabeströme werden pipelineartig abgearbeitet.
- Unifikations-Parallelismus: Unifikation von aktuellen und formalen Parametern eines Goal/Prädikat-Aufrufs wird parallel durchgeführt.

Im weiteren werden hauptsächlich der UND- und der ODER-Parallelismus verwendet, Unifikations- und Stream-Parallelismus spielen in konkreten, vom ODER-Parallelismus beeinflußten Modellen noch keine Rolle.

ODER-Parallelismus

Für die Anwendung des ODER-Parallelimus gibt es im Prinzip mehrere Möglichkeiten (vgl. [Rat86b]):
- den *Datenbank-ODER-Parallelismus*, bei dem Zugriffe auf Fakten in der Datenbank parallel abgearbeitet werden können. Alle anderen Prädikate, insbesondere mit Regeln, werden sequentiell abgearbeitet.
- den *Guard-ODER-Parallelismus*, wie er hauptsächlich bei den Committed Choice-Sprachen (vgl. 5.3) verwendet wird. Dort wird jeweils das erste Goal einer Klausel (der *Guard* oder *Wächter*) ODER-parallel ausgewertet und danach eine Klausel ausgewählt, die weiterverarbeitet werden soll.
- der *volle* oder *wirkliche ODER-Parallelismus*, von dem hier im weiteren die Rede sein soll.

Die Besonderheit beim vollen ODER-Parallelismus ist die Tatsache, daß er grundsätzlich ohne explizite Sprachkonstrukte auskommt, d.h. es wird vorausgesetzt, daß die Klauseln eines Prädikats parallel abgearbeitet werden können.

Den Vorteil der impliziten Verwendung muß man aber mit einigem zusätzlichem Verwaltungsaufwand bezahlen. ODER-parallele Prozesse können zwar nach ihrem Start und der Parameterversorgung ohne weitere Kommunikation weiterarbeiten, problematisch wird es dann am Ende, wenn die Ergebnisse zurückgegeben werden sollen. Jede parallele Klausel berechnet Belegungen für die Ausgangsparameter. In Prolog ist es nun aber so, daß nicht nur eine dieser Parameterbelegungen richtig ist und zu einer Lösung führt. Um alle Lösungen zu bekommen, kann es nötig sein, mit verschiedenen Parameterbelegungen für ein Prädikat weiterzuarbeiten. Die Belegungen, die parallel bearbeitete Klauseln gefunden haben, müssen also für die spätere Berechnung einer neuen Lösung bereitgehalten werden.

Vorteilhaft ist, daß eine Neuberechnung einer alternativen Klausel beim vollen ODER-Parallelismus in keinem Fall mehr nötig ist, weil alle Belegungsmöglichkeiten schon zur Verfügung stehen. Das aus Prolog bekannte Verfahren des Backtracking zum Erzeugen verschiedener Lösungen ist hier auf das Abholen einer anderen Parameterbelegung aus einer alternativen Klausel reduziert.

Bei den konkreten Modellen für eine ODER-parallele Implementierung muß noch eine weitere Einschränkung in Kauf genommen werden. Die Anzahl der parallelen Prozesse ist in den meisten Fällen durch die Anzahl der Prozessoren beschränkt (vgl. 5.2.4.3 für eine genauere Darstellung der untersuchten Konzepte und [Soh85], [Wes87], [Ali87]). Für den ODER-Parallelismus bedeutet das, daß manche Klauseln doch wieder sequentiell nacheinander abgearbeitet werden müssen. Daraus folgt auch notwendigerweise der Einsatz des Backtracking in diesen sequentiellen Fällen. Für diese Mischform aus sequentieller und paralleler Arbeit muß eine Lösung gefunden werden. Diese kann entweder so aussehen, daß alle ODER-Knoten als potentiell parallel erzeugt werden und dann im konkreten Fall auch einmal sequentiell abgearbeitet werden (PEPSys [Hai86b], [Wes87]), oder die parallele Bereitstellung geschieht außerhalb des Einzelprozessors in einem Managerprozessor. Im Einzelprozessor laufen die Programmteile sequentiell ab (Kabu Wake [Soh85], Multi-sequentielle Prolog-Maschine [Ali87]).

Unabhängig von der Anzahl der Prozessoren ist nur der Ansatz von Haridi [Har83], wo alle Klauseln als Prozeßtoken erzeugt werden, aber die nicht sofort bearbeitbaren in einem Tokenpool zwischengespeichert werden und dort auf ihre Berechnung warten.

UND-Parallelismus

Bei den betrachteten Konzepten wird der UND-Parallelimus nur in sehr eingeschränktem Maße verwendet, vgl. dazu [Rat87], [Har83] oder [Soh85]. Daraus ergibt sich, daß nur zusammen mit expliziten Konstrukten UND-Parallelimus überhaupt möglich ist. Sonst wird immer angenommen, daß Goals innerhalb einer Klausel sequentiell ausgeführt werden.

Eine implizite Methode zur Parallelisierung innerhalb einer Klausel ist der induzierte UND-Parallelismus (*induced AND-parallelism*) [Rat86b]. Die Goals innerhalb einer Klausel werden im Prinzip sequentiell abgearbeitet. Das erste Goal rechnet und liefert Bindungen für seine Ausgangsparameter, mit denen das zweite und die weiteren Goals weiterrechnen. In der Zwischenzeit berechnet das erste Goal alternative Bindungen für die Ausgangsvariablen und gibt sie genauso an das zweite und die weiteren

Goals. So ergibt sich nach und nach eine pipelineartige Struktur für die Erzeugung der verschiedenen Lösungen, wobei aber jedes Goal nur einen Satz von Bindungen gleichzeitig bearbeitet.

Der volle uneingeschränkte UND-Parallelismus wird in keinem der untersuchten Modellen verwendet, weil er folgende Nachteile mit sich bringen würde:

- Wie schon erwähnt (5.1.3), müssen UND-parallele Goals unabhängig voneinander bearbeitbar sein. Dazu ist einiger Aufwand zur Übersetzungszeit und eventuell zur Laufzeit nötig. Nähere Erläuterungen findet man in 5.2.1 und in Beispiel 5.6.
- Die gelieferten Parameterbindungen für ungebundene Variablen müssen auf Konsistenz innerhalb der gesamten Klausel untersucht werden. Nur solche konsistenten Lösungen, die für alle Goals der Klausel Lösungen sein können, dürfen weiterverwendet werden. Wie später genauer beschrieben, bringt das einigen Kommunikationsaufwand mit sich.

Darüberhinaus kann man noch versuchen, innerhalb einer Klausel eine günstigere Anordnung der Goals durch Umordnung zu erreichen (*Goal Reordering*). Generell ist es ungünstig, Goals mit überwiegend noch nicht instantiierten Variablen an den Anfang der Goalliste zu setzen, weil dann zuerst alle Bindungen für dieses Goal geliefert werden, und eine Einschränkung der Lösungsmenge erst in den nachfolgenden Goals geschieht. Besser ist, Goals vorzuziehen, in denen die meisten Variablen schon instantiiert sind, weil dann weniger Bindungen erzeugt werden, die in den anderen Goals schneller überprüft werden können.

grandparent(X,Y) :- parent(X,Z), parent(Z,Y).

mit:

?- grandparent(X,peter).

Hier werden zuerst alle Großeltern-/Eltern-Paare gebildet, bevor festgestellt wird, wer die Eltern von peter sind. Besser Umordnung:

grandparent(X,Y) :- parent (Z,Y), parent(X,Z).

Natürlich ist bei der Anfrage:

?- grandparent(Bob,Y).

die erste Form günstiger.

Beispiel 5.10. Umordnung der Goals zur schnelleren Abarbeitung

Wie aus dem Beispiel 5.10 ersichtlich, hängt die jeweilige günstigste Anordnung der Goals wesentlich von der Parameterbelegung beim Aufruf ab und erfordert deshalb die Feststellung von Datenabhängigkeiten. Diese Umordnung kann unabhängig vom Programmierer durch einen Algorithmus erreicht werden, so daß dieses Verfahren zum impliziten Parallelismus gerechnet werden kann.

Stream-Parallelismus

Dieser Parallelismus ist ziemlich eng gekoppelt mit dem UND-Parallelismus. Wenn dieser nicht verwendet wird, wie das bei den erwähnten Ansätzen der Fall ist, ist auch die Verwendung von Streams nicht möglich.

Unifikations-Parallelismus

Die parallele Unifikation ist prinzipiell immer (vgl. Kap. 5.1.2), und dann auch stets implizit möglich. Sie ist deswegen bei den hier betrachteten Konzepten denkbar, aber noch in keiner der bisher vorliegenden Realisierungen verwirklicht.

5.2.2.2 Expliziter Parallelismus

Hier kann auf den Abschnitt 5.1.2 verwiesen werden, weil die dort geschilderten Sprachmittel die Konstrukte für den expliziten Parallelismus bilden. Parallelismus zusätzlich zum impliziten kann bei den ODER-parallelen Ansätzen nur durch die Verwendung des parallelen UND-Operators gewonnen werden, alle anderen Konstrukte schränken den ODER-Parallelismus ein (z.B. serielle Module oder das execution(lazy)-Property). Damit versucht man, den ODER Parallelismus auch für sequentielle Aufgaben wie die Ein-/Ausgabe brauchbar zu machen.

Mit der expliziten Angabe des UND-Operators erreicht man den *eingeschränkten UND-Parallelismus*. Mit diesem verzichtet man zwar auf den Großteil der theoretischen Parallelisierung, gewinnt dabei aber die Zeit für die Berechnung der Datenabhängigkeiten. Die Kontrolle über die Datenabhängigkeiten wird so auf den Benutzer abgewälzt. Was auch in diesem Fall zu tun bleibt, ist die Sicherstellung der Konsistenz der parallel berechneten Parameterbindungen. Dazu soll aber in einem späteren Abschnitt noch genauer Stellung genommen werden.

5.2.2.3 Granularität

Die Granularität wird bestimmt durch die Größe der Teilaufgabe, die ein Prozeß im Vergleich zur gesamten Aufgabe bearbeitet. Sie hat Auswirkungen auf die gesamte Rechenzeit, weil der Verwaltungsaufwand zur Prozeßsteuerung umso größer ist, je kleiner die in einem Prozeß zu bearbeitende Aufgabe ist. Anders gesagt, je größer die Anzahl der Prozesse für eine Aufgabe ist, desto höher ist i.a. auch der Verwaltungsaufwand zur Prozeßsteuerung. Diese wird im Abschnitt 5.2.4 genauer dargestellt. Hier soll nur die Größe der Prozesse bzw. die Gesamtzahl der Prozesse für eine Aufgabe untersucht werden.

Bei den verschiedenen Modellen zum ODER-parallelen Ansatz läßt sich die Prozeßgröße leicht feststellen. Die kleinste Einheit bei der Verwendung des ODER-Parallelismus ist eine Klausel. Bei den meisten Konzepten werden i.a. die Prozesse aber eine größere Teilaufgabe umfassen als eine Klausel. Wegen der beschränkten Anzahl von Prozessoren müssen, wie in 5.2.2.1 erwähnt, größere Teilbäume gebildet werden. Nur beim Konzept von

Haridi und Ciepielewski (OR-parallel token machine, [Har83]) entspricht ein Prozeß immer einer Klausel. Bei der zusätzlichen Verwendung des UND-Parallelismus können auch weniger umfangreiche Konstrukte als Klauseln einen Prozeß bilden. Dadurch ergibt sich eine größere Schwankungsbreite für die Prozeßgröße.

Üblicherweise unterteilt man Systeme im Bezug auf die Granularität in *feinkörnige* bzw. *grobkörnige*. Solche Aussagen müssen aber immer in Beziehung gesetzt werden zur Größe des Gesamtprogramms. Die Granularität der hier besprochenen Ansätze ist eher feinkörnig, aber gröber als bei den in Kapitel 5.3 betrachteten Konzepten. Trotz der impliziten Parallelisierungsmöglichkeiten hängt die Prozeßgröße auch vom Programmierstil des einzelnen Benutzers ab, der "lange" Klauseln mit vielen Subgoals programmieren kann.

5.2.3 Kommunikation und Synchronisation

In diesem Abschnitt soll nun tiefer in die Prozeßstruktur von ODER-parallelen Konzepten eingedrungen werden. Es soll festgestellt werden, in welchem Maße zwischen Prozessen Nachrichten und Botschaften ausgetauscht werden und weiterhin, welche Maßnahmen zur Synchronisation dabei vorgesehen werden müssen. Zur Erhöhung der Effizienz eines Systems muß darauf geachtet werden, Verwaltungsaufgaben so gering wie möglich zu halten. Aus diesem Grund ist unter anderem die Verringerung der Kommunikation wesentlich.

5.2.3.1 Kommunikation

Wie schon erwähnt, bietet der ODER-Parallelismus hinsichtlich der Aufteilung in Prozesse gewisse Vorteile. Jeder Prozeß kann unabhängig von anderen arbeiten, wenn er zu Beginn mit Argumenten versorgt wird. Am Ende ist er dann darauf angewiesen, seine Ergebnisse an den aufrufenden Prozeß zurückzuliefern. Außer mit Argumenten muß der Prozeß auch noch mit dem Programmcode versorgt werden. Am einfachsten geht das dadurch, daß der gesamte Programmcode in jedem Prozessor lokal zur Verfügung steht, und zur Laufzeit nur ein Zeiger auf den Beginn des relevanten, zu bearbeitenden Code übergeben wird. Die andere Möglichkeit, den gesamten Teilbaum von einem Prozeß an den anderen weiterzugeben, würde eine umfangreiche Kommunikation erfordern.

Kommunikation während der Laufzeit eines Prozesses tritt nur im Fall der Argumentbehandlung ein. Im allgemeinen gibt es für die Weitergabe der Variablenbindungen zwei Möglichkeiten:

- An der Argumentposition wird ein Zeiger auf die Stelle übergeben, wo der Term tatsächlich steht (*parameter sharing*). Der eigentliche Term braucht so nur einmal abgespeichert werden.
- Als Argument wird der gesamte Term übergeben und im Sohnprozeß noch einmal extra gespeichert (*parameter copying*).

Beim ersten Fall ist eventuell während der Laufzeit Kommunikation in Form einer Anfrage über den Bindungszustand einer Variablen nötig. Freie

Variablen dürfen nicht ohne weiteres gebunden werden. Der schreibende Zugriff darauf muß vom Vaterprozeß gesteuert werden. Beim Konzept PEPSys [Hai86b], [Wes87] wurde deswegen eine Mischform zwischen der ersten und der zweiten Möglichkeit implementiert. Ein schreibender Zugriff auf eine freie Variable an Argumentposition (Ausgangsparameter) wird durch eine lokale Speicherung der Bindung abgefangen und erst am Ende des Prozesses dem Aufrufer zurückgemeldet.

Der Nachteil der zweiten Lösung ist der größere Speicherplatzbedarf für die doppelte Speicherung der Argumente und der größere Umfang der Daten, die durch die Kommunikation übergeben werden müssen. Auf die Überwachung der Bindungen für nicht-lokale Variablen muß aber auch hier geachtet werden. Vorteilhaft ist, daß zur Kontrolle des Bindungszustandes keine Kommunikation nötig ist.

Beim Modell der *OR-parallel token machine* [Har83] können mehr Prozesse erzeugt werden als sofort auf freien Prozessoren ablaufen können. Im Augenblick rechnende Prozesse können solche Prozeßtoken erzeugen, die dann auf einem Prozeßpool zwischengespeichert werden müssen. Diese arbeitenden Prozesse kommunizieren also während ihrer Laufzeit mit diesem globalen Tokenpool.

Wesentlich mehr Kommunikation ergibt sich durch die Verwendung des UND-Parallelismus. Die berechneten Parameterbindungen von parallelen Subgoals müssen durch einen zusätzlichen Prozeß konsistent innerhalb der Klausel gemacht werden. Dieser Prozeß soll aber nicht erst dann mit der Aufgabe beginnen, wenn alle parallelen Subgoals ihre "Lösungen" geliefert haben. Das wäre ein großer Zeitaufwand auf einmal und verlangt außerdem, daß sämtliche möglichen Parameterbindungen zusätzlich noch zwischengespeichert werden müssen. Deshalb liefert jedes parallele Subgoal fertige Parameterbelegungen ab und kann dann mit der Berechnung weiterer möglicher Bindungen fortfahren. Währenddessen werden die bis dahin vorhandenen Lösungen aller parallelen Subgoals im zusammenführenden Prozeß verglichen und inkonsistente Bindungen gleich eliminiert. Dadurch ist bei jedem neuen Satz von Lösungen Kommunikation mit dem Prozeß nötig, der dieses sogenannte "Kreuzprodukt" (*crossproduct*) herstellt (PEPSys [Hai86b], [Wes87]).

5.2.3.2 Synchronisation

Bei den hier behandelten Konzepten kann man zwei Ebenen der Synchronisation unterscheiden. Einerseits müssen auf Grund von Programmabhängigkeiten Benutzerprozesse miteinander synchronisiert werden. Auf einer tieferen Laufzeitebene existieren aber auch Systemprozesse, deren Zusammenarbeit mit Benutzerprozessen synchronisiert werden muß. An dieser Stelle soll nur von der Synchronisation der Benutzerprozesse untereinander gesprochen werden.

Die wesentlichen Zeitpunkte für eine Synchronisation von verschiedenen Prozessen, hier normalerweise "Vater" und "Sohn", liegen am Start des Sohnprozesses und bei seiner Terminierung. Der Start eines Prozesses wird in allen Modellen von einem Vaterprozeß angestoßen und hängt dann noch vom Vorhandensein eines freien Prozessors ab, weil immer nur ein einziger Benutzerprozeß auf einem Prozessor läuft. Ein freier Prozessor ist dadurch gekennzeichnet, daß im Augenblick kein Benutzerprozeß auf ihm im Zustand "rechnend" ist. Beide Prozesse werden zur Übergabe von Parameterbindungen miteinander synchronisiert, was durch eine Unterbrechung des Vaters an einer definierten Stelle erreicht wird. Diese Unterbrechung wird entweder von einem freien Prozessor (bei Kabu Wake, PEPSys) oder von einem Managerprozeß (beim Konzept der multisequentiellen Prolog-Maschine [Ali87]) angestoßen.

Beim Modell von Haridi und Ciepielewski ist keine Synchronisation zwischen Prozessen notwendig, der neue Prozeß wird mit seinen Bindungen vom Tokenpool, also einem Speicherbereich geholt.

Die Synchronisation bei der Terminierung eines Sohnprozesses hat Wartezyklen entweder beim Sohn oder beim Vater zur Folge, bis beide bereit sind zu kommunizieren. Der Sohn muß dann warten, wenn der Vater noch rechnet und noch nicht an der Stelle angelangt ist, an der er die berechneten Parameterbindungen übernehmen kann. Der Vater muß demgegenüber genau dann auf die Rücklieferung von Lösungen warten, wenn zur Weiterberechnung seiner Subgoals diese Parameterbindungen gebraucht werden.

5.2.4 Parallelitätsbedingte Verwaltungsaufgaben

Im letzten Abschnitt konnte man schon sehen, wie durch Prozesse zusätzliche Steuerungsaufgaben notwendig werden. Zusätzlich sollen jetzt auch noch Verwaltungsaufgaben behandelt werden, die Prozessoren und Speicher betreffen. Damit ist der weitere Weg in Richtung Implementierung und Architektur vorgezeichnet, wie er dann in den abschließenden Abschnitten behandelt wird.

5.2.4.1 Prozeßverwaltung

Zwei Aspekte der Verwaltung von Prozessen werden hier untersucht. Haupsächlich wird die Rede vom Aufwand zur Prozeßgenerierung und Prozeßterminierung sein. Der Zusammenhang zwischen Prozessen und Prozessoren soll hier schon angesprochen werden.

Einige Eigenschaften zur Prozeßverwaltung sind allen Konzepten gemeinsam:

- Auf einem Prozessor wird immer nur ein Benutzerprozeß zur gleichen Zeit bearbeitet. Das bringt eine bedeutende Vereinfachung der Verwaltungstätigkeiten mit sich, weil Prozesse zum Prozeßwechsel nicht unterbrochen werden müssen, was z.B. ein Umladen der Register und Zwischenspeichern des aktuellen Prozeßzustandes unnötig macht. Später bei der Implementierung wird sich dann zeigen, daß dieses Prinzip nicht uneingeschränkt gilt, zumindest aber soll ein rechnender Prozeß nur in wenigen Ausnahmefällen unterbrochen werden.
- Die Strategie bei der Prozeßgenerierung läßt sich außer beim Konzept von Haridi und Ciepielewski [Har83] so zusammenfassen, daß Prozesse nur dann generiert werden, wenn ein freier Prozessor zur Verfügung steht. Der Vorteil ist, daß solche Prozesse dann sofort aktiv werden können. Bei

der *OR-parallel token machine* muß der Prozeß vollständig im Prozeßpool angelegt werden und wird erst dann von einem freien Prozessor zur Berechnung abgeholt.

- Prozeßzustände:
  - rechnend: Ein Prozeß bleibt solange rechnend, wie er mit den Informationen, die ihm direkt zur Verfügung stehen, weiterarbeiten kann. Informationen von außen, die der Prozeß benötigt, könnten sein: Parameterbindungen von Sohnprozessen oder Meldungen über den Bindungszustand von Variablen des Vaterprozesses.
  - wartend bzw. suspendiert: Informationen von außen sind normalerweise nicht sofort verfügbar. Entweder kann ein Prozeß dann warten, bis diese Ergebnisse anstehen, oder er kann verdrängt (suspendiert) werden. Diese Vorgehensweise ist implementierungsabhängig. Genauso kann mit Vaterprozessen verfahren werden, die auf Ergebnisse von Söhnen warten müssen und sonst nicht mehr weiterrechnen können.
  - beendet: Die Berechnung ist abgeschlossen, alle Ergebnisse (Parameterbindungen) sind zurückgeliefert.
  - nicht rechnend: Diesen Zustand gibt es nur bei Prozeßtoken der *OR-parallel token machine* [Har83]. Ein Prozeß befindet sich in diesem Zustand, wenn er als Prozeßtoken im Pool abgelegt ist und noch keinen freien Prozessor gefunden hat. Man kann sagen, daß er sich dann in seiner Initialisierungsphase befindet.
- Prozeßgenerierung: Wenn ein Prozeß generiert wird, bedeutet das in allen Fällen - außer der *OR-parallel token machine* - gleichzeitig auch den Start des Prozesses. Von einem Vaterprozeß müssen bereitgestellt werden:
  - Adresse, an der der Programmcode beginnt,
  - Parameter, wobei Eingangsparameter gebunden sind, während bei Ausgangsparametern der Zeiger auf die Speicherungsstelle mitgeliefert wird,
  - lokale Speicherbereiche, die initialisiert sind (z.B. lokaler Stack),
  - richtig belegte Register.
- Prozeßterminierung: Wenn alle Ergebnisse zurückgeliefert sind, wird der lokale Speicherbereich freigegeben und der Prozessor selbst auf frei gesetzt. Danach muß sich der Prozessor je nach Modell entweder selbst um Arbeit kümmern, oder ihm wird Arbeit zugewiesen.

5.2.4.2 Speicherverwaltung

Im nächsten Schritt in Richtung auf die Implementierung des ODER-parallelen Ansatzes wird nun die Speicherstruktur und -verwaltung beschrieben. Dabei beschränkt man sich zunächst auf logische Strukturmerkmale.

Zur logischen Struktur gehört auch, ob Speicherbereiche eher lokal oder eher global verwendet werden. Diese Festlegung wird hier von der logischen Seite, nicht von der Hardware-Realisierung her betrachtet.

Lokale Speicherbereiche können solche sein, in denen Variablen gespeichert sind, die nur innerhalb einer Klausel gebraucht werden, oder auch solche, wo sich die innerhalb einer Klausel verwendeten Speicherabschnitte leicht von fremden Abschnitten abgrenzen lassen. Wichtig ist, daß andere Prozesse auf diese lokalen Bereiche keinen Zugriff haben dürfen.

Das würde nämlich eine Verletzung des Prinzips der Ununterbrechbarkeit von rechnenden Prozessen bedeuten, weil der lokale Prozessor diese fremden Zugriffe verwalten müßte.

Globale Speicherbereiche werden für Datenstrukturen gebraucht, die von mehreren Prozessen aus zugreifbar sein müssen, z.B. gemeinsame Variable oder Strukturen. Problematisch ist die Verwaltung der Zugriffsberechtigungen. Ein solcher globaler Bereich ist keinem Prozeß fest zugeordnet, der ihn verwaltet. Daher ist eine Synchronisation exklusiver Zugriffe notwendig. Falls solche Bereiche verwendet werden, müssen Lösungen in den konkreten Implementierungen gefunden werden.

Den gesamten Speicher kann man logisch in verschiedene Bereiche trennen und durch spezielle Register adressieren. So läßt sich eine Einteilung des Speichers aufgrund verschiedener Zugriffsweisen finden, z.B. für lokale und permanente Variablen, für Strukturen und den Programmcode.

Eine Aufgabe, die in geschilderten Konzepten für den ODER-parallelen Ansatz genauso unterstützt werden muß wie in sequentiellem Prolog, ist das Backtracking. In einem lokalen Speicherbereich werden die neuen Variablenbindungen mitgeschrieben und so ein Rückgängigmachen dieser Bindungen erleichtert.

Teilweise werden für die Verwaltung globaler Speicherbereiche zentrale Kontrollinstanzen eingeführt, z.B. durch das Modell von Ali [Ali87] und durch die *OR-parallel token machine* [Cie84]. Im ersten Modell gibt es einen Managerprozessor, der alle globalen Aktivitäten - auch alle parallelen - koordiniert und für die Einzelprozessoren vorbereitet. Einen globalen Speicher gibt es bei diesem Modell nicht, der Managerprozessor ist dafür zuständig, dynamische Informationen von einem lokalen Speicher auf den nächsten zu übertragen. Im zweiten Fall muß ein zentraler System-Prozeß den Tokenpool verwalten, der global angelegt ist, weil alle darauf zugreifen müssen.

5.2.4.3 Verschiedene Modelle der ODER-parallelen Verarbeitung

5.2.4.3.1 Kabu Wake

Bei diesem Konzept handelt es sich um eine Forschungsarbeit in den Fujitsu-Laboratorien in Kawasaki, die außerhalb Japans zum ersten Mal durch [Soh85] bekanntgeworden ist. Die Entwicklungsarbeiten sind weit fortgeschritten, die Hardwarekonfiguration steht fest (vgl. Bild 5.10), und die ersten Benchmarks wurden veröffentlicht ([Kum86]). Bei diesem Konzept werden die Prozesse nach folgender Methode erzeugt:

1. Der erste Prozessor erhält die gesamte Aufgabe (das Ziel) und bearbeitet sie sequentiell.
2. Ein freier Prozessor sendet eine Anforderung nach Arbeit an (den) einen arbeitenden Prozessor.
3. Der arbeitende Prozessor geht *zurück* zum letzten ODER-Knoten (zur ältesten noch nicht bearbeiteten alternativen Klausel) und schickt an den freien Prozessor die alternative Klausel zur weiteren Bearbeitung.
4. Wenn jetzt noch freie Prozessoren im System sind, weiter bei 2.

5. Wenn alle Prozessoren mit Aufgaben versorgt sind, arbeiten sie ihren Teilbaum sequentiell ab und verwenden dabei auch das übliche Backtracking.

Aus dieser Vorgehensweise ergeben sich interessante Eigenschaften:

- Grundlage der Arbeit ist der sequentielle Ablauf. Parallelisiert wird nur dann, wenn ein Prozessor frei ist ([Kum86]).
- Die Abarbeitung des Suchbaums erfolgt weiterhin nach dem depth first search-Algorithmus wie im sequentiellen Fall.
- Nur der ODER-Parallelismus wird verwendet. Aus diesem Grund werden auch keine zusätzlichen expliziten Sprachkonstrukte gebraucht.

Nach Ansicht der Entwickler dieses Systems gibt es einige vorteilhafte Aspekte, die vor allem bei der Prozeßverwaltung zum Tragen kommen [Mas86]:

- Kommunikation zwischen Prozessen (und damit auch Prozessoren) geschieht nur dann, wenn ein freier Prozessor einem aktiven Prozessor eine Anforderung schickt und von diesem dann eine Klausel zum Bearbeiten bekommt. Zurückgeliefert werden Variablenbindungen.
- Auf einem einzelnen Prozessor brauchen Prozesse nicht eigens verwaltet werden, da zu jedem Zeitpunkt auf einem Prozessor immer nur ein Prozeß aktiv ist.
- Auf Grund der Anforderungsstrategie werden Klauseln gezielt nur an freie Prozessoren weitergegeben. Dadurch erspart man sich zusätzliche Kommunikation für eine eventuelle Weiterleitung des Auftrags.

Kommunikation tritt bei diesem Konzept nur an genau definierten Stellen auf, die alle mit der Verteilung der Aufgabe an freie Prozessoren zu tun haben:

- Ein freier Prozessor sendet ein *Request*-Signal an einen beschäftigten Prozessor, um einen Teilbereich des Problems zu erhalten ([Soh85], [Mas86], [Kum86]).
- Wenn der beschäftigte Prozessor die Anforderung annimmt, muß er dem freien Prozessor die bisherigen Bindungen liefern und gleichzeitig mitteilen, bei welcher Klausel die Bearbeitung beginnen soll.
- Da jeder einzelne Prozessor das gesamte Programm lokal benötigt, ist am Beginn der Rechnung ein Kommunikationsschritt nötig, der im *Broadcast*-Verfahren allen Prozessoren das vorliegende Programm übergibt.

Nachteilig wirkt sich bei diesem Prozeßgenerierungskonzept zusätzliche Verwaltungstätigkeit aus, die die Parallelarbeit wieder verlangsamt:

Zur Feststellung, welche Klauseln eines ODER-Knotens noch nicht bearbeitet sind, werden diese durchnumeriert (mit Hilfe einer *rule number*), um sie dann an einen anderen Prozessor weitergeben zu können. Die Nummer muß bei der Rechnung immer aktuell berechnet und gespeichert werden.

Bei diesem Modell gibt es keinen globalen Speicher. Jeder Prozessor hat seinen lokalen Speicher, auf dem einerseits das gesamte Programm gespeichert ist, sich andererseits auch das Laufzeitsystem mit dem Interpreter befindet und die Daten während der Bearbeitung gespeichert werden. Zur Speicherstruktur im einzelnen sind keine weiteren Informationen aus der Literatur verfügbar, notwendige zusätzliche Verwaltungsaufgaben wären aber:

- Bei der Aufteilung des Programms müssen die Bindungen der Parameter aus dem lokalen Speicher geholt werden. Dazu ist es notwendig, daß alle Bindungen im lokalen Speicher referenziert werden können. Problematisch wird das dann, wenn ungebundene Variablen miteinander unifiziert worden sind, und eine der beiden dann als Parameter übergeben wird. Durch die Aufteilung liegen sie in verschiedenen lokalen Speichern, so daß ein direkter wechselseitiger Zugriff nicht mehr möglich ist.
- Bei der Rücklieferung der Parameterbindungen muß ein Nachrichtenpaket für die Rücklieferung an den Vaterprozeß fertiggestellt werden.

Direkter Zugriff von einem Prozessor auf den anderen besteht im System nicht. Die Informationen zwischen Prozessoren werden über Nachrichtenpakete (=Teilbäume bzw. Parameterbindungen) ausgetauscht, die von aktiven Prozessoren mit einer Zieladresse im Übertragungsnetz abgelegt und vom entsprechenden Empfängerprozessor dort abgeholt werden.

5.2.4.3.2 PEPSys

Seit 1984 werden bei ECRC (European Computer Industry Research Centre) die Sprache Prolog und geeignete Architekturen untersucht. ECRC ist ein Forschungsinstitut der europäischen Computer-Firmen Bull, ICL und Siemens. Das dort entwickelte Konzept zur parallelen Abarbeitung von Prolog baut teilweise auf der *Kabu Wake*-Methode auf. Man geht von einer Prolog- bzw. Hornklauselnotation aus, bei der in einem ersten Schritt der volle ODER-Parallelismus verwendet wird. Im Unterschied zur *Kabu Wake*-Methode hat man für die Erzeugung der Prozesse eine andere Vorgehensweise gewählt ([Hai86b], [Wes87]):

1. Grundsätzlich wird der Suchbaum sequentiell abgearbeitet, d.h. ein Prozessor bekommt zuerst einmal die vollständige Aufgabe.
2. Wenn ein Prozessor frei ist, sendet er ein *request*-Signal, das von einem aktiven Prozeß registriert wird. Dann gibt es für die ODER-parallele Ausführung zwei Möglichkeiten:
   a) In einem Bereich jedes Prozesses sind diejenigen Zweige von ODER-Knoten gespeichert, die noch nicht bearbeitet sind. Der freie Prozessor kann dann an einer dort gespeicherten Stelle neu aufsetzen. Dazu bekommt er die Variablenbindungen, die er zum Weiterarbeiten braucht, vom aktiven Prozeß geliefert.
   b) Falls dort kein Knoten gespeichert ist, muß der freie Prozessor warten, bis am nächsten parallelen ODER-Knoten eine Aufspaltung möglich wird. Die Variablenbindungen erhält er wieder vom entsprechenden "Vater"-Prozeß.
3. Dabei können mehrere Lösungen gleichzeitig auf verschiedenen Prozessoren errechnet werden, weil sämtliche Bindungen lokal sind und sich gegenseitig nicht stören können.

Wesentliche Eigenschaften dieses Konzeptes sind:

- Ähnlich wie bei *Kabu Wake* sind hier die einzelnen Prozesse relativ umfangreich.
- Die höchste Anzahl gleichzeitig rechnender Prozesse ist gleich der Anzahl der vorhandenen Prozessoren.
- Im Gegensatz zu *Kabu Wake* wird der aktive Prozeß nicht mehr unterbrochen, sondern der freie Prozessor sucht sich einen Knoten. Man

verliert also keine Zeit damit, beim Zurückgehen zum letzten ODER-Knoten sinnvolle Bindungen wieder rückgängig zu machen.

In einem zweiten Schritt sind die PEPSys-Entwickler noch weiter gegangen als bei *Kabu Wake*, nämlich weg von der Einschränkung auf die alleinige Anwendung des ODER-Parallelismus. Zur Unterstützung des UND-Parallelimus wurden die oben erwähnten expliziten Parallelkonstrukte eingeführt (Moduln, Properties, paralleler UND-Operator). Für die Aufteilung des Suchbaums auf parallele Prozessoren gibt es daher eine weitere Möglichkeit, falls nämlich zwei unabhängige UND-Knoten (Goals) innerhalb einer Klausel vorhanden sind. Die Ergebnisse beider Goals müssen nach dem Ende miteinander verglichen und konsistent gemacht werden. Durch die Verwendung des UND-Parallelismus steigt die mögliche Parallelität, wobei die durchschnittliche Größe der Prozesse sinken kann, vorausgesetzt es stehen genügend freie Prozessoren zur Verfügung. Andernfalls wird an solchen Stellen nicht aufgeteilt, und das Programmstück wird sequentiell ausgeführt.

Prozeßmodell von Hailperin und Westphal

Zur Implementierung der parallelen Prologsprache PEPSys wurde von der Rechnerarchitekturgruppe des ECRC ein Modell vorgeschlagen, das beschreibt, wie die interne Prozeßstruktur auf einer Mehrprozessorarchitektur aussehen könnte ([Hai86b], [Wes87]). Dazu wurden einige neue Strukturen für die Kommunikation geschaffen.

- Für den ODER-Parallelismus:
  Bei der ODER-parallelen Ausführung von Prolog ergibt sich das Problem, daß jeder ODER-Knoten für die verwendeten Ausgangsvariablen eine unterschiedliche Belegung findet. Dabei kann jede Belegung zu einer gültigen Lösung führen, kann also nicht einfach vernachlässigt werden. Ziel ist im allgemeinen die Berechnung sämtlicher gültiger Lösungen.

  Beim Modell des ECRC wird die Verwaltung der vielfachen Lösungen durch die Einführung lokaler Speicherbereiche erledigt, der sogenannten *Hash-Windows* (vgl. Beispiel 5.11). Sie erfüllen zwei Aufgaben, zum einen dienen sie als Zugriffscache (*Access Cache*) für nicht-lokal gespeicherte, gebundene Variablen, auf die im Lauf der Bearbeitung lesend zugegriffen werden soll. Andererseits wird durch die Verwendung der Hash-Windows die Bindung von weiter oben im Suchbaum definierten (nicht-lokalen) Variablen von der Stelle ihres ersten Auftretens (Definitionsstelle) wegverlegt. Anders als in sequentiellem Prolog üblich wird die Bindung jetzt im lokalen Hash-Window erledigt (also jetzt lokale Bindung). Dieses Vorgehen wird auch *Deep Binding* genannt, im Gegensatz zu *Shallow Binding* bei der sequentiellen Vorgehensweise. Eine eventuelle Übernahme dieser lokalen Bindung an die Definitionsstelle (globale Übernahme) wird am Ende der Berechnung des Sohnprozesses vom Vaterprozeß entschieden. Hash-Windows werden für alle parallelen ODER-Knoten erzeugt, wenn diese lesend oder schreibend auf nicht-lokale Variablen zugreifen.
- Für den UND-Parallelismus:
  Beim UND-Parallelismus gibt es nicht das Problem der vielfachen Lösungen wie beim ODER-Parallelismus, sondern das Problem, daß sich Bindungen von identischen Parametern in parallelen Goals gegenseitig

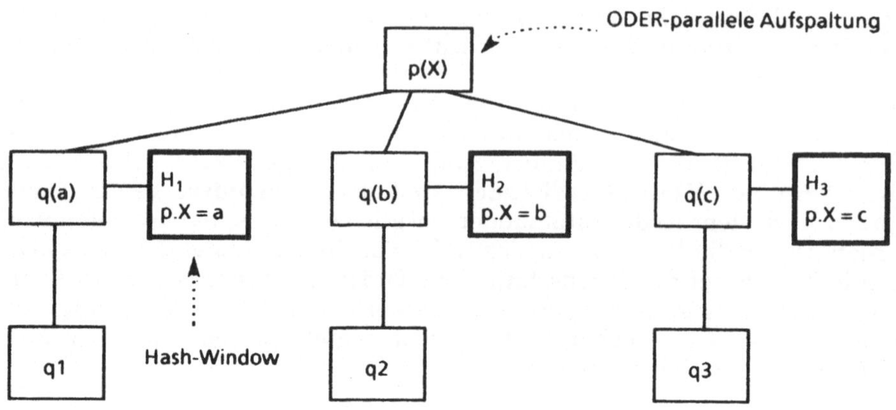

Beispiel 5.11. Berechnung von:
p(X) :- q(X), r(X). mit
q(a) :- q1.
q(b) :- q2.
q(c) :- q3.

ausschließen, also inkonsistent sind. Daher müssen die Lösungen der UND-parallelen Goals aufgesammelt werden, und es muß eine Konsistenzprüfung durchgeführt werden. Diese Prüfung geschieht durch die Bildung eines *Kreuzproduktes* aus den Ergebnissen der jeweils beteiligten Goals. Wesentlich dabei ist, daß dieses Kreuzprodukt nicht erst dann gebildet wird, wenn alle Belegungen aus den jeweiligen Goals vorliegen. Es sollte schon bei jeder einzelnen Bindung eines der Goals angestoßen werden, um damit die Zahl der inkonsistenten Lösungen sofort zu minimieren. Dies kann zu Nachteilen bezüglich der Kommunikation zwischen Prozessen führen, weil dann während der Laufzeit eines Prozesses dieses Kreuzprodukt gebildet werden muß, und dazu Kommunikation mit anderen Prozessen nötig ist. Andererseits könnte eine Berechnung des Kreuzproduktes erst nach dem Ende beider Prozesse zu einer Blockierung führen, wenn der eine Prozeß nicht zum Erfolg führt, weil dann mit den Lösungen des anderen Prozesses schon eine weiterführende Berechnung möglich gewesen wäre.

Für dieses Kreuzprodukt müssen einige zusätzliche Datenstrukturen und Operatoren intern unterstützt werden (vgl. Bild 5.2):

- der *fork*-Operator zum Starten der parallelen UND-Prozesse,
- die *result list* mit den endgültigen Lösungen für die weitere Berechnung,
- die *join*-Zelle zur Unterstützung der Verwaltung der Hash-Windows beim Backtracking (es wird festgelegt, welches Hash-Window bei UND-paralleler Abarbeitung durchlaufen werden muß),
- der *crossproduct*-Operator mit den obigen Eigenschaften.

pr :- p , l # r , s. in PEPSys-Notation (mit parallelem UND-Operator)

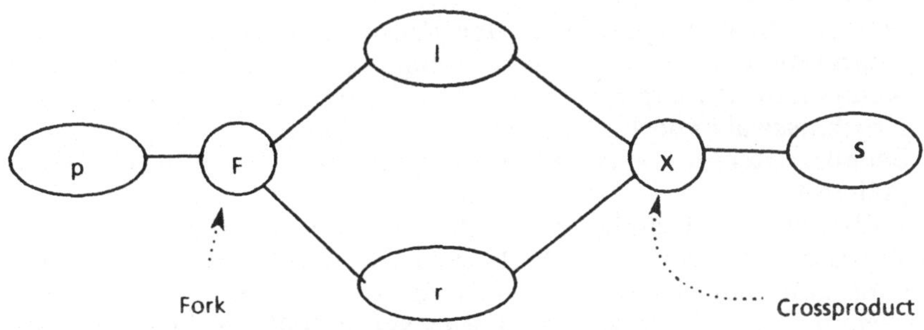

Bild 5.2. Schema des UND-Parallelismus (nach [Hai86b])

Aus dieser Auflistung ergeben sich einige Konsequenzen für die Kommunikation:

- ODER-Parallelismus:
  - Beim ersten Zugriff auf eine nicht-lokale Variable muß nach der Überprüfung des Bindungszustandes über den Suchpfad auf verschiedene lokale Hash-Windows zugegriffen werden. Dabei benötigt sowohl der Suchalgorithmus selbst als auch die Kommunikation mit verschiedenen lokalen Speichern Zeit. Wenn der Bindungszustand geklärt ist, wird die Variable in das lokale Hash-Window übernommen und erfordert dann beim weiteren Zugriff keine Kommunikation mehr. Sonst werden nur am Anfang und Ende eines Prozesses bei der Parameterübergabe zwischen Vater und Sohn Daten ausgetauscht.
- UND-Parallelismus:
  - Feststellen der Variablenbindungen:
    Beim Suchen nach Variablenbindungen muß eine Resultatliste berechnet und in den Hash-Window-Suchbaum eingebunden werden. Dazu ist Kommunikation zwischen den parallelen UND-Prozessen und einem Vaterprozeß nötig.
  - Backtracking:
    Bei UND-parallelen Prozessen bedeutet Backtracking, daß z.B. bei einem Mißerfolg des rechten "Astes" mit dem linken "Ast" weitergemacht wird. Dazu muß ein Teil der parallelen Rechnung wieder rückgängig gemacht werden.

Trotz der komplizierten Abläufe bei der Behandlung UND-paralleler Zweige hat die Ausnutzung dieses Parallelismus außer der Parallelarbeit noch einen zusätzlichen Vorteil:

Um alle Lösungen zu bekommen, muß man beim sequentiellen Ablauf inklusive Backtracking für N Klauseln auf der linken und M Klauseln auf der rechten Seite N*M Durchläufe rechnen, hier benötigt man ohne

Backtracking wegen der Verwendung einer Resultatliste nur N+M Berechnungen.

Ein Benutzerprozeß bei PEPSys kann dann folgende Zustände annehmen:

- rechnend: Das gilt solange, wie der Prozeß keine Informationen von außen braucht, z.B. Parameterbindungen von Sohnprozessen oder aus dem Hash-Window-Suchpfad in Richtung Vaterprozeß.
- wartend bzw. suspendiert: Der Prozeß muß warten, wenn er selbst Informationen von Vater bzw. Sohnprozessen braucht, aber auch dann, wenn er im Prinzip mit seiner Arbeit fertig ist, dem Vaterprozeß seine Ergebnisse aber noch nicht zurückliefern kann.
- beendet: Rechnung ist abgeschlossen, alle Ergebnisse sind zurückgeliefert.

Falls nur eine Lösung gewünscht wird (*one solution-Prädikat*), werden bestimmte Klauseln eines Goals gekennzeichnet, wenn dort schon eine Lösung gefunden wurde. Ein parallel ablaufender Prozeß, der mit der Berechnung zum Ende kommt und merkt, daß dieses Goal gekennzeichnet wurde, terminiert, ohne die Lösungen zurückzuliefern. Ein freier Prozessor, der versucht, eine noch nicht bearbeitete Klausel dieses Prädikats zu übernehmen, wird durch diese Kennzeichnung an der Generierung eines Prozesses gehindert.

Als Grundlage für die Speicherstruktur dieses Konzeptes dient die abstrakte Maschine von Warren [War83], die auf eine Mehrrechnerstruktur abgebildet wurde. Dieses Maschinenmodell soll im nächsten Abschnitt (5.2.5) genauer erläutert werden. Nach dem Vorschlag von Warren unterscheidet man fünf verschiedene Speicherbereiche (Bild 5.3):

- die Code Area — für den Programmtext,
- den Heap — als globaler Variablenstack (im Gegensatz zur üblichen Definition),
- den Stack — als lokaler Datenbereich,
- den Trail — als Bereich zum Mitschreiben von Bindungen, die beim Backtracking rückgängig gemacht werden müssen,
- die Push-Down-Liste — zur Bearbeitung von verschachtelten Strukturen bei der Unifikation.

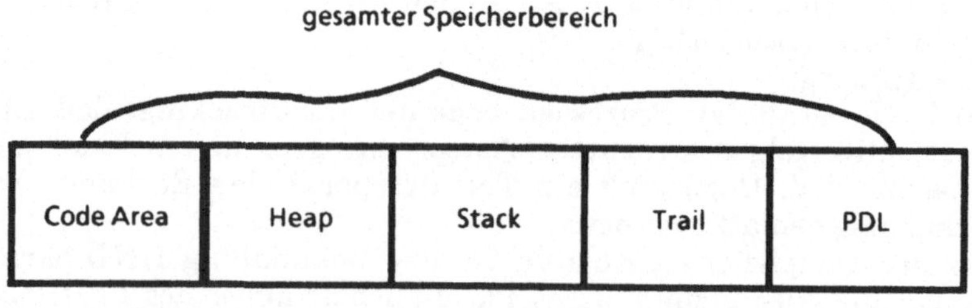

gesamter Speicherbereich

Code Area	Heap	Stack	Trail	PDL

Bild 5.3. Speicherstruktur der Warren Abstract Machine

Zusätzliche Bereiche bei diesem Mehrrechnermodell sind die Hash-Windows und die Liste der ODER-Knoten mit noch nicht bearbeiteten

Alternativen. Ein Hash-Window wird lokal von dem Prozeß verwaltet, zu dem es gehört. Dagegen muß es für lesende Zugriffe allgemein zugänglich sein.

Alternatives Prozeßmodell von Bic und Lee

Für die parallele Prologsprache PEPSys wurde von Bic und Lee [Bic86] ein Prozeßmodell für die Implementierung vorgeschlagen, das in wesentlichen Punkten von der Methode von Hailperin und Westphal [Hai86b] abweicht. Ein Programm wird folgendermaßen bearbeitet (vgl. auch Bild 5.4):

1. Ein Prozessor erhält die gesamte Aufgabe und fängt an zu rechnen. Wenn er an eine Stelle im Programm kommt, an der ein Knoten parallelisiert werden kann (ODER-Knoten oder eingeschränkt auch UND-Knoten), wird die Klausel, die nicht sofort bearbeitet werden kann, in den eigenen Workpool (WP) abgegeben, auf den noch mindestens zwei andere Prozessoren Zugriff haben.
2. Ein nicht beschäftigter Prozessor sieht auf den ihm zugänglichen Workpools nach, ob dort Arbeit für ihn gespeichert ist. Falls ja, fängt er an zu arbeiten und kommt dann eventuell an eine Stelle, wo er ebenfalls eine Klausel in den WP ablegen kann.
3. Wenn ein Ergebnis gefunden wurde, wird es wieder im eigenen WP abgelegt und kann dann vom "Vater"-Prozessor weiterverwendet werden.

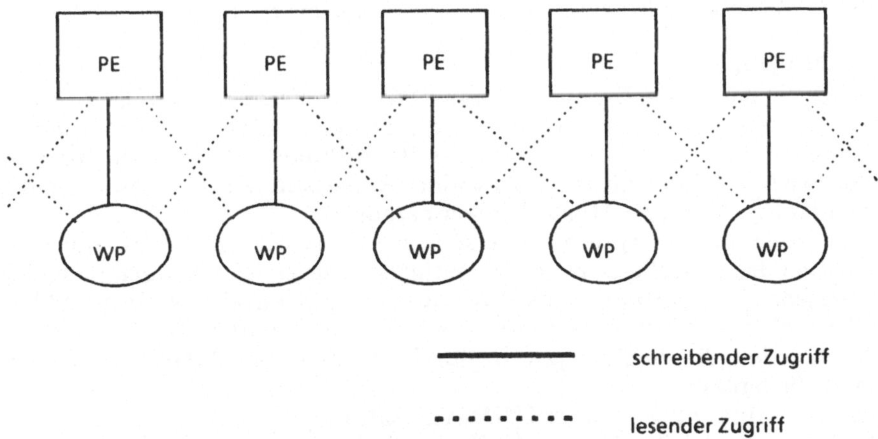

Bild 5.4. globale Struktur des Modells von Bic und Lee ([Bic86])

Auch bei diesem Modell läßt sich Interprozeßkommunikation nicht vermeiden, nötig ist sie an folgenden Stellen:

- Ein freier Prozessor holt sich über das Verbindungsnetzwerk aus den ihm zugänglichen WP's die Aufträge für die Abarbeitung eines Teilbaums.
- Der Bindungszustand übergebener Argumente von Teilbäumen wird vom "Sohn"-Prozessor mittels einer Anfrage geklärt.

- Wenn ein Sohnprozeß beendet ist, wird dem Vaterprozeß die Terminierung mitgeteilt.

Bei diesem Konzept werden Prozesse aufgrund von "Anzeigen" (*advertisements*) von anderen Prozessen generiert, die im eigenen Workpool des Prozessors abgelegt wurden. Man kann drei Arten solcher Advertisements unterscheiden:
- AND-Advertisement,
- OR-Advertisement,
- JOIN-Advertisement.

Diese Advertisements bewirken die Generierung von Benutzerprozessen im eigenen lokalen Speicher, falls der Prozessor frei ist und auf Arbeit wartet. Der Typ des Advertisements bestimmt auch den Typ des Prozesses. Sie benutzen dann jeweils verschiedene Datenstrukturen:
- UND-Prozeß:
  Nicht nur eine Resultatliste muß unterstützt werden, in der die Ergebnisse jedes UND-Zweiges gespeichert sind, sondern auch ein Zeiger auf die Stelle, an der die Bearbeitung aufgespalten wurde (Vaterknoten). Zusätzlich wird nur noch ein lokaler Stack für lokale Variable geschaffen.
- ODER-Prozeß:
  Er unterstützt einen Zeiger zum Vaterknoten, ähnlich wie beim UND-Prozeß, einen Zeiger in das Programm, der auf die zu bearbeitende Klausel weist, und eine Fortsetzungsadresse auf unbearbeitete Klauseln dieses Goals. Zusätzlich wird aktuell mitgezählt, wie viele Prozesse gerade an dem Goal arbeiten.
  Der Prozeß wird erzeugt durch die Generierung eines neuen lokalen Stacks und eines Hash-Windows (vgl. vorhergehendes Modell).
- JOIN-Prozeß:
  Er dient dazu, die Ergebnisse von UND-Prozessen zusammenzuführen. Dazu benötigt er einen Zeiger auf die Speicherbereiche der rechten und linken Vorgänger und einen auf das Hash-Window des ODER-Prozesses, der der UND-Aufspaltung vorausging. Außerdem wird für den Prozeß ein lokaler Stack und ein Hash-Window erzeugt.

Für jeden Benutzerprozeß läßt sich der Fortgang der Arbeit durch die Definition des Prozeßstatus genau festlegen. Dieser ist als Stack ausgelegt, der bei jeder Bearbeitung eines Goals oder einer Klausel erweitert und beim Backtracking wieder verkürzt wird. Es werden fünf Zustände unterschieden, die im Stack jeweils durch einzelne Buchstaben repräsentiert sind. Es bedeuten:

l	left	linker Zweig einer UND-Aufspaltung,
r	right	rechter Zweig einer UND-Aufspaltung,
j	join	JOIN-Prozeß wird aufgerufen,
p	parent	Vaterprozeß einer ODER-Aufspaltung (der Status des aufrufenden Prozesses wird zum Vaterprozeß umdefiniert),
c	child	Sohnprozeß in einer ODER-Aufspaltung.

Bei einer rein sequentiellen Abarbeitung kommen im Prozeßstatusstack nur die Zustände p und l vor.

Bei diesem Prozeßmodell gibt es nur Speicherbereiche, die lokal zu den Prozessoren bestehen. Man kann drei Bereiche unterscheiden:
- LM local memory, lokaler Datenbereich,
- WP work pool, Speicherbereich zur Kommunikation,
- PM program memory, Programmcode,

Für dieses Prozeßmodell wurde eine außergewöhnliche Realisierung des Tokenpools gewählt. Er befindet sich in einem Speicherbereich, der von mehreren Prozessen angesprochen werden kann. Die Zahl der zugriffsberechtigten Prozesse ist aber auf drei beschränkt. Dadurch ist eine Mischung der positiven Eigenschaften sowohl der globalen als auch der lokalen Datenhaltung möglich. Über den gemeinsamen Speicherbereich ist schnelle Kommunikation zwischen den Prozessoren möglich. Weil nur drei Prozessoren zugreifen können, ist der Aufwand zur Verwaltung der Zugriffe auf diesen gemeinsamen Speicherbereich gering. Komplizierter wird die Kommunikation nur dann, wenn mehr als drei Prozessoren an einem Teilbaum arbeiten, weil dann die Verbindung über einen Workpool (WP) nicht mehr ausreichend ist, und eine Kette WP → PE → WP gebildet werden muß.

Einzig auf den Workpool kann auch noch von anderen Prozessoren zugegriffen werden, und zwar, um sich Advertisements abzuholen oder in den Workpool ein Advertisement zu schreiben.

5.2.4.3.3 OR-Parallel Token Machine

Dieses Projekt wurde am Royal Institute of Technology in Stockholm durchgeführt und hatte 1983/84 einen Stand erreicht, bei dem ein ablauffähiger Interpreter und ein Prozeßmodell vorhanden waren. Inzwischen scheinen die Arbeiten daran abgeschlossen zu sein, und die Ergebnisse sind in ein neues Forschungsprojekt am Swedish Institute of Computer Science (SICS) eingeflossen (*Versions Vector WAM* [Hau87]). An dieser Stelle soll es zur Illustration eines alternativen Ansatzes zur Nutzung des ODER-Parallelismus dienen.

Ausgehend von einer Hornklauselnotation soll der ODER-Parallelismus ausgenützt werden. Dazu sind folgende Aktionen nötig:

1. Aus dem Programm wird der ODER-Suchbaum so aufgebaut, daß jeder Klausel eine Bindungsumgebung für alle verwendeten Variablen beigegeben wird.
2. Für die Wurzel des Suchbaums wird ein Prozeß gestartet, der seinerseits wieder für die nächstgelegenen Zweige jeweils Sohnprozesse startet.
3. Es werden solange Sohnprozesse erzeugt, bis keine weiteren Klauseln mehr vorhanden sind.

Wichtige Besonderheiten des Systems (vgl. auch Bild 5.5):

- Außer der Anwendung des ODER-Parallelismus wird keine weitere ausdrückliche Unterstützung für die parallele Ausführung geleistet.
- Die Gesamtzahl der Prozesse im System wird nicht durch die Anzahl der Prozessoren beeinflußt. Deswegen wird für die eigentliche Bearbeitung ein Pool (*Tokenpool*), also ein globaler Speicherbereich angelegt, in dem alle erzeugten Prozesse zusammen mit ihrer Bindungsumgebung als *Prozeßtoken* abgelegt werden, bis sie für die Bearbeitung von einem Prozessor geholt werden.
- Die Anzahl von gleichzeitig rechnenden parallelen Prozessen ist begrenzt durch die Anzahl der Prozessoren und durch die Zahl der Token im Pool.

In verschiedenen Eigenschaften, z.B. der Generierung von Prozessen unabhängig von der Anzahl der Prozessoren, ähnelt die *OR-parallel token machine* der Vorgehensweise bei den Committed Choice-Sprachen, wobei

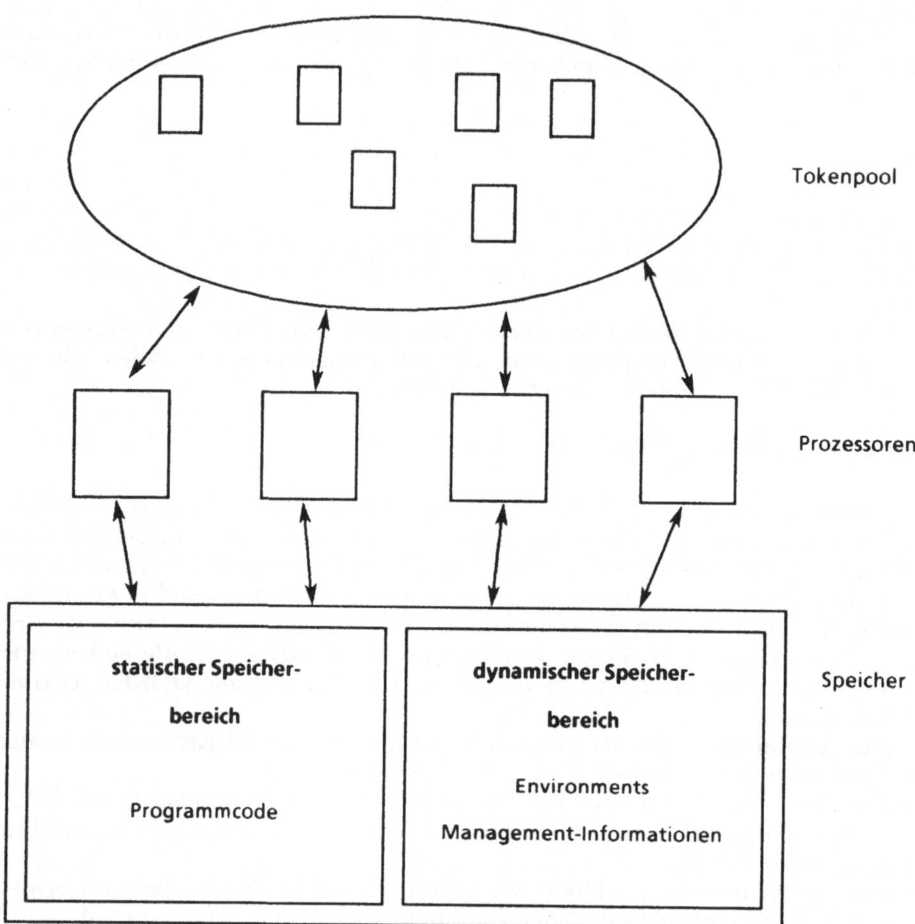

Bild 5.5. Grobstruktur der *OR-parallel token machine*

aber dort der volle mögliche Parallelismus angewendet wird, während hier nur der ODER-Parallelismus behandelt wird.

Von den Entwicklern des Systems wurde das Problem der möglicherweise sehr großen Anzahl von Prozessen erkannt. Aus diesem Grund wurde ein Kontrollmechanismus eingeführt, der diejenigen Zweige abschneiden soll, die mit Sicherheit nicht zu einer Lösung führen [Cie84]. Eine solche Strategie ist aber nur dann möglich, wenn nur eine Lösung des Programms gefunden werden soll, sonst ist nämlich i.a. nicht eindeutig zu entscheiden, welche Zweige nicht mehr zu einer Lösung beitragen. Das "Abschneiden" eines Zweiges wird durch Beenden des Prozeßtokens realisiert, der diesen Zweig repräsentiert (ähnliches Verfahren wie bei Committed Choice).

Bedingt durch die besondere Art der Prozeßgenerierung geschieht die Interprozeßkommunikation nicht hauptsächlich zwischen Prozessoren,

sondern zwischen Prozessor und globalem Datenbereich (*Tokenpool*) [Har83]. In bestimmten Fällen können aber auch zwei Prozessoren miteinander kommunizieren.
Mögliche Kommunikationen:

- Immer wenn ein Prozessor an einen ODER-Knoten gelangt, werden ein oder mehrere neue Prozeßtoken (entsprechend der Zahl der Klauseln) erzeugt, die dann an den globalen Tokenpool weitergegeben werden.
- Freie Prozessoren holen sich einen Prozeßtoken vom Tokenpool und beginnen mit der Bearbeitung. Am Ende des Prozesses werden als Ergebnis soviele Token in den Tokenpool geschickt, wie Sohnprozesse erzeugt werden sollen.
- Bei erfolgreicher Berechnung wird dem Vaterprozeß (er muß im Prozeßtoken spezifiziert sein) eine Variablenumgebung als Ergebnis geliefert.
- Bei einem nicht erfolgreichen Ende des Prozesses wird der Mißerfolg dem Vater zurückgemeldet.

Bestimmende Elemente für die Prozeßverwaltung sind der zentrale Tokenpool, die Einzelprozessoren, die jeweils einen Prozeß bearbeiten können, und ein Speicher für Code und Variablenbindungen (siehe Bild 5.5).

In seinem Lebenszyklus durchläuft ein Prozeßtoken verschiedene Zustände. Am Anfang wird er als Token erzeugt und dadurch initialisiert, dann aber gleich als "nicht rechnend" im Tokenpool abgelegt. Wenn er von einem freien Prozessor aus dem Tokenpool geholt wird, wird er "aktiv", rechnet, erzeugt neue Prozeßtoken, und terminiert nach Abarbeitung des Programmrumpfes, ohne ausdrücklich auf die Beendigung der Sohnprozesse zu warten.

Im virtuellen Maschinenmodell wird vorausgesetzt, daß alle Speicherbereiche global gehalten und verwaltet werden. Eine reale Implementierung dieser Strategie würde gravierende Nachteile mit sich bringen:

- Zugriffe auf den Speicherbereich sind dann nur nach Koordination mit anderen Prozessoren möglich, auch wenn Multiportspeicher für Mehrfachzugriffe verwendet würden.
- Es muß ein zentraler Prozeß für die Verwaltung der Speicherbereiche vorhanden sein, eventuell auch ein eigener für die Verwaltung des Tokenpools.
- Der Speicher für Bindungen muß groß sein, und die Bereinigung von lokalen Berechnungen schon beendeter Prozesse ist aufwendig. Garbage Collection ist bei dieser Vorgehensweise unumgänglich.

5.2.4.3.4 ODER-parallele Ausführung von Prolog auf einer multi-sequentiellen Maschine

Eine andere Idee ist aus der oben erwähnten *OR-parallel token machine* in Schweden beim SICS entstanden. Ausgehend von einer festgelegten Rechnerarchitektur, einer multi-sequentiellen Maschine (siehe auch 5.2.6), wird ein Prozeßmodell entwickelt, mit Hilfe dessen es möglich sein soll, Prolog parallel abzuarbeiten [Ali87].

Der Ablauf eines Programms geht folgendermaßen vonstatten (vgl. auch Bild 5.6):

1. Alle Prozessoren erhalten das gesamte Programm und beginnen gleichzeitig mit der Berechnung.

2. Wenn ein ODER-paralleler Knoten (Goalaufruf) erreicht ist, werden nach einer vorgegebenen Strategie die jeweiligen Unterbäume von den Prozessoren parallel weiterbearbeitet. Wenn dabei an einer solchen Stelle mehr Prozessoren als Teilbäume vorhanden sind, rechnen zwei oder mehr Prozessoren mit demselben Teilbaum gleichzeitig weiter.
3. Diese Strategie wird solange fortgesetzt, bis alle Prozessoren disjunkte Teilbäume bearbeiten. Nach dem Terminieren des bearbeiteten Prozesses meldet sich der Prozessor bei dem Managerprozessor wieder als frei und bekommt eine neue Prozessornummer zugeteilt.
4. Wenn ein oder mehrere Prozessoren frei sind, wird vom Managerprozeß ein Prozeß unterbrochen. Dieser gibt dann einen Teil seiner Aufgabe an alle freien Prozessoren weiter. Der eigentliche Unterbrechungsalgorithmus ist dabei nicht näher bekannt. Falls die vorhandenen Teilbäume nicht für alle freien Prozessoren ausreichen, arbeiten wieder mehrere Prozessoren gleichzeitig an einem Teilbaum.

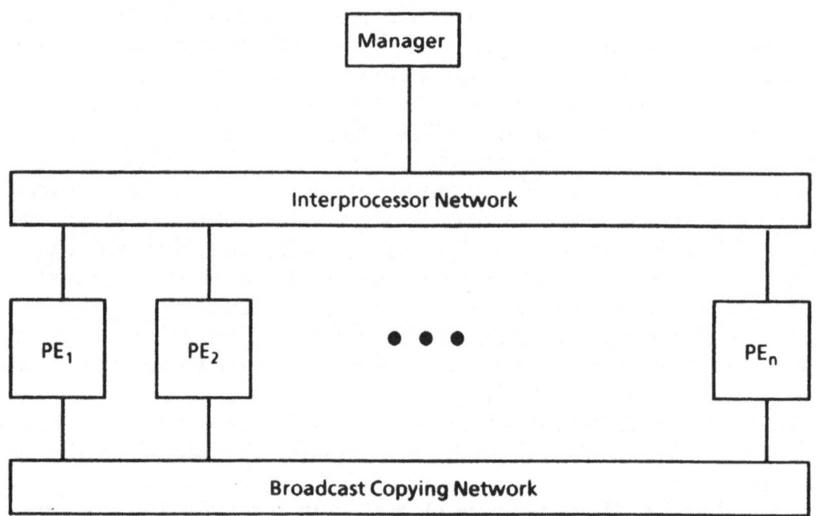

Bild 5.6. Globale Struktur der multi-sequentiellen Prolog-Maschine

Gegenüber den vorher erwähnten Modellen weist dieses Konzept einige Besonderheiten auf:

- Solange noch nicht jeder Prozessor seinen eigenen disjunkten Teilbaum hat, tritt aus zwei Gründen bei der Aufteilung der Prozesse kein Overhead auf:
  - Die Variablenbindungen sind eindeutig und allen Prozessen bekannt, weil alle beteiligten Prozessoren gleichzeitig von Anfang an das gleiche gerechnet haben und deswegen auch zur selben Zeit die gleichen Bindungen haben.
  - Die Aufteilung geschieht nach einem festgelegten Algorithmus, der jedem Prozessor bekannt ist, so daß hierfür keine Kommunikation zwischen den Prozessen nötig ist.

- Strategien für die Aufteilung der Aufgaben können sein:
  - Balancierte Strategie: Die Zahl der an einem ODER-Knoten aufteilbaren alternativen Klauseln wird in Beziehung gesetzt zur Zahl der noch freien bzw. parallel das gleiche arbeitenden (verfügbaren) Prozessoren, d.h. die Klauseln werden gleichmäßig auf die Prozessoren verteilt (z.B. 3 Klauseln, 8 Prozessoren ⇒ Aufteilung auf die Prozessoren 3,3,2 für die jeweiligen Klauseln).
  - Rechtsbasierte Strategie: Aufteilung der Klauseln an verfügbare (freie und parallel arbeitende) Prozessoren einzeln von rechts; die dann übrig bleibenden verfügbaren Prozessoren bearbeiten die am weitesten links stehende Klausel im Suchbaum parallel.
  - In ähnlicher Form gibt es eine linksbasierte Strategie.
- Overhead entsteht dann, wenn ein Prozessor seine Aufgabe beendet hat und ihm eine Klausel und die Variablenumgebung übergeben werden müssen.
- Kommunikation zwischen Prozessen tritt nur dann auf, wenn Prozessoren frei sind. Ein Überwachungsprozeß muß dann einen der arbeitenden Prozessoren unterbrechen und die Abgabe eines Teilbaums fordern. Wirklich übergeben wird dann aber nur die Adresse der Klausel und die Variablenumgebung, die für die weitere Bearbeitung notwendig ist.
- Wichtig für das Ziel, möglichst wenig Overhead zu erreichen, ist die Vergabe einer eindeutigen Prozessornummer zu Beginn der Bearbeitung zuerst für die Prozessoren, die die gleiche Klausel abarbeiten. Bei einer vorgegebenen Suchstrategie weiß dann jeder Prozessor ganz genau, welche der vorgegebenen Klauseln er übernehmen muß. Im vorigen Beispiel (3 Klauseln, 8 Prozessoren) wird Klausel 1 an die Prozessoren (1,4,7), Klausel 2 an die Prozessoren (2,5,8) usw. übergeben Der zweite Fall trifft für freie Prozessoren zu. Jedem freien Prozessor wird eine Prozessornummer zugeteilt, und er muß die Gesamtzahl der freien Prozessoren kennen, um nach der Zuteilungsstrategie die Klausel zu wissen, die er bearbeiten muß.

Zur Einordnung des Konzepts noch einige Anmerkungen zu Parallelitätsgrad und Granularität:

- Der höchsterreichbare Parallelitätsgrad ist nicht so hoch wie beim PEPSys-Modell, weil hier nur der ODER-Parallelismus benützt wird. Dafür läßt sich der ODER-Parallelismus zumindest am Anfang mit geringerem zusätzlichen Overhead ausführen.
- Die Granularität ist genauso fein wie bei den anderen Konzepten, die ebenfalls nur den ODER-Parallelismus verwenden.

Kommunikation beginnt erst dann in größerem Maße, wenn einige Prozessoren zum ersten Mal ihre Arbeit beendet haben. Dann wird ihnen vom überwachenden Manager-Prozessor die Teilaufgabe eines anderen Prozessors, der im Augenblick noch aktiv ist, nach einer der oben erwähnten Aufteilungsstrategien übergeben. Diese Teilaufgabe bearbeiten sie wie oben geschildert parallel zu diesem.

Problematisch wird es nur dann, wenn der so unterbrochene Prozeß die Aufgabe nicht allein bearbeitet, sondern noch ein anderer gleichzeitig daran arbeitet. Dann müssen alle vorher aktiven Prozesse wissen, daß ab jetzt eine Anzahl von Prozessen zusätzlich an dieser Aufgabe beteiligt sind. Zu diesem Zweck muß den Prozessen dann natürlich eine solche Nachricht geschickt werden.

Die Prozeßsteuerung wird zentral vom Manager-Prozessor durchgeführt. Dessen Aufgabe ist es, am Anfang alle Prozessoren mit dem Programm zu versorgen, danach wird er erst dann wieder aktiv, wenn eine bestimmte Anzahl von Prozessoren unbeschäftigt sind. Dann weist er ihnen, wie weiter oben erwähnt, weitere Teilaufgaben zu.

Prozessoren können frei oder beschäftigt sein. Wenn sie arbeiten, unterscheidet man drei Zustände:

- Ein Prozessor arbeitet allein an einer Teilaufgabe, und es besteht keine Möglichkeit zur ODER-parallelen Aufspaltung (*sequentieller Ablauf*).
- Ein Prozessor arbeitet allein an einem Teilbaum, aber es gibt die Möglichkeit zu parallelisieren, d.h. der Manager-Prozessor könnte einen Teilbaum mit allen Variablenbindungen an freie Prozessoren zur Berechnung übergeben.
- Mehrere Prozessoren arbeiten gleichzeitig an einem Teilbaum.

Beim Start des Systems bzw. des Programms befinden sich alle Prozessoren in dem letzteren Zustand. Wenn das Programm beendet ist, sind alle Prozessoren als frei gekennzeichnet.

Auch dieses Modell basiert weitgehend auf dem abstrakten Prolog-Maschinenmodell von Warren [War83] (s. auch 5.2.5). Aus diesem Grund geht das Bestreben dahin, möglichst viel der Arbeit eines Einzelprozessors auf dem lokalen Speicher ablaufen zu lassen. Es gibt also keinen globalen Speicher, jeder Prozessor hält den Programmcode und die Bindungen im lokalen Speicher.

Zugriffe auf den lokalen Speicher eines anderen Prozessors sind nicht möglich, alle Informationen müssen beim Kopieren des jeweiligen Teils des Suchbaumes mitgeliefert werden. In der Anfangsphase der Berechnung entfällt dies, da sämtliche Bindungen sowieso direkt von jedem Prozessor selbst berechnet werden.

5.2.5 Abstrakte Maschine

Die Vorgaben, die in den vorherigen Abschnitten für Prozesse, Kommunikation und Speicherstruktur gemacht wurden, sollen jetzt in eine Maschinenarchitektur einfließen. Vorerst werden aber Details der Implementierung noch nicht näher betrachtet, d.h. der Inhalt dieses Abschnitts soll eine abstrakte Maschinenstruktur sein. Dazu gehört auch die Definition einer Sprache für diese Maschine, die gleichzeitig als Zwischensprache für paralleles Prolog dient.

Grundlage einer solchen abstrakten Maschine für die parallelen Prologmodelle bildet der Vorschlag von D.H.D. Warren [War83], in dem ein Maschinenbefehlssatz für die Implementierung von sequentiellem Prolog beschrieben wird. Dieser Befehlssatz muß verändert und erweitert werden, um auch für die Anforderungen der parallelen Konzepte geeignet zu sein. Ein großer Teil der Befehle und die allgemeine Struktur kann aber unverändert bleiben. Deswegen wird am Anfang dieses sequentielle Konzept beschrieben, bevor dann Erweiterungen für die Parallelverarbeitung erläutert werden.

5.2.5.1 Die sequentielle Warren-Maschine

Im sequentiellen Fall ist für die Umsetzung von Prolog auf die abstrakte Maschine kein Prozeßkonzept und außer Ein-/Ausgabe auch keine Kommunikation nötig. Wichtig ist die Verwaltung der Speicherbereiche, wie schon in 5.2.4 erwähnt. Dazu werden verschiedene Register eingeführt, deren Werte bei Beginn der Bearbeitung von Klauseln oder Subgoals wichtig sind. Für die Programmstellen "Beginn einer Klausel" und "Beginn eines Subgoals" werden Datenstrukturen eingeführt und alle übrigen Prologobjekte in speicherbare Datenobjekte überführt. Alle diese Strukturen werden mit Hilfe der abstrakten Maschinenbefehle bearbeitet und verändert, gleichzeitig stellen sie aber auch die Codierung der Prologbefehle dar (vgl. auch Bild 5.7).

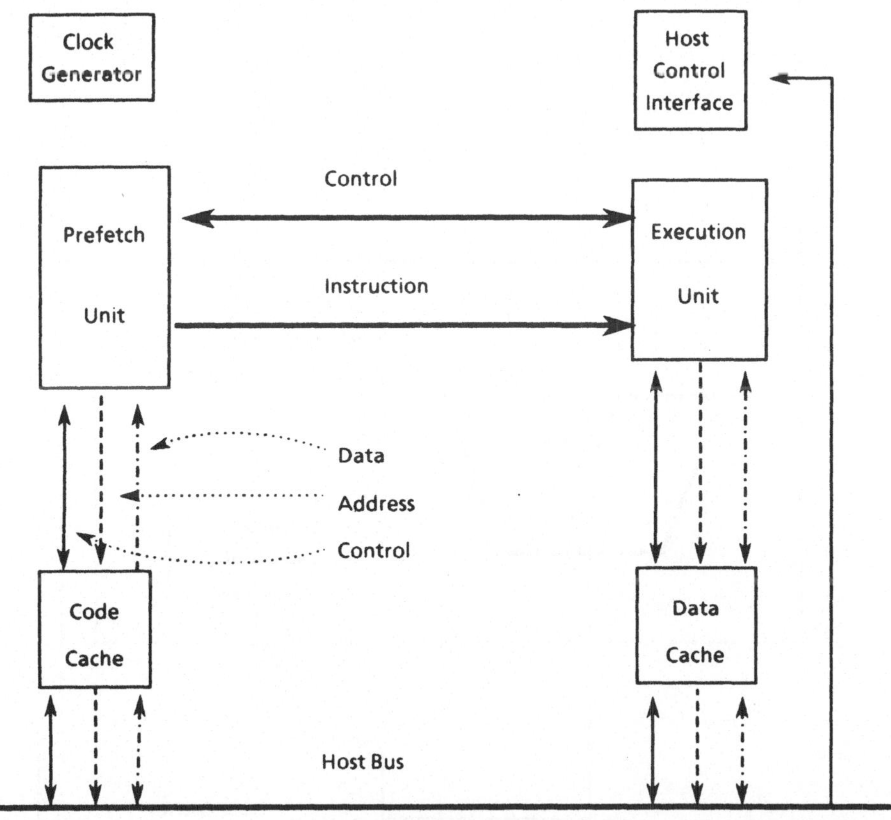

Bild 5.7. Architektur auf der Grundlage der abstrakten Warren-Maschine (ICM3)[Ben87]

Die Definition der abstrakten Maschine umfaßt nicht nur die Befehle, sondern auch allgemeine Strukturmerkmale. Es werden Aussagen gemacht über:

- die Aufgabe und Anzahl der Register,
- Aufteilung und Struktur von Speicherbereichen und

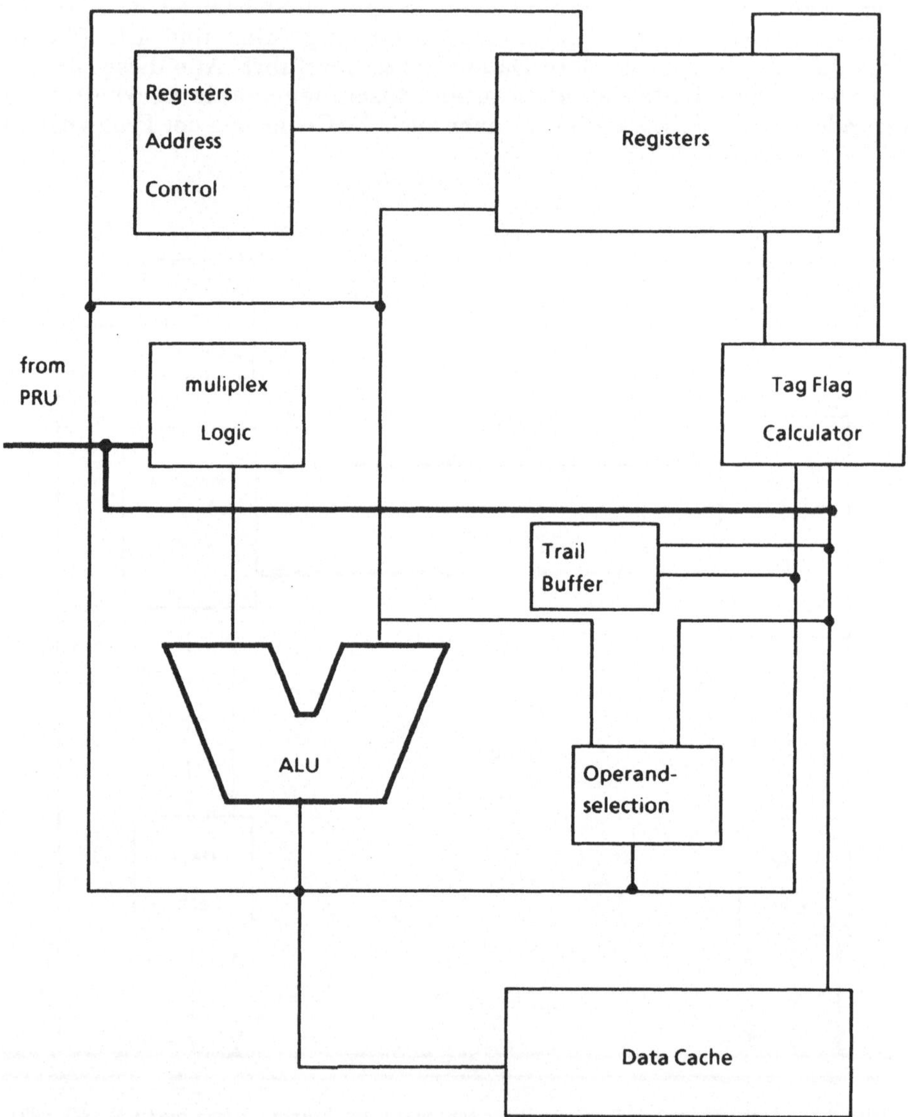

Bild 5.8. Struktur der Execution Unit bei einer Warrenarchitektur (ICM3) [Ben87]

- den logischen Aufbau der Maschine mit den zulässigen Datentypen und Datenstrukturen.

Für die Implementierung müssen diese Strukturen noch in reale Hardware bzw. Systemsoftware umgesetzt werden (vgl. dazu auch Bild 5.8).

Datenstrukturen und -objekte in der Warren Abstract Machine (WAM)

Die wesentliche Einflußquelle zur Bestimmung der Objekte und Strukturen ist die Auswertung der Sprache Prolog selbst. Weitere Einflußfaktoren können sein:

- Implementierungsgegebenheiten,
- besondere Aufgabenstellungen, die bearbeitet werden sollen, z.B. Arithmetik.

Grundsätzlich kann man unterscheiden:

- *Konstante*, worunter Atome (Namen) und Zahlen fallen,
- *Referenzen* (Variablenzeiger), die gebunden oder ungebunden auftreten können,
- *Strukturen*, wie in Prolog definiert (vgl. 5.1), mit Funktor und Argumenten,
- *Listen*.

Zur schnelleren Bearbeitung können ganze Zahlen (*Integer*), reelle Zahlen und Atome, also Zeichenketten für Namen, getrennt voneinander behandelt werden. Auch bei Variablen kann man gebundene und ungebundene getrennt verarbeiten. Da diese Datentypen in Prolog nicht explizit durch Typvereinbarung, sondern implizit durch Unifikation festgelegt werden, muß schnell entscheidbar sein, welchen Typ ein vorgegebenes Objekt hat. Dazu besitzt jedes Datenobjekt ein Feld, das *Tag-Feld*, wo der Typ gespeichert ist. Die Codierung des Datentyps selbst wird dann *Tag* genannt (vgl. auch Bild 5.9). Die Verarbeitung und Berechnung von Tags ist ein wesentlicher Bestandteil des Befehlssatzes.

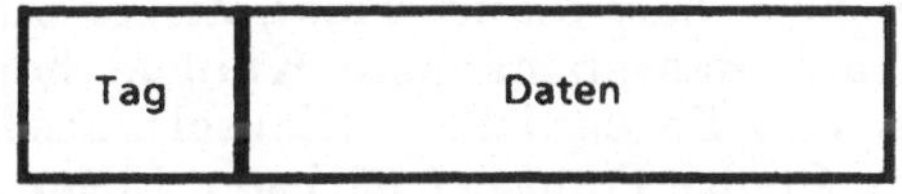

Bild 5.9. Datenformat der Objekte der WAM

Speicherbereiche bzw. Datenbereiche

Zur Bearbeitung von Prologprogrammen werden verschiedene, getrennt adressierbare Speicherbereiche benutzt. Warren unterscheidet hier fünf verschiedene, die auch von anderen Implementierungen verwendet werden (vgl. auch Bild 5.4):

- *Code Area* Bereich für den Programmtext,

- *Heap* globaler Bereich für die Speicherung von permanenten Variablen,
- *Stack* zur Speicherung von Informationen über ODER- und UND-Knoten,
- *Push Down List (PDL)* für die Bearbeitung ineinander geschachtelter Strukturen und Listen,
- *Trail* zur Protokollierung von Variablenbindungen, die beim Backtracking wieder rückgängig gemacht werden müssen.

Die Datenstrukturen, die im Stack gespeichert werden, enthalten entweder Informationen, die zur Bearbeitung verschiedener Klauseln notwendig sind, dann nennt man sie *choice points*, oder Informationen, die zur Bearbeitung von Goals nötig sind, sie heißen dann *environments*. An einem Choice Point wird entschieden, welche Klausel eines Prädikats als nächstes (im sequentiellen Fall) bearbeitet wird. In einem Environment werden die Variablen einer Klausel gespeichert, die für die Bearbeitung mehrerer Goals notwendig sind. Die Struktur dieser Environments soll bei der Behandlung der Maschinenbefehle genauer beschrieben werden.

Register und Registerstruktur

Register dienen als schnelle Speicher von Operanden oder als schnell adressierbare Zeiger auf die verschiedenen Datenbereiche. Mit ihnen sollen auch aktuell benötigte Datenobjekte und Datenstrukturen referenziert werden können. Warren schlägt im einzelnen vor:

P *Program Pointer*, ein Zeiger auf die aktuell bearbeitete Stelle im Programm (zeigt in die Code Area),

CP *Continuation Program Pointer*, ein Zeiger auf die Stelle, wo nach erfolgreicher Beendigung der aktuellen Klausel bzw. des Goals mit der Berechnung fortgefahren wird (zeigt in die Code Area),

E *Last Environment* bzw. *Environment Pointer*, Zeiger auf das zuletzt aktive Environment, wo die aktuellen lokalen Variablenbindungen gespeichert sind (zeigt auf Stack),

B *Backtrack Pointer* bzw. *Last Choice Point*, Zeiger auf den Beginn des aktuellen Prädikats, dessen nächste Klausel beim Backtracking bearbeitet werden muß. Bei der letzten Klausel eines Prädikats muß das B-Register auf den Choice Point der nächsten Ebene zeigen, zu der das Backtracking erfolgt (zeigt auf den Stack).

TR *Top of Trail*, Zeiger auf den augenblicklich letzten Eintrag in den Trail Stack, wichtig auch für Choice Points und Backtracking ,

H *Top of Heap*, Zeiger auf den augenblicklich letzten Eintrag in den Heap, wichtig auch für Backtracking ,

HB *Heap Backtrack Pointer*, ein Zeiger, der mit dem Register B in der Form korreliert ist, daß das Register HB den Zustand des Heap angibt, wie er vor Beginn der letzten Klausel war, und auch wieder sein muß, wenn die Klausel mißlingt und Backtracking zur nächsten Klausel erfolgt (zeigt auf Heap).

S *Structure Pointer*, Zeiger auf ein Element der gerade aktuell bearbeiteten Liste oder Struktur auf dem Heap,

A1, ... An Argumentregister bei Goalaufrufen für die Unifikation,

X1, ... Xn temporäre Variablen innerhalb einer Klausel, üblicherweise identisch mit den Argumentregistern.

Environments

Wie schon erwähnt, dienen Environments dazu, Variablen zu speichern. Dort werden aber immer nur sogenannte permanente Variablen gespeichert, d.h. solche, die in mehreren Goals einer Klausel vorkommen. Variable, die nur in einem Goal auftreten, werden über die Argumentregister bzw. als temporäre Variablen verwaltet. Zusätzlich sind in einem Environment verschiedene Registerinhalte gespeichert:

CP Stelle im Programm, an der bei erfolgreicher Abarbeitung des Klauselrumpfes mit der Berechnung weitergemacht wird,
E Lage des letzten Environments im Stack,
N Größe des letzten Environments,
B Lage des letzten Choice Point im Stack.

Diese Environmentstruktur ist einer Implementierung der WAM (Warren Abstract Machine) an der University of California in Berkeley [Fag85] entnommen. Dabei dient der Registerinhalt von B dazu, beim Auftreten eines Cuts beim Backtracking zum vorherigen Prädikat zu kommen und dort weiterzuarbeiten.

Choice Point

In Choice Points wird die Bearbeitung verschiedener Klauseln eines Prädikats gesteuert. Es werden darin keine Variablen, sondern nur Registerinhalte gespeichert, deswegen steht auch die Größe schon bei der Erzeugung fest, während Environments in ihrer Größe variieren können. Die einzige variable Größe ist die Anzahl der Argumente. Es werden gespeichert:

E Lage des letzten (übergeordneten) Environments im Stack
CP Adresse der nächsten auszuführenden Klausel, wenn die aktuelle zum Erfolg führt,
B Lage des vorhergehenden Choice Points (für Backtracking),
TR Stand des Trails bei Erzeugung des Choice Points (für Backtracking),
H Stand des Heap bei Erzeugung des Choice Points,
N Zahl der permanenten Variablen aus dem aktuellen Environment (kann direkt daraus übernommen werden),
B Beginn des aktuellen Choice Point,
A1 ... An Argumente der Klauselalternative.

Die Angabe der Anzahl der permanenten Variablen ist optional, z.B. ist sie beim Vorschlag des ECRC [Ben87] weggelassen.

Maschinenbefehle

Das eigentliche Kernstück einer abstrakten Maschine sind die Maschinenbefehle, die die Prologinstruktionen emulieren. Warren nannte seine abstrakte Maschine PLM (= Programmable Logic Machine). Dieser Name wird jetzt vorwiegend für die Zwischensprache seiner Maschine verwendet, während das Maschinenkonzept insgesamt als WAM (für Warren Abstract Machine) bezeichnet wird. Zwischen den verschiedenen Implementierungen, z.B. [Fag85], [Ben87], [Wat87], gibt es einige Unterschiede, im großen und ganzen stützen sich aber alle auf den ursprünglichen Befehlssatz von Warren [War83], so daß es an dieser Stelle genügt, hauptsächlich auf diesen Vorschlag einzugehen. Warren unterscheidet fünf verschiedene Befehlsgruppen, je nach dem Zweck, für den die Befehle benützt werden. Ausgeklammert wurden dabei spezielle Befehle für die Ein-/Ausgabe und arithmetische Befehle (dazu vgl. u.a. [Tic84a], [Tic84b]). Unterschiede zwischen verschiedenen sequentiellen Implementierungen ergeben sich auch noch dadurch, daß bei Warren das Cut-Konstrukt für Prolog-Programme nicht verwendet wird, während es bei anderen Implementierungen eingeschlossen ist.

Die fünf Befehlsgruppen lassen sich so beschreiben:

get instructions Diese Befehle werden bei der Unifikation gebraucht und zwar zum Vergleich der formalen Parameter im Klauselkopf mit den Argumentregistern, die die aktuellen Parameter des Aufrufs enthalten.

put instructions Auch diese Befehle werden für die Unifikation gebraucht, und zwar werden die aktuellen Register eines Goalaufrufs damit in die Argumentregister geladen.

unify instructions Diese Befehle haben eine zweifache Funktion: Erstens dienen sie dazu, Argumente von Strukturen oder Listen zu vergleichen, zum zweiten aber auch, dazu, um neue Strukturen lokal zu erzeugen. Für alle anderen einfacheren Typen werden diese Befehle nicht gebraucht.

procedural (control) instructions
Diese Befehle betreffen die Köpfe von Prädikaten (also mit Goals), sind also abstraktionsmäßig auf einer höheren Ebene angesiedelt als die get-, put- und unify-Befehle.

indexing instructions Diese Befehle dienen als Hilfsmittel für eine intelligentere Auswahl von Klauseln, die mit Goalaufrufen unifizierbar sind. Anhand des ersten Parameters eines solchen Aufrufs wird entschieden, welche Klausel vom Datentyp her auf den Goalaufruf passen könnte.

Beispiele für Zwischensprachenbefehle

- für control instructions:
  call Proc, N
  Aufruf eines Subgoals innerhalb einer Klausel (mit Ausnahme des letzten, das mit execute aufgerufen wird; die letzten Goals einer Klausel werden gesondert behandelt). Proc ist dabei der Name des Goals und N die Anzahl der Argumente.
  Registerbelegung:
  P := Code von Proc
  CP := nachfolgender Code nach Abarbeitung von Proc in der Klausel
- für put instructions:
  put_variable Xn, Ai

Eine ungebundene lokale Variable Xn wird erzeugt und an das Argumentregister Ai übergeben:
Ai := Xn, wobei Xn eine freie Referenz auf den Heap ist.

- für get instructions:
  get_variable Vn, Ai
  Aus dem Goalaufruf wird das Register Ai in die ungebundene Variable Vn geschrieben (bleibt dadurch aber weiter ungebunden).
  Vn := Ai
- für unify instructions:
  unify_variable Vn
  wird gebraucht bei Strukturen. Es gibt zwei Möglichkeiten:
  - Von der Sicht der aufgerufenen Klausel aus (read-Mode) wird mit dem Strukturzeiger S eine ungebundene Variable in Vn geschrieben.
  - Von der Sicht des aufrufenden Goals in einer Klausel (write-Mode) wird eine ungebundene Variable auf dem Heap erzeugt und dann in Vn abgespeichert.

  read mode:
  Vn := nächster Term der Struktur
  write mode:
  Vn := nächste freie Speicherstelle aus dem Heap
- für indexing instructions:
  try_me_else L
  Steht vor dem Code eines Prädikats mit mehreren Klauseln. Direkt dahinter folgt der Code der ersten Klausel, die nächste folgt bei Marke L.

```
concatenate ([], L, L).

concatenate ([X|L1], L2, [X|L3]) :- concatenate (L1,L2,L3).

C1a:    try_me_else C2a              % concatenate (
C1:     get_nil A1                   %       [],
        get_value A2,A3              %       L, L
        proceed                      % ).

C2a:    trust_me_else fail           % concatenate (
C2:     get_list A1                  %       [
        unify_variable X4            %          X|
        unify_variable A1            %          L1], L2,
        get_list A3                  %       [
        unify_value X4               %          X|
        unify_variable A3            %          L3]) :-
        execute concatenate/3        % concatenate (L1, L2, L3).
```

Beispiel 5.12. Prologprogramm *concatenate* und Zwischensprachennotation

Beim Ablauf wird ein Choice Point erzeugt und mit den bekannten Registerinhalten belegt. Zusätzlich wird:

HB := H und B := top_of_stack

Die Umformung eines vollständigen kurzen Prologprogramms in die Zwischensprachennotation zeigt Beispiel 5.12.

5.2.5.2 Zwischensprache

Ausgehend von der sequentiellen Implementierung, wie sie im letzten Abschnitt geschildert wurde, soll jetzt der Übergang zu parallelen Implementierungen erläutert werden. Die meisten der bis jetzt erwähnten Konzepte bei der Zwischensprache bzw. der systemnahen Implementierung stützen sich auf den Befehlssatz von Warren [War83], der für die Parallelverarbeitung um weitere Befehle ergänzt. Hier sind vor allem Befehle zur Prozeßverteilung und Kommunikation zu nennen. Sie sind üblicherweise eingebettet in Befehle zum Gebrauch des UND- bzw. ODER-Parallelismus. Die folgenden beiden Modelle basieren auf diesem Ansatz:

Multi-sequentielle Prolog-Maschine

Zur Realisierung des in Abschnitt 5.2.4.3 geschilderten Verarbeitungskonzeptes dient neben den sequentiellen Benutzerprozessoren ein Managerprozessor. Auf den Benutzerprozessoren sollen, wie der Name schon sagt, die jeweiligen Programmteile sequentiell abgearbeitet werden. Das bedeutet, daß hierfür die Befehle und die Struktur der WAM möglichst unverändert übernehmen werden. Alle übrigen Tätigkeiten zur Unterstützung der Parallelverarbeitung werden vom Managerprozessor durchgeführt. Der Managerprozessor teilt den Prozessoren virtuelle Prozessornummern zu und teilt ihnen die Anzahl der gleichzeitig mit ihnen arbeitenden Prozessoren mit. Außerdem sendet er an die freien Benutzerprozessoren über das Broadcast Copying Network die Anfangsadresse eines zu berechnenden Teilbaums zusammen mit den dazu nötigen Parametern und stößt die Rechnung an. Der einzelne Prozeß führt dann Programme in der Zwischensprache PLM aus. Ergebnisse werden wieder vom Managerprozessor abgeholt.

PEPSys

Wegen der Nutzung des UND-Parallelismus sind bei diesem Ansatz mehr zusätzliche Befehle notwendig als bei anderen Konzepten. Für die Aufgaben des eigentlichen *Benutzer*-Prozeßmanagements wird auf der Ebene des einzelnen Prozessors ein Systemprozeß eingeführt, der *kernel process*. Er führt die Kommunikation mit dem Netz durch, besorgt Arbeit für einen Benutzerprozeß, verwaltet auf Ergebnisse wartende und damit suspendierte Prozesse und beendet Benutzerprozesse in Fällen, wo nur eine Lösung gesucht wird. Zum Zweck der Verwaltung suspendierter Prozesse muß ein lokaler Speicherbereich vorgesehen werden. Weiterhin gilt, daß zu jedem Zeitpunkt nur ein Prozeß pro Prozessor aktiv sein kann, d.h. wenn ein Benutzerprozeß (auch PEPSys-Prozeß oder P-Prozeß genannt) rechnet, sind gleichzeitig der Kernel Prozeß sowie auch alle anderen nicht rechenbereiten P-Prozesse suspendiert.

Folgende Veränderungen der Struktur der abstrakten Maschine ergeben sich aus dem ODER-Parallelismus:

- Wegen des eingeschränkten Zugriffs auf nicht-lokale Variablen (vgl. 5.2.4.3) wurden zusätzliche Datentypen eingeführt, die in der sequentiellen Maschine noch nicht vorhanden sind. Außer den Datentypen (=Tags) DIC (für Atome), INT (für Integer), LIST (für Listen), STRUCT (für Strukturen), FREE (für nicht gebundene Variablen), REF (für gebundene Variablen), die alle lokale Datenobjekte betreffen, gibt es auch noch drei nicht-lokale Datenobjekte:

NLC	nicht-lokale Variable
NLLST	nicht-lokale Liste
NLSTR	nicht-lokale Struktur

- Wegen der Bindungsproblematik beim ODER-Parallelismus (siehe auch 5.1.2, 5.2.2, 5.2.3) wird ein Register eingeführt, das bei Beginn jeder Klausel hochgezählt wird. Damit wird ein Zeitfaktor bzw. ein hierarchischer Faktor eingeführt, weil die älteren bzw. weiter oben im Suchbaum befindlichen Klauseln eine niedrigere Nummer haben als die jüngeren bzw. weiter unten befindlichen. Prozesse, die mit einer niedrigeren Nummer (auch OR-branch level oder OBL genannt) beginnen, dürfen Variablen mit höherer Nummer verändern, aber in der anderen Richtung dürfen Variablen nur gelesen werden (vgl. auch 5.2.4.3).
- Für ODER-parallele Prädikate wird kein Choice Point erzeugt, wie bei sequentiellen Klauseln üblich, sondern ein sogenannter *Branch Point*, mit dem dann parallele Klauseln anderen Prozessen über den Workpool zur Verfügung gestellt werden können. Trotz allem gibt es aber weiterhin die Möglichkeit, für als sequentiell gekennzeichnete Prädikate Choice Points zu erzeugen.
- Zur Bearbeitung des ODER-Parallelismus gibt es zusätzliche Befehlsgruppen in der Befehlsliste der abstrakten Maschine für:
  - Generierung und Terminierung eines Branch Point,
  - Bearbeitung von Klauseln eines Branch Points,
  - Initialisierung von Benutzerprozessen.

Für die Realisierung des UND-Parallelismus sind verschiedene Befehle notwendig, um die Aktionen *fork, join* und *crossproduct* (s. 5.2.3 und 5.2.4.3) zu realisieren. Im wesentlichen ergeben sich dann fünf Gruppen:

- Befehle zur Realisierung des fork-Operators,
- Befehle zur Realisierung des join-Operators,
- check-Befehle für den UND-Parallelismus,
- Befehle zur Realisierung des crossproduct-Operators,
- Befehle zum Starten und Beenden UND-paralleler Prozesse.

Das PEPSys-Konzept bietet die Möglichkeit, statt allen Lösungen nur eine zu berechnen (one solution property). Dieser Weg wird auch durch Maschinenbefehle unterstützt. Dafür werden Befehle zum Start dieses speziellen Konzepts, zur Synchronisation zwischen verschiedenen Klauseln (zur Berechnung nur einer Lösung) und für das Backtracking in einer Umgebung zur Verfügung gestellt, in der nur eine Lösung gefunden werden soll.

Zwei der weiter oben erwähnten Modelle weisen dagegen in eine etwas andere Richtung:

1. die *Kabu Wake*-Maschine
   Die vorhandene Literatur gibt keine Hinweise auf die Verwendung einer Zwischensprache. Erwähnt wird nur ein Interpreter für die Sprache Prolog, der auf einem Knoten sequentiell arbeitet (zur Struktur des Rechners vgl. 5.2.6).
2. die *OR parallel token machine*
   Für die *OR parallel token machine* gibt es einen anderen Vorschlag einer Zwischensprache wegen der besonderen Struktur dieser Maschine. Man unterscheidet hier nur drei Befehlsgruppen. Die einzelnen Befehle sind komplexer als entsprechende in der WAM. Die drei Befehlsgruppen sind:
   a) Befehle, in die der Prolog-Programmcode übersetzt wird:
      Die meisten Befehle, die in diese Rubrik gehören, sind auch im sequentiellen Fall vorstellbar. Sie betreffen Aufrufe von Subgoals und die Bearbeitung von Klauseln, welche nur aus einem Subgoal bestehen. Der Befehl für den parallelen Fall generiert eine Anzahl von Token für den Tokenpool (entsprechend der Anzahl der Klauseln eines Prädikats), wie im Abschnitt 5.2.4 erwähnt.
   b) Befehle für die Tokenverwaltung:
      Hier sind die zwei Befehle zum Holen eines Tokens aus dem Pool und zum Senden in den Pool eingeordnet. Falls mehrere Token gesendet werden müssen, wird der Befehl mehrmals ins Zwischensprachenprogramm eingesetzt.
   c) Befehle zur Verwaltung der Bindungsumgebungen:
      Für die Variablen einer Klausel werden sie mit diesen Befehlen neu geschaffen oder wieder gelöscht, Lösungen einer Klausel zusammengefaßt und losgeschickt und die eigentliche Unifikation durch einen Befehl durchgeführt.

5.2.6 Hardware-Architekturen

In diesem Abschnitt sollen Hardware-Architekturen für parallele Prolog-Maschinen untersucht werden, zusätzlich aber auch Implementierungsmöglichkeiten auf Multiprozessorsystemen mit Standardmikroprozessoren. Soweit möglich sollen die vorher beschriebenen Konzepte bis zur Hardware- bzw. Implementierungsebene verfolgt werden. Danach werden einige allgemeine Grundsätze für Architekturentscheidungen dargestellt. In einem abschließenden Abschnitt werden Implementierungsvorschläge bewertet und Folgerungen für eigene Architekturvorschläge dargestellt.

Im Zusammenhang mit den in den früheren Abschnitten geschilderten Konzepten ist ein Mangel an Information festzustellen, je näher man der Implementierungsebene kommt. Aussagen über die Implementierung lassen sich nur für PEPSys und Kabu Wake machen, über die anderen liegen noch keine veröffentlichten Unterlagen vor. Darüber hinaus werden verschiedene Vorschläge zu Spezialbausteinen gemacht, die Teilaufgaben beschleunigen.

5.2.6.1 Architekturvorschläge

PEPSys

Über die Implementierung des PEPSys-Konzeptes auf einer konkreten Hardware liegt noch wenig Material vor. Eine Emulation auf einem Siemens MX-500-Rechner (bzw. Sequent Balance 8000) wurde implementiert. Dabei wurden Benutzerprozesse durch UNIX-Prozesse dargestellt. Die Maschinenbefehle der WAM werden in C emuliert. Mit der ersten Implementierung wurde auf besondere Optimierungen verzichtet, nicht die erzielbare Leistung, sondern die Überprüfung der Prozeßkonzepte in Hinsicht auf ihre Synchronisations- und Kommunikationsmechanismen stand im Vordergrund. Allgemein eignen sich PEPSys und die ähnlichen Modelle besonders für Shared Memory-Systeme wegen der einfachen Kommunikation. Eine geeignete Verbindungstopologie wäre eine Busstruktur, aber auch andere Verbindungsnetze sind denkbar.

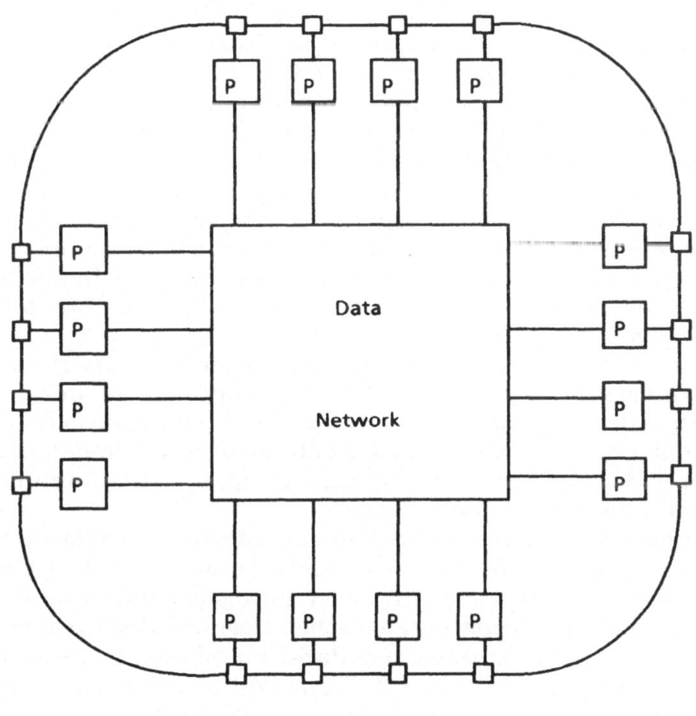

Bild 5.10. Rechnerarchitektur von Kabu Wake

Kabu Wake

Die Hardwareentwicklung für *Kabu Wake* ist im wesentlichen abgeschlossen. Das gesamte Mehrprozessorsystem besteht aus 16 Prozessoren (MC68010) mit jeweils 2MB Speicher (s. Bild 5.10), wovon einer als Manager ausgewiesen ist, der die Verbindung zur Außenwelt hält (I/O). Die anderen gleichberechtigten Prozessoren sind durch ein 8-bit-breites Datennetzwerk (*task network*) für Teilaufgaben und Variablenbindungen verbunden. Auf diesem wird zu Beginn auch der Programmcode mittels Broadcast verteilt. Zusätzlich verbindet die Prozessoren noch ein 16-bit-breites Steuer-Netzwerk (*control network*), auf dem freie Prozessoren ihre Requests weitergeben, wenn sie eine neue Teilaufgabe benötigen. Beide Netze werden mit einem Datendurchsatz von 2 MB/s betrieben, was im Vergleich z.B. zum Ethernet ein recht niedriger Wert ist.

Aufgabenverteilung im Betrieb

Bei der Konfiguration eines Mehrprozessorsystems kommt vor allem der Einsatz als Backend bzw. Coprozessor in Verbindung mit einem Host oder der Einsatz als Stand Alone-System in Frage. Bei dem ersten Vorschlag werden nur fertig compilierte und getestete Programme in den Coprozessor geladen, alle anderen Funktionen wie Editieren, Compilieren und Testen werden auf dem Host durchgeführt. Beim zweiten Vorschlag müssen alle diese Aufgaben auf dem Mehrrechnersystem selbst durchgeführt werden.

- Als Stand Alone-System muß das Mehrrechnersystem ein eigenes Betriebssystem erhalten, das auch die Kommunikation mit den Benutzern und Ein-/Ausgabe erlaubt. Normalerweise braucht man dann entweder ein neues Betriebssystem mit Editoren und Compilern, oder ein vorhandenes muß an die Maschine angepaßt werden. Das würde einen großen Aufwand zur Erstellung und Anpassung der für den Betrieb notwendigen Software bedeuten.
- Als Backend bzw. Coprozessor betrieben, kann man als Host z.B. eine Standardworkstation unter UNIX verwenden, auf der dann alle Funktionen der Ein-/Ausgabe und ein Entwicklungssystem für paralleles Prolog mit Editor, Compiler und Testhilfsmitteln ablaufen. Ein großer Teil dieser Software ist Standardausstattung, der Rest kann mit relativ geringem Aufwand abgeleitet werden.
- Der Coprozessor wird nur in dem Fall angesprochen, in dem ein paralleles Programm ablaufen soll. Für Testzwecke ist dann auf dem Coprozessor nur noch ein Laufzeitsystem mit relativ geringem Umfang notwendig.
- Günstig ist die Aufgabenteilung zwischen Host und Coprozessor vor allem bei großen, rechenzeitintensiven Parallelproblemen. Dann kann der Coprozessor längere Zeit ohne Kommunikation arbeiten, während der Host ungestört seine sonstigen Aufgaben durchführt.

Hardwareunterstützung für die Prologberechnung

Zur Illustration der möglichen Spezialbausteine für eine Prologmaschine sollen einige Hardwareeinheiten vorgestellt werden (hauptsächlich von den sequentiellen Prologmaschinen PEK [Tam84], der ICM3 [Ben87] und ICM4 [Wat87] und die Hardware-Unifikations-Einheit von Woo [Woo85].

- Da die Zwischensprachenbefehle immer noch relativ komplex sind, müssen sie durch Mikroprogrammsequenzen realisiert werden, die dann mittels einer Mikroprogrammsteuerung (Sequencer und Control Store) abgearbeitet werden.
- Ein wesentliches Element ist die Verarbeitungseinheit mit (z.B. herkömmlicher) ALU und einem speziellen Registerfile. Die ALU unterstützt die gleichzeitige Berechnung von Tags und Daten.
- Eine weitere Einheit zur Beschleunigung von Berechnungen ist eine Unifikationseinheit, bei der zwei Register miteinander verglichen werden können. Aufgrund des Vergleichsergebnisses kann in verschiedene Routinen verzweigt werden.
- Für die Unterstützung des Backtracking gibt es eine spezielle Einheit, die einerseits den Trail-Stack verwaltet (automatisches Kellern auf dem Trail) und andererseits beim Anstoßen des Backtracking die Bindungen rückgängig macht (mittels pop-Aktionen auf dem Trail Stack; ein Zähler enthält die Anzahl der dann nötigen pop-Operationen).

Bei der ICM3 sind diese Einheiten vorhanden. Sie wurden alle zu einer Einheit zusammengefügt, die dort *execution unit* (Ausführungseinheit) heißt. Nur das Registerfile ist getrennt davon implementiert. Weiterhin wird noch eine *prefetch unit* zum schnelleren Holen und Dekodieren von Zwischensprachenbefehlen verwendet.

Bei der ICM4 wurde dagegen die Execution Unit wieder aufgeteilt in eine *search control unit* für den Zugriff auf den Programmcode und eine *unification unit* für die Verwaltung der Datenbereiche und die Arithmetik für die Unifikation (Vergleich der Datenworte) und die Tag-Generierung.

Zusätzliche interessante Eigenschaften hat die *Hardware Unification Unit* von Woo:

- Am Eingang liegen die zwei zu unifizierenden Datenobjekte an. Abhängig vom Typ wird über eine Mikroprogrammierung auf die verschiedenen Algorithmen verzweigt, die die jeweiligen Datentypen bearbeiten.
- Am Ausgang liegt dann true oder false (für unifizierbar bzw. nicht unifizierbar) an. Nicht gebundene Variablen werden zusätzlich an den Wert der anderen Variablen gebunden.
- Die Einheit enthält eine ALU für Additionen (Adreßumrechnung) und als wichtigstes einen Komparator.

Simulationsergebnisse lassen darauf schließen, daß die Hardwareeinheit zwischen 7 und 15 mal schneller ist als eine Softwarelösung.

Zu allen diesen Beispielen läßt sich noch sagen:

- Die geschilderten Hardwareeinheiten gehören zu sequentiellen Prolog-Implementierungen und sind deswegen nicht uneingeschränkt auf Parallelsysteme zu übertragen. Trotzdem können ähnliche Hardwareeinheiten auch dort wesentlich zur Leistungssteigerung beitragen.
- Die verschiedenen Einheiten müssen nicht getrennt voneinander aufgebaut sein, bei genügender Kapazität der Bausteine können auch mehrere in einem Baustein untergebracht werden.

Speicherarchitekturen

Eine Entscheidung hat wesentlichen Einfluß auf den Durchsatz und die Geschwindigkeit des Mehrrechnersystems: Entweder ist ein globaler Speicher implementiert, auf den alle Prozessoren Zugriff (*Shared Memory*) haben, oder jeder Prozessor hat seinen lokalen Speicher, wobei dann alle über ein Verbindungsnetzwerk bzw. Bussystem verbunden sind.

Die verwendbare Speicherstruktur hängt eng mit der Anzahl der Prozessoren zusammen, die miteinander verbunden werden sollen. Da es wünschenswert ist, möglichst viele Klauseln parallel abarbeiten zu können, sollte eine große Anzahl von Prozessoren vorgesehen werden.

Ein möglicher Lösungsansatz ist, die Prozessoren über ein Verbindungsnetzwerk mit einem globalen Speicher zu verbinden. Hierbei wird jedoch ein großer Aufwand im Verbindungssystem nötig, der wiederum die Zahl der Prozessoren begrenzt. Auch der Zugriff auf den globalen Speicher wird dann zum Engpaß (Zugriffskonflikte, Zugriffszeit).

Durch eine geschickte Kombination von lokalem und globalem Speicher bei der Speicherstruktur lassen sich solche Zugriffskonflikte minimieren.

Deshalb bietet es sich an, ein hierarchisch aufgebautes Speichersystem zu wählen. Eine Gruppe von Prozessoren kommuniziert über einen für diese Gruppe gemeinsamen Speicher. Solche Gruppen, auch *Cluster* genannt, sind durch ein Verbindungsnetz mit einem für das Gesamtsystem gemeinsamen Speicher gekoppelt. Diese Lösung läßt größeren Spielraum für die Erhöhung der Prozessorzahl.

Für Prolog läßt sich die Struktur am besten so realisieren, daß Klauseln bzw. Goals, die logisch eng zusammenhängen (z.B. direkt voneinander aufgerufen werden), auch bei der Implementierung räumlich näher zusammengerückt werden. Ziel muß daher sein,sie durch geeignetes Scheduling in einem Cluster unterzubringen. Logisch voneinander getrennte Bereiche, z.B. Klauseln in verschiedenen Teilbäumen, können dann in verschiedenen Clustern untergebracht werden, weil ein Datenaustausch zwischen ihnen weniger wahrscheinlich ist.

Weitere Detailaspekte der Implementierung

Für die Implementierung müssen einige Punkte geklärt werden, die auf der abstrakten Maschinenebene noch offen bleiben konnten:

- Prozeßverteilung:
  Bei verschiedenen Konzepten (PEPSys, Kabu Wake) wird davon gesprochen, daß an einen freien Prozessor eine Teilaufgabe verteilt wird. Diese Verteilung kann auf verschiedene Arten implementiert werden:
  - *random*: Die Prozesse werden nicht nach einem bestimmten Algorithmus auf die Prozessoren verteilt, d.h. der Prozessor bekommt die Teilaufgabe, dessen Request zuerst beim vergebenden Prozessor ankommt.
  - *scheduled*: Prozesse werden an Prozessoren mit Hilfe eines Algorithmus vergeben, der z.B. die logische Zusammengehörigkeit mit anderen Prozessen berücksichtigt oder freie Prozessoren auch einfach durchnumeriert und Prozesse dann der Reihe nach vergibt.
- Speicherverwaltung [Rob86]:
  Schnelle Speicherzugriffe in Prolog sind besonders wichtig, weil das Programm auf einer Wissensbasis operiert und darauf angewiesen ist, in möglicherweise sehr großen Datenbeständen zu suchen. Dazu wurde beim Ansatz PAM (*pattern addressable memory*) versucht, die Tag-Überprüfung und den Vergleich auf Datenübereinstimmung gleichzeitig durchzu-

führen. Klauseleinträge im Speicher, die mit dem Goalaufruf übereinstimmen, werden gekennzeichnet und dann für die Berechnung ausgegeben. Günstigerweise ist bei diesem PAM-Chip die Logik mit dem eigentlichen Speicher auf einem Baustein untergebracht und so als Cache verwendbar. Mit einem solchen Chip kann man Indexing (vgl. 5.2.5) durchführen und dadurch den Backtracking-Aufwand durch richtige Vorauswahl reduzieren.

– RISC:

RISC (für *reduced instruction set computers*) gilt als modernes Konzept zur Realisierung von schnellen Hardware-Architekturen. Aus diesem Grund bietet es sich an, die prinzipielle Eignung einer RISC-Architektur für eine parallele Prolog-Maschine zu untersuchen.

- Auf den ersten Blick sieht es so aus, als ob mit dem Warren-Befehlssatz eine RISC-Architektur aufgebaut werden könnte, da dieser nur 40 Befehle umfaßt. Neben diesem Kernbefehlssatz braucht man in realen Systemen jedoch noch zusätzliche Befehle:
  + für die Verarbeitung des Cut und für Arithmetik, eventuell auch noch solche für Standardprädikate, die in Hardware implementiert werden. Dazu könnten auch noch Befehle fur die Ein-/Ausgabe notwendig werden.
  + Im parallelen Fall ergeben sich noch eine ganze Reihe von zusätzlichen Befehlen (vgl. [Cha87]), davon die meisten für die Realisierung des AND Parallelismus.
- Wesentlicher als die Anzahl der Befehle für RISC ist aber, daß die Befehle so einfach sein sollen, daß sie in einem Zyklus ausgeführt werden können. Das bedeutet, daß sie nicht mikroprogrammiert sein dürfen. Diese beiden Bedingungen werden vom abstrakten Befehlssatz für Prolog nicht erfüllt, denn die Maschinenbefehle sind relativ komplex und müssen daher mikroprogrammiert werden.
- Um Befehle zu bekommen, die in einem Schritt ausführbar sind, wäre es notwendig, eine weitere Zwischensprachenschicht einzuführen, die dem PLM-Befehlssatz nachgeschaltet ist und ihn emuliert. Auch die Mehrteilung der Speicherbereiche verkompliziert die Befehlssprache und sollte für eine RISC-Implementierung geändert werden.

– Datenformate:

Das prinzipielle Format von Daten für abstrakte Maschinen wurde schon vorgestellt. Für die Implementierung ist es notwendig, die Umsetzung in Hardware-Wortbreiten festzulegen.

Bei den hier betrachteten Implementierungen hängt die Wortbreite u.a. auch von der Verwendung von Standardprozessoren oder Spezialbausteinen ab. Bei Standardprozessoren bietet sich eine Wortbreite (d.h. Tag und Daten) von 32 bit an, weil die mit den heute gebräuchlichen Mikroprozessoren am leichtesten zu bearbeiten ist. Manche Spezialprozessoren (z.B. ICM4 [Wat87]) verwenden aber größere Wortbreiten (36 bit oder 40 bit). Eine größere Wortbreite hat den Vorteil, daß trotz der Tags ein großer Adreßraum verwaltet werden kann. Ein Nachteil ergibt sich aber für die Kommunikation, wenn nicht-standardisierte Wortbreiten weitergegeben werden müssen (d.h. ein Wort wird in zwei Zyklen transportiert).

Die Länge des Tagfeldes hängt einerseits von der Zahl der verwendeten Datentypen ab, andererseits sollen sich die Tags einfach verarbeiten lassen. Deshalb werden vorzugsweise 8 bit bei einer 40-bit-Architektur verwendet. Bei einer kleineren Breite des Gesamtworts, z. B. bei einer 32- oder 36-bit-Architektur, versucht man mit weniger auszukommen. Bei der PLM-1 [Dob84] ist die Tag-Breite vom Datentyp abhängig und beträgt bis zu 5 bit.

5.2.6.2 Beurteilung

Die beschriebenen Konzepte lassen sich folgendermaßen charakterisieren:

- Da alle Konzepte von der ODER-parallelen Bearbeitung von Prolog ausgehen, sind Änderungen der Syntax nur in geringem Umfang notwendig, bei *Kabu Wake* und bei der multisequentiellen Prolog-Maschine sind keine zusätzlichen Konstrukte für Parallelität erforderlich. PEPSys fällt etwas aus dem Rahmen durch die Einführung paralleler und serieller Module, der Properties und des parallelen UND-Operators. Weil solche Parallelkonstrukte fehlen, sind bei den anderen Konzepten keine Benutzerangaben zur Unterstützung der parallelen Bearbeitung möglich bzw. nötig: sie werden automatisch ins Programm eingefügt. Nur bei PEPSys sind vor allem zur Unterstützung des UND-Parallelismus Änderungen in den Prologprogrammen vorteilhaft.
- Die Komplexität des Prozeßmodells hängt ebenfalls mit dem Parallelismus zusammen, der bei den einzelnen Konzepten unterstützt wird. Die ODER-parallelen Ansätze wie Kabu Wake und multi-sequentielle Maschine sind von der Prozeßerzeugung und Prozeßverwaltung her am einfachsten. PEPSys ist in dieser Hinsicht komplexer wegen der Hash-Windows und des verwendeten UND-Parallelismus.
- Die Umsetzung einer abstrakten Maschine in Hardware hängt wesentlich von der Komplexität des zugehörigen Prozeßmodells ab. Je komplexer die Prozeßstruktur ist, desto schwieriger wird auch die Umsetzung in Hardware. Es ist natürlich günstig, für eine parallele Rechnerarchitektur bekannte Verfahrensweisen zu verwenden, wie sie aus dem sequentiellen Fall bekannt sind. In dieser Hinsicht ist die multi-sequentielle Maschine am günstigsten, weil sie unveränderte, sequentielle Prolog-Prozessoren verwendet, für die es schon verschiedene Implementierungen gibt ([Ben87], [Wat87], [Fag85]).
- Die besten Möglichkeiten, den prinzipiell möglichen Parallelismus auszunützen, ergeben sich natürlich dann, wenn in Prolog auch der UND-Parallelismus in die Bearbeitung mit einbezogen wird. Das ist bei PEPSys der Fall.
- Die OR-Parallel Token Machine ist in mancher Hinsicht nicht so gut für eine Implementierung geeignet. Die Granularität läßt sich nicht beeinflussen, da auch dann Prozesse erzeugt werden, wenn keine freien Prozessoren vorhanden sind. Der globale Tokenpool verursacht einige Probleme bei der Implementierung von Zugriffs- und Synchronisationsmechanismen.

Ein weiterer Punkt, der in diesem Zusammenhang wichtig ist, betrifft die Anzahl der verfügbaren Prozessoren. Für die Implementierung werden keine festen Zahlen genannt, aus den Hinweisen kann man aber entnehmen, daß an nicht mehr als 100 bis 200 Prozessoren gedacht ist. Die Anzahl der generierbaren parallelen Prozesse bestimmt die endgültige Leistungssteigerung, sodaß die zusätzliche Ausnutzung des UND-Parallelismus von entscheidender Bedeutung sein kann.

5.2.7 Resümee

Bei der Einführung zu Kapitel 5.2 wurde festgestellt, daß für einfachere Bearbeitung und bessere Portabilität der Sprachumfang von parallelem Prolog im wesentlichen gleich dem von sequentiellem bleiben soll. Im weiteren konnte man aber bemerken, daß die Umsetzung der Parallelität zu so umfangreichem Aufwand führen, daß von einer einfachen Realisierung keine Rede mehr sein kann. Bei konkreten Implementierungen (z.B. PEPSys) hat man deswegen versucht, für Steueraufgaben das Betriebssystem des Hostrechners zu verwenden. So erreicht man zwar schnell eine lauffähige Implementierung, aber die Geschwindigkeit des Gesamtsystems ist relativ gering. Möglicherweise würde die Implementierung einer semantisch reinen logischen Sprache, wie es die Hornklausellogik ist, zu einfacher realisierbaren Systemen (vgl. [Bac87]) führen. Andererseits ist aber der Einsatz einer solchen Sprache anstelle von Prolog nicht ohne weiteres möglich, weil in ihr die meisten systembedingten Aufrufe und Datentypen fehlen.

Für Implementierungen auf Mehrprozessorsystemen gibt es einige Folgerungen, die sich aus den Konzepten dieses Kapitels ziehen lassen:

- Da die Anzahl der Prozessoren sowohl bei Bussystemen mit Shared Memory als auch bei Verbindungsnetzwerken aus Implementierungsgründen beschränkt ist, bietet sich eine Kombination aus beiden an, z.B. in der Form von Clustern aus Prozessoren mit Shared Memory und Cluster-internem Bus. Die Cluster werden durch ein Verbindungsnetzwerk miteinander gekoppelt.
- Bezüglich der Aufgabenverteilung ist anzustreben, Prozesse so auf Prozessoren zu verteilen, daß logisch zusammengehörende Teile des Programms (eine zusammenhängende Teilaufgabe) auch auf "lokal" benachbart liegenden Prozessoren ablaufen (Scheduling). Die Kommunikation zwischen solchen logisch benachbarten Teilen ist erfahrungsgemäß wesentlich häufiger als zwischen logisch entfernten.
- Für die Implementierung der Einzelprozessoren wäre es günstig, wenn ihre Struktur aus sequentiellen Prozessoren ohne großen zusätzlichen Aufwand abgeleitet werden könnte. Die Parallelität müßte dann außerhalb des einzelnen Prozessors global abgefangen werden. Dazu kann es notwendig werden, einen oder mehrere Managementprozessoren einzusetzen.
- Wenn im System ein Verteilungsmanagement benützt wird (wie bei der multi-sequentiellen Maschine), muß man sich überlegen, welche und wieviele Hierarchiestufen von Managementprozessoren, bezogen auf die Anzahl der vorhandenen Benutzerprozessoren, gebildet werden müssen. Durch geeignete Wahl kann der Kommunikationsaufwand ebenfalls wesentlich verringert werden.

- Günstig wäre ein Gesamtkonzept, in dem das Prologrechnersystem als Copropzessor fungiert und an einen Host mit Standardbetriebssystem (z.B. UNIX) und vorhandenem Prologentwicklungssystem angeschlossen ist. Der Coprozessor könnte von Betriebssystemaufgaben und Ein-/Ausgabe entlastet werden, der Host dagegen von rechenzeitintensiven Aufgaben.

5.3 Committed Choice-Sprachen

Die Committed Choice-Sprachen und Prolog

Das Fifth Generation Computer Projekt (FGCS) wurde 1982 in Japan ins Leben gerufen und setzte sich zum Ziel, bis zum Beginn der 90er Jahre ein leistungsfähiges Parallelrechnersystem mit der logischen Programmierung als Kern zu entwickeln. Man wählte Prolog wegen seiner Mächtigkeit als Ausgangssprache. Dazu zählen die Möglichkeiten zur Datenbankverarbeitung und zur algorithmischen Lösungssuche. Noch gewichtiger erschien, daß sich Prolog für die Algorithmusbeschreibung, für die Listenverarbeitung und für die Metaprogrammierung (d.h. die Sprache selbst läßt sich mit den Mitteln der Sprache beschreiben) sehr gut eignet. Auch die objektorientierte Programmiermethode läßt sich gut in die logische Programmierung einfügen. (Siehe etwa [Sha83], [Kah86] und [Ohk87])

Da bei einem Prologprogramm der Suchbaum sequentiell durchsucht wird und bei einem Cut ganze Zweige des Baums abgeschnitten werden, ist Prolog ohne zusätzliche Konstrukte für die Parallelisierung nur sehr beschränkt geeignet, es sei denn man verzichtet auf die vorgegebene Reihenfolge bei der Wahl der Klauseln (Kapitel 5.2). Programme, die für eine normale sequentielle Abarbeitung geschrieben wurden, sind so ohne weiteres nicht parallelisierbar, da sonst unerwartete Ergebnisse auftreten können. Der Programmierer muß bei solchen Programme die Klauseln und die durch UND verknüpften Ziele, die parallel ablaufen können, selbst kennzeichnen.

Diesen Weg der expliziten Kennzeichnung von Parallelität will man bei den Committed Choice-Sprachen umgehen. Die Programme sollen möglichst viel implizite Parallelität enthalten, ohne daß sich der Programmierer viel darum kümmern muß. Alle drei Grundsprachen der Committed Choice-Sprachen, das sind Concurrent Prolog, Parlog und GHC, gehen zurück auf die Relational Language [Cla81] von Clark und Gregory.

Parlog ist als direkter Nachfolger der Relational Language von Clark und Gregory konzipiert und in das Projekt ALICE und dessen Nachfolgeprojekt Flagship von ICL integriert. Das Hauptziel dieser Projekte liegt jedoch in der Schaffung einer geeigneten Hardware für die funktionale Programmierung.

Concurrent Prolog wurde von Shapiro entworfen und wird vom Weizmann Institut in Israel favorisiert [Sha86]. Dort wurde ein Compiler für diese Sprache entwickelt und zur Zeit wird daran gearbeitet, sie auf einem Hypercube ablaufen zu lassen.

Ueda entwarf aufbauend auf den Erfahrungen mit Concurrent Prolog die Sprache GHC. Diese soll als eine Zwischensprache im Rahmen des oben erwähnten FGCS verwendet werden. Dieses Projekt ist von seiner Zielsetzung her das umfangreichste im Rahmen der Committed Choice-Sprachen. Es umfaßt nicht nur die Entwicklung einer speziellen Hardware für den schnellen Ablauf dieser Sprache, sondern auch den Entwurf geeigneter Hochsprachen über der Zwischensprache. Man kann sich die Sprachebenen des Projekts folgendermaßen aufgeteilt denken (siehe Bild 5.11).

Auf der obersten Ebene steht eine Knowledge Programming Language mit Möglichkeiten zur Wissensverarbeitung und Datenbankverarbeitung.

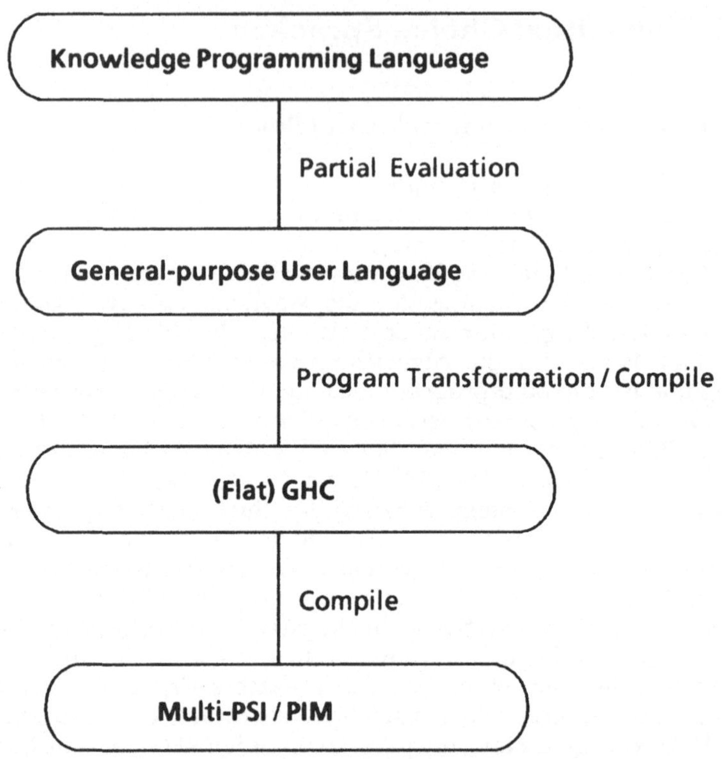

Bild 5.11. Ebenen der Programmiersprachen bei ICOT (aus [Fuc86])

Hier wird vor allem mit modularen Programmfunktionen und der Technik der Metaprogrammierung gearbeitet [Fuc86]. Durch Transformation mit Hilfe der Partial Evaluation in die nächste Ebene wird der Nachteil eines Metainterpreters mit seiner langsamen Ausführungsgeschwindigkeit umgangen.

Die nächste Ebene stellt die General-Purpose User Language KL1-U dar [Fur84], die wie Prolog auf der Hornklausellogik basiert. In KL1-U werden sowohl Multiprogrammiermethoden als auch objektorientierte Programmierfunktionen angeboten. Dazu gehören Search-all-solutions Funktionen, Metaprädikate und Befehle zum Umgang mit Maschinenprogrammen. Programme aus dieser Ebene werden dann in eine primitive, parallele logische Programmiersprache übersetzt ([Ued86], [Ued87] und [Tam87]), das ist im wesentlichen GHC oder FGHC (siehe 5.3.1.2). Zur Steuerung der Aufgabenverteilung sollen dem Benutzer noch weitere Konstrukte zur Verfügung stehen, über die bisher aber noch wenig Literatur zur Verfügung steht (siehe etwa in [Ich87]) und die wohl auch noch nicht endgültig definiert sind.

Nach nochmaliger Compilierung erhält man schließlich das Maschinenprogramm in der Sprache KL1-B als unterster Ebene. Dieses soll auf der sequentiellen PSI Maschine oder auf einer Parallel Inference Maschine PIM, die von ICOT (Institute for New Generation Computer Technology, Japan) entwickelt wird, zum Ablauf kommen. Gleichzeitig ist auch daran gedacht, die ODER-parallele Ausführung von normalem Prolog hardwaremäßig auf diesen Maschinen zu unterstützen.

Von den in Bild 5.11 dargestellten Ebenen werden hier nur die beiden unteren genauer betrachtet. In Teil 5.3.1 werden die Sprachmittel der drei Grundsprachen der Committed Choice-Sprachen dargestellt. In den nachfolgenden Abschnitten werden die Fragen behandelt, die bis zu den Hardwarearchitekturen in Teil 5.3.6 führen.

5.3.1 Sprachmittel

5.3.1.1 Überblick

Alle drei Grundsprachen der Committed Choice-Sprachen, das sind Concurrent Prolog, Parlog und GHC, gehen zurück auf die Relational Language [Cla81] von Clark und Gregory. Die Committed Choice-Sprachen haben eine ähnliche Syntax wie Prolog. Sie unterscheiden sich von Prolog hauptsächlich durch die Verwendung des Commitment-Operators an Stelle des Cut-Operators. Daraus folgt aber auch ein anderer Programmierstil als bei normalem Prolog. Die Guarded Horn Clauses, die den Commitment-Operator enthalten, werden im ersten Abschnitt 5.3.1.2.1 eingeführt und sind allen drei Sprachen gemeinsam.

Weil die Kommunikation zwischen einzelnen Prozessen bei den logischen Programmiersprachen über gemeinsame Variablen läuft, und da viele der Prozesse parallel ablaufen sollen, sind zusätzliche Konstrukte notwendig, welche die Kommunikationsrichtung festlegen und Prozesse bis zum Vorliegen aller Eingangsvariablen suspendieren. Bei Concurrent Prolog, das von Shapiro [Sha86] entwickelt wurde, werden "Read-Only-Variablen" zur Steuerung der Zugriffsrechte auf eine Variable verwendet. Clark und Gregory [Cla86] benutzen bei ihrem Parlog explizite Mode-Deklarationen für Input- bzw. Output-Variablen. Bei GHC von Ueda [Ued85b] wird die Schreibberechtigung durch die Definition des Guardteils gesteuert. Die verschiedenen Konstrukte zur Definition der Zugriffsart in den drei Sprachen werden im Abschnitt 5.3.1.2.2 erläutert. Die Darstellung geht hier zum Teil auf [Tak86] zurück.

In einem weiteren Abschnitt wird eine Teilsprache vorgestellt, in die Parlog übersetzt werden kann. Im wesentlichen wird dabei die ODER-Parallelität der Guards in UND-Parallelität umgesetzt und somit ein einfacheres Verarbeitungsmodell ermöglicht. Ähnliche Ansätze gibt es auch für Concurrent Prolog (siehe [Cod86]).

Im letzten Teil wird ein Beispiel für die Verwendung der Variablen zur Kommunikation und Synchronisation erläutert.

Auf die Probleme und Techniken bei der Fehlersuche von Programmen in diesen Sprachen wird hier nicht eingegangen. Es sei hier auf [Hun87] und die dort angegebenen Referenzen verwiesen.

5.3.1.2 Parallelkonstrukte

5.3.1.2.1 Guarded Horn Clauses

Bei allen drei Sprachen sind Programme als eine endliche Menge von Guarded Horn Clauses definiert. Inspiriert wurde die Verwendung der Guards, mit der Nichtdeterminiertheit der Committed Choice-Regel, durch die Guard-Kommandos von Dijkstra [Dij76] und das CSP-Konzept (Communicating Sequential Processes) von Hoare [Hoa78].

Syntax

Eine *Guarded Horn Clause* ist eine Hornklausel der Form

$$H :- G_1, \dots, G_n \mid B_1, \dots, B_m, \qquad n,m \geq 0$$

"|" wird *commitment*-Operator oder *commit* genannt. "$G_1, \dots, G_n$" heißt der *Guardteil* und "$B_1, \dots, B_m$" der *Bodyteil*. Die G_i und B_j werden auch als *Literale* der Klausel bezeichnet. H heißt *Kopf* der Klausel. Der Kopf enthält in Klammern die Argumente, die bei jedem Aufruf an die Klausel übergeben werden. Ein *Prädikat* ist definiert durch eine Menge von Klauseln mit der gleichen Anzahl von Argument im Kopf. Wird ein Prädikat mit mehreren Klauseln aufgerufen, dann werden zunächst (eventuell parallel) die Guardziele berechnet. Die erste Klausel, deren Guardziele erfolgreich sind, erhält das Commit. Dies bedeutet, daß die Berechnungen für alle anderen Klauseln dieses Prädikats beendet und die Ziele des Bodyteils der Commit-Klausel gestartet werden .

```
fib(N,Z):-  fib1(N,[0,1|Z]).
fib1(N,[W,X,Y|Z])  :-  N>X | Y: = W + X, fib1(N,[X,Y|Z]).
fib1(N,[X,Y])      :-  N≤X | true.
```

Beispiel 5.13. Fibonacci-Folge bis N (0,1,1,2,3,5,8,13,21, ...)

In Beispiel 5.13 ist ein Programm für die Fibonacci-Folge bis N angegeben. Z wird im Verlauf der Rechnung zur Liste mit der Fibonacci-Folge bis zur ersten Zahl größergleich N instantiiert. Ist N etwa gleich 2, dann wird für fib1 die erste Klausel herangezogen (2>1). Z wird daher zu [Y|Z'], d.h. [1|Z'] instantiiert, und fib1 mit den Argumenten 2 und [1,1|Z'] aufgerufen. Wieder ist 2>1 und Z' wird zu [Y|Z"], d.h. [2|Z"] instantiiert. Beim nächsten Aufruf von fib1 mit den Argumenten 2 und [1,2|Z"] wird nur die Guardbedingung der zweiten Klausel erfüllt und somit Z" an die leere Liste [] gebunden. Somit ist Z' an [2] und Z an das Ergebnis [1,2] gebunden.

Ein *Zielstatement* ist eine Konjunktion von Zielen der Form :

$$:- P_1, \dots, P_n \qquad n > 0$$

Deklarative Semantik

Die Bedeutung von "," und von "|" ist ein logisches UND. Eine Klausel kann daher deklarativ wie folgt gelesen werden :

Für alle Termwerte der Variablen in der Klausel gilt :
H ist wahr, wenn sowohl $G_1, \ldots, G_n$ als auch $B_1, \ldots, B_m$ wahr sind

Operationelle Semantik

Aus prozeduraler Sicht ist "," eine Verzweigungs-Operation (*fork*). Eine Konjunktion "p,q" zeigt an, daß die Ziele p und q in unterschiedlichen Prozessen gelöst werden. Diese Prozesse müssen aber nicht auf unterschiedlichen Prozessoren laufen. Zur Reduzierung der Kommunikation ist es oft günstiger, mehrere zusammenhängende Prozesse auf nur einen Prozessor zu legen. Der Commitment-Operator "|" hat die Aufgabe, verschiedene Alternativen innerhalb eines Prädikats gegenseitig auszuschließen.

Das Rechenmodell der Committed Choice-Sprachen verläuft nach dem Reduktionsmodell (siehe auch 5.1.1.3) und kann durch einen UND-ODER-Baum repräsentiert werden (nach [Miy85]). In Bild 5.2 ist ein einfacher UND-ODER-Baum dargestellt.

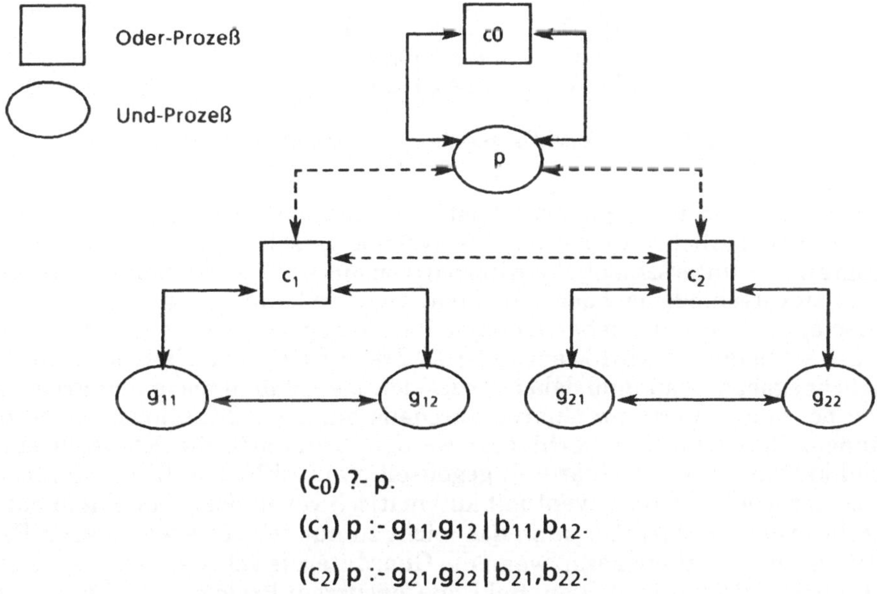

Bild 5.12. Ein Und-Oder-Baum (nach [Miy85])

Die verschiedenen Klauseln eines Prädikats bilden die ODER-Prozesse und die einzelnen Ziele auf der rechten Seite einer Klausel (Literale) die UND-Prozesse. Die Söhne eines ODER-Prozesses entsprechen den konjunktiven Zielen des Guardteils des ODER-Prozesses, etwa im Beispiel von Bild 5.12 die Ziele g_{11} und g_{12}. Die Söhne eines UND-Prozesses entsprechen den

Klauseln, welche ein Ziel eventuell reduzieren können. Im Beispiel sind das die Klauseln (c_1) und (c_2) für das Ziel p. Eine Schleife, die sich aus einem ODER-Prozeß und dessen Söhnen (UND-Prozesse) zusammensetzt, heißt UND-Schleife (im Bild 5.12 gekennzeichnet durch ⟷). Eine Schleife, die sich aus einem UND-Prozeß und dessen Söhnen (ODER-Prozesse) zusammensetzt, heißt ODER-Schleife (im Bild 5.12 gekennzeichnet durch <--->).

Generell können alle Blatt-Prozesse (das sind Prozesse ohne Söhne) des UND-ODER-Baumes gleichzeitig ablaufen, während die anderen auf die Beendigung der Sohnprozesse warten müssen (siehe auch 5.3.3 und 5.3.4). Ein Prozeß scheitert (*fail*), wenn er keine Lösung findet. In einer UND-Schleife scheitert der Vaterprozeß, wenn einer der Söhne (UND-Prozesse) scheitert. Bei einer ODER-Schleife scheitert der Vaterprozeß nur dann, wenn alle Söhne (ODER-Prozesse) scheitern. Führen alle UND-Prozesse einer UND--Schleife zu einer Lösung, dann führt der ODER-Prozeß dieser Schleife das Commit durch, d.h. er löscht alle anderen ODER-Prozesse, welche zur gleichen ODER-Schleife gehören. Außerdem ersetzt er den UND-Prozeß seines Vaters durch die Literale des Bodyteils. Das Commit wählt also eine der Klauseln, welche das Ziel reduzieren können, aus und verwirft alle anderen Alternativen. Dies wird auch mit *don't care indeterminism* bezeichnet.

```
?-  give(X,5).

give(X,N)   :-   N≤6 | X: = 2.
give(X,N)   :-   N≤5 | X: = 3.
give(X,N)   :-   N≥0 | fail.
```

Beispiel 5.14. Triviales Beispiel für ein nichtdeterminiertes Programm

Bei mehreren möglichen Alternativen kann dies dazu führen, daß etwa bei unterschiedlicher Belastung des Systems verschiedene Läufe desselben Programmes unterschiedliche Alternativen auswählen und somit zufälligerweise zu verschiedenen oder manchmal sogar zu keiner Lösung kommen. In Beispiel 5.14 ist ein solcher trivialer Fall angegeben. Je nachdem welcher Guard schneller ist wird X entweder zu 2 oder zu 3 instantiiert oder ein fail zurückgegeben. Man muß dabei berücksichtigen, daß in normalen Programmen bei komplizierteren Guards durchaus ähnliche Situationen auftreten können. Dies kann nur verhindert werden, wenn sich die Klauseln eines Prädikats durch ihren Guardteil gegenseitig ausschließen. Ein Compiler in diese Sprache kann dies eventuell automatisch verhindern, bei einem handgeschriebenen Programm kann das leicht zu nur schwer erkennbaren Fehlern führen, vor allem dann, wenn die Guardliterale selbst wieder benutzerdefinierte Prädikate aufrufen. Bei Flat Concurrent Prolog und bei Flat GHC sind nur bestimmte Systemprädikate im Guardteil zugelassen, so daß hier die Situation zumindest übersichtlicher wird.

5.3.1.2.2 Sprachkonstrukte für die Synchronisation

Generell ist keine Unifikation erlaubt, welche eine Eingangsvariable an einen nicht variablen Term bindet. Eine Unifikation, die das bewirken würde, wird suspendiert, bis die Variable anderweitig instantiiert ist. Diese

Synchronisationsregel ist notwendig, um Commits zu verzögern, wenn noch nicht alle notwendigen Informationen (Werte für die Eingangsvariablen) vorliegen. Die drei Committed Choice-Sprachen haben dafür verschiedene syntaktische Konstrukte bzw. semantische Regeln zur Steuerung der Zugriffsrechte auf eine Variable.

a) Mode-Deklarationen und Parlog

Bei Parlog [Cla86] und seinem Vorgänger, der Relational Language [Cla81], wird der Variablenzugriff durch eine Mode-Deklaration spezifiziert. Jedes Prädikat muß in Parlog mit einer Mode-Deklaration der Form

mode $R(m_1, \ldots, m_k)$ R ist ein k-stelliges Prädikatensymbol

versehen werden. m_i $(1 \leq i \leq k)$ bezeichnet die Mode-Deklaration für die i-te Variable.

```
mode   merge (?, ?, ^).

merge  ([A|X], Y, [A|Z]) :-  true | merge (X,Y,Z).
merge  (X, [A|Y], [A|Z]) :-  true | merge (X,Y,Z).
merge  ([ ], Y, Y)       :-  true | true.
merge  (X, [ ], X)       :-  true | true.
```

Beispiel 5.15. Merge-Operation in Parlog

Ein in mode mit "?" beschriebenes Argument gibt an, daß ein nichtvariabler Term an dieser Argumentstelle im Kopf der Klausel nur als Input verwendet werden kann. So kann etwa im Beispiel 5.15 die erste Klausel nur benutzt werden, wenn das erste Argument des Aufrufs ebenfalls das Muster [A|X] aufweist, d.h. eine Liste mit Kopf und Rest ist. Die dritte Klausel kann nur verwendet werden, wenn das erste Argument des Aufrufs die leere Liste [] ist. Wenn die Argumente noch nicht hinreichend instantiiert sind, dann wird der Prozeß nicht terminiert, sondern nur suspendiert.

Sollen etwa mit merge aus Beispiel 5.15 die beiden Listen [a] und [b,c] in eine Liste Z zusammengeführt werden, dann muß man das Prädikat mit merge([a],[b,c],Z) als Ziel aufrufen. Sowohl die erste als auch die zweite Klausel kommen als Kandidaten für die weitere Rechnung in Frage. Je nachdem, welche zufälligerweise zuerst mit dem Guardteil (hier: true) fertig wird, wird eine von beiden mit dem Commit ausgewählt, z.B. die zweite Klausel. A wird zu b und Z zu [b|Z'] instantiiert, und das Prädikat wird rekursiv mit merge([a],[c],Z') aufgerufen. Wieder bekommt eine der beiden ersten Klauseln das Commit, z.B. die erste. A wird diesmal zu a und Z' zu [a|Z"] instantiiert, und das Prädikat erneut mit merge([],[c],Z") aufgerufen. Diesmal paßt nur die dritte Klausel zu den Parametern und erhält das Commit. Y wird zu [c] instantiiert und damit auch Z". Da der Bodyteil nur den Befehl true enthält, ist die Rechnung damit beendet. Z' ist danach automatisch an [a,c] und Z an [b,a,c] gebunden.

Bei einem mit "^" gekennzeichneten Argument kann ein nichtvariabler Term an dieser Argumentstelle im Klauselkopf zum Output Matching nur mit einer Argumentvariable im Aufruf unifiziert werden. Damit muß im

Beispiel 5.15 jeder Aufruf von merge eine freie Variable als drittes Argument führen.

Parlogprogramme werden in eine einfache Teilmenge der Sprache übersetzt, nämlich in Kernel Parlog. Diese Teilmenge hat statt der Mode-Deklarationen fünf spezielle Unifikationskonstrukte. Sie sind wie folgt definiert:

- t ← t' *One-way Unifikation*: Keine Variable aus dem Term t' wird gebunden. Der Prozeß wird suspendiert, wenn er nur durch Binden einer Variablen aus t' fortfahren könnte. Die Variablen im Term t müssen ungebunden sein und werden so instantiiert, daß t und t' syntaktisch identisch werden.
- x := t *Assignment (Output) Unifikation*: x muß eine ungebundene Variable sein. Sie bekommt den Wert t. Ist x gebunden, so erhält man einen Fehler und der Wert "fail" wird zurückgegeben.
- t = t' *Test Unifikation*: Es werden keine Variablen aus t oder t' gebunden. Der Prozeß wird suspendiert, wenn er nur durch Instantiieren einer Variablen fortfahren kann. Sind die Terme t und t' syntaktisch identisch, dann führt der Prozeß zum Erfolg. Er geht fehl, wenn Konstanten oder Funktoren nicht übereinstimmen.
- var(x) Hat Erfolg, wenn x eine ungebundene Variable ist, andernfalls geht der Aufruf fehl.
- data(x) Wird suspendiert, wenn x eine ungebundene Variable ist, andernfalls führt der Aufruf zum Erfolg.

Bei der Übersetzung werden die Klauseln in eine Standardform gebracht. Alle Kopfargumente bekommen unterschiedliche Variablennamen, und das Input Matching und die Output Unifikation erfolgt mit den fünf Unifikationskonstrukten je nach der Mode-Deklaration der Argumente. Die Befehle für das Input Matching erscheinen dabei im Guardteil und die für das Output Matching im Rumpfteil.

Bei allen Committed Choice-Sprachen darf bei der Auswertung eines Guards keine Variable aus dem Aufruf gebunden werden, da ja noch nicht feststeht, ob diese Klausel das Commit und damit die Schreiberlaubnis auch erhält. Solche Bindungen (in Parlog: Output Unifikation) dürfen erst nach dem Commit erfolgen. So muß sichergestellt sein, daß Input-Argumente in Parlog nur mit Input Matchings getestet und nicht während der Berechnung des Guardteils zu einem nichtvariablen Term instantiiert werden. Bei der Compilierung zu Kernel Parlog muß dies durch eine Analyse des Übersetzers erkannt und ausgeschlossen werden.

In Parlog gibt es ein Metacall-Konstrukt, mit dem Prozeduraufrufe überwacht werden können. Ein solcher Aufruf call(proc,status,control) liefert immer ein positives Ergebnis. Das erste Argument proc wird ausgewertet und das Ergebnis mit der Variablen status unifiziert. Wird während der Auswertung die Variable control mit STOP unifiziert, dann wird die Berechnung abgebrochen und status mit STOPPED unifiziert.

Alternativ zu den parallelen UND/ODER-Verknüpfungen werden in (Kernel) Parlog zusätzlich sequentielle UND/ODER angeboten, mit welchen die Ziele bzw. Klauseln verknüpft werden können.

Eine etwas allgemeinere Verwendung von Mode-Deklarationen bei logischen Programmiersprachen wird in [Som87] dargestellt. In [Cla87] wird der Versuch unternommen, Parlog- und Prologprogramme miteinander zu verbinden.

b) Read-Only Variablen und Concurrent Prolog

In Concurrent Prolog [Sha86] gibt es keine fixen Modi. Dafür werden Read-Only Variablen zur Steuerung der Kommunikation verwendet. Gekennzeichnet werden solche Variablen durch ein angehängtes "?". Auf diese Variablen ist in der jeweiligen Klausel und den Teilzielen dieser Klausel nur lesender Zugriff erlaubt. Jeder Versuch eines Prozesses, eine ungebundene Read-Only Variable mit einem nicht-variablen Term zu instantiieren, führt zu einer Suspendierung des Prozesses. Solche Variablen dürfen nur von Prozessen ohne Read-Only Notationen für diese Variablen instantiiert werden. Instantiiert ein solcher Prozeß eine solche Variable, dann kann ein suspendierter Prozeß wieder aktiviert werden, wenn er nicht noch zusätzlich durch andere Variablen suspendiert ist.

Da Read-Only Variablen überall in einem Term auftreten können, müssen diese in eine umfassende Unifikationsprozedur integriert werden, während bei Kernel Parlog die Unifikation mit den einfacheren Matchings auf den Vergleich zweier Terme reduziert werden kann. Bei Concurrent Prolog kann nicht ausgeschlossen werden, daß die Guards Variablen aus dem Aufruf binden, ohne daß bereits ein Commit gegeben wurde. Damit nicht schließlich Variablen durch Klauseln gebunden werden, welche gar kein Commit erhalten haben, müssen die Variablen des Vaterprozesses geschützt werden, zum Beispiel durch Kopien für die jeweiligen Sohnprozesse. Für diese Art von vielfachen Variablenumgebungen müssen daher Vorkehrungen geschaffen werden. Da dies sehr komplex und rechenintensiv ist (siehe 5.3.3.2), beschränkt man sich auch aus diesem Grund (siehe auch 5.3.1.2.1) auf Flat Concurrent Prolog, wo die Guards ähnlich wie in der Parlogteilsprache $KP_{UND\text{-}Baum}$ (siehe 5.3.1.2.3) auf bestimmte Systemprädikate beschränkt sind und deshalb vielfache Variablenumgebungen unnötig werden. Nach [Sha86] ist dies keine wesentliche Einschränkung des Sprachumfangs.

Bei einer Variante von Concurrent Prolog, dem Safe Concurrent Prolog (SCP) [Cod86], wird zusätzlich ein write-enable Kennzeichen "↑" eingeführt. Dies entspricht in etwa der mode-Deklaration von Parlog. SCP kann direkt nach Flat Concurrent Prolog transformiert werden, wie in [Cod86] beschrieben.

Da die Synchronisation in die Datenmenge eingebettet ist, mag es oft schwer zu überblicken sein, wo und wann die Synchronisation erfolgt. Damit ist der Kontrollfluß eines Programmes weniger transparent als bei a) und c), wo die Synchronisation durch die Prozeduren selbst festgelegt sind. Andererseits ermöglicht diese Verbindung mit den Datenobjekten auch neue Kontrollfunktionen [Tak85b]. Andere Probleme ergeben sich bei der genauen zeitlichen Abfolge von Commits und bei der Unifikation mit Read-Only Variablen insbesondere bei verteilten Speichern. In den Abschnitten 5.3.2.2, 5.3.3 und 5.3.4 wird zum Teil noch etwas ausführlicher auf diese Probleme eingegangen. (Siehe auch [Sar86], [Ued85a] und [Tak86]).

Beispiel 5.16 zeigt das Merge-Prädikat formuliert in Concurrent Prolog. Die "?" hinter dem X im Rumpf der ersten Klausel und hinter dem Y im Rumpf der zweiten Klausel zeigen an, daß diese Variablen durch merge nicht gebunden, sondern nur von außen als Listen instantiiert werden dürfen.

```
merge ([A|X], Y, [A|Z]) :-  true | merge (X?, Y, Z).
merge (X, [A|Y], [A|Z]) :-  true | merge (X, Y?, Z).
merge ([ ], Y, Y)       :-  true | true.
merge (X, [ ], X)       :-  true | true.
```

Beispiel 5.16. Merge-Operation in (Flat) Concurrent Prolog

c) Input Guards bei (Flat) GHC

In GHC [Ued85d] wird Synchronisation durch folgende semantische Regeln der Guards ohne weitere syntaktische Konstrukte realisiert:

1. Eine Unifikation, die durch den Kopf oder den Guardteil einer Klausel hervorgerufen wird, darf keine Variable aus dem Aufruf an einen nicht-variablen Term oder eine andere Variable aus dem Aufruf binden.
2. Eine Unifikation, die durch den Bodyteil einer Klausel hervorgerufen wird, darf keine Variable aus dem Kopf oder dem Guardteil der Klausel an einen nicht-variablen Term oder eine andere Variable aus diesen Teilen binden.

Bei jedem Versuch einer solchen Bindung wird der entsprechende Prozeß suspendiert, bis er ohne solche Bindungen weiterarbeiten kann oder fehlgeht. Die erste Regel wird für die Synchronisation der Prozesse untereinander verwendet. Die zweite Regel stellt sicher, daß der Bodyteil einer Klausel schon arbeiten kann, noch bevor diese Klausel ein Commit bekommen hat, ohne daß die Auswahl der möglichen Klauseln für das Commit dadurch beeinflußt wird.

```
merge ([A|X], Y, Z) :-  true | Z = [A|W], merge (X, Y, W).
merge (X, [A|Y], Z) :-  true | Z = [A|W], merge (X, Y, W).
merge ([ ], Y, Z)   :-  true | Z = Y.
merge (X, [ ], Z)   :-  true | Z = Y.
```

Beispiel 5.17. Merge-Operation in (Flat) GHC: Die Bindung von Z muß bei (F)GHC wegen Regel 1) im Bodyteil geschehen.

Die beiden Regeln bedingen, daß bei jeder Bindung einer Variablen mit einem Laufzeittest abgeprüft werden muß, ob die Variable global oder lokal ist. Der analoge Test kann bei Parlog bereits zur Compilezeit ablaufen.

Saraswat zeigt in [Sar87], daß diese beiden Regeln für einen terminierten Ablauf eines Programmes noch nicht hinreichend sind. Vielmehr müssen bei der Implementierung noch weitere Voraussetzungen erfüllt werden.

Ähnlich zu Concurrent Prolog gibt es auch hier ein Flat GHC, bei dem die Guards nur aus einfachen Testprädikaten aufgebaut sein dürfen. Dies erleichtert die Implementierung, da der notwendige Overhead für die Verwaltung der Variablen und des breiten Suchbaums bei tiefverschachtelten Guards reduziert wird. Außerdem entfallen hier die Laufzeittests, da schon zur Compile-Zeit bestimmt werden kann, welche Variablen zum Aufruf gehören und daher nicht durch den Guardteil gebunden werden dürfen.

5.3.1.2.3 Die Sprache $KP_{UND\text{-}Baum}$

Wie im letzten Abschnitt schon erwähnt, wird Parlog zuerst in eine Teilsprache Kernel Parlog übersetzt und in eine Standardform gebracht. Kernel Parlog kann weiter in eine noch einfachere Teilsprache $KP_{UND\text{-}Baum}$ übersetzt werden, welche sowohl die Befehlsart als auch die Befehlsreihenfolge im Guard- und Bodyteil einschränkt. Dadurch wird die ODER-Parallelität von Parlog Klauseln in UND-Parallelität umgesetzt. Dies erleichtert die Implementierung und die Entwicklung spezieller Hardware, die nur die UND-Parallelität unterstützt.

Bei $KP_{UND\text{-}Baum}$ sind die Guards ähnlich wie bei den Flatversionen von Concurrent Prolog und GHC auf wenige Systembefehle ohne Seiteneffekte auf das System (z.B. I/O-Operationen) beschränkt. Diese können sowohl durch ein paralleles UND ',' als auch mit einem sequentiellen UND '&' miteinander verknüpft sein. Benutzerdefinierte Befehle sind damit ausgeschlossen, die Guardbefehle können also durch den Prozeß, der den Guard enthält, selbst bearbeitet werden. Dabei werden die alternativen Guards nacheinander ausgewertet. Wird ein Guard suspendiert, dann wird der nächste probiert. Da die Guards sehr einfach sind und schnell ausgewertet werden können, kann hier auf eine parallele Auswertung verzichtet werden. Werden alle Guards bei der Auswertung eines Aufrufs $R(t_1, \ldots ,t_n)$ suspendiert, dann muß nur der Aufruf (call) gesichert und zu einem späteren Zeitpunkt wiederholt werden. Da die Guards keine Seiteneffekte aufweisen, kann die Suche nach einer Klausel für das Commit wieder von vorne begonnen werden, ohne daß man vorher die Stati bei der ersten Suche sichern müßte.

Zusätzlich muß bei $KP_{UND\text{-}Baum}$ der Rumpf einer Klausel die Form

Body-Befehl & Body-Befehl & ... & Body-Befehl & (Body-Call, ... ,Body-Call)

aufweisen. Body-Befehle sind wieder einfache Systembefehle und können von der Commitklausel selbst hintereinander ausgeführt werden. Da unter diesen keine Befehle erlaubt sind, die suspendiert werden können, ist dies unproblematisch. Vom Benutzer definierte Aufrufe werden am Ende als Sohnprozesse gestartet und gehören zu den Body-Calls.

Compilierung von Kernel Parlog in $KP_{UND\text{-}Baum}$

Die Compilierung erfolgt in zwei Schritten. Im ersten werden die Klauseln eines Prädikats so umgeformt, daß die Guardteile den obigen Bedingungen genügen, im zweiten werden die Bodyteile entsprechend verändert. Im folgenden sind die Überlegungen für diese Schritte kurz skizziert.

<u>Erster Schritt</u>: Zusammenfassung der ODER-parallelen Klauseln in eine Klausel (C)

Sei das Prädikat R mit den Variablen HVARS durch folgende Klauseln definiert:

R(HVARS) :- G_1' | B_1'.
R(HVARS) :- G_2' | B_2'.
R(HVARS) :- G_1 | B_1.
R(HVARS) :- G_2 | B_2.

mit G_1' und G_2' als einfachen Guards aus Systembefehlen und G_1 und G_2 als komplizierteren Guards. Diese Gruppe von Klauseln wird durch eine Klausel (C) ersetzt, in der die komplexeren Guards mit UND-parallelen call-Aufrufen ausgewertet werden.

```
R(HVARS) :-  call(G1,s1,c1),call(G2,s2,c2),
             call(simple-R(s1',s2',VARS),s,c),
             or3(s1,s2,s,c1,c2,c) |
             eval-R(s1,s2,s1',s2',SVARS,NSVARS).          (C)
```

SVARS bezeichnet dabei die Variablen, die in den ersten beiden Klauseln (mit den einfachen Guards) sowohl im Guardteil als auch im Rumpfteil auftreten. NSVARS steht für die Variablen, die in Guard- und Rumpfteilen der letzten beiden Klauseln vorkommen. Diese Variablen sind deshalb aufgeführt, um die Kommunikationskanäle zwischen den Guard- und Rumpfteilen anzuzeigen. Die Prozedur call ist als Metaaufruf wie in 5.3.1.2.2a) definiert.

Die Prozedur für simple-R wertet die beiden einfachen Guards G_1' und G_2' in eigenen Klauseln aus und unifiziert das zugehörige Ergebnisargument (s_1' oder s_2') mit Succeeded.

```
simple-R((s1',s2',VARS) :-  G1' | s1'=Succeeded.
simple-R((s1',s2',VARS) :-  G2' | s2'=Succeeded.
```

Das Ergebnis von simple-R wird zusammen mit den Ergebnissen der anderen Guardaufrufe durch die Prozedur or_3 überwacht. Hat einer der Guards Erfolg, dann werden die anderen beendet.

```
or3(s1,s2,s,c1,c2,c) :-Succeeded ← s1 | c2=Stop and c=Stop.
or3(s1,s2,s,c1,c2,c) :-Succeeded ← s2 | c1=Stop and c=Stop.
or3(s1,s2,s,c1,c2,c) :-Succeeded ← s  | c1=Stop and c2=Stop.
```

(Die and-Operation überläßt dem Compiler die Entscheidung, ob ein paralleles oder ein sequentielles UND gewählt werden soll.)

Die letzte Relation in (C) ist eval-R, die den zum erfolgreichen Guard gehörenden Bodyteil auswertet.

```
eval-R(s1,s2,s1',s2',SVARS,NSVARS) :-Succeeded ← s1  | B1.
eval-R(s1,s2,s1',s2',SVARS,NSVARS) :-Succeeded ← s2  | B2.
eval-R(s1,s2,s1',s2',SVARS,NSVARS) :-Succeeded ← s1' | B1'.
eval-R(s1,s2,s1',s2',SVARS,NSVARS) :-Succeeded ← s2' | B2'.
```

Mit diesem Schritt wurde erreicht, daß nur noch die eine Klausel (C) einen komplexen Guardteil besitzt. Dieser kann in den Bodyteil übertragen werden, da beim Commit kein weiterer Konkurrent vorhanden ist.

Zweiter Schritt: Umstrukturierung der Rumpfteile
Bei jeder Klausel muß erreicht werden, daß Bodycalls nicht vor anderen Befehlen auftreten. Ist A ein Bodycall, welcher vor einem einfachen Bodybefehl steht, dann wird bei sequentiellem UND folgende Umformung durchgeführt:

A & B $\Rightarrow$ call(A,s,c),next-B(s,VARS),

wobei VARS die Variablen aus B bezeichnet und next-B definiert wird durch next-B(s,VARS) :- Succeeded ← s & B

Zuletzt werden die einfachen Bodybefehle an den Beginn des Body gesetzt, was keine Probleme bereitet, da ja die sequentiellen UND-Operatoren an den entsprechenden Stellen durch parallele UND ersetzt sind. Ist A ein primitiver Bodybefehl, dann kann man folgende Umformungen durchführen:

A,B ⇒ A & B
und (A & B),C ⇒ A & (B,C),

Da die zulässigen primitiven Bodybefehle nicht suspendieren können, ist dies erlaubt. Mit diesen Regeln ist es möglich, die geforderte Rumpfform herzustellen. Der entsprechende Code kann dann noch optimiert werden, siehe bei [Gre87].

5.3.1.2.4 Die Verwendung der Variablen als Kommunikationsmittel

Bounded Buffer Stream Communication [Tak85a]

Bei allen logischen Sprachen dienen die gemeinsamen Variablen als Kommunikationskanal zwischen den Prädikaten. So haben q und r in

p(X) :- q(B,X), r(B,C).

B als gemeinsame Variable. Wird B durch einen der beiden Prozesse instantiiert, dann ist auch der andere Prozeß an diese Instantiierung gebunden. Führt diese beim anderen Prozeß zu einem Fehler, dann kann bei Prolog der erste Prozeß noch weitere Werte für B anbieten. Bei den Committed Choice-Sprachen geht das wegen der Commits nicht. Instantiiert etwa q die Variable B, dann kann dies nicht mehr rückgängig gemacht werden und r muß sich daran halten. Führt dies zu einem Fehler, dann scheitert auch der Prozeß p.

Da eine Variable nur einmal instantiiert werden kann, sind gemeinsame Variablen auch nur einmal verwendbar. Um dynamisch neue gemeinsame Variablen zu erzeugen, bedient man sich der Technik der *stream communication* [Cla81]. Bei der stream communikation wird eine gemeinsame Variable zu einer Datenstruktur (Liste) instantiiert, welche eine Nachricht und eine neue ungebundene Variable enthält (in den Beispielen 5.3 bis 5.5 etwa [A | X]). Die neue gemeinsame Variable kann für die nächste Nachricht verwendet werden.

Bei dieser Art von Kommunikation kann es aber passieren, daß der Produzent der Nachricht (d.h. der Prozeß, der die Variable instantiiert) schneller arbeitet als der Konsument und unnötig viel Rechenzeit und Speicherplatz verwendet. Im Prinzip handelt es sich hier um einen Kommunikationskanal mit unbeschränktem Puffer.

In Beispiel 5.18 erzeugt integers nacheinander alle natürlichen Zahlen bis N und gibt sie an square weiter, wo sie quadriert werden. Ist N sehr groß und arbeitet square aus irgendwelchen Gründen nur sehr langsam, dann kann der Speicher für die ersten Elemente des Streams Is ebenfalls nur recht zögernd wieder freigegeben werden und der Stream wird vom Speicherplatz-

```
sq_num(N,Ss)             :-  integers(1,N,Is), square(Is?,Ss).
integers(I,N,[I | Is])   :-  I ≤ N | J := I + 1, integers(J,N,Is).
integers(I,N,[ ])        :-  I > N | true.
square([I,Is],[I2 | Ss]) :-  I2 := I * I, square(Is?,Ss).
square([ ],[ ]).
```

Beispiel 5.18. Kommunikation mit unbeschränktem Puffer (aus [Tak85a])

bedarf her sehr groß. (Das Beispiel ist in Concurrent Prolog formuliert, könnte aber auch in GHC oder Parlog geschrieben werden.)

Um dieses Problem zu umgehen, lassen sich in den Committed Choice-Sprachen Puffer formulieren, die nur eine beschränkte Zahl von Werten speichern und den Produzenten stoppen, wenn der Puffer voll ist. Die Idee dafür kommt von Takeuchi [Tak85a]. In Beispiel 5.19 wird ein entsprechender Puffer realisiert.

Neue Prädikate zur Definition des Puffers :

```
open(0, X - X).
open(N, [X | Y] - Z)  :-  N > 0, N1 := N - 1 | open(N1,Y - Z).
send(Msg, [Msg | NBuf], NBuf).
receive(Msg, [Msg | NBuf] - [NSlot | NTail], NBuf - NTail).
close([end_of_stream | Rest]).
closed(end_of_stream).
```

Modifiziertes Beispiel von 5.6 :

```
sq_num(N,Ss,Size) :-
        open(Size, Buf - Tail) | integers(1,N,Buf), square(Buf - Tail, Ss).
integers(I,N,Buf)   :-
        I ≤ N | J := I + 1, send(I, Buf?, NBuf), integers(J,N,NBuf).
integers(I,N,[ ])   :-  I > N | close(Buf?).
square(Buf,Ss)      :-  receive(I, Buf, NBuf), square2(I,NBuf,Ss).
square2(I, Buf,[I2 | Ss]) :-  is_integer(I) | I2 := I * I, square(Buf,Ss).
square2(I, Buf, [ ])      :-  closed(I?) | true.
```

Beispiel 5.19. Kommunikation mit beschränktem Puffer (aus [Tak85a])

Dazu werden neue Prädikate open, send, receive, close und closed definiert, die zum einen die interne Struktur verbergen, zu der die gemeinsamen Variablen instantiiert werden, und zum anderen die Programme modularisieren.

Das Prädikat open eröffnet einen Puffer der Größe Size (erster Parameter) in der Form einer Differenzliste. Für eine Puffergröße von 2 sieht die Differenzliste wie folgt aus :

[X,Y | Z] - Z.

Links und rechts vom Differenzzeichen "-" stehen zwei Ausdrücke (oder Variablen), die Streams darstellen. Die Zahl der Elemente dieser Differenzliste ist immer gleich 2.

Mit send wird in integers I mit Msg unifiziert und der Rest der Differenzliste an den nächsten Aufruf von integers weitergeleitet. Da die Differenzliste Buf in send als Read-Only Variable geführt ist, kann send nur soweit arbeiten, wie Buf als Liste genügend zerlegt ist. Receive nimmt in square den ersten Wert I der Differenzliste in Empfang. Indem receive die Variable Tail aus dem Aufruf von Square, die den Rest der Liste Buf darstellt, durch [NSlot | NTail] instantiiert, wird auch Buf am Ende durch ein neues Listenelement, d.h. um einen Slot erweitert. Bei jedem Aufruf von send wird die Liste somit um 1 verkürzt und bei jedem Aufruf von receive um 1 verlängert. Die Prozedur integers kann somit nicht mehr mit ihrer Produktion von Zahlen davonlaufen.

Wird in integers die Zahl N überschritten, dann wird der Wert end__of__stream als Nachricht verschickt. Empfängt square diesen Wert, dann wird auch der Stream So geschlossen. Da das Listenelement, das receive empfängt, von integers noch nicht unbedingt aufgefüllt ist, muß der Empfängerprozeß square auf die Instantiierung der Nachricht warten, was die beiden Prädikate closed und is__integer auch tun.

5.3.2 Parallelitätseigenschaften

In diesem Abschnitt werden die Committed Choice-Sprachen aus der Sicht ihrer Parallelitätseigenschaften betrachtet. Dabei werden die Begriffe aus 5.1 vorausgesetzt. In dem Unterkapitel 5.3.2.1 sind die auch bei den Committed Choice-Sprachen implizit vorhandenen Möglichkeiten zur Parallelisierung, das sind die ODER-Parallelität, die UND-Parallelität, die Stream-Parallelität und die Unifikationsparallelität, behandelt. Das Unterkapitel 5.3.2.2 über die explizite Parallelität fällt nur sehr kurz aus, da bei den Sprachen auf dieser unteren Ebene (vergleiche 5.3) nur sehr wenige entsprechende Konstrukte vorhanden sind. Kapitel 5.3.2.3 steht in engem Zusammenhang mit 5.3.2.1 und zieht Folgerungen über die Granularität der Prozesse abhängig von den gewählten impliziten Parallelisierungen.

5.3.2.1 Impliziter Parallelismus

Wie schon in Kapitel 5.1 ausgeführt, tut man sich im Auffinden implizit vorhandener Parallelität bei den logischen Programmiersprachen etwas leichter als bei den prozeduralen. In etwa gilt: Je stärker der Ablauf eines Programms vom Benutzer selbst gesteuert und kontrolliert wird, desto weniger implizite Parallelität läßt sich finden. Andererseits führt ein weniger an Ablaufkontrolle in der Regel zu exponentiell steigenden Rechenzeiten, da im allgemeinen viele irrelevante Rechenpfade durchlaufen werden. Recht deutlich sieht man das bei Prologprogrammen, in denen zum einen der Cut-Operator zum Abschneiden unnötiger Äste im Suchbaum und zum anderen die

Festlegung der Reihenfolge der Klauseln zur Verkleinerung des Suchbaums extensiv benutzt werden. Das Weglassen eines Cuts oder die Veränderung der Klauselfolge kann bei Prolog ganz erhebliche Folgen für die Ausführungszeiten haben.

Auch bei den Committed Choice-Sprachen kann auf Konstrukte zur Steuerung des Ablaufs und damit zur Einschränkung der Parallelität nicht verzichtet werden. Statt des Cut-Operators gibt es den Commit-Operator, der ebenfalls ganze Zweige im Suchbaum abschneidet und letzten Endes nur einen einzigen Weg zu einer Lösung übrig läßt. An Stelle der Kontrolle durch die Reihenfolge der Ziele und Klauseln tritt die etwas schwächere Form der syntaktischen (Concurrent Prolog oder Parlog) oder semantischen (GHC) Festlegung der Eingangsvariablen zur Synchronisation. In Parlog kann zusätzlich noch wahlweise die Reihenfolge durch ein sequentielles UND bzw. ODER bestimmt werden. Bei der Teilsprache $KP_{UND\text{-}Baum}$ von Parlog, in die Parlog übersetzt werden kann, ist die ODER-Parallelität wieder ganz ausgeschlossen.

a) ODER-Parallelität

Durch das Commit wird die ODER-parallele Suche, die bei der Bearbeitung der Guards noch stattfindet, bei der ersten Klausel, die mit den Guards erfolgreich zu Ende kommt, abgeschnitten. Insofern kann man hier nicht von einer vollwertigen ODER-Parallelität sprechen. Zusätzlich dürfen bei Flat Concurrent Prolog und bei Flat GHC die Guards nur aus einfachen Testprädikaten aufgebaut sein, d.h. ohne Prädikate, welche andere Klauseln aufrufen. Man kann daher bei diesen beiden Sprachen kaum noch von ODER-Parallelität sprechen. Da der Datenfluß durch die Modedeklarationen in Parlog festgelegt ist und vom Compiler unerlaubte Konstruktionen ausgeschlossen sind, ist der Aufwand für die Implementierung allgemeinerer Prädikate in den Guards bei Parlog nicht so hoch wie bei Concurrent Prolog und in GHC. Trotzdem gibt es auch bei Parlog mit $KP_{UND\text{-}Baum}$ eine Flat-Version. Da Parlog in diese ganz übersetzt werden kann, ist dies für den Anwender, der ein Parlogprogramm schreibt, aber keine Einschränkung. Auch für Concurrent Prolog und GHC gibt es Ansätze für eine Compilierung in die dazugehörigen Flat-Versionen (siehe [Cod86])

b) UND-Parallelität

Bei allen Committed Choice-Sprachen ist die UND-Parallelität (soweit nicht explizit vom Programmierer in Parlog ausgeschlossen) voll vorhanden. Das Problem der Konsistenzprüfung entfällt hier, da wegen der Commits nur jeweils ein Ergebnis geliefert wird. Lassen sich die gemeinsamen Variablen mehrerer durch UND verknüpften Ziele nicht unifizieren, dann führt die Klausel, in der diese Ziele auftreten, zu einem fail.

c) Stream-Parallelität

Auch die Stream-Parallelität ist in allen Committed Choice-Sprachen enthalten. In Beispiel 5.20 (aus [Tun86]) erhöht increment alle Elemente einer Liste L_1 und gibt sie an L_2 weiter. Das Prädikat double verdoppelt alle Elemente der Eingangsliste. Es kann die Ausgangswerte von increment jeweils sofort nach Erzeugung verwenden, ohne daß increment schon mit der ganzen Liste fertig sein muß. Dazu ist ein Synchronisationsmechanismus notwendig, der die Unifikation der Eingangsvariablen solange suspendiert, bis die entsprechenden Variablen (hier jeweils L1) zu einer Liste instantiiert sind.

```
(1)          increment ([X|L1], [Y|L2]) :- Y is X + 1, increment (L1, L2).
(2)          increment ([], []).
(3)          double ([Y|L1], [Z|L2]) :- Z is 2*Y, double (L1, L2).
(4)          double ([], []).
Zielklausel: ?- increment ([7,5,1,2], S), double(S,W).
```

Beispiel 5.20. Stream-Parallelität: double kann S schon verwenden, nochehe increment die Liste S ganz erzeugt hat. (aus [Tun86])

Obwohl die Datenmenge, die im Beispiel 5.20 von increment über einen Kommunikationskanal nach double weitergegeben wird, auch bei Streamparallelität nicht sehr viel größer ist als bei der Transferierung der gesamten Liste in einem Stück, wird der Kanal (z.B. globaler Speicher) durch viele, zeitlich versetzte Zugriffe stärker belastet. Dafür können increment und double parallel arbeiten.

In [Tri87] wird mit den sogenannten *channels* eine Verallgemeinerung der streams eingeführt. Dabei wird statt der totalen Ordnung der Elemente eines streams nur noch eine partielle Ordnung verlangt. Bei der parallelen Abarbeitung der Elemente eines channels läßt sich damit ein höherer Parallelitätsgrad erzielen.

Synchronisation des Beispiels in den drei Sprachen

Mit den Read-Only Variablen in Concurrent Prolog würde man das Beispiel 5.20 unter Verwendung der Read-Only Variablen L_1? und S? so umschreiben:

```
(1') increment ([X|L1], [Y|L2]) :- Y is X + 1, increment (L1?, L2). statt (1)
(3') double ([Y|L1], [Z|L2]) :- Z is 2*Y, double (L1?, L2).        statt (3)
Zielklausel: ?- increment ([7,5,1,2], S), double(S?,W).
```

In Parlog müßte man setzen :

```
mode increment (?,^).    vor (1)
mode double (?,^).       vor (2)
```

In GHC muß man die Klauseln (1) und (3) etwas umstellen, da die Synchronisation über die Semantik der Guarded Horn Klauseln geht:

```
(1") increment([X|L1],A) :- true | Y is X + 1, A = [Y|L2], increment (L1,L2).
(3") double ([Y|L1], B)  :- true | Z is 2*Y, B = [Z|L2], double (L1, L2).
```

d) Unifikationsparallelismus

Prinzipiell kann die Unifikation der Argumente dann parallel erfolgen, wenn die Reihenfolge, in der die Argumente unifiziert werden, keinen Einfluß auf das Ergebnis hat.

Bei Concurrent Prolog ist der Unifikationsmechanismus mit den Read-Only Variablen nicht so eindeutig geklärt (siehe etwa [Sar86], [Ued85a]). Zumindest bei der sequentiellen Implementierung [Sil86] ist die Read-Only Unifikation abhängig von der Reihenfolge. Z.B. wird die Unifikation von f(X?,X) mit f(a,a) suspendiert, während die Unifikation von f(X,X?) mit f(a,a) zum Erfolg führt.

Bei Parlog werden nur die Input-Variablen unifiziert, die Output-Variablen werden erst nach dem Commit instantiiert. Die Unifikation der Input-Variablen erfolgt mit der einfachen One-way Unifikation (siehe 5.3.1.2.2 (a)) und kann parallel erfolgen.

Auch in GHC darf im Head- und Guardteil keine Variable aus dem Aufruf gebunden werden. Insofern kann auch hier die Unifikation der Parameter durch ein einfaches Matching (ähnlich zu Parlog mit eventueller Suspendierung) der entsprechenden Parameter aus dem Aufruf mit dem Klauselkopf parallel erfolgen.

5.3.2.2 Explizite Parallelität

Bei den Committed Choice-Sprachen sind implizit alle UND- und ODER-Verknüpfungen parallel. Konstrukte zur expliziten Parallelität sind daher unnötig. Bei (Kernel) Parlog gibt es auch sequentielle UND- und ODER-Operatoren. In (Flat) Concurrent Prolog muß die sequentielle Abarbeitung von Befehlen über die Read-Only Variablen und über die Guards gesteuert werden. In GHC dienen die Guards auch als Mittel zur Sequentialisierung.

5.3.2.3 Granularität

Die UND- und ODER-Prozesse aus 5.3.1.2.1 ergeben schon relativ kleine Einheiten. Will man auch die Unifikationsparallelität (etwa mit speziellen Hardwareeinheiten zur Unifikation) verwenden, dann verkleinern sich die Prozeßeinheiten noch mehr. Das Problem ist hier weniger das Erzeugen geeigneter parallel abarbeitbarer Arbeitspakete als vielmehr die Organisation der Kommunikation ohne Engpässe. Da die Zahl der so erzeugten Prozesse sehr schnell die Zahl der verfügbaren Prozessoren bei weitem übersteigen wird, werden viele der Prozesse jeweils nacheinander auf einem Prozessor ablaufen. Für diesen Fall wäre zu überlegen, inwieweit der an sich notwendige Overhead zur Generierung eines Prozesses reduziert oder vermieden werden kann. Auch hier könnte man ähnlich zur Kabu-Wake Methode oder zu PEPSys (siehe Abschnitt 5.2.4.3) den Prozeßbaum sequentiell abarbeiten und nur auf Anforderung eines anderen freien Prozessors einen UND-Teilbaum aufbereiten und versenden.

5.3.3 Kommunikation und Synchronisation

Im Abschnitt 5.3.1.2.4 wurde an Hand eines Beispiels gezeigt, wie in einer Committed Choice-Sprache Kommunikation und Synchronisation zwischen den Prozessen über Variablen gesteuert werden kann. Dabei wurde nicht vorausgesetzt, daß alle diese Prozesse auf jeweils einem Prozessor ablaufen müssen. In diesem Kapitel werden die Probleme und Lösungen bei der Kommunikation und Synchronisation zwischen den Prozessen betrachtet.

Im ersten Teil wird auf die Kommunikation bei der Parameterübergabe eingegangen. Dabei werden einige der bei der Unifikation in Concurrent Prolog auftretenden Probleme dargestellt und aufgezeigt, wie diese bei Parlog und GHC vermieden werden. Anschließend wird noch ein kurzer Abschnitt über die Kommunikation beim Wiederaufsetzen von Prozessen auf Grund der Instantiierung von Variablen angefügt.

Im zweiten Teil geht es um die Synchronisation mit Read-Only Variablen und Guarded Horn Klauseln.

5.3.3.1 Kommunikation

a) Kommunikation bei der Parameterübergabe

Wie schon öfter erwähnt, läuft die Kommunikation zwischen den Prozessen über gemeinsam benutzte Variablen. Bei den logischen Programmiersprachen sind zunächst alle Variablen nur lokal für jede Klausel definiert. Nur beim Aufruf von Sohnprozessen wird mit den übergebenen Parametern, die mit den Termen in den jeweiligen Klauselköpfen unifiziert werden, ein Informationsaustausch ermöglicht. Indem eine Klausel Variablen auch mehrmals als Parameter bei verschiedenen Sohnprozessen verwenden kann, können auch die Sohnprozesse untereinander (auch über mehrere Generationen hinweg) über eine solche Variable kommunizieren.

Die Unifikation zur Übergabe der Parameter und die Auswertung des Guardteils erfolgt in einem ODER-Prozeß. Im Normalfall gibt es mehrere ODER-Prozesse, welche versuchen zum Commit zu gelangen. Daher müssen eventuelle Bindungen für Variablen aus dem Aufruf des ODER-Prozesses vor den Prozessen, welche nicht zu seinen Nachfahren gehören, solange verborgen bleiben, bis der ODER-Prozeß erfolgreich beendet wird. Erhält der ODER-Prozeß das Commit, dann wird seine lokale Umgebung von der lokalen Umgebung des Vaterprozesses übernommen.

Deshalb braucht jeder ODER-Prozeß eine lokale Umgebung, wo diese Bindungen gespeichert werden. Die lokalen Umgebungen zu den ODER-Prozessen formen analog zu dem Prozeßbaum aus 5.3.1.2.1 einen Baum, der im Laufe der Rechnung dynamisch größer und kleiner wird. Einer Variablen können auf verschiedenen Knoten des Baums verschiedene Werte zugeordnet sein. Man bezeichnet den Vorgang zur Kontrolle der Wertzuordnung einer Variablen auch als *value access control*. Nur dann, wenn grundsätzlich lokale Bindungen bei den Guards ausgeschlossen werden können, kann die Verwaltung eines solchen dynamischen Baums unterbleiben.

Bei Concurrent Prolog muß mit solchen Bindungen gerechnet werden. Für die Implementierung eines lokalen Umgebungsbaumes für Concurrent

Prolog gibt es zwei verschiedene Ansätze. Levy schlägt in [Lev84] ein *lazy copying* Verfahren vor. Dabei werden die Argumente für jede mögliche Klausel des Prädikats kopiert. Die Unifikation mit dem Klauselkopf und die Prozesse des Guardteils können diese lokalen Kopien frei instantiieren, ohne daß die Rechnung anderer Klauseln beeinflußt wird. Um einen großen und eventuell unnötigen Overhead beim Kopieren zu vermeiden, werden die Terme erst kopiert, wenn versucht wird, sie zu instantiieren. Dafür muß aber ein solcher Term in alle Variablenumgebungen zwischen dem augenblicklich aktiven Prozeß und dem Prozeß, wo der Term zuerst auftritt, eingetragen werden.

Von Miyazaki stammt die Methode des *shallow binding* [Miy85]. Hier wird vor einer Instantiierung eines Zielarguments der alte Wert gesichert und eine Speicherzelle (*trail cell*) erzeugt, die sowohl die Adresse des alten, globalen als auch des neuen, lokalen Wertes enthält. Bei jedem Prozeßwechsel muß der aktuelle Wert über die trail cell geholt werden. Dies muß für alle ODER-Prozesse des UND-ODER-Baumes (siehe 5.3.1.2.1) geschehen, die auf dem Weg vom vorherigen zum neuen Prozeß liegen.

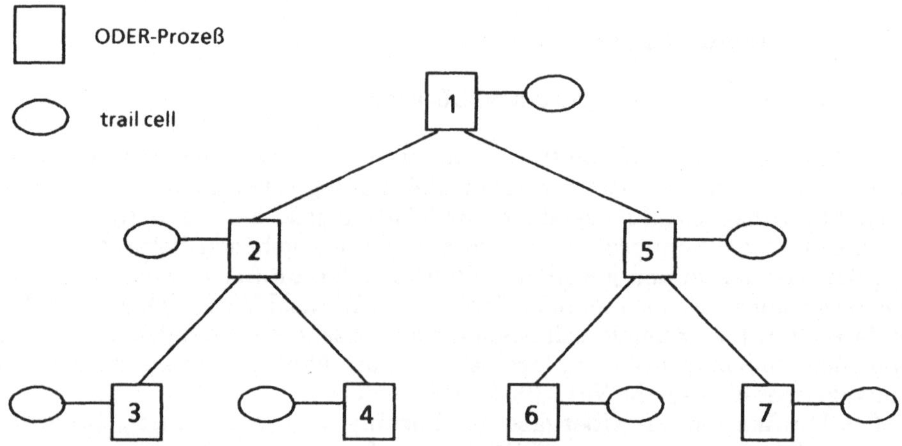

Bild 5.13. Ein Und-Oder-Baum ohne die UND-Knoten mit den trail cells (nach [Miy85])

In Bild 5.13 sind die ODER-Knoten eines Prozeßbaumes mit den trail cells angegeben. Ist gegenwärtig Prozeß 7 aktiv und soll als nächstes Prozeß 4 gestartet werden, dann müssen alle trail cells der Prozesse 7, 5, 2 und 4 benutzt werden, um die lokale Umgebung für den neuen Prozeß herzustellen. Die Kosten eines Prozeßwechsels sind also abhängig von der Distanz im Prozeßbaum. Noch komplizierter wird es, wenn verschiedene Prozessoren auf die gleiche Umgebung zugreifen. Dieser Fall wird in [Miy85] nicht berücksichtigt.

Man sieht, daß beide Methoden zur Verwaltung einer vielfachen Variablenumgebung recht kompliziert und zeitaufwendig sind. Dies ist der Hauptgrund für die Beschränkung auf Flat Concurrent Prolog, wo wegen der Reduzierung der Guards auf einfache Testprädikate die mehrfachen Variablenumgebungen wegfallen.

In Parlog werden diese Probleme dadurch vermieden, daß Prozesse aus dem Guardteil keine Schreiberlaubnis auf Variable des Aufrufs erhalten. Der Compiler kann auf Grund der Mode-Deklarationen feststellen, ob diese Bedingung erfüllt ist und gibt ansonsten eine Fehlermeldung aus. Da der Test sonst zu komplex wird, muß dabei eher pessimistisch vorgegangen werden, so daß unter Umständen auch erlaubte Konstruktionen vom Compiler verboten werden. Dies ist für den Programmierer aber keine wesentliche Einschränkung, da diese Fälle meist umgangen werden können. Ist eine Variable für einen lesenden Zugriff noch nicht hinreichend instantiiert (z.B. wenn eine Liste erwartet wird), dann wird der zugehörige Prozeß suspendiert, bis dies geschehen ist.

Auch in GHC darf bei der Unifikation mit dem Klauselkopf und von den Guardprozessen nicht auf die Vaterumgebung geschrieben werden, so daß auch hier keine solchen Probleme entstehen. Der Test wird hier jedoch erst zur Laufzeit durchgeführt.

b) Kommunikation für das Wiederaufsetzen von Prozessen

Sehr häufig tritt bei den Committed Choice-Sprachen die Situation auf, daß Prozesse suspendiert werden, weil Variablen nicht instantiiert sind. Kommt es nun später zur Instantiierung einer solchen Variablen durch einen anderen Prozeß, dann müssen alle die Prozesse, die auf diese Variable warten, darüber informiert werden. Eine Möglichkeit der Realisierung wäre ein *busy waiting*, d.h. die suspendierten Prozesse schauen selbst regelmäßig nach, ob die Variable inzwischen verändert wurde. Da im allgemeinen sehr viele suspendierte Prozesse zu erwarten sind, ist der Laufzeitaufwand dafür aber zu hoch. Statt dessen benutzt man für jede solche Variable eine Liste von Zeigern auf die von ihr abhängigen Prozesse. Wird die Variable instantiiert, dann benachrichtigt man alle in dieser Liste aufgeführten Prozesse von dieser Änderung.

5.3.3.2 Synchronisation

Übernimmt ein Prozeß über eine gemeinsame Variable einen Wert von einem anderen Prozeß zur weiteren Verarbeitung, dann muß der Prozeß warten, bis die Variable auch tatsächlich instantiiert ist. Die dafür erforderliche Synchronisation der Prozesse untereinander geschieht zum einen mit der Einschränkung der Schreibberechtigung auf die Variablen und zum anderen über die Commits der Guarded Horn Klauseln. Im letzten Abschnitt wurde gezeigt, wie schwierig die Verwaltung der richtigen Zugriffe bei vielfachen Variablenumgebungen werden kann. Ein anderes Problem bei Concurrent Prolog ergibt sich daraus, daß bei der Unifikation einer normalen Variable mit einer Read-Only Variable die erste Variable nachträglich zur Laufzeit ebenfalls zur Read-Only Variablen wird. Siehe etwa das Beispiel 5.21 aus [Sar86]

Wird q(X) zuerst reduziert, dann wird X an a gebunden und das Guardsystem s(b) gestartet. Wenn nun p(X) reduziert wird, dann wird X an Z? gebunden und somit zur Read-Only Variablen. Die Bindung von X an a hätte also nicht geschehen dürfen, sondern X hätte auf die Instantiierung durch eine andere Klausel warten müssen. An dieser Stelle sollten nun eigentlich

```
?- p(X), q(X).
p(Z?).
q(a) :- s(b) | true.
s(b).
```

Beispiel 5.21. Konsistenzproblem bei der Unifikation mit Read-Only Variablen (aus [Sar86])

alle Guardsysteme von q, welche einen Wert für X angenommen haben, eingefroren werden, um nach einer Instantiierung für X durch andere Prozesse ihren eigenen Wert mit dem neuen vergleichen zu können. Eine solche nachträgliche Suspendierung ist aber recht aufwendig.

Ein anderes Beispiel ist das einfache Programm (aus [Sar86])

X = X. mit dem Aufruf ?- Y = a, Y = X?, Y = X.

Wird zuerst Y = a ausgeführt, dann erhält man das System

?- a = X?, a = X.

Das Ziel a = X? wird wegen der Read-Only Verletzung blockiert, aber das Ziel a = X hat Erfolg, so daß a = a? übrig bleibt, was zum Erfolg führt. Wenn Y = X zuerst ausgeführt wird, dann bekommt man das System

?- X = a, X = X?., wo beide Ziele erfolgreich sind.

Wird dagegen Y = X? zuerst fertig, dann erhält man

?- X? = a, X? = X.,

wo nur das zweite Ziel Erfolg hat, das erste dagegen in einem deadlock verbleibt.

Natürlich ist dieses Beispiel etwas konstruiert, aber bei der Ausführung komplizierter und unüberschaubarer Ziele kann sich eine solche Konstellation leicht ergeben und zu einer schwierigen Fehlersuche führen.

Sowohl GHC als auch Parlog haben diese Probleme nicht, da bei ihnen zum einen die Guards nicht auf Variablen aus dem Aufruf schreiben dürfen und zum anderen dieselbe Variable in einer Klausel nicht sowohl Input- als auch Output-Variable sein darf.

5.3.4 Parallelitätsbedingte Verwaltungsaufgaben

In diesem Abschnitt werden die Verwaltungsaufgaben dargestellt, die zum korrekten Ablauf von Committed-Choice Programmen notwendig sind. Dazu werden im ersten Unterabschnitt die Überlegungen aus Kapitel 5.3.1.2.1 zum Ablauf dieser Programme nach dem UND-ODER-Modell präzisiert und zusätzlich das UND-Modell für die Sprache $KP_{UND\text{-}Baum}$ vorgestellt. Der Unterabschnitt über die Speicherverwaltung geht auf die Unterschiede bei der Implementierung auf Systemen mit gemeinsamem Speicher und auf Systemen mit Message-Passing ein und skizziert kurz die Aktionen bei der Garbage Collection.

5.3.4.1 Prozeßverwaltung

a) Verlauf einer Rechnung nach dem UND-ODER-Baum

Im Abschnitt 5.3.1.2.1 wurde der UND-ODER-Baum mit den alternierenden Ebenen der Disjunktionen (ODER-Knoten) und der Konjunktionen (UND-Knoten) eingeführt. An der Wurzel des Baumes steht das Ausgangsziel. Bei jedem Versuch, ein Ziel durch alle anwendbaren Klauseln zu erfüllen werden disjunkte ODER-Verzweigungen erzeugt. Jede Klausel ergibt ein Guardsystem bzw. eine UND-Verzweigung. Zur Befriedigung eines Guardsystems muß die Konjunktion der Guardziele erfüllt werden.

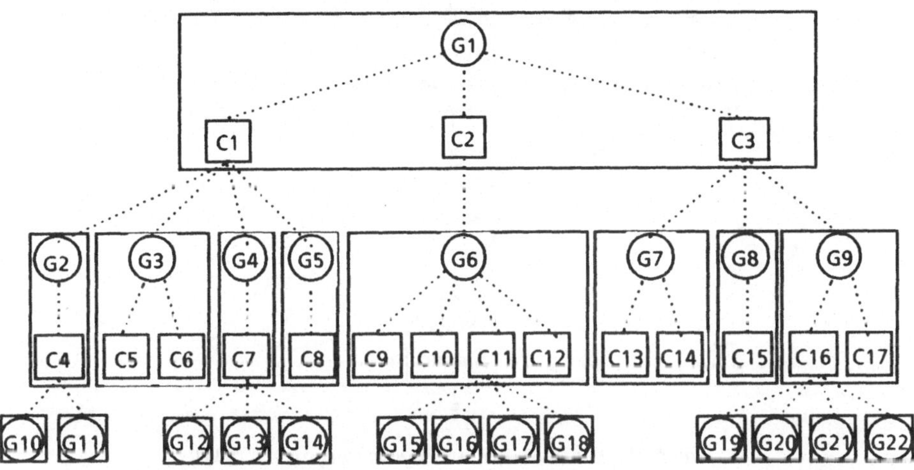

Bild 5.14. Ein Berechnungsbaum, geteilt in Berechnungseinheiten (aus [Lev86a])

Im Modell von Levy [Lev86a] wird die Berechnung, die notwendig ist, um ein Ziel durch seine anwendbaren Klauseln zu ersetzen, als eine Einheit betrachtet. Eine solche Einheit umfaßt die Unifikation des Zieles mit den Klauselköpfen und das Commit einer dieser Klauseln. Der Berechnungsbaum kann als Baum solcher Einheiten wie in Bild 5.14 gezeichnet werden. Die Klauseln sind darin durch Quadrate und die Ziele durch Kreise gekennzeichnet.

Der Status einer Berechnungseinheit ergibt sich aus den Stati der einzelnen anwendbaren Klauseln. Bis zum Endergebnis werden wiederholt Ziele aus einem Vorratspool ausgewählt und weiterbearbeitet. Die Ziele werden bei der Reduktion eliminiert und durch die Ziele auf der rechten Seite der Horn Klauseln ersetzt. Die Ziele, die noch nicht reduziert sind, werden in zwei Gruppen eingeteilt. In die Gruppe der suspendierten Ziele, deren Berechnung im Augenblick etwa wegen einer Read-Only Bedingung nicht fortschreiten kann und die der bereiten (ready) Ziele, die sofort bearbeitet werden können. Die neuen Ziele nach einer Reduktion kommen nicht sofort in den Pool der bereiten Ziele, sondern werden zunächst in einem speziellen Bereich gesichert, dem *pending goals pool*. Sind alle neuen Ziele kreiert, dann werden sie zusammen in den Pool der bereiten Ziele eingereiht. Damit stellt man sicher, daß nicht einzelne Ziele mit der Bearbeitung schon fertig sind, bevor alle Ziele im Guard erzeugt sind. Dies könnte sonst dazu führen, daß ein Guard leer werden würde und sich als fertig ansehen würde.

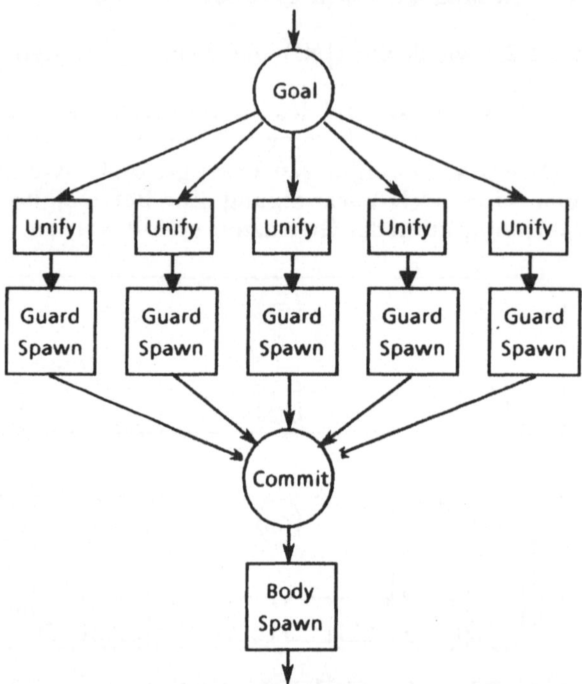

Bild 5.15. Die Stadien einer Reduktion (aus [Lev86a])

Die Phasen einer Reduktion (Bild 5.15)

- *Unifikationsschritt*

Im Unifikationsschritt wird versucht das Ziel mit dem Kopf jeder möglichen Klausel zu unifizieren. Die Unifikation des Ziels mit einem Klauselkopf kann zu einem Erfolg, einem Fehler oder zur Suspendierung führen. Wird eine Unifikation suspendiert, dann wird das Ziel mit der Variablen assoziiert, welche die Suspendierung verursacht hat. Kommt es später zur Instantiierung dieser Variablen, dann wird das zugehörige Ziel in den Pool der bereiten Ziele eingereiht und die Reduktion wiederholt.

- *Guard Spawning*

Beim *Guard Spawning* wird für jede erfolgreiche Unifikation ein Guardsystem kreiert. Jedes Ziel aus dem Guardteil kommt dabei in den Pool der bereiten Ziele. Dabei wird vor jeder solchen Einordnung in den Pool überprüft, ob dieser Schritt nicht inzwischen durch andere Prozesse überflüssig geworden ist, falls etwa das erste Ziel aus dem Guardsystem ein Fail zurückgeliefert hat oder eine andere Klausel das Commit erhalten hat. Ist das Guardsystem leer, dann kann der Klausel sofort das Commit gegeben werden. Zusätzlich wird im Guardsystem mit einer Variablen Guardcount festgehalten, wie viele Guardziele das System enthält, damit später erkannt werden kann, ob das Guardsystem mit seinen Zielen fertig ist.

– *Commitment*

Beim *Commitment* wird der ersten Klausel, die mit den Guards erfolgreich ist, das Commit gegeben, und die anderen Klauseln werden gestoppt. Da die Rechnung eventuell parallel von mehreren Prozessoren ausgeführt wird, muß im allgemeinen erst überprüft werden, ob inzwischen eine andere Klausel bereits das Commit erhalten hat. Ist dies nicht der Fall, dann können die sprachenspezifischen Aktionen des Commits durchgeführt werden. Sollten diese Aktionen für das Commit fehlgehen oder suspendiert werden, dann wird versucht die nächste Klausel zu unifizieren. Werden bei den sprachenspezifischen Aktionen Variablen instantiiert, welche mit suspendierten Zielen assoziiert sind, dann werden diese Ziele in den Pool der bereiten Ziele eingereiht.

– *Body Spawning*

Zuletzt wird beim *Body Spawning* das Ziel durch die Bodyziele der Klausel, welche das Commit erhalten hat, ersetzt. Sind keine Bodyziele vorhanden, dann ist das Ziel erfüllt und es wird mit Hilfe des Guardcounts überprüft, ob das Vaterziel das letzte Ziel eines Guardsystems ist. Falls ja, dann kann für die Klausel dieses Guardsystem das Commit gegeben werden. Ansonsten wird das nächste Ziel des Guardsystems zur Reduktion herangezogen und der Guardcount um 1 reduziert.

Ein Prozeß wird suspendiert, wenn die Menge der unifizierbaren Klauseln erschöpft ist und noch keine dieser Klauseln das Commit erhalten hat. In diesem Fall wird das nächste Ziel zur Bearbeitung aus dem Pool geholt.

(b) Das UND-Baum Modell bei Kernel Parlog

PARLOG kann ebenfalls mit dem Modell des UND-ODER-Baumes implementiert werden, da die Sprachstruktur auch hier der Prozeßstruktur des UND-ODER-Baumes entspricht. Die Granularität dieses Modells ist ziemlich fein, da für jeden Guard einer Klausel ein Zweig im Baum auszuwerten ist, selbst wenn dieser nur einen Matchingaufruf enthält.

Die erste Implementierung von PARLOG lief auf ALICE (siehe [Dar81]), einer parallen Reduktionsarchitektur, die vornehmlich für funktionale Programmiersprachen (siehe Kap. 4) wie HOPE konzipiert wurde. Bei ALICE werden Prozesse als überschreibbare (rewritable) Pakete behandelt, deren Inhalte den Prozeßstati entsprechen. Die Auswertung eines Prozesses erfolgt durch eine Folge von rewrite-Schritten, die von den Prozessorelementen ausgeführt werden. Prozesse können durch die Argumentfelder der korrespondierenden Pakete, durch die auf andere Pakete verwiesen wird, zu Strukturen verknüpft werden.

Auf ALICE wurde dabei zunächst der UND-ODER Prozeßbaum durch einen Baum überschreibbarer Pakete repräsentiert. Jedes Blattpaket am Baum enthält einen Aufruf zur Auswertung, während die anderen Pakete im Baum die Resultate ihrer Nachkommen überwachen und weitergeben. Auf Grund der feinen Granularität der Prozesse und weil die ODER-Knoten auf ALICE durch Überwachungsknoten realisiert werden mußten, ergab sich eine sehr hohe Anzahl von Paketen. Dies hatte eine entsprechend niedrige Rechengeschwindigkeit zur Folge. Um die Zahl der Prozesse zu verringern und die Architektur von ALICE besser verwerten zu können, wurde das UND-Baum Modell entwickelt.

Das UND-Baum Modell ist grobkörniger als das UND/ODER-Modell. Es entspricht nicht direkt der Struktur von Kernel Parlog. Daher wird Kernel Parlog erst in die Sprache $KP_{UND\text{-}Baum}$ (siehe 5.3.1.2.3) kompiliert. Dabei wird die ODER-Parallelität in UND-Parallelität umgewandelt.

Das Modell $KP_{UND\text{-}Baum}$

Der UND-Baum wird aus den Prozessen der Sprache $KP_{UND\text{-}Baum}$ gebildet. Die Knoten entsprechen den UND-Prozessen. Der Baum verzweigt sich bei einer Konjunktion von Bodycalls.

Betrachte etwa die Prozeduren qsort und partition:

$\text{qsort}(p_1,p_2,p_3)$:- $[u|x] \leftarrow p_1$ | $\text{partition}(u,x,x_1,x_2), \text{qsort}(x_1,p_2,[u|\text{sorted}])$,
qsort(x2,sorted,p2).
$\text{qsort}(p_1,p_2,p_3)$:- $[\,] \leftarrow p_1$ | p2 = p3.

$\text{partition}(p_1,p_2,p_3,p_4)$:- $[v|x] \leftarrow p_2,\ v < p_1$ | $p_3 = [v|x_1],\ \text{partition}(p_1,x,x_1,p_4)$.
$\text{partition}(p_1,p_2,p_3,p_4)$:- $[v|x] \leftarrow p_2,\ p_1 \leq v$ | $p_3 = [v|x_1],\ \text{partition}(p_1,x,x_1,p_4)$.
$\text{partition}(p_1,p_2,p_3,p_4)$:- $[\,] \leftarrow p_2$ | $p_3 = [\,],\ p_4 = [\,]$.

Einen Teil des Beweisbaums für die Auswertung des Aufrufs qsort([2,1],y,[]) sieht man in Bild 5.16.

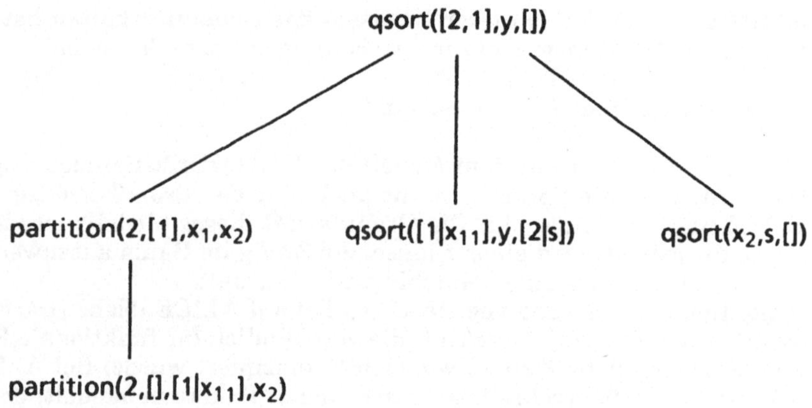

Bild 5.16. Beweisbaum für eine qsort Auswertung (aus [Gre87])

Der zugehörige UND-Baum in Bild 5.17 ist flach, da die Auswertung in partition wegen der primitiven Guard- und Bodybefehle sequentiell ablaufen.

Für jeden Blattknoten (d.h. Knoten ohne Nachfolger) des Beweisbaumes gibt es im UND-Baum einen Knoten. Dazu kommt der EVAL-Knoten an der Wurzel. Nur an den Stellen, wo mehrere Bodycalls parallel aufgerufen werden, ist der UND-Baum nicht flach. An diese Stellen wird ein EVAL-Knoten gesetzt, wo sich der Baum verzweigt (siehe unten).

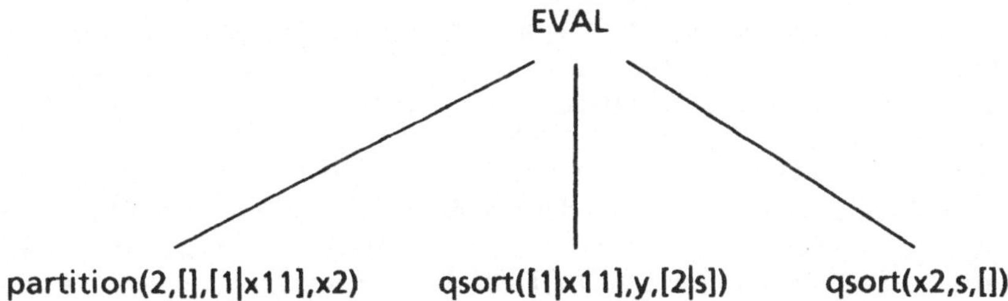

Bild 5.17. UND-Baum für eine qsort Auswertung (aus [Gre87])

Der Auswertungsmechanismus

Eine Frage in $KP_{UND\text{-}Baum}$ hat die gleiche Form wie ein Klauselrumpf, d.h. sie ist eine Folge von primitiven Bodyinstruktionen, gefolgt von einer parallelen Gruppe von Bodycalls. Für die Auswertung einer Frage werden zuerst die Bodybefehle ausgeführt. Nach Definition der primitiven Bodybefehle können diese Befehle nicht suspendiert werden. Führt einer von diesen zum Mißerfolg, dann kann die Frage sofort verneint werden. Sind die primitiven Bodybefehle alle erfolgreich, so wird zunächst ein UND-Baum mit einem EVAL-Knoten an der Wurzel gebildet, der für jeden Bodycall einen Prozeßknoten erhält. Der Status jedes Blattprozesses ist der jeweilige Prädikatsaufruf, der gerade mit dem Knoten assoziiert ist. Der UND-Baum beim Start einer qsort Auswertung ist in Bild 5.18 zu sehen.

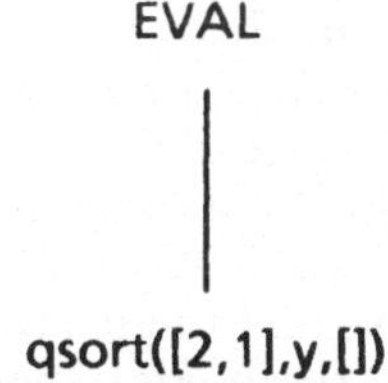

Bild 5.18. UND-Baum beim Start einer qsort Auswertung (aus [Gre87])

Die Blattprozesse im Baum führen unabhängig voneinander eine Folge von Auswertungsschritten durch. Sei etwa $R(t_1,..,t_k)$ der Status eines Prozesses, d.h. der Prozeß enthält gerade den Aufruf $R(t_1,..,t_k)$. Dann werden im nächsten Auswertungsschritt folgende Aktionen ausgeführt:

- Unter den Klauseln für R wird ein geeigneter Kandidat für den Aufruf $R(t_1,..,t_k)$ ausgesucht. Da die Guards nur einfache Instruktionen enthalten, die intern von einem Prozeß ausgewertet werden können, kann auf den Parallelismus zwischen den Guards und ihren Klauseln verzichtet werden. Bei dieser Suche wird entweder eine passende Klausel gefunden, ein fail geliefert, oder der Aufruf selbst suspendiert. Der genauere Ablauf des Suchalgorithmus ist in [Gre87] beschrieben. Zu erwähnen ist hier noch, daß bei der Suche im Falle einer Suspendierung des Prozesses zugleich eine Suspendierungsliste der ungebundenen Variablen mitgeliefert wird, die die Suspendierung bewirkten. Zur Vermeidung des Aufwands beim *Busy-Waiting* (d.h. suspendierte Prozesse wiederholen ihre Klauselsuche so lange, bis die entsprechenden Variablen instantiiert sind) kann wie beim UND-ODER-Baum auch hier das *Non-Busy-Waiting* verwendet werden. Dabei wird der Prozessor, auf dem der Prozeß läuft, für andere freigegeben und der suspendierte Prozeß wird erst wieder aktiviert, sobald eine Variable aus der Suspendierungsliste durch einen anderen Prozeß instantiiert worden ist. Der reaktivierte Prozeß wiederholt die Klauselsuche. Wie beim UND-ODER-Modell wird zu diesem Zweck für jede Variable eine eigene Suspendierungsliste assoziiert, so daß im Falle einer Instantiierung die Prozesse, die auf diese Variable warten, leicht gefunden werden können. Im Gegensatz zum UND-ODER-Modell kann ein Prozeß beim UND-Modell in mehreren Suspendierungslisten von Variablen eingetragen sein.

- Abhängig vom Resultat der Suche wird mit einem der folgenden Schritte fortgesetzt:
  - Ist eine geeignete Klausel gefunden, dann werden vom Prozeß die primitiven Bodybefehle der Klausel ausgeführt, die nach Definition nicht suspendieren können. Haben diese Befehle Erfolg, dann verzweigt sich der Prozeß. Für jeden Bodycall wird ein Prozeß gebildet und der Prozeß selbst durch einen EVAL-Knoten ersetzt.

    Einen Sonderfall bilden dabei die Kontrollbefehle. Bei jedem Prozeß mit einem Kontrollbefehl call(B,s,c) als Status (B ist ein Klauselrumpf) werden ebenfalls zuerst die einfachen Bodybefehle zu Beginn von B ausgewertet. Der Prozeßknoten im UND-Baum wird hier durch einen Teilbaum mit der Wurzel EVAL(s,c) und den Prozessen der Bodycalls in B als Nachkommen ersetzt. Die Argumente s und c ermöglichen anderen Prozessen eine Kontrolle über diesen Teilbaum. Die EVAL-Prozesse sind nur für die Überwachung der Nachkommen zuständig. Wird das Kontrollargument c von einem EVAL(s,c) an STOP gebunden, dann stoppt der EVAL-Prozeß wie im nächsten Fall seinen Teilbaum. Der EVAL-Prozeß selbst muß bei der Auswertung seines Teilbaums nicht ständig aktiv bleiben. Kommt ein Prozeß zu einem (negativen oder positiven) Ergebnis, so kann er seinen Vater-EVAL-Prozeß reaktivieren und ihm das Ergebnis übergeben. Mit diesem Vorgehen und mit dem Non-Busy-Waiting bei der Suspendierung wird erreicht, daß die EVAL-Prozesse so lange suspendiert bleiben, bis sie wieder benötigt werden.
  - Sind keine geeigneten Kandidaten vorhanden, oder führt ein Bodybefehl zu einem fail, dann wird ein fail an den Vater-EVAL-Prozeß zurückgeliefert, der alle seine Nachkommen eliminiert und eine Garbage Collection durchführt.
  - Wird zunächst keine geeignete Klausel gefunden und gibt es noch suspendierte Klauseln, dann wird der Prozeß selbst suspendiert. Dabei bleibt immer noch der ursprüngliche Aufruf $R(t_1,..,t_k)$ mit dem Knoten assoziiert, d.h. die Berechnungen vor der Suspendierung gehen verloren, da der Status nichts von ihnen weiß.

Prioritätssteuerung bei beiden Modellen

Sowohl beim UND-ODER-Modell als auch beim UND-Modell werden ständig Prozesse (Knoten) erzeugt und verarbeitet. Da die Zahl der Prozesse die Prozessorzahl in der Regel bei weitem übersteigen wird, ist eine Regelung nötig, die verhindert, daß einzelne Prozesse bzw. Teilbäume die Prozessoren unverhältnismäßig lange besetzen. Für beide Modelle eignet sich dazu das bounded depth-first Scheduling. Jeder Prozeß bzw. Teilbaum bekommt dabei eine Zeitscheibe zugeteilt, die er für sich und seine Nachkommen verwenden kann. Überschreitet er diese, dann bekommt er eine niedrigere Priorität und wird suspendiert, so daß der nächste Prozeß weiterarbeiten kann. Im Laufe der Zeit wird die Priorität für den ersten Prozeß wieder erhöht, bis er wieder eine neue Zeitscheibe erhält.

5.3.4.2 Speicherverwaltung

Bei den Committed-Choice Sprachen gibt es im Gegensatz zu Prolog kein Backtracking, da bei einer einmal getroffenen Commitentscheidung kein Zurück mehr möglich ist. Das hat zur Folge, daß hier ein Stack recht wenig benutzt werden kann. Alle Laufzeitobjekte kommen auf den Heap, wobei eventuell der Prozeßtupel- und Konstantenspeicher sowie der Variablenspeicher logisch voneinander getrennt werden.

Systeme mit gemeinsamem Speicher und Systeme mit Message Passing

Zu den wichtigsten Charakteristiken paralleler Architekturen gehört die Art und Weise wie die Kommunikation zwischen den Prozessoren organisiert wird. Man unterscheidet dabei Systeme mit einem gemeinsamen Speicher (*Shared Memory*), auf den alle Prozessoren Zugriff haben und über den diese Informationen untereinander austauschen können, und Systeme, bei denen sich die Prozessoren die Nachrichten über physikalische Kanäle zusenden, die sie miteinander verbinden (*Message Passing*). Für eine große Anzahl von Prozessoren wird ein gemeinsamer Speicher zu einem Engpaß. Andererseits kann eine Shared Memory Architektur mit Speicherpuffern für die Nachrichten leicht eine Message Passing Maschine simulieren. Umgekehrt ist es recht aufwendig, eine Shared Memory Maschine mit Message Passing zu simulieren.

Bei der Implementierung der Committed-Choice Sprachen auf einer parallelen Architektur sind in der Regel die verschiedenen Prozesse auch verschiedenen Prozessoren zugeordnet. Wird eine Variable v gebunden, die mehreren solchen Prozessen gemein ist, dann muß dies zu einer Kommunikation zwischen den beteiligten Prozessoren führen. Im allgemeinen weiß man dabei nicht im voraus, welcher der Prozesse v bindet.

In einer Shared Memory Architektur wird jeder Variablen, die von mehreren Prozessen geteilt wird, ein Speicherplatz im Shared Memory zugeordnet. Wird eine solche Variable instantiiert, dann kann dies an der Speicherstelle selbst (*tag*) vermerkt werden. Dazu muß ein Locking Protokoll vorgesehen sein, das den gleichzeitigen Schreibzugriff mehrerer Prozessoren auf dieselbe Variable regelt. In [Lev86a] wird dafür ein spezieller Speicherbereich für test-and-set oder test-and-increment Operationen vorgeschlagen.

Da die logischen Programmiersprachen als single assignment Sprachen keine destruktiven Zuweisungen (*destructive assignments*) kennen, werden mit diesem Vorgehen nicht alle Möglichkeiten eines Shared Memory genutzt.

Auf einer Message-Passing Maschine wird die Implementierung etwas schwieriger. Wird eine Variable v instantiiert, dann muß die Bindung an alle Prozessoren, auf welchen ein Prozeß liegt, der v verwendet, übermittelt werden. Dafür braucht man eine sehr aufwendige Nachrichtenverwaltung. Vor allem die Synchronisation mit entsprechenden Lockingmechanismen zur Vermeidung von gleichzeitigen Schreibzugriffen auf die gleiche Variable wird ziemlich kompliziert und zeitaufwendig. Da das Warten auf die Locks über die Kommunikationskanäle recht lange und vor allem abhängig von der Distanz unterschiedlich lange dauern kann, müssen auch für das Lesen einer Variable Locks implementiert werden. Bei diesem Aufwand muß man versuchen, die Kommunikation so gering wie möglich zu halten und sich ein anderes Modell überlegen.

Da die meisten Variablen nur von einem einzigen Prozeß instantiiert werden, könnte man die beiden Architekturen auch mischen. Für Variablen mit nur einem Produzenten wäre Message Passing zu verwenden und für Variablen mit mehreren Produzenten würde man einen Platz im (dann kleineren) gemeinsamen Speicher reservieren. Dazu muß der Compiler das Programm analysieren, um die Variablen nach diesem Kriterium sortieren und sie jeweils entsprechend behandeln zu können.

Garbage Collection

In 5.3.4.1 wurde schon erwähnt, daß die EVAL-Prozesse der Parlog-Modelle bei ihrer Beendigung eine Garbage Collection für ihre Nachkommen initiieren. Dazu gehört nicht nur das Freisetzen des von den Prozessen und nicht mehr benötigten Variablen belegten Speichers, sondern auch das Löschen der entsprechenden Einträge auf den Suspendierungslisten anderer Variablen. Auf ALICE wird die Garbage Collection mit der Reference Count Methode durchgeführt.

Wie in [Chi87] ausgeführt wird, ist bei den Committed Choice-Sprachen der Speicherplatzbedarf sehr hoch, da ohne Backtracking eine effiziente Aufteilung des Speichers mit Hilfe von Stacks nicht möglich ist. Daher ist sehr häufig eine Garbage Collection erforderlich. Außerdem vermindert sich bei Verwendung von Caches die Hitrate wegen des größeren Arbeitsbereichs. In [Chi87] wird dazu vorgeschlagen mit jeweils einem Bit jedes Pointers auf eine Datenstruktur zu vermerken, ob mehrere Referenzen darauf existieren. Ist nur eine Referenz auf ein gerade verbrauchtes Datenobjekt vorhanden, dann kann der Speicher für dieses Datenobjekt sofort ohne Garbage Collection wieder freigegeben oder überschrieben werden.

5.3.5 Abstrakte Maschine

In diesem Kapitel werden drei verschiedene abstrakte Maschinen zur Implementierung von Committed-Choice Sprachen vorgestellt. Die ersten beiden orientieren sich am UND-ODER-Modell, das dritte am UND-Modell (siehe 5.3.4). Am ausführlichsten ist der Abschnitt über die abstrakte Maschine von Levy [Lev86b], die auf Warrens Maschinensprache aufbaut. Dort werden sowohl die Datentypen als auch der Instruktionssatz detailliert beschrieben. Dazu werden auch der genaue Ablauf beschrieben und Kodierungsbeispiele angeführt.

Als zweite Maschine wird das Datenflußmodell von Ito vorgestellt, das im Rahmen des ICOT Projekts auch als PIM-D bekannt ist. Diese Maschine dient nicht nur als abstrakte Maschine für GHC, sondern auch für ODER-paralleles Prolog. Die Daten für die Prozesse und die Nachrichten stehen hier in Paketen, die zwischen den Knotenrechnern, welche die Operationen ausführen, verschickt werden. Der Instruktionssatz kann hier allerdings nicht vollständig und nur an Hand eines Beispiels dargestellt werden.

Die wenigsten Informationen liegen zur dritten abstrakten Maschine vor, der Compiler Target Language CTL für ALICE. Allerdings ist die Sprache $KP_{UND\text{-}Baum}$, die in CTL übersetzt wird, selbst schon eine Zwischensprache zu Parlog, so daß sich aus den Ausführungen in 5.3.4.2(b) schon relativ klar die Struktur der abstrakten Maschine erkennen läßt.

5.3.5.1 Die abstrakte Maschine von Levy für GHC [Lev86b]

Levy stellt in [Lev86b] eine abstrakte Maschine für GHC vor. Er nimmt dabei die abstrakte Maschine für FCP (Flat Concurrent Prolog), die wiederum auf Warrens abstrakter Maschine aufbaut, als Grundlage und paßt sie für GHC an. Warrens Maschinensprache ist bereits in 5.2.5 beschrieben, für die FCP Maschine, die am Weizmann Institut in Israel entworfen wurde, sei auf [Hou86] verwiesen. Diese GHC Maschine basiert auf dem UND-ODER Modell, das in 5.3.4.1 vorgestellt ist. Ein anderes auf Prozessen des UND-ODER Baums basierendes Modell ist in [Cra86] beschrieben, wird aber hier aus Platzgründen nicht dargestellt. In [Kim87] wird eine abstrakte Maschine für Flat GHC vorgestellt. Da hier keine benutzerdefinierten Guards erlaubt sind, ist dieses Modell etwas einfacher und schneller als das von Levy. Für eine effizientere Speicherverwaltung (siehe auch 5.3.4.2 unter Garbage Collection) wird in [Chi87] noch eine Erweiterung dieser Maschinensprache vorgeschlagen. In [Nak87] findet man eine verkürzte Beschreibung der abstrakten Maschine für den PSI-II, dem neuesten tatsächlich arbeitenden Prozessor von ICOT (allerdings nur sequentiell).

a) Die Datenobjekte der abstrakten Maschine von Levy

Die Datenobjekte werden als Folge von Speicherworten repräsentiert. Eine Repräsentation im Speicher besteht aus zwei Feldern, dem Tag-Feld, das den Typ beschreibt und dem Value-Feld mit dem Wert. Objekte können einfach oder zusammengesetzt sein. Bei einfachen Objekten enthält das Value-Feld den Wert selbst. Bei zusammengesetzten Objekten steht im Value-Feld die Adresse des Objekts, im Tag-Feld wird angezeigt, daß es sich um eine indirekte Referenz handelt.

Tags und Values

Es sind folgende Tags vorgesehen:

- VAR - eine nicht instantiierte Variable; im Value-Feld steht entweder NULL oder ein Pointer auf eine Queue von suspendierten Prozessen.
- REF - eine Referenz auf einen anderen Term, im Value-Feld steht die Adresse des Terms.
- CER - eine über die Umgebung hinausgehende Referenz auf einen anderen Term. Value enthält die Adresse des Terms. Im Unterschied zu REF ist der Term aber eine Variable oder schließt Variablen ein, welche nicht durch diese Referenz instantiiert werden können.
- INT - Typbezeichnung, Value ist der Integerwert.
- STRING - ein String, die interne Struktur der Strings ist nicht näher spezifiziert.
- TUPLE - ein Tupel, das Value-Feld enthält die Stelligkeit (*arity*) und die Argumente des Tupels. Paßt ein Argument nicht in ein einzelnes Wort, dann steht an der entsprechenden Stelle die Referenz auf die tatsächliche Struktur des Arguments. Das erste Argument wird auch Funktor des Tupels genannt. Oft ist es ein Stringobjekt.

Datenbereiche und Laufzeitstrukturen

Der Hauptspeicherbereich ist der Heap. Der Heap ist logisch in zwei Teilbereiche gegliedert, dem Tupel- und Konstantenspeicher und dem Variablenspeicher. Alle Laufzeitobjekte, die vor und während des Laufs auf der abstrakten Maschine erzeugt werden, kommen auf den Heap. Im einzelnen gehören dazu:

- Die Module, die das Programm enthalten, das durch die Prozesse ausgeführt wird. Diese kommen in den Tupelbereich.
- Die Repräsentation der Ziele, die zu lösen sind. Diese Repräsentationen heißen Prozeß-Records. Die Felder der Prozeß-Records sind unten noch genauer spezifiziert.
- Die Daten, die während eines Programmlaufs produziert werden.
- Die Warteschlange der aktiven Prozesse. In ihr werden alle Prozeß-Records gespeichert, die zur Ausführung bereit sind.

- Die Umgebungen mit den Variablenzellen kommen in den Variablenbereich.

Ein Prozeß-Record hat die folgenden sechs Felder:

- Das GT-Feld - es enthält eine Referenz auf ein Guardtupel. Dieses Tupel wird noch näher erläutert.
- Das PR-Feld - es enthält eine Referenz auf die Prozedur, die bei der Berechnung dieses Ziels gebraucht wird. Die Referenz zeigt in den Codeteil irgendwo in der Mitte eines Moduls.
- Das AB-Feld - es enthält eine Referenz auf den Argumentblock dieses Ziels. Der Argumentblock ist ein GHC-Tupel, das die Argumente des Ziels enthält.
- Das EV-Feld - es enthält eine Referenz auf einen Vektor von Umgebungen. Für jede Klausel bei der Rechnung für dieses Ziel gibt es eine Umgebung.
- Das SW-Feld - Es enthält eine Referenz auf einen Vektor von Statusworten. Für jede Klausel bei der Rechnung für dieses Ziel gibt es ein Statuswort.
- Das ME-Feld - es enthält eine Referenz auf einen *mutual exclusion ring*. Auch dieser wird weiter unten noch erklärt.

Für jedes zu bearbeitende Ziel wird genau ein Prozeß Record erzeugt. Dieser überwacht den Status aller Guards für dieses Ziel. Für jeden solchen Guard gibt es ein Guardtupel. Guardtupel haben folgende drei Felder:

- Eine Referenz auf das Statuswort dieses Guards.
- Die momentane Zahl der Ziele bei der Berechnung dieses Guards.
- Eine Referenz auf den Prozeß-Record, für den dieser Guard arbeitet.

Ein Prozeß-Record kann sich in einem der drei folgenden Zustände befinden:

- Es kann ein gerade laufender Prozeß sein, dann spricht man vom *running state*.
- Es kann ein Prozeß sein, der in der aktiven Warteschlange liegt und zur Ausführung bereit ist. Dann spricht man vom *ready state*.
- Es kann ein Prozeß sein, der von einer oder mehreren Variablen suspendiert ist oder der auf die Beendigung einer der Guards wartet, die für ihn rechnen. In diesem Fall spricht man vom *suspended state*.

Ist ein Prozeß im Zustand *running*, dann ist ME gleich NULL (dem NIL-Pointer). Ansonsten zeigt ME auf einen *mutual exclusion ring*, der aus Tripeln aufgebaut ist. Jedes Tripel enthält eine Referenz auf den Prozeß-Record, auf das nächste Tripel im Ring und auf das nächste Element der Suspendierungswarteschlange, in der es auftaucht. Ein Prozeß-Record kann wegen mehr als einer Variablen suspendiert sein. Für jede Variable, wegen der ein Prozeß-Record suspendiert ist, enthält der mutual exclusion ring ein Tripel. Der mutual exclusion ring sorgt dafür, daß der Prozeß nur einmal reaktiviert wird.

Ein Prozeß kann neu gestartet werden, wenn eine Variable instantiiert wird oder wenn ein Guard, auf den er wartet, das Commit erreicht. Bevor ein Prozeß wieder in die aktive Warteschlange kommt, wird der mutual exclusion ring durchlaufen, und alle Referenzen auf den Prozeß-Record sowie das ME-Feld im Prozeß-Record werden auf NULL gesetzt. Damit ist der Prozeß-Record von keiner Suspendierungswarteschlange aus mehr erreichbar.

Der Umgebungsvektor eines Prozeß-Records enthält eine Umgebung für jeden Guard, der für das Ziel arbeitet. Zu Beginn der Berechnung eines Ziels sind alle Felder dieses Vektors auf NULL gesetzt. Wird die Abarbeitung einer bestimmten Klausel gestartet, dann wird eine Umgebung kreiert und der zugehörige Pointer kommt in die entsprechende Stelle (*slot*) des Vektors. Jede Umgebung ist ein n-Tupel, wobei n um eins größer ist als die Zahl der Variablen, die für die Umgebung notwendig sind. Die ersten Stellen dienen der Speicherung der Variablenbindungen, die letzte Stelle wird dazu benutzt, Umgebungen aneinander zu ketten (siehe dazu weiter unten).

Der Statuswort-Vektor enthält für jeden Guard einen der folgenden möglichen Werte:

- PRE - die Klausel hat mit der Berechnung noch nicht begonnen
- RUN - die Klausel wartet gerade auf das Ende ihres Guards
- FAIL - die Berechnung des Kopfs oder des Guards hatte ein fail als Ergebnis
- COMMIT - Kopf und Guard der Klausel sind fertig und der Klausel kann das Commit gegeben werden.

Ein anderer Arbeitsbereich ist die Suspendierungstabelle. Dieser Bereich ist nicht auf dem Heap plaziert, sondern im statischen Speicher enthalten. Wenn ein Prozeß suspendiert wird, dann kommt die Variable, welche die Suspendierung verursacht hat, in diese Tabelle. Wurden alle Klauseln für ein Ziel versucht und erhielt keine das Commit, dann wird das Ziel bezüglich aller Variablen aus der Tabelle suspendiert. Ein neuer mutual exclusion ring wird erzeugt, initialisiert und im ME-Feld des momentanen Prozeß-Records gespeichert.

Die Register

Der Status der abstrakten Maschine wird durch eine Anzahl von Registern, welche Pointer in den Datenbereich enthalten, definiert:

1. HP Head Top Pointer
   zeigt auf die nächste freie Stelle im Heapbereich und wird erhöht, wenn neue Daten auf den Heap kommen.
2. STI Suspension Table Index
   zeigt auf die nächste freie Stelle in der Suspendierungstabelle. Kommt es zu einer Suspendierung, dann wird die Adresse der Variablen, die die Suspendierung bewirkte, in die von STI bezeichnete Stelle der Suspendierungstabelle eingetragen, und STI wird erhöht.

3. CP Current Process
   zeigt auf den Prozeß-Record, deren Prozedur von der abstrakten Maschine gerade ausgeführt wird.
4. PC Program Counter
   zeigt auf die nächste auszuführende Instruktion.
5. SW Status Word Pointer
   zeigt in den Vektor der Statusworte von CP. Wird die Berechnung einer Klausel beendet, dann wird SW auf das Statuswort der neuen Klausel gesetzt.
6. EV Environment Vector Pointer
   zeigt in den Umgebungsvektor von CP. Wird die Berechnung einer Klausel beendet, so wird EV auf die Umgebung der neuen Klausel gesetzt.
7. GT Guard Tuple Pointer
   zeigt auf das Guard Tupel für diesen Prozeß-Record. Wenn ein Guard erzeugt wird, dann zeigt er auf den neu plazierten Guard Tupel für diesen Guard.
8. QF Queue Front
   Kopf der aktiven Warteschlange
9. QB Queue Back
   Ende der aktiven Warteschlange
10. FL Failure Label
    zeigt auf eine Adresse im Code. Falls die Berechnung der Klausel wegen eines Fehlers, einer Suspendierung, oder weil ein Guard noch nicht mit der Berechnung fertig wurde, abgebrochen werden soll, dann wird dieser Code ausgeführt.
11. TS Time Slice
    Die für diesen Prozeß verbleibende Zeit. Das Register wird benutzt, um eine zeitbegrenzte Rekursionsoptimierung (*tail recursion*) zu implementieren. Ist der Wert ungleich null, dann wird sofort das letzte Ziel im Rumpf der Klausel, die das Commit erhalten hat, gestartet und der Wert des Registers um 1 vermindert. Ist er gleich null, dann wird ein anderer Prozeß zur Ausführung gebracht.
12. A Argument Pointer
    wird zum Lesen der Struktur eines Klauselarguments oder zum Schreiben der Struktur eines Zielarguments verwendet. Wenn eine Folge von Argumenten in den Speicher geschrieben wird, so enthält A den Beginn des Argumentblocks vom Ziel.
13. SP Tuple (Substructure) Pointer
    wird zum Lesen einer Substruktur eines Klauselarguments oder zum Schreiben einer Substruktur eines Zielarguments verwendet.
14. X1, X2, ... Variablenregister
    werden für die Variablen der Klauselumgebungen verwendet. Für jede Variable wird ein Register verwendet.
15. T1, T2, ... Temporary Register
    werden für vorübergehende Größen während der Rechnung verwendet.

Behandlung der Referenzen beim Commit

Erhält eine Klausel das Commit, dann müssen die Referenzen über die lokale Umgebung hinaus in normale Referenzen umgewandelt werden. Die Unterscheidung zwischen diesen beiden Arten der Referenz (CER- und REF-Referenzen) kommt daher, daß vor dem Commit zum Guardteil externe Variablen nicht instantiiert werden dürfen (CER-Referenz). Auch nach dem Commit muß man aufpassen, daß eine Variable nicht zu früh schreibbar (REF-Referenz) gesetzt wird. Betrachte etwa Beispiel 5.14 (aus [Lev86b])

```
Ziel:        p(X), X = f(A)
Klausel 1:   p(Y) :- q(Y), r(Y) | ...
Klausel 2:   q(Z) :- Z = f(B) | ...
```

Beispiel 5.14. A darf nicht im Guardteil von Klausel 1 gebunden werden

Es kann sich folgende Reihenfolge bei der Ausführung des Beispielprogramms ergeben:

1. Das Ziel p(X) wird mit dem Kopf von Klausel 1 unifiziert. Es wird eine CER-Referenz von Y nach X gesetzt.
2. Das Ziel q(Y) wird mit dem Kopf von Klausel 2 unifiziert. Es wird eine CER-Referenz von Z nach Y gesetzt.
3. X wird mit f(A) unifiziert.
4. Z wird mit f(B) unifiziert, wodurch eine CER-Referenz von B nach A erzeugt wird.
5. Klausel 2 erhält das Commit und die CER-Referenzen von Z nach Y und von B nach A werden in normale REF-Referenzen umgewandelt.

Nun kann das Ziel r(Y) die Variable A durch die Referenz auf B instantiieren, d.h. A kann durch den Guardteil von Klausel 1 gebunden werden, was inkorrekt wäre.

Man muß daher bei der Umwandlung von CER-Referenzen in REF-Referenzen erst überprüfen, ob die referenzierte Variable zur Umgebung des Ziels gehört, welche das Commit erhielt. CER-Referenzen auf Variablen außerhalb dieser Umgebung dürfen zu diesem Zeitpunkt noch nicht modifiziert werden. Dazu muß die Adresse des referenzierten Objekts kontrolliert werden. Liegt sie im Tupelbereich, dann bezieht sie sich nur auf Argumente des Commit-Ziels und kann daher umgewandelt werden. Zeigt sie in den Variablenbereich, dann muß überprüft werden, ob sie in der Umgebung des Commit-Ziels enthalten ist. Ist das der Fall, dann kann die Referenz modifiziert werden, ansonsten nicht.

Können bei einem Commit die CER-Referenzen nicht in REF-Referenzen umgewandelt werden, dann muß dies gespeichert werden. Dafür ist in jeder Umgebung eine Speicherstelle vorgesehen, um eine andere Umgebung mit dieser zu verketten. Erhält nun das Guardsystem einer Klausel mit so angeketteten Umgebungen selbst das Commit, dann werden alle diese Umgebungen nach solchen CER-Referenzen durchsucht und, wenn möglich, umgewandelt. Verkettete Umgebungen, die dann keine CER-Referenzen mehr enthalten, können gelöscht werden. Umgebungen, die immer noch CER-Referenzen enthalten, werden an die Kette des neuen Commit-Ziels angehängt. Auf diese Weise wandern diese Umgebungen so lange bis zu dem Punkt, wo die Referenzen modifiziert werden können.

b) Die Instruktionen

Instruktionstypen

Es gibt fünf Arten von Instruktionen, nämlich Lesebefehle, Schreibbefehle, Sprungbefehle, Befehle für die temporären Register und Kontrollbefehle.

Die Lesebefehle werden für das Matching der Argumente im Klauselkopf mit der Struktur des Ziels verwendet. Sie sind in zwei Gruppen eingeteilt, je nachdem ob sie das A-Register oder das SP-Register betreffen. Zu Beginn eines Matching zeigt das A-Register auf das erste Argument der Struktur des Ziels. Die Toplevel-Lesebefehle (read_X) setzen A um ein Argument weiter, die Substruktur-Lesebefehle (subread_X) modifizieren statt dessen das SP-Register. Im einzelnen gibt es folgende Lesebefehle :

read_var Xn	read_value Xn
read_string Offset	read_integer Value
read_tuple Arity	
subread_var Xn	subread_value Xn
subread_string Offset	subread_integer Value
subread_tuple Arity,Tn	subread_tuple_direct Arity

Hier sowie bei den folgenden Instruktionen bezeichnen die Xn Variablenregister, die Tn die temporären Register, Offset eine Stringadresse sowie Arity und Value Integerwerte. Der Ausdruck [V1,V2] bezeichnet im weiteren ein Heapwort mit dem Tag V1 und dem Datenfeld V2. Der Ausdruck *X: = V gibt an, daß die Speicherstelle mit der Adresse X den Wert V zugewiesen bekommt. Der Ausdruck &X bezeichnet die Adresse des Speicherplatzes von X.

Die Schreibbefehle dienen zur Generierung der Struktur eines Ziels und zur Initialisierung des entsprechenden Slots im Prozeß-Record mit einer Referenz auf das Argument. Auch die Schreibbefehle sind in zwei Gruppen unterteilt, je nachdem wie sie das HP-Register verändern. Am Beginn einer Folge von Schreibbefehlen werden das A-Register und das HP-Register auf die erste freie Stelle im Heap gesetzt. Die Toplevel-Schreibbefehle (write_X) erhöhen das HP-Register auf die Stelle des nächsten Arguments. Die Substruktur-Schreibbefehle modifizieren statt dessen das SP-Register. Im einzelnen gibt es folgende Schreibbefehle:

write_var Xn	write_string Offset
write_integer Value	write_tuple Arity
subwrite_var Xn	subwrite_string Offset
subwrite_integer Value	subwrite_tuple Arity,Tn

subwrite_tuple_direct Arity

Bei Verwendung eines Stacks für die Lese- und Schreibbefehle könnte die Unterteilung in jeweils zwei Teilklassen eventuell entfallen. Dies ist jedoch bei [Lev86b] nicht implementiert.

Als einziger Sprungbefehl ist nur

try_me_else Fl

vorgesehen, wobei Fl die Adresse einer Fehlermarke angibt. Dies ist der erste Befehl in einem Klauselrumpf. Das SW- und das EV-Register werden um eine Stelle in ihren entsprechenen Vektorfeldern versetzt. Ist das Statuswort der momentanen Klausel gleich FAIL oder gleich RUN, dann geht die Kontrolle an Fl. Andernfalls wird das FL-Register auf Fl gesetzt.

Die Befehle für die temporären Register sichern das HP- oder das SP-Register in das angegebene temporäre Register. Sie sehen wie folgt aus:

save_hp Tn save_sp Tn

Der save_hp-Befehl wird zum Sichern der Startadresse der Struktur bei einer test-commit-and-set-Operation in ein T Register verwendet. Der save_sp-Befehl dient zur Speicherung einer Substrukturadresse, die von nachfolgenden Lese- oder Schreibbefehlen gebraucht wird. Dies ist dann der Fall, wenn ein Tupelargument für ein einziges Heapwort zu groß wird.

Die Kontrollbefehle sind für die Kontrolle bei der Codeausführung zuständig. Es sind dies die folgenden Befehle:

1. allocate N,Cl
   Ist der Status der augenblicklichen Klausel auf PRE, dann wird auf dem Heap ein Tupel von N Variablen reserviert und die Adressen werden an den entsprechenden Stellen im Umgebungsvektor eingetragen. Das Register X1 wird auf die Adresse der ersten Tupelstelle gesetzt. Steht der Status auf COMMIT, dann wird auf die Adresse Cl verzweigt.
2. guard
   Dieser Befehl erscheint zu Beginn eines Guards mit rekursiven Aufrufen (d.h. mit Prädikaten, die nicht nur einfache Testprädikate sind). Das Statuswort der Klausel wird auf RUN gesetzt, ein neues Guardtupel wird bereitgestellt, dessen Adresse in GT abgelegt wird, und A wird auf HP gesetzt, um das Schreiben der Argumente des ersten Guardziels vorzubereiten.
3. commit
   Dieser Befehl gibt der gegenwärtigen Klausel das Commit. Steht das Statuswort auf RUN, dann geht die Kontrolle an *FL (das ist der Befehl auf der Adresse FL). Ansonsten wird das Zählfeld in dem Guardtupel, auf das GT zeigt, um eins vermindert und den Statusworten aller Klauseln, die bzgl. des Commits in Konkurrenz zu der momentanen Klausel stehen, FAIL zugewiesen. Weiter wird X1 auf die erste Stelle des von EV referenzierten Tupels und A zur Vorbereitung für das Schreiben der Argumente des ersten Ziels auf HP gesetzt. Schließlich werden die Umgebungen, die durch das von EV bezeichnete Tupel erreichbar sind, nach CER-Referenzen durchsucht und soweit als möglich in normale REF-Referenzen umgewandelt. Enthält eine dieser Umgebungen danach immer

noch CER-Referenzen, dann wird diese in die Kette der Umgebungen eingereiht, die von der Klausel, die gerade das Commit erhalten hat, erreichbar ist.

4. test_commit_set Xn,Tn
Steht das Statuswort auf RUN, dann wird die Kontrolle an *FL übergeben. Ansonsten wird X1 auf die erste Tupelstelle im passenden Slot des Umgebungsvektors gesetzt. Xn erhält eine normale REF-Referenz auf sein Objekt. Dabei wird Xn zum Teil dereferenziert und das Ergebnis in Xn gespeichert. (Eine Teildereferenzierung stoppt, wenn sie auf eine Nicht-Referenz oder eine CER-Referenz stößt). Wenn das Ergebnis keine Variable ist, dann wird die Kontrolle an *FL übergeben. Hat Xn eine Suspendierungswarteschlange, dann werden die Prozeß-Records daraus in die aktive Warteschlange eingereiht. Xn wird schließlich zu [REF,*Tn] initialisiert.
5. spawn P
Mit diesem Befehl wird ein neuer Prozeß-Record zur Ausführung der Prozedur P generiert. Dabei wird P in den PR-Slot eingefügt, das GT-Feld auf [REF,GT] gesetzt, das Zählfeld im Guardtupel, auf das GT zeigt, erhöht und ME zu [VAR,NULL] initialisiert. Außerdem wird ein neues Statusworttupel der entsprechenden Größe kreiert und SW auf [REF, dieses Tupel] gesetzt. Genauso wird ein neues Umgebungstupel der entsprechenden Größe erzeugt und EV zu [REF, dieses Tupel] initialisiert. Zuletzt wird AB auf [REF,*A] gesetzt, der neue Record in die aktive Warteschlange eingereiht und A auf HP gesetzt.
6. execute P
Dieser Befehl startet die Berechnung eines Prozeß-Records. Dabei wird der gegenwärtige Prozeß-Record wiederverwendet und werden die gleichen Aktionen ausgeführt wie bei spawn P. Ist die Zeitscheibe für diese Prozedur zu Ende (die Zeit des Vorgängers wird übernommen), dann kommt der Prozeß-Record in die Warteschlange und ein anderer Prozeß wird gestartet. Ansonsten wird der Prozeß selbst gestartet und die Zeitscheibe reduziert.
7. halt
Zunächst wird das Zählfeld des durch GT referenzierten Guardtupels abgefragt. Ist es ungleich null, dann wird die Zeitscheibe zurückgesetzt und ein anderer Prozeß aus der Warteschlange geholt und gestartet. Ist es gleich null, dann wird CP auf den Prozeß gesetzt, der im Prozeßreferenzfeld des Guardtupels steht, auf das der GT zeigt. Außerdem werden das Statuswort der Commit-Klausel im Statuswortvektor von CP auf COMMIT und die Statusworte der übrigen Klauseln von CP auf FAIL gesetzt. Zuletzt wird CP in die aktive Warteschlange eingereiht und ein anderer Prozeß zur Ausführung gebracht.
8. suspend
Ist die Suspendierungstabelle nicht leer, dann wird ein neues mutual exclusion Tripel erzeugt, ME auf [REF,dieses Tupel] gesetzt, das erste Argument des Tupels zu [REF,CP] initialisiert und das Tupel in die Suspendierungswarteschlangen aller Variablen der Suspendierungstabelle einge-

fügt. Ist andernfalls eines der Statusworte im Statuswortvektor von CP auf RUN, dann wird die Zeitscheibe zurückgesetzt und ein anderer Prozeß aus der Warteschlange gestartet. Ist auch das nicht der Fall, dann ist der Prozeß gescheitert und es werden die folgenden Aktionen durchgeführt, bis der Fehler nicht mehr weitergegeben werden kann:

(a) Dem Statuswort des Guardtupels, auf das GT zeigt, wird FAIL zugewiesen, CP wird auf den Prozeß-Record dieses Tupels gesetzt und GT erhält den Wert des GT-Felds vom neuen Prozeß-Record.
(b) Ist CP an der Wurzel des Baumes angelangt, dann hält die abstrakte Maschine mit einem Fehler. Haben alle Slots des Statuswortvektors den Wert FAIL, dann werden Schritt (a) und (b) wiederholt.

Nachdem der Fehler im Baum soweit als möglich weitergegeben wurde, wird eine anderer Prozeß gestartet und die Zeitscheibe zurückgesetzt.

Definition der Unifikation

Die Unifikation kann in GHC mit Hilfe des test_commit_set-Befehls als '='-Prädikat definiert werden. Eine Klausel der Form

A = A :- true | true

würde dafür nicht ausreichen. Wenn sie etwa mit dem Ziel X = 15 aufgerufen werden würde, käme es zu einer Suspendierung. Um die Definition zu ermöglichen, wird in [Lev86b] zusätzlich zum normalen Commit-Operator noch ein Test-Commit-and-Set-Operator eingeführt. Dieser hat die folgende Syntax:

$$H \text{ :- } G_1, \ldots, G_n \mid V \leftarrow T \mid B_1, \ldots, B_m \qquad (n,m \geq 0)$$

Der Teil zwischen den beiden '|' heißt der Test-Commit-and-Set-Teil der Klausel. Das Commit mit solchen Klauseln wird wie folgt ausgeführt:

Ist der Guardteil erfolgreich abgearbeitet, dann versucht die Klausel das Commit zu erhalten. Hat schon eine andere Klausel das Commit für das Ziel, dann wird die Klausel beendet. Andernfalls bekommt die Klausel das Commit, falls in ihr kein Test-Commit-and-Set-Operator erscheint. Hat sie einen solchen Operator, dann wird überprüft, ob V eine Variable ist und ob die Instantiierung der Variablen nicht zur Suspendierung führt. In diesem Fall wird V an T gebunden und die Klausel erhält das Commit. Ist V keine Variable oder würde die Instantiierung zur Suspendierung führen, dann wird die Klausel beendet. Der Versuch die Variable V zu binden, kann nur dann zur Suspendierung führen, wenn sie an eine Variable gebunden ist, die global zu dem Guardsystem ist, welches das aufgerufene Ziel enthält.

Damit kann nun die Unifikation wie in Bild 5.19 definiert werden. Die erste Klausel für '=' wird benutzt, wenn die beiden Argumente unifiziert werden können, ohne daß eine Bindung durchgeführt werden muß. Die zweite Klausel wird verwendet, wenn das erste Argument eine Variable ist, so daß sie an das zweite Argument gebunden wird. Die dritte Klausel wird verwendet, wenn die zweite Klausel eine Variable ist. Die vierte wird dann benutzt, wenn beide Argumente keine Variablen sind. In diesem Fall wird

```
X = X  :-  true | true.
X = Y  :-  true | X ← Y | true.
X = Y  :-  true | Y ← X | true.
X = Y  :-  functor(X,F,N), functor(Y,F,N) | unify_args(X,Y,N).

unify_args(X,Y,0)  :-  true | true.
unify_args(X,Y,N)  :-  N > 0 | arg(N,X,Xn), arg(N,Y,Yn), N1 : = N-1,
                               Xn = Yn, unify_args(X,Y,N1).
```

Bild 5.19. Definition der Unifikation (aus[Lev86b])

überprüft, ob beide den gleichen Funktor und die gleiche Stelligkeit haben und rekursiv jedes Argumentpaar unifiziert.

Kodierung von Klauseln

Im folgenden wird die Kodierung von GHC-Klauseln überblicksmäßig dargestellt.

- Kodierung von Einheitsklausel : P.
  allocate K,Cl
  read args of P
  Cl:commit
  halt
- Kodierung von iterativen Klauseln : P :- Q.
  allocate K,Cl
  read args of P
  Cl:commit
  write args of Q
  execute Q
- Kodierung von allgemeinen Klauseln : P :- $Q_1, \dots, Q_n$
  allocate K,Cl
  read args of P
  Cl:commit
  write args of Q_1
  spawn Q_1
  ...
  write args of Q_n
  spawn Q_n
  execute Q_n
- Kodierung von Guardklauseln : P :- $G_1, \dots, G_n \mid B_1, \dots, B_n$
  allocate K,Cl
  read args of P
  guard
  write args of G_1
  spawn G_1
  ...
  write args of G_n

```
              spawn Gn
              Cl:commit
              <Code für den Body wie in (b)>
```

– Kodierung von Klauseln mit Test-Set-and-Commit-Prädikat :

```
   P :- ... | V ← T | ...
              allocate K,Cl
              read args of P
              <Code für die Guards wie in (c)>
              Cl:save_hp Ti
              write T
              test_set_commit V,Ti
              commit
              <Code für den Body wie in (b)>
```

– Kodierung eines Prädikats P mit n Klauseln :

```
              L1 :  try_me_else L2
                    <Code für die erste Klausel>
              L2 :  try_me_else L3
                    ...
              Ln :  try_me_else Lm
                    <Code für die letzte Klausel>
              Lm :  suspend
```

Aktionen beim Start eines Prozeß-Records

Zu Beginn jeder Berechnung eines Prozeß-Records werden die folgenden Aktionen ausgeführt:

- GT wird auf den Wert des GT-Felds in CP gesetzt.
- Der Status des Guards, unter dem dieser Prozeß-Record arbeitet, wird abgefragt. Ist dieser Status gleich FAIL, dann wird der Status aller Stellen im Statuswortvektor auf FAIL gesetzt und ein anderer Prozeß-Record gestartet.
- PC wird aus dem PR-Feld von CP geholt, STI wird gleich null gesetzt, EV wird aus dem V-Feld von CP geholt, A wird mit dem AB-Feld von CP geladen und SW mit dem SW-Feld von CP.

Diese Aktionen erfordern etwa 30 Operationen, wovon der größte Teil gespart werden kann, wenn die tail recursion Optimierung verwendet wird. Bei dieser wird sofort nach dem Commit das letzte Bodyziel gestartet, wenn die Zeitscheibe noch nicht zu Ende ist.

5.3.5.2 Die abstrakte Maschine für das Datenflußmodell [Ito86]

Auch bei diesem Ansatz wird vom UND-ODER-Modell ausgegangen. Die abstrakte Maschine soll nicht nur für GHC als Committed-Choice Sprache, sondern auch für ODER-paralleles Prolog als Zwischensprache dienen. Für jedes Programm in diesen Sprachen wird ein Datenflußgraph erzeugt und in einer Datenflußsprache formuliert. Diese Sprache kann als abstrakte Maschine betrachtet werden. Ein Datenflußgraph wird repräsentiert durch seine Knoten, die den Operatoren entsprechen, und durch gerichtete Kanten, welche den Datenpfaden entsprechen.

Die Maschine basiert auf der Tagged-Token-Architektur. Entlang der Datenpfade werden Token (Records) verschickt, welche die Operanden für die Operatoren (Knoten) im Graphen enthalten. Alle Knoten, deren Operanden an den Eingangskanten des Knotens angekommen sind, können parallel arbeiten. Jeder Knoten kann auch neue Token über seine Ausgangskanten verschicken und so die nächsten Knoten aktivieren.

Eine vollständige Beschreibung des Befehls- und Datensatzes der abstrakten Maschine liegt hier nicht vor. In [Ito86] ist nur an Hand der Append-Prozedur ein Beispiel für einen compilierten Code angegeben. Da die Methode, wie der Code umgesetzt wird, bei diesem Beispiel gut erkennbar ist, wird es hier aufgeführt. Beispiel 5.15 zeigt den GHC-Code der Prozedur. Die Liste aus dem zweiten Argument soll an das Ende der Liste des ersten Arguments angehängt und das Ergebnis mit dem dritten Argument unifiziert werden. Im Guardteil der Klausel (dieser schließt den Klauselkopf mit ein) wird das erste Argument mit nicht variablen Termen (nil oder einer Liste) unifiziert. Ist das Zielargument eine noch nicht gebundene Variable, dann wird die Unifikation suspendiert. Ist sie bereits instantiiert, dann wird der Bodyteil der erfolgreichen Klausel ausgeführt.

```
app([],Y,Z) :- true | Z = Y.
app([H | X],Y,Z) :- true | Z = [H | Z1], app(X,Y,Z1).
```

Beispiel 5.15. GHC Quellprogramm für die Append-Funktion (aus [Ito86])

Im ersten Statement des compilierten Codes (Bild 5.20) sind der Prozedurname und die Argumente der Append-Prozedur spezifiziert. Der Prozedurtext wird mit einem 'begin' und einem 'end'-Befehl abgegrenzt. Jedes Statement im Anweisungsteil entspricht einem Knoten im Datenflußgraphen. Die linke Seite des '='-Operators gibt das Ziel für die Ergebnisse aus der Instruktion der rechten Seite an. Der '<<='-Operator spezifiziert ein Makro für einen Prozeduraufruf. Der Datenflußgraph zum kompilierten Code ist in Bild 5.21 zu sehen.

In der Prozedur wird zunächst eine Klauselindexierung durchgeführt. Anstatt unnötigerweise alle Klauseln des Prädikats aufzurufen, braucht abhängig von den Informationen im Kopf und im Guard nur eine Teilmenge der Klauseln ausgewählt zu werden. Der wait_instance-Befehl liest das erste Argument aus dem Eingangspfad arg1. Ist das Zielargument eine ungebundene Variable, dann wird der Befehl und damit der Prozeß suspendiert. Sind die Variablenzellen über die Speichereinheiten im System verteilt, dann erfordert diese Operation eventuell einen Zugriff auf andere Speichereinheiten. Die anschließenden switch_by_type-Operationen schalten alle Zielargumente entsprechend zum ersten Argument. Ist das erste Argument an NIL gebunden, dann werden die ersten Operanden der Operation

```
ret< = app_3(arg1,arg2,arg3).
begin.
    uarg1 = wait_instance(arg1).
    (arg1_1,_,arg1_3,_) = switch_by_type(uarg1,uarg1).
    (arg2_1,_,arg2_3,_) = switch_by_type(arg2,uarg1).
    (arg3_1,_,arg3_3,_) = switch_by_type(arg3,uarg1).
    (ret_1,_,ret_3,_) = switch_by_type(ret,uarg1).
    dec_prefc_by_type((1,0,1,0),uarg1).
% body of the first clause.
    e3 = write_instance(arg3_1,arg2_1).
    return(e3,ret_1).
% body of the second clause.
    (p4,p5) = decompose_list(arg1_3).
    p7 = create_global_var(arg1_3).
    p10 = cons_list(p4,p7).
    e11 = write_instance(arg3_3,p10).
    e12<< = app_3(p5,arg2_3,p7).
    e13 = check_consistency(e11,e12).
    return(e13,ret_3).
end.
```

Bild 5.20. Der kompilierte Code des Append-Beispiels (aus [Ito86])

auf ihr erstes Ziel gerichtet, ist es an eine Liste gebunden, dann auf ihr drittes Ziel (Die beiden anderen Möglichkeiten, nämlich Struktur und Variable, sind hier nicht besetzt). Damit wird eine der Klauseln exklusiv aufgerufen, so daß auch keine Commit-Operation erforderlich ist (das wäre die test_and_set-Operation auf einem Semaphor, das unter den Klauseln geteilt ist).

Der write_instance-Befehl versucht, seine beiden Operanden miteinander zu unifizieren. In der zweiten Klausel gibt es eine Variable Z1 im Rumpf, welche noch nicht im Guardteil erscheint. Die create_global_var-Operation erzeugt eine neue Variablenzelle und initialisiert diese. Der write_instance-Befehl und der rekursive Aufruf des Prädikats können parallel ausgeführt werden. Die check_consistency-Operation überprüft deren Ergebnisse auf ihren erfolgreichen Abschluß.

Die Paketformate

Die Token, die zwischen den Verarbeitungsstationen ausgetauscht werden, sind Ergebnispakete und Instruktionspakete. Ergebnispakete werden entlang der gerichteten Kanten des Datenflußgraphen verschickt und haben 3 Felder: ein Feld für das Aktivitätskennzeichen, ein Zielfeld und ein Datenfeld. Das Aktivitätskennzeichen (16 Bit) spezifiziert die Prozedur, zu dem das Ergebnispaket gehört. Das Zielfeld (24 Bit) gibt die Adresse der Zielinstruktion an und enthält außerdem noch zwei Bits an zusätzlicher Information. Das erste Bit gibt an, ob der Befehl zur Ausführung einen zweiten Operanden benötigt, und das zweite Bit bestimmt, ob der Operand ein linker

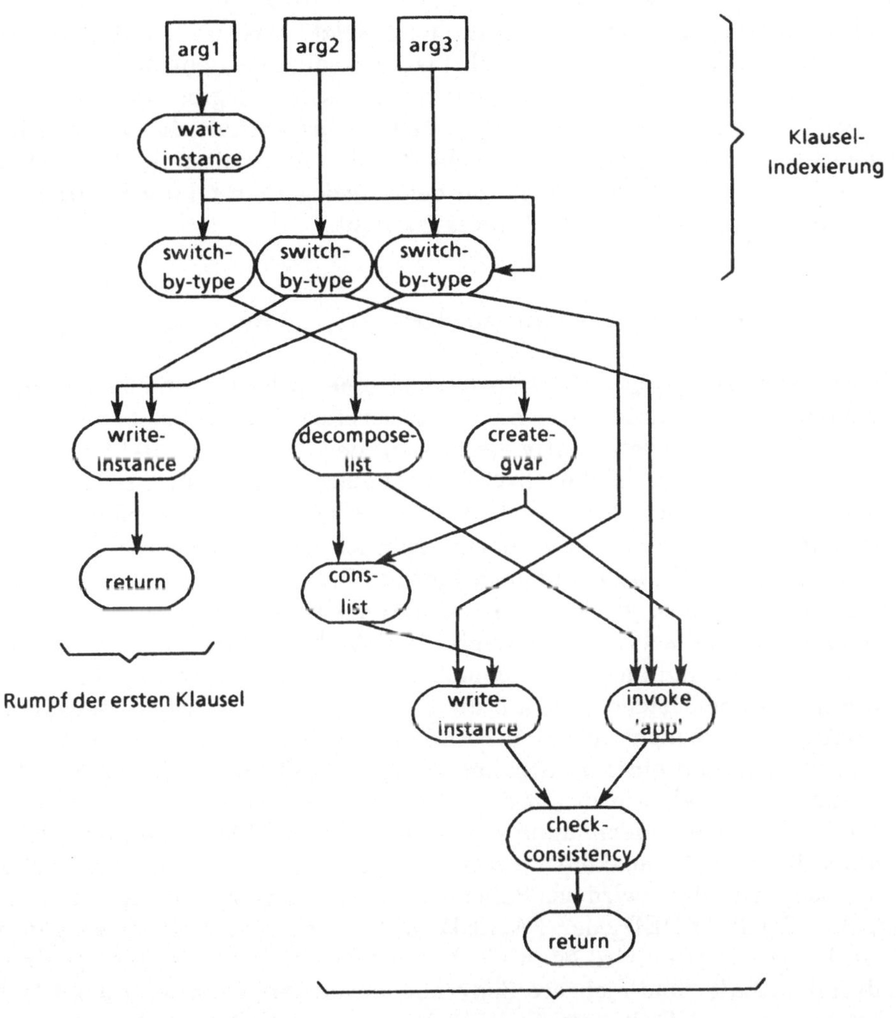

Bild 5.21. Datenflußgraph zum Append-Beispiel (aus [Ito86])

oder rechter Operand ist. Das Datenfeld (32 Bit) enthält den Operanden für die Zielinstruktion. Geteilt ist dieses Feld in ein Tagteilfeld (7 Bit), das den Datentyp beschreibt, und in ein Datenteilfeld (25 Bit). Handelt es sich um strukturierte Daten, dann enthält dieses Teilfeld einen Zeiger auf den Strukturspeicher. Der Zeiger setzt sich aus einer 5-Bit großen Modulnummer und einer 20-Bit großen lokalen Speicheradresse zusammen. Damit ist die Maschine auf bis zu 32 Module mit Speichern, die jeweils bis zu einer Million Worte enthalten, ausgelegt.

Ein Instruktionspaket ist aus einem 20 Bit großen Befehlsadressenfeld, dem Aktivitätskennzeichenfeld (16 Bit), dem Operationscodefeld (8 Bit), dem linken Operanden (32 Bit), dem rechten Operanden (32 Bit) und dem Zielbestimmungsfeld (48 Bit) zusammengesetzt. Das erste Feld gibt die Adresse des Befehls an, der ausgeführt werden soll, und dient zusammen mit dem letzten Feld der Bestimmung der Zieladressen. Es gibt zwei Arten der Spezifizierung der Zieladresse. Im ersten Modus enthält das Zielbestimmungsfeld maximal zwei Ziele (jeweils 24 Bit). Im zweiten Modus enthält dieses Feld maximal vier Ziele, von denen jedes 12 Bit lang ist und die relative Lage (*Offset*) zur Befehlsadresse angibt.

5.3.5.3 Die abstrakte Maschine zur $KP_{UND\text{-}Baum}$-Sprache

Die Sprache $KP_{UND\text{-}Baum}$ ist selbst schon eine Zwischensprache zwischen Parlog und der Maschinensprache. Sie ist bereits so konzipiert, daß sie nach dem UND-Baum-Modell relativ einfach auf der ALICE Architektur implementiert werden kann (siehe [Gre87] und [Lam87]). Die abstrakte Maschine zu ALICE ist die Compiler Target Language CTL, über die allerdings keine veröffentlichten Unterlagen vorliegen. Ähnlich wie bei der abstrakten Maschine im letzten Kapitel sind auch hier die Prozesse in Paketen abgelegt. Knoten des Baumes, die keine Blattknoten sind (EVAL-Prozesse), sind durch Pakete repräsentiert, die Referenzen auf die Nachkommen enthalten. Die Blattknoten sind Pakete mit dem Aufruf, den der Prozeß ausführen soll, und mit Argumentfeldern, die auf die Strukturen von Konstruktorpaketen (Pakete mit einem nichtvariablen Term) und Variablenpaketen weisen.

Die Auswertung eines Blattpaketes beginnt mit der Suche nach einer geeigneten Klausel, wie in 5.3.4.2(b) beschrieben. Ist eine entsprechende Commit-Klausel gefunden, dann werden die Bodybefehle ausgeführt. Dabei können die Variablenpakete Zuweisungen erhalten. Hat das Blattpaket keine Bodycalls, dann wird das Paket je nach dem Ergebnis in ein Konstruktorpaket SUCCEEDED oder FAILED umgeschrieben. Enthält es genau einen Bodycall, dann wird es in ein Paket transformiert, das diesen einen Bodycall enthält. Sind mehrere Bodycalls vorhanden, dann wird das Blattpaket zu einer UND-Struktur mit den Bodycalls als Sohn-Paketen umgeformt.

Wird die Klauselsuche suspendiert, dann wird mit dem Algorithmus aus 5.3.4.2(b) die Menge der für die Suspendierung verantwortlichen Variablen bestimmt. In ALICE gibt es einen Mechanismus mit Non-Busy-Waiting, mit dem ein Paket auf Grund von Variablenpaketen suspendiert werden kann. Wird einem der Variablenpakete ein Konstruktorpaket zugewiesen, dann wird das Befehlspaket wieder reaktiviert.

Mit dem gleichen Mechanismus können Pakete auch auf die Ergebnisse von Sohnpaketen warten. Ein EVAL-Paket wird aktiviert, wenn entweder seine Kontrollvariable auf STOP gelegt wird oder wenn eines seiner Sohnpakete zu einem Konstruktorpaket transformiert wird. Pakete, die zu SUCCEEDED transformiert werden, können einfach aus dem Baum entfernt werden. Wird ein Paket zu einer UND-Struktur, dann übernimmt der EVAL-Prozeß die Pakete der UND-Struktur. Wird ein Paket zu einem FAIL-Konstruktor oder wird die Kontrollvariable zu STOP, dann werden die Geschwisterpakete in einer Garbage Collection eingesammelt, das Statusargument des EVAL-Pakets mit FAILED oder STOPPED unifiziert und das EVAL-Paket selbst in den Konstruktor SUCCEEDED umgeformt.

5.3.6 Hardware-Architekturen

Dieses Kapitel gibt einen Überblick über zwei spezielle Hardwarearchitekturen zur Implementierung der Committed-Choice Sprachen. Beide wurden von ICOT entwickelt und sollen zusätzlich auch ODER-paralleles Prolog unterstützen. Während das erste Modell PIM-R versucht, möglichst nahe am logischen Reduktionsmodell den Reduktionsvorgang auf die Maschine zu implementieren, wird im zweiten Modell PIM-D vom Datenflußmodell als Grundlage ausgegangen. Die in 5.3.5.2 vorgestellte abstrakte Maschine zeigt, daß Committed-Choice Sprache in eine Datenflußsprache übersetzt werden können.

Die beiden hier vorgestellten Modelle entsprechen nicht mehr ganz dem jetzigem Modell von PIM bei ICOT, das sich naturgemäß ständig ändert und von dem keine so detaillierten Papiere veröffentlicht wurden. Im dritten Abschnitt werden einige Änderungen zu den beiden Modellen erläutert.

5.3.6.1 PIM-R nach Onai [Ona85]

In diesem Abschnitt wird als erste hoch parallele Maschinenarchitekturen PIM-R (Parallel Inference Maschine - Reduction) vorgestellt, die von ICOT in Japan entwickelt wurde. Wie bei der Maschine im nächsten Abschnitt sind auch hier sowohl ODER-paralleles Prolog als auch Concurrent Prolog (bzw. GHC) als Zielsprachen geplant. Bei der Ausführung dieser Sprache werden aus den Klauseln über ihre Ziele im Guard- und Rumpfteil Sohnprozesse erzeugt, die wiederum so lange Sohnprozesse generieren, bis ein Fact erreicht wird oder nicht. Das Ergebnis geht dann über die Kette der Vaterprozesse wieder an die ursprünglichen Ziele zurück. Die Reduzierung der Zielen bis auf einfache Sachverhalte bei beiden Sprachen führte zu dem reduktionsbasierten Maschinenmodell.

PIM-R besteht im wesentlichen aus zwei Arten von Modulen, den Inferenzmodulen und den Strukturspeichermodulen. Diese sind wie in Bild 5.22 miteinander verbunden. Da die Zahl der durchschnittlichen ODER-Relationen (Klauseln) bei einem Prädikat in Prolog etwa bei zwei bis drei liegt (nach [Ona86]), genügt für die Abbildung eines durchschnittlichen Prozeßbaumes ein zyklisch vermaschtes Netz zwischen den Inferenzmodulen. Das Netz zwischen den Inferenzmodulen und den Strukturspeichermodulen wird mit einem gemeinsamen Bus realisiert.

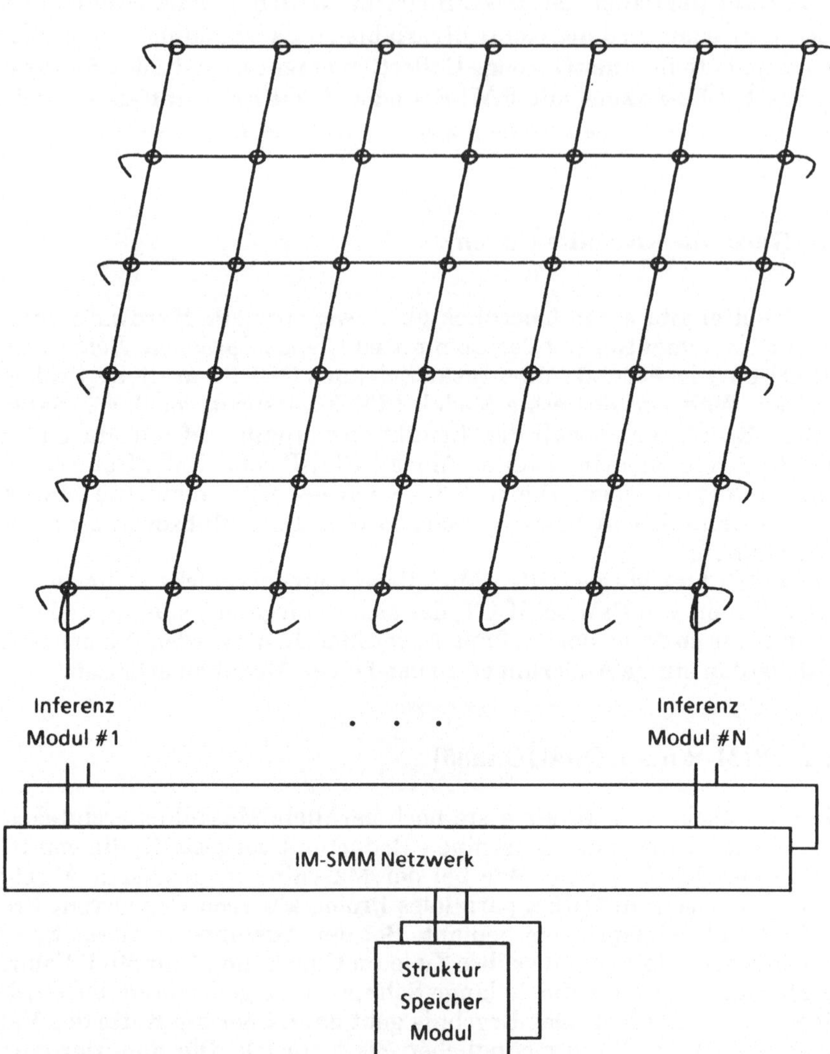

Bild 5.22. Konfiguration der PIM-R (aus [Ona85])

Die Inferenzmodule

Ein Inferenzmodul besteht aus zwei Einheiten (siehe Bild 5.23): der Unifikationseinheit (Unification Unit UU) und der Prozeßpooleinheit (Process Pool Unit PPU).

Die Unifikationseinheit

In jedem Inferenzmodul sind alle Klauseln im Klauselpool gespeichert. Die Wortbreite im Klauselpool beträgt 32 Bit, davon geben 8 Bit den Datentyp

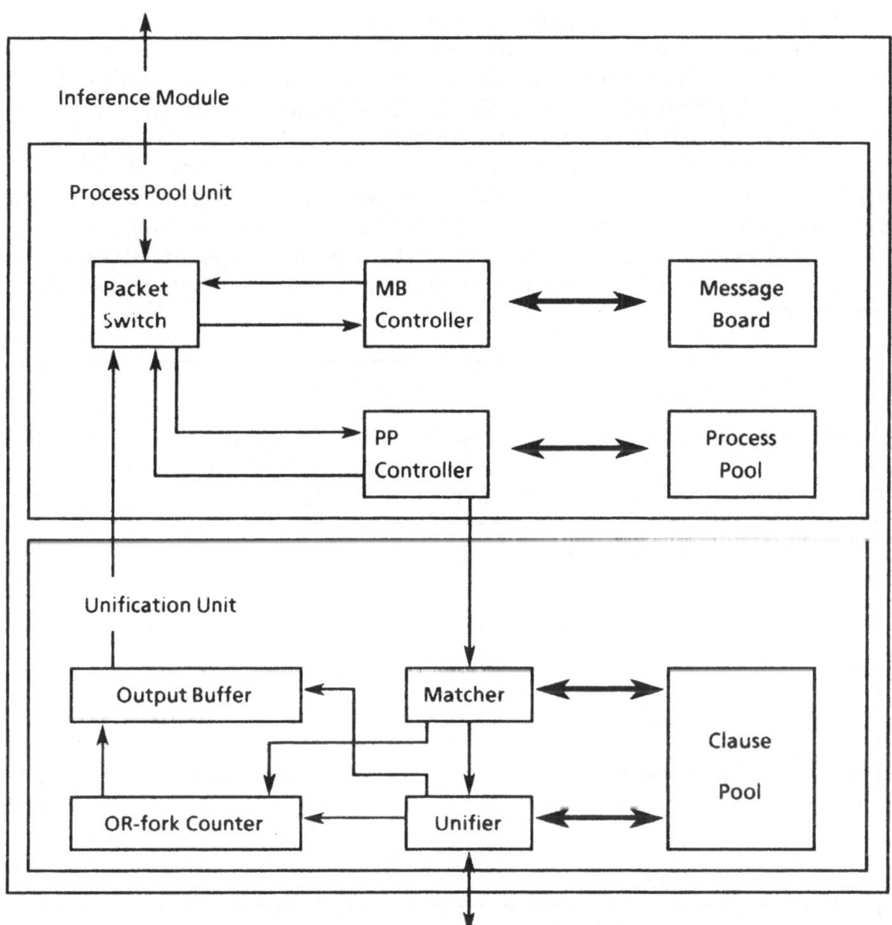

Bild 5.23. Konfiguration der Inferenzmodule (aus [Ona85])

an. Bei PIM-R wird im wesentlichen die Strukturkopiermethode (*structure copying*) verwendet, um zu verhindern, daß bei jedem Strukturzugriff das Netz und ein anderer Prozessor belastet werden. Dafür wächst aber der Overhead durch das Kopieren der Strukturen. Der Klauselpool setzt sich aus einem Klauseldefinitionsblock und einem Block zur Verwaltung des Definitionsblocks zusammen. Im Verwaltungsblock stehen die Zahl der Klauseln einer ODER-Relation, ein Zeiger in den Definitionsblock für jede Klausel und der Datentyp des ersten Arguments vom Kopf der Klausel, um dem Matcher die Auswahl unifizierbarer Klauseln zu ermöglichen.

Der Klauseldefinitionsblock besteht aus dem Headerteil, dem Variablenbereich, dem Zeichenheader, dem Zeichenbereich und dem Strukturbereich (siehe Bild 5.24). Im Headerteil stehen die Klausellänge, die Startadresse des Strukturbereichs und die Startadresse des Zeichenheaders. Die Adressen im Definitionsblock sind relativ zum Strukturbereichszeiger angegeben, so daß beim Versand eines Reduktionsresultats nur die Paketlänge und ein Zeiger auf den Vaterprozeß vor den Zeiger der Strukturadresse in das Paket einzutragen sind. Im Variablenbereich stehen die Variablenzahl und die Bindungen der einzelnen Variablen. Im Zeichenheader steht zuerst die Zeichenzahl, dann das Zeichen für den Kopf der Klausel, und schließlich die Zeichen für die Rumpfteile (d.h. die durch sequentielles UND verknüpften Ziele und das Guardzeichen). Zeichen (Ziele) ohne Argumente werden direkt im Zeichenheader abgelegt. Zeichen mit Argumenten, oder Zeichen, die durch ein paralleles UND verknüpft sind, werden in umgekehrter Reihenfolge im Zeichenbereich gespeichert. Dort werden sie mit der Argumentnummer + 1 und einem Zeiger auf den Verwaltungsblock abgelegt. Strukturierte Daten (Listen, Vektoren und Kanalinformationen) kommen in den Strukturbereich.

Int	Klausellänge	
Int	Startadresse des Strukturbereichs	Header
Int	Startadresse des Zeichenheaders	
Int	Zahl der Variablen	Variablenbereich
	⋮	
Int	Zeichenzahl	
Typ	Kopfzeichen	
Typ	Rumpfzeichen N	Zeichenheader
	⋮	
Typ	Rumpfzeichen 1	
	⋮	Zeichenbereich
	⋮	Strukturbereich

Bild 5.24. Konfiguration eines Klauseldefinitionsblocks (aus [Ona85])

Erhält der Matcher ein Ziel von der Prozeßpooleinheit, dann wählt er entsprechend dem Datentyp des ersten Zielarguments eine unifizierbare Klausel. Wenn das Ziel kein Systemprädikat ist und nicht schon einmal suspendiert wurde, dann setzt der Matcher ein ODER-Kandidatenzählfeld im ODER-Verzweigungszähler auf die Zahl der ausgewählten Klauseln. Der Zähler hat auch noch ein zweites Feld, den Return-Zähler. Dieser gibt die Zahl der Klauseln an, bei welchen die Unifikation Erfolg hatte und wird mit null initialisiert. Zuletzt wird das Ziel mit den Adressen der Klauselkandidaten an den Unifizierer geschickt.

Der Unifizierer speichert das Ziel, das er vom Matcher erhalten hat, im Zielspeicher. Weiter lädt er eine der Klauseln in den Klauselspeicher und führt die Unifikation durch. Das Ergebnis wird im Zielspeicher abgelegt und an den Output Buffer übergeben. Der Unifizierer führt auch die Systemprädikate aus. Sind die Unifizierungen zwischen dem Ziel und den Klauseln fertig, dann wird der Return-Zähler an den Vaterprozeß übergeben, so daß dieser weiß, wie viele erfolgreiche Unifikationen gefunden wurden.

Bei ODER-parallelem Prolog wird das Ergebnis einer erfolgreichen Unifikation mit einer einfachen Klausel ohne Rumpf an den Vaterprozeß im Prozeßpool übergeben. Ist die unifizierte Klausel keine einfache Klausel, dann gehen die neuen Ziele je nach Lastverteilung im System an den eigenen Prozeßpool oder an andere Inferenzmodule.

Bei Concurrent Prolog geht das Ergebnis der Unifikation immer an den eigenen Prozeßpool zurück (keine ODER-Parallelität). Wird die Unifikation suspendiert, dann werden das Ziel und die Adresse der Klausel, mit der die Suspendierung erfolgte, für einen späteren Versuch an den eigenen Prozeßpool zurückgemeldet und ein Kontrollblock für den suspendierten Prozeß erzeugt.

Die Prozeßpooleinheit

Der Prozeßpool speichert die Prozesse bei einer Wortbreite von 32 Bit. Ein Prozeß besteht aus Prozeßkontrollblöcken (Process Control Block PCB) für die Speicherung der Kontrollinformation einer Zielsequenz, dem Prozeßüberwachungsblock (Process Life Block PLB) für die Verwaltung der Prozeßkontrollblöcke und den Prozeßschemablöcken (Process Template Block PTB) für die Schemata der Zielsequenzen.

Der PLB ist der oberste Block in einem Prozeß und enthält das Commit-Tag, die Zahl der PCBs unter dem PLB und andere Informationen. Bei Concurrent Prolog Programmen wird das Commit Tag von dem PCB des Prozesses eingeschaltet, der zuerst mit der Ausführung seines Guards erfolgreich fertig wird. Grob gesagt wird ein reduzierbares Ziel eines PTBs an die Unifikationseinheit gesandt und das Ergebnis an einen PCB zurückgeschickt. Die Zielfolge des zugehörigen PTB wird kopiert, eine Bindungsumgebung generiert und eine neue Zielfolge (d.h. ein PCB-PTB-Paar) unter dem gleichen PLB erzeugt.

Ein PCB enthält den Status einer Zielfolge, die Reduktionsebene, die Zahl der ODER-Verzweigungen (bei Ausführung eines ODER-parallelen Prologprogrammes) oder UND-Verzweigungen (bei Concurrent Prolog), die Zahl der returns (aus den Verzweigungen), einen Zeiger zur Warteschlange der bereiten Prozesse und andere Informationen. Der Status kann die Zustände *reducible* (bereit zur Ausführung), *run* (Unifikation läuft gerade), *wait* (warten auf das Ergebnis eines Sohnprozesses), *dead*, oder *suspend* (warten auf Instantiierung einer Variablen) annehmen. Die Reduktionsebene gibt die relative Tiefe jedes Prozesses an, wobei die Wurzel die Tiefe 1 hat.

Wird eine Zielsequenz suspendiert, dann wird der PCB zum SPCB (Suspend Process Control Block). Dabei wird die PTB-Adresse des Kanals, der die Suspendierung verursachte, im PCB gespeichert und der suspendierte Prozeß im PTB unter diesem SPCB abgelegt. Unter einem PCB hat ein PTB mit Ausnahme der Klausellänge das gleiche interne Format wie die Klauseln im Klauselpool. Unter einem SPCB dagegen wird im PTB das suspendierte Ziel und die Klauselpooladresse der Klausel, mit der die Unifikation mit dem suspendierten Ziel versucht wurde, gespeichert.

Der Prozeßpoolcontroller

Kommt aus der Unifikationseinheit eine neue Resolvente (d.h. ein Klauselrumpf für ein Ziel), dann wird vom Prozeßpoolcontroller ein neuer Prozeß aus einem PLB und einem PCB-PTB-Paar kreiert. Bei einer Prozeßerneuerung (d.h. einzelne Ziele aus dem Rumpf sind instantiiert worden) wird der Verzweigungszähler und der Returnzähler verändert und ein neues PCB-PTB-Paar erzeugt. Wird der Verzweigungszähler gleich dem Returnzähler, dann setzt der Controller den PCB-Zustand auf *dead* und erhöht den Returnzähler im zugehörigen PLB um 1. Durch die Verwendung der PLBs wird vermieden, daß der Vaterprozeß von jeder neuen Erzeugung oder Löschung einer Zielsequenz unterrichtet werden muß. Dadurch kann die Zahl der über das Inferenzmodulnetz zu verschickenden Pakete vermindert werden.

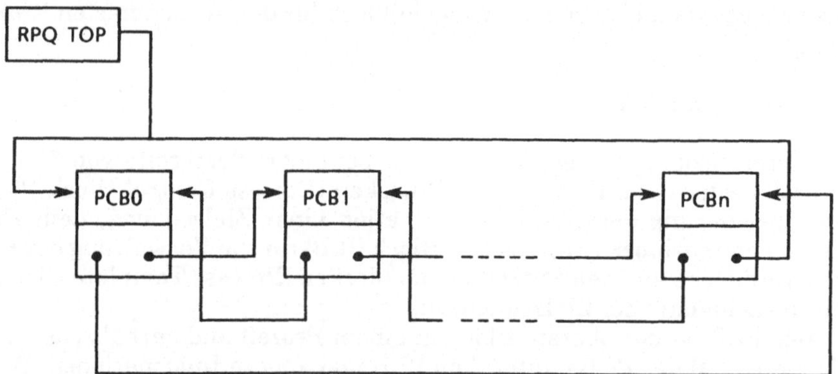

Bild 5.25. Warteschlange der ablaufbereiten Prozesse (aus [Ona85])

In PIM-R sollen 100 oder mehr Inferenzmodule miteinander vernetzt werden. Für einen globalen Scheduler zur Verteilung der Prozesse wäre es schwierig, die gesamte Steuerung aller Teile zu kontrollieren. Die Kontrolle der Programmausführung erfolgt daher lokal in den einzelnen Inferenzmodulen (siehe Bild 5.25). Dazu werden die PCBs, welche die Kontrollinformationen von Zielfolgen mit reduzierbaren Zielen enthalten (ready PCBs), zu einer Warteschlange (Ready Process Queue RPQ) verbunden.

Wenn keine spezielle Strategie spezifiziert ist, dann hängt der Prozeßpoolcontroller neue ausführungsbereite PCBs an das Ende der RPQ an und schickt den PCB aus dem Kopf der Schlange an die Unifikationseinheit. Bei manchen Programmen wird nur eine von mehreren Lösungen verlangt. Zur Ausführung solcher Programme wird die Reduktionsebene verwendet. Indem PCBs mit höherer Reduktionsebene näher am Kopf plaziert werden, kann lokal eine Depth-First-Reduktionsstrategie implementiert werden.

Mit Ausnahme großer Strukturen werden die Daten kopiert und sind von daher zwischen den PCB-PTB-Paaren geteilt. Stirbt ein solches Paar, dann können auch die Daten gelöscht werden. Um zu überprüfen, ob ein solches Paar noch gebraucht wird, müssen nur die Zähler für die Sohnprozesse abgefragt werden. Gibt es keine Sohnprozesse, dann wird der Prozeß beendet.

Das Message Board

In jedem Inferenzmodul gibt es einen verteilten gemeinsamen Speicherbereich für die Read-Only Variablen (Kanalvariablen), der Message Board genannt wird. In ihm gibt es Kanalzellen, Wertezellen und eine Liste für suspendierte Prozesse. Kanalzellen haben vier Worte und enthalten einen Schreibtag, einen Suspendierungstag, einen Zeiger auf eine Wertezelle, einen Zähler für die suspendierten Prozesse und die Adresse der Liste für die suspendierten Prozesse. Die Wertezellen speichern die Werte, die von den Produzentenprozessen kommen. Das interne Format einer Wertezelle ist das gleiche wie das des Klauselpools.

Zur Entlastung des Prozeßpoolcontrollers gibt es einen Message Board Controller (MBC). Wird bei einem Concurrent Prolog Programm ein Konsumentenprozeß (Konsument bzgl. einer Read-Only Variablen) suspendiert, dann beauftragt der Prozeßpoolcontroller den MBC, daß dieser überprüft, ob schon ein Produzentenprozeß eine Nachricht mit einer Wertezelle für den entsprechenden Kanal geschickt hat. In diesem Fall sendet der MBC die Nachricht an den Prozeßpoolcontroller zur Aktivierung des Konsumentenprozesses. Ist noch keine solche Nachricht eingetroffen, dann trägt der MBC die Prozeßpooladresse des Konsumentenprozesses in die Suspendierungsliste ein.

Liegt das Message Board mit der Kanalzelle in einem anderen Inferenzmodul, dann wird über das Netz ein Kanalpaket zum Lesen des Werts an den dazugehörigen MBC verschickt. Liegt dort schon eine entsprechende Wertezelle vor, dann geht ein Aktivierungspaket mit dem Wert zurück an den Konsumentenprozeß. Sendet andererseits ein Produzentenprozeß einen Wert an einen Kanal, dann wird dieser in der Wertezelle des richtigen Message Boards vermerkt. Enthält die Suspendierungsliste irgendwelche suspendierten Konsumentenprozesse, dann werden auch diese benachrichtigt.

Das Strukturspeichermodul

In den logischen Programmiersprachen gibt es viele Anwendungen, die große und komplexe Datenstrukturen erfordern. Bei der Bearbeitung dieser Daten käme es zu einem ganz erheblichen Overhead, wenn sie jedesmal von einer Einheit zur anderen kopiert werden müßten. Daher sind in dieser Maschine Strukturspeichermodule SSM für große Listen und Vektoren implementiert. Wie in Bild 5.22 zu sehen, ist jedes SSM über ein Netzwerk (gemeinsamer Bus) mit mehreren Inferenzmodulen verbunden. Zur Vermeidung von Engpässen beim Zugriff auf ein bestimmtes SSM werden mehrere SSMs mit dem gleichen Inhalt über das System verteilt und so gleichzeitige Lesezugriffe ermöglicht.

Der Strukturbereich jedes PTBs enthält alle strukturierten Daten mit sowohl undefinierten als auch instantiierten Variablen. Es gibt verschiedene Möglichkeiten Daten für unterschiedliche Einheiten gemeinsam zu halten. Will man Strukturen miteinander teilen, die auch ungebundene Variablen enthalten, dann muß bei jeder Instantiierung einer dieser Variablen die gesamte Struktur kopiert werden. Um diesen Overhead zu vermeiden, werden hier nur die Strukturen in einem SSM gehalten, die ausschließlich gebundene Variablen einschließen. Auf diese Weise sind keine Schreiboperationen mehr auf die gemeinsamen Speicherbereiche durchzuführen. Beim

Compilieren eines Programms müssen die strukturierten Daten in einen Teil ohne freie Variablen und einen mit freien Variablen aufgeteilt werden. In Bild 5.26 wird gezeigt, wie das aussehen kann. Aus der Liste wird der gebundene Teil [a,b] aus dem lokalen Speicher herausgenommen und in einem Strukturspeichermodul abgelegt, auf das auch andere Prozesse verweisen und lesend zugreifen können.

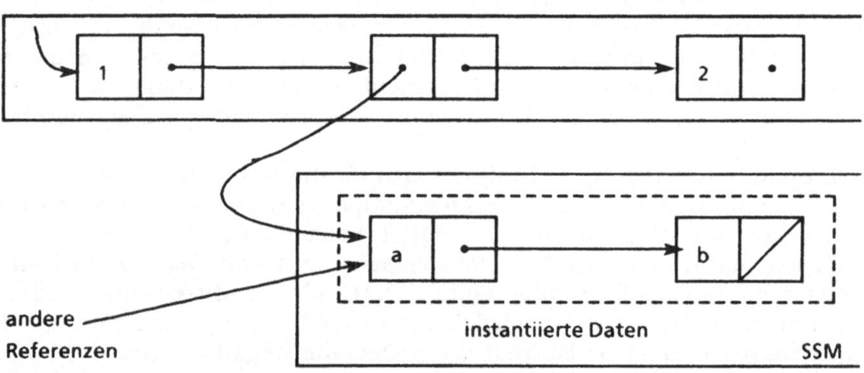

Bild 5.26. Verteilung von instantiierten Datenstrukturen auf ein SSM (aus [Ona85])

In einer SSM gibt es getrennte Speicherbereiche für Listen und für Vektoren. Listen kommen blockweise mit den zwei Argumenten *car* und *cdr* in den Listendatenspeicher, wobei mit cdr wie in Lisp auf den nächsten Block verwiesen wird. Vektoren sind im Vektordatenspeicher als Record in aufeinanderfolgenden Speicherzellen abgelegt und über eine Vektoradreßtabelle erreichbar. Sowohl Listen als auch Vektoren werden in kleinen Blöcken an die Inferenzmodule übertragen.

Simulationsergebnisse für PIM-R

Für PIM-R wurde ein Simulator in Prolog geschrieben, der auf einer DEC2060, einer Vax-11/780 und einer Vax-11/785 ablauffähig ist. Es wurden nach [Ona85] nur zwei Programme simuliert, das 4-Königinnenproblem in Prolog und das Quicksort-Programm in Concurrent Prolog. Die Parallelität beider Programme wird von der Maschine relativ gut umgesetzt, wobei anzumerken ist, daß die Programme selbst nur eine relativ geringe Parallelität aufweisen (beim Prolog Programm ein ODER-Parallelitätsgrad von etwa 6, beim Concurrent Prolog Programm ein UND-Parallelitätsgrad von nur 4). Beim Quicksortprogramm wurde festgestellt, daß bei einer UND-

ODER-parallelen Ausführung die Rechenzeit sogar noch ansteigt, da die Kommunikation zunimmt und die Prozesse auf Ergebnisse anderer warten müssen.

5.3.6.2 PIM-D nach [Ito86]

In Kapitel 5.3.5.2 wurde bereits die abstrakte Maschine zum Datenflußmodell PIM-D (Parallel Inference Machine - Dataflow) von ICOT skizziert. In diesem Abschnitt soll die dazu entworfene Hardwarearchitektur erläutert werden. PIM-D ist im wesentlichen durch folgende Eigenschaften ausgezeichnet:

- Sie ist eine Datenflußarchitektur, d.h. die Operationen, die parallel ausgeführt werden, können unabhängig voneinander und ohne Seiteneffekte arbeiten.
- Die Prozeßelemente und Strukturspeicher sind durch ein hierarchisches Netzwerk miteinander gekoppelt. Die Kommunikation läuft über die gemeinsamen hierarchischen Busse. Dabei sind die Busse schnell genug, um ein Paket innerhalb eines Buszyklus von einer Einheit zu einer anderen zu übertragen.
- Unterstützung zweier Typen logischer Programmiersprachen, nämlich Prolog und GHC.

Die Architektur ist aus verschiedenen Prozessorelementen (PEs) und Strukturspeicherelementen (SMs) konfiguriert, die, wie in Bild 5.27 dargestellt, mit einem hierarchischen Netzwerk miteinander verbunden sind. Jedes Prozessorelement hat einen lokalen Bus. Jeweils vier Prozessorelemente und Strukturspeichermodule sind über einen Bus verbunden. Man nennt eine solche Untermenge von Modulen auch Cluster. Mehrere dieser Cluster sind wieder über einen Bus verbunden. Bei einem der Cluster ist ein SM zur Initialisierung und Überwachung des Systems durch einen Host-Prozessor (VAX-11/730) ersetzt. Die Verbindungsbusse werden auch T-Busse genannt und werden durch einen Netzwerkknoten mit einem neun-zu-eins Busarbiter für die höchstens acht Einheiten aus der unteren Ebene und dem Bus der oberen Ebene gesteuert.

Die Prozessorelemente

Ein Prozessorelement enthält eine Einheit für die Paketwarteschlange (PQU), eine Einheit zur Befehlskontrolle (ICU), mehrere elementare Verarbeitungseinheiten (APU) und einen Netzwerkknoten (NN). Alle diese Teile haben ihre eigenen Controller und arbeiten pipelineartig. In jedem Prozessorelement gibt es auch einen lokalen Speicher (LMU), der von den APUs als gemeinsamer Speicher erreichbar ist.

In der PQU werden die Ergebnispakete in einer First-In-First-Out Warteschlange zeitweilig gepuffert. Der Befehlscontroller (ICU) ist mikroprogrammgesteuert und hat einen Operandenspeicher (OM Operand Memory), einen Befehlsspeicher (IM Instruction Memory) und eine festverdrahtete Hashinglogik. Er erhält die Ergebnispakete aus der PQU und erkennt für den Fall zweier Operanden die Verfügbarkeit der Befehlsoperanden, die

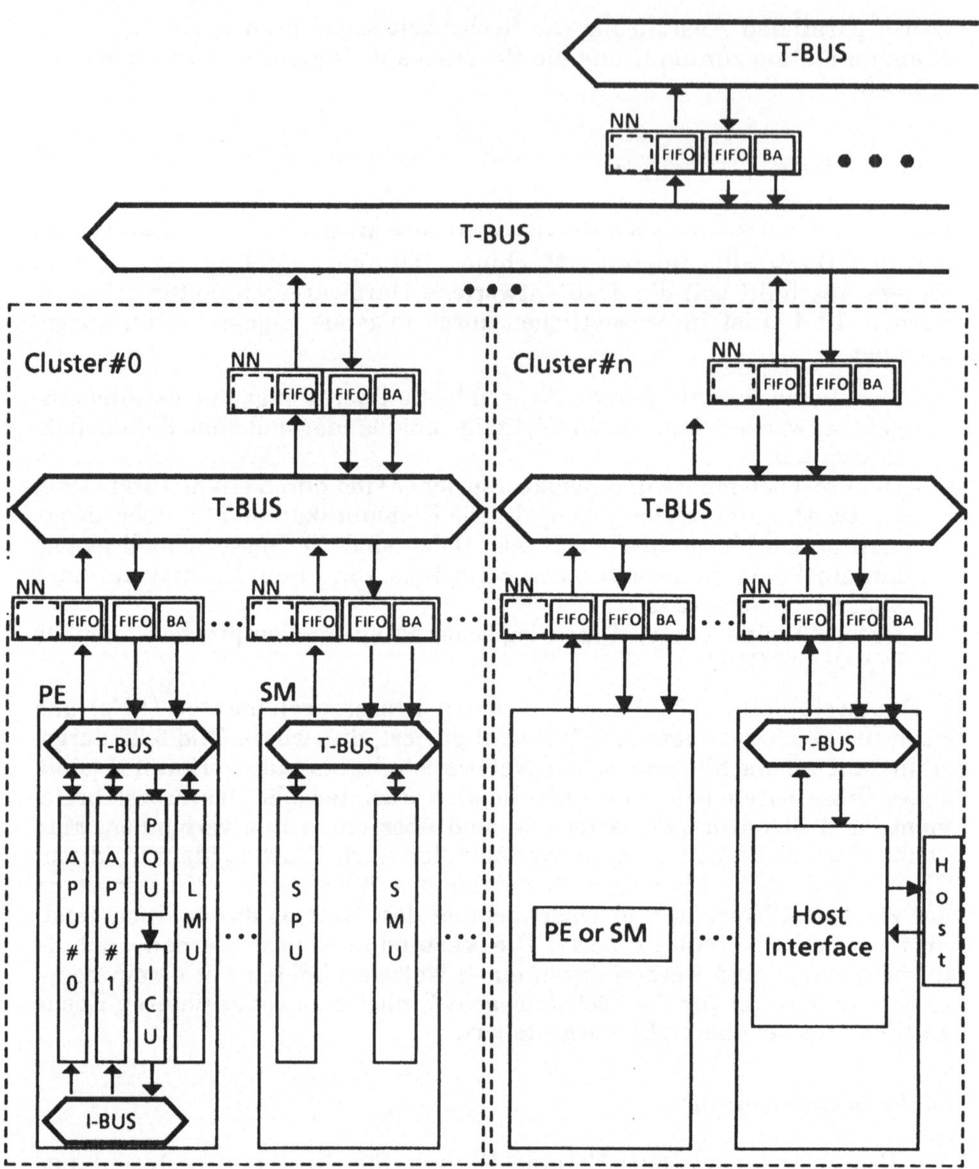

Bild 5.27. Architektur der Datenflußmaschine (aus [Ito86])

durch die ankommenden Ergebnispakete spezifiziert werden. Bei einer Instruktion mit zwei Operanden durchsucht der Befehlscontroller assoziativ mit Hilfe des Hardwarehash mit dem Aktivitätskennzeichen und dem Zielfeld als Schlüssel den Operandenspeicher, der diejenigen Operanden enthält, deren Partneroperanden noch nicht vorliegen. Ist die Suche erfolgreich, dann holt die ICU den Befehlscode aus dem IM mit dem Partneroperanden aus dem OM und schnürt damit ein Befehlspaket, das an eine der APUs geschickt wird. Andernfalls wird der angekommende Operand im OM abgelegt, bis der Partneroperand verfügbar ist.

Die elementaren Verarbeitungseinheiten (APUs) sind aus Bitslice-Mikroprozessoren des Typs AM-2900 zusammengebaut und ebenfalls mikroprogrammierbar. Die Zyluszeit der APUs beträgt 333 Nanosekunden. Die APUs führen die Berechnungen aus dem Befehlspaket aus und erzeugen neue Ergebnispakete, die an die PQU oder an andere Prozeßelemente verschickt werden. Sind Strukturzugriffe erforderlich, dann gehen die Kommandos zur Manipulation einer Struktur an die Speichermodule, auf die durch die Strukturzeigerfelder in den Operanden verwiesen wird. Bei diesem Experimentiersystem sind in einen Prozessorelement zwei APUs eingesetzt.

Die Busbreiten sind an die Paketgrößen angepaßt. So braucht ein Ergebnispaket (72 Bits) nur einen T-Bus-Zyklus (500 Nanosekunden) für den Weg von einer Einheit zur nächsten. Der lokale I-Bus, der die ICU mit den APUs, verbindet hat eine Busbreite von 48 Bit und kann ein ausführbares Befehlspaket in vier Buszyklen (166.7 * 4 = 667 Nanosekunden) übertragen.

Die Strukturspeichermodule SM

Jeder SM besteht aus einer Strukturverarbeitungseinheit (Structure Processing Unit SPU) und einem Strukturspeicher. Die SPUs erhalten die Kommandos zur Strukturmanipulation von den APUs und interpretieren diese. Erfordern die Kommandos eine Antwort, dann werden Ergebnispakete erzeugt und an die PEs zurückgeschickt. Dazu gehören etwa Lesebefehle und Speicherplatzreservierungsbefehle.

Die Synchronisation über gemeinsame Variablen geschieht durch zusätzliche Tagfelder im Strukturspeicher. Jedes Speicherwort hat ein solches Tagfeld, das angibt, ob der Inhalt des Wortes gültig ist oder nicht. Der Wert "empty" zeigt an, daß das Wort leer ist. Der Wert "pending" gibt an, daß bereits einige Lesebefehle auf das leere Wort ausgeführt wurden und somit an das Speicherwort gekoppelte und bis zu einer Schreiboperation suspendierte Leseanforderungen vorliegen. Andere Tags zeigen den Datentyp des Wortes an.

Für die Garbage Collection ist für je zwei Speicherworte ein 10-Bit Reference-Count-Feld vorgesehen (in PIM-D ist die kleinste Speichereinheit eine Listenzelle aus zwei zusammenhängenden Worten). Das Feld zählt die Pointer, die auf die Zelle zeigen. Wird es zu null, dann kann die Zelle zur Garbage Collection freigegeben werden (Reference Count Methode).

In Tabelle 5.2 sind in Form einer Übersichtstabelle über die Einheiten verschiedene Merkmale aufgeführt.

Auf PIM-D sind zwei verschiedene Firmware-Versionen implementiert. Bei der einen Version handelt es sich um ein SM-verteiltes System, d.h. die strukturierten Daten werden an die SMs verteilt und dort gespeichert. Damit müssen alle Kommandos zur Strukturverarbeitung an die SMs ge-

Tabelle 5.2. Spezifikation der Einheiten (aus [Ito86])

Einheit		Merkmale	
PE	PQU	FIFO-Größe:	16 K Worte * 86 Bits (16 K Token)
		Zykluszeit:	167 Nanosekunden
	ICU	IM-Größe:	96 K Worte * 59 Bits (96 K Instruktionen)
		OM-Größe:	32 K Worte * 64 Bits (32 K Token)
		Zykluszeit:	333 Nanosekunden
	APU	Mikrospeicher:	1 K Worte * 32 Bits ROM
			7 K Worte * 32 Bits RAM
		Zykluszeit:	333 Nanosekunden
	LMU	Speichergröße:	512 K Worte * 32 Bits
SM	SPU	Mikrospeicher:	1K Worte * 32 Bits ROM
			7 K Worte * 32 Bits RAM
		Zykluszeit:	333 Nanosekunden
	SMU	Speichergröße:	1024 K Worte * 34 Bits (für Daten und Tags)
			512 K Worte * 32 Bits (für den Reference Count)
NN		FIFO-Größe:	64 K Worte * 86 Bits (64 K Token)
		Zykluszeit:	167 Nanosekunden

schickt werden. Bei der zweiten Version, dem SM-integrierten System, werden die strukturierten Daten im lokalen Speicher der PEs gehalten. Dadurch ist der Hardwareaufwand im Vergleich zur ersten Version auf ungefähr zwei drittel reduziert, da keine SMs notwendig sind. Dafür wird die Belastung der APUs bei häufigen Strukturzugriffen auf die Speicher anderer PEs erheblich zunehmen.

Prozeßverteilung

Die Prozeßverteilung wird hier durch einen Befehl zur Prozeßverteilung gesteuert. Empfängt eine APU diesen Befehl, dann wird die neue Prozedur abhängig vom Prozeßverteilungsfaktor an eine PE vergeben. Der Prozeßverteilungsfaktor ist abhängig von der Lastverteilung aller PEs. Entsprechend den Netzwerkhierarchien der Systemkonfiguration gibt es auch für den Verteilungsfaktor drei Ebenen. Dabei wird angenommen, daß die ausgeführten Programme ein hohes Maß an Parallelität enthalten und daß sich der Parallelitätsgrad im Laufe der Zeit dynamisch verändert. Ist die Systemlast niedrig (dh. der Parallelitätsgrad ist niedrig, etwa bei Beginn einer Berechnung), dann ist der Verteilungsfaktor hoch und die neuen Prozeduren werden über die Cluster verteilt. Bei mittlerer Systemlast werden neue Prozeduren nur über die vier PEs des eigenen Clusters verteilt. Ist sie hoch, dann ist der Verteilungsfaktor niedrig und die Prozeduren bleiben in der eigenen PE.

Um den Verteilungsfaktor zu aktualisieren, übermittelt jede PE nach einer gewissen Zeitspanne oder wenn eine bestimmte Größe erreicht ist, die eigene Belastung, d.h. die Länge der Paketwarteschlange in der PQU, an die anderen PEs des Clusters. Ergibt sich daraus eine drastische Veränderung der Last im Cluster, dann wird dies den anderen Clustern mitgeteilt.

Die Verteilung der Prozesse wird aber nicht nur nach der Lastverteilung gesteuert. Es gibt drei verschiedene Befehle zur Prozeßverteilung. Der Inter-Cluster-Befehl folgt ganz dem obigen Schema und wird zur Verteilung weniger gekoppelter Prozesse verwendet. Der Intra-Cluster-Befehl wählt nur eine PE des eigenen Clusters aus und auch das nur, wenn der Verteilungsfaktor hoch ist, sonst bleibt der Prozeß in der eigenen PE. Der letzte interne Befehl weist die Prozedur immer der eigenen PE zu und wird zum Beispiel bei der tail recursion oder bei der Allokation eng verbundener Prozesse verwendet.

Ergebnisse

Für das SM-verteilte System wurde eine erste Version mikrokodiert und an Hand einzelner Beispiele getestet. Dazu gehören das N-Königinnen-Problem (in ODER-parallelem Prolog und in GHC programmiert), ein Parser für einfache japanische Sätze (in ODER-parallelem Prolog) und das Quicksortprogramm (in GHC). Die Leistung für eine einzelne PE mit einem SM liegt zwischen 2.5 und 3.3 KRPS (Reductions Per Second, entspricht in etwa den Lips). Folgende Gründe werden für dieses relativ schlechte Ergebnis aufgeführt:

- Zur Vereinfachung der Hardware wurde statt einem horizontalen Mikroprogrammformat ein vertikales gewählt.
- Der interne Bus der APU und der SMU ist auf 32 Bit verkürzt worden, so daß mehrere Mikroschritte zur Erzeugung eines Pakets erforderlich sind.
- Es wurde keine Mikroprogrammoptimierung durchgeführt.

Positiv zu vermerken ist allerdings, daß die Leistung mit der Zahl der Module linear steigt, selbst dann, wenn die Strukturdaten über die SMs verteilt sind. Um die Maschine zu einem Prototypen mit hunderten von Prozessoren zu erweitern, wird nach [Ito86] an einer VLSI-Version von PIM-D gebaut. Es wird erwartet, daß mit einer Erweiterung der internen Busbreite die Zahl der Maschinenzyklen in der APU für die Interpretierung der Befehle auf ein Drittel oder Viertel reduziert werden kann. Die Zykluszeit soll durch Verwendung der VLSI-Technologie auf die Hälfte oder gar auf ein Drittel verbessert werden. Außerdem soll die Zahl der APUs in einer PE von zwei auf sechs bis acht erweitert werden. Damit will man die Leistung auf 54 bis 144 KRPS je PE erhöhen.

5.3.6.3 Die neue PIM-Maschine von ICOT (nach [Sat87])

Bei den beiden vorigen Modellen (insbesondere beim ersten) fallen mit zunehmender Prozessorleistung die Kommunikationszeiten immer mehr ins

Gewicht. Um die Kommunikationskosten zu verringern, müssen mehr Prozesse lokal zusammen auf einem Prozessor ablaufen, vor allem wenn sie häufig miteinander über Variable kommunizieren.

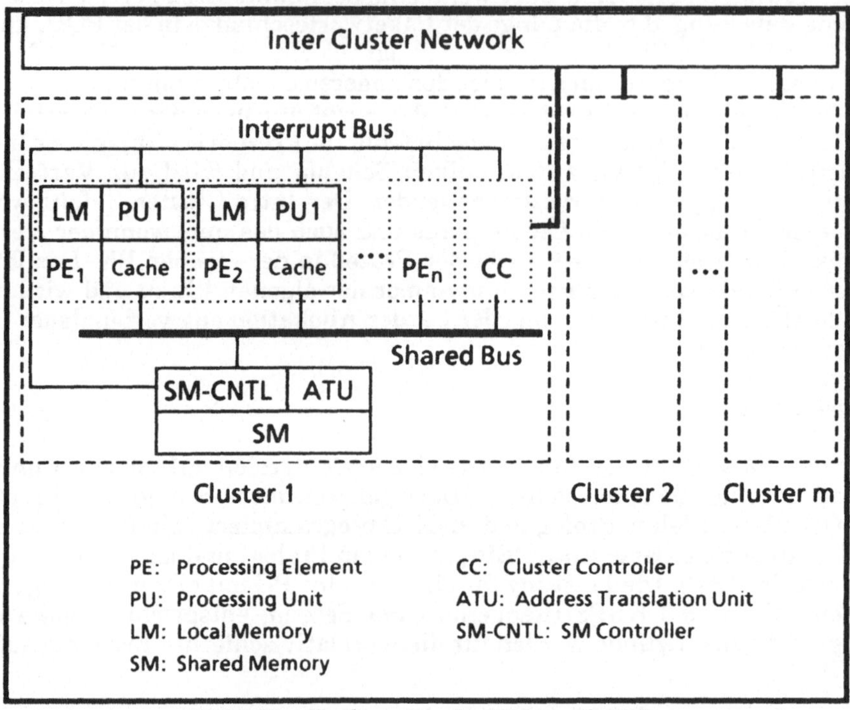

Bild 5.28. Konfiguration der PIM (aus [Sat87])

Die PIM-Hardware soll ähnlich zu PIM-D aus einem dutzend oder mehr Clustern bestehen (siehe Bild 5.28). Jedes Cluster besteht aus acht oder zehn Prozessoren, die über einen gemeinsamen Speicher eng verkoppelt sind. Die Cluster werden untereinander über ein nicht näher spezifiziertes Netzwerk verbunden. Im Vergleich zu PIM-D sind dabei vor allem die Caches hinzugekommen. Neu ist auch, daß die Warteschlange der rechenbereiten Prozesse (records) nicht im gemeinsamen Speicher für alle Prozessoren des Clusters gleich gehalten wird, sondern jeder Prozessor lokal für sich seine eigene Warteschlange hat.

Auf den bereits vorhandenen PSI-I und PSI-II Maschinen wird die parallele Ausführung von KL1 für ein loose gekoppeltes Multiprozessorsystem studiert (siehe [Ich87], [Nak87] und [Tak87]). Die daraus gewonnenen Erfahrungen sollen für die parallele Ausführung zwischen den PIM-Clustern genutzt werden.

5.3.6.4 ALICE

Über die Hardwarearchitektur von ALICE liegt leider keine Literatur vor. Das in 5.3.4.1 dargestellte Modell deutet aber darauf hin, daß mit ähnlichen Methoden wie in letzten beiden Unterkapiteln auch eine Hardware für die

Sprache $KP_{UND\text{-}Baum}$ realisiert werden kann. Vor allem die Datenflußmaschine eignet sich für die fast schon funktionale Sprache $KP_{UND\text{-}Baum}$. Da die Guards sequentiell abgearbeitet werden und keine Laufzeittests für die Schreibberechtigung auf Variablen wie bei GHC durchgeführt werden müssen, ist eine Hardwareimplementierung hier sicher einfacher als bei den beiden vorausgegangenen Modellen.

5.3.7 Resümee

Im Kapitel 5.3.1 wurden die Committed-Choice-Sprachen vorgestellt. Sie unterscheiden sich von Prolog im wesentlichen durch die Verwendung des Commit-Operators an Stelle des Cut-Operators. Im Gegensatz zu den Ansätzen zu Kapitel 5.2 bilden diese Sprachen daher keine Obermenge zu Prolog.

Die drei Grundsprachen der Committed-Choice-Sprachen unterscheiden sich durch ihre Sprachkonstrukte für die Kennzeichnung von Eingangsvariablen. Bei Concurrent Prolog können die Variablen bei jedem Auftreten als Eingangsvariable gekennzeichnet werden. Dadurch kann eine Variable in einer Klausel verschiedene Modes (als Eingangs- und als Ausgangsvariable) annehmen. Dies führt einerseits zu neuen Programmiertechniken, andererseits aber auch zu Inkonsistenzen. In Parlog wird für jedes Prädikat die Informationsrichtung genau festgelegt. Dadurch kann mit der Übersetzung nach Kernel Parlog die Unifikation sehr vereinfacht werden. Auch in GHC ist durch die Guardregeln die Richtung der Variablen für jede Klausel genau festgelegt. Allerdings bedingen diese Guardregeln zusätzliche Laufzeittests. Parlog braucht keine Laufzeittests und bietet mit Kernel Parlog und der Sprache $KP_{UND\text{-}Baum}$ Teilmengen der Sprache, in die Parlogprogramme übersetzt werden können. Insofern tut man sich bei Parlog mit einer Implementierung am leichtesten.

An sich sind die Committed-Choice-Sprachen darauf ausgelegt, sowohl die ODER-Parallelität als auch die UND-Parallelität zuzulassen. Zur Vereinfachung des Verarbeitungsmodells wird jedoch auf die ODER-Parallelität bei Flat Concurrent Prolog, Flat GHC und der $KP_{UND\text{-}Baum}$-Sprache verzichtet. Nur für GHC (KL1) gibt es von ICOT Maschinenarchitekturen, die auch die ODER-Parallelität mit einbeziehen.

In den letzten beiden Kapiteln 5.3.5 und 5.3.6 wurden eine Reihe von abstrakten Maschinen und Implementierungen vorgestellt. Die Maschine von Levy erscheint dabei noch am konventionellsten, da sie wie ihr Vorbild (die Warren Abstract Maschine) relativ einfach auf einer konventionellen Maschine implementiert werden kann. Sie wurde bereits in C auf einer VAX implementiert, erreichte aber nur etwa 1200 Lips (für GHC). Für eine effizientere handkodierte Version eines FCP-Compilers erwartet man eine Leistung von etwa 30 KLips auf einem 10-MHz 68010 Singleprozessor [Sha86b], also vergleichbar mit anderen guten Prolog-Compilern wie etwa Quintus-Prolog. Daneben wird am Weizmann Institut auch an einer Implementierung auf einem Intel Hypercube iPSC d4/me gearbeitet.

Die Architekturen von ICOT gehen von konventionellen Mikroprozessoren ab und versuchen, den Vorgang der Reduktion möglichst direkt in Hardware umzusetzen. Die dort anvisierten Ziele in Bezug auf Verarbeitungsgeschwindigkeit je Prozessor entsprechen in etwa den Zahlen von auf Prolog getrimmten Spezialprozessoren (heute etwa 500KLips) und erscheinen daher durchaus realistisch. Ob sich diese Zahlen dann auch proportional zu den Prozessorzahlen steigern lassen hängt wesentlich von dem auf dem Gesamtsystem ablaufenden Betriebssystem ab (PIMOS), an dem zur Zeit noch gearbeitet wird (die Frage des Betriebssystems bzw. des Laufzeitsystems bei parallelen Architekturen darf auf keinen Fall unterschätzt werden). In der ersten Stufe sind für PIM insgesamt 20 bis 30 MLips projektiert, bei der Endversion ist an 300 MLips bis 1 GLips gedacht. PIMOS ist ebenfalls in KL1 programmiert und soll dem Benutzer ein vollständiges Betriebssystem mit Compilern, Debuggern und Editoren als Utilities bieten. Insofern unterscheidet sich diese Linie von den anderen Ansätzen, die nur als Backend- oder Coprozessorsystem arbeiten. (In [Fos87] wird auf das Verhältnis zwischen den Benutzerprogrammen und einem in einer logischen Sprache definierlsten Betriebssystem eingegangen.)

Bei einer so großen Zahl von Prozessoren, wie sie in PIM projektiert wird (bis zu 1000), ist das Verbindungsnetzwerk problematisch. Mit einem Bus und einem gemeinsamen Speicher lassen sich sinnvoll nur etwa 10 Prozessoren verbinden. In PIM-D sind jeweils acht Einheiten über Busse zu Clustern zusammengefaßt. Diese sind mit Busarbitern wieder über Busse verbunden und so weiter. Diese Struktur von hierarchischen Bussen bedingt, daß Aufgaben primär lokal verteilt werden, damit die Busse der oberen Hierarchien nicht ständig blockiert sind. In PIM-R wird ein 2-dimensionales zyklisch vermaschtes Netz zwischen den Inferenzmodulen verwendet, welche horizontal auch noch über Busse zu den Strukturspeichereinheiten verbunden sind.

Bei einer Datenflußarchitektur wie PIM-D oder ALICE (FLAGSHIP) müssen die Programme erst in eine Datenflußsprache übersetzt werden. Beim reinen Datenflußkonzept sind die Arbeitspakete sehr klein, haben aber den Vorteil, daß sie unabhängig von jedem Prozessorelement verarbeitet werden können. Andererseits ist der Aufwand für die Erzeugung und Versendung der Instruktions- und Resultatpakete sehr groß. Soll eine solche Maschine effizient arbeiten, dann darf die Paketgenerierung nicht sehr viel länger dauern als die Operation selbst und sollte zudem parallel zur Operationsausführung erfolgen. Dazu ist ein erheblicher Hardwareaufwand mit sehr breiten Bussen erforderlich. Die Verschickung der Pakete dürfte den größten Engpaß darstellen. Deshalb werden z.B. in PIM-D die Pakete möglichst lokal entweder in der eigenen Prozessoreinheit oder im eigenen Cluster bearbeitet.

5.4 PROLOG-Anwendungen und Datenbanken

5.4.1 Motivation

Mit dem verstärkten Einsatz von sogenannten 'wissensbasierten Systemen' (*knowledge based system*; KBS) und PROLOG in den unterschiedlichsten

Anwendungsgebieten wächst auch die Komplexität der Anwendungen, bei denen ein solches System eingesetzt werden soll. Zum einen will man mit 'wissensbasierten Systemen' immer komplexere Aufgaben lösen, zum anderen wächst auch die Menge der in einer Anwendung verwendeten Daten, also das eigentliche Wissen.

Oftmals kann die Wissensbasis eines Systems nicht mehr effizient im Hauptspeicher verwaltet werden und muß deshalb auch unter Inkaufnahme von längeren Zugriffszeiten auf Sekundärspeicher ausgelagert werden [App85].

Aus dem letzteren Grund versucht man schon seit einigen Jahren Datenbanken *(data base management system*; DBMS) zur Verwaltung großer Wissensbasen, bzw. den daraus resultierenden Datenmengen, in den wissensbasierten Problemlösungsprozeß mit einzubinden [Lin86], [Reu87].

Durch eine Kopplung von KBS und DBMS könnten außerdem auch die Daten für Entscheidungsprozesse genutzt werden, die bereits in Datenbanken strukturiert und abgelegt sind. Weiterhin könnte man auch auf Daten zugreifen, die nicht für die Problemlösungen notwendig sind, die aber nach einer Entscheidungsfindung aufgrund des Ergebnisses ausgewählt und weiterverarbeitet werden sollen.

Weitere Gründe für die Verwendung von Datenbanken sind die vorhandenen Funktionen zur Datensicherheit und die Möglichkeit des Mehrbenutzerbetriebes.

5.4.2 Problemstellung

Bevor man ein DBMS für die Kopplung mit einem KBS einsetzen kann, müssen allerdings folgende Fragen beantwortet werden:

- Wie lege ich Regeln und Fakten eines PROLOG-Programms in einem Datenbanksystem ab, und wie kann ich auf Daten eines DBMS von PROLOG aus zugreifen?
- Wie sieht die Schnittstelle zwischen wissensbasierten Systemen und Datenbanken aus, und auf welchem funktionalen Niveau ist diese Schnittstelle angesiedelt?

5.4.2.1 Darstellung von Fakten und Regeln

Die Darstellung von Fakten und Regeln ist in erster Linie abhängig von der verwendeten Datenbankstruktur. In diesem Punkt haben sich im Zusammenhang mit PROLOG eigentlich alle Untersuchungen auf relationale Datenbanken konzentriert.

Darstellung von Fakten

Fakten werden in PROLOG als Klauseln mit leerer rechter Seite dargestellt.

```
R(x, y, z).
```

Fakten lassen sich sehr einfach auf Relationen einer relationalen Datenbank abbilden. Das Prädikat R entspricht dabei einer Relation R. Die konstanten Werte für die Variablen x, y und z des Prädikats R entsprechen dann einem Tupel einer Relation. Die Klausel

LIEFERANT (Lieferanten-Nr., Name, Anschrift, Branche).

entspricht damit der Relation LIEFERANT mit den Attributen Lieferanten-Nr, Name, Anschrift und Branche. Die Menge der Fakten wird oftmals auch als extensionale Datenbasis bezeichnet.

Darstellung von iterativen Regeln

Etwas schwieriger wird es mit der Darstellung von ableitbaren Informationen, den Regeln, in einer relationalen Datenbank.

Ausgangspunkt sei eine Relation DIREKT-ZUG (Start, Ziel), die als Attribute die Namen der beiden Städte enthält, die durch einen Zug direkt, also ohne Umsteigen, verbunden sind. Die Relation soll die in Tabelle 5.3 aufgeführten Ausprägungen haben.

Tabelle 5.3. Ausprägungen der Relation DIREKT-ZUG

DIREKT-ZUG	Start	Ziel
	Hamburg	Hannover
	Hannover	Göttingen
	Hannover	Fulda
	Fulda	Würzburg
	Würzburg	Nürnberg
	Nürnberg	München
	Bonn	Köln
	Bonn	Hannover

Weiterhin soll folgende Regel gelten:

Verbindung (Person, Ziel) :- Standort (Person, Start) ,
Direkt-Zug (Start, Ziel).

Diese Regel besagt, daß eine Person, die sich in einer Stadt befindet, von der aus ein Zug startet, eine Verbindung zur der Stadt hat, die mit Ziel bezeichnet wird. Eine Anfrage an unser System könnte sein: In welche Städte hat eine Person P von der Stadt X aus eine Verbindung?

In einer Datenbankabfragesprache wie SQL könnte dann eine Anfrage folgendermaßen formuliert werden:

```
SELECT Ziel
FROM Standort, Direkt-Zug
WHERE Standort.Start = Direkt-Zug.Start
```

Bei Abarbeitung dieser Frage erhält man von der Datenbank auch eine vollständige und korrekte Antwort, aber die Regel VERBINDUNG ist nicht gespeichert und kann auch nicht mit anderen Regeln verknüpft werden, es sei denn, man verknüpft alle Regeln zu einer einzigen Regel.

Um Regeln abzuspeichern, kann man aber ein Hilfsmittel verwenden, das Datenbanken anbieten. Mit Hilfe des Konstrukts VIEW lassen sich Sichten auf bestimmte Datenbereiche dynamisch erzeugen und verknüpfen. Die obige Abfrage muß als VIEW folgendermaßen umformuliert werden:

```
DEFINE VIEW Verbindung AS
SELECT Person, Ziel
FROM Standort, Direkt-Zug
WHERE Standort.Start = Direkt-Zug.Start
```

VIEWS können für jede Anwendung erstellt und abgelegt werden. Außerdem kann man bereits definierte VIEWS wiederum zur Definition anderer VIEWS verwenden.

Die Menge der Regeln und Sichten, die auf anderen Regeln aufbauen, wird auch als intensionale Datenbasis bezeichnet.

Nachdem man nun Fakten und Regeln in einer relationalen Datenbank ablegen kann, kommen wir zum nächsten Schritt, dem Ablegen von Regeln, die rekursiv definiert sind.

Darstellung rekursiver Sichten

Bisher wurde nur nach den Zielen einer direkten Verbindung gefragt. Die Möglichkeit für eine Person P, von Hamburg über Hannover, Fulda nach Würzburg zu gelangen, wurde nicht berücksichtigt. Dafür müssen wir nun eine neue Regel einführen:

```
Verbindung (Person, Ziel) :- Standort (Person, Start) , Zug (Start, Ziel).
Zug (Start, Ziel) :- Zug (Start, Zwischenziel) ,
                     Direkt-Zug (Zwischenziel, Ziel).
```

Diese Regel ist rekursiv definiert, da bei der Berechnung von Zug wieder auf Zug zugegriffen werden muß. Hier liegt aber das Problem. Heutige DBMS kennen keine rekursiv definierten Sichten und können sie auch nicht verarbeiten.

Soll auf Fakten direkt zugegriffen werden, so reicht es aus, die Relation mit den in dem DBMS enthaltenen Funktionen anzusprechen. Auf Fakten, die sich aus der Berechnung iterativer Regeln ergeben, kann man über VIEWS zugreifen. Bei rekursiven Regeln ist das jedoch nicht möglich.

Man könnte die Rekursion auch außerhalb der Datenbank berechnen, was allerdings bedeutet, daß der Zugriff auf Daten über mehrere Systemkomponenten verteilt wäre, und dadurch wieder lange Verarbeitungszeiten entstehen würden. Die Fähigkeit von Datenbanken, daß sie auf Anfrage in einem eigenständigen Schritt alle in Frage kommenden Antworten ausgeben, wäre dann ebenfalls verloren.

Zur Lösung dieses Problems wurde in [Bay85] ein Verfahren vorgestellt, das eine rekursive Sicht durch eine iterative Berechnung ersetzt. Dieses Verfahren, das auch als Δ-Transformation bekannt ist, ermöglicht neben der iterativen Berechnung von rekursiven Regeln auch den Zugriff auf Ergebnismengen, während PROLOG die Ergebnisse einer Regelauswertung lediglich tupelweise zur Verfügung stellt. Das Verfahren soll an dieser Stelle nicht näher erläutert werden. Ein ausführlicher Überblick ist in [Bay85] zu finden.

Im folgenden Kapitel, in dem näher auf die Schnittstellen zwischen KBS und DBMS eingegangen wird, werden auch Ansätze vorgestellt, z.B. integrierter Ansatz, in denen die Deduktion vom DBMS übernommen wird. Hier kann dann entweder ein auf der Δ-Transformation basierender Algorithmus verwendet werden, oder man integriert eine neu zu erstellende Komponente, die rekursive Regelstrukturen interpretieren kann.

5.4.2.2 Schnittstellen zwischen DBMS und KBS

In der Literatur werden heute eine Reihe verschiedener Varianten diskutiert, wie KBS und DBMS zu koppeln sind. In [Mis86] wurden die einzelnen Ansätze ausführlich gegenüber gestellt.

Die verschiedenen Varianten werden in [Reu87] und [Par86] folgendermaßen klassifiziert:
- heterogener Ansatz,
- homogener Ansatz,
- integrierter Ansatz.

Heterogener Ansatz

Hierbei sind das DBMS und das KBS separate Komponenten. Anfragen des KBS werden als Dienstaufrufe an das DBMS übermittelt, das als Ergebnis einzelne Tupel an das KBS zurückgibt. [Mis86] unterscheidet bei den heterogenen Systemen noch einmal lose gekoppelte und eng gekoppelte Systeme.

Bei den lose gekoppelten Systemen wird das KBS für deduktive Funktionen, und das DBMS für die Verwaltung der Fakten eingesetzt. Die Interaktion zwischen KBS und DBMS ist sequentiell. In einem ersten Zyklus arbeitet das KBS Regeln ab und formuliert dann Fragen an das DBMS. Im zweiten Schritt wird die Anfrage vom DBMS beantwortet und die Ergebnisse an das KBS übermittelt, das solange in seiner Ausführung gewartet hat. Ein oder mehrere KBS können als Anwenderprogramme an ein DBMS gekoppelt werden.

Der Nachteil dieses Ansatzes ist die strenge Trennung zwischen Deduktion und Datenmanagement. Dadurch entstehen immer wieder Wartezeiten, in denen das KBS und damit die aktive Komponente des Systems keine Auswertung vornehmen kann.

Bei eng gekoppelten Systemen ist eine Interaktion zwischen KBS und DBMS zu jedem Zeitpunkt möglich. Das DBMS erscheint als Erweiterung des KBS. Für den Benutzer ist diese Verbindung transparent. Das KBS entscheidet selbstständig, wann es auf das DBMS zugreifen will. Zugriffe auf die Daten können dadurch während der Deduktion erfolgen.

Insgesamt ist die Kopplung zweier so unterschiedlicher Systeme immer ein Problem, da der hohe Kommunikationsaufwand zu hohen Laufzeiten führt [Zan86]. Laut [Par86] sind heterogene Systeme sehr gut für Standardabfragen einsetzbar, bei Parallelität oder dynamischen Umgebungen ist die Effizienz eher schlecht.

Homogener Ansatz

Homogene Systeme sind KBS, die mit Datenmanagement-Funktionen ausgestattet sind. Intern wird dadurch keine Unterscheidung mehr zwischen Fakten und Daten gemacht. In [Mis86] werden elementare deduktive und erweiterte deduktive Systeme unterschieden.

In elementaren deduktiven Systemen baut die Realisierung hauptsächlich auf dem PROLOG-System auf. Die Mechanismen zur Wissensverarbeitung wie *pattern matching* und Inferenzmotor werden vom PROLOG-System übernommen und um Funktionen der Datenverwaltung erweitert. Dadurch wird die Entwicklungszeit solcher Systeme verkürzt.

Der Nachteil, der sich daraus ergibt, besteht in der fehlenden Flexibilität des Systems. Datenstrukturen und Auswertungsalgorithmen können nicht an spezielle Anwendungen angepaßt werden.

Bei den homogenen Systemen sind vor allem die erweiterten deduktiven Systeme interessant. Bei diesen Systemen wird ein PROLOG-System ebenfalls um Datenverwaltungsfunktionen erweitert, aber es können damit auch Daten verarbeitet werden, die nicht in der PROLOG-eigenen Datenhaltung stehen, sondern die auf externen Speichermedien abgelegt sind. Dadurch können zum einen große Datenmengen bzw. große Wissensbasen verwaltet werden, andererseits muß man jedoch als Nachteil sehen, daß große Teile des DBMS neu implementiert werden müssen.

Integrierter Ansatz

Ein integriertes System, auch Expert Database System (EDS) genannt, ist ein DBMS, das mit Fähigkeiten zur regelbasierten Verarbeitung, der Deduktion, ausgestattet ist.

In [Mis86] wird ein Ansatz vorgestellt. Die wesentlichen Punkte dieses Ansatzes sind:

- Das System soll für ein breites Anwendungsspektrum geeignet sein.
- Die Wissensverarbeitung muß im EDS ausgeführt werden.
- Der Datenbereich soll erweiterbar sein.
- Es soll unter mehreren Such-Strategien eine geeignete ausgewählt werden können, und die Strategie-Auswahl muß durch das System unterstützt werden.
- Es müssen auch wahrscheinlichkeitsbehaftete Regeln bearbeitet werden können.
- Eine Erklärungskomponente soll vorhanden sein.
- Das System soll multiuser-fähig sein.

Ein weiterer wichtiger Punkt dieses Ansatzes ist die Einführung von verschiedenen Ebenen der Abstraktion. Wie bei der Datenbasis einer DBMS, die als eine extensionale und als eine intensionale Datenbasis gesehen werden kann, soll auch die Wissensbasis eines EDS strukturiert werden können.

In Bild 5.29 wird der Begriff Cluster für die Zusammenfassung von einzelnen Regeln (*rules*) benutzt. Regeln eines Clusters haben gleiche Eigenschaften. Ein Cluster kann Regeln mit gleichen Prädikaten zusammenfassen, die durch dieselben Bedingungen erfüllt werden.

Mit Views können Ausschnitte von Daten und Regeln erzeugt bzw. definiert werden, die den VIEWS in relationalen Datenbanken entsprechen. Es können durch VIEWS aber auch die Cluster von Regeln zusammengefaßt werden, die von einer Anwendung benutzt werden. Dadurch können z.B. bestimmte Problemklassen mit Clustern von Regeln assoziiert werden.

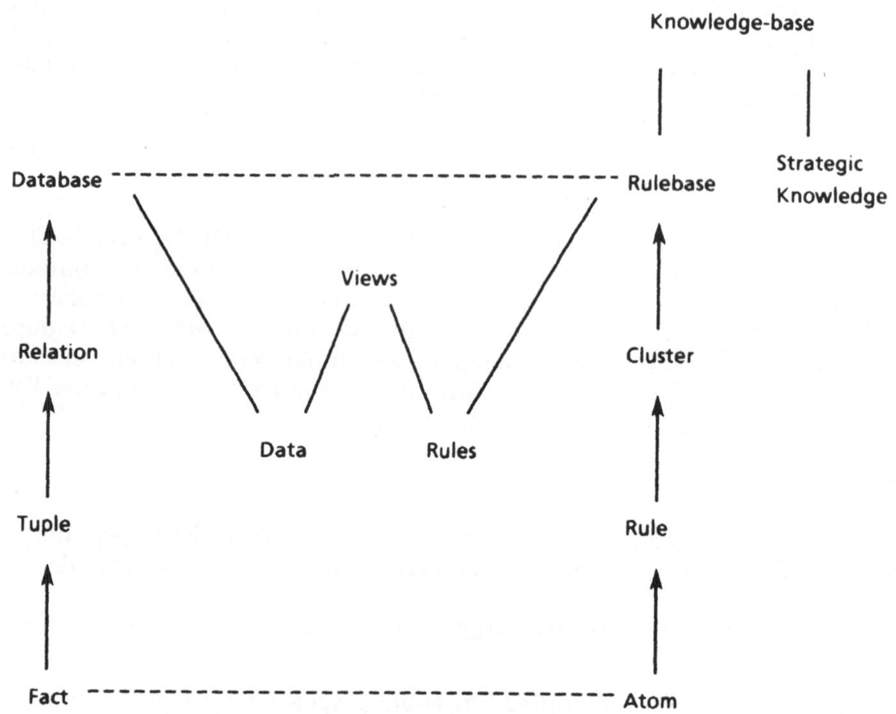

Bild 5.29. Struktur eines EDS [Mis86]

5.4.2.3 Ausblick

Die in diesem Kapitel vorgestellten Ansätze zur Kopplung von KBS und DBMS zeigen unterschiedliche Wege auf, wie man diese Kopplung realisieren kann. Unabhängig von der Art der Ansätze sind aber noch weitere Verbesserungen bei der Verwendung von Datenbanken im Bereich der 'wissensbasierten Systeme' wünschenswert.

In [Smi86], [Mis86] und in [Reu87] werden

- die Möglichkeit zum Verwalten von komplexeren Objekten, wie sie heute im CAD-Bereich vorkommen,
- die Verwaltung von Sprache und Bild,
- der Ausbau der verschiedenen Abstraktionsebenen,
- die Verwaltung von Versionen und Varianten

als notwendige Forderung an weitere Entwicklungen gesehen.

Geeignete Architekturen können auf Basis der in Kap. 5.2 und 5.3 dargestellten Konzepte entwickelt werden. Besondere Anforderungen werden dabei an den Zugriff auf große Datenmengen, z.B. auf Sekundärspeicher, gestellt.

5.5 Literaturverzeichnis

Ali87 Ali, K. A. M.: OR-parallel execution of Prolog on a multi-sequential machine, in: Int. Journal of Parallel Programming 15 (1987), Nr. 3

App85 Appelrath, H.-J.; Bense, H.: Zwei Schritte zur Verbesserung von PROLOG-Programmiersystemen: DB-Unterstützung und Meta-Interpreter, IFB 94, Datenbank-Systeme für Büro, Technik und Wissenschaft, Berlin, Heidelberg, New York, Tokyo: Springer 1985, 161 - 176

Bac87 Bachinger, J.: Implementierung eines parallelen Theorembeweisers und Simulation der Ausführung auf einer Multiprozessormaschine, Diplomarbeit, Institut für Informatik, TU München, 1987

Bau81 Bauer, F. L.; Wössner, H.: Algorithmische Sprache und Programmentwicklung, Berlin, Heidelberg, New York, Tokyo: Springer 1981

Bay85 Bayer, R.: Database Technology for Expert Systems, IFB 112, Berlin, Heidelberg, New York, Tokyo: Springer 1985, 1 - 16

Ben87 Benker, H.; Jeffré, T.; Noyé, J.; Pöhlmann, A.; et al.: ICM3: Final Specification, Report on a High Speed Inference Co-processor, Part One: Chapters 1 to 8, Technical Report CA-23, ECRC, München, 1987

Bic86 Bic, L.; Lee, C.: A Resource-Limited Process Model for PEPSy, Technical Report CA-21, ECRC, München, 1986

Böh81 Böhme, G.: Einstieg in die Mathematische Logik, München, Wien: Hanser 1981

Cha87 Chassin de Kergommeaux, J.; Robert, P.; Westphal, H.: An Abstract Machine for the Implementation of the PEPSys Model, Technical Report CA-26, ECRC, München, 1987

Chi87 Chikayama, T.; Kimura Y.: Multiple Reference Management in Flat GHC, in.: Proc. 4th Intern. Conf. on Logic Programming, 1987, Cambridge Mass., MIT Press, 276-293

Cie84 Ciepielewski, A.; Haridi, S.: Control of Activities in the OR-Parallel Token Machine, in: Proc.1984 IEEE Logic Programming Conf., 1984, 49-57

Cie85 Ciepielewsi, A.; Hausman, B.; Haridi, S.: Initial Evaluation of a Virtual Machine for OR-Parallel Execution of Logic Programs, in: Proc. IFIP TC-10 Working Conf. on Fifth Generation Computer Architecture, 1985, 81-99

Cla81 Clark, K. L.; Gregory, S.: A Relational Language for Parallel Programming, in: Proc. 1981 Conf. on Functional Progr. Languages and Comp. Architecture, ACM, 171-178

Cla86 Clark, K. L.; Gregory, S.: PARLOG: Parallel Programming in Logic, ACM Transactions on Programming Languages and Systems, 8 (1986), 1-49

Cla87 Clark, K. L.; Gregory, S.: PARLOG and Prolog United, in: Proc. 4th Intern. Conf. on Logic Programming, 1987, MIT Press, 927-961

Clo84 Clocksin, W. F.; Mellish, C. S.: Programming in Prolog, Berlin, Heidelberg, New York, Tokyo: Springer 1984

Cod86 Codish, M.; Shapiro, E.: Compiling OR-parallelism into AND-parallelism, in: Proc. 3rd Int. Conf. on Logic Programming, LNCS 225, Berlin, Heidelberg, New York, Tokyo: Springer 1986, 283-297

Cra86 Crammond, J. A.: An Execution Model for Committed-Choice Nondeterministic Languages, in: Proc. of the Symposium on Logic Programming, 1986, 148-158

Dar81 Darlington, J.; Reeve, M.J.: ALICE: a multi-process reduction machine, in: Proc. of the ACM Conf. on Functional Progr. Languages and Comp. Architecture, 1981, 171-178

DeG84 DeGroot, D.: Restricted AND-Parallelism, in: Proc. International Conf. on Fifth Generation Computer Systems, 1984, 471-478

Dij76 Dijkstra, E. W.: A Discipline of Programming, Englewood Cliffs, N.J.: Prentice-Hall 1976

Est86 Estenfeld, K.; Meier, M.: ECRC-Prolog User's Manual, Version 1.2, Technical Report LP-8, ECRC, München, 1986

Fag85 Fagin, B.; Dobry, T.: The Berkeley PLM Instruction Set: An Instruction Set for Prolog, Report No. UCB/CSD 86/257, Berkeley, 1985

Fos87 Foster, I.: Logic Operating Systems: Design Issues, in: Proc. 4th Intern. Conf. on Logic Programming, 1987, Cambridge Mass., MIT Press, 910-926

Fuc86 Fuchi, K.; Furukawa, K.: The Role of Logic Programming in the Fifth Generation Computer Project, in: 3rd Int. Conf. on Logic Programming, LNCS 225, Berlin, Heidelberg, New York, Tokyo: Springer 1986, 1-24

Fur84 Furukawa, K.: The Conceptual Specification of the Kernel Language Version 1, Techn. Report TR-054, ICOT, 1984

Gil81 Giloi, W. K.: Rechnerarchitektur, Berlin, Heidelberg, New York, Tokyo: Springer 1981

Gre87 Gregory S.: Parallel Logic Programming in PARLOG, Reading, Mass.: Addison-Wesley 1987

Hai86a Hailperin, M.; Westphal, H.: An Empirical Study of Locality of Reference in Prolog, Technical Report CA-15, ECRC, München, 1986

Hai86b Hailperin, M.; Westphal, H.: A Computational Model for PEPSy, Technical Report CA-16, ECRC, München, 1986

Har83 Haridi, S.; Ciepielewski, A.: An OR-Parallel Token Machine, TRITA-CS-8303, Royal Institute of Technology, Stockholm, 1983

Hau87 Hausman, B.; Ciepielewski, A.; Haridi, S.: OR-parallel Prolog made effizient on shared memory multiprocessors, in: Proc. 1987 Symp. on Logic Programming, 1987, 69-79

Hoa78 Hoare, C. A. R.: Communicating Sequential Processes, CACM 21 (1978), 666-677

Hou86 Houri, A.; Shapiro, E.: A Sequential Abstract Machine for Flat Concurrent Prolog, Rep. CS86-20, Weizmann Inst., Revohot, Israel, 1986

Hun87 Huntbach, M. M.: Algorithmic Parlog Debugging, in: Proc. 1987 Symp. on Logic Programming, 1987, 288-297

Ich87 Ichiyoshi, N.; Miyazaki, T.; Taki K.: A Distributed Implementation of Flat GHC on the Multi-PSI, in: Proc. 4th Intern. Conf. on Logic Programming, 1987, The MIT Press, Cambridge Mass., 257-275

Ito86 Ito, N.; Sato, M.; et al.: The Architecture and Preliminary Evaluation Results of the Experimental Parallel Inference Machine PIM-D, in: Proc. 13th Annual Intern. Symp. on Comp. Architecture, 1986, 149-156

Kah86 Kahn, K.; Tribble, E. D.; et al.: Objects in Concurrent Logic Programming Languages, in: Proc. OOPSLA'86, 1986, 242-257

Kim87 Kimura, Y.; Chikayama, T.: An Abstract KL1 Machine and its Instruction Set, in: Proc. 1987 Symp. on Logic Programming, 1987, 468-477

Kle87 Klein, A.; Eckardt, H.; Istavrinos, P.: Parallelrechner-Architekturen. Eine Studie zum Stand der Technik, Siemens Bericht ZT ZTI SYS 1-52 Kl/Eck/I/Wi, Siemens AG, München, 1987

Kum86 Kumon, K.; Masuzawa, H.; Itashiki, A.; et al.: Kabu-Wake: A New Parallel Inference Method and its Evaluation, in: Proc. COMPCON '86, Spring, San Francisco, 1986, 168-172

Lam87 Lam, M.; Gregory, S.: Parlog and Alice: a Marriage of Convenience, in: Proc. 4th Intern. Conf. on Logic Programming, 1987, Cambridge Mass., MIT Press, 294-310

Lev84 Levy J.: A Unification Algorithm for Concurrent Prolog, in: Proc. 2nd Int. Logic Programming Conf., 1984, 333-341

Lev86a Levy J.: Shared Memory Execution of Committed-Choice Languages, in: Proc. 3rd Int. Conf. on Logic Programming, LNCS 225, Berlin, Heidelberg, New York, Tokyo: Springer 1986, 298-312

Lev86b Levy J.: A GHC Abstract Machine and Instruction Set, in: 3rd Int. Conf. on Logic Programming, LNCS 225, Berlin, Heidelberg, New York, Tokyo: Springer 1986, 157-171

Lin86 Linnemann, V.: Constructorset's Database Support for Knowledge Based Systems, in: Proc. Int. Conf. on Data Engineering, 1986, 244 - 251.

Mas86 Masuzawa, H.; Kumon, K.; Itashiki, A.; et al.: "Kabu-Wake" Parallel Inference Mechanism and its Evaluation, in: Proc. 1986 Fall Joint Computer Conf., 1986, 955-962

Mat85 Matsuda, H.; Kokata, M.; Masuo, T.; et al: Parallel Prolog Machine PARK: Its Hardware Structure and Prolog System, in: Proc. 4th Conf. on Logic Programming, 1985,

Mis86 Missikoff, M.; Wiederhold, G.: Towards a Unified Approach for Expert and Database Systems, in: Proc. First International Workshop on Expert Database Systems, 1986, 383 - 399.

Miy85 Miyazaki, T.; Takeuchi, A.; et al.: A Sequential Implementation of Concurrent Prolog Based on the Shallow Binding Scheme, in: Proc. Symp. on Logic Programming, 1985, 110-118

Nak87 Nakashima, H.; Nakajima, K.: Hardware Architecture of the Sequential Inference Machine: PSI-II, in: Proc. 1987 Symp. on Logic Programming, 1987, 104-113

Ohk87 Ohki, M.; Takeuchi, A.; et al.: An Object-oriented Programming Language Based on the Parallel Logic Programming Language KL1, in: Proc. 4th Intern. Conf. on Logic Programming, 1987, Cambridge Mass., MIT Press, 894-909

Ona85 Onai, R.; Aso, M.; et al.: Architecture of a Reduction Based Parallel Inference Machine: PIM-R, New Generation Computing 3 (1985), 197-228

Ona86 Onai, R.; Shimizu, H.; Masuda, K.; Moritoshi, A.: Analysis of Sequential Prolog Programs, in: The Journal of Logic Programming, 1986, 119-141

Par86 Parker, D. S.; Carey, M.; Golshani, F.; et al.: Logic Programming and Databases, in: Proc. First International Workshop on Expert Database Systems, 1986, 35 - 48

Pon84 Ponder, C. G.; Patt, Y.N.: Alternative Proposals for Implementing Prolog Concurrently and Implications Regarding their Respective Microarchitectures, in: Proc. 17th Annual Microprogramming Workshop, 1984, 192-202

Rat85 Ratcliffe, M.; Robert, P.: The Static Analysis of Prolog Programs, Technical Report CA-11, ECRC, München, 1985

Rat86a Ratcliffe, M.: A Case Study of some PEPSy Programs, Internal Report, ECRC, München, 1986

Rat86b Ratcliffe, M.; Robert, P.: PEPSy: A Prolog for Parallel Processing, Technical Report CA-17, ECRC, München, 1986

Rat87 Ratcliffe, M.; Syre, J. C.: The PEPSys Parallel Logic Programming Language, in: Proc. 10th IJCAI, 1987

Reu87 Reuter, A.: Kopplung von Datenbank- und Expertensystemen, Informationstechnik it, 29/3 (1987), 164 -175

Rob86 Robinson, I.: A Prolog Processor based on a Pattern Matching Memory Device, in: Proc. 3rd Int. Conf. on Logic Programming, LNCS 225, Berlin, Heidelberg, New York, Tokyo: Springer 1986, 172-179

Sar86 Saraswat, V. A.: Problems with Concurrent Prolog, CMU-CS-86-100, Carnegie-Mellon University, 1986

Sar87 Saraswat, V. A.: GHC: Operational semantics, problems and relationship with CP(|,|), in: Proc. 1987 Symp. on Logic Programming, 1987, 347-358

Sat87 Sato, M.; Shimizu, H.; et al.: KL1 Execution Model for PIM Cluster with Shared Memory, in: Proc. 4th Intern. Conf. on Logic Programming, 1987, Cambridge Mass., MIT Press, 338-355

Sha83 Shapiro, E.; Takeuchi, A.: Object Oriented Programming in Concurrent Prolog, New Generation Computing 1 (1983), 25-48

Sha86 Shapiro, E.: Concurrent Prolog: A Progress Report, Computer, Nr. 8, 1986, 44-58

She87 Shen, K.; Warren, D. H. D.: A simulation study of the Argonne model for OR-parallel execution of Prolog, in: Proc. 1987 Symp. on Logic Programming, 1987, 54-68

Sil86 Silverman, W.; Hirsch, M.; et al.: The Logix System User Manual, Weizmann Institute of Science, Techn. Rep. CS-21, Revohot, Israel, 1986

Smi86 Smith, J. M.: Expert Database Systems: A Database Perspective, in: Proc. First International Workshop on Expert Database Systems, 1986, 3 - 15

Soh85 Sohma, Y.; Satoh, K.; Kumon, K.; et al.: A New Parallel Inference Mechanism based on Sequential Processing, in: Proc. IFIP TC-10 Working Conf. on Fifth Generation Computer Architecture, 1985, 3-14

Som87 Somogyi, Z.: A system of precise modes for logic programs, in: Proc. 4th Intern. Conf. on Logic Programming, 1987, MIT Press, 769-787

Tak85a Takeuchi, A.; Furukawa, K.: Bounded Buffer Communication in Concurrent Prolog, New Generation Computing 3 (1985), 145-155

Tak85b Takeuchi, A.; Furukawa, K.: Interprocess Communication in Concurrent Prolog, ICOT Techn. Rep. TR-006, Tokyo, 1985

Tak86 Takeuchi, A.; Furukawa, K.: Parallel Logic Programming Languages, in: Proc. 3rd Int. Conf. on Logic Programming, LNCS 225, Berlin, Heidelberg, New York, Tokyo: Springer 1986, 242-254

Tak87 Taki, K.; Nakajima, K.; et al.: Performance and Architectural Evaluation of the PSI Machine, in: Proc. 2nd Intern. Conf. on Architectural Support for Programming Languages and Operating Systems, Palo Alto, 1987, ACM, 128-135

Tam84 Tamura, N.; Wada, K.; Matsuda, H.; et al.: Sequential Prolog Machine PEK, in: Proc. Int. Conf. on Fifth Generation Comuter Systems, 1984

Tam87 Tamaki, H.: Stream-based Compilation of Ground I/O Prolog into Committed-choice Languages, in: Proc. 4th Intern. Conf. on Logic Programming, 1987, Cambridge Mass., The MIT Press, 376-393

Tic84a Tick, E.; Warren, D. H. D.: Towards a Pipelined Prolog Processor, in: Proc. 1984 Int. Symposium on Logic Programming, 1984, 29-40

Tic84b Tick, E.: Sequential Prolog Machine: Image and Host Architectures, in: Proc. 17th Annual Microprogramming Workshop MICRO 17, 1984, 204-216

Tri87 Tribble E. D.; Miller, M. S.; et al.: Channels: A Generalization of Streams, in: Proc. 4th Intern. Conf. on Logic Programming, 1987, Cambridge Mass., The MIT Press, 839-857

Tun86 Tung, Y.-W.: Parallel Processing Model for Logic Programming, Diss. University of Southern California, Los Angeles, 1986

Ume83 Umeyama, S.; Tamura, K.: A Parallel Execution Model of Logic Programs, in: Proc. 10th Annual Int. Conf. on Computer Architecture, 1983, 349-355

Ued85a Ueda, K.: Concurrent Prolog Re-Examined, ICOT Techn. Rep. TR-102, Tokyo, 1985

Ued85b Ueda, K.: Guarded Horn Clauses, ICOT Techn. Rep. TR-103, Tokyo, 1985

Ued86 Ueda, K.: Making Exhaustive Search Programs Deterministic, in: Proc. 3rd Int. Conf. on Logic Programming, LNCS 225, Berlin, Heidelberg, New York, Tokyo: Springer 1986, 270-282

Ued87 Ueda, K.: Making Exhaustive Search Programs Deterministic, Part II, in: Proc. 4th Intern. Conf. on Logic Programming, 1987, Cambridge Mass., The MIT Press, 356-375

War83 Warren, D. H. D.: An Abstract Prolog Instruction Set, Technical Note 309, SRI International, Menlo Park, 1983

War87 Warren, D. H. D.: The SRI model for OR-parallel execution of Prolog - abstract design and implementation issues, in: Proc. 1987 Symposium on Logic Programming, 1987, 92-102

Wat87 Watzlawik, G.; Benker, H.; Noyé, J.: ICM4, Technical Report CA-25, ECRC, München, 1987

Wes85 Westphal, H.; Hailperin, M.: A Flexible Computational Model for Prolog, Technical Report CA-14, ECRC, München, 1985

Wes87 Westphal, H.; Robert, P.; Chassin, J.; Syre, J. C.: The PEPSys model: Combining Backtracking, AND- and OR-parallelism, in: Proc. 1987 Symposium on Logic Programming, 1987, 436-448

Woo85 Woo, N. S.: A Hardware Unification Unit: Design and Analysis, in: Proc. 12th Annual International Symp. on Computer Architecture, 1985, 198-205

Zan86 Zaniolo, C.: Prolog: A Database Query Language for All Seasons, in: Proc. First International Workshop on Expert Database Systems, 1986, 219 - 232

6 Vergleich der Architekturvorschläge

In diesem abschließenden Kapitel werden die Ergebnisse der Sprachuntersuchungen kurz zusammengefaßt und gegenübergestellt, um Gemeinsamkeiten aufzuzeigen. Die Folgerungen werden sich dabei hauptsächlich an den jeweiligen Architekturvorschlägen orientieren.

Die Tabelle 6.1 stellt die wesentlichen Merkmale aller im Rahmen dieses Buches untersuchten Programmiersprachen stichpunktartig dar. Dabei wird bei den Aussagen über Verarbeitungsmodell und physikalische Architektur begonnen, so wie sie in den Unterabschnitten 5, 6 und 7 der jeweiligen Kapitel erarbeitet wurden.

Folgerungen

- Ein Vergleich der Verarbeitungsmodelle zeigt, daß sich die imperativen Sprachen (prozedurale, objektorientierte) bei der Parallelisierung auf kooperierende sequentielle Prozesse stützen, während bei den deklarativen Sprachen (funktions- und logikorientierte) die Parallelität auf einer nebenläufigen Verarbeitung des Reduktionsbaumes beruht.
- Betrachtet man die Implementierung, so stellt man fest, daß für die imperativen Sprachen eine kontrollflußorientierte Verarbeitung favorisiert wird. Die deklarativen Sprachen (mit Ausnahme des ODER-parallelen Ansatzes) bevorzugen die Datenflußverarbeitung, schließen aber eine Verarbeitung nach dem Kontrollflußmodell nicht aus.
- Eine gemeinsame Zwischensprache ist bei den imperativen Sprachen unproblematisch, da sie auf einer stackorientierten Verarbeitung aufbauen. Dagegen weisen die funktionalen und logischen Programmiersprachen einige Sprachmittel und Konzepte auf (z.B. Unifikation, Stream-Verarbeitung), die eine Vereinheitlichung der Zwischensprachen erschweren. Dennoch sind vielfältige Bestrebungen und Forschungen im Gange, um eine gemeinsame Zwischensprache für deklarative Sprachen zu entwickeln.
- Betrachtet man die Anforderungen an Prozessoren, so begünstigt eine Stackarchitektur die Verarbeitung eines Prozeßrumpfes bei den prozeduralen und objektorientierten Sprachen, während bei den deklarativen die Forderung nach Verarbeitungseinheiten mit speziellen Funktionen gestellt wird (z.B. PIM-1). Standardbausteine, ergänzt um spezifische Custom Bausteine, können als eine kostengünstige Realisierungsalternative für alle hier betrachteten Sprachen angesehen werden.
- Die Multiprozessorsysteme weisen für alle hier betrachteten Sprachimplementierungen eine homogene Struktur der Verarbeitungseinheiten auf (gleichartige PEs; vergl. 1.3).

Tabelle 6.1. Vergleich der verschiedenen sprachorientierten Parallelrechner-Architekturen

<table>
<tr><th rowspan="2">Sprachen / Merkmale</th><th rowspan="2">Prozedurale</th><th rowspan="2">Objektorientierte</th><th rowspan="2">Funktionsbasierte</th><th colspan="2">Logische</th></tr>
<tr><th>ODER-paralleler Ansatz</th><th>Committed Choice</th></tr>
<tr><td>Verarbeitungsmodell</td><td colspan="2">Kooperierende sequentielle Prozesse</td><td>Reduktion</td><td>Reduktion</td><td>Reduktion</td></tr>
<tr><td>implementiert durch</td><td colspan="2">Kontrollfluß</td><td>Datenfluß, Kontrollfluß</td><td>Kontrollfluß</td><td>Daten-, Kontrollfluß</td></tr>
<tr><td>Zwischensprache</td><td colspan="2">Stackorientierte Zwischensprache</td><td>Graphen-Notation und Kombinatorcodes</td><td>PLM mit parallelen Erweiterungen</td><td>PLM mit Erweiterungen oder Datenflußsprachen</td></tr>
<tr><td>PE-Architektur</td><td colspan="2">Stackarchitektur der PEs</td><td colspan="3">jeweils spezielle PEs</td></tr>
<tr><td>realisiert durch</td><td colspan="2">Standardmikroprozessoren oder Bitslice mit Custom Chips</td><td colspan="3">Interpretation mit Standardmikroprozessoren oder Bitslice-Prozessoren oder Custom Chips</td></tr>
<tr><td>Struktur des Systems</td><td colspan="5">jeweils homogene Architektur (gleiche Struktur der PEs)</td></tr>
<tr><td rowspan="2">geeignete Anzahl der PEs</td><td colspan="2">problemabhängig</td><td>von der Schachtelung der Funktionen abhängig</td><td colspan="2">problemabhängig</td></tr>
<tr><td colspan="5">Parallelitätsgrad bei funktionalen und logischen Sprachen tendenziell größer</td></tr>
<tr><td rowspan="3">Speicher und Verbindungsstruktur</td><td colspan="5">lokaler Speicher für jedes PE</td></tr>
<tr><td colspan="5">Cluster mit globalem Speicher</td></tr>
<tr><td colspan="4">PEs mit nur lokalem Speicher, verbunden über Netzwerk (message passing)</td><td>———</td></tr>
</table>

- Über die Zahl der Verarbeitungseinheiten kann keine eindeutige Aussage getroffen werden, da sie nicht nur sprach-, sondern auch anwendungsabhängig ist. Der Grad der ausnutzbaren Parallelität ist bei der feingranularen Problemzerlegung in funktionalen und logischen Programmiersprachen tendenziell höher als bei prozeduralen und objektorientierten Sprachen.
- Bei allen hier vorgeschlagenen Architekturen ist den PEs ein lokaler Speicher zugeordnet. Die im allgemeinen hierarchischen Prozeßabhängigkeiten der deklarativen Sprachen begünstigen eine Clusterbildung mit Kommunikation über einen gemeinsamen Speicher, während die imperativen Sprachen sowohl mit einem gemeinsamen Speicher als auch mit einer Message-Passing Verbindungsstruktur realisiert werden können.
- Bei der Verbindungsstruktur wird allgemein eine möglichst homogene Lösung angestrebt. Bei einem Systemaufbau mit Clustern bieten sich hierarchische Busstrukturen als naheliegende Lösung an.

Unabhängig von den Anforderungen der Sprachkonzepte müssen einige prinzipielle Forderungen an ein Multiprozessorsystem erfüllt werden:

- Scalability: die Anpassung an den Leistungsbedarf bedingt die Forderung nach weitgehend beliebiger Erweiterbarkeit (Anzahl der PEs) des Multiprozessorsystems ohne großen zusätzlichen Aufwand.
- Fehlertoleranz-Aspekte sind eine grundsätzliche Forderung an Multiprozessorsysteme, da sie die Verfügbarkeit und Zuverlässigkeit des Systems erhöhen. Sie beinhalten das Weiterarbeiten des Systems bei Ausfall von Systemkomponenten und die Wartbarkeit im laufenden Betrieb.

Ergebnisse und Vorschläge

Die Untersuchungen zeigen, daß die Hardwarearchitekturen zu den unterschiedlichen Sprachen, abgesehen von den Prozessorelementen, nicht so grundlegend verschieden sind. Ideal wäre eine Parallelarchitektur für alle Sprachen. Um in einer solchen Architektur nicht für jede Sprachengruppe einen speziellen Prozessor entwickeln zu müssen, wäre eine gemeinsame Zwischensprache für mehrere Sprachtypen erforderlich. Diese Zwischensprache muß auf einem gemeinsamen Verarbeitungsmodell aufbauen und das "kleinste gemeinsame Vielfache" der speziellen Zwischensprachen sein.

Da sich die imperativen von den deklarativen Sprachen grundsätzlich durch die Festlegung des genauen Kontrollflusses unterscheiden, sind die Auswirkungen einer allumfassenden Zwischensprache auf die Verarbeitungsleistung genauer zu untersuchen. Zunächst sind mindestens zwei Zwischensprachen erforderlich, wobei die eine die imperativen Sprachen abdecken könnte und die andere die deklarativen Sprachen.

Die zugehörigen Compiler sollten auf der Ebene der Zwischensprache eine statische Analyse vornehmen, die die Datenabhängigkeiten zwischen den parallel ausführbaren Arbeitspaketen erkennt, eng zusammenarbeitende Pakete auf benachbarte Prozessoren im gleichen Cluster legt, und für eine optimale Lastverteilung im System sorgt. In diesem Bereich ist allerdings noch einiger Forschungsaufwand erforderlich.

Die Prozessoren zu diesen Zwischensprachen werden spezielle Funktionseinheiten aufweisen, die die besonderen Anforderungen der jeweiligen Sprachengruppe (wie z.B. die Unifikation) unterstützen. Andere Komponenten werden für alle Prozessoren gleich sein. Ein Standardmikroprozessor könnte in einem ersten Entwicklungsschritt diese Rolle übernehmen.

Zur Verarbeitung deklarativer Sprachen gehen einige Vorschläge für ein Mehrrechnersystem in Richtung auf Cluster aus PEs und gemeinsamen Speichermoduln. Die Cluster sind über hierarchisch gegliederte Busse miteinander verbunden. Eine Alternative hierzu ist ein System aus PEs mit lokalen Speichern, die über ein Verbindungsnetzwerk Arbeitspakete verteilen. Bemerkenswert ist hierbei, daß sich die kontrollflußorientierte und datenflußorientierte Verarbeitung in Zusammenhang mit der Reduktion immer mehr annähern.

Bei den imperativen Sprachen kommen ebenfalls Systeme ohne gemeinsamen Speicher mit Botschaftenaustausch in Frage. Vor allem bei den objektorientierten Architekturen gibt es Vorschläge für Systeme mit regulären Verbindungsstrukturen, wobei ein PE immer mit einer gleichen Zahl von Nachbarn verbunden ist.

Zur Integration der beiden Ansätze ist auch eine Architektur denkbar, die für jeden Sprachtyp einen oder mehrere Cluster mit jeweils sprachenspezifischen Prozessoren enthält. Um nicht nur ein Nebeneinander, sondern auch ein Miteinander der beiden Sprachwelten zu unterstützen, müßten gemeinsame Datenobjekte und -formate und geeignete Kommunikationsmechanismen festgelegt werden.

Als Vorgehensweise zur Implementierung eines Mehrprozessorsystems empfiehlt sich zunächst die Realisierung als Coprozessorsystem, das über einen Hostrechner gesteuert wird, da dann viele Betriebssystemfunktionen aus der Entwicklung erst einmal ausgeklammert werden können. Zu einem späteren Zeitpunkt ist ein Ausbau zu einem Server in einem Rechnernetz oder auch ein Standalone-System ohne Host möglich.

Ausblick

Auf der Sprachebene gibt es Versuche, verschiedene Paradigmen zu integrieren. Einige Forschungseinrichtungen sind bestrebt logische Sprachkonzepte mit neueren funktionalen Sprachen (z.B. ML) zu verknüpfen. Auch die Verbindungen zu einem objektorientiertes Konzept werden untersucht. Insgesamt kann man sagen, daß deklarative Sprachen in Zukunft an Bedeutung gewinnen werden, da sie eine Programmierung auf einer höheren Abstraktionsebene ermöglichen, die mehr am Problem orientiert ist als bei konventionellen Sprachen. Ferner ist der Anteil an impliziter Parallelität höher und leichter nutzbar und bietet damit mehr Chancen für parallele Architekturen.

7 Glossar

Abstrakte Maschine:

Unter einer abstrakten Maschine wird die Schnittstelle zwischen der Software der Hochsprache und der Architektur verstanden. Festgelegt ist diese Schnittstelle durch den Befehlssatz (→ Zwischensprache), die Ablaufbeschreibung der einzelnen Befehle (Semantik), den Registersatz, die Datentypen und die Speicherstruktur. Diese Definition bietet dem Hardwaredesigner eine gesicherte Grundlage für den Entwurf der Hardware einschließlich der Mikroprogramme und dem Programmierer eine Zielsprache für den Entwurf der Software.

Arbeitspaket:

Die syntaktischen Konstrukte einer Sprache führen, explizit oder implizit, zur Erzeugung von Arbeitspaketen, die parallel (nebenläufig) abgearbeitet werden können. Die Arbeitspakete können →Prozesse oder →Token sein.

Architekturkonzept:

In einem Architekturkonzept werden Rechner mit gemeinsamen Eigenschaften in Gruppen zusammengefaßt. Sie sind charakterisiert durch Prozessoren, Speicherorganisation, Kommunikationskanäle und Registerstruktur.

Bindung, binden (von Variablen):

Dies ist eine Form der Zuordnung von Werten zu Variablen, die überwiegend in Lisp (bzw. funktionalen Programmiersprachen) oder in Prolog Verwendung findet.

Dabei werden in Prolog freie (noch nicht mit einem Wert versehene) und gebundene (mit einem Wert versehene) Variablen verschieden verarbeitet. Wenn sie ungebunden sind, liegt der Typ noch nicht fest. Er wird erst zur Laufzeit durch die Bindung festgelegt (vgl. →tags). Deswegen müssen Variablen nicht wie in den imperativen Programmiersprachen (→deklarative Sprachen, →imperative Sprachen) deklariert werden.

Binden bedeutet in Lisp das Einrichten einer Assoziation zwischen einem Symbol (Name) und einem Wert (Zahl, Literal). Binden tritt in Lisp in zwei Zusammenhängen auf: Zum einen wird bei einer Zuweisung der Name einer Variablen an einen Wert gebunden. Zum anderen werden bei einem Funktionsaufruf formale Parameter an aktuelle Parameter (Argumente) gebunden. Im Gegensatz zur Zuweisung gehen dabei bereits existierende Bindungen für die Namen der formalen Parameter nicht verloren, sondern werden nur von den neuen Bindungen überdeckt. Man spricht hier auch vom Einrichten einer neuen →Umgebung.

Cache:

Ein Cache ist eine logisch verborgene Speichereinheit zur Zwischenspeicherung von Daten, die zwischen Prozessor- und Speicherelementen ausgetauscht werden. Zweck des Einsatzes eines Caches ist es, eine ausgewählte Teilmenge des Speicherinhaltes des i.a. langsameren Hauptspeichers in einem kleinen Pufferspeicher zu halten und dem Prozessor damit schnellen Datenzugriff zu ermöglichen.

In Multiprozessor-Systemen, in denen mehrere Prozessoren Zugriff auf einen gemeinsamen Speicher haben, können Caches eingesetzt werden, um Zugriffswettbewerbe zu mindern. Dazu werden jeweils spezielle Teile des gemeinsamen Speichers in die Caches kopiert, auf denen dann die Prozessoren operieren. Hauptspeicherzugriffe sind nur beim Fehlen der gewünschten Daten im Cache, bzw. beim Zurückschreiben des Cache-Inhaltes erforderlich.

Cluster:

Der Begriff wird für eine Menge von Prozessoren verwendet, die physikalisch oder logisch eine Einheit bilden.

Custom Design:

Das englische Wort "Custom Design" (Kundenspezifischer Entwurf) wird heute als Überbegriff für alle in Halbleitertechnik hergestellten Spezial-ICs verwendet, deren Funktion vom Kunden (Anwender) festgelegt und meist als Auftragsarbeit vom Halbleiterhersteller ausgeführt und gefertigt werden.

Man unterscheidet:

- Full Custom Design (vollständiger, meist manueller Entwurf auf Transistorebene)
- Semi Custom Design (Entwurf auf Gatter- oder Funktionsblock-Ebene, z.B. Gate-Arrays, Standard-Zellen). Semi Custom Design ist auch bei geringen Stückzahlen ökonomisch, da Entwicklungszeit und Herstellungskosten durch vordefinierte Funktionseinheiten und automatische Generierbarkeit eingespart werden können.

Datenfluß:

Als Verarbeitungsmodell für Programme werden beim Datenflußprinzip Operationen immer dann ausgeführt, wenn ihre Operanden bereitstehen. Die Ergebnisse der Operationen stoßen Folgeoperationen an, die nun ihrerseits ablaufen. Die zeitliche Reihenfolge der Abarbeitung der Operationen bestimmt sich aus der Verfügbarkeit der Daten und nicht durch eine übergeordnete Steuerung (→Kontrollfluß).

Deklarative Sprachen:

Das Prinzip der Berechnung einer Lösung in Programmen ist Grundlage für eine Einteilung der Programmiersprachen in zwei verschiedene Gruppen, die deklarativen und die →imperativen Sprachen. Bei den deklarativen Sprachen wird eine Lösung für ein Problem durch die Angabe von logischen und/oder funktionalen Zusammenhängen gesucht. Der Lösungsweg ist nicht vorgeschrieben (das "Was" ist wichtiger als das "Wie"). In diese Kategorie fallen logik- und funktionsorientierte Sprachen wie Prolog und Lisp.

Dispatching:

Der Begriff "Dispatching" beschreibt die Ausführung des →Scheduling und somit, auf welche Art und Weise ein Prozeß einem Prozessor zugeteilt wird.

Dynamische Speicherverwaltung:

Dynamische Speicherverwaltung umfaßt Reservierung und Freigabe von Speicherbereichen zur Programmlaufzeit. Je nach zeitlicher Reihenfolge von Reservierung und Freigabe unterscheidet man pulsierende Speicher (Keller, →*stack*) und Haldenspeicher (→*heap*).

Eager Evaluation:

Im Gegensatz zur → Lazy Evaluation ist Eager Evaluation ein Berechnungsschema, bei dem mit der Berechnung von Teilausdrücken möglichst frühzeitig begonnen wird. So wird z.B. bei einem Funktionsaufruf sofort mit der gleichzeitigen Berechnung aller Argumente begonnen.

Effizienz:

Die Effizienz eines Parallelrechner-Systems drückt sich im Verhältnis zwischen dem →Speedup und der dafür eingesetzten Prozessorzahl aus. Wird ein Problem, das von einer Verarbeitungseinheit in der Zeit TP_1 bearbeitet wird, mit n Verarbeitungseinheiten in der Zeit TP_n abgearbeitet, so gibt der Quotient $(TP_1/TP_n)/n$ den Gewinn an Verarbeitungsgeschwindigkeit (Speedup) pro Verarbeitungseinheit an.

Emulation:

Emulation bezeichnet die Nachbildung der Maschinenbefehle eines Rechners A auf einem Rechner B mit unterschiedlichem Maschinenbefehlssatz. Dabei wird für den Rechner B ein Mikroprogramm entwickelt, das die Maschinenprogramme von Rechner A direkt abarbeiten kann.

Expliziter Parallelismus:

Unter explizitem Parallelismus versteht man die Möglichkeit, mit Hilfe von Sprachkonstrukten Parallelität auszudrücken bzw. anzuwenden. Diese werden durch den Anwendungsprogrammierer in die Programme eingeführt und liegen deswegen auf der Sprachebene, auf der der Anwender arbeitet. (Gegensatz: →impliziter Parallelismus)

Garbage Collection:

Garbage Collection ist ein Teil der dynamischen Speicherverwaltung. Sie umfaßt Verfahren zur Rückgewinnung von freigewordenen Speicherplätzen und die kompaktifizierende Neuordnung der noch referenzierten Objekte.

Heap (Haldenspeicher):

Ein Heap ist ein dynamisch verwalteter Speicherbereich. Für Daten, die während des Programmlaufs erzeugt werden, muß dynamisch Speicherplatz reserviert werden. Ebenfalls muß der Speicherbereich von nicht mehr benutzten Daten dynamisch freigegeben werden. Hierzu gibt es spezielle Speicherverwaltungsverfahren, die mit Freilisten über nicht belegte Speicherbereiche buchführen (→Garbage Collection).

Imperative Sprachen:

Die Eigenschaften der Programmiersprachen im Hinblick auf die Abarbeitung von Problemen (Programmen) bilden die Grundlage für eine Einteilung der Sprachen in zwei grundlegende Bereiche, die →deklarativen und die imperativen Sprachen. Bei imperativen Sprachen wird festgelegt, wie eine Lösung für ein Programm mittels Ablaufanweisungen, den Befehlen, gefunden werden kann (das "Wie" ist wichtig). Imperativ sind alle herkömmlichen Sprachen wie Ada, CHILL, Pascal, Fortran, C, aber auch die objektorientierten Sprachen wie Smalltalk.

Impliziter Parallelismus:

Unter implizitem Parallelismus versteht man Parallelität, die durch die formale Beschreibung eines Verfahrens (Anwendung) in einer Programmiersprache inhärent vorhanden ist. Der Benutzer beeinflußt diesen Parallelismus im Gegensatz zum →expliziten Parallelismus nicht direkt.

Kontrollfluß:

Unter einem Kontrollfluß versteht man eine Folge von Steueranweisungen, die die Ausführung der einzelnen Rechenschritte eines Programms steuern und den Zugriff auf die Daten des Programms regeln.

Laufzeitsystem:

Ein Laufzeitsystem ist ein auf einem Gesamt- oder einem Teilsystem residentes Programm, das zur Ausführungszeit eines Anwenderprogramms zur Verfügung stehen muß. Das Laufzeitsystem kann die Funktionen des Laders, der Prozeß- und Speicherverwaltung für Ein- und Mehrprozessorsysteme besorgen. Dort ist es auch für die Verwaltung der Kommunikation zwischen den Prozessen zuständig.

Lazy Evaluation:

Lazy Evaluation ist ein Berechnungsschema, bei dem die Berechnung eines Teilausdrucks immer erst dann ausgeführt wird, wenn das Ergebnis des Teilausdrucks in einem anderen Ausdruck benötigt wird. Es werden z.B. die Argumentausdrücke einer Funktion erst dann ausgewertet, wenn bei der Abarbeitung des Funktionsrumpfes der Wert des entsprechenden Parameters angefordert wird.

Mailbox:

Eine Mailbox ist ein Puffer zur vorübergehenden Aufnahme von Nachrichten, die von einem Prozeß zu einem anderen übertragen werden. Die Daten werden nur paketweise angenommen oder abgegeben. Jeder Prozeß, der Zugriff auf die Mailbox hat, kann Pakete an sie senden oder von ihr abholen. Beim Abholen wird ein Paket aus dem Puffer entfernt; es kann somit nur einmal gelesen werden. Will ein Prozeß aus einer leeren Mailbox ein Paket abholen, dann wird er in eine Warteschlange eingereiht.

MIMD:

MIMD (für Multiple Instruction, Multiple Data) ist eine der möglichen Arbeitsweisen eines Rechnersystems nach dem Klassifikationsschema von Flynn (sonst noch SISD und →SIMD). Dieses Konzept wird durch ein Mehrrechnersystem realisiert, in dem verschiedene Prozessoren mit verschiedenen Programmen unterschiedliche Daten bearbeiten.

Prozeß:

Der Begriff „Prozeß" bezeichnet hier den zeitlichen Ablauf einer Folge von Aktionen eines Rechners, die bezüglich eines bestimmten Zwecks eine funktionale Einheit bilden. Der Ablauf wird dabei von Regeln bestimmt, die in einem dem Prozeß zugrundeliegenden Programm festgelegt sind.

Reduktion:

Das Verarbeitungsmodell der Reduktion ist ein rekursives Verfahren zur Ersetzung eines Terms durch einen Wert. Dabei werden Subterme eines Terms entsprechend vorgegebener Regeln durch i.a. mehrere einfachere Terme substituiert. Die Substitution wird solange fortgesetzt, bis keine weiteren Ersetzungen mehr möglich sind. Eine Substitution kann auch in der Berechnung eines einfachen Terms (Ausführung einer Operation) und dessen Ersetzung durch den Ergebniswert bestehen.

RISC:

RISC ist die Abkürzung für **R**educed **I**nstruction **S**et **C**omputer. RISC beschreibt einen Rechner mit einem sehr einfachen (kurzen) Befehlssatz, bei dem nur häufig verwendete Befehle implementiert werden, die zudem in einem Zyklus ausgeführt werden müssen. Dadurch kann ein direktverdrahtetes (Schaltnetz) Prozessorsteuerwerk verwendet und auf Mikroprogrammierung verzichtet werden. Der geringere Platzbedarf (kein Mikroprogramm-Speicher) wird für Hardware-Unterstützung im Operationswerk genutzt (z.B. großes Registerfile, erweiterte ALU-Funktionen (Barrel Shifter etc.)). Eng verbunden mit der RISC-Idee sind optimierende Compiler, die die Abarbeitung durch Umsortieren von Befehlen beschleunigen.

Scheduling:

Der Begriff "Scheduling" beschreibt die Strategie (z.B. Zeitscheibenverfahren), nach der die bereiten Prozesse dem oder den Prozessoren zugeteilt und entzogen werden (→Dispatching).

Seiteneffekt:

Ein Seiteneffekt ist eine implizite Wirkung eines Sprachkonstruktes auf Datenobjekte. Wird z.B. in einem Prozeduraufruf nicht der Wert einer Variablen, sondern die Referenz auf eine Variable übergeben, so kann diese Variable von der aufgerufenen Prozedur verändert werden. Dadurch verändert sich der Wert der referenzierten Variable auch auf einer höheren Blockebene, ohne daß dies dort explizit angegeben ist.

SIMD:

Nach dem Klassifikationsschema von Flynn ist SIMD (=Single Instruction, Multiple Data) eine der möglichen Arbeitsweisen eines Rechnersystems. Dabei werden mehrere Datenströme *gleichzeitig* von einem Befehlsstrom bearbeitet. Die Realisierung des SIMD-Prinzips findet man z.B. bei den Array-Rechnern (→MIMD).

Speedup:

Speedup beschreibt das Verhältnis (TP_1 / TP_n) der Ausführungszeit TP_1 eines Programms mit einer Verarbeitungseinheit gegenüber der Ausführungszeit TP_n desselben Programms mit n Verarbeitungseinheiten.

Stackmaschine (Kellerrechner):

Eine Stackmaschine ist ein Rechner, in dem die internen Datenobjekte durch Stacks verwaltet werden. Ein Stack ist eine lineare Liste, bei der nur Operationen am Listenkopf zulässig sind. Die zur Laufzeit dynamisch verwalteten Stacks können benutzt werden:

- zur Verwaltung von Unterprogrammaufrufen,
- zur Unterstützung der Gültigkeitskontrolle von Variablen in blockorientierten Programmiersprachen, und
- zum Abarbeiten von Ausdrücken.

Stream:

Ein Stream ist die Spezialform einer Liste mit der Besonderheit, daß sie nicht als vollständige Datenstruktur von einem Erzeuger an einen Verbraucher weitergegeben wird. Während der Produzent am Ende der Liste noch Elemente anfügt, entnehmen ein oder mehrere Verbraucher dem Listenkopf schon Elemente. Ein Stream kann somit als unbegrenzte Liste aufgefaßt werden.

Tag (Datentypkennung):

Ein Teil eines Datenwortes kann zur Kennzeichnung des Datentyps benutzt werden. Diesen Teil nennt man tagfield und die Codierung des Typs eines Datenwortes tag.

Token:

Als Token bezeichnet man Platzhalter (Träger) für Objekte, die aus Atomen, Werten, Zahlen und Zeigern bestehen. Sie stellen z.B. Informationen zur Prozeßgenerierung dar.

Im Zusammenhang mit der Datenflußverarbeitung wird Token als abstrakter Begriff für Daten und Instruktionen benutzt, die entlang den Kanten eines Datenflußgraphen transportiert werden.

Umgebung:

Umgebung bezeichnet die Gesamtheit aller zu einem Zeitpunkt gültigen Assoziationen zwischen Symbolen (Namen) und Werten (Zahlen, Literale) z.B. in einem →Prozeß.

Zwischensprache (intermediate language):

Ein Übersetzer (Front-End-Compiler) liefert das Ergebnis der syntaktischen und semantischen Analyse in einer sogenannten Zwischensprache. Formal handelt es sich um die Darstellung des Ableitungsbaumes, zumeist in Form von Makrobefehlen.

Vom Standpunkt des Systemarchitekten kann die Zwischensprache mit ihren Makrobefehlen als Befehlssatz einer abstrakten Maschine angesehen werden. Die Realisierung des Befehlssatzes, und somit der abstrakten Maschine, kann über weitere Übersetzerbausteine (Back-End-Compiler), in der Firmware über Mikroprogramme (→Emulation) oder direkt in der Hardware geschehen.

Sachverzeichnis

Abstrakte Maschine A0 72
Accept 28, 29, 51
Activation Record 140
Adressierungsmechanismus 142
Advertisement 248
Aktor-System 111, 122
ALICE 175, 186-190, 297, 318, 334
ANL WAM 227
Applikation 150, 151
Arbitration Network 194-196
Ausnahmebehandlung 25, 39, 61, 65, 74
Aussagenlogik 214
Auswahlanweisung 30
Auswahlnetzwerk 195

Backtracking 220, 301
Backward Chaining 219
Bedingter Entry-Aufruf 31
Befehlshäufigkeit 136
Befehlspaket 329
Berechnungseinheit 295
Berechnungsgraph 172
Bindung 158, 159
Bindungsmodell 166
Bindungssemantik 159
Blattknoten 298, 318
Blatt-Prozeß 278
Blockobjekt 105
Body-Befehl 283
Body-Call 283
Body Spawning 297
Bodyteil 276
Botschaft (message) 101
  asynchron 111
  synchron 110
Bounded Buffer Stream Communication 285
Bounded Depth First Scheduling 301
Branch Point 263
BUFFER 43, 50 54, 79
Busy Waiting 293, 300
Bytecode 130, 131, 135

Cache 332
Call-Prozedur 280
Call by Value-Berechnung 161
Capability 85
CDR-Coding 197
CER-Referenz 308
CHILL-Prozessor 91
CHILL-Stackmaschine 75
Choice Point 259
Closure 165, 166
Cluster 268, 327, 339
CM-Lisp 162
Commit 276
Commitment 297
Commitment Operator 276
Committed Choice-Sprachen 273
Committed Choice-Regel 276
Common Lisp 164
Compilerdirektive 24
Compiler Target Language 318
Compiler-Validierung (Ada) 21
Concurrent Lisp 168
Concurrent Prolog 113, 273, 281
Cons 181
Context Object 142
Context 126, 131
Customer 112
Cut-Operator 218, 220, 273, 275, 287

Data Driven 173, 174, 183
Datenabhängigkeit 223, 231
Datenbank (DBMS) 334-337
Datenflußarchitektur 195, 196, 327
Datenflußgraph 315
Datenflußmodell 176, 179, 314
Datenformat 257, 269
Decodierung 137
Deep Binding 243
Delay 28
Delegation 120
Delta-Transformation 337
Demand Driven 171, 174, 175, 183

Depth First-Reduktions-Strategie 324
Depth First Search-Algorithmus 219, 225
Deskriptor 87
Destructive Assignment 302
Differenzliste 286
Distribution Network 194-196
Don't Care Indeterminism 278
Dotted Pair 155
Dynamische Lastverteilung 127
Dynamische Bindung 160, 161
Dynamisches Binden (objektorientiert) 103

Eager Evaluation 173
Entry 28, 29, 51
Environment 259
Ergebnispaket 316, 329
EVAL-Knoten 298
EVAL-Prozeß 300, 318
Event 45, 50, 55, 56
Exeption Handler 40
Exeption Handling 25, 39, 61, 65, 74

FAIM-1 144
Fakt (Prolog) 216, 335
Fehlersuche 275
FGCS 273
Fibonacci-Folge 276
Flat Concurrent Prolog 281
Flat GHC 282
Fork 277
FUTURE 167

Garbage Collection 13, 48, 302
Gegenseitiger Ausschluß (mutual exclusion) 124
Getrennte Übersetzbarkeit 23
GHC 273, 282, 303
Goal Reordering 234
Graph Reduction 171, 175
Guarded Horn Clauses 276
Guards 113
Guard Spawning 296
Guardsystem 296
Guardteil 276
Guardtupel 305

Heap 68, 304
Hash-Window 243
Hornklausel 276
Hornklausellogik 215

Impliziter Parallelismus 287
Inferenzmodul 320
Information Hiding 101
iAPX-432 84, 140
ICOT 331, 333
In-line Cache 137
Input Guards 282
Instantiierung 220
Instanz 101
Instanzvariable 101
Instruction Cell 194, 196
Instruktionspaket 316
Interruptbehandlung 25, 74
Iterative Regel 336

Kabu Wake 240, 264, 266
KBS 334, 337, 338, 340
Kernel Parlog 280, 283
KL1 274
Klasse 101
Klausel 215
Klauseldefinitionsblock 321
Klauselindexierung 315
Klauselpool 321
Kodierung von Klauseln 313
Kommunikation, asynchrone 41, 120
Kommunikation, synchrone 28, 41, 119
Kommunikationskanal 114
Kommunikationsobjekt 134
Kommunikationsprozessor 134
Konsistenzproblem 294
Konsument einer Nachricht 285
Kontrollbefehle 310
Kopf 276
$KP_{UND\text{-}Baum}$ 283, 298
$KP_{UND\text{-}Baum}$-Sprache 318
Kreuzprodukt 237, 244

Lambda-Ausdruck 158, 159
Lambda-Kalkül 151, 152
Lastverteilung 127
Laufzeittest 282
Lazy Copying 292
Lazy Evaluation 167, 174
Leftmost Innermost-Regel 161
Lenient Cons 181
Lexikalische Bindung 160, 161
Literal 276
Locking 301
Lokale Umgebung 291, 292

Mailbox 113, 123
Massage Passing
Matching 280
Matching-Speicher 196
Merge-Operation 279, 282
Message Board 325
Metacall 280
Method Context 131, 140
Method Dictionary 131
Methode 101
Mikroprogramm 92
Mode-Deklaration 227, 280
Modul 22, 37, 227
Monitor 42
Multilisp 166
Multiprozessor 80, 82
Multiprozessor-Reduktions-Maschine 186
Multi-sequentielle Prolog-Maschine 251, 262
Mutual Exclusion Ring 305

Nachricht 101
Non Busy Waiting 300

Oberklasse (superclass) 103
Objekt 85, 101, 128
Objektorientiert 100
Objekt Pointer 128
Objekt-Referenz 128
ODER-paralleles Prolog 314, 323
ODER-Prozeß 277, 291
OIL 117
One Way Unifikation 280
OR-Branch Level (OBL) 263
OR-Parallel Token Machine 249, 264
Overloading 25

Package 22
Paket 15
Paketformat 316
Paralleler UND-Operator 235
Parallelismus
  ODER- 221, 232, 288
  Stream- 221, 223, 235, 288
  UND- 221, 222, 233, 288
  Unifikations- 221, 223, 235, 290
Parameterübergabe 291
Parlog 273, 279, 280, 283, 318
Pending Goals Pool 295
PEPSys 242, 262, 265
Phasen einer Reduktion 296, 319

PIM 274, 319, 327, 331
POOL 110
Prädikat 215, 276
Prädikatenlogik 214
Pragma 24
Preemptive 59
Primitive Methode 102, 133
Priorität 27, 59, 63
Prioritätssteuerung 301
PROCESS 41, 49
Processing Agent 188
Processor Scheduler 126
Programmierumgebung (Ada) 21
Prozedural 18
Prozessorelemente 327
Prozeß 26, 41, 88
  -pool 323
  -poolcontroller 324
  -record 305, 306
  -token 249
  -vereinbarung 27
  -verteilung 330
  -verteilungsfaktor 330
Produzent der Nachricht 285
PSI-, PSI-I-, PSI-II-Maschine 274, 332
Punktpaar 154-156

QLAMBDA 164
Quantor 214
Quotierung 157

Read Only-Variable 281
Ready State 305
Rediflow Multiprocessing System 185
Reduktion 171, 175, 216, 219
Reduktionsmodell 277
Reduktionsprinzip 175
Reference Count-Methode 13, 329
Referenzen beim Commit 308
REF-Referenz 308
Regel 335
Region (Monitor) 42, 49, 54, 79
Rekursive Regel 337
Relational Language 275, 279
Rendezvous 28, 29, 110
Resolutionsprinzip 219
RISC 269
Running State 305

Safe Concurrent Prolog 281
Scheduling 89

Seiteneffekt 116
Selektives Warten 30
Selektor 102, 131
Semaphor 106, 124
Shallow Binding 292
Shared Memory 267, 301
Signale 44, 55, 79
SIMD Parallelismus (Ada) 47
Single Assignment 220, 302
SOAR-Chip 137
Speicher
-globaler 8, 66, 240
-lokaler 8, 65, 239
Stack 68, 73, 75
Stackmaschine 131, 145
Start von Tasks 27
Statische Lastverteilung 128
Stream Communication 285
String Reduction 171
Structure Memory 207
Strukturspeichermodul 325, 329
Substitution 216
Suchbaum 218
Suspended State 305
Suspendierung 278, 293
Suspendierungsliste 299
Suspendierungstabelle 306
Synchronisationsregel 279
Synchronisation
explizite 52, 56
implizite 52, 57

Tail recursion 307
Tag 301
Tag-Feld 257, 270, 304
Tagged Architecture 73
Tagged Token-Architektur 315
Task 26, 46, 74
Task-Control-Block (TCB) 58
Termersetzung 174
Termreduktion 175
Test Commit and Set-Operator 312
Test Unifikation 280
Timed Entry Call 31
Token 195, 316
Tokenpool 249
Trail Cell 292
Typen 24, 37, 77, 87

Umgebung 159, 160
Umgebungsvektor 306
UND-Baum Modell 297
UND-ODER-Baum 277, 292, 295
UND-ODER-Mode 294, 303, 314
UND-Prozeß 277
Unifikation 219, 312
Assignment- 280
Unifikationseinheit 320
Unifikationsschritt 296
Unterklasse 104

Value Access Control 291
Verkettete Umgebungen 309
Versions Vector WAM 227
Verteilernetzwerk 195
Vielfache Variablenumgebung 281, 292
Virtual Image 130
Virtual Machine 130
Von Neumann-Architektur 18
Vulcan 114

Warren Abstract Machine 246, 254-262, 303
Warteschlange 45, 51, 66, 79
Wiederaufsetzen von Prozessen 293
Wissensbasierte Systeme 334
Wissensbasis 218
Workpool 247

Xector 162

Zielstatement 276
Zugriffsdeskriptor 140
Zustandswechsel 125

Springer